U0660138

建机要名校　育密码英才

沈永社　著

贵州出版集团
贵州人民出版社

图书在版编目(CIP)数据

建机要名校　育密码英才/沈永社著. 一贵阳：贵州人民出版社,2016.6

ISBN 978－7－221－13017－4

Ⅰ. ①校… Ⅱ. ①沈… Ⅲ. ①高等学校－学校管理－研究－中国 Ⅳ. ①G647

中国版本图书馆 CIP 数据核字(2016)第 016547 号

责任编辑　顾庆荣　马文博
封面设计　胡开福

建机要名校　育密码英才

沈永社　著

出版发行	贵州人民出版社
印　　刷	贵州兴隆印务有限责任公司
开　　本	787×1092　1/16
字　　数	680 千字
印　　张	39.5
版　　别	2016 年 6 月第 1 版
版　　次	2017 年 11 月第 1 次印刷
印　　数	1—3000 册
书　　号	ISBN 978－7－221－13017－4
定　　价	88.00 元

社址邮编　贵阳市观山湖区会展东路 SOHO 办公区 A 座　550081

序　言

　　教育作为培养人的社会活动,在人类社会的初始阶段就以传授生产手段、生存知识、生存技能和敬神祭祀等社会生活风俗、礼仪的形式存在,并随着人类社会的发展而发展。甲骨文中的"教"字,左边是受教育者,右边是手持木棍的教育者,象形意义十分明显。甲骨文中的"育"字,是个会意字,上半部分是"母"及头上的装饰,下半部分是倒着的"子",象征妇女生孩子。"教育"两个字连起来作为一个词,最早见于《孟子·尽心上》"得天下英才而教育之,三乐也"。《说文解字》对"教""育"的解释分别是:"教,上所施,下所效也。""育,养子使作善也。"

　　原始形态的教育还没有学校,只是言传身教、口耳相传。中国的学校教育,如果从西周的"辟雍""泮宫""畴学"算起,到今天已超过三千年;从春秋时期孔子"聚徒讲学"、战国时期"稷下学宫"算起,距今也有两千多年的历史了。"古之教者,家有塾,党有庠,术有序,国有学。"《礼记·学记》中的这几句话,描述了西汉之前学校的设立情况。西汉元朔五年(公元前124年)汉武帝在长安创建的太学,隋朝的国子监,唐末、五代兴起而盛于明清的书院,在中国古代具有高等教育的性质。十六世纪以后,当西方各国相继进入资本主义社会时,中国仍然处于封建社会。明末清初,西学东渐,先是外国传教士开办教会学校。第二次鸦片战争以后,洋务派创建新式学堂。清朝末年,维新派提出并推行"废科举、兴学堂"的教育改革主张。辛亥革命前后,借鉴西方近现代高等教育制度与模式,中国最早一批现代意义上的大学陆续建立,距今只有一百一二十年左右的时间。

中国当代的高等教育,有对中国古代教育传统的继承,更多的是借鉴和吸收了国外高等教育的经验,从清末移植日本学制,民国时期先后借鉴欧美教育经验,新中国成立后模仿照搬苏联高等教育模式,到改革开放后博采各国教育之长,正在走出一条具有中国特色的高等教育发展之路。根据教育部公布的最新数字,全国共有2879所高等学校(未含港澳台)。这近三千所高校,按照不同的划分标准,可以有许多不同的分类方法。最简明扼要的表述和短时期内不会改变的格局是:双星(北大、清华)璀璨、众星("985"和"211"高校)环绕、群星(其余高校)灿烂。这种格局下的中国大学,高峰太少,高原太小,从整体上讲还有很大的拓展空间和发展潜力。取得重大成绩、已经完成历史使命的"985"和"211"工程建设不再继续,开始进行"双一流"建设,是优化目前格局的正确努力方向。

从高校和在校生的数量来说,毫无疑问中国在世界上已经排在前面,但考虑到中国的国土面积和人口,说我们是高等教育大国,只能是相对的。中国接受高等教育的人口占总人口的比例,较美日等发达国家要低很多。实现中华民族伟大复兴的"中国梦",还需要建设更多的高校,培养出更多的人才。国家对高校实行分类管理,既启动"双一流"建设,又推动地方高校向应用型转型,就是要引导高校从各自实际出发,合理定位,在不同层次、不同领域办出特色,争创一流。中国最好的高校,应该具有全球视野,追求卓越,瞄准世界一流大学的目标;大多数高校还是要立足国内,找准定位,在自己的层次、自己的领域、自己所在的区域争创一流,做最好的自己。

高校具有教书育人、科学研究、服务社会、文化的传承与创新四大社会职能。这四大职能逐渐延伸、互相联系、相辅相成,都是通过培养人才来体现,通过培养出来的人才去实现。高校的根本使命是培养人才,这是与高校共生的本体职能。一所高校是不是所在层次、领域的一流,培养人才的质量是最重要的判断标准。

"人之初,性本善;性相近,习相远。""玉不琢,不成器。"教育是使人产生差别、存在差距最重要的原因。教育承担着提高全民族素质、培养社会主义现代化建设者的重任。培养什么样的人才？怎样培养人才？党和国家的教育方针有十分明确的规定。新中国的教育方针在社会主义现代化建设的不同时期，因侧重点的不同而有不同的表述，但精神和内容是基本一致、一以贯之的，就是我们常说的"全面发展的教育方针"。就当前来讲，对教育方针做出全面表述，最重要的是以下几个文件。

2010 年 7 月，中共中央、国务院印发的《国家中长期教育改革和发展规划纲要（2010－2020）》。《纲要》指出："坚持以人为本、全面实施素质教育是教育改革发展的战略主题，是贯彻党的教育方针的时代要求，其核心是解决好培养什么人、怎样培养人的重大问题，重点是面向全体学生、促进学生全面发展，着力提高学生服务国家服务人民的社会责任感、勇于探索的创新精神和善于解决问题的实践能力。"《纲要》从"坚持德育为先""坚持能力为重""坚持全面发展"三个方面展开进行论述，明确提出"使学生成为德智体美全面发展的社会主义建设者和接班人"。

2012 年 11 月，党的第十八次全国代表大会的报告。《报告》指出："要坚持教育优先发展，全面贯彻党的教育方针，坚持教育为社会主义现代化建设服务、为人民服务，把立德树人作为教育的根本任务，培养德智体美全面发展的社会主义建设者和接班人。全面实施素质教育，深化教育领域综合改革，着力提高教育质量，培养学生社会责任感、创新精神、实践能力。"《报告》中有关育人的内容不只在论及教育的这一部分，在其他地方，如"加强社会主义核心价值体系建设""全面提高公民道德素质"等章节的论述，对于做好教育工作、特别是高等教育工作同样具有十分重要的指导意义。

2015 年 12 月，最新修正的《中华人民共和国教育法》和《中华人民共和国高等教育法》。前者讲的是一般意义上的教育（包括学前教育、初等教育、中等教育和高等教育），后者专门针对高等教育。两者对于教育方针的表述基本相同。《高等教育法》的表述是："国家坚持以马克思列宁主义、毛泽东思想、邓小平理论为指导，遵循宪法确定的基本原则，发展社会主义的高等教育事业。高等教育必须贯彻国家的教育方针，为社会主义现代化建设服务、为人民服务，与生产劳动和社会实践相结合，使受教育者成为德、智、体、美等方面全面发展的社会主义建设者和接班人。高等教育的任务是培养具有社会责任感、创新精神和实践能力的高级专门人才，发展科学技术文化，促进社会主义现代化建设。"

在一所具体的学校做好人才培养工作，必须把党和国家的教育方针、主管部门的办学要求、学校自身的实际情况很好地结合起来。从哪些方面着手培养对社会有用并受社会欢迎的人才呢？不仅需要每一位高校领导思考，而且必须实际去做；不能只是拿着文件照本宣科，而要有自己的见解和主张。我在工作实践中是从以下四个方面去努力的，即润德、增智、笃行、至善。

先说润德。教育是一个大系统，包括幼教、初教、中教和高教。大学是教育末端，只是教育过程的一个阶段，它给予学生的教育特别是德育，必须以以前的教育为基础，既不是平地起高楼，也不能指望在末端解决所有问题。立德树人是教育的根本任务，完成这一任务，需要构建大中小学有效衔接的德育体系。这个体系在不同阶段有不同阶段的重点。"润德"就是高等教育的阶段特征。"润德"的"德"，毫无疑问是国家倡导的主流意识形态和核心价值观。"润德"的"润"，就是让学生在上大学之前已经掌握得更加巩固，已经具备的更有光泽，就是把心中已有的美德发扬光大，缺失的部分补充完善。"根之茂者其实遂，膏之沃者其光晔。""润"就是使我们倡导的社会主义核心价值观，在大学生身上从具体行为成为整体遵循，从感性认知到理性认同，从个体行为到整个社会价值观念体系。"润德"的效果以学生毕业后"明善恶、知是非、行正道"来检验。如果做不到这一点，北大著名学者钱理群之忧，绝非杞人听闻的忧天之语。把握大学阶段立德树人的阶段特点，就要创新德育形式，丰富德育内容，下功夫提高德育工作的吸引力和感染力，增强德育工作的针对性和实效性。通过"润"，使培养出来的人有信仰、有理想，有教养、有风度，处事循原则，做人守底线。

再说增智。学生在学校学习掌握知识天经地义，但更重要的是掌握求知的方法，学会运用知识解决实际问题的能力和发展知识的本领。知识不等于智慧。学生在学校学得再好，毕业后的知识储备箱里也不会有解决面临问题的现成答案。新时期的大学管理者应该创新教育模式，从以传授知识为中心和重点，向培养学生兴趣、激发学生潜能、提高学生发现问题和运用知识解决问题的能力为主要目标转变。古人讲的"授人以鱼，不如授之以渔"，当过清华大学校长和教育部长的蒋南翔"要给猎枪，不要给干粮"的呼吁，针对的就是只注重知识传授，而忽视能力培养的倾向。后来，当过华中科技大学校长和教育部长的周济又加上还要给指南针（即不能迷失方向），讲得就更全面了，体现了政治家办教育的眼界。

三是笃行。道德需认知更需践履，知识应掌握更要应用。信仰须身体力行，学识要付诸实施，这两个方面都要持之以恒。居高但静止不动，势能转换不成动能；聪明却懒惰，能干而不干，干不成任何事情。"上士闻道，勤而行之。"学生对学校老师传授的道理要真学真懂真信真用，才会达到"德业兼修"的目标。培养出来的学生不但胸怀大志、腹有诗书，还要传播践行诗书中的道理，知行统一、引领风尚，还要运用其中的知识造福人类，服务社会，报效祖国。学富五车、才高八斗，用于做人做事才有意义、才有价值。陶行知"千教万教，教人求真；千学万学，学做真人"，一语道破教育的真谛。

最后说一下至善。"大学之道，在明明德，在亲（新）民，在止于至善。"教育的目的是为了人的全面发展。不忘教育的本真，需要对实际工作中存在的过分强调其实用功能纠偏，单纯人力资本观念反正。要培养有血有肉的人、有情有义的人，全面自由、和谐健康发展的人，不是工具化碎片化的人，不是教育生产线上千人一面的机械化产品。他（她）应该身心健康，兴趣广泛，热爱生活，欣赏自然美，鉴赏艺术美，善于和别人打交道，别人也愿意与之交往合作。彼此相处，如沐春风。受了高等教育，须更加珍惜对生命的尊重，更加看重人格的尊严，与自然、社会、人的关系更加和谐。也许这种自由而全面发展的人是育人的最高境界,列为培养人才的通用标准有点高不可攀。但有作为的大学管理者和老师应该有这样的意识,有这样的理想和情怀,有这样的向往和追求。

对大学培养什么样的人才,不同历史文化背景、不同政治制度的国家,都有不同的表述。即使在一个国家,不同的历史时期和不同的大学,也有不同的着眼点和侧重点。古今中外的教育家也都有自己的见解。人才目标可以用时代的、民族的、个性语言去表达和叙述,但从实质上讲,大体上也不外乎这四个方面的内容。

大学与社会的关系与时俱深,虽然早已不是象牙塔,毕竟与浮躁和喧嚣保持着距离。大学校园的环境和氛围使人心灵变得宁静。在北京电子科技学院工作,看到学院的发展、教师的成就、学生的成长,获得许多职业乐趣,内心十分充实。我在电科院工作最幸福的事情,是看着一批又一批走进校门的学生成长成熟,一届又一届学生走出校门、走向社会建功立业,一年又一年不断听到毕业生在党政机关、机要战线成才进步的消息。得天下英才而教育之,人生快乐之一,诚哉斯言!

十年耕耘,留此篇什,记录一名高校党委书记的思考轨迹和探索足迹。以上所述,可以作为阅读本文集的提示和钥匙。

沈永社

2016 年 5 月

目　　录

特色致胜

三乐情怀

文化塑魂

和谐校园

立 德 树 人

　　青年人不应该被格式化，而应该多面孔，德智体美全面发展，既成人也成才。成人，就是人格健全，懂得做人的道理，有正确的世界观、人生观、价值观；热爱党、热爱人民、热爱社会主义祖国，有强烈的社会责任心和使命感。成才，就是要学有所长，学有所成，成为党的机要密码保密事业的可靠接班人。

向先进工作者看齐[*]

（2006 年 7 月 6 日）

　　全国党政系统机要密码先进工作者事迹报告团来电科院作专场报告，体现了中央办公厅领导、中办机要局领导对电科院的关心爱护，是我们虚心学习、接受教育的难得机遇。刚才，先进事迹报告团团长、中办机要局副局长曹永煜同志给我们介绍了全国党政系统机要密码先进工作者评选情况和巡回报告情况，对学习先进提出了要求。我们听了五位先进工作者代表的事迹报告，他们用质朴的语言、真挚的情感和翔实的事例，展示了新时期机要密码工作者的精神风貌和时代风采，给我们留下了十分深刻的印象。他们的事迹可信、可学，催人泪下、感人肺腑，他们的品格可亲、可敬，发人深省、催人奋进；使我们受到了一次深刻的世界观、人生观、价值观的教育。

　　同志们，密码工作是关系党和国家根本利益的一项重要事业。在党和国家各个历史时期，密码工作都发挥了生命线、保障线、指挥线的重要作用，密码战线涌现了一批又一批先进模范人物。他们是密码工作的光荣，也是密码干部的骄傲。当前，密码工作进入了快速发展期，以胡锦涛同志为总书记的党中央对密码工作高度重视，对密码工作的发展提出了更高的要求。电科院作为专门为全国党政系统培养机要密码专业人才的高等院校，肩负着光荣而艰巨的任务。我们一定要抓住机遇，应对挑战，加快发展，切实担负起党中央、中央办公厅赋予的神圣使命，这是我们每一位师生员工义不容辞的职责。下面，我结合开展学习先进活动，讲几点意见。

　　第一，学习先进，就要大力弘扬机要精神。从战争年代的革命先烈，到今天来学院作报告的先进工作者，他们用青春、热血甚至生命实践并丰富着机要精神的内涵。在新的历史条件下，机要精神这个传家宝不但不能丢，而且要进一步发扬光大。电科院要为全国党政系统培养机要密码人才，就要传承机要精神，把加强机要特色作为学院的竞争优势和努力方向。外交部机要局尹大建同志身残志坚，19 年来，克服了常人难以想象的困难，在自己

---

　　* 本文是作者在全国党政系统机要密码先进工作者事迹报告会上的讲话。

的岗位上任劳任怨,无怨无悔,就是机要精神的具体体现。

第二,学习先进,就要持之以恒勤奋学习。我们正处在一个知识爆炸的信息时代,只有不断地学习,才能跟上时代步伐。要树立终身学习的思想,投入更多的时间和精力,认真学习和刻苦钻研先进的密码专业知识和科学管理方法,努力掌握真才实学,不断提高自身素质,才能适应密码事业的发展需要。武警湖南省总队常德市支队吴波同志献身部队机要工作,争做知识型军人,在患癌症接受化疗期间,完成了自学考试的最后两门课程,拿到自考本科文凭,这种刻苦学习的精神令人钦佩。每一位同学、每一位老师都应该从吴波同志的事迹中得到启发,在学习态度、敬业精神上向先进工作者看齐。

第三,学习先进,就要刻苦钻研大胆创新。在激烈的国际科技竞争中,真正的核心技术、关键技术是买不来的,必须依靠自主创新。我们一定要把创新贯穿于工作学习的全过程,既要增强创新的意识,也要拿出创新的行动,努力在教学、科研、管理和服务水平上探索新思路、推出新举措、解决新问题、取得新突破。要像中办机要局赵久长同志那样埋头苦干,勇于创新,淡泊名利,赤诚奉献,一心为了机要事业;要像辽宁省委机要局朱梅同志那样,在密码科研工作中潜心钻研,刻苦攻关,敢为人先,他们的身上体现了科研技术人员对科学、对真理不懈追求的精神。

第四,学习先进,就要争创一流工作业绩。当前,全院上下正在进行迎接本科教学工作水平评估的各项准备工作,这是今明两年我院工作的重中之重,是学院的一件大事。我们要紧紧抓住教学评估这一重点工作,以只争朝夕的精神抓紧抓实各项工作,以严谨细致的作风,高质量、高标准、精益求精地做好每一项工作,又快又好地完成每一项任务。要像西藏自治区日喀则地委办公室次仁旺姆同志那样,献身机要,无怨无悔,对工作高标准、严要求,不出一丝一毫的差错。

同学们、老师们,当前,全院师生正在落实学院"十一五"规划的各项任务,正在为迎接本科教学工作水平评估做准备,我们的任务十分繁重而艰巨。我们要在以胡锦涛同志为总书记的党中央领导下,坚持以邓小平理论和"三个代表"重要思想为指导,全面落实科学发展观,按照王刚同志提出的进一步"明确指导思想、增强服务能力、改进工作作风"的要求,积极推进教育创新,努力建设和谐学院,进一步提升学院教学、科研、管理和服务工作的水平,为实现"十一五"规划提出的发展目标和任务,为把学院建设成为我国密码人才成长的重要摇篮和国家密码科研的重要基地而努力奋斗。

不要忘记"电子科技学院"前面冠有"中共中央办公厅"*

（2007 年 4 月 29 日）

今天，离教育部本科教学工作水平评估专家进校现场审查，只有 146 天的时间了。一年多来，全院上下齐心协力，扎实工作，按照教育部评估指标体系的要求，稳步推进各项准备工作。前段时间，大家的工作是努力的，工作的成效是明显的，目前发展的态势也很好。但我们不能自满，不能掉以轻心，不能停下前进的脚步。我们要对照评估方案查疑补阙，精雕细刻，整改完善，把各项工作落到实处。昨天，院领导班子召开了专题民主生活会。民主生活会召开之前，厅领导对院领导班子专题民主生活会提出了指导意见："要在领导班子和领导干部中大力弘扬努力学习、勤奋工作、开拓创新、团结协作、严守纪律的风气，形成一种昂扬向上的精神和扑下身子干工作的气势，以领导干部的优良作风促进学院良好风气的形成和发展。"在会上，班子成员对照检查，交换意见，互相提醒，民主生活会开得很好。良好的作风要在工作中体现出来，作风建设的好坏要靠工作的效果来检验。取得教学评估的好成绩，就是对干部精神状态和作风建设成果的现实考验。

为了迎接教学评估，我们已经做了大量工作，但还有大量工作要做。今天，我们召开院务扩大会，扩大到副处以上领导干部，对本科教学工作水平评估进行一次再动员。刚才，李子臣教授介绍了作为教育部评估专家到淮海工学院参加评估工作的情况。他山之石，可以攻玉。了解别的学校的评估情况，可以帮助我们开阔思路，增长见识，对于搞好我们自己的评估工作有可贵的参考借鉴作用。

对于我们这样一所开展本科教育只有 15 年的高校来说，要想在教育部统一组织的本科教学工作水平评估中获得好成绩，任务十分艰巨，难度不小。刚开始时，我们制定的目标是比较低的。后来，我们进行了调整，以"保良争优"作为我们的奋斗目标。这是一个必须经过艰辛努力、调动一切可用

---

* 本文是作者在本科教学工作水平评估工作再动员大会上的讲话提纲。

资源、挖掘所有内在潜力才能有可能实现的目标。开弓没有回头箭。一言既出,驷马难追。实现这个目标,要靠中办领导和主管部门的大力支持,靠学院党委的正确领导,靠全院同志的共同努力,更要靠在座的同志——中层领导干部、业务骨干的出色工作。

毛主席讲过:"政治路线确定之后,干部就是决定的因素。"邓小平在视察南方的讲话中也讲过:"正确的政治路线要靠正确的组织路线来保证。"去年,我们按照教育教学规律和编制管理的原则,对内设机构进行了必要的调整。根据工作需要,经过三次民主推荐,基本配齐了内设机构的领导班子,许多同志走上了领导岗位。党委指派分管的院领导与每一个同志谈了话。怎样才能当好一个领导干部,中办人事局还要专门组织新上任的同志进行培训,系统讲授有关内容。上个月学院就有十几位同志参加了培训。去年8月份,我就中层干部怎样履行好职责、胜任工作讲过几条。已经讲过的今天没有必要再重复了。我认为,学院的干部队伍总体情况、干部的个人表现总的来讲是好的,但取法乎上、高标准、严要求,仍然有不少可以改进的地方。借今天这个机会,我再讲一讲通过对一些干部工作情况的观察和思考,认为需要强调、提醒的几个问题,不是系统、全面的提要求,仅供各位参考。

一、不要忘记"电子科技学院"前面冠有"中共中央办公厅"

我们学院有两个名字,在中办内部叫"中共中央办公厅电子科技学院",在教育部的高校目录上叫"北京电子科技学院"。这两个校名江泽民主席都亲笔题写过。因此,我们有两本组织机构代码证书。学院有着光荣的历史,这一点大家都清楚,不用多说。我想说的是,大家不要忘记"电子科技学院"前面还冠有"中共中央办公厅"七个字。

作为中共中央办公厅所属的高校,学院是全国唯一一所为党政机关培养信息安全和办公自动化人才的高等学校。在全国一千多所高校中,我们是唯一具有普通密码科研生产资质的高等学校。我们还具有商密科研生产资质和计算机涉密系统集成甲级资质。这些与我们隶属于中共中央办公厅密不可分。

如果没有中央办公厅的背景,我们学院获省部级科技奖和享受国家特殊津贴人员的数量会大大减少,我们在争取机要密码方面的科研项目也得不到倾斜,吃不到偏饭。在严格控制总量的情况下,计算机涉密系统集成资质(甲级)的申报不会这么快就得到批准。教职员工的住房问题,与教育部直属院校和北京市属高校相比,更有盼头。教职员工的津贴补贴也是参照公务员的标准来执行的。中央办公厅和教育部就一个学校招生专门下发文件,中央组织部和人事部就一个学校毕业生就业问题专门下发文件,这样的待遇还有哪个高校有?

厅领导对学院的迎评促建工作非常重视,厅里专门成立了"中央办公厅本科教学工作评估领导小组",厅领导亲自担任组长。学院为了做好评估工作中提出的机构调整、人才引进、基础设施建设和项目、资金等方面的要求全部得到满足,为确保达到评估指标要求提供了保障。去年3月,中央政治局候补委员、中央书记处书记、中办主任王刚同志来学院给师生作形势政策报告时指出,电科院的教职员工,不仅是光荣的园丁,也是中办的干部,应该对自己提出更高的标准、更严的要求。

对于既是高校园丁又是中办干部的双重身份,我们不但要有光荣感、自豪感,还要有责任感、使命感。要全力以赴做好自己的工作,为中办争光,为学院添彩。要把自己的前途与学院紧密地联系在一起。"院兴我荣、院衰我耻",不应该只是对学生讲,教职员工更要有这种意识。"政治上高于其他院校,业务上不低于其他院校",我看对教职员工和学生一样适用。

作为学院的中层领导干部,言行举止、说话办事,必须同党中央在思想上、政治上、行动上保持高度一致。校训的前两个字就是"忠诚",首先就是忠于党。作为中央办公厅直接管理的一所高校,学院必须和其他单位一样,在全局和大局上和全厅保持步调一致。中共中央办公厅是块金字招牌,我们只能为之增光添彩,不允许任何人给它抹黑。

二、对自己在各方面要有更加严格的要求

学院是人才济济的地方。有些同志如果竞聘,早就走上行政领导岗位了。但他(她)们他们选择了专心致志于教学科研,对于担任行政领导,非不能也,是不为也。院党委尊重他(她)们的选择,并鼓励更多的优秀青年终身从事教学科研工作。有些担任领导职务的同志,在机构调整时主动提出为青年人成长提供机会,不再担任领导职务,让出位子,让年轻人挑担子。我对这些同志是很佩服、很敬重的。

当了领导干部,就要对自己在各方面有更加严格的要求。因为你一旦走上领导岗位,组织和群众就会对你有比普通干部、一般党员更高的要求。

由于所处位置的不同，你的优点、缺点都会暴露得更为明显。《论语》中讲的"君子之过也，如日月之食焉；过也，人皆见之；更也，人皆仰之"，就是这个道理。钱钟书在《围城》中也幽默地讲了这个道理："一个人的缺点正像猴子的尾巴，猴子蹲在地面上的时候，尾巴是看不见的，直到他向树上爬，就把后部供大众瞻仰，可是这红臀长尾巴本来就有，并非地位爬高了的新标志。"

要听得进不同意见，特别是难听的话，要有心理承受能力。兼听则明，偏听则暗。当领导能听见不同的意见，是难得的，是珍贵的。多听一听牢骚话，多听一听逆耳的话，可以使你看问题更全面，作决策更慎重。"我们要习惯听闲话，准备多听闲话，把听闲话当作收集舆论的好机会。""正确路线的领导之下也会有缺点错误，如黄河之水滚滚而流中间还会有几个小泡，我们多收集各种意见，认清自己工作中的缺点错误，这样就可以减少盲目性。"毛主席的这几句话讲得多好啊！

人贵有自知之明。当了领导干部，更得有自知之明。《吕氏春秋》的《先己》篇里说："欲胜人者，必先自胜；欲论人者，必先自论；欲知人者，必先自知。"没有人是无所不能的，也没有人是一无所能的。三人行，必有我师。毛主席说过："要学习，不要骄傲，不要看不起人。鹅蛋看不起鸡蛋，黑色金属看不起稀有金属，这种看不起人的态度是不科学的。"领导干部的自知之明表现在知己之长而扬之，晓己之短而避之；学人之长，补己之短；用人之长，容人之短。《尚书》的最后一篇《秦誓》中描述的"人之有技，若己有之；人之彦圣，其心好之，不啻若自其口出"的境界，令人向往。

毛主席一生佩服的人不多，曾国藩就是其中的一个。曾国藩讲过："心存敬畏之心，方能行有所止。"在古代，敬畏的对象是天地君亲师，在今天，就是法律和道德。"行有所止"就是做事不能越过红线。孔子自己说，到七十岁时才"从心所欲不逾矩"。"矩"是什么？就是法律法规、规章制度。当一个领导干部，一定要"行所当行，止所应止"。"行所当行"就是守土有责、守土负责、守土尽责。"止所应止"就是有规矩按规矩办，有程序照程序来。学院的规章制度有一个"大蓝本"，一条一条写得很清楚，是我们开展工作的基本依据。

在和一位新走上领导岗位的年轻同志谈心时，他希望给他推荐几本书。讲领导艺术的书多的是，有兴趣的同志可以读两篇文章和三本书。两篇文章是毛主席的《党委会的工作方法》和《关于领导方法的若干问题》。三本书是彼得·德鲁克的《有效的管理者》、汪中求的《细节决定成败》和刘玉瑛的《关键在于落实》。这三本书不一定都算名著，但很实用，开卷有益，认真读一读后对做好工作肯定会有启发、有帮助。

三、在工作实践中领悟领导方法和领导艺术

"三人同心，其利断金"，讲的是团结的重要性。"荷花虽好，也要绿叶扶持"，讲的是班子合作配合的道理。团结出战斗力，团结出政绩，团结出干部。这三句话被实践证明是真理。当了一把手，一定要学会调动班子成员的积极性；当了领导干部，一定要学会调动群众的积极性。众人拾柴火焰高。单枪匹马、单打独斗地干工作，"只有领导骨干的积极性，而无广大群众的积极性相结合，便将成为少数人的空忙"。

你走上领导岗位，组织上委以重任，群众也寄予希望。孔子说过："学而优则仕，仕而优则学。"一般人都理解成学好了可以做官，官当好了就去做学问。按朱熹的解释，"优"是有余暇、有余力的意思。对于"双肩挑"的领导干部来说，首先要把行政管理工作做好，这是你的本职，也是组织上和大家选择你来当主任、当处长的本意。所以，一定要摆正并处理好行政管理工作和教学科研工作的关系。领导就是服务，不是说说的，要真照着去做。你这样做了，你才有威信，大家才服你。

作为一名领导干部，该避嫌时要避嫌，该谦让时要谦让，如果不这样做，形象就会受损、褪色，群众的情绪就会在民意测评时表现出来。对自己分管的部门和人员更要严格要求。一个领导如果被大家认为有偏袒，不是一件好事情。不能与民争利，和普通教师去争资源。古诗中"瓜田不纳履，李下不整冠"，说的就是该回避的必须回避的道理。回避和避嫌是现代管理中的重要原则。这方面的意识不是那么到位的同志就需要补补课。面对和自己有利益关系的事，应该超脱。遇到固执己见的人，应该大度。为教学科研一线的同志、特别是年轻的同志提供更多的机会，是领导干部应有的风度和思想境界。

当好一个领导干部，要创造大家舒心宽松的环境，营造团结和谐的氛围；要严于律己，宽以待人；要持正公允，不走极端；要排解纠纷，不激化矛盾；要活血化瘀，善于做深入细致的思想政治工作等等。细说起来，具体要求就太多了。我这里强调一下勇担责任的问题。学院校训"忠诚、笃学、创新、卓越"的释义中就有这个内容。怕得罪人当不成领导干部，至少是当不了好的领导干部。不得罪少数人，就得罪多数人。工作中没事别找事，有事不怕事。遇到大事要果断，大事上的犹豫不决，会带来灾难性的后果。虽然学院的大事不是很多，但当机立断工作作风的养成，是靠一件一件小事积累

的。保不准专家进校现场考察期间就会有需要果断处理的事。

四、在教学评估工作中展示自己的能力和才华

今年,我们要开展建校 60 周年庆祝活动。我在校庆宣传组的会议上讲过,考察任用干部,要看干部的全部历史和全部工作。当过官员的唐朝诗人白居易在《放言五首》诗的第三首写道:"试玉要烧三日满,辨材须待七年期。"讲的就是看明白一件事情、看清楚一个干部需要比较长的时间。但那是针对位高权重的封疆大吏讲的,我们学院这样基层单位的中层干部,不需要也用不着那么长的时间。一下子要考验七年,人才就给耽误了。

历史是一个阶段、一个阶段连接的,工作是一项任务、一项任务组成的。一个干部表现好还是表现坏,能不能用,不会只看你测评前后的表现和测评时的票数来决定。对一个干部的评价,必须全面、客观,经得起时间的考验。不光看他说什么,还应该看他做什么;不光看他做什么,还应该看他做的效果怎么样。从效果中,可以分析判断出他的水平、他的能力;也就是说要听其言而观其行,观其行而察其效,察其效而衡其能。

每一项具体工作,都是衡量一个干部能力水平、考察一个干部的观测点。实际上,一个人干每一项具体工作都是在展示自己。一个干部的精神状态到底怎么样,工作能力怎么样,领导艺术怎么样,都可以从一件一件的具体工作中看出来。有的人悟性高,一点就透,由此及彼,触类旁通,举一反三,能创造性地开展工作,这样的同志还会不断成长进步。有的人工作缺乏主动性,拨一拨动一动,说了能明白,布置了会去干,能够完成任务,这样的同志还可以维持现状。也有少数人完不成任务,做不好工作,还要怨天尤人,有一大堆理由为自己开脱,这样的同志就要有危机感。长江后浪推前浪,一代新人超旧人,这是不以人的主观意志为转移的客观规律。《论语·子罕》里有一句话:"后生可畏,焉知来者之不如今也。"每个人都要珍惜自己工作的岗位,抓住自己干事的机会,干好几件出彩的事儿。有机会一定要抓住,因为再精彩的演出也有谢幕的时候。教学评估工作就是大家展示自己的能力和才华的极好机会。

团结一心创评建佳绩,凝聚力量铸学院辉煌。"上下同欲者胜。"在教学评估工作中"保良争优",是全院上下的共同目标。同志们,让我们以安定团结的氛围,良好的精神面貌,扎实的工作成绩,迎接评估,迎接校庆,迎接党的十七大胜利召开。

让红色电波永不消逝*

（2007 年 5 月 2 日）

在五四青年节到来前夕，我们来到西柏坡纪念馆，举行中央办公厅电子科技学院思想政治教育基地挂牌仪式。首先，我代表中央办公厅电子科技学院，向给予我院大力支持和帮助的河北省委机要局、西柏坡纪念馆表示衷心的感谢！代表院党委和院领导向同学们并通过你们向全院青年学生致以节日的亲切问候！

60 年前，我院的前身——中央工委青年干部训练班诞生在西柏坡。当时，西柏坡是党中央指挥解放战争三大战役的指挥部所在地。一封封反映各个战场情况的电报汇总到这里，一封封对各个战场做出指示的电报从这里传向四面八方。周恩来同志曾经形象地说过："我们这个指挥部，一不发人，二不发粮，三不发枪，就是天天往前线发电报，就把国民党打败了。"训练班先后在韩家峪村、天井村办了两期，学员陆续进入党、政、军机要部门工作。训练班结束后，办学地点几经变化，经历了张家口军委工程学校、南京机要学校、北京机要学校、宣化机要学校和北京电子专科学校，发展到现在的中央办公厅电子科技学院。今天，我们回到学院的诞生地，回顾学院发展历史，是为了更好地总结建校 60 年来的办学经验，承前启后，继往开来，谋划学院未来的发展。在西柏坡纪念馆建立思想政治教育基地，是我院加强学生革命传统教育和思想政治教育的新举措。通过各种形式的思想政治教育，引导大家树立远大理想，坚定跟党走中国特色社会主义道路的信念，锤炼艰苦奋斗的品质，早日成长为德智体美全面发展的党的机要、密码事业的建设者和接班人。

借此机会，我想对同学们提几点希望：

一是要自觉发扬艰苦奋斗精神。不管过去、现在和将来，艰苦奋斗精神始终都是我们党战胜各种困难的法宝，也是新形势下广大青年学生成长进步的重要精神支柱。希望同学们响应胡锦涛总书记提出的不断增强"三种

---

* 本文是作者在西柏坡纪念馆学院思想政治教育基地挂牌仪式上的讲话。

意识"的要求,始终牢记"两个务必",做到思想上不忘本,学习上不畏难,生活上不摆阔,自觉培养勤俭节约的习惯,大力发扬艰苦奋斗的精神。

二是要不断提高思想政治素质。过硬的思想政治素质,是青年学生肩负历史使命、承担光荣责任、成长成才的重要支撑。希望同学们坚持用马克思主义中国化的最新成果武装头脑,深入学习邓小平理论和"三个代表"重要思想,学习十六大以来党中央提出的科学发展观、构建社会主义和谐社会等一系列重大战略思想,树立社会主义价值观,成为思想进步、政治可靠、立场坚定的一代新人。

三是要继承五四优良传统,做机要密码事业的可靠接班人。青年学生继承革命前辈遗志、发扬革命传统,就是要勤奋学习,练就过硬本领,承担起推进社会主义现代化事业,实现中华民族的伟大复兴的历史重任。红色电波永不消逝,机要事业后继有人。希望同学们珍惜大学时光,努力学习科学文化知识,积极参加学院内外的各类课外科技文化活动,德智体美全面发展,成长为品德高尚、身心健康、学业有成的有为青年!

认真学习江泽民同志的教育思想[*]

（2007 年 6 月 17 日）

　　江泽民同志针对当今知识经济、高科技时代的挑战及世界范围内教育、科技发展的新趋势，深刻阐述了我国社会主义教育事业的本质和发展规律，提出了"科教兴国"的基本国策，确立了教育在我国现代化建设中优先发展的战略地位；从以人为本出发，提出了教育以提高国民素质为根本宗旨；从全面、协调发展出发，提出教育要促进人的全面发展、教育是一个系统工程；从可持续发展出发，提出要建设学习型社会，不断推进教育改革与教育创新。这些观点和论述，提纲挈领地阐述了我国教育改革和发展的一系列重大理论和实践问题，体现了解放思想、实事求是、与时俱进的精神，体现了科学的教育发展观，为我们确立现代教育目标和发展现代教育事业，提供了科学的世界观和方法论。

一、提出科教兴国，确立教育优先发展的战略地位

　　教育是人才培养之基和立国之本，在国民经济和社会发展中具有先导性、全局性和基础性。作为我党第三代领导集体的核心，江泽民同志以政治家的眼光高瞻远瞩地认识到教育是立国之本，在不同的时期和场合多次强调了教育的重要作用，逐步确立了教育在我国经济社会发展中的战略地位。他关于坚持教育为本、教育优先发展战略和实施科教兴国战略的思想有一个逐步深入的过程。

　　1989 年，江泽民同志到中央主持工作后不久，就从我国国情、现代化建设和国际竞争的实际需要出发，指出发展教育和科学是百年大计，对社会生产力和民族素质的提高具有重大深远的意义。1991 年，他在庆祝建党 70 周年大会上指出："百年大计，教育为本。教育是社会主义物质文明和精神文

　　* 本文是作者在中央党校学习时撰写的论文，刊登于《北京电子科技学院学报》2007 年第 15 卷第 3 期。

明建设极为重要的基础工程。……我们必须加强教育工作,大力发展教育事业。"把教育视为"极为重要的基础工程",是江泽民同志关于教育地位的一个鲜明的表述。此后,1992年他在党的十四大报告中强调,必须把教育摆在优先发展的战略地位,努力提高全民族的思想道德和科学文化水平,这是实现我国现代化的根本大计。"在整个社会主义现代化建设的过程中,教育优先发展的战略地位必须始终坚持,不能动摇。如果我们现在不是这样来认识教育问题,就会丧失时机、贻误大事,就要犯历史性的错误。"在1995年5月召开的全国科技大会上,江泽民同志首先提出了科教兴国战略,明确指出:"党中央、国务院决定在全国实施科教兴国战略,是总结历史经验和根据我国现实情况作出的重大部署。"此后,我们党把科教兴国战略正式确立为国家的一项基本国策。在党的十五大和十六大报告中,江泽民同志再次将实施科教兴国战略作为我国发展的指导方针和一项基本的治国方略。

面对国际国内不断发展变化的新形势,江泽民同志清楚地认识到,我国的教育事业虽然有了很大的发展,但同改革开放和现代化建设的要求相比,仍然是个薄弱环节。国运兴衰,系于教育。他深刻指出:"在我们这样一个有近十二亿人口、资源相对不足、经济文化比较落后的国家,依靠什么来实现社会主义现代化建设的宏伟目标呢? 具有决定性意义的一条,就是把经济建设转到依靠科技进步和提高劳动者素质的轨道上来,真正把教育摆在优先发展的战略地位,努力提高全民族的思想道德素质和科学文化素质。"当今世界,综合国力的竞争,越来越表现为经济实力、国防实力和民族凝聚力的竞争。无论就其中哪一个方面实力的增强来说,教育都具有基础性的地位。我国还是一个发展中国家,劳动力素质不高、创新能力不强,这是制约我国经济发展和国际竞争能力的一个主要因素。在我国经济增长方式还没有根本性转变,沉重的人口负担还没有转化为人力资源优势的情况下,江泽民同志突出教育优先发展的地位,既是基于对我国国情和国外客观现实的准确把握,也是对教育在社会进步中的地位和作用做出的正确判断。

二、坚持教育要以人为本,促进人的全面发展

现代教育注重人的全面发展,注重受教育者本身素质的提高和主体性的培育。教育的本质是培养人,促使个体身心全面发展。江泽民同志的有关论述充分体现了"以人为本"的基本理念和全面发展的观点,以教育创新思想致力于推进素质教育和人的个性的全面发展,为完善现代教育目标和

现代教育模式奠定了基础。

1.全面推进素质教育。现代教育的基本目标是以提高国民素质为目标,促进人的全面发展。素质教育以人的发展为核心,符合当今社会发展与个性和谐发展要求的现代教育思想。江泽民同志站在新的历史高度,在党和国家领导人中首次提出并系统阐发了素质教育的概念和素质教育的思想。1999年6月,江泽民同志在第三次全国教育工作会议上,提出了深化教育改革、全面推进素质教育的战略思想。江泽民同志指出:"各级各类教育都要把全面推进素质教育、提高受教育者的全面素质,作为教育工作的战略重点。既要重视和不断加强、改进文化知识教育,又要重视和不断加强、改进思想道德教育。"素质教育要求把提高受教育者的全面素质作为教育工作的战略重点,在传承文化知识的同时大力加强思想政治教育,把提高思想政治素质作为素质教育的内容摆在各类学校的重要地位,任何时候都不能放松和削弱,以培养学生的创新精神和实践能力为重点,努力造就有理想、有道德、有文化、有纪律的,德智体美全面发展的社会主义事业的建设者和接班人。素质教育倡导的就是在教育中每个人都得到充分而全面的发展,这集中体现了马克思关于人的全面发展思想。现代文明的进步,呼唤个性的和谐发展,未来社会应是以个人素质的全面发展为基础的社会。这就要求教育者和受教育者在教育过程中都要确立以人为本的基本理念,否则,决不会培养出有独立个性、人格完善、全面发展的人。

江泽民同志根据国际教育发展的新进展,针对我国教育发展中存在的现实问题阐发的关于素质教育的思想,充分体现了"以人为本"的基本理念,对于以人的全面发展为核心的素质教育观的确立具有重要的指导意义。

2.教育要推进人的全面发展。人才培养目标是教育活动的出发点和归宿。社会主义教育应该培养什么样的人呢?江泽民同志在不同的场合,针对不同的重点做出了论述。在清华大学建校90周年大会上,江泽民同志把青年培养目标细化为"五个希望":"希望你们成为理想远大、热爱祖国的人;希望你们成为追求真理、勇于创新的人;希望你们成为德才兼备、全面发展的人;希望你们成为视野开阔、胸怀宽广的人;希望你们成为知行统一、脚踏实地的人。"2002年,江泽民同志在北京师范大学百年校庆的讲话中又提出"劳动者、建设者、管理者、领导者"的育人目标:"只有按照'三个代表'要求,大力推进教育创新,不断发展有中国特色社会主义教育事业,才能不断为我国经济和社会发展培养高素质的劳动者、建设者、管理者、领导者。"这既是对毛泽东同志关于"德才兼备、又红又专"、邓小平同志关于"四有新人"培养目标的具体化,又是对马克思主义经典作家关于人的全面发展观点的充实和展开。在庆祝建党 80 周年大会的讲话中,江泽民同志创造性地提出了发展教育以促进人的全面发展。他指出:"要努力提高全民族的思想道德素质和科学文化素质,实现人们思想和精神生活的全面发展。""推进人的全面发展……人越全面发展,社会的物质文化财富就会创造得越多,人民的生活就越能得到改善,而物质文化条件越充分,又越能推进人的全面发展……人的全面发展程度也是逐步提高、永无止境的历史过程。"

江泽民同志有关人才培养目标的论述,触及了马克思关于人的全面发展学说的实质,指明了人的全面发展的宏伟目标在社会主义初级阶段的努力方向和实现途径。

3.要坚持人的全面发展的培养目标与全面科学的培养途径、方法相统一。江泽民同志关于人才培养的途径、方法的论述体现了人的全面发展的要求。按照马克思主义经典作家的观点,教育与生产劳动相结合,这"不仅是提高社会生产的一种方法,而且是造就全面发展的人的唯一方法"。江泽民同志继承了马克思主义关于教育与生产劳动相结合的学说,并在此基础上提出了人才培养要坚持"四个统一"。在北京大学百年校庆大会上,他号召全国大学生要"坚持学习科学文化与加强思想修养的统一,坚持学习书本知识与投身社会实践的统一,坚持实现自身价值与服务祖国人民的统一,坚持树立理想与进行艰苦奋斗的统一。"

江泽民同志之所以强调教育要与社会实践紧密结合,是因为社会实践是知识更新的源泉,是检验真理的试金石,也是青年锻炼成长的有效途径。青少年参加社会实践,能开阔视野,增长社会经验,磨砺意志,砥砺品格,并增长才干,进而逐渐实现人的全面发展。

江泽民同志提出教育与生产劳动和社会实践相结合的教育理念,是教育与生产劳动相结合学说的进一步发展,并为之增添了时代的、科学的新内容,拓宽了对人才培养途径和教育功能的认识,具有创造性。

三、树立教育协调发展观,阐述"教育是一个系统工程"

江泽民同志在《关于教育问题的谈话》中,从教育的方针、地位和作用、性质、目标、内容和方法等方面,系统地阐述了教育是一个系统工程,要求各行各业、各个部门、各级政府要通力合作,以极大的热情来抓好各级各类教育。各级领导特别是教育部门的主要领导,要努力学会用系统的、事物之间相互联系的观点分析和解决教育问题。

1.抓好思想政治教育是抓好整个教育工程的关键环节。思想政治教育的成功与否,直接关系我国教育事业的成败。教育具有很强的政治性,培养什么人,为谁服务,始终是教育的一个根本问题。德育是教育的灵魂,思想政治素质是最重要的素质。江泽民同志指出:"抓好教育和青少年学生的思想工作,直接关系到我们实施科教兴国战略能否取得成功,关系到我国社会主义现代化建设能否取得成功,大家都要从这样的高度来认识问题,开展工作。"

2.必须处理好多层次、多形式教育互补关系。抓好教育这个系统工程,就要求我们处理好教育各种层次和各种形式的关系。首先,要抓好基础教育,把基础教育放在整个教育的"重中之重",切实抓好九年义务教育和扫除青壮年文盲,使全国人口平均受教育年限达到发展中国家先进水平。要积极稳妥地发展高等教育,突出高等教育的导向作用。高等教育要为发展高新技术培养合格人才,高等学校要在国家创新体系中发挥重要作用。早在1996年4月,江泽民同志在同上海交通大学等四所大学负责人座谈时就指出:"高等教育在整个教育事业中处于龙头地位。高等教育的发展程度和发展质量,不仅影响整个教育事业,而且关系到社会主义现代化建设的未来。"其次,处理好学校教育与终身教育的关系。学校接受的教育对于人的一生来说只是基本教育,是终身教育的基础,但毕竟不是人生所受教育的全部,活到老,学到老,接受教育到老是知识经济社会人民群众的需求。江泽民同志深刻地指出:"我们要逐步建立和完善有利于终身学习的教育制度。学校要进一步向社会开放,发挥学历教育、非学历教育、继续教育、职业技术培训教育等多种功能。普通教育、职业教育、成人教育和高等教育要加强相互衔接和沟通,为学习者提供多种多次受教育的机会。"再次,要利用现代化信息和传播技术开展远程教育,为各类社会成员提供多层次、多样化的教育服务。江泽民同志指出:"要以远程教育网络为依托,形成覆盖全国城乡的开放教育系统,为各类社会成员提供多层次、多样化的教育服务。中华民族具有崇尚教育的优良传统,二十一世纪的中国应该成为人人皆学之邦。"发展教育,繁荣文化,"使人人都有受教育的机会和享受文化成果的充分权利,使人们的精神世界更加充实、文化生活更加丰富多彩。"

江泽民同志关于教育协调发展的思想,符合教育发展和社会进步的共同要求,符合知识经济社会的时代特征,是与时俱进思想在教育理论中的具体体现。他的论述对于我们适应知识经济社会发展的趋势,不断提高自身素质有着十分重要的指导作用。

3.学校、家庭、社会三位一体,协调行动,是抓好整个教育工程的基本力量。加强和改进教育工作,学校、家庭、社会各方面都有责任。江泽民同志提出,对青少年的教育,牵涉面广,时间长,空间宽,需要家庭、学校、社会三方面的密切配合,为他们的成长创造一个良好的环境;家长要鼓励自己的子女认真学习,引导他们奋发进取、成才报国;学校除了抓好教学教材改革外,还要加强学籍的管理、生活和校园秩序的管理,严肃纪律,建立健全各种规章制度,认真贯彻《中小学生行为规范》和《高等学校学生行为准则》,并积极开展各种有益的活动;社会各有关方面要为青少年的成长提供健康丰富的精神食粮,打击毒害青少年的各种犯罪活动,搞好综合治理,优化育人环境。各级党委和政府的正确领导和引导,是抓好整个教育工程的保证。各级党委、政府要像抓经济工作那样来抓好教育这个系统工程。江泽民同志曾告诫全党:"我之所以说教育是一个系统工程,就是说对教育事业,全社会都要来关心和支持。……这项工作不仅教育部门要做,宣传思想部门、政法部门以及其他部门都要做,全党全社会都要来做。"

江泽民同志关于教育是一个系统工程的阐述独具慧眼,异常深刻,是他从政治家角度基于对教育的重新认识而得出的具有开创性的科学结论,对于我国教育事业的健康发展,对于我国教育与世界教育发展的接轨,都有着重大的现实指导意义。

四、树立可持续教育发展观,推进教育改革与教育创新

综合国力的竞争归根到底是人才的竞争。世纪更替之际,世界大多数国家和地区纷纷进行教育改革,力争在未来的国际竞争中取得优势。教育要有生机活力,就必须从计划经济形成的体制束缚中解放出来。同时,必须更新教育观念,推进教育教学改革,实现教育的可持续发展。

1.树立终身学习理念,建设学习型社会。江泽民同志认为,"终身学习是当今社会发展的必然趋势。一次性的学校教育,已经不能满足人们不断更新知识的需要。我们要逐步建立和完善有利于终身学习的教育制度。"素质教育的全民性与终身性也是统一的,这主要是由于素质教育的全民性可以涵盖不同年龄层次的国民,而这恰恰是终身教育的应有之意。只有这两方面的统一,才有可能真正实现提高全体国民素质的根本宗旨,达到实现人的全面发展的崇高目标。在党的十六大报告中,江泽民同志明确提出了我

国在本世纪头 20 年全面建设小康社会的奋斗目标。报告指出:"全民族的思想道德素质、科学文化素质和健康素质明显提高,形成比较完善的现代国民教育体系……人民享有接受良好教育的机会,基本普及高中阶段教育,消除文盲。形成全民学习、终身学习的学习型社会,促进人的全面发展。"

2.坚持教育创新,推进科技和教育体制改革。江泽民同志指出,我国教育创新必须坚持和发展适应经济和社会发展要求的教育思想,坚持中国特色社会主义理论,坚持以"三个代表"重要思想为指导。江泽民同志在北京师范大学百年校庆大会上,对教育创新作了全面的阐释。他在讲话中强调:"我们要继续坚定不移地实施科教兴国战略,不断培养大批合格的有中国特色社会主义的建设者,不断造就具有丰富创新能力的高素质人才,不断提高全民族的思想道德素质和科学文化素质。这是实现中华民族伟大复兴的必然要求,也是我国社会主义教育事业的历史任务。要完成这一历史任务,必须不断推进教育创新。"这个论断深刻阐明了教育创新的重要意义,高屋建瓴地论述了教育创新与贯彻落实科教兴国战略、提高人民素质、造就创造型人才和实现中华民族复兴伟业之间的内在联系。教育创新,与理论创新、制度创新和科技创新一样,是非常重要的,而且教育还要为各方面的创新工作提供知识和人才基础。这就突出了教育创新在社会创新体系中的优先地位。

江泽民同志在党的十六大报告中指出:坚持教育创新,深化教育改革,优化教育结构,合理配置教育资源,提高教育质量和管理水平。在教育体制改革方面,江泽民同志认为,要立足国情,从实际出发,积极探索社会主义市场经济条件下教育的新体制和发展的新路子,使教育结构和教育体制能适应社会主义市场经济发展和社会全面进步的要求。在教育结构、教学内容和教学方法改革方面,江泽民同志要求"转变那种阻碍学生创新精神和创新能力发展的教育观念、教育模式,特别是由教师单向灌输知识,以考试分数作为衡量教育成果唯一标准,以及过于划一呆板的教育教学制度。"教育改革和发展能否取得成效,关键在班子建设上。江泽民同志认为各级领导办教育要遵循教育规律,并要求高校党委书记、校长应努力使自己成为社会主义政治家、教育家。

江泽民同志的教育思想,反映了当前科技进步、社会经济发展和日益激烈的国际竞争对教育事业提出的新要求,是马克思主义教育思想在中国的新发展,是"三个代表"重要思想在教育领域的具体体现,具有重要的理论价值和实践意义,是指导新时期我国教育改革事业的行动指南。

在课堂上展示教师的风采[*]

（2008 年 1 月 13 日）

　　在教育部组织的本科教学工作水平评估中,学院获得了"优秀"等次。评估结论公布后,学院上下没有沉浸在优秀结论中陶醉,而是继续按照评估工作"以评促建、以评促改、以评促管、评建结合、重在建设"二十字方针的要求狠抓教学工作,结合深入学习实践科学发展观活动,扎扎实实地落实整改方案。整改是一个长期的过程,没有终点。一次优秀仅仅是我们接受评估的阶段性目标,永远优秀才是我们的追求。

　　办好电科院,一定要坚持以教学工作为中心,以教学改革为动力,以教学建设为基础,以质量为永恒主题。要想在高等教育体系中占有一席之地,必须以特色求生存,以质量求发展。要牢固树立质量意识,把外在的五年一次的评估,内化为提高质量的永恒追求,才能真正实现把学院建设成为特色鲜明、水平一流的机要密码专业高等学校的目标。

　　教学改革是高校最核心最本质的改革。只有全面推进教学改革,才能使教学质量得到不断提高,才能办好机要部门满意的高等教育。提高人才培养质量,必须改革教学内容,改进教学方法,提高教学水平。大学生要成人、成才,成人是成才的基础,知识、能力和品德应协调发展。教师是教学的主体。教师要帮助学生掌握既有的知识,还要启发鼓励学生在既有知识的基础上继续探索,在前人基础上创新,因为只有站在巨人肩膀上才能看得更远。在教学中不仅要讲定理、原理和结论,还要讲方法论,讲探索得出这些定理、原理和结论的思路和方法,让学生知其然,并知其所以然。康德提出的学生应该学的是思考活动,而不是思考的结果,与中国古代授人以鱼、不如授之以渔的思想一样,讲的都是这个意思。因此,要大力提倡启发式、研究探索式教学,增强课堂的互动性,课堂教学设计和讲述方式应该是因人而异、丰富多彩的。

　　大学生需要掌握一定的专业知识,教学过程要体现专业性,但仅此是不

---

　　* 本文是作者在青年教师教学基本功比赛经验交流会上的讲话。

够的,还要体现综合性。德智体美全面发展才是合格的毕业生。落实这个"德"字,决不仅仅是思想政治理论课教师的责任。韩愈在《师说》中也把"传道"排在"授业、解惑"的前面。每一位教师都要结合自己的课程,对学生进行思想道德和人文方面的教育。我在和英语教研室的老师座谈时谈到过,英语教学中也可以渗透思想道德,王尔德《忠诚的朋友》推崇了诚信,都德《最后一课》宣传了爱国。能不能做到在传授专业知识的同时,使学生在品德、操行方面受益,使学生受到懿行美德的浸染和人文知识的熏陶,是普通老师和优秀老师的重要差别。

加强对教师的培养要有具体措施,要有载体。要鼓励青年教师在职攻读学院学科建设需要的学历学位,鼓励教师通过参加学术会议、做访问学者、到机要部门实习等多种方式进修提高,每年举办新上岗教师教学业务与实践培训班。教务处要继续设计、组织好有助于提高教学水平的各项活动。近三年来,课堂教学精彩 25 分钟、优秀教学团队、青年教师教学基本功比赛等大型教学活动组织得很好,受到广泛欢迎,作用也非常明显。学院青年教师教学基本功比赛的获奖者,也将成为向市级比赛的推荐人选。青年教师教学基本功比赛也还有一些需要改进的地方,比如是否可以在设立奖项和分组时考虑学科区别、职称差别、系部参加人数乃至区分性别等因素,是否可以采用随机抽取教案进行教学演示等更加灵活的形式等等。在设计活动时,也不要仅限于课堂教学,也应该组织一些调动实验课老师、双语教学老师、第二课堂辅导老师积极性的活动。

后生可畏,青出于蓝。看到青年教师在这次比赛中积极报名,踊跃参加,精心准备,精彩亮相,我非常高兴。电科院的未来大有希望。讲台是展示教师个人魅力、实现自我价值的最佳平台,教师的风采只有在课堂上才会充分展示出来。获奖青年教师在这次比赛中展示了较高的课堂教学水平而脱颖而出。希望获奖青年教师要戒骄戒躁,继续努力,以这次获奖为新的起点,多投入,多积累,苦练内功,因人施教,探索以班级为单位开展教学时不同层次学生的不同教育方式,探索适合学科特点、课程特点、学生特点、教师自身特点的教学方法。

教师队伍要保持活力,没有竞争激励机制是不行的。要定期评选、表彰在教学和人才培养中做出突出贡献的教师,定期举办青年教师教学基本功竞赛活动。组织教学比赛是激励机制,绩效工资也是激励机制。教师绩效工资改革的方向,就是收入与上课数量、质量挂钩。教师收入的设计不但要解决教与不教、教多教少一个样的问题,还要解决教好教差一个样的问题。

课时费作为教师收入的一部分,肯定要予以保留,不能削峰填谷,而要优劳优酬,要设计得更科学、更合理,更好地调动教师多上课、上好课的积极性。

教学指导委员会和教学督导组要更好地担负起指导教学、提高教学质量的责任。督导组是教学质量监控体系中的重要组成部分。新老结合、退休老教师和在职教师相结合的方式,适合学院教师队伍规模不大的现状,要坚持并加以完善。督导组要全面担负起督导责任,不但要督,而且要导;督只是手段,导才是目的。对督导组发现问题较多的教师,学生评教中意见较多的教师,要集体听课,或观看课程录像,帮助其分析问题,找到差距,提出改进的意见和建议,促进教师教学水平的整体提高。

做大学生健康成长的指导者和引路人[*]

（2008 年 4 月 17 日）

刚才，范洁、谢婷婷、徐东华三位老师发了言，谈了担任班主任工作的感悟和体会，讲得有情况、有思想、有激情，表达了对辅导员、班主任工作的热爱，体现出了为人师表、敬业奉献的高尚情怀，听了以后很受启发和教育。曹俊德同志就辅导员、班主任工作的有关情况和下一步工作思路讲了话，我完全同意。学院专题召开辅导员、班主任工作座谈会，体现了院党委对学生思想政治教育工作的高度重视，体现了对辅导员、班主任的亲切关怀。今天召开这个座谈会的目的，主要是充分肯定辅导员、班主任工作取得的成绩，听听大家的感受和体会，坦诚交流工作思路，为大家鼓劲加油。我代表院党委、院领导向各位辅导员、班主任表示衷心感谢，向被评为 2007 年度优秀班主任的老师表示热烈祝贺！

辅导员、班主任是高等学校教师队伍的重要组成部分，是高等学校从事德育工作、开展大学生思想政治教育的骨干力量，是大学生健康成长的指导者和引路人。在座的各位直接和学生打交道，党中央的政策、中办的要求、院党委的工作部署和学院的各项规章制度，都要通过同志们的言行传达和体现在学生的学习、生活中。学校的特点决定同志们上班时，同学们在上课，开展工作经常要在下班后，更多的要在周末和节假日，各位投入和付出得很多。由于学院的特殊性质和在人才培养上的特殊要求，与其他高校的辅导员、班主任相比，你们的责任更大、任务更重、付出的更多。特别是去年以来，全党全国迎接党的十七大、学院迎接教育部本科教学工作水平评估、举行 60 周年校庆等等，大事多、要事多，同志们的扎实工作和超常付出，为各项工作的顺利开展创造了有利条件。应该说，长期以来，同志们勤勤恳恳、任劳任怨、默默无闻地工作，为学院的人才培养和改革发展稳定做出了重要贡献。

加强辅导员、班主任队伍建设，是坚持育人为本、德育为先的必然要求，

---

　* 本文是作者在学院辅导员、班主任座谈会上的讲话。

是统筹学院改革、发展和稳定的必然要求,也是锻炼和造就高素质人才的必然要求。学院一直非常重视辅导员、班主任队伍建设,已经形成了"总支书记、辅导员、班主任、学生处、团委"五位一体的学生工作管理体系。从实际工作业绩看,辅导员和班主任在学生工作管理体系中切实发挥了骨干作用,在培育大学生成长成才、帮助大学生排忧解难、确保校园安全稳定等方面发挥了重要作用,学院是满意的。下面我就进一步做好辅导员、班主任工作,谈几点意见。

第一、辅导员和班主任工作将大有可为

党中央高度重视大学生思想政治教育工作,早在 2004 年就专门下发了《关于进一步加强和改进大学生思想政治教育的意见》(中发[2004]16 号文件),教育部全面落实这一文件精神,2005 年下发了《关于加强高等学校辅导员班主任队伍建设的意见》(教社政[2005]2 号),2006 年下发了《普通高等学校辅导员队伍建设规定》(教育部令第 24 号)。由此看出,党和国家对辅导员、班主任工作的高度重视和辅导员、班主任工作在高校的重要地位。对于电科院来讲,辅导员和班主任是学院人才培养和加强思想政治工作的骨干力量,在学生思想政治教育工作体系中具有特殊地位和特殊作用。辅导员和班主任是学生的良师益友,是学生思想政治教育工作体系中的基础性力量。学院一直把辅导员、班主任队伍建设,作为加强和改进大学生思想政治教育的一项重要工作来抓,作为发现人才、培养人才、使用人才的一项重要战略,努力为同志们发挥作用搭建了广阔的舞台,辅导员和班主任工作必将大有可为。

第二、辅导员和班主任要积极有为

辅导员、班主任工作是学院整个教育管理工作中非常重要的环节,其工作效果好坏,直接影响学院发展大局。学院对辅导员、班主任队伍充分信任、充满期待。各位辅导员和班主任要努力工作,大胆创新,积极有为。

一是要确立"育人为本"观念,把学生看成学院生存之本,把促进学生全面发展看成学院发展之本,把一切为学生服务看成思想政治工作之本,把有利于学生成长成才、健康发展作为学生工作的出发点和落脚点,急学生之所急,帮学生之所需,解学生之所难,不断满足学生的需求,切实为促进学生全

面发展做好服务工作。在工作方式上,由师长型向良师益友型转变;由管理型向管理服务型转变;由说教型向示范型转变;由单向思维方式向双向互动型思维转变。只有这样,我们辅导员和班主任才能赢得广大同学爱戴和拥护,才能真正把学生思想政治工作抓好、抓实、抓出成效。

二是培养"政治强、业务精、纪律严、作风正"的素质。政治强,就要在政治原则、政治立场和政治方向上始终与党中央保持一致,具有政治坚定性,这样才能在政治上指导和引导学生,特别是引导和培养学生中的先进分子信仰马克思主义、信仰共产主义。业务精,就要用科学理论武装自己,学习相关学科和就业指导、学生事务管理等方面科学知识,不断研究新情况,探索新途径,解决新问题。纪律严,就要不折不扣地认真贯彻落实上级有关工作部署,着眼于大学生思想政治教育工作全局,着眼于学院改革、发展和稳定全局,兢兢业业做好本职工作。作风正,就要以良好的道德品质和艰苦奋斗、无私奉献、公正廉洁的精神状态感染、教育学生,以对学生满腔热情的关爱来帮助和引导学生,在处理重大问题时,靠得住,冲得上,有激情,能战斗,敢于打硬仗,敢于面对和解决难题。按照"政治强、业务精、纪律严、作风正"要求,自觉加强学习,不断提高工作水平,才能成为思想教育、心理健康教育、职业生涯规划和学生事务管理方面合格的专门人才。

三是掌握"贴近学院、贴近实际、贴近学生"的工作方法。要深入学生,融于学生。经常深入教室、寝室、食堂,体验学生生活,掌握学生第一手材料,帮助学生解决实际困难,捕捉学生真实心理活动与思想问题。要善于发现问题,及时解决问题,把一些事故和问题消弭于萌芽状态。要善于总结工作经验,探索工作规律。既要注意学生中带有倾向性和共性的问题,又要关注特殊群体和个体的问题。对于经常出现的问题要抓规律,从体制和制度上来解决。对于偶尔出现的个案要抓苗头,从产生原因上来解决。要耐心细致地做好问题学生的思想教育,以理服人、以情感人,通过聊天、谈心、交友等方法,掌握其思想心理活动,对症下药,做好工作。

第三、对辅导员和班主任开展工作要保障到位

院系党政领导和有关部门要高度重视、真情关怀、真心爱护各位辅导员、班主任,要建立完善激励和保障机制,为同志们开展工作创造便利条件,提供有力保障。要着力建设一支高水平的辅导员、班主任队伍,强化辅导员的教师、干部"双重身份",开展职业、专业"双重培训",加强学院职能部门和

院系组织"双重领导",落实教师、干部"双重待遇"。要不断激发同志们的工作热情,努力保护同志们的工作积极性,在业务培训、职称评定、收入待遇和评选先进等方面,充分考虑辅导员、班主任的具体工作情况和实际贡献,使同志们工作有条件、干事有平台、发展有空间。

　　同志们,今年是全面贯彻落实党的十七大做出的战略部署的第一年,也是改革开放30周年和北京奥运会举办之年。国家大事多、要事多。从全国高校情况来看,因安全问题、生活问题、心理问题引发的事端时有发生,社会上的各种矛盾也会反映到高校里来,学院也面临着许多新的情况、新的变化。面对繁重的工作任务和新的挑战,希望各位辅导员、班主任深入学习和领会党的十七大精神、中央16号文件和第十六次全国高校党建工作会议精神,进一步增强使命感和光荣感,再接再厉,开拓创新,努力把学院大学生思想政治工作推进到一个新阶段,为推动机要密码教育事业又好又快地发展做出新的更大贡献!

密码教育工作者必须绝对忠诚[*]

（2008 年 5 月 13 日）

国家密码管理局决定，今年第二季度在全国党政密码部门集中开展密码干部忠诚教育活动，以建设一支忠诚可靠、作风过硬的密码干部队伍，切实做好新时期密码工作。开展忠诚教育活动，对于在我院进一步推进教学、科研和管理工作，把我院建设成为特色鲜明、水平一流的机要密码专业高等学校具有深远的影响和意义。

密码工作是党的一项特殊重要事业，是党和国家的生命线、保障线、指挥线，直接关系到国家政治安全、经济安全、国防安全和信息安全，党的密码事业要求密码干部队伍绝对忠诚于党、忠诚于祖国、忠诚于人民，在密码干部队伍中开展忠诚教育活动，意义重大。

第一，加强忠诚教育是党中央对密码干部的基本政治素质要求。党中央高度重视密码工作，中央领导同志多次就机要密码工作做出重要指示、批示。党中央始终把密码工作放在关系国家安全的高度来对待，放在影响国家前途命运的位置来安排，充分体现了密码工作的特殊重要性。密码工作人员必须以对党、对祖国、对人民高度负责的态度，牢固树立"密码重于生命，责任重于泰山"的意识，时刻抱着如临深渊、如履薄冰的谨慎态度，做好新形势下的密码工作。

第二，开展忠诚教育活动是新形势下密码工作的要求。当前，国际上敌对势力对我国进行"西化""分化"的图谋一直没有放弃，他们通过各种途径对我国进行渗透和破坏的势头日趋加强，特别是利用高科技手段进行密码破译、网络攻击的威胁越来越严重，密码保密面临着严峻的形势，密码干部队伍对党的密码事业的忠诚度也面临着严峻的考验。从国内密码工作发展的实际来看，随着改革开放的不断深入，特别是国家信息化建设步伐的加快，密码在保障信息安全方面的任务越来越重。同时，密码的使用环境也日趋复杂，管理难度越来越大。随着密码服务范围的扩展以及密码技术的不

＊ 本文是作者在学院开展忠诚教育活动动员大会上的讲话。

断进步,密码工作队伍也发生了重大变化,加强忠诚教育势在必行。做好新形势下的密码工作,事关党和国家的大局,责任重大,使命光荣。这要求我们始终坚持党对密码工作的绝对领导,不断提高自身的思想政治素质,建立起抵御渗透和侵蚀的钢铁长城。

第三,开展忠诚教育活动对于学院的科学发展具有巨大的推动作用。电科院作为专门为党和国家培养、输送机要密码人员的学校,肩负着机要密码人才的培养和密码科研的双重责任。学院的教师和管理人员作为密码教育工作者,在新形势下加强忠诚教育尤为重要。首先,学院培养的人才直接面向机要密码部门,未来机要密码干部队伍的忠诚教育始于学院的教育,他们的政治素质是否过硬,在很大程度上取决于学院的教育质量。这就要求,一方面学院教职员工要绝对忠诚于党的机要密码事业,通过他们的以身作则、言传身教,对学生产生潜移默化的影响;另一方面"忠诚"是学院校训的内容之一,忠诚教育也是学院德育教育中应有之义,我们要始终把学生的忠诚教育放在人才培养中的突出位置抓紧抓实,在各项工作中认真指导和教育学生践行"忠诚"的校训。其次,学院是全国普密科研生产定点单位之一,也是全国唯一具有普密资质的高等学校,学院研制生产的密码产品,直接装配到各级党政机关机要部门,直接关系到国家安全和利益,学院的密码科研、生产、管理和销售人员的责任重大,对他们加强忠诚教育至关重要。再次,从学院教师干部队伍的现状来看,总体上讲,同志们的素质较高,政治上可靠,广大教职员工长期受中办作风的熏陶,热爱机要密码教育事业,立足本职,教书育人,无私奉献。但是,随着环境和观念的发展变化,社会上的各种诱惑越来越多,市场经济的等价交换原则不可避免地渗透到校园,一些消极思想或多或少对教职员工队伍带来冲击。按照党和国家对机要密码干部的更高标准来要求,我们还存在一定差距。开展忠诚教育活动,对于进一步强化教职工的政治素质,增强服务机要的使命感、责任感,从对党、对国家、对人民负责的高度,重新认识所从事的党和国家的机要密码教育事业将具有重要的意义。广大教职员工必须以满腔的热情积极投身于这项活动中去,在活动中不断提高自己的思想政治素养,打造起能够抵御各种诱惑的坚强堡垒,不断提高自身的业务素质,为党和国家的机要密码教育事业做出自己更大的贡献。

学院开展忠诚教育活动,要在国家密码管理局的指导下,按照《全国党政普通密码工作部门密码干部忠诚教育活动实施方案》的统一要求,坚持以邓小平理论和"三个代表"重要思想为指导,深入贯彻科学发展观,以坚定理想信念、弘扬机要精神、强化责任意识、严格人员管理为主要内容,以正面教育、自我教育为主,辅之以反面警示教育,大力倡导教职员工讲党性、重品行、做奉献,进一步增强政治意识、责任意识和忧患意识,进一步提高遵守政治纪律、组织纪律、工作纪律的自觉性,进一步培养认真负责、严谨细致的工作作风,着力建设一支忠于党、忠于祖国和人民、忠于密码事业的教师干部队伍。

开展忠诚教育活动,是为了打造一支忠于党、忠于祖国和人民、忠于密码事业的干部队伍,以更好地履行新形势下密码工作的使命。对电科院来说,必须紧紧围绕我们业已确定的办学指导思想,朝着建设特色鲜明、水平一流的机要密码专业高等学校的目标,立足学院的工作实际,把这次开展忠诚教育活动作为自身对政治思想的反省、对工作的检视、对不足和问题查找的抓手,转化为在工作中前进、不断提高办学水平的动力。具体来说,在活动中要把握好四个"立足点":

一是要立足于政治理论水平的提高。忠诚教育的主旨在于提高广大教职员工的思想政治素质,充分认识机要密码工作在我国构建和谐社会、建设有中国特色社会主义伟大事业中的重要地位,树立为党和国家机要密码事业服务的大局意识。思想建设的一大重要法宝就是理论学习,忠诚教育必须首先以政治理论的学习为突破口和出发点。广大师生员工要认真学习党的十七大报告和胡锦涛总书记有关重要讲话精神,学习《密码工作条例》等重要文件,学习中央和中办领导同志对机要密码工作、对我院发展的一系列指示批示以及重要讲话精神,学习密码工作规章制度,学习近几年发生的密码失泄密情况通报以及中央纪委印发的警示教育材料。在学习中要发扬理论联系实际的学风,密切联系自身的工作岗位和思想实际,突出针对性,注重实效性。通过学习,把全院同志的思想和行动统一到中央精神上来,把智慧和力量凝聚到学院发展的各项重要任务上来。

二是要立足于师德建设的加强。学为人师,行为世范,只有品德高尚的教师,才能教出品学兼优的学生,教师的崇高道德也是全社会的示范和楷模。师德建设的状况如何,直接关系到学院人才培养的质量,关系到机要密码人才的整体素质,关系到党和国家的机要密码事业的成败。要以开展忠诚教育活动为契机,切实加强学院的师德建设。广大教师要认真学习中央、中办领导对学院的指示,按照学院的办学指导思想,始终牢记服务机要的办学方向,牢固树立忠诚可靠的理念,保持精益求精的态度,发扬艰苦创业的精神,在人才培养中突出特色,遵循规律,正确处理好专与博、知与行的关系；要认真学习孟二冬、方永刚等党和人民的优秀教师代表的感人事迹，忠诚于党的教育事业，坚持立足三尺讲台，辛勤耕耘，爱岗敬业，不断加强自身修养，树立高尚品德，锻造自己的人格魅力。在学习中，要切实树立教书育人、育人为本的思想，努力加强业务学习和研究，坚持科学精神和勤勉踏实的治学态度，不断增强自身的学识魅力，做育人的楷模。

三是要立足于密码科研实力的增强。当今世界，随着电子信息和网络时代的到来，各国为了在新的世界格局中抢占有利地位，在综合国力竞争中取得主动，都在竭力争夺信息控制权，围绕信息保护和获取而展开的密码斗争日趋激烈。在这样的一个竞争态势中，能否保持我国在尖锐复杂的密码斗争中始终立于不败之地，能否为学院的人才培养提供强大的支撑、形成良好的教学和科研的互动关系，密码科研担负着重要而又光荣的任务。从这个意义上说，要体现对党和国家机要密码事业的忠诚，还必须在不断增强学院的科研实力上下功夫。我们要整合科研资源，集中科研力量，充分发挥信息安全工程研究中心和重点实验室科研平台的作用，形成整体合力和竞争力；要聚焦科研目标，坚持有所为、有所不为，紧紧围绕机要密码事业与信息安全开展科研，走出一条特色科研之路；要推进自主创新，努力掌握核心技术和关键技术，力争在全国甚至在世界密码和信息安全领域有所建树。

四是要立足于管理服务水平的提高。管理出质量，管理出效益，学院办学的质量与管理服务紧密相关，关系到学院整体的育人环境，关系到教职员工工作的积极性，关系到和谐学院的建设。因此，管理服务是学院整体办学不可或缺的一个重要方面，也是党和国家的机要密码教育事业的一个重要组成部分。我们要站在忠诚于党和国家的机要密码事业的高度，认真学习现代高等教育理论，努力掌握高等教育规律，尤其要掌握机要密码高等教育的规律，引进现代教育管理理论，创新内部管理体制，发扬严谨细致的作风，坚持依法治校、科学管理、民主管理，不断提高办学水平。把管理寓于服务之中，不断改善师生的工作、学习、生活条件，为教师教书育人、学生学习求知创造良好环境。

自觉践行志愿理念[*]

（2008 年 10 月 17 日）

今天，我们在这里召开北京奥运会、残奥会志愿者工作总结表彰大会，总结我院的北京奥运会、残奥会志愿者工作，表彰在志愿服务中做出突出贡献的先进团队和先进个人，进一步动员全院学生大力弘扬北京奥运会、残奥会培育的崇高精神，自觉践行志愿理念，以更加积极向上、团结奋进的精神状态，勤奋学习，刻苦钻研，提高综合素质，努力成长为政治坚定、业务精良的机要密码人才，努力建设特色鲜明、水平一流的机要密码专业高等学校。

北京奥运会、残奥会期间，广大志愿者真心奉献、友爱互助，向全世界展现了中国志愿者的时代风采，为祖国和当代中国青年赢得了巨大荣誉。在志愿者中，就有我院近六百名同学，这份荣誉同样属于我们电科院的每一位志愿者！刚才，曹俊德同志宣读了获奖志愿者名单，院领导和老师为获奖代表颁了奖，齐琳磊、李一奇、罗紫鹏、刘倩四位志愿者代表发了言。在此，我代表院党委和院领导向我院的奥运会、残奥会志愿者表示亲切慰问，向获奖的同学和团队表示热烈祝贺！

从 2006 年 8 月 26 日我院北京奥运会、残奥会志愿者报名咨询点正式设立至今，在两年多的奥运会、残奥会志愿者的招募、培训工作和服务实践中，我院有关部门团结合作，精心组织，扎实工作，形成了"党委统一领导、行政大力支持、共青团组织实施、志愿者热情参与"的志愿者工作格局，打造了一支守纪律、能吃苦、肯奉献的志愿者队伍。志愿者们通过自己的出色服务，为奥运会、残奥会的成功做出积极贡献，为学院赢得了荣誉。我院的志愿者工作积累了宝贵的经验，值得好好总结。

一是加强奥运宣传，营造良好氛围。大力开展"迎奥运、讲文明、树新风"系列创建活动，评选文明班级、文明宿舍、文明学生和最佳特色活动，举办志愿者风采大赛、英语风采大赛、演讲比赛等，开展主题团日活动，利用网络、报纸、广播、电子显示屏和宣传栏等阵地广泛宣传奥林匹克知识和志愿

---

* 本文是作者在学院北京奥运会、残奥会志愿者工作总结表彰会上的讲话。

精神,在校园里营造了浓厚的"我参与、我奉献、我快乐"的奥运氛围。

二是精心组织招募培训,提高志愿者服务能力。坚持公开、公正、公平原则,按照严格程序招募志愿者,场馆和用人单位对我院推荐的志愿者候选人给予较高评价,媒体交通运行团队全部录用了学院推荐的志愿者候选人,IBC(北京奥运会国际广播中心)还从招募的我院志愿者中确定 6 名同学在大堂咨询台参加服务。我院的志愿者全部为党团员,都接受了奥林匹克文化与志愿精神、英语应用技能、安全与应急、志愿者形象塑造等专题的系统培训,培养了服务意识,提高了服务技能。

三是发挥组织优势,重视团队建设。在 IBC、媒体交通志愿者中建立了临时党支部、团支部,了解志愿者的思想动态,做好志愿者日常思想工作。还建立了分层团队组织模式,设团队总负责人、每天的值班负责人和学生所在系的负责人,做好志愿者日常组织管理工作。我院的地铁社会志愿者和城市志愿者建立了各负其责、服务共担的团队组织模式,把在语言翻译、信息咨询、应急服务方面各有特长和侧重的志愿者以 3 人为单位组成服务团队,受到志愿者的欢迎,并在服务中发挥了很好的作用,也培养了志愿者的团结协作意识。

四是做好后勤保障工作,解除志愿者后顾之忧。学院为赛会志愿者解决了出行保障车辆,在保障车司机食宿、车辆保养等方面提供便利。保证志愿者返校后的餐饮、洗浴条件,医务室每天值班保障志愿者的身体健康,学院安保力度也大大加强。建立 24 小时运行的奥运工作值班室,负责志愿者出行车辆调度,督促检查服务情况,解决各种问题。建立志愿者非服务时间外出报告制度,预防志愿者发生意外事故。积极落实志愿者的激励机制,组织志愿者集体观看奥运会开幕式、闭幕式直播,观看奥运会比赛。以上措施为志愿者平安、顺利开展服务、始终保持服务的积极性提供了有力保障。

五是志愿者积极参与,做出突出贡献。全院共有 1451 名学生报名参加奥运会、残奥会志愿者,597 名同学成为北京奥运会、残奥会的志愿者,占到全院在校生的一半以上。在赛会期间,每位志愿者都胸怀大局,遵守纪律,团结协作,甘于奉献,认真开展各项服务工作,实现了安全服务、优质服务,得到了各场馆、站点的充分肯定,涌现出许多先进典型。我院被奥林匹克公园交通场站评为文明共建奖,被丰台区评为志愿者工作先进集体,我院 IBC 志愿者的服务手记被瞭望周刊社、奥组委志愿者部主办的《奥运 2008 特刊·志愿者专刊》发表,团市委网站《工作动态》两次介绍我院奥运会志愿者的服务情况。

同学们,经过学院有关部门和同学们的共同努力,我院的北京奥运会、残奥会志愿服务工作圆满结束了。在志愿服务过程中,广大志愿者以实际行动创造了宝贵的精神财富,大家要珍惜这些精神财富,把志愿精神转化为强大动力,努力在新的起点上书写新的辉煌篇章。

第一,要大力弘扬北京奥运会、残奥会培育的崇高精神。伟大的事业孕育伟大的精神,广大奥运建设者、工作者、志愿者牢记党和人民的重托,勇于承担光荣使命,把握难得机遇,培育了为国争光的爱国精神、艰苦奋斗的奉献精神、精益求精的敬业精神、勇攀高峰的创新精神、团结协作的团队精神,为北京奥运会、残奥会成功举办提供了强大的精神支撑。志愿者和我院其他学生都要大力弘扬北京奥运会、残奥会培育的这些崇高精神,并与学习继承中办优良传统作风和机要精神有机结合起来,进一步增强爱国主义观念,进一步增强投身机要密码事业的责任感,努力成长为政治上忠诚可靠、业务上精益求精的机要密码人才。

第二,要努力践行志愿精神。在迎接和举办北京奥运会、残奥会过程中,志愿服务发挥了突出作用。志愿者在不同的工作岗位上贡献力量,赢得了各方面的高度赞誉,营造了良好的服务社会的志愿氛围。我们要努力弘扬志愿精神,把志愿精神作为学生思想政治教育的重要内容,纳入学院的教育教学,体现到课堂教学、课外活动和社会实践中,不断增强同学们的志愿服务意识。要完善志愿服务的组织机制和运行机制,在学生中广泛普及志愿服务理念,大力弘扬志愿精神,形成关心、支持和参与志愿服务的良好氛围。同学们要以相互关爱、服务社会为主题,深入开展志愿服务活动,为促进科学发展和社会和谐做出大学生应有的贡献。

第三,要继续弘扬奥林匹克精神。团结、友谊、和平的奥林匹克精神是人类文明进步的重要体现,全院学生要继续学习奥林匹克知识,弘扬奥林匹克精神,坚持开展讲文明、树新风活动,努力提高自己的文明素质。要积极参加丰富多彩的竞技比赛和群众体育活动,发扬顽强拼搏、挑战自我的体育精神,努力增强自己的健身意识,培养自己的健身习惯,真正享受体育运动和健身带来的快乐,不断增强自己的身体素质和心理素质。

同学们,北京奥运会、残奥会是世界体育盛会,是我们中华民族伟大复兴征程中的一次重要历史性事件。能作为志愿者亲身参与、能作为亲历者见证这一盛事,是一生的光荣!希望大家倍加珍惜这份荣誉,大力弘扬北京奥运会、残奥会培育的崇高精神,深入学习实践科学发展观,不断取得新的更大成绩,为成长为机要密码合格人才,为把学院建设成为特色鲜明、水平一流的机要密码专业高等学校而努力奋斗!

共产党员要讲学习*

（2009 年 2 月 15 日）

中国共产党是一个重视学习、善于学习的政党。讲学习，是我们党的优良传统，是党与时俱进、保持先进性、永葆青春活力的关键，也是我们党作为执政党完成历史重任、实现中华民族伟大复兴的迫切要求。作为一名执政党的成员，加强学习，是正确履行职责、推进事业科学发展的必然要求。

当前，国际政治形势正处于深刻变化之中，世界经济衰退已露端倪，国内经济也面临下行的压力，对加强党的执政能力建设提出了新的严峻挑战和崭新课题，对党员的素质提出了更高的要求。胡锦涛同志带领中央政治局的同志集体学习并作为一种制度长期坚持，为全党作出了表率。面对新形势、新任务，我们要抓紧学习、刻苦学习，努力学习马克思主义基本理论、学习各方面的知识，特别要学习与本职工作有关的理论和知识。

理论是旗帜，是方向。政治上的坚定来源于理论上的清醒。恩格斯说："一个民族要想站在科学的最高峰，就一刻也不能没有理论思维。"党员要努力学习和掌握马克思主义世界观和方法论，坚持用马克思主义中国化的最新成果武装头脑，加强马列主义、毛泽东思想、邓小平理论、"三个代表"重要思想和科学发展观的学习。加强理论学习，提高理论素质，可以使人提高科学判断形势的能力、应对复杂局面的能力和总揽全局的能力。理论素养和理论水平最终决定、制约一个人的工作业绩和发展潜力。

腹有诗书气自华，是中国的古语；知识就是力量，是国外贤哲的名言。列宁讲得更为透彻："只有用人类创造的全部知识财富来丰富自己的头脑，才能成为共产主义者。"每一个共产党员，都必须努力吸收人类的一切文明成果来充实自己，努力学习哲学、经济、法律、历史、文学和科学技术等各方面的知识。在学习过程中，要融会贯通、触类旁通，理论联系实际，努力把知识转化为实际工作的能力。要知行合一，把学习和实践结合起来，既善于向书本学习，又善于向实践学习；既善于向前人学习，又善于向身边的人学习，

＊　本文刊登于 2009 年 4 月 15 日《北京电子科技学院报》。

在改革开放和社会主义现代化建设的伟大实践中增长知识，提高能力，建功立业。

学习不是为了摆样子、装门面，而是为了指导实践，做好工作。因此，要特别注意与本职工作有关理论和知识的学习，干一行，钻一行。对于在学校工作的同志来说，必须认真研究教育。教育是民族振兴的基石，党和国家已经把教育摆在优先发展的战略地位，广大人民群众对教育更是抱有很高的期望。在中办电科院工作的党员，要加强对教育战略地位的理解，加深对教育工作的认识，把握我国从精英教育到大众教育、从高等教育大国向高等教育强国的发展趋势。要认真学习党的教育方针和国家的法律、法规，深入研究教育理论，更新教育理念，熟悉教学规律，创新教学管理，以办机要部门满意的学校为目标，自觉承担起为国家培养政治上忠诚可靠、业务上精益求精、有密码特色的信息安全高素质人才的重任，为把电科院建设成为特色鲜明、水平一流的机要密码专业高等学校而贡献自己的聪明才智，付出自己的心血和汗水。

活到老，学到老。只有把学习当成一种生存状态和工作方式，持之以恒地坚持下去，才能不断提高思想觉悟，提升精神境界，增长才干，提高为人民服务的本领，使自己的思想领人之先，行动步人之前，能力居人之上，才能无愧于共产党员的光荣称号。

品德高尚是大学生成才进步的基石[*]

（2009 年 5 月 26 日）

我院担负着为全国各级党政机关培养政治上忠诚可靠、业务上精益求精、有密码特色的信息安全和办公自动化专门人才的光荣使命。学院始终坚持育人为本、德育为先的指导思想，把学生思想政治教育工作放在各项工作的首位，从建校以来就有重视思想政治教育的优良传统。多年来，学院十分重视思想政治理论课，一直坚持开展全院性的形势政策教育，把思想政治教育和学生课外科技文化活动、社会实践有机结合起来，把思想政治教育和组织学生到机要部门实习锻炼有机结合起来，把教育和关心学生生活有机结合起来，重视全员育人和环境育人，加强组织领导和工作队伍建设，取得了显著成绩，积累了丰富经验，为党和国家培养出了一批又一批政治过硬、素质全面的机要密码人才。在教育部组织对我院进行本科教学工作水平评估时，教育部专家对我院学生思想政治教育工作和同学们表现出的良好精神风貌给予了高度评价。这是广大从事思想政治教育工作的老师和学生工作者辛勤劳动的成果。借此机会，我代表院党委、院领导向大家表示衷心感谢！

召开大学生思想政治教育工作研讨会，是为了进一步总结提炼我院开展大学生思想政治教育工作和学生工作的做法、经验和特色，进一步增强我院思想政治教育工作的科学性、规范性，提高学生工作的针对性和实效性，坚持立德树人，全面实施素质教育，以科学发展观为指导，进一步做好我院大学生的思想政治教育工作。

《中共中央国务院关于进一步加强和改进大学生思想政治教育的意见》（中发[2004]16 号文件），是做好大学生思想政治教育工作的纲领性文件。从总体上讲，目前学院学生思想政治状况的主流是积极、健康向上的。但我们必须清醒地看到，在经济体制深刻变革、社会结构深刻变动、利益格局深刻调整、思想观念深刻变化的新形势下，大学生思想的独立性、选择性和差

---

[*] 本文是作者在学院大学生思想政治教育工作研讨会上的讲话。

异性日益增强。随着市场经济观念的泛化和互联网的发展,学生的政治理想、道德观念、人生价值取向受到冲击,社会矛盾也通过家庭等途径反映到学生思想和行为上来。有的学生学习动力不足,诚信意识淡漠,纪律协作观念松弛,人际交往能力欠缺,献身机要的思想摇摆,到基层去的勇气和信心不足。这些学生虽然是少数,但必须引起我们的高度重视。我们要从培养德智体美全面发展的社会主义事业建设者和接班人的高度,增强责任感和使命感,关注新情况、研究新问题、探索新思路、提出新举措,把我院大学生思想政治教育提高到一个新的水平。

首先,牢固树立"育人为本、德育为先"的思想。人才培养是高校的根本任务,思想政治素质是高校人才培养质量的首要标准。品德高尚是大学生成才进步的基石。毛泽东同志提出德智体全面发展的教育方针,邓小平同志勉励青年做有理想、有知识、有文化、有纪律的"四有"新人。胡锦涛总书记提出理想远大、信念坚定,品德高尚、意志顽强,视野开阔、知识丰富,开拓进取、艰苦创业"四个新一代"的新要求,为新时期大学生的健康成长和高校人才培养指明了方向。作为培养机要密码专门人才的学校,我们学院必须坚持"育人为本、德育为先"的理念,把立德树人作为教育的根本任务,不断加强和改进大学生思想政治教育,推进思想政治教育素质化,把继承中办优良传统和机要精神有机结合起来,使培养出来的学生坚定理想信念,树立远大理想,养成崇高的道德情操,磨练坚韧不拔的意志,与时代同步伐,与祖国共命运,与人民齐奋斗,共同担负起时代赋予的历史重任。

其次,充分发挥思想政治理论课的主渠道作用。坚持思想政治教育素质化,加强社会主义核心价值体系教育,要充分发挥课堂主渠道、主阵地作用,用马克思主义中国化的最新成果武装学生的头脑,用社会主义荣辱观规范学生的行为。要更新教育观念,全面加强思想政治理论课、形势与政策教育课的课程建设、教材建设,紧跟时代步伐,改进教育教学手段,拓展大学生思想政治教育的空间和渠道,使思想政治理论课的内容引人入胜,形式多种多样。思想政治理论课教师要提高自身修养,增强理论的说服力、吸引力和感染力,"学为人师,行为世范",兼具学识魅力和人格魅力。

第三,真正体现"以人为本"的理念。思想政治教育必须树立"学生第一"的理念,做到一切为了学生成才,一切有利于学生成长,一切服务于学生发展。要尊重、理解、关爱每一位学生,把学生遇到的实际问题和困惑作为思想政治教育的切入点和结合点,针对学生的学习、健康、交友、恋爱、求职、就业等方面存在的实际问题和种种困惑做好深入细致的思想工作,使思想政治教育更加贴近学生实际,更加切合学生的需求。学院从事思想政治教育工作的教师特别是学生工作人员,要从学生日常学习生活抓起,在抓源头、抓苗头上下功夫,尤其注意重要节日、重大事件对学生意识、心理、行为等方面的影响。准确把握学生的思想动态和心理健康状况,及时发现不良倾向和行为,主动地开展工作,把问题解决在萌芽状态。要尊重学生的个性,善于和勤于与学生沟通交流,从有利于学生成长发展的角度多理解学生,多关心学生,做学生的知心朋友。注重开展形式多样、积极向上的文体活动和主题党团日活动,营造良好的育人氛围。

第四,全力打造全员育人的校园环境。学生思想政治教育工作不仅仅是学生工作人员的工作,而是全体教职工齐抓共管的重要工作。做好大学生思想政治教育工作,仅靠专职队伍是不够的,学校各个部门要相互配合,营造全员育人的氛围。要把思想政治教育工作贯穿在学院教学、管理、服务的全过程,认真落实到教学、科研、管理和后勤服务的各个岗位,充分发挥各岗位教职工的育人功能。做好管理与教育的衔接,服务与管理的衔接,引导与服务的衔接,课内与课外的衔接。要牢固树立服务育人的理念,维护学生的合法权益,切切实实做到全员育人、实践育人、环境育人,为学生健康成长营造良好的环境。

第五,进一步加强思想政治教育队伍建设。思想政治教育工作者,包括思想政治理论课教师、党总支书记、学生工作者、辅导员、班主任,是学院事业发展的不可缺少的推动力量,是师资队伍的重要组成部分,是管理队伍的重要来源。必须从推动学院建设和长远发展的战略高度认识大学生思想政治教育队伍建设的重要性。学院思想政治教育工作领导小组要加强领导,充分发挥组织、协调和指导作用,定期研究和解决大学生思想政治教育工作中的重要问题。要努力建设一支专兼结合、功能互补的思想政治教育队伍,特别是要注意选配信念坚定、业务精湛的专职人员作为学生思想政治教育工作队伍的骨干。思想政治教育的工作人员作为大学生的"指导者"和"引路人",既要有坚实的理论功底,又要具备心理素质教育、职业生涯指导、学生事务管理的知识和本领,全面提高自身的综合素质,逐步实现由经验型、事务型向专业化、专家化转变,造就一支专家型的工作队伍。有关部门要从思想政治教育教师的实际需要出发,关心教师的发展,多为教师办实事、办好事,为他们创造良好的政策环境和工作生活环境,做到政治上爱护、工作上支持、生活上关心,使他们工作有条件、干事有平台、发展有空间。要制定有效的选拔、培养、考核、使用、待遇等方面的改革措施和管理机制,支持思想政治教育工作人员进修和参加国内外相关培训,全面提升思想政治教育工作者的综合素质。

　　"草木知春不久归,百般红紫斗芳菲。"加强大学生思想政治教育工作,全面提高学生思想政治素质,把电科院的学生培养成为德智体美全面发展的高素质人才,培养成为党和国家密码事业的合格接班人,我们一定要有时不我待的紧迫感。希望每一位同志身体力行科学发展观,以一流的敬业精神、加倍的精力投入、坚韧不拔的执著追求,热爱并钻研思想政治教育工作,成为在这个领域有业绩、有成果的行家里手。

中办人更要讲操守[*]

（2010 年 7 月 30 日）

操，指品德、品行；守，本义是官吏的职责、职守，后指遵从、奉行。操守，简而言之，就是人的品德和气节，它是为人处世的根本、安身立命的基石。讲操守、重操守，我国古人颇多名训，有"见利不忘其义，见死不更其守"的劝谕，也有对身无操守者"虽吐辞为经，不可以信"的告诫。讲操守、重操守，古来多有名士，从殷时伯夷、叔齐宁愿饿死也不食周粟的气节操守，到南宋文天祥、辛弃疾的爱国操守，不胜枚举。讲操守、重操守，对于我们共产党人来说，更是道德品行、政治品格之中的应有之义。党员的操守如何，不仅决定党员的个人形象，还关系党的整体形象。

中办是党中央的办事机构和服务机构，承担着为党中央服务、为部门和基层服务、为人民群众服务的重要职责，位在中枢，责任重大。可以说，中办之事，事事关乎国家大体；中办之人，人人关乎党的形象。因此，中办人更要讲操守，把坚贞的操守作为持之以恒的追求，努力做到"爱与憎皆分明""大与小均守住""浓与淡总相宜"。

"爱与憎皆分明"。"爱"，就是要爱党、爱祖国、爱人民、爱中国特色社会主义，自觉践行社会主义核心价值体系。这是大节，它代表着一个人的政治立场，决定着一个人的行为取向，是每个中办人必须解决的根本问题，也是中办人讲操守必须面对的首要问题。对中办人来说，在党必须言党，在党必须为党。这种对党、对祖国、对人民、对社会主义的爱，不仅仅是一种朴素的情感向往，更应是一种自觉的信念追求，必须始终坚持，内化于心。要把思想上的热爱转化为做好工作的动力，扎扎实实地做好"三服务"工作。要牢记我们党全心全意为人民服务的宗旨，多深入到基层实际体验，多感受群众鲜活实践，多创造机会直接面对群众。有所爱就会有所憎。作为中办人，不仅要带头践行核心价值体系和社会主义荣辱观，做良好风气的引领者和高尚情操的倡导者，还要明是非、知荣辱、辨善恶、分美丑，做社会丑恶现象的

---

* 本文刊登于 2010 年 8 月 9 日《学习交流》第 33 期。

抵制者和鞭笞者,坚定不移、旗帜鲜明地反对丧德失节的言论和行为,反对敷衍工作的观念和作风,抵制低级媚俗的追求和嗜好。

"大与小均守住"。中办人讲操守,既要守大节,又要守小节。不仅要在大是大非面前把握住自己,经得住考验,在日常小事和生活细节上也要守得住底线,切实做到"大节"不偏离、"小节"不丧失。小节不慎,大节易失。在中办工作的同志要摒弃"小节无害"的心理,谨记"莫以恶小而为之,莫以善小而不为",对看似细小琐碎之事也要警惕、谨慎,免得"一失足成千古恨"。要在生活与社交之中,自觉划清小圈子与大原则之间的界线,自觉净化社交圈、生活圈,择善从友,交往有度,不离原则,切实做到"近君子,远小人"。要增强自律意识,慎欲、慎独、慎微,防止一些别有用心的人腐蚀拉拢。作为中办人特别要时刻警惕自己的言行,不要拿身在中办的身份来炫耀自己,不要把自己掌握的工作秘密和内部事项传播扩散,防止授人以柄,任人摆布,身败名裂,最终损害中办的声誉。

"浓与淡总相宜"。我们在中办工作的同志,要始终保持情浓于工作、心淡于名利的状态。对工作之情浓浓的,是一个人做好工作的前提,是工作的基本操守。中办无小事。作为中办一名工作人员必须时刻保持一种昂扬奋进、严谨认真、一丝不苟的状态,用爱、用心去工作,保证工作零差错。同时,我们中办人要充分认识到,党和人民对中办工作水平和质量有着极高的要求,因此必须全身心地钻研业务,努力使自己成为工作领域内的行家里手。对名利之心淡淡的,是讲操守、养浩然之气的重要保证。古人说"君子之行,静以修身,俭以养德,非淡泊无以明志,非宁静无以致远"。面对繁重的工作任务和普通的待遇,我们要时刻牢记党和人民对我们的期望与重托,抵得住诱惑,熬得住艰苦,耐得住寂寞,守得住清贫。不能为了捞取名利而弄虚作假、欺上瞒下、胡乱作为,这样不仅有碍于个人的成长进步,更有害于党的事业。

讲操守,关键在于个人内心世界的道德构建。"吾日三省吾身",作为中办人,不断检视、修复和丰富自己的基本道德原则,既是个人加强修养的需要,也是党和人民对我们的要求。我们要按照胡锦涛总书记"讲操守、重品行,注重培养健康的生活情趣,保持高尚的精神追求"的要求,不断加强修养,努力提高做人境界。

高校党建事关大学的根本方向 *

（2011 年 7 月 16 日）

　　7 月 1 日,胡锦涛总书记在庆祝中国共产党成立 90 周年大会上发表重要讲话。讲话全面回顾了我们党 90 年紧紧依靠人民完成和推进"三件大事"的奋斗历程,系统总结了 90 年来党领导革命、建设和改革的宝贵经验,明确提出了新的历史条件下提高党的建设科学化水平的目标任务,深刻阐述了在新的历史起点上把中国特色社会主义伟大事业全面推向前进的大政方针。讲话高屋建瓴、总揽全局、内涵丰富、思想深刻,是继续推进中国特色社会主义伟大事业的纲领性文献。

　　7 月 10 日、11 日、中办机关第八次党员代表大会胜利召开。今天,我们召开党委理论学习中心组学习扩大会,主要任务就是进一步认真学习领会胡锦涛总书记"七一"重要讲话精神和中办机关第八次党代会精神,并结合学院实际深入贯彻落实。

一、进一步深刻认识新时期加强高校党建工作的重要性

　　胡锦涛总书记在讲话中明确指出:"必须从新的实际出发,坚持以科学理论指导党的建设","全面认识和自觉运用马克思主义执政党建设规律,全面推进党的建设新的伟大工程。"高校党建作为党的建设新的伟大工程的重要组成部分,在整个党的建设中具有特殊重要的地位,事关中国特色社会主义大学根本方向,事关全面建设小康社会和实现中华民族的伟大复兴。学院在长期的办学过程中,始终坚持正确的办学方向,充分发挥隶属中办的强大政治优势,不断加强和改进学院党的建设,取得了喜人的成绩,积累了宝贵的经验。但是我们也清醒地认识到,随着世情、国情、党情的深刻变化,学院党的建设面临着新的形势、新的问题和新的挑战。学院各级党员领导干部必须从全局和战略的高度,深刻认识加强学院党的建设的重要性和紧迫

　　* 本文是作者在学院党委理论学习中心组学习扩大会上的讲话。

性,积极开创学院党建工作的新局面。

二、以改革创新精神,不断提升学院党的建设科学化水平

中办机关党代会要求全厅各级党组织,在新的形势和任务面前,要全面把握机关党建的特点和规律,积极探索做好工作的新思路、新途径、新手段,不断提高机关党建工作科学化水平,真正成为推动"三服务"事业科学发展的坚强堡垒。报告从落实领导责任、打造工作载体、完善制度体系、创新方法手段以及党务干部队伍建设等五个方面进一步明确了要求。高等学校是高级知识分子汇集的地方,历来具有智力资源集中、思想自由活跃的鲜明特征。学院是全厅唯一一所高校,理应在党建理论创新和实践探索方面先行一步,有所作为。一方面要加强对已有成功做法的经验总结和理论升华。前天,学院邀请教育部相关司局领导来院座谈,征求对学院"十二五"规划的修改意见,其中有一位专家就提到,学院"十二五"规划中关于"大学生思想政治教育素质化"的提法很新鲜,是一个创新,但是缺乏具体的内涵支撑和相关概念、途径、方法的系统论述。专家的意见切中肯綮。"大学生思想政治教育素质化"是2007年本科教学工作水平评估时,教育部评估专家对学院学生思想政治教育工作鲜明特色的概括和凝练,是对学院在加强学生思想政治教育方面许多成功做法的高度肯定。对此,学院完全可以组织力量进行专门研究和系统总结,进而升华为具有学院鲜明特色的大学生思想政治教育理论成果;另一方面要充分发挥学院的人才优势、智力优势,加强党建工作领域的理论研究和实践探索。近年来,学院积极参与中直机关党建研究会组织的相关课题研究,连续两年作为牵头单位承担中直机关党建研究会重点课题的研究任务,并取得了全国党建研究会课题调研优秀成果二等奖、中直机关党建研究会特别奖的好成绩。今后要进一步扩大党建课题研究的参与面,鼓励和吸纳学院人文社会学科领域高水平的专家学者参与党建研究,力争多出成果、快出成果、出好成果。同时,加强理论研究成果的实践转化,将党建研究所取得的最新理论成果运用于学院工作实际,用理论指导实践,用实践完善理论,进而不断提升学院党建工作的科学化水平。

三、进一步加强学生党建工作

胡锦涛总书记在讲话中强调指出:"青年是祖国的未来、民族的希望,也

是我们党的未来和希望。全党都要关注青年、关心青年、关爱青年,倾听青年心声,鼓励青年成长。"高校学生党建是高校党的建设不可或缺的重要组成部分。目前,学院共有学生正式党员 305 名,占在校生总数的 17.3%,学生党建工作的质量和水平将直接影响学院党建工作的质量和水平,必须下大力气进一步加强学生党建工作。一要不断优化学生基层党组织设置,深入研究学分制、选课制背景下,信息技术条件下学生党员的交流方式和活动形式,积极探索以学生社团、宿舍公寓为载体的组织设置模式,实现党的组织、党的工作对学生党员的全覆盖。二要丰富学生党组织活动内容,创新活动载体,从当代大学生心理生理发育的实际特征出发,从青年学生成长成才的实际需求出发,科学设计学生党组织活动的内容、形式,变枯燥乏味的理论灌输为趣味盎然的教育引领,变千人一面的简单说教为因材施教的分类指导。三要不断激发学生基层党组织的生机和活力,从明确组织定位、完善组织职能、规范组织运行等方面入手,充分发挥学生党组织在实现学生自我教育、自我管理和自我发展中的积极作用,使学生党员真正成为广大青年学生学习的榜样,使学生基层党组织真正成为促进学院教学、管理等各项工作的坚强战斗堡垒。

四、深入持久开展创先争优活动

　　开展创先争优活动是党的十七大和十七届四中、五中全会提出的重要任务,也是加强党的建设的必然要求和经常性工作。去年下半年以来,学院按照中央的统一部署和厅机关党委的工作要求,紧紧围绕"忠诚党的机要教育事业,创建一流密码特色高校"的主题,先后组织了全国党政机要系统先进工作者事迹报告会,创建教学、创新、管理示范岗和服务示范窗口,开展党员公开承诺等一系列活动,取得了初步成效。下一步,要及时总结经验,结合贯彻落实总书记"七一"重要讲话和厅机关第八次党代会精神,把创先争优活动继续引向深入。一要将创先争优活动与学院的教学、科研、管理工作更加紧密地结合起来,动员和激励广大党员干部立足本职创先进、扎实工作争优秀。二要加强典型宣传,要注意选树并大力宣传先进典型,以先进基层党组织和优秀共产党员的先进事迹教育人、影响人,充分发挥先进典型的示范引领作用,努力形成学习先进、崇尚先进、争当先进的良好风气。

牢记神圣使命　弘扬"五四"精神[*]

（2012 年 5 月 8 日）

5 月 4 日,纪念中国共产主义青年团成立 90 周年大会在人民大会堂隆重举行。我院 50 余名师生代表有幸参加大会,在现场亲耳聆听了中共中央总书记、国家主席、中央军委主席胡锦涛在大会上的重要讲话。同时,其他同学在电教中心集中收看了大会现场直播。今天,我们召开座谈会,目的是深入学习贯彻胡锦涛总书记的重要讲话,进一步加强和改进学院团的工作,引导同学们按照总书记的希望健康成长。

胡锦涛总书记的重要讲话思想深刻、内涵丰富,语重心长、情真意切,寄托着党对青年一代的殷切希望,饱含着党对共青团工作的深切关怀,也展示了党对中国青年运动规律性的最新认识,是开创青年工作新局面的纲领性文献,具有重大的理论和实践意义。我们必须在今后的工作和学习中认真贯彻落实。

对于我院青年学生来说,贯彻落实胡锦涛总书记对广大青年提出的五点希望,必须牢记我们的神圣使命,传承机要精神,珍惜大学时光,努力成长为密码保密事业的合格建设者和可靠接班人。

刚才,张岩老师和闫文泰等 7 位同学结合自身实际谈了体会和感受,听了以后很有感触,感受到了我们学院青年老师和学生身上的蓬勃朝气和积极向上的精神风貌。作家柳青说过:"人生的道路虽然漫长,但紧要处常常只有几步,特别是当人年轻的时候。"大学,就是各位同学人生中的"紧要处",这一步走好了会为成长成才打下坚实的基础,走不好就会绕弯路。今天,借这个机会与各位同学交流思想,结合总书记提出的五点希望,对同学们讲几点要求。

第一,坚持远大理想,就要努力做到忠诚可靠。坚持远大理想,最根本的就是要坚持对马克思主义的信仰,坚定走中国特色社会主义道路的信念,

---

　* 本文是作者在学习胡锦涛总书记在纪念中国共产主义青年团成立 90 周年大会上的讲话座谈会上的讲话。

始终把握正确的人生航向。"政治上忠诚可靠,学业上精益求精"是学院的人才培养目标。同学们一定要加强政治修养,自觉把个人理想同国家的前途命运紧密联系起来,把个人的奋斗同党的机要密码事业紧密联系起来。忠于党,忠于祖国,忠于人民,忠于社会主义,忠于机要密码事业,树立远大理想,培养浩然正气。

第二,坚持刻苦学习,就要努力做到专业精湛。新时期党的机要密码事业对同学们的综合素质和专业能力提出了更高的要求。同学们要珍惜美好的青春年华,以只争朝夕的紧迫感,如饥似渴地学习,学以增知,学以益智,学以润德,提高综合素质,成为德智体美全面发展的人。要发扬锲而不舍、水滴石穿的韧劲,学习和掌握先进的科学技术知识,特别要精研密码保密专业知识,提高专业素养,做到专于密码、精于密码,努力成为密码英才。

第三,坚持艰苦奋斗,就要努力做到自强不息。艰难困苦,玉汝于成。忧劳兴国,逸豫亡身。我们电科院的学生无论什么时候,都要继承和发扬党的优良传统,践行中办传统作风和机要精神,为机要密码事业矢志奋斗。同学们要敢于吃苦、勇挑重担,不怨天尤人、不贪图安逸,沉下心来求学,埋下头来干事;不畏惧挫折、不彷徨退缩,切实做到振奋精神、自强不息。通过自己的不懈努力,为党和国家建功立业,实现人生价值。

第四,坚持开拓创新,就要努力做到知行合一。同学们要以挺立潮头的勇气、超越前人的豪气、与时俱进的朝气,锻造创新意识、创新精神、创新能力,为今后推进机要密码事业科学发展积蓄创新力量。要在坚持好书本学习、课堂学习的同时,积极主动参加"大学生创新创业训练计划"和科研等活动。同时还要坚持向实践学习,向人民群众学习,切实把"读万卷书"与"行万里路"结合起来,在社会实践和志愿服务活动中了解国情、开阔视野,锤炼意志、增长才干。

第五,坚持高尚品行,就要努力做到境界高远。同学们要真心认同和自觉追求社会主义核心价值体系,用中国特色社会主义共同理想凝聚力量,用以爱国主义为核心的民族精神和以改革创新为核心的时代精神鼓舞斗志,用社会主义荣辱观引领社会风尚。修德砺行,诚实守信,推崇责任与奉献,践行包容与和谐。无论是在社会现实生活中,还是在网络虚拟世界中,都要崇尚高山景行,学松之高洁,慕莲之清雅,法竹之有节,做一个境界高远、品德高尚、操守高洁的人,做一个有益于人民的人。

同志们,同学们!

胡锦涛总书记的重要讲话对共青团工作提出了明确要求:着力把牢正

确政治方向、着力提高服务青年能力、着力创新活动方式、着力夯实基层基础。学院各级团组织要以这"四个着力"为根本遵循,结合学院实际,加强和改进学院团的工作,开创学院团的工作新局面。

院党委也将认真贯彻胡锦涛总书记的要求,把青年工作作为一项带有根本性、战略性的工作,进一步加强和改善对青年工作的指导,重视团组织的建设,关心支持团组织创造性地开展工作,为青年学生健康成长提供和创造更多更好的有利条件。各个部门的领导都要从学院建设和发展的大局出发,从培养机要密码事业可靠接班人的目标出发,关注青年,关心青年,关爱青年,充分认识做好团的工作的重要性,帮助和支持团组织做好工作,和青年学生交朋友,为青年学生办实事,为他们发挥聪明才智创造条件,为他们的成长进步鼓掌喝彩,为他们实现人生价值提供帮助,让青年人的青春在为党和人民建功立业中焕发出绚丽光彩。

电科院作为培养机要密码人才的高等学校,在社会上特别是全国党政系统有着很高的知名度。学校毕业生源源不断地走进各级机要部门,未来机要事业的振兴、密码行业的发展,希望寄托在你们身上。

教书育人——教师的人生追求[*]

（2012 年 7 月 26 日）

当今科技突飞猛进,现代教育日新月异。知识剧增,信息爆炸,把教育由阶段性推向了永久性,由一次性推向了终身性。高等教育承担着培养人才、发展科技、服务社会和传承创新文化的重要任务,时代的快速发展对现代高等教育质量提出了新的更高要求。高等教育的质量关键在于大学教师的水平,大学教师是高等学校的灵魂。

美国教育学家杜威指出:"教育作为成长和成熟手段应该是个不间断的过程。"今天,随着教育改革的不断深化,教育思想、教育目的、教育内容、教育方法都发生了并继续发生着重大变化。作为人类灵魂的工程师,如果不抓紧学习,不抓好学习,不在学习和工作中不断提高自己,就难以完成教书育人的重任,甚至难以在高校讲坛上立足。每一位大学教师,都要不断研究新问题、掌握新方法、探索新模式、总结新经验,都应该把学习作为一种政治责任、一种精神追求、一种人生境界来认识、来对待,孜孜以求,学而不怠,始终保持自身知识储备的不断更新,教育理念的全新务实。

近年来,学院高度重视教师的学习,全院教师也注重更新知识、自我充电,有力地促进了学院的教学工作。学院 2007 年获教育部本科教学工作水平评估优秀高校,通过迎评促建、以评促改,实施教育部质量工程和学院"三精一名"工程,学院教学工作结出了丰硕成果,形成了良好的发展态势。

为了更好地帮助教师学习,我们根据学院办学的实际以及教师开展教学科研工作的需要,编印了这本《教师学习手册》。希望这本手册的印行,能够帮助广大教师掌握国家教育方面的法律法规、大学教师应具备的职业操守和开展学术研究应遵守的基本规范,坚持依法依规开展教学科研工作;认真贯彻落实中办领导对学院办学的要求,强化"中办人"意识,以一名中办工作人员的标准严格要求自己,并潜移默化于教育教学活动中;熟知党政系统特别是机要保密部门对学院人才培养的要求,始终坚持学

_* 本文是作者为《教师学习手册》撰写的前言。

院的办学特色,不断完善教学方案,改进教学方法,培养机要保密部门需要的高素质人才。

　　2007 年的教学评估,是历史上最系统、全面、深刻的一次教育教学建设和改革工程,对学院的建设发展产生了深刻影响。现在,教育部新一轮本科教学评估工作即将启动,学院能否在这一轮评估中展现特色、取得佳绩,离不开广大教师对国家教育大政方针的深刻把握和中办要求的深入实践。学院要做到有特色、高水平,要求教师不仅要把教书育人作为职业和事业,更要作为人生的追求。教好先要学好,学好才能教好。我们愿与全体教师一道,共同改进学习、提高学习,也希望大家提出更多宝贵意见,在全院营造浓浓的学习风气,促进学院教育教学水平不断提高,共同办好机要保密部门满意的教育。

立德树人是大学教育的根本任务*

（2012 年 11 月 10 日）

党的十八大，是全党全国各族人民政治生活中的大事，举国关心，举世关注。能够作为代表出席十八大，心情无比激动，深感自豪。能够亲耳聆听胡锦涛总书记的报告，深受教育，倍受鼓舞。胡锦涛总书记的报告，全面总结了十六大以来特别是过去五年党治国理政的辉煌成就和宝贵经验，对未来全面推进改革开放和社会主义现代化建设、全面推进党的建设新的伟大工程，做出了新的部署和提出了新的要求。报告视野开阔，高屋建瓴，系统全面，精辟深刻，是我们党理论创新和实践创新的最新成果，是一篇闪耀着马克思主义光辉的重要历史文献。我完全赞成，坚决拥护。

实现党的十八大提出的发展目标和宏伟蓝图，要靠每一名党员身体力行，靠每一级党组织去贯彻落实。作为来自中央办公厅所属高等学校的一名代表，我结合自己从事的高等学校管理和教学工作，着重就总书记报告中的有关内容谈点学习的体会。

在十八大报告中，胡锦涛同志对"努力办好人民满意的教育"专门提出了要求。胡锦涛同志指出："教育是民族振兴和社会进步的基石。要坚持教育优先发展，全面贯彻党的教育方针，坚持教育为社会主义现代化建设服务、为人民服务，把立德树人作为教育的根本任务，培养德智体美全面发展的社会主义建设者和接班人。全面实施素质教育，深化教育领域综合改革，着力提高教育质量，培养学生创新精神。""推动高等教育内涵式发展。""加强教师队伍建设，提高师德水平和业务能力，增强教师教书育人的荣誉感和使命感。"

中国共产党以马克思列宁主义作为自己指导思想的理论基础。中国共产党诞生之后，就开始了把马克思主义基本原理同中国革命实际和时代特征相结合的探索过程。毛泽东思想、邓小平理论、"三个代表"重要思想和科学发展观都是这种探索的产物。总结党十六大以来十年历程形成的科学发

---

　　* 本文是作者在十八大中直机关代表团讨论时的发言。

展观,是马克思主义关于发展的世界观和方法论的集中体现,是中国特色社会主义理论体系的最新成果,是中国共产党集体智慧的结晶,是指导党和国家全部工作的强大思想武器。科学发展观同马克思列宁主义、毛泽东思想、"三个代表"重要思想一道,是党必须长期坚持的指导思想。正是理论上的不断创新和与时俱进,使我们的党攻坚克难,带领中国人民和中华民族走向复兴。中国共产党建党90多年、中华人民共和国建国60多年、改革开放30多年来取得的成就,经济社会发生的巨大变化,国际地位和综合国力的提高,人民生活水平的改善和提高,在同样的时段区间,不论中国外国、过去现在,都是绝无仅有的。这也正是我们道路自信、理论自信、制度自信的底气所在。

教书育人,德育为先。我们在教学工作中,要让中国特色社会主义理论体系进教材、进课堂、进学生头脑。把立德树人作为教育的根本任务,培养德智体美全面发展的社会主义建设者和接班人。这里讲的"德",当然包括学生的道德操守、独立人格、健全心理等传统内容,但更重要的是共产党人的精神追求和政治灵魂,是对马克思主义的忠诚信仰,对社会主义和共产主义的坚定信念,对中国特色社会主义理论体系的真心赞同。北京电子科技学院多年来一直高度重视德育教育,以"忠诚、笃学、创新、卓越"为校训,以"尊师、尚德、精艺、自强"为学风,这也是学校毕业生多年来受到各级党政机关欢迎并供不应求的主要原因。

北京电子科技学院隶属于中共中央办公厅,是培养信息安全和办公自动化专门人才的普通高等学校。学校的建设和发展一直得到中央领导同志的高度重视和亲切关怀。我们要按照胡锦涛同志在十八大报告中提出的要求,大力加强教师队伍建设,努力提高师德水平和业务能力,全面实施素质教育。在提高学生的综合素质,培养学生的创新精神上下功夫,在全面提高办学水平上下功夫,走内涵式发展的道路,办人民满意、高水平、有特色的学校,为各级党政机关培养"政治上忠诚可靠、业务上精益求精"的信息安全高素质人才。大会结束后,我们要通过各种方式组织学校师生深入学习、认真领会党的十八大精神,进一步提高人才培养质量,进一步加强党的建设,全面贯彻落实党的十八大提出的各项任务。

全面理解把握党的十八大精神[*]

（2012 年 11 月 23 日）

11 月 14 日,党的十八大顺利完成预定的各项议程胜利闭幕。党的十八大闭幕后,学习宣传贯彻落实党的十八大精神,是全党全国当前和今后一个时期首要的政治任务和头等大事。日前,中央办公厅专门召开党员领导干部会议,中央政治局委员、中央书记处书记、中央办公厅主任栗战书同志在重要讲话中传达了党的十八大精神,并对中办机关学习贯彻党的十八大精神提出了明确要求。这几天,学院分别召开院务会、教职工大会、院党委理论学习中心组扩大会议,在教职工的各个层面进行了传达学习。为了让同学们及时了解党的十八大精神,我们把下周五下午的《形势政策课》提前到今天晚上安排。今天来听课的同学主要是大一、大二、大三的学生,大四的学生现正在全力以赴,备战公务员考试。公务员考试是我们学校每个毕业生都要参加的。考试成绩和等级是检验学习成果、展示综合素质、决定毕业去向非常重要的一个参考因素,让我们共同预祝 09 级同学都能正常发挥,考出自己满意的成绩。

形势政策课是思想政治理论课的重要组成部分,是大学生的必修课程。学院党委非常重视形势政策课,制定了《关于加强和改进形势政策课教学工作的意见》,并一直把形势政策课作为一个品牌来进行建设。多年以来,坚持每两周一次,从政治、经济、文化等多个领域,紧贴变化发展的形势和学生普遍关心的问题,邀请著名专家学者来院做专题报告。充分利用学院隶属中办的优势,先后邀请过中央领导、中办领导,中办机要局局长,国家保密局局长,部分省委机要局领导以及全国党政系统机要密码先进工作者来学院为大家做形势政策报告,举办了"全国党政系统机要密码先进工作者事迹报告会"。丰富多彩的报告内容,对于帮助大家正确认识国际国内形势,深入理解党和国家的大政方针,坚定政治理想和政治信念,培育机要意识和机要精神具有不可替代的重要作用。同学们通过形势政策课,广泛地接受了教

---

*　本文是作者在形势政策课上宣讲党的十八大精神的讲稿。

育,极大地开阔了视野,全面地提升了综合素质。所有这些必将在大家今后的学习和工作中逐步显现出来,转化为精神动力和知识才能。希望大家珍惜这样的机会,积极参与、深入思考,保证学习的质量和效果。

下面,我根据院党委的部署和安排,和大家一起共同学习党的十八大精神。

一、关于大会的基本情况

大会的前后过程可划分为三个阶段:一是11月1日至4日召开十七届七中全会。在全会上胡锦涛同志代表中央政治局做了工作报告并发表重要讲话,习近平同志就十八大报告起草和党章修改工作做了说明,与会同志就一些重大问题进行深入讨论,为十八大召开作了充分准备。二是11月8日至14日召开十八大。大会期间,胡锦涛同志代表十七届中央委员会做了题为《坚定不移沿着中国特色社会主义道路前进 为全面建成小康社会而奋斗》的报告,大会审查通过了十七届中央委员会的报告,审查批准了十七届中央纪委的工作报告,审议通过了《中国共产党章程(修正案)》,选举产生了新一届中央委员会和中央纪律检查委员会。三是11月15日召开十八届一中全会。全会选举产生了中央政治局委员、中央政治局常务委员会委员、中央委员会总书记;根据中央政治局常务委员会的提名,通过了中央书记处成员,决定了中央军事委员会组成人员;批准了十八届中央纪律检查委员会第一次全体会议选举产生的书记、副书记和常务委员会委员人选。新当选的中共中央总书记习近平同志在会上发表了重要讲话。全会结束后,新当选的政治局常委与中外媒体记者见面,习近平同志发表了重要讲话。

在党的十八大上,中央办公厅主任栗战书同志当选为中央委员会委员并在十八届一中全会上当选为中央政治局委员,担任中共中央书记处书记,全厅党员干部职工都感到由衷的高兴和自豪。

我有幸作为一名党员代表,参加了党的十八大,内心十分激动,深感责任重大、使命光荣。在参加会议过程中,我按照会议要求积极参与讨论,努力建言献策,正确行使民主权利,认真履行代表职责。学院还有13位老师参与了党的十八大大会秘书组的有关工作,其中2位借调到中办秘书局帮助工作的老师参加了大会服务工作,4位老师参加了简报快报工作,7位老师参加了驻地代表服务工作。他们为大会的成功召开做出了自己应有的贡献,得到了所在工作部门的肯定和好评,为学院争得了荣誉。在中办直接参与为党的十八大会议服务工作的人员中,不少同志是学院的毕业生,我在会议上见到的就有秘书局、机要局、管理局、特会室、保密局等单位的同志,他们是我们电科院学生的骄傲。我在会议期间同一些担任部委领导的代表交谈时,他们对我校毕业生在单位的表现充分肯定、赞不绝口。希望今天在座的同学将来走上工作岗位也为学校增光添彩。

大会有四个突出特点:一是发扬民主。十八大整个筹备和召开过程,是一个充分发扬民主、注重调查研究、广泛听取意见、集中全党全国各族人民智慧的过程。党的十八大报告和党章修正案广泛征求党内外意见,多次进行修改。大会期间,胡锦涛同志和其他十七届中央政治局常委同志参加代表团分组讨论,当面听取代表意见建议。2300多名代表和特邀代表,从讨论文件到酝酿人事,认真履行职责,充分行使党内民主权利,讨论现场发言踊跃、畅所欲言、平等交流、气氛热烈。二是开放透明。我们把十八大的召开作为向国内外宣传主张、展示成就、树立形象的良好机会。采访十八大的境内记者有1100多名,境外记者1700多名,超过了以往历届全国代表大会的规模。十八大开幕当天,国际上有影响的通讯社都滚动播发消息,介绍十八大报告主要内容。代表团讨论文件时,除中直机关、解放军、武警和台湾省籍代表团外,全部对境内外记者开放一次。大会不仅有不少代表接受记者采访,还专门安排中央有关部门负责同志和代表接受四场集体采访和两场网络采访。三是高效务实。大会各项安排和各项服务工作,都本着让中央满意、让代表满意、让人民群众满意的要求,求真务实,精心细致,环环相扣,紧凑有序。开幕式上胡锦涛同志做报告不念全文只讲要点,时间控制在100分钟以内。大会各项活动安排,都努力做到不扰民、不影响人民群众正常工作生活。良好的会风为大会的圆满成功提供了保障。四是成果丰富。大会取得了诸多重要成果,主要是:通过了十八大报告,这是全面建成小康社会、加快推进社会主义现代化的行动指南,是一篇马克思主义纲领性文献;通过了党章修正案,这有利于全党更好学习党章、遵守党章、维护党章,进一步推进党的事业和党的建设;选举产生了以习近平同志为总书记的新一届党中央领导集体,必将团结带领全党全国各族人民继往开来、攻坚克难,夺取全面建成小康社会新胜利,开创中国特色社会主义事业新局面。

二、关于党的十八大报告

党的十八大报告,主题鲜明深刻,内容博大精深,提出了一系列新观点、新论断、新表述、新任务,是一篇闪耀着马克思主义真理光芒的纲领性文献。报告高屋建瓴、内涵丰富、亮点纷呈。我分 11 个问题向同学们介绍一下大会的主要精神。

1.大会主题鲜明、鼓舞人心

大会的主题是:高举中国特色社会主义伟大旗帜,以邓小平理论、"三个代表"重要思想、科学发展观为指导,解放思想,改革开放,凝聚力量,攻坚克难,坚定不移沿着中国特色社会主义道路前进,为全面建成小康社会而奋斗。简短的 82 个字,强调了我们党举什么旗、走什么路、以什么样的精神状态、朝着什么样的目标继续前进等关系党和国家工作大局的核心问题,充分体现了党中央对当前世情、国情、党情的全面把握,对我国发展新要求和人民新期待的全面把握,对于统一全党全国人民思想、牢牢把握我国发展进步的方向,齐心协力推进改革开放和社会主义现代化建设、实现中华民族伟大复兴,必将产生重大而深远的指导作用。

2.对科学发展观作出新的历史定位

党的十八大报告总结了过去 5 年取得的重大成就,并在对 10 年奋斗历程进行总结的基础上,突出强调了科学发展观在中国特色社会主义伟大实践中的重大指导作用。将科学发展观同马克思列宁主义、毛泽东思想、邓小平理论、"三个代表"重要思想一道,列为我们党必须长期坚持的指导思想,实现了党的指导思想的又一次与时俱进。

党的十六大以来的 10 年,我们紧紧抓住和用好我国发展的重要战略机遇期,战胜一系列严峻挑战,奋力把中国特色社会主义事业推进到一个新的发展阶段。我们之所以能取得这样的历史性成就和进步,最重要的就是坚持以马克思列宁主义、毛泽东思想、邓小平理论、"三个代表"重要思想为指导,勇于推进实践基础上的理论创新,形成和贯彻了科学发展观,为全面建设小康社会、加快推进社会主义现代化提供了有力的理论指导。同时,深入贯彻落实科学发展观仍然是一项长期艰巨的任务,面临着一系列极具挑战性的矛盾和困难。我们知道,党的十七大报告对科学发展观的内容进行了概括和阐述,并把它作为我国经济社会发展的重要指导方针和发展中国特色社会主义必须长期坚持和贯彻的重大战略思想写入党章。但是,中央认为,当时科学发展观提出时间还不长,还需要进一步经受实践检验,没有在党章中把科学发展观列为党的指导思想。因此,对科学发展观在马克思主义中国化历史进程中的地位进行新的定位,以进一步发挥其对改革开放和社会主义现代化建设的指导作用,就具有十分紧迫的必要性。

党的十八大报告鲜明地指出,科学发展观是马克思主义同当代中国实际和时代特征相结合的产物,是中国特色社会主义理论体系最新成果,是中国共产党集体智慧的结晶,是指导党和国家全部工作的强大思想武器。科学发展观把我们对中国特色社会主义规律的认识提高到新的水平,开辟了当代中国马克思主义发展新境界。把科学发展观确立为全党全社会必须长期坚持的重要指导思想,是党的十八大报告最大的理论创新和历史贡献,对坚持和发展中国特色社会主义具有重大现实意义和深远历史意义。

3. 对中国特色社会主义作出了新的阐述

报告准确概括了以毛泽东同志为核心的党的第一代中央领导集体、以邓小平同志为核心的党的第二代中央领导集体、以江泽民同志为核心的党的第三代中央领导集体和党的十六大以来党中央对开创和发展中国特色社会主义所做的主要贡献,全面阐述了中国特色社会主义的基本内涵、内在关系以及中国特色社会主义的总依据、总布局、总任务。

党的十八大报告指出,九十多年来,我们党紧紧依靠人民,把马克思主义基本原理同中国实际和时代特征结合起来,独立自主走自己的路,历经千辛万苦,付出各种代价,取得革命建设改革伟大胜利,开创和发展了中国特色社会主义,从根本上改变了中国人民和中华民族的前途命运。中国特色社会主义道路,中国特色社会主义理论体系,中国特色社会主义制度,是党和人民九十多年奋斗、创造、积累的根本成就,必须倍加珍惜、始终坚持、不断发展。

报告强调在新的历史条件下,夺取中国特色社会主义新胜利,必须牢牢把握八个基本要求,即必须坚持人民主体地位,必须坚持解放和发展社会生产力,必须坚持推进改革开放,必须坚持维护社会公平正义,必须坚持走共同富裕道路,必须坚持促进社会和谐,必须坚持和平发展,必须坚持党的领导。这是党的十八大报告对中国特色社会主义作出的理论新概括,具有极强的现实针对性和长远的指导意义。

实践充分证明,中国特色社会主义是当代中国发展进步的根本方向,只有中国特色社会主义才能发展中国。因此,全党全国各族人民要把中国特色社会主义作为共同信念,坚定对中国特色社会主义的道路自信、理论自信、制度自信,决不能走封闭僵化的老路,也不能走改旗易帜的邪路,只能坚定不移地走中国特色社会主义的新路,毫不动摇坚持、与时俱进发展中国特色社会主义,不断丰富中国特色社会主义的实践特色、理论特色、民族特色、时代特色。

4.中国特色社会主义事业总体布局：由"四位一体"拓展到"五位一体"

党的十八大报告明确提出建设社会主义市场经济、社会主义民主政治、社会主义先进文化、社会主义和谐社会、社会主义生态文明五位一体总体布局，并对经济建设、政治建设、文化建设、社会建设、生态文明建设进行了全面部署。这样，中国特色社会主义事业的总体布局就由"四位一体"拓展成为"五位一体"，丰富了中国特色社会主义的科学内涵。

对中国特色社会主义事业总体布局的认识，我们党经历了一个初步探索、逐步深化和日益完善的过程。改革开放初期，以邓小平同志为核心的第二代中央领导集体，提出要坚持物质文明、精神文明"两个文明"一起抓。党的十三届四中全会后，以江泽民同志为核心的党的第三代中央领导集体进一步提出在建设"两个文明"的同时，努力建设社会主义政治文明，形成了经济建设、政治建设、文化建设"三位一体"的总体布局。党的十六大以来，以胡锦涛同志为总书记的党中央，提出构建社会主义和谐社会的战略思想和重大任务，从而使中国特色社会主义事业的总体布局由"三位一体"扩展为经济建设、政治建设、文化建设、社会建设"四位一体"。在深入贯彻落实科学发展观的过程中，我们党对于生态文明建设的认识不断深化，党的十七大提出建设生态文明的目标，党的十八大明确把生态文明建设上升为中国特色社会主义事业总体布局的重要组成部分。"五位一体"总体布局是中国特色社会主义实践不断丰富发展的结果，是我们党对中国特色社会主义认识不断深化的结果，对于开创中国特色社会主义新局面具有重大意义，为全面建成小康社会提供了有力支撑。

5.小康社会：从"全面建设"到"全面建成"

党的十八大提出"为全面建成小康社会而奋斗"。从十六大提出"全面建设小康社会"到十八大提出"全面建成小康社会"，虽然只有一字之改，但却是一个质的飞跃，它把小康社会的美好图景更具体更生动地呈现在全国人民面前，也把我们党对发展中国特色社会主义的坚强决心和信心展现出来。

我们知道，"小康社会"是邓小平在改革开放之初提出的战略构想。随着中国特色社会主义的深入发展，小康社会内涵和意义不断得到丰富和发展。在20世纪末基本实现"小康"的情况下，党的十六大明确提出了"全面建设小康社会"。党的十七大根据形势发展提出了实现全面建设小康社会奋斗目标的新要求。经过10年的努力，全面建设小康社会取得重大成就，为到2020年实现全面建成小康社会奠定了坚实基础。党的十八大根据我国经济社会发展实际,从五个方面提出了全面建成小康社会的新的目标要求,即经济持续健康发展,人民民主不断扩大,文化软实力显著增强,人民生活水平全面提高,资源节约型、环境友好型社会建设取得重大进展。

报告强调,我国进入全面建成小康社会决定性阶段,必须深化重要领域改革,坚决破除一切妨碍科学发展的思想观念和体制机制弊端。报告提出了全面深化经济、政治、文化、社会和生态文明建设领域体制改革的目标要求,明确了各个领域深化改革开放的重点。报告关于实现全面建成小康社会和全面深化改革开放的目标要求,是对什么是小康社会、如何建设小康社会认识的新飞跃,必将极大地激发全国人民为实现全面小康社会美好前景的奋斗热情。

6.转变经济发展方式是关系我国发展全局的新的关键抉择

党的十八大报告指出:以科学发展为主题,以加快转变经济发展方式为主线,是关系我国发展全局的战略抉择。这一战略抉择,是党的十七届五中全会首先提出的重大战略思想,党的十八大报告对主题、主线的重大战略意义作了强调和阐释,再次表明贯彻主题、主线不是一个局部性问题,也不仅仅是对经济工作的要求,而是影响改革开放兴衰成败、事关中华民族伟大复兴的重大战略问题。

转变经济发展方式涉及发展理念的变革、模式的转型、路径的创新,引起生产方式、生活方式和思维方式的深刻变化。因此,从一定意义上说,转变经济发展方式像改革开放一样,是关系我国发展全局的战略抉择,是新的历史条件下的一次新的革命。党的十八大报告第四部分紧紧围绕这一主题、主线,对今后五年经济体制改革和经济建设进行全面部署,提出"四个着力""五个更多"的发展思路,提出坚持走中国特色新型工业化、信息化、城镇化、农业现代化"四化同步"的发展道路,提出了全面深化经济体制改革、实施创新驱动发展战略、推进经济结构战略性调整、推动城乡发展一体化、全面提高开放型经济水平的重大任务,对于我们从全局出发,统一思想、提高认识,动员各方力量,形成攻坚克难的强大动力,坚决执行中央加快转变经济发展方式的重大决策部署具有重大而深远的意义。

7.对推进政治建设和政治体制改革提出新思路

政治体制改革是我国全面改革的重要组成部分,必须继续积极稳妥推进政治体制改革,发展更加广泛、更加充分、更加健全的人民民主。为此,党的十八大报告提出了推进政治建设和政治体制改革的总体思路,这就是:必须坚持党的领导、人民当家作主、依法治国有机统一,以保证人民当家作主为根本,以增强党和国家活力、调动人民积极性为目标,扩大社会主义民主,加快建设社会主义法治国家,发展社会主义政治文明。按照这一总体思路,报告提出要更加注重改进党的领导方式和执政方式,更加注重健全民主制度、丰富民主形式,更加注重发挥法治在国家治理和社会管理中的重要作用,提出了支持和保证人民通过人民代表大会行使国家权力、健全社会主义协商民主制度、完善基层民主制度、全面推进依法治国、深化行政体制改革、建立健全权力运行制约和监督体系、巩固和发展最广泛的爱国统一战线七项重点任务。

党的十八大报告第五部分,特别引人注意的有三点:一是提出"社会主义协商民主是我国人民民主的重要形式",并将其作为政治体制改革重要内容进行了阐述。社会主义协商民主的提出,丰富了人民民主的实现形式,对于发展社会主义民主和社会主义政治文明,实现最广泛、最真实的民主指明了正确方向。二是提出"建立健全权力运行制约和监督体系",特别是提出要确保决策权、执行权、监督权既相互制约又相互协调,国家机关按照法定权限和程序行使权力,推进权力运行公开化、规范化等,对于保证党和国家权力的正确行使,提升党和政府的公信力具有至关重要的意义。三是强调全面推进依法治国,充分发挥法治在国家治理和社会管理中的重要作用,保证人民依法享有广泛权利和自由,从而把社会主义法治提高到一个新的高度,并贯穿在整个报告之中,给人留下深刻印象。

8.对社会主义核心价值观进行了新概括

党的十八大报告第六部分,对扎实推进社会主义文化强国建设做出了新的全面部署,明确指出:全面建成小康社会,实现中华民族伟大复兴,必须推动社会主义文化大发展大繁荣;建设社会主义文化强国,必须走中国特色社会主义文化发展道路;建设社会主义文化强国,关键是增强全民族文化创造活力等重大论断。这一部分中的一个鲜明亮点,就是对社会主义核心价值观进行了新概括。

我们知道,社会主义核心价值体系是党的十六届六中全会提出来的,党的十七大和十七届六中全会对建设社会主义核心价值体系进行了全面部署。几年来,社会主义核心价值体系建设取得显著进展和明显成效。社会上和学术界一直有一种看法,认为建设社会主义核心价值体系,有必要进一步探索并提炼出"社会主义核心价值观",并对社会主义核心价值观作出多种概括。党的十八大报告在阐述加强社会主义核心价值体系建设时,吸收全国方方面面的意见,在广泛共识的基础上,用24个字对社会主义核心价值观分别从国家、社会、公民个人三个层面进行了概括:从国家层面看,是富强、民主、文明、和谐;从社会层面看,是自由、平等、公正、法治;从公民个人层面看,是爱国、敬业、诚信、友善。社会主义核心价值观的提出和概括,深化了我们党对社会主义的认识,对于推进社会主义核心价值体系建设,具有十分重要的意义。

9.首次提出"城乡居民人均收入"10年翻番

党的十八大报告第七部分以"在改善民生和创新社会管理中加强社会建设"为标题,清楚地表明了社会建设的两个重点内容:改善民生和创新社会管理,而保障和改善民生是根本。党的十八大报告提出,到 2020 年"实现国内生产总值和城乡居民人均收入比 2010 年翻一番"的"两个翻番",使小康社会目标更加明确、标准更为严格。"两个翻番"表明,我们不是一味追求经济总量快速增长,而是下决心同时更加重视居民收入的提高,更加注重改善民生。在保障和改善民生方面,党的十八大报告用较大篇幅进行了论述,提出了努力办好人民满意的教育、推动实现更高质量的就业、千方百计增加居民收入、统筹推进城乡社会保障体系建设、提高人民健康水平等重大任务。

党的十八大在党的十七大提出的"两提高"(提高居民收入在国民收入分配中的比重和提高劳动报酬在初次分配中的比重)基础上,进一步提出了"两同步",即努力实现居民收入增长和经济发展同步、劳动报酬增长和劳动生产率提高同步。"两同步、两提高"为深化收入分配制度改革,实现发展成果由人民共享指明了方向。在创新社会管理方面,党的十八大报告围绕构建中国特色社会主义管理体系,提出要加快形成党委领导、政府负责、社会协同、公众参与、法治保障的社会管理体制,加快形成政府主导、覆盖城乡、可持续的基本公共服务体系,加快形成政社分开、权责明确、依法自治的现代社会组织体制,加快形成源头治理、动态管理、应急处置相结合的社会管理机制,并做出了全面的安排。特别是在以往强调"党委领导、政府负责、社会协同、公众参与"的同时,又将"法治保障"纳入到社会管理体制中来,这充分体现了我们党全面推进依法治国的执政理念,彰显出法治在社会管理中的重要作用。

10.着重强调生态文明建设战略

尽管"建设生态文明"在党的十七大报告中已经提出,但在党的全国代表大会报告中专辟一章加以阐述和部署,党的十八大还是第一次。党的十八大报告将生态文明建设摆在中国特色社会主义事业总体布局的高度,明确提出我国建设生态文明的战略思路,并提出了当前和今后一段时期内亟须完成的四项任务,即优化国土空间开发格局;全面促进资源节约;加大自然生态系统和环境保护力度;加强生态文明制度建设。

党的十八大报告关于生态文明的论述,有许多新的观点、新的思想和新的阐述,令人耳目一新。比如报告提出的"必须树立尊重自然、顺应自然、保护自然的生态文明理念,把生态文明建设放在突出地位,融入经济建设、政治建设、文化建设、社会建设各方面和全过程,努力建设美丽中国,实现中华民族永续发展";比如"着力推进绿色发展、循环发展、低碳发展,形成节约资源和保护环境的空间格局、产业结构、生产方式、生活方式";比如"促进生产空间集约高效、生活空间宜居适度、生态空间山清水秀,给自然留下更多修复空间,给农业留下更多良田,给子孙留下天蓝、地绿、水净的美好家园";还有"保护生态环境必须依靠制度""加强生态文明制度建设",以及"加大自然生态系统和环境保护力度"等等。总之,党的十八大报告关于社会主义生态文明的论述,表明我们党对生态文明建设的认识得到进一步深化,是我们党对中国特色社会主义的重大创新,是我们党科学发展、和谐发展理念的再一次升华。

11.党的建设科学化认识有了新突破

党的十八大报告第十二部分,对今后一个阶段党的建设进行了全面部署,提出了一系列新观点、新举措,表明我们对执政党建设规律的认识提升到一个新的高度,对执政党建设规律的把握更自觉、更全面、更深刻。

党的十八大报告从坚定理想信念、始终保持党同人民群众的血肉联系、积极发展党内民主、深化干部人事制度改革、坚持党管人才原则、创新基层党建工作、坚定不移反对腐败、严明党的纪律八个方面,对党的建设进行了全面部署。其中提出了不少新论断、新要求:一是对党的建设主线作了新概括,即"牢牢把握加强党的执政能力建设、先进性和纯洁性建设这条主线",增加了"纯洁性建设"要求。二是对党的建设目标作了新定位,即"建设学习型、服务型、创新型的马克思主义执政党",服务型的马克思主义政党是新提法,体现了我们党执政理念、执政方式的重大变化,体现了我们党的与时俱进和时代特色。三是对党的建设总体布局作了新调整,将制度建设与反腐倡廉建设的顺序作了调整,既凸显了反腐败在党的建设中的重要性和紧迫性,又体现了制度建设贯穿党的思想建设、组织建设、作风建设、反腐倡廉建设的特征。四是对党的集中教育活动做了新安排,提出在全党深入开展以为民务实清廉为主要内容的党的群众路线教育活动,必将有力提高党员干部做好新形势下群众工作的能力,更好地保持党同人民群众的血肉联系。五是对党的反腐败工作做了新部署,强调坚持党要管党、从严治党,增强自我净化、自我完善、自我革新、自我提高能力,坚定不移走中国特色反腐倡廉道路,严格规范权力行使,深化重点领域和关键环节改革,健全反腐败法律制度,做到干部清正、政府清廉、政治清明。要深入抓好反腐倡廉工作,坚持有案必查、有腐必惩,任何人触犯了党纪国法都要依法严肃查处,决不姑息,党内决不允许腐败分子有藏身之地。六是对党的纪律建设作了新强调,报告专门用一整段的篇幅就严明党的纪律进行了部署,强调各级党组织和广大党员一定要自觉遵守党章,严肃党的纪律特别是政治纪律,坚决维护中央权威,保证中央政令畅通。党的建设在这些方面取得实实在在的成效,就能有效经得起执政、改革开放、市场经济、外部环境"四大考验",就能有效防止精神懈怠、能力不足、脱离群众、消极腐败"四种危险"。

三、关于党章的修改

这次修改党章遵循的原则是:坚持以马克思列宁主义、毛泽东思想、邓小平理论、"三个代表"重要思想和科学发展观为指导,把党的十八大报告确立的重大理论观点和重大战略思想写入党章;坚持发扬党内民主,集中全党智慧;保持党章总体稳定,只修改那些必须修改的、在党内已经形成共识的内容,努力使修改后的党章充分体现马克思主义中国化最新成果,充分体现党的十七大以来党中央提出的一系列重大战略思想,充分体现党的工作和党的建设提出的新要求。

党章总纲部分修改的主要内容有十一个方面:一是把科学发展观写入党的指导思想;二是充实了党的十六大以来党的理论创新特别是科学发展观的定位的内容;三是增写了确立中国特色社会主义制度的内容;四是完善了中国特色社会主义事业总体布局的内容;五是充实了坚持改革开放的内容;六是充实了社会主义市场经济的内容;七是充实了发展社会主义民主政治的内容;八是充实了发展社会主义先进文化的内容;九是充实了构建社会主义和谐社会的内容;十是增写了建设社会主义生态文明的内容;十一是充实了加强党的建设总体要求的内容。

党章条文部分修改的主要内容有四个方面:一是对党员义务做了适当修改;二是充实了党的基层组织的基本任务;三是增写了有关干部选拔和监督干部的内容;四是增写了党的各级领导干部必须具备的基本条件的内容。

四、关于十八届一中全会的主要情况和精神

11 月 15 日召开的十八届一中全会,选举产生了党的新一届中央领导集体。习近平同志当选为中共中央总书记并发表了重要讲话。

习近平同志当选为中共中央总书记,是党心、民心所向。在这次党代会选举中央委员时,2300 多名代表投票,他是全票;在一中全会选举他为中央政治局委员、中央政治局常委、中共中央总书记时,他又是三次满票。这说明,习近平同志作为总书记,受到全党全国人民的衷心拥护,全党全国人民对新一届中央领导集体充满了期望。以习近平同志为总书记的党中央一定能够继往开来、开拓创新,团结带领全党全国各族人民,高举中国特色社会主义伟大旗帜,以邓小平理论、"三个代表"重要思想、科学发展观为指导,坚定不移沿着中国特色社会主义道路奋勇前进,继承和弘扬优良传统作风,坚持和发扬改革创新精神,圆满完成党的十八大提出的各项工作任务。

习近平同志在一中全会讲话中指出,当前和今后一个时期,新一届中央领导集体的首要政治任务,就是全面贯彻落实党的十八大精神,为实现党的十八大确定的目标任务而努力奋斗。要突出抓好以下六个方面工作。

第一,高举中国特色社会主义伟大旗帜。中国共产党从成立起就肩负着实现中华民族伟大复兴的历史使命。90 多年来,我们党坚持把马克思主义基本原理同中国具体实际和时代特征结合起来,独立自主地走自己的路,历经千辛万苦,付出各种代价,胜利完成了新民主主义革命、社会主义革命,胜利进行了改革开放新的伟大革命,开创和发展了中国特色社会主义,从根本上改变了中国人民和中华民族的前途命运。中国特色社会主义,承载着几代中国共产党人的理想和探索,寄托着无数仁人志士的意愿和期盼,凝聚着千千万万革命先烈的奋斗和牺牲,凝聚着全国各族人民的奋斗和实践,是近代以来中国社会发展的必然选择,是历史和人民的选择。中国特色社会主义伟大实践,不仅使我们国家快速发展起来,使我国人民生活水平快速提高起来,使中华民族大踏步赶上时代前进潮流、迎来伟大复兴的光明前景,而且使中国人民和中华民族为世界和平与发展做出了重大贡献。事实雄辩地证明,要发展中国、稳定中国,要全面建成小康社会、加快推进社会主义现代化、要实现中华民族伟大复兴,必须坚定不移地坚持和发展中国特色社会主义。

第二,加强中国特色社会主义理论体系学习实践。我们党在领导中国

革命、建设、改革的长期实践中,不断推进马克思主义中国化,实现了两次历史性飞跃。第一次飞跃发生在新民主主义革命时期,形成了被实践证明了的关于中国革命和建设的正确的理论原则和经验总结——毛泽东思想。第二次飞跃发生在党的十一届三中全会以后,形成了被实践证明了的关于在中国建设、巩固、发展社会主义的正确的理论原则和经验总结,这就是包括邓小平理论、"三个代表"重要思想、科学发展观在内的中国特色社会主义理论体系。在当代中国,坚持中国特色社会主义理论体系,就是真正坚持马克思主义。

第三,全面推进建设小康社会各项事业。党的十八大按照中国特色社会主义事业"五位一体"总体布局对党和国家事业进行了全面部署。这些部署都是在深入调查研究的基础上,着眼于解决当代中国发展面临的重大理论和实践问题提出来的,具有很强的针对性、战略性、指导性,我们要紧密结合实际,把各项任务贯彻好、落实好。

第四,着力保障和改善民生。我们党领导人民全面建设小康社会、进行改革开放和社会主义现代化建设的根本目的,就是要通过发展社会生产力,不断提高人民物质文化生活水平,促进人的全面发展。检验我们一切工作的成效,最终都要看人民是否真正得到了实惠,人民生活是否真正得到了改善,这是坚持立党为公、执政为民的本质要求,是党和人民事业不断发展的重要保证。

第五,全面推进党的建设新的伟大工程。新形势下,我们党的自身建设面临一系列新情况、新问题、新挑战,落实党要管党、从严治党的任务比以往任何时候都更为繁重、更为紧迫。我们必须以更大的决心和勇气抓好党的自身建设,确保党在世界形势深刻变化的历史进程中始终走在时代前列,在应对国内外各种风险和考验的历史进程中始终成为全国人民的主心骨,在发展中国特色社会主义的历史进程中始终成为坚强的领导核心。

第六,深化改革开放。改革开放是党在新的历史条件下领导人民进行的新的伟大革命,是决定当代中国命运的关键抉择。中国特色社会主义之所以具有蓬勃生命力,就在于是实行改革开放的社会主义。我国过去30多年的快速发展靠的是改革开放,我国未来发展也必须坚定不移地依靠改革开放。只有改革开放才能发展中国、发展社会主义、发展马克思主义。中国特色社会主义在改革开放中产生,也必将在改革开放中发展壮大。

习近平同志还指出,贯彻落实党的十八大精神,要高度重视学习党章。党章是我们立党、治党、管党的总章程,是全党最基本、最重要、最全面的行为规范。对我们这个拥有 8000 多万党员的大党来说,把全党同志的思想统一到党章上来,自觉按党章行动,具有十分重大的意义。

习近平同志特别强调,我们十八届中央委员会一定要不负重托,忠于党、忠于祖国、忠于人民,以自己的最大智慧、力量、心血,做出无愧于历史、无愧于时代、无愧于人民的业绩。

一中全会后召开的新当选的中央政治局常委同中外记者见面会,是新一届中央领导集体的首次亮相。来自五大洲 42 个国家 180 多家媒体的近 250 名外国记者、来自港澳台 70 多家媒体的近 100 名记者与内地 60 多家媒体的记者一道,在现场见证了这一历史时刻。中央人民广播电台、中国国际广播电台、中央电视台对见面会实况进行了现场直播,人民网、新华网、中国网络电视台、中国网也进行了现场直播。这次见面会,展示了新一届中央领导人的风采,特别是习近平同志的讲话,显示了新一届中央领导人的成熟、自信、开放、从容的内在品格和外在形象,可以说海内外好评如潮,全党全国人民也为之感到荣耀、骄傲和自豪,更增添了力量和信心。

习近平总书记在这个虽然简短、但却有着非凡历史意义的演讲中,向全党全国人民和全世界发出了铿锵有力的声音。"全党同志的重托,全国各族人民的期望,是对我们做好工作的巨大鼓舞,也是我们肩上的重大责任。"他从三方面对重大责任进行了阐述:这个重大责任,就是对民族的责任;这个重大责任,就是对人民的责任;这个重大责任,就是对党的责任。

他最后说,人民是历史的创造者,群众是真正的英雄。人民群众是我们力量的源泉。我们深深知道,每个人的力量是有限的,但只要我们万众一心、众志成城,就没有克服不了的困难;每个人的工作时间是有限的,但全心全意为人民服务是无限的。责任重于泰山,事业任重道远。我们一定要始终与人民心心相印、与人民同甘共苦、与人民团结奋斗,夙夜在公,勤勉工作,努力向历史、向人民交出一份合格的答卷。

在十八届中央政治局召开的第一次会议上,习近平同志就全面准确学习领会十八大精神,学习十八大报告和党章发表了重要讲话。讲话的主要内容以《认真学习党章 严格遵守党章》为题公开发表,请同学们注意学习。

五、几点希望

同学们,党的十八大高举中国特色社会主义伟大旗帜,以马克思列宁主义、毛泽东思想、邓小平理论、"三个代表"重要思想、科学发展观为指导,分析了国际国内形势的发展变化,回顾总结了过去 5 年的工作和党的十六大以来的奋斗历程及取得的历史性成就,确立了科学发展观的历史地位,提出了夺取中国特色社会主义新胜利的基本要求,确定了全面建成小康社会和全面深化改革开放的目标,对新的时代条件下推进中国特色社会主义事业做出了全面部署,对全面提高党的建设科学化水平提出了明确要求。

认真学习宣传贯彻党的十八大精神,是当前和今后一个时期全党全国的首要政治任务,也是我们学院的首要政治任务,作为当代青年大学生,也应责无旁贷。下面我结合学院实际,就在学生中深入学习贯彻党的十八大精神提出四点意见。

1.广泛开展活动,迅速掀起热潮

学院是中央办公厅所属高校,同学们毕业后,将面向全国各级党政密码保密部门就业,因此在学习贯彻党的十八大精神方面,标准要更高一些、要求要更严一些、效果要更实一些。要把用党的十八大精神武装头脑、指导实践、推动学习作为学习的出发点和落脚点,坚持学以致用、用以促学,努力在学习中加强理解、在理解中推动学习、在学习中明确方向。各级党、团、学组织要迅速行动起来,按照院党委要求,统筹安排、精心组织,通过各种形式、途径和载体,精心谋划并广泛开展形式多样的主题学习实践活动,引领学生以饱满的热情和高度的自觉学习践行十八大精神。学生党员在学习中要发挥先锋模范作用,全体学生干部要充分发挥主力军作用,在学习贯彻落实十八大精神上带好头、作表率、树标杆,带头学习、带头参加活动、带头谈体会,以自身的实际行动带动全院学生的学习,在全院营造更加浓厚的学习氛围,使学生精神面貌呈现新的气象。

2.坚持原原本本学,完整把握科学内涵

党的十八大描绘了在新的历史条件下全面建成小康社会、加快推进社会主义现代化、夺取中国特色社会主义新胜利的宏伟蓝图,是我们党团结带领全国各族人民沿着中国特色社会主义道路继续前进、为全面建成小康社会而奋斗的政治宣言和行动纲领。学习贯彻好党的十八大精神,对于动员和激励我们解放思想、实事求是、与时俱进、求真务实,以更加奋发有为的精神状态投入到今后的学习和工作中具有十分重要的意义。大家在学习十八大精神时,一定要坚持原原本本,完整系统地掌握十八大报告的科学体系和丰富内涵,掌握党章修正案的重要内容和重大意义,掌握习近平总书记在讲话中作出的重要阐述和提出的明确要求,全面了解十八大做出的各项工作部署,深刻领会和全面把握十八大的精神实质和主要内容,做到学懂弄懂、

融会贯通，真正用十八大精神统一思想，提高认识，指导我们的学习和工作。

3.坚持联系实际学，不断提高自身素质

在学习中，同学们要大力发扬理论联系实际的作风，紧密联系个人思想和学习生活实际，用党的十八大精神武装头脑、指导实践、推动学习，全面提升自己的综合素质。

要在认真理解和认识我们党过去 5 年工作总结以及 10 年工作经验的基础上，准确把握科学发展观的定位与内涵，深化对马克思主义中国化以及党的指导思想与时俱进的认识，努力掌握和运用中国特色社会主义理论体系，不断开阔视野，提升理论素养，在学习和实践中自觉贯彻落实科学发展观，努力做科学发展的奋力推动者、和谐社会的积极构建者。

要全面把握十八大关于中国特色社会主义的阐述，坚信中国特色社会主义制度所具有的巨大优越性和强大生命力，坚定中国特色社会主义的共同理想，坚定中国特色社会主义的信念，坚定不移走中国特色社会主义道路，自觉把个人的理想追求与国家的前途命运紧密结合起来，树立起为全面建成小康社会，夺取中国特色社会主义建设新胜利而努力学习的远大理想和目标，以只争朝夕的紧迫感，如饥似渴地学习，既认真学好基础知识又及时进行知识更新，既刻苦钻研专业知识又广泛涉猎其他知识，既重视学习文化知识又努力掌握实用技能，不断充实自己、提高自己、丰富自己。

要身体力行社会主义核心价值观，主动把社会主义核心价值观融入自己主观世界的改造之中，把爱党爱国作为立身做人的根本，树立正确的世界观、人生观、价值观。自觉践行社会主义荣辱观，把正确的道德认知、自觉的道德养成、积极的道德实践紧密结合起来，争当诚实守信的模范、奉献社会的模范、促进和谐的模范。坚持以社会主义核心价值观为指导，积极推进文化传承与创新，继承和发扬学院优良传统，践行学院"倡导自由与自律，致力传承与创新，推崇责任与奉献，践行包容与和谐"的大学精神和"忠诚、笃学、创新、卓越"的校训，光大"尊师、尚德、精艺、自强"的学风，从学院文化精髓中充分吸取营养，共同致力校园文化建设，打造独具特色的校园文化环境。努力把学院文化建设推向新的高度，使校园文化更好地服务于教书育人和成长成才，不断增强作为一名电科院人的自豪感、光荣感，树立为密码保密事业而努力学习的使命意识、责任意识和紧迫意识，努力把自己培养成为合格的密码保密事业接班人。

4.坚持在社会实践中学，切实提高本领

党的十八大报告指出，要坚持教育为社会主义现代化服务的根本任务，

培养德智体美全面发展的社会主义建设者和接班人,全面实施素质教育,培养学生创新精神。在社会实践中学习成长,是大学生全面发展的题中应有之义,也是坚持和贯彻教育与生产劳动相结合方针的必然要求。社会实践是同学们运用和检验理论知识的大课堂,在这个大课堂里,同学们能够进一步缩小理论与实践的差距,明晰理想与现实的差异,感知理论与实践的融合,提高为中国特色社会主义建设服务的本领。

全面理解掌握并贯彻党的十八大精神,必须把理论与实践紧密结合。同学们通过开展多种形式的社会实践活动,可以深入到基层去了解现实,加深对世情、国情、党情、社情、民情的了解和把握,进而增强对中国特色社会主义和社会主义核心价值观的认同,加深对党的十八大报告所总结的历史性成就、确定的发展目标、提出的各项要求、做出的各项战略部署的领会和理解;可以在实践中经历艰苦环境的考验,直面困难和挑战,切实树立用诚实劳动创造美好生活的思想和精神,增强同广大人民群众的血肉联系,培养关注民生、体恤民情、为民谋利的情感;可以看到自身的差距和不足,培养起勤学善思、学以致用的良好学风,达到开阔眼界视野、积累人生阅历、增长实际才干的目的。

最后,希望同学们通过学习党的十八大精神,树立远大理想,坚定理想信念,切实增强政治意识、大局意识、使命意识、责任意识,主动适应党和国家对密码保密人才的需要,不辱使命、刻苦钻研、积极实践、勇于创新,不断提升能力和素质,为今后走上工作岗位奠定坚实的基础,为密码保密事业的发展贡献自己的才智,为全面建成小康社会,夺取中国特色社会主义新胜利做出自己应有的贡献。

十八大报告闪耀着
马克思主义的理论光芒[*]

（2012 年 11 月 29 日）

党的十八大期间,我和中办其他代表一样,积极参与讨论,努力建言献策,正确行使民主权利,认真履行代表职责。会议闭幕之后,我继续认真研读十八大文件,参加中办和学院组织的辅导讲座,进一步深入学习领会十八大精神。同时,通过多种形式宣讲十八大精神,和全院师生共同学习、深入领会党的十八大提出的新思想、新观点、新论断。

通过这一阶段的学习,我更加深切地认识到,党的十八大报告主题鲜明深刻、内容博大精深,是一篇闪耀着马克思主义理论光芒的纲领性文献。以下五点,印象最为深刻。

一、大会主题鲜明、鼓舞人心

党的十八大报告开宗明义,鲜明地提出了大会的主题:高举中国特色社会主义伟大旗帜,以邓小平理论、"三个代表"重要思想、科学发展观为指导,解放思想,改革开放,凝聚力量,攻坚克难,坚定不移沿着中国特色社会主义道路前进,为全面建成小康社会而奋斗。虽然只有简短的 82 个字,但是旗帜鲜明地强调了我们党举什么旗、走什么路、以什么样的精神状态、朝着什么样的目标继续前进等关系党和国家工作大局的核心问题,充分体现了党中央对当前世情、国情、党情的全面把握,对我国发展新要求和人民新期待的全面把握,对于统一全党全国人民思想、牢牢把握我国发展进步的方向,齐心协力推进改革开放和社会主义现代化建设、实现中华民族伟大复兴,必将产生重大而深远的指导作用。

---

* 本文是作者在中央办公厅理论学习中心组学习会上的发言。

二、对科学发展观作出新的历史定位

报告全面总结了过去 5 年取得的重大成就,并在对 10 年奋斗历程进行总结的基础上,对科学发展观作出新的历史定位。报告鲜明地指出,科学发展观是马克思主义同当代中国实际和时代特征相结合的产物,是中国特色社会主义理论体系最新成果,是中国共产党集体智慧的结晶,是指导党和国家全部工作的强大思想武器。科学发展观同马克思列宁主义、毛泽东思想、邓小平理论、"三个代表"重要思想一道,是我们党必须长期坚持的指导思想。科学发展观把我们党对中国特色社会主义规律的认识提高到新的水平,开辟了当代中国马克思主义发展新境界。把科学发展观确立为全党全社会必须长期坚持的重要指导思想,是党的十八大报告最大的理论创新和历史贡献,对坚持和发展中国特色社会主义具有重大现实意义和深远历史意义。

三、对中国特色社会主义作出了新的阐述

党的十八大报告全面阐述了中国特色社会主义的基本内涵、内在关系,以及中国特色社会主义的总依据、总布局、总任务。明确提出了新的历史条件下,夺取中国特色社会主义新胜利,必须牢牢把握的八个基本要求。中国共产党成立 91 年来革命、建设和改革开放的实践充分证明,中国特色社会主义是当代中国发展进步的根本方向,只有中国特色社会主义才能发展中国。因此,全党全国各族人民要把中国特色社会主义作为共同信念,坚定对中国特色社会主义的道路自信、理论自信、制度自信,决不能走封闭僵化的老路,也不能走改旗易帜的邪路,只能坚定不移走中国特色社会主义的新路,毫不动摇坚持、与时俱进发展中国特色社会主义,不断丰富中国特色社会主义的实践特色、理论特色、民族特色、时代特色。

四、党的建设科学化认识有了新突破

报告对今后一个阶段党的建设进行了全面部署,提出了一系列新观点、新举措,表明我们对执政党建设规律的认识提升到一个新的高度,对执政党建设规律的把握更自觉、更全面、更深刻。一是对党的建设主线作了新概

括,即"牢牢把握加强党的执政能力建设、先进性和纯洁性建设这条主线",增加了"纯洁性建设"要求。二是对党的建设目标作了新定位,即"建设学习型、服务型、创新型的马克思主义执政党",服务型的马克思主义政党是新提法,体现了我们党执政理念、执政方式的重大变化,体现了我们党的与时俱进和时代特色。三是对党的建设总体布局作了新调整,将制度建设与反腐倡廉建设的顺序作了调整,凸显了反腐败在党的建设中的重要性和紧迫性。四是对党的集中教育活动作了新安排,提出在全党深入开展以为民务实清廉为主要内容的党的群众路线教育活动,必将有力提高党员干部做好新形势下群众工作的能力,更好地保持党同人民群众的血肉联系。五是对党的反腐败工作做了新部署,强调要坚持党要管党、从严治党,增强自我净化、自我完善、自我革新、自我提高能力,坚定不移走中国特色反腐倡廉道路。六是对党的纪律建设作了新强调,报告专门用一整段的篇幅就严明党的纪律进行了部署,强调各级党组织和广大党员一定要自觉遵守党章,严肃党的纪律特别是政治纪律,坚决维护中央权威,保证中央政令畅通。

五、突出强调了办好人民满意的教育在加强社会 建设中的重要地位

党的十八大报告把教育放在改善民生和加强社会建设的首要位置,这充分体现了我们党对教育事业的高度重视和优先发展教育的坚定决心。报告中关于"努力办好人民满意的教育"的重要论述以及做出的一系列重大部署,对我国教育事业的发展提出了新的更高的要求。一是进一步强调了教育发展的根本任务,"全面贯彻党的教育方针,坚持教育为社会主义现代化建设服务,为人民服务"。这既是最广大人民根本利益所在,也是走中国特色社会主义教育发展道路的本质要求。二是进一步明确了把立德树人作为教育的根本任务,在教育的全过程始终不渝地坚持育人为本、德育为先、能力为重、促进人的全面健康发展。三是对全面实施素质教育提出新的要求,报告指出:要着力提高教育质量,培养学生社会责任感、创新精神、实践能力。落实到高等教育的办学实践,就是要坚持以素质教育为导向,以提高质量为核心,不断深化教育教学改革,着力提升学生的思想道德素质、科学文化素质和健康素质。四是进一步强调了加强教师队伍建设的重要性,教育大计、教师为本,要切实加强师德师风建设,着力提高教育教学能力,努力造就一支师德高尚,业务精湛,结构合理,充满活力的高素质专业化教师队伍。

把思想和行动统一到中央精神上来[*]

（2013 年 10 月 10 日）

习近平总书记在全国宣传思想工作会议上的重要讲话,站在党和国家全局的高度,对事关宣传思想工作长远发展的一系列重大理论和现实问题作了精辟而深刻的阐述,进一步明确了新形势下宣传思想工作的方针原则、目标任务和工作要求,切中肯綮、振聋发聩,对于厘清当前意识形态领域的一些模糊认识,坚定干部群众走中国特色社会主义道路的理想信念具有重要的指导意义,为新时期进一步做好宣传思想工作指明了方向。电科院作为中办所属高校,一定要以强烈的责任感和使命感,认真学习、深刻领会习近平总书记重要讲话精神,切实把思想和行动统一到中央精神上来,坚持党性和人民性相统一,扎实做好学院的宣传思想文化工作。下面,我就用讲话精神指导学院做好宣传思想工作谈几点学习体会。

一、始终坚持党性,强化学院的政治本色

习近平总书记在讲话中强调,所有宣传思想部门和单位,所有宣传思想战线上的党员、干部都要旗帜鲜明坚持党性原则。做好宣传思想工作,必须讲党性,这是大原则,决不能动摇。对于学院来说,坚持宣传思想工作的党性原则,关键是要始终把牢政治方向,确保学院的政治本色和正确的办学方向。栗战书同志年初到学院走访调研时强调指出,学院是中办唯一的一所高等学校,确保学院的政治本色和学生的政治素质,是学院第一位的任务。学院党委要切实承担起政治责任和领导责任,加强对宣传思想领域重大问题的分析研判和重大战略性任务的统筹指导,不断提高领导宣传思想工作能力和水平。学院在宣传思想工作中,要高举中国特色社会主义伟大旗帜,始终坚持正确的政治方向,站稳政治立场,在思想上、政治上、行动上同以习近平同志为总书记的党中央保持高度一致,坚决维护中央的权威和党的团

_* 本文是作者在中央办公厅理论学习中心组学习会上的发言。

结统一，认真践行"三个看齐"，不断增强"六种意识"。遵照中央、中办领导关于学院工作的一系列指示精神，坚持与密码保密事业相适应、齐发展，围绕提升办学水平和人才培养质量的工作中心，努力为办好密码保密部门满意的教育提供坚强的政治思想保障。

二、坚持马克思主义在意识形态领域的指导地位，加强师生理想信念教育

习近平总书记在讲话中指出，宣传思想工作就是要巩固马克思主义在意识形态领域的指导地位，巩固全党全国人民团结奋斗的共同思想基础。"两个巩固"是宣传思想工作的根本任务。高校是新理念、新观点、新思潮的策源地，是各种思想文化交流交融交锋的前沿阵地，意识形态工作十分重要。学院作为一所高校，意识形态工作任务与厅内其他单位相比更加繁重，因此必须予以高度重视。一是要始终坚持用马克思主义中国化最新成果武装党员干部，教育广大教职工坚定理想信念，坚定马克思主义、共产主义信仰，坚定对中国特色社会主义的道路自信、理论自信、制度自信，脚踏实地为党在现阶段的基本纲领不懈奋斗。二是坚持立德树人、德育为先，把育人工作渗透到学院工作的方方面面，实现全员育人、全过程育人、全方位育人。积极推进学生思想政治教育素质化，深入开展理想信念教育、爱国主义教育、忠诚教育、机要密码和保密教育、中办优良传统教育，引导学生爱党爱国爱社会主义，为机要保密事业做贡献。三是把马克思主义理论作为必修课程，充分发挥课堂主渠道作用，上好思想政治理论课、形势与政策教育课，积极推进马克思主义理论和党的路线方针政策进课堂、进教材、进头脑。深入开展马克思主义理论研究工作，有针对性地加强高校人文社科教育教学，不断提升高校思想政治理论课、哲学社会科学教学水平。

三、坚持弘扬主旋律、传播正能量，加强宣传思想阵地建设

习近平总书记在讲话中指出，坚持团结稳定鼓劲、正面宣传为主，是宣传思想工作必须遵循的重要方针。我们所处的时代和从事的伟大事业有许多新的历史特点，面临的挑战和困难前所未有，必须坚持巩固壮大主流思想舆论阵地，弘扬主旋律，传播正能量，激发全社会团结奋进的强大力量。高

校较为崇尚学术自由,舆论媒体呈现多样化,正确思想和错误思想、主流意识形态和非主流意识形态容易交织、叠加。自由更需自律。必须加强宣传思想阵地建设工作,对各种舆论加以引导和控制,使之与主流思想相吻合,切实把住政治关。在事关大是大非和政治原则问题上,要增强主动性、掌握主动权、打好主动仗,帮助师生划清是非界限、澄清模糊认识。一是建立健全宣传思想工作责任制,加强院领导班子自身建设、党团总支书记、辅导员和班主任队伍建设,不断提高思想政治工作专业化水平,创新宣传思想工作,为做好意识形态领域各项工作提供强大的组织保障。二是进一步健全宣传媒体管理机制,加强对学院院报、学报、网络等传播媒体的管理,严格执行信息发布审批制度。加强对社会科学领域各种学术会、研讨会、报告会、论坛、讲座等活动的审批管理,大力推进学生党团组织、大学生社团、心理健康教育等日常思想政治教育主阵地建设。进一步加强网络文化建设和管理,切实把好每一道关口,引导鼓励师生发表导向正确、情趣健康的文章。三是坚守讲台阵地,加强和改进教师课堂教学的管理。教师不仅要履行自己作为一名高校教师应尽的传道授业职责,同时要增强"中办人"意识,时时处处以中办工作人员的标准严格要求自己,始终坚持弘扬主旋律、传播正能量,学为人师,行为世范,以自身言行潜移默化地启迪和教育学生,坚持教书育人,培养造就忠诚可靠的密码保密事业接班人。

四、坚持社会主义核心价值体系,推进和谐校园文化建设

习近平总书记在讲话中指出,要深入开展中国特色社会主义宣传教育,把全国各族人民团结和凝聚在中国特色社会主义伟大旗帜之下。要加强社会主义核心价值体系建设,积极培育和践行社会主义核心价值观,全面提高公民道德素质,培育知荣辱、讲正气、作表率、促和谐的良好风尚。社会主义核心价值体系是兴国之魂,决定着中国特色社会主义发展的方向。中国特色社会主义是全体中国人民的共同理想,坚持和发展中国特色社会主义,必须以社会主义核心价值体系作为强大的精神支撑。高校肩负着文化传承创新的重要任务,校园文化作为社会主义文化的重要组成部分,在建设社会主义核心价值体系过程中具有重要作用。建设高校和谐校园文化,必须高举中国特色社会主义伟大旗帜,坚持社会主义核心价值体系,这既是时代赋予高校的神圣职责,又是培养社会主义合格人才的客观要求。学院在长期的

办学过程中,形成了"建机要名校、育密码英才"的办学理念,总结出"遵循高教规律,传承机要精神,发扬中办传统"的管理思路,培育了"倡导自由与自律,致力传承与创新,推崇责任与奉献,践行包容与和谐"的大学精神,凝练了"忠诚、笃学、创新、卓越"的校训,"严格、严谨、有序、有恒"的校风、"修身、博识、竞业、爱生"的师风、"尊师、尚德、精艺、自强"的学风。"中央领导特殊关爱、密码保密特色鲜明、底蕴丰厚品位高雅"的校园文化氛围日益浓厚,校园文化的育人功能不断增强。最近,学院正在开展校训的释义修订和校风、师风、学风释义的征集研讨工作。通过加强校园文化建设,教育师生自觉践行社会主义核心价值观,围绕学院的办学理念形成共同的价值追求,汇聚推动学院建设和发展的强大精神动力。

加强师生党员的党性教育[*]

（2014 年 1 月 9 日）

习近平总书记对中办工作的重要批示和重要指示高屋建瓴、思想深刻、内涵丰富,为进一步做好"三服务"工作指明了前进方向,注入了强大动力,提出了明确要求,是今后进一步做好中办工作的重要指导方针,是提高中办工作水平的根本遵循。习近平总书记指出,中办既是保障中央决策落实的"前哨",又是党中央的"后院"。"前哨"和"后院"的比喻是对中办作用的崭新概括,很有新意,大有深意。"前哨"要在队伍或阵地前头放哨、瞭望,是打头阵的。在决策之前要搞调研、提建议;在行动中要随时了解进展情况、发现问题、督促检查。当好前哨,最重要的就是作表率,一条心。"作表率"就是要带头学习和实践中国特色社会主义理论体系,带头贯彻落实中央的一切决策部署;"一条心"就是任何时候、任何情况下都要绝对与党中央保持高度一致。"后院"要让党中央无后顾之忧,就要做到快运转,重安全,严管理,强队伍,保和谐。中央办公厅要全天候为中央服好务,全身心做好保障工作,全力保持机关稳定,内部不出杂音不出事,帮忙而不添乱,让党中央放心,不让党中央为中办分心。

习近平总书记强调,要进一步提高对中办特殊岗位重要性的认识,着力增强政治意识和党性立场,特别是在同党中央保持高度一致上作出表率,在贯彻落实党中央确定的各项工作部署上作出表率。对于学院来说,增强政治意识和党性立场,关键是要加强师生党员的党性教育,教育引导师生党员始终把牢政治方向,坚决同党中央保持高度一致,坚决维护中央权威。

加强党员的党性教育,是马克思主义建党学说的一个根本原则,是我们党的优良传统,也是当前加强党的建设的十分重要的一个环节。加强学院师生的党性教育,建设一支具有坚强党性的党员队伍,对于培养密码保密事业建设者和可靠接班人有着十分重要的意义。

＊ 本文是作者在中央办公厅理论学习中心组学习会上的发言,刊登于 2014 年 1 月 14 日第 1 期《学习交流》。

一、加强理想信念教育,确保学院的政治本色和正确的办学方向

理想信念教育是党性教育的关键。抓好理想信念教育,要正确处理好几个关系。一是要正确处理坚定理想信念与抵御诱惑侵蚀的关系。崇高的理想信念是我们党的强大精神支柱,是社会主义事业不断取得胜利的重要保证。领导干部要针对教职工的思想实际和社会上的错误认识,做好深入细致的思想政治工作,帮助大家排解疑惑,增进共识。要教育党员干部深刻理解人类社会发展的规律,正确看待前进中的曲折和困难,自觉抵制各种不良风气的诱惑和腐朽思想的侵蚀,在困难和风险考验面前,始终坚持正确的政治方向,永葆共产党人的政治本色。二是要正确处理坚定理想信念与投身学院建设的关系。实现崇高远大理想,是一个长期的奋斗过程,不可能一蹴而就,只能分阶段、有步骤地去完成。广大党员积极投身学院建设,推动学院各项事业发展,就是坚定理想信念的具体体现。要教育党员正确认识学院建设过程中的改革和发展问题,解放思想,实事求是,一切从实际出发,转变观念,积极推进教育创新,推进教学、科研、人事管理等方面改革,坚持党的领导,确保学院正确的办学方向。三是要正确处理坚定理想信念与人才培养的关系。在努力提高学生专业技能的同时,更加注重提高学生的综合素质特别是政治素质。深入开展理想信念教育、爱国主义教育、忠诚教育、中办优良传统教育、密码保密教育,引导学生爱党爱国爱社会主义;深入开展社会主义核心价值体系教育,推进中国特色社会主义理论体系进教材、进课堂、进学生头脑工作,教育引导学生自觉把个人理想融入中国特色社会主义共同理想,努力成为社会主义核心价值观的忠实传播者和践行者,努力成为密码保密事业的可靠接班人。

二、加强理论学习,提高党员的政治理论素质

加强理论学习,是党性教育的基石和基本任务,是保持共产党员先进性和纯洁性的保证。要引导党员以马克思主义基本理论、中国特色社会主义理论体系为指导,树立正确的世界观、人生观和价值观。首先,要教育党员在审视主观世界上下功夫,检查自己是否保持坚定的共产主义信

念,是否以全心全意为人民服务作为人生的最高价值取向,是否保持着共产党人倡导的艰苦奋斗、锐意进取、自强不息的人生态度。其次,要引导党员在运用马克思主义理论改造主观世界上下功夫,把理论学习转化为坚定的共产主义信念、昂扬的精神状态和优良的传统作风,不断深化对客观世界的认识,提高全心全意为人民服务的本领。要教育党员运用马克思主义的理论武器,增强政治鉴别力和政治敏锐性。新形势下,面临各种矛盾和问题,需要党员教师具有很高的鉴别力,善于透过现象看本质,正确加以识别。要引导党员教师加强理论学习,把握马克思主义基本立场、观点和方法,切实掌握中国特色社会主义理论体系的精神实质,把理论转化为认识、观察、分析和处理问题的能力,转化为分清是非、辨别真假的能力,担负起教书育人、管理育人、服务育人的使命。要引导党员运用科学的理论指导学院的科学发展。要深入学习中国特色社会主义理论体系、党的十八大报告、十八届三中全会精神以及中央、中办领导关于学院的系列指示精神,从学院的办学特色和办学定位出发,认真研究学院的人才培养理念、思路、方法和途径,不断深化教育教学改革,谋划学院科学发展。要全面深化"三学"教育活动,把"三学"教育与学习习近平总书记关于中办工作的重要指示、批示结合起来,把学习理论与贯彻栗战书同志来院走访调研时的重要讲话结合起来,进一步增强运用科学理论指导实际工作的能力,自觉把思想和行动统一到厅里对学院的要求上来,统一到院党委的决策部署上来。

三、加强党的宗旨意识,努力提高人才培养质量

全心全意为人民服务是我们党的根本宗旨,能否实践好这一宗旨,是共产党人党性的集中体现。认真实践党的宗旨,要求党员干部要坚持党的群众路线,相信群众,依靠群众。领导干部要率先垂范,做到自重、自省、自警、自励,时刻牢记党的宗旨意识,深刻理解和牢固树立群众观点,充分尊重师生的主体地位,广泛听取师生的意见,尽心尽力为师生做好事、办实事、解难事,以良好的作风正校风、促学风、带教风。认真实践党的宗旨,要求党员不断增强投身密码保密事业的责任感、使命感。要加强宗旨意识教育,教育教职工党员爱岗敬业,无私奉献,以人格魅力和学识风范教育感染学生,引导学生健康成长。管理人员要进一步增强服务意识,树立人本管理理念,把依靠教师办学和提高育人质量作为工作的出发

点和落脚点，坚持行政为教学服务，为科研服务，为师生服务，积极为教职工创造良好的工作、学习和生活环境。要不断激发教职工党员献身密码保密教育事业的光荣感、使命感和责任感，努力为党和国家的密码保密事业做出更大贡献。认真实践党的宗旨，要求党员发扬艰苦奋斗的传统和勤俭节约的美德。艰难困苦，玉汝于成。艰苦奋斗可以砥砺情操、磨炼意志、催生斗志。坚持以"勤"对待学习和工作，以"俭"对待生活和享受，始终保持艰苦朴素、勤劳节俭的生活习惯，保持积极、健康、向上的生活情趣。

扎实推进本科生导师制[*]

（2014 年 5 月 16 日）

　　本科生导师制是高等院校人才培养模式改革的制度创新。学院实施两年多来，取得了明显进展和初步成效。今天我们召开本科生导师制工作座谈会，就是要统一思想、总结经验、研究问题、继续推进。刚才，教务处甄月敏汇报了学院实施本科生导师制的总体情况，通信系蒋华和管理系赵剑民分别交流了本部门实施导师制的经验，几位导师代表、学生代表分别发言，大家进行了深入思考，准备得很认真，讲得都很好，听后很受启发。下面我就学院实施本科生导师制讲几点意见。

一、统一思想，深刻认识实施本科生导师制的意义

　　导师制在中外教育史上由来已久。但是，把亚里士多德的"花园散步"、孔子的"聚徒讲学"说成是导师制的起源，未免扯得远了些。大多数研究者认同的说法是，导师制 14 世纪起源于英国牛津大学，目前仍然是英美等一些国家广泛采用的一种教育制度，其目的主要是培养学生探究知识、独立思考的能力。新生入学后，学校都会指派一位导师，对学生的学习进行指导，并在生活上关心学生及提供尽可能的帮助。一般学生和导师每周见面至少一次，导师与学生共同制订适合学生的个性化教学计划，对学生的思想、学习、生活等全方位指导。学校对导师指导的具体形式、时间和地点都没有严格规定，指导时间由师生自己约定，地点可能是在教室、办公室、实验室、学生宿舍，也可能是在校园的酒吧或咖啡馆里。导师们很敬业也很辛苦，他们对指导工作非常重视，努力营造一种家庭式的教学氛围和跟学生亦师亦友的关系。

　　导师制在我国实施，始于 20 世纪 30 年代，当时的中国教育部曾颁布实施导师制的相关制度。实施比较成功的是浙江大学，当时竺可桢任浙江大

---

　　[*] 本文是作者在本科生导师制工作座谈会上的讲话。

学校长,共实施九年时间。考虑到当时的条件,即使在今天看来,实施效果也还是不错的,李政道、叶笃正、谷超豪等当今顶尖大师都曾受益于浙江大学推行的导师制。新中国成立后,我国教育制度学习苏联模式,实行学年制,导师制制度随之终止。

20世纪末到本世纪初,我国高等教育经历了院校合并、扩大规模这样一个大发展时期,高等教育由精英教育阶段快速进入到大众教育阶段。伴随着这一过程,出现了一些负面的问题,例如生师比居高不下、教学质量总体下滑、学生就业出现困难等。针对这些问题,教育部和高等院校开始了新一轮的教学改革探索,促进高校内涵发展,实施高等院校本科教学质量工程,进行人才培养模式的改革与创新。导师制作为人才培养模式改革的重要举措,在国内高校实施。

目前我国高等院校实施的本科生导师制,一般来说,是以制度化形式要求教师对一定数量的本科生进行学业、科学研究、校园生活和职业规划方面的指导。本科生导师制的实施,有利于将学校立德树人、教师教书育人的要求具体化、制度化,有利于加强和改进大学生思想政治教育工作,有利于全面提高教学质量和学生综合素质。高等教育的基本特征之一在于其专业性,学生在校学习过程中会有许多思想问题与专业有关,对于这些问题,如果只依赖德育工作这一渠道来解决往往是不够的。而导师较为深厚的专业知识、较为丰富的人生阅历和深刻理性的判断能力,往往能够给学生的成长提供更多的帮助。

2010年学院组织教育培训考察团对英国高等教育进行考察,作为重要的考察内容,教育培训考察团对英国实施导师制进行了全面考察,既有专题讲座、专题研讨,又与各级各类高等院校的教学管理人员、导师座谈交流,对英国实施导师制的制度、导师指导方式、学生学习情况进行了全面考察。通过考察,大家统一了思想认识,更新了教育教学观念,为学院实施本科生导师制打下了良好基础。

二、改革创新,积极探索人才培养模式新途径

随着国际、国内信息安全形势的不断变化和密码事业的不断发展,用人单位对毕业生质量的要求也越来越高,这对我们的人才培养提出了更高要求。学院以实施"密码与信息安全人才培养模式创新试验区"项目为契机,采取有力措施,大力推动本科生导师制建设。本科生导师制在全院实施近

一年来,各有关部门制定管理办法,开展导师遴选,落实指导工作,在诸多方面进行了积极探索,取得了一定的成绩和经验。主要表现在以下几个方面:

1. 初步建立本科生导师制管理制度

我国现行的本科生导师制大致可分为五种类型。第一种是全程本科生导师制。即学生进校后,学校为其确定一名导师,低年级阶段导师主要指导学生的思想、学业。高年级阶段学生则通过参与导师的科研项目,提高学生的实践能力。第二种是高年级导师制。即只在大学的三年级以后实行导师制。第三种是低年级导师制。即只在大学一年级和二年级实行导师制。主要目的是为了帮助刚刚从高中进入大学的学生尽快适应大学的生活。第四种是英才导师制。对优秀学生,大学一年级按照专业大类学习学校所规定的课程,大学二年级之后实行导师制,进行个性化教育。第五种是学生宿舍导师制。即以学生宿舍为单位对学生进行指导。我院对全体本科生实施的导师制属于低年级导师制,而对于试验班实施的导师制则属于英才导师制。

学院本科生导师制的实施经历了试验班探索、部分专业试点、全院推行三个阶段。2012 年 9 月,学院依托北京市质量工程项目"密码与信息安全人才培养模式创新试验区",设立人才培养模式改革试验班,制定《人才培养模式改革试验方案》、《人才培养模式改革试验班导师制管理办法》等文件,在试验班率先推行导师制,开展本科生导师制的探索。2013 年 3 月,在总结试验班实行导师制工作基础上,制定《本科生导师制管理办法》,并在管理系和计算机系 2012 级学生中进行试点。2013 年 9 月,本科生导师制在全院各专业 2012 级、2013 级学生中全面推行,覆盖学生 920 余名,聘用导师 120 人。循序渐进,稳妥扎实地推进本科生导师制工作,初步建立了本科生导师制管理制度。

2. 通过本科生导师制推进育人模式的改革

本科生导师制的实施促进了教书和育人有机结合,是学院开展人才培养模式改革的新举措。各系按照学院统一部署,进行导师选聘、学生分配,组织教师对学生进行指导。广大导师在指导工作中积极探索,及时掌握学生的思想状态、心理健康和学业学习情况,结合学生实际情况进行指导。有的通过推荐图书、文章,进行专题讨论;有的结合学生学习情况进行学业指导;有的通过指导学生参加课外科技活动进行科研能力培养等等。本科生导师制,弥补了传统授课模式注重知识传授、缺少与学生沟通交流的缺陷,集双向、互动、体验式教育于一体,集教书和育人于一体。本科生导师制,形成了一种新型的互动式师生关系,实现了因材施教,满足了学生个性化发展的需要。本科生导师制,以"润物细无声"的方法,文以载道、教以载道,把专业教育与人文教育结合起来,将德育教育与智育教育结合起来。本科生导师制,成为"教学相长"的有效载体,增强了专任教师开展教学活动的针对性,促进了师德建设,促使教师不断提高教学、科研能力。

3. 实施本科生导师制初见成效

本科生导师制全面实施两年多,密切了师生关系,学生普遍感觉收获较大。一是顺利度过了新生入学后的迷茫期。新生首次离开父母,踏入大学校门,在学习、生活、思想等诸多方面存在不适应,会出现学习目标缺失、心理落差较大、无所适从的迷茫期,也称为心灵断奶期。导师通过大学学习特点、学习内容、学习方法的指导,使学生尽快顺利融入大学生活。二是逐渐明确了自己的努力方向。导师进行专业方向和就业指导,使学生明确自己的学习目标,逐渐了解机要密码系统对人才知识、能力、素质的要求,提高了学习的积极性和主动性。三是提升了综合素质和能力。导师通过课外科技活动、学科竞赛、社团活动、读书活动等专题指导,增长了学生见识,拓宽了学生视野,提升了学生综合素质和综合能力。

三、突出重点,进一步把本科生导师制工作推向深入

党的十八大提出"三个倡导"的 24 字社会主义核心价值观,从国家、社会、公民个人三个层面,回答了我们要建设什么样的国家、建设什么样的社会、培育什么样的公民的重大问题。习近平总书记今年 5 月 4 日在北京大学师生座谈会上,大力倡导广大青年朋友要自觉践行社会主义核心价值观。他指出,青年的价值取向决定了未来整个社会的价值取向,而青年又处在价值观形成和确立的时期,抓好这一时期的价值观养成十分重要。这就像穿衣服扣扣子一样,如果第一粒扣子扣错了,剩余的扣子都会扣错。人生的扣子从一开始就要扣好。中央的要求和习近平总书记的指示,对我们培养什么样的人、如何培养人都提出了明确的要求。

十八届三中全会以来,改革成为时代最鲜明的特色,这是决定中国命运的历史抉择,也是决定中国高等教育发展的重要抉择。去年年底,栗战书同志到学院调研时,也给我们出了一道思考题:在当前改革大背景下,学院应该如何改革发展?目前高等教育改革的两个核心任务是内涵发展质量提升和现代大学制度建设。实施本科生导师制作为学院内涵发展质量提升的重要举措之一,不仅要继续深入开展下去,而且要不断改革、不断创新,要做得

更好。

1. 准确把握指导工作正确方向

学院肩负着为党和国家培养机要密码事业合格接班人的特殊使命,要求每个学生都要以一名准机要干部的标准严格要求自己。每位导师都要时刻铭记教书育人的特殊责任,甘当人梯,甘当铺路石,用人格魅力引导学生心灵,以学术造诣启迪学生智慧,当良师益友关心学生成长,在指导工作中把握正确方向。一是要注重思想引导。引导学生树立正确的世界观、人生观、价值观。让学生懂得有信念、有梦想、有奋斗、有奉献的人生,才是有意义的人生。帮助学生扣好人生第一粒扣子,正确把握人生方向。二是要加强学业指导。教育学生崇尚知识、热爱学习、善于学习,养成良好学习习惯,培养优良学风。三是重视心理疏导。引导学生锻炼强壮体魄,塑造健康心灵,正确面对困难、挫折与荣誉,帮助学生尽快适应大学生活,促进学生全面发展、健康成长。四是要成为成才向导。帮助学生了解密码工作的新发展、新要求,引领学生登高望远,开阔视野,以更高的标准要求自己。要激励学生不甘平庸、勇于创新、追求卓越。

2. 努力探索因材施教有效方法

因材施教是导师制精髓,即尊重人才成长和教育规律,从尊重学生个性和人格出发,承认学生的差异和不同需求,实施个性化、人性化、多样化的教育,使得每一个学生都能成功成才。目前学院实施本科生导师制还处于起步探索阶段,在实施过程中还存在学生与导师交流主动性不高、导师指导与学生兴趣点不一致等问题,要创新工作思路,不断探索因材施教有效方法。一是实行学生和导师双向选择。适时公布指导教师研究方向、专业特长、个人特点,并将学生兴趣爱好、个性需求等反馈给导师,导师和学生根据自身实际情况进行双向选择,这是导师和学生之间形成融洽师生关系,进行有效互动的基础。二是加强导师指导工作交流。定期举办导师工作总结会或经验交流会,交流导师指导过程中的方法、心得、体会,探讨指导过程中存在的问题及解决办法,取长补短,互相启发,积累经验,不断提高导师的整体工作水平。三是探索分类指导。导师术业有专攻,学生需求各不同,在导师个性化指导的基础上,根据学生需求进行分类指导,相应需求的学生群体可以得到专业导师的帮助,形成一种立体的指导模式。

3. 积极完善导师制制度建设

制度建设是顺利实施本科生导师制的重要保障。目前学院已制定《本科生导师制管理办法》,对导师制指导目标、指导内容、指导方法和要求、导师资格和聘任、导师考核等进行了规定。学院要在实施导师制过程中,认真总结,进一步完善制度建设。一是建立导师培训制度。本科生导师制指导内容涉及思想、生活、学习和心理各个方面,对导师素质提出了很高的要求,需要导师具备相应的知识和能力。学院规模较小,教师数量少,几乎所有专任教师和有过教学经历和学生工作经历的职员都被选为导师。必须加强导师培训,让导师知道导什么,怎么导,以什么样的精神状态去导。二是建立导师考评体系。目前学院对导师的考核是一种粗放式考核,还没有细化的评价指标体系,这也是完善导师制的必经阶段。随着经验积累要加强研究,细化导师指导内容,明确导师指导方式,确定导师指导标准,建立符合学院实际的考核评价体系。三是建立有效的师生激励制度。目前学院还没有针对导师工作的奖惩规定,要结合导师考评体系加强研究,形成良好的激励机制,激发导师的工作热情。遵循"多劳多得、优劳优酬"的原则,制定导师指导工作量核算办法,给予相应的劳动报酬。将导师指导工作和教师年度考核、职称晋级结合起来。同时,对学生也要采取适当的激励措施,通过适当的学生科研项目经费的激励、与学生评优评奖结合等措施,调动学生参与的积极性。四是建立导师制监督机制。要加强导师制实施的监督检查工作,保证导师制工作顺利开展。建立学院、系级监督机制,定期检查工作记录、工作总结和学生活动情况记录。定期召开导师或学生座谈会,了解导师指导情况和学生参与情况。建立监督反馈机制,使监督达到应有的效果。

本科生导师制工作已经在学院全面展开,各有关单位要认真总结经验和不足,积极探索导师指导方法,勇于创新管理制度。各位导师要积极行动起来,努力在自己的工作中践行学院"一训三风",秉持敬业奉献的职业操守,发扬诲人不倦的蚕烛精神,正心立德,正己树人,投入精力去关心、爱护、指引学生,努力培养机要密码部门满意的高素质人才。

在真学真懂真用上下功夫[*]

（2014 年 6 月 3 日）

5 月 8 日，习近平总书记到中办视察调研，与全厅各单位班子成员和干部职工代表亲切座谈并发表重要讲话。总书记的重要讲话立意高远、思想深刻，从战略和全局的高度阐述了做好中办工作的基本原则、方法途径和目标要求；饱含深情、循循善诱，表达了对中办工作的高度重视和对中办工作人员的特殊关爱。讲话提出的"坚持绝对忠诚的政治品格，坚持高度自觉的大局意识，坚持极端负责的工作作风，坚持无怨无悔的奉献精神，坚持廉洁自律的道德操守"，是进一步做好中办工作，推进"三服务"工作科学发展的指导思想和根本遵循，是新时期指导中央办公厅工作的重要思想武器。现场聆听总书记的重要讲话，我深受感动，备受鼓舞。结合对总书记系列重要讲话精神和关于办公厅工作重要论述的学习，我谈一谈学习的初步体会。

一、学习贯彻总书记重要讲话，做一个信仰坚定的中办人

习近平总书记在不同场合多次强调，理想信念是共产党人的政治灵魂和精神支柱，是精神上的"钙"，精神上缺"钙"就会得"软骨病"。贯彻落实"五个坚持"的要求，首先就要坚定对马克思主义的信仰，对中国特色社会主义的信念，做一个信仰坚定的中办人。信仰坚定，是对党绝对忠诚的基石。我们要始终坚信马克思主义理论是迄今为止深刻揭示人类社会发展客观规律最科学的理论，始终坚信中国特色社会主义道路是团结带领全国各族人民艰苦奋斗，实现中华民族伟大复兴最正确的道路，始终坚信领导世界上最多人口的大国全面建成小康社会、实现共同富裕是最伟大最光荣的事业。信仰坚定，来自对科学理论的理性认同，来自对历史规律的正确认识，来自

---

　　* 本文是作者在中央办公厅理论学习中心组学习会上的发言，刊登于 2014 年 7 月 14 日《北京电子科技学院报》。

对基本国情的准确把握。有了坚定的信仰,才能在大是大非面前头脑清醒,才能在大风大浪的考验中立场坚定,才能在急难险重的工作任务和细小碎微的具体工作中安之若素,甘之如饴,"痛并快乐着"。只有这样,才能在履行前哨、后院职责的"三服务"岗位上默默奉献、勇担责任、胸怀大局,才能做到对党中央绝对忠诚,才能积极投身实现"两个一百年"奋斗目标和实现中华民族伟大复兴的"中国梦"的宏伟事业。

二、学习贯彻总书记重要讲话,要在真学、真懂、真用上下功夫

总书记的重要讲话思想深刻、论述精辟、博大精深,必须要沉下心来反复学习领会,在真学、真懂、真用上下功夫。理论上保持清醒,政治上才有定力。真学,就是要带着感情学,体会总书记对中办的高度重视,感受总书记对中办干部职工的深切关爱,感悟总书记的政治智慧、理论品格、为民情怀、人格魅力;就是要逐字逐句地学,领会总书记对中办地位、作用的新概括,吃透讲话中的新观点、新论断、新要求;就是要融会贯通地学,理清思想脉络和逻辑关系,准确把握总书记系列重要讲话中一以贯之的精神实质和思想内涵。真懂,就是通过深入学习,领会总书记讲话的思想精髓和核心要义,把握讲话中蕴含的马克思主义基本原理、阐释的中国特色社会主义最新理论成果,学深悟透,入脑入心,在学习过程中自觉改造主观世界,进一步树立科学的世界观、人生观和价值观。真用,就是要发扬理论联系实际的优良学风,分析解决实际问题,学以致用、知行合一,运用总书记讲话精神武装头脑,指导实践,推进工作;就是要发扬实事求是的作风,坚持极端负责的态度,直面问题,敢于担当,勇于负责,积极作为,扎实细致地做好各项工作。

三、结合学院教书育人的实际学习贯彻总书记重要讲话,打造师生的精良素质

总书记提出的"五个坚持",是每一位中办工作人员的座右铭。学院是中办下属单位,是全国党政系统唯一一所培养机要密码、保密管理和信息安全高素质专门人才的高校,"五个坚持"的要求既是学院教职工的行为准则,也是学院人才培养的具体标准。学院将深入贯彻落实总书记重要讲话精神,与学院教书育人工作结合起来,打造学院师生的精良素质。一是积极推

进总书记重要讲话精神进教材、进课堂、进学生头脑。加强教材建设,用总书记重要讲话精神丰富课堂教学特别是思想政治教育的内容;完善教学布局,将学习总书记重要讲话精神与现有教学课程体系有机结合起来;提高教学质量,通过高水平的教学把总书记的重要讲话精神讲实、讲深、讲透,使学院师生听得进、记得住、用得上。二是以总书记重要讲话精神为引领,教育引导全院师生内强素质、外树形象。通过学习,不断提升投身党和国家密码保密事业的荣誉感和使命感,精研业务、发愤学习、苦练本领、勇攀高峰,为党和国家密码保密事业和信息化建设提供更加有力的技术保障。三是切实增强"我是一名中办人"的意识。电科院的教职工,既是高校园丁,又是中办干部。在工作、学习和生活中,必须始终用"中办人"的标准严格要求自己,发扬绿叶精神,守得住清贫,耐得住寂寞,无怨无悔,严守思想防线、纪律红线、道德底线,守好共产党人的精神高地,保持中办人的政治本色。正心立德,正己树人,秉持敬业奉献的职业操守,践行诲人不倦的蚕烛精神,建设机要特色鲜明、师生素质精良、密码部门满意的高等学校,为党的机要密码事业培养可靠接班人。

做一个"四有"好老师[*]

（2014 年 9 月 30 日）

在第 30 个教师节前夕，习近平总书记亲切接见全国教育系统"双先"代表，向全国教师致以节日的问候。在北京师范大学，他深情回忆起自己的老师，就一个好老师身上需具备哪些共有的、必不可少的特质，和老师进行了探讨和交流。总书记心目中的好老师有四条标准，就是"有理想信念，有道德情操，有扎实学识，有仁爱之心。""四有"言简意赅，为教师指明了努力的方向。

有理想信念，做理想的守望者。好老师要有崇高的理想和坚定的信念，以"传道"为自己的使命，用自己的学识、阅历、人生感悟点燃学生对真善美的向往。在校园里、在课堂上，倡导并践行社会主义核心价值观，引导和帮助学生把握好人生方向。

有道德情操，做灵魂的塑造者。好老师要率先垂范，以身作则，学为人师，行为世范。完善、提高自身的道德修养和人格品质，用人格魅力感化、征服学生，培养学生健康的人生理念、健全的人格心志。

有扎实学识，做知识的传播者。不装粮食的布袋立不住。好老师要以扎实的知识功底、过硬的教学能力、勤勉的教学态度、科学的教学方法，为求知若渴的学生播撒知识的甘霖，为国家树人大计培育优良的种子。

有仁爱之心，做学生的贴心人。"仁而爱人"，教育之魂。好老师要以父母之心关爱学生，像对亲生儿女一样无私奉献。以真心、真情、真诚，滋润学生的心田；对学生尊重、宽容、欣赏，当学生的良师益友。

讲台系国运，校园通小康。身体力行"修身、博识、兢业、爱生"的师风，做一个符合党和人民要求、学生喜欢和敬佩的好老师，当一名帮电科院学子筑梦、追梦、圆梦的"筑梦人"，使命神圣，责任重大，无上光荣，任重道远。让我们共同努力吧！

---

* 本文是作者为《电科院人》第 6 期撰写的卷首语。

传道授业解惑是教师
的职业特征和神圣使命[*]

（2014 年 11 月 28 日）

　　教育决定着人类的今天,也决定着人类的未来。教育是传承文明、传播知识、培养年轻一代、创造美好生活的根本途径。人类社会需要通过教育源源不断地培养和输送社会需要的人才,需要通过教育来传授已知、更新旧知、开掘新知、探索未知,使人们能够更好地认识世界和改造世界,创造人类的当代幸福和美好未来。

　　教师是人类历史上最古老的一种职业,也是最伟大、最神圣的职业。17世纪的捷克教育家夸美纽斯说过,当教师是天底下最崇高、最光荣的职业。唐朝的韩愈在给学生李蟠的信中提出,"传道、授业、解惑"是老师的职业特征和神圣使命。在今天,我们赋予"传道、授业、解惑"鲜明的时代内涵,韩愈的观点并不过时,依然适用。

　　韩愈心目中的"道"是当时占主导地位的意识形态和价值观念,即孔孟之道、儒家观念。我们今天所说的"道",是马克思主义和马克思主义中国化的一系列最新理论成果,是社会主义核心价值观。要"传道",教师自己先要修道、信道、守道,才能做到"一个灵魂唤醒另一个灵魂"。要"授业",教师自己必须精于学业,术有专攻,才能积厚水而负大舟。而"解惑",则要求教师具备扎实的教学基本功和精湛的教学技巧,怀善育人之事的利器。

　　学习是人类进化进步的持久动力,是人类社会的永恒主题。20世纪70年代,联合国教科文组织就提出了"向学习化社会前进"的口号。1994年,50个国家和地区代表在意大利罗马召开了首届世界终身学习会议。终身学习对于教育行业,对于教师职业尤其重要。具备高尚品德,拥有渊博知识,掌握教学技巧,哪一条都需要学习,都离不开学习。当一个"有理想信念、有道德情操、有扎实学识、有仁爱之心"的好老师,更离不开学习。经常学习,思想才能先进,视野才能开阔;经常学习,观念才不会落伍,才思才不会枯竭,

---

　　* 本文是作者为《教师学习手册(续编)》撰写的序言。

知识才不会老化,技能才不会落后。

站三尺讲台,执一节教鞭,要特别注意对教育规律和教学业务的学习,对教学内容体系和学生成长规律的学习。进入 21 世纪,知识更新的速度在加快、周期在缩短,知识总量以裂变的速度在增长。作为一名教育工作者,只有不断补充新知识,才能跟上学科的最新发展,给学生最新的知识和信息。信息技术的飞速进步,互联网的出现和移动终端的普及,使教师垄断知识的优势在逐步丧失。"90 后"学生获取知识、利用信息的能力已超过有些老师。没有学会怎样学习的人,就是《第三次浪潮》一书作者托夫勒所预言的未来的文盲。面对在网络时代成长起来的一代新人,面临全球高等教育蓬勃发展的新形势,在大学校园里工作的每一个人都应该有能力恐慌、本领恐慌的危机感,不进则退、时不我待的紧迫感。慕课展示出来的全新知识传播模式和学习方式,会带来教学方式和人才培养过程的深刻变化。学会应用信息技术来提高教学设计、教学实施、教学评价等方面的专业能力和水平,已经成为一项十分紧迫的任务摆在我们面前。

党的十八届三中全会吹响了全面深化改革的进军号。教育领域综合改革的大背景,中央办公厅领导办好学院的新要求,激励我们在深化教育教学改革方面迈出更大的步伐,在与密码保密事业相适应、齐发展上走出一条新路子。中央政治局委员、中央书记处书记、中央办公厅主任栗战书同志指出:"办好这所学院,不在于规模宏大,而在于特色鲜明、师生素质精良。"有素质精良之师才会有素质精良之生。培育素质精良之师需要学院创造、提供外部条件,成为素质精良之师应该成为教师的内在追求。愿勤于学习、乐于学习、善于学习成为老师的自觉行动,在电科院蔚然成风。

长期以来,学院高度重视教师的学习培训和自身发展。2012 年,学院编印了《教师学习手册》,受到广大老师的欢迎。教务处为学院召开历史上首次本科教学工作会议精心选编的这本《教师学习手册(续编)》,收入了党的十八大报告和十八届三中全会决定节选、习近平总书记有关教育问题的重要讲话,收入了栗战书同志来学院调研座谈时的讲话和中央、国家机关有关教学、科研、管理、党建等方面的指导性文件。续编是《教师学习手册》的姊妹篇,同样可以作为研读习近平总书记重要讲话、学习党的教育方针政策、掌握国家教育法律法规的精选本,从事教学、科研和学生管理工作时手边的工具书。我认为这是一件很有意义的事情,应约写下以上文字,是为序。

校友要为母校增光添彩 *

（2015 年 1 月 16 日）

2015 年新年伊始，学院召开大会，邀请 6 位优秀毕业生来院为师生做事迹报告。目的就是希望全院师生认真学习他们的先进事迹，进一步增强使命感和责任感，激发学习和工作的积极性和主动性，努力为党和国家的机要密码事业做出更大贡献。

厅领导对这次报告会十分重视。会前，中央办公厅副主任陈世炬代表栗战书同志和其他厅领导专程来院接见了报告团成员并做重要指示，高度评价了他们的先进事迹和崇高精神，勉励他们再接再厉、再创辉煌，为学院增光添彩；要求学院进一步突出学生的政治本色，强化学生的机要素质，增强学生的发展后劲，扎实做好密码保密高素质人才的培养工作。

老师们、同志们、同学们，刚才 6 位优秀毕业生为我们作了精彩生动的报告。他们用质朴的语言、生动的事例和真挚的情感，讲述了自己的工作经历、成长体会，为同学们今后的成长进步提供了学习的示范；向在座的同学们提出了殷切的希望，帮助大家进一步明确今后的努力方向。他们的先进事迹，集中体现了对党忠诚、恪尽职守的崇高思想，爱岗敬业、勇于创新的工作精神，艰苦奋斗、无私奉献的崇高品质，严守机密、一丝不苟的优良作风，展现了我院毕业生优秀的政治品格、过硬的业务素质和扎实的工作作风，他们不愧是学院的优秀毕业生。他们的事迹可信、可学，他们的品格可亲、可敬，值得我们每个人，特别是在座的同学们认真学习。这里我讲四句话和大家共勉。

第一，要学习他们忠于党、忠于事业的政治品格。"忠诚敦厚，人之根基也。"忠诚不仅是个人的成事之基，更是密码工作者的立身之本。我们要像李鸿雁同志那样，植根于祖国最需要、最艰苦的地方，在平凡的密码工作岗位上，克服常人难以想象的困难，为确保密码安全和密码通信畅通，把青春留在了青藏高原，把心血献给了党的密码工作；要像王敏同志那样，在地震

---

* 本文是作者在学院优秀毕业生事迹报告会上的讲话。

灾后的生死考验面前不退缩,在险象环生的工作环境中奋力工作,确保密码通信畅通,为排除国家重点工程设施险情做出了突出贡献,用自己的实际行动在抗震救灾一线践行了一名共产党员的铮铮誓言,履行了一名密码干部的责任使命。

第二,要学习他们勇挑重担、敢于负责的担当精神。机要密码事业的不断发展,需要一代代密码干部履职尽责、勇挑重担、持续奋斗。王立成同志刚工作两年时,就独立承担技术攻关任务,面对压力,没有选择放弃,通过自己的努力,两周就完成了工作任务。李何伟同志刚参加工作一年时,就克服重重困难,远赴非洲,在刚刚复馆的塞内加尔使馆承担密码通信保障任务,后来又多次担任随行服务组组长的重任,为党和国家领导人出访的密码通信工作提供了有力保障,做出了重要贡献。我们要学习他们这种接受任务不讲条件、执行任务不畏困难、完成任务追求圆满的担当精神,高质量完成各项工作任务,促进事业和个人的不断发展。

第三,要学习他们永不懈怠、如饥似渴的学习精神。社会不断进步、科技飞速发展,要想不落伍于时代,不被主流边缘化,惟有坚持学习探索、永葆进取之心。何池康同志始终将学习看作是一种常态、一种政治责任和一种精神境界,努力克服各种困难,挤时间学习,先后攻读了硕士和博士学位,实现了身份角色和工作内容的成功转换。周德南同志始终保持求新、求知、求学的饥饿感,敏而好学、勤学善思,紧跟形势任务需要,不断增强工作的前瞻性、预见性,努力用新思维新举措来研究解决新困难新问题。

第四,要学习他们淡泊名利、无私奉献的优秀品质。机要密码工作是光荣而重要的工作,发挥着"生命线、保障线、指挥线"的重要作用,同时也是一项默默无闻的幕后工作,需要广大密码工作人员淡泊名利,无私奉献,甘当无名英雄。我们要像优秀毕业生那样,无论从事什么工作,无论条件多么艰苦,无论身处国内国外,都要勤于修身、俭以养德、严于律己,以正确的事业观、权力观、利益观指引人生航向,守得住清贫、耐得住寂寞、抵得住诱惑,努力做一名清正廉洁、品行高尚的机要密码干部。

老师们、同志们、同学们,机要密码工作关系党和国家的根本利益,机要密码事业发展需要高素质人才的有力支撑。培养和输送高素质密码专门人才,学院责无旁贷。我们一定要按照厅领导的指示要求,围绕机要密码事业的发展需要,深化教育教学改革,加强机要精神和忠诚教育,着力提高学生的综合素质,始终确保学院的政治本色和学生的政治素质,努力为机要密码部门培养、输送更多的高素质专业人才。

始终坚守中办人的行为规范和行动准则*

（2015 年 1 月 24 日）

　　2015 年，是"十二五"最后一年，《国家教育改革和发展规划纲要（2010—2020）》实施将进入半程，党的十八届三中全会提出的关于深化高等教育综合改革的各项任务将进入攻坚期。因此，2015 年将是学院抢抓机遇之年、实干苦干之年、发展关键之年。全院教职工要认真贯彻落实中央、中办领导关于学院工作的重要指示，以饱满的工作热情和扎实的工作作风，抓好各项工作任务的落实，扎实推进学院的科学发展。在这里，我提三点要求。

一、要用严明的纪律统一思想认识

　　这是保持学院政治本色的关键。习近平总书记在十八届中央纪委五次全会上的重要讲话指出："各级党组织要把严守纪律、严明规矩放到重要位置来抓，努力在全党营造守纪律、讲规矩的氛围。"党的纪律和党内规矩是全体党员的行为规范和行动准则，是党的凝聚力、战斗力的重要体现和可靠保证，也是对党员干部党性的重要考验、对党忠诚的重要检验。全院教职工要认真学习习近平总书记的重要讲话精神，坚定理想信念，增强党性观念，严格遵守党的政治纪律和政治规矩，切实做到讲党性、守规矩、听招呼，始终在思想上、政治上、行动上与以习近平同志为总书记的党中央保持高度一致。要认真学习习近平总书记"5·8"重要讲话精神，始终坚守中办人共同的行动准则，把"五个坚持"贯穿于自己的学习、工作和生活之中，做合格中办人，始终保持学院的政治本色。我们一定要用习近平总书记"5·8"重要讲话精神统一思想，守纪律、讲规矩，始终保持清醒的头脑，站稳政治立场，把牢政治方向，坚决维护党中央权威，坚决拥护中央、中办的决策部署和重大举措，切实增强政治意识、大局意识，扎实做好教学、科研、管理等工作，让厅领导放心，不让厅领导分心。

---

　　* 本文是作者在学院八届十三次教代会暨 2014 年度总结表彰大会上的讲话摘要。

二、要用更新的观念创新工作思路

当前党和国家机要密码事业在不断发展,全国高等教育改革不断深入,在这样的形势面前,我们如何进一步保持良好的发展势头,不断增强学院核心竞争力、加快学院发展,将是一个极为严峻的挑战。如果我们固步自封、满足现状、墨守成规,就会丧失乘势而上、借机前行的大好机遇。我们必须主动适应形势发展的需要,不断解放思想、转变观念、创新思维,用新理念指导工作、用新举措推动发展。去年学院按照栗战书同志的重要指示精神,就深化学院教育教学改革开展了认真细致的调研工作,研究提出了学院深化教育教学改革的初步方案和近期可以着手做的 10 项具体工作,明天中央办公厅主任办公会将专门听取学院的工作汇报,就学院深化教育教学改革作指示、提要求。全院教职工要切实增强使命感、紧迫感,牢固树立机遇意识、创新意识,深入学习党的十八大、十八届三中、四中全会精神,学习习近平总书记系列重要讲话精神,学习中央、中办领导关于学院工作的重要指示、批示,紧贴机要密码事业发展需求,深入把握人才培养规律和高等教育改革趋势,不断增强工作主动性、发挥主观能动性,在加快发展上想办法、出实招,在全院树立开拓进取、创新发展的观念,以扎实有效的工作成绩推动学院快速发展。

三、要以明确的责任抓好工作落实

学院 2015 年的工作思路已经确定,各项任务已经明确,关键在于落实。学院将按照分工和职能把任务分解到分管院领导和相关部门。各部门要结合自身职责,认真加以研究,按照抓大事、求突破,抓重点、攻难点的工作要求,将各项工作任务分解到人、责任落实到人;对于涉及多个部门的工作,要明确牵头部门和配合部门,确保每一项工作都有人抓、有人管,形成各负其责、各司其职、齐抓共管的强大合力。要建立有效的工作推进机制,明确目标责任,严格考核奖惩,努力营造创先争优的良好氛围。学院将采取措施建立督查工作的长效机制,跟踪工作进展和落实情况,加强对履职尽责和工作纪律等情况的监督考核;对于督查中发现的问题,列出清单责令相关部门限期进行整改。对于工作落实不力、不负责任的人员要按照"三误"问责制进行问责,对于懒庸、散漫,工作不作为等现象要进行全面治理整顿。习近平总书记在教育实践活动总结大会上的讲话中,分析了"为官不为"现象的严重危害并进行了严厉的批评。李克强总理在国务院部门主要负责人会议上明确指出,"有'勤'无'廉',政失之于公,有'廉'无'勤',政失之于懦。'廉'和'勤'是一枚硬币的两面,做不到'廉'是腐败,做不到'勤'也是变相腐败。"懒庸风气的形成与蔓延与"为民、务实、清廉"的要求是背道而驰的,是"四风"问题的变种。对待不作为的"懒政",我们要旗帜鲜明地反对。全院教职工要按照"五个坚持"的要求,继承发扬学院艰苦创业的优良传统,强化节俭和清廉意识,把中央八项规定精神落到实处;领导干部要强化责任担当,扑下身子、埋头苦干实干,雷厉风行、不拖不等不靠,始终保持工作的高标准、严要求,把学院各项工作都落到实处;学院领导班子要自觉遵守民主集中制原则,增强宗旨意识和公仆意识,努力为师生员工办好事、办实事,在学院发展的同时,让在职和离退休的教职工都得到实惠。

在新的一年里,全院师生要深入学习贯彻习近平总书记"5·8"重要讲话精神,进一步增强投身机要密码事业的责任感、荣誉感和使命感,以更加昂扬的斗志、更加扎实的作风,进一步坚定做好教学、科研、学生、管理和服务工作的信心和决心,扎实推进教育教学改革,突出学生的政治本色,强化学生的机要素质,增强学生的发展后劲,稳步提高人才培养质量,为密码保密事业发展提供更为有力的人才支撑,做出新的更大贡献。

高尚品德　辉煌事业　幸福人生[*]

（2015 年 4 月 3 日）

　　碧桃怒放,鹂歌唱响,又到了研究生毕业离校的日子。前天,中央办公厅副主任陈世炬同志专程来学校亲切接见大家,并同全体毕业研究生和导师合影留念。今天,我们隆重举行硕士研究生毕业典礼暨学位授予仪式,为2015 届毕业研究生授予硕士学位。我首先向所有毕业生说一句谢谢。感谢你们对北京电子科技学院的信任和选择,让我们有三年的时间因缘际会于这所不大却精致的校园。特别是电子与通信工程、计算机技术两个专业的研究生,在学校获得工程硕士学位单位授予权的第一年就报考,被录取后经过努力完成学业,成为学校历史上首届独立培养的硕士研究生。三年里,校园的花草树木见证着你们挥洒的青春汗水,国旗广场回荡着你们的欢声笑语,学子大道记录下你们求知的脚步。在导师的精心指导和同学们的努力下,你们从青涩到成熟,蛹化为蝶,璞琢成玉,取得了丰硕硕果。59 名同学读研期间共在核心期刊发表学术论文 74 篇,参与科研项目 66 项,有 28 名同学光荣地加入中国共产党。我为同学们取得的进步而高兴,向同学们顺利圆满完成学业表示祝贺,也向全体研究生导师表示感谢。

　　相聚不觉韶光短,离别方知情意浓。刚才,导师代表谢四江老师表达了对同学们锦绣前程的美好祝福和殷切期望。毕业生代表史瑞同学在发言中回顾了求学科研的艰辛与乐趣,倾诉了毕业的激动与喜悦,与学弟学妹们分享了学习成长的经验和感悟。师生的发言都情真意切,感人肺腑。在你们走出校门、走上工作岗位之前,我作为学校领导,作为你们的师长和朋友,也叮嘱同学们几句话:

一、希望同学们做一个品德高尚之人

　　党的十八大报告指出,立德树人是教育的根本任务。人无德不立,国无

---

　　* 本文是作者在 2015 届硕士研究生毕业典礼暨学位授予仪式上的讲话。

德不兴。狭义地理解"德"字,指的是道德、品德。在这个含义下,关于德与才的关系,古今中外的志士仁人有不少精彩的论述。德重于才,做人高于做事,是大家的共识。大科学家爱因斯坦也把对崇高价值体系的追求置于他在物理学方面取得的成就之上。从广义上去理解"德",就是理想信念、精神支柱,就是社会主义核心价值观,就是对中国特色社会主义的思想认同、情感认同、行动认同,就是对中国特色社会主义的道路自信、理论自信、制度自信,就是"富贵不能淫、贫贱不能移、威武不能屈"。"德"不能光去说,还要去做。这就要求我们每一位同学在步入社会、走上工作岗位之后,要心存敬畏,守规矩、有定力、知趋避、守底线。面对权势不盲从、不屈从;面对权威不迷信、不轻信。不因一时失意产生对理想的怀疑,不因功名利禄放弃对真理的追求。宁有众醉独醒的清高,不陷同流合污的渠沟。

二、希望同学们干出一番辉煌事业

研究生教育是我国高等教育的最高层次,你们也是我们学校培养出来学历最高的毕业生。在高等教育走向大众化的今天,你们毫无疑问是其中的精英。精英不是自己骄傲的资本,但意味着你要承担更大的责任和社会对你有更高的要求。要干成事业,既要有高尚的品德,又要有过硬的本领,还得有实干的精神。要有"以天下兴亡为己任"的使命感,有"当今天下舍我其谁"的自信心,有不唯上、不唯书、只唯实,"虽千万人吾往矣"的勇气和气魄。党的十一届三中全会按下了经济社会的快进键,改革开放以来三十多年我国已经成为全世界经济发展最快的国家。"一带一路"战略的提出和亚投行的发起,显示出中国将在世界事务中承担更大的责任、发挥更大的作用。希望每一位同学把自身的成长进步与国家发展、社会进步、民族复兴紧密联结在一起,将个人的成才梦融入密码梦、中国梦。"乘风破浪会有时,直挂云帆济沧海。"我对同学们的聪明、才华充满信心,对你们今后在人生的舞台上大展宏图,为民族振兴、社会进步做出自己的贡献充满期望。

三、希望同学们有一个幸福的人生

人民对美好生活的向往,是执政党的奋斗目标。过上幸福美好的日子,是同学们求学的目标和动力。从研科处给我的毕业生就业信息统计表上看,同学们都选择就业,没有考博。工作后要尊重领导,善待同事,要有自己的担当，肩负起应尽的责任。作为员工，要敬业勤勉，完成任务。作为人子，要感恩孝顺父母。找到自己心爱的伴侣，组成幸福的家庭，要相濡以沫，举案齐眉。今后自己当了父母，要爱护子女，舐犊情深，把下一代抚养成人。和谐社会由千千万万个家庭细胞组成。没有"修身、齐家"，何来"治国、平天下"？哲学家冯友兰先生把人生境界分为四个层次，即自然境界、功利境界、道德境界和天地境界。道理十分深奥，做起来相对简单。愿每一位同学都有仁爱之心，爱天下、爱人类，爱国、爱家，爱他人也爱自己，平安一世，幸福一生。

同学们，在未来的日子里，无论你们身在何处、位居何职，母校都会在你身后深情而默默地注视着你们。无论你们得意失意，是穷是达，母校都和你们喜忧与共。成功的鲜花簇拥着你，母校为你骄傲；庆功的掌声因你响起，母校为你自豪。当你遭遇一时的困难和挫折时，老师是你的坚强后盾，母校是你的心灵港湾。不要中断了和母校、老师的联系，别忘了抽空常回家看看。

做一名品学兼优的好学生[*]

（2015 年 4 月 10 日）

　　刚才,你们的班主任范洁老师主持了班会。范洁老师全面介绍了上一学期全班获奖、考试成绩和班级管理的整体情况,就开展"树立优良学风"活动进行了动员,表扬了班级 12 名获得奖学金的同学,点评了班级的学风情况。班长赵一同学对上学期的自习情况,对全班组织开展的参观卢沟桥抗日战争纪念馆团日活动、"争做骄子"元旦食堂帮厨活动、"馨安之寝"宿舍评比等进行了总结与汇报,并对本学期班级开展"树立优良学风"活动提出了明确要求。上学期获得一、二等奖学金的王亦徐、蔡馨熠、张梓靖同学分别谈了自己的学习方法、经验和体会。

　　信息安全系党总支书记姚晓明老师针对"树立优良学风"的班会主题,向同学们阐释了学风的内涵以及怎样养成良好学风。姚老师指出,学风是学生读书做人的风气。养成良好的学风,一是要培养学习的动力,它来源于你的理想和目标,要有造梦的激情、追梦的执著、创造未来的勇气;二是要有一种积极进取的学习生活态度,也就是要自爱自信、自强自律、自我认同;三是要善于学习,掌握学习方法;四是要庄严宣誓,宣誓自己的理想、学习、生活态度。他鼓励同学们以愚公移山、精卫填海的顽强意志战胜困难,超越自己。

　　老师和同学们讲得都很好,这次班会的主题也应该点赞。同学们入学不满一年,有 12 名同学获得奖学金,3 名同学成为入党积极分子,有的同学被评为军训标兵,有的同学在校园文体比赛中崭露头角,我感到非常高兴。班主任和系党总支书记近一年来的工作也很辛苦。

　　班级是大学生的基本组织形式,是大学生自我教育、自我管理、自我服务的主要组织载体。为了深入贯彻中央 16 号文件,进一步加强大学生思想政治工作,提高教育教学和学生教育管理水平,创建新型的师生关系与和谐的校园文化环境,着力培养高素质高层次密码人才,我们学校 2010 年建立

---

　　* 本文是作者参加所联系的 1453 班班会时的讲话。

了院领导联系学生班级制度。院领导班子成员每人联系一个班,通过参加班主任会、班会、学生干部会、师生座谈会、听课、个别谈心等多种形式,全面了解和掌握学生在思想、学习和生活方面的基本情况,及时帮助学生解决各种实际问题,了解学生对教育教学、管理服务的意见和要求。我联系的1051班去年已经毕业,你们是我联系的第二个学生班。

党的十八大报告提出,立德树人是教育的根本任务。培养具有创新精神和实践能力的高级专业人才,使学生成为德智体美全面发展的社会主义事业的建设者和接班人,是大学最重要的任务。"立德树人"的"德",往大里说是理想信念、是社会主义核心价值观;往小里说是孝敬父母、尊敬师长、乐于助人、诚实守信等。所以,"立德树人"不是一句空洞的口号,而是有着实实在在的具体内容。"立德树人"对于学生的要求就是品学兼优。扣好人生第一粒扣子,从大一就要开始。同学们要有进取精神,看到了和同学、和其他班级的差距就会有动力,就有了追赶的目标。一时的落后不等于永远落后下去,只要努力就会有收获。王亦徐同学说得很好:"你只有非常努力,才能看起来毫不费力。"正确的事情什么时候开始做都不晚。只要尽了自己的最大努力,就会不断进步,将来才不会后悔。

学生的主要任务是学习,学习要永远放在第一位。树立优良学风、培育良好班风依靠每位同学的努力,向一切不良习惯说"不"。比如不迟到、不早退、不逃课、不抄袭、不作弊、不当起床困难户、上课不玩手机等等,品学兼优就是要从这些点点滴滴的小事做起。近年来,学院凝练概括出"尊师、尚德、精艺、自强"的学风,一直加强校园文化建设,目的就是提升学生的道德素养和学习成绩。希望1453班的同学们互相学习、互相帮助、互相鼓励,在大学四年里做一名品学兼优的好学生,努力把1453班建成优良学风班,不要辜负学校老师的殷切期望。

全面发展　德居首位[*]

（2015 年 8 月 15 日）

教育为社会主义现代化服务，与生产劳动相结合，培养德智体美全面发展的社会主义事业建设者和接班人，是国家法律的规定，也是党的教育方针的要求。人要实现自由而全面的发展，是马克思的崇高理想。把"德"放在全面发展的首位，历来受到我们中华民族圣贤先哲特别推崇并反复强调。

培养人才是高等学校本质要求和根本使命。人才培养的目标，"又红又专"是老说法，"德才兼备"是新概括，讲的其实是同样的意思。就是完成学业、走出校门的毕业生要热爱党，热爱祖国，热爱社会主义，高度认同马克思主义中国化的最新理论成果，对中国特色社会主义的道路、理论和制度充满信心，对社会主义核心价值观身体力行；同时，还要具有创新精神和实践能力，掌握科学文化知识和专业技能。

习近平总书记提出的"五个坚持"，既是中办工作人员的行为准则，也是我们这个中办所办学校的人才培养的努力方向。栗战书同志来学院调研时明确指出，始终把牢政治方向，确保学院的政治本色和学生的政治素质，是第一位的任务。我们所说的"德"，既包括理想信仰，也包括价值观念。要使学生有"德"，思政课是主渠道，教师是指导者，学生工作干部是引路人。我们要把思想政治教育放在首位，并贯穿人才培养的整个过程。按照中央办公厅主任办公会议审议批准的《学院深化教育教学改革方案》的要求，增设思想政治理论教研部，建强思想政治理论教师队伍，创新思想政治教育模式，打造电科院思想政治教育品牌。

"德为才之帅，才为德之资。"古人的这个论断至今也没有过时。习近平总书记指出，办好中国特色社会主义大学，要坚持立德树人，把培育和践行社会主义核心价值观融入教书育人全过程。老师对于学

---

* 本文是作者为《电科院人》第 7 期撰写的卷首语。

生,要教之以事而喻之以德,动之以情而晓之以理,勇敢地担负起塑造灵魂、塑造生命、塑造人的重任,用爱心、知识、智慧点亮学生心灵,使从电科院走出去的毕业生,人人都政治坚定、忠诚可靠、技术精湛、富有创新能力,个个都是在各级密码保密岗位上建功立业的高素质人才。

精准打造思想政治教育品牌[*]

（2015 年 9 月 10 日）

在全国人民都还沉浸在"9·3"盛大阅兵的兴奋和激动之中时，我们欢聚一堂，共同庆祝全国第 31 个教师节。我代表院党委，向你们并通过你们向长期在教学、科研、管理、服务等岗位上辛勤耕耘、默默奉献的教师和教育管理工作者致以节日热烈的祝贺和亲切的慰问！

中央办公厅领导高度重视学院工作，对学院广大师生十分关心。特别是党的十八大以来，栗战书同志多次来学院考察调研，深入教学、科研、学生工作一线，听取各方面情况的介绍，并发表了重要讲话，对做好教育教学和教师工作提出了明确要求。陈世炬同志作为中央代表团成员参加西藏自治区成立 50 周年庆祝活动，请学院领导转达他对全院教职工的节日问候。他回京后还将专门安排时间，代表栗战书同志和其他厅领导专程看望慰问学院教师代表。刚才几位师生和老教师代表的发言，从思想政治教育的不同角度，谈了对做好学院思想政治教育工作的体会和想法。学院今天的发展是过去工作的延续，学院的政治特色是继承老教师传下来的好传统，是在老领导铺下的台阶上继续前进。听了大家的发言，深切地感受到大家对教师职业的热爱，作为一名电科院人和中办园丁的自豪，以及对学院工作的肯定和关心，听后很受感动，也很受教育。

2013 年全国第 29 个教师节前夕，习近平总书记在致全国广大教师的慰问信中，提出了三个"牢固树立"，即牢固树立中国特色社会主义理想信念，带头践行社会主义核心价值观；牢固树立终身学习理念，不断提高业务能力和教育教学质量；牢固树立改革创新意识，踊跃投身教育创新实践。这为广大教师及教育工作确立了标杆，指明了方向。去年 9 月 9 日，也就是第 30 个教师节前夕，习近平总书记视察北京师范大学并发表了重要讲话。讲话高瞻远瞩，内涵丰富，思想深邃，情真意切，从国家繁荣、民族振兴、教育发展的大局出发，深刻阐释了教育工作和教师工作的极端重要性，明确提出了做一

---

[*] 本文是作者在第 31 个教师节座谈会上的讲话。

名好老师、努力培养造就一流教师的具体要求,充分体现了党中央对广大教师的亲切关怀和殷切希望,是进一步做好教育工作的行动指南。在第31个教师节到来前夕,习近平总书记给"国培计划(2014)"北师大贵州研修班全体参训教师回信,勉励广大教师牢记使命、不忘初衷、扎根西部、服务学生,努力做教育改革的奋进者、教育扶贫的先行者、学生成长的引导者,为贫困地区教育事业发展、为祖国下一代健康成长继续做出自己的贡献。

习近平总书记在去年的教师节讲话中提出了做党和人民满意的好老师的四条标准。一是要有理想信念。正确的理想信念是教书育人、播种未来的指路明灯。好老师要有崇高的理想和坚定的信念,是"经师"和"人师"的统一,既要精于"授业""解惑",更要以"传道"为责任和使命。好老师心中要有国家和民族,要明确意识到肩负的国家使命和社会责任。二是要有道德情操。老师的人格力量和人格魅力是成功教育的重要条件。好老师要率先垂范,以身作则,引导和帮助学生把握好人生方向,特别是引导和帮助青少年学生扣好人生的第一粒扣子。好老师要有"捧着一颗心来,不带半根草去"的奉献精神,自觉坚守精神家园、坚守人格底线,带头弘扬社会主义道德和中华传统美德,以自己的模范行为影响和带动学生。三是要有扎实学识。好老师要具备扎实的知识功底、过硬的教学能力、勤勉的教学态度、科学的教学方法。不仅要有胜任教学的专业知识,还要有广博的通用知识和宽阔的胸怀视野。好老师还应该是智慧型的老师,具备学习、处世、生活、育人的智慧,既授人以鱼,又授人以渔,能够在各个方面给学生以帮助和指导。四是要有仁爱之心。好老师应该是仁师,对学生的教育和引导充满爱心和信任,在严爱相济的前提下晓之以理、动之以情,让学生"亲其师""信其道"。尊重学生、理解学生、宽容学生,平等对待每一个学生,尊重学生的个性,理解学生的情感,包容学生的缺点和不足,善于发现每一个学生的长处和闪光点,让所有学生都成长为有用之才。习近平总书记提出的这四条标准,为教师个人成长提高提供了遵循、指明了方向。

教书育人是教师的光荣使命,尊师重教是中华民族的优良传统。学院要进一步贯彻落实习近平总书记系列重要讲话精神,特别是"5·8"讲话以及关于教育工作的精辟论述,切实把教学和教师工作摆在学院工作的突出位置,切实加大教师培养力度,努力提高教师待遇,不断优化教师发展环境,落实教师主体地位,为教师提升素质搭建平台、创造条件,使更多优秀教师脱颖而出。最近,学院将以庆祝教师节和贯彻落实深化教育教学改革方案为契机,开展领导干部听课月等活动,在全院营造重视教学、尊重教师、关心教师、服务教师的新风尚新气象。各部门要高度重视教师工作,要主动服务关爱教师,诚心诚意为教师办实事、解难事,使教师在岗位上有幸福感,在事业上有成就感,在社会上有荣誉感。

过去的一年,学院认真贯彻落实党的十八大和十八届三中、四中全会精神以及栗战书同志来学院调研座谈时的讲话要求,在深入调研论证的基础上认真制定了深化教育教学改革的方案,6月3日中央办公厅主任办公会审议批准了这一方案。厅主任办公会确立的学院办学的基本原则,澄清了诸多关于学院办学的混乱思想认识,解决了一些长期以来存在的争议和困惑,回答了学院要不要继续办以及怎样办、培养什么样的人以及如何培养人等一系列重大问题,从思想政治教育、学科专业建设、科学研究创新、师资队伍建设、学院内部管理、学院对外交流等方面提出了具体的改革思路和解决问题的对策,进一步统一了对办学重要意义的认识,明确了办学的指导思想,增强了我们办好学院的信心和动力。前期学院组织了广泛调研和深入研讨,现在正举全院之力推进教育教学改革。应该说,学院迎来又一个重要的发展机遇期。

回顾建校68年来学院发展走过的道路,我们有一条最深刻的体会,那就是学院之所以能不断发展壮大,拥有一支爱岗敬业、默默奉献的优秀教师队伍是一条最重要的原因。展望未来,把学院建设成为特色鲜明、水平一流的机要密码专业高等学校,为党和国家机要密码事业和信息安全战略的发展不断输送合格的建设者和接班人,更需要一流的师资。全院教职工要进一步增强使命感、责任感,坚守教书育人的神圣职责。特别是身处教育一线的各位老师,对学生的需求最了解,对教育教学的问题最熟悉,对改革的必要性、重要性和紧迫性认识更深刻,要积极参与、奉献和创造,迸发出热情和活力,在学院教育教学改革中充分发挥先行者、主力军作用,与学院改革发展同呼吸、共命运,共同创造学院美好的明天。

加强大学生思想政治教育是一项重大紧迫的战略任务。中央高度重视这项工作,2005年,习近平总书记在担任浙江省委书记时,专门就加强高校思想政治工作发表重要讲话,还先后3次为大学生作报告。到中央工作后,每年的高校党建工作会都到会发表重要讲话。最近,中组部、中宣部、教育部联合下发《关于领导干部上讲台开展思想政治教育的意见》,要求省级领导干部把高校思想政治教育工作这份责任直接扛在肩上,以身作则,自己上讲台。厅里对学院思想政治教育工作高度重视,栗战书同志多次就此做出指示。6月3日厅主任办公会强调,学院人才培养要把政治可靠放在首位,努力培养政治坚定、忠诚可靠、技术精湛、富有创新能力的高素质专业人才。学院深化教育教学改革方案指出，"学院人才培养目标是以密码专业教育为主，面向信息安全领域，着力培养政治坚定，技术精湛，富有创新能力，服务党政机关和国有企事业单位的高素质专业人才"，"坚持把培养又红又专、德才兼备的高素质人才作为首要任务，在政治素质、专业知识、业务水平和科研创新能力上高标准严要求。"加强思想政治教育，确保学院的政治本色和学生的政治素质，是学院第一位的任务。学院把今年庆祝教师节座谈会的主题确定为"完善体系，创新模式，精准打造学院思想政治教育品牌"，就是为了突出学院人才培养工作中学生思想政治教育的首要位置，强化师生政治意识，在全院形成思想政治教育的工作合力。下面，我就加强学院思想政治教育谈三点意见，供大家参考。

一是要完善"三育人"格局，进一步增强思想政治教育的工作合力。落实党的十八大和十八届三中全会关于立德树人的要求，全面加强大学生思想政治教育是一项系统工程。学院要进一步完善党委统一领导、党政齐抓共管、专兼职队伍相结合、各部门各单位紧密配合、学生自我教育自我管理的领导体制和工作机制。要切实加强领导，强化责任，落实措施，全力推动学院"全员育人、全方位育人、全过程育人"的良好工作局面的形成。院领导要通过开展联系教学部门、联系学生班级、听课等方式经常深入教学一线，调研了解老师的教学情况和学生的思想状况，就改进学生思想政治教育工作提出具体意见。要完善制度、明确责任，把全院各方面的力量、各方面的资源动员起来、整合起来，自觉承担对学生进行政治思想和品德教育的工作任务，将思想政治教育渗透到教学、科研、管理和服务等工作中，让教师的每一堂课、每一个管理工作细节、每一个服务环节中都融入思想政治教育的养分。要制定全过程育人体系的实施办法，要建立全过程的信息收集、分析、反馈机制，力求做到过程衔接，重点突出，规范有序。学院各部门要明确各自责任，密切协作，切实完成相应任务。

二是要加强队伍建设，切实提高思想政治教育工作者的育人能力。要整合学院思想政治理论课相关资源，设置学院直属的马克思主义理论教学研究机构。加强思想政治理论课教师队伍建设，有计划地安排思想政治理论课教师参加培训，组织开展社会考察，帮助他们开阔视野、了解国情，丰富教学素材，提高教学的针对性和吸引力，解决学生的思想困惑。要继续巩固实施本科生导师制，发挥零距离、个性化、交流式的优势，加强对学生的思想引导和专业学习的指导，使学生进一步明确学习目标，掌握学习方法，促进学生健康全面发展,为高素质、创新性密码保密人才的脱颖而出创造有利条件。要强化研究生导师在研究生思想政治教育中首要责任人的作用,使学生在耳濡目染导师科学精神和治学态度中成长,把育人效果作为遴选和考核研究生导师的重要内容。要按照政治强、业务精、纪律严、作风正的要求,建设一支热爱学生工作、具有强烈责任心和奉献精神、具有一定专业素养、相对稳定的高素质辅导员队伍,完善辅导员队伍发展机制,切实关心这些在一线埋头苦干、甘于奉献的同志,让辅导员干事有平台、发展有空间、事业有保障。要加强班主任队伍建设,确保每个班级有一名班主任,采取措施提高班主任待遇,把担任合格班主任作为专任教师晋升职称的必备条件,在制度设计上体现班主任工作的重要性。

三是要创新工作途径和方法,不断提高思想政治教育工作的科学化水平。要积极邀请厅领导、国家局领导和各级机要密码部门领导来院为学生授课,开展形势政策教育,开展特色鲜明的主题教育活动,深化理想信念和爱校荣校教育,强化忠诚教育和密码保密教育。要大力加强思想政治理论课建设,更好地发挥主渠道作用,不断改进教学方法,积极运用现代教学手段,推进实践教学、案例教学,强化教育效果,努力把思想政治理论课打造成大学生真心喜爱、终身受益的优秀课程。要强化实践育人环节,重点推进密码教育实践基地建设、社会实践基地建设、实习创业基地建设和志愿服务品牌建设,使学生在实习实践中受教育、长才干、做贡献。要牢牢把握网络思想政治教育主动权,用先进文化占领校园网络阵地,善于利用新媒体对学生进行教育和引导,努力提高大学生思想政治教育的覆盖面和影响力。要进一步加强和改进大学生党建工作,探索新形势下发挥学生党员示范效应、永葆先进性的长效机制。要加强大学文化传承创新,注重校园文化等软环境和软实力建设,积极开展健康向上、格调高雅、丰富多彩的校园文化活动,为大学生提高素质和健康成长提供强大的精神动力。要坚持为大学生办实事、做好事,健全"经济上资助、心理上扶助、学习上帮助、就业上援助"的帮扶体系,切实把解决学生思想问题与解决实际问题结合起来。

各位老师、同志们,"三寸粉笔,三尺讲台系国运;一颗丹心,一生秉烛铸民魂。"做一名让党放心、人民满意、学生永远铭记的好老师,是我们的奋斗目标和终生追求。学院今天的学生就是未来机要密码事业发展的主力军,也是实现中华民族伟大复兴中国梦的主力军。让我们携起手来,共同担负起人生筑梦者、时代筑梦人的责任,为机要密码教育事业的科学发展,为建设特色鲜明、水平一流的高等学校,献出自己的满腔热情和全部精力!

成功属于不懈努力、勇攀高峰的人 *

（2015 年 12 月 4 日）

　　电科院开展公务员素质大赛,始于 2003 年。这项赛事刚开始时,只是行政管理系组织本系学生参加的活动,发展到今天已成为全院有影响的校园文化活动品牌。第一届大赛只是在宣传栏张贴一张海报发布消息,本届大赛则通过"Besti 团学小微"微信公众号发布赛事安排。这一细节足以显示科技进步对校园生活的影响。微信交流是大学生喜欢的社交互动模式。借此机会,我想和同学们交流一下对网络和微信的看法。

　　从 20 世纪中期开始,人类社会加快了从工业社会向信息化社会迈进的步伐。1946 年,世界上第一台计算机"埃尼阿克"在美国宾夕法尼亚大学问世。1968 年,美国国防部资助组建因特网的雏形阿帕网。1987 年,中国科学院高能物理研究所所长钱天白用英文发出中国第一封电子邮件。英语的原文是:"Across the Great Wall we can reach every corner in the world."最简洁的汉译就是:"越过长城,走向世界。"1994 年,中国首次与国际互联网全功能连接。据中国互联网信息中心最新报告,到 2015 年 6 月底,我国网民已达 6.68 亿,其中手机网民 5.94 亿,堪称世界上最大的网民群体。"无网不在""一键钟情""一网情深"已成为在校大学生基本生活方式的真实写照。腾讯公司 2011 年推出的微信,经过不断改进完善,目前已经成为图文音影并茂的综合性、多功能、跨平台社交工具,短短 4 年多的时间里,国内外注册用户达到 9 亿,其中活跃用户已经超过 5 亿。

　　现在,一部智能手机就能够承担过去报刊、广播、电视、计算机的几乎全部功能。统计数字表明,手机上网时长已经超过了便携式和台式电脑。这么多人上互联网和微信,他们干什么呢? 我看大体可以分为三类:一是交流,二是娱乐,三是求知。

　　先说交流。心理学家认为,良好的人际关系是人们幸福感的重要来源。人是有感情的社会动物,人与人之间需要沟通情感、增进友情、排解郁闷、宣

---

　　* 本文是作者在电科院第 14 届公务员素质大赛上的演讲。

泄烦恼。网络和微信为人们交流交友提供了极大的方便,可以打破时间限制,排除空间阻隔,点点鼠标思接千载,划划屏幕视通万里。在微信朋友圈里,古人笔下的"海内存知己,天涯若比邻"真正成了现实。微信群的建立,为同学之间、师生之间交流信息、交换看法、研讨答疑提供了最佳平台,使亲朋好友嘘寒问暖、约饭凑桌十分便捷,让人用起来就放不下。网上交流的虚拟性是其优点也是其缺点,键对键、屏对屏终归不如面对面。网络交友靠不住的居多,"摇一摇"社交插件功能在使用时更要提高警惕。要防止醉心于虚拟的网络交际,疏远真实生活中的人际交往而离群索居,性格孤僻扭曲。"宅男""宅女"我觉着不是褒义词。

再说娱乐。在一些人那里,手机是游戏厅的入口,是爱不释手的高级玩具。通过手机这个移动终端,可以追剧、购物,可以订餐、打的,聊大天、玩游戏,赏天下美景、看帅哥靓女。用手机来愉悦心情、调节情绪、缓解压力,没有什么不好的。但娱乐一定要健康有益并且有度。过去我们学校也有过因为痴迷于网游而退学的学生,要引以为戒。

最后说求知。这一点是最重要的,也是最应该提倡的。求知就是学习。要把互联网作为学习的工具,以"在互联网上学习"作为获取知识的一种新方式。互联网既是阿里巴巴的藏宝洞,又是潘多拉的魔盒,里面精华与糟粕共处,宝藏与垃圾并存。打开电脑,海量信息蜂拥而至,扑面而来,破屏欲出。面对网上海量的信息,辨良莠、分美丑、识真伪、定取舍,靠什么?靠建立正确的世界观,靠掌握科学的方法论。只有建立了正确的世界观,掌握了科学的方法论,才能给身体注入免疫力,为思想装上过滤器。有了免疫力,就会从中吸取营养,而不会感染病毒;有了过滤器,就能阻断传染源,不让有害的东西进来。同学们要在老师的指导下,寻找并经常登录推送专业知识资讯、介绍学习经验、探讨研究方法等有助于学习的公众平台。同学之间也可以相互推介。有一个夸张的说法,只要你想学,无论你学什么,都可以在网上实现。比如,上线的网络公开课就是极好的学习资源,这在过去是不可想象的。

搜索引擎的强大功能使得在网上查找资料变得十分容易。要提醒同学们的是,有些基础知识应该也必须记在脑子里,不能事事上"知乎"、求"谷哥"、找"度娘"。我听课时在课堂上看见有学生开卷考试时连书都懒得查,抄百度搜索出来的答案。有的老师告诉我,有的学生从网上下载实验报告、拷贝其他同学的作业答案应付老师。遇到问题懒得动脑筋,就无法建立长期记忆,过度依赖搜索,会使人脑变得迟钝。同学们要记住,工具永远是人的肢体和头脑的延伸。它可以节省脑力、节约体力,但不会增加智力,更谈不上增加智慧。电脑永远不可能完全代替人脑。可以利用网络把事情做得更好、更有效率,但不能离开网络就什么也不会做了。

怎样才能建立正确的世界观?如何掌握科学的方法论?肯定离不开马克思主义理论教育和思想道德教育。经过中央政治局讨论,全国所有高校都要开设《思想道德基础与法律修养》等四门课程。思想政治理论课仍然是马克思主义理论教育和思想品德教育的主渠道、主阵地。网络漫无边际、超越国界,有去中心化、去权威化的特征。微时代、自媒体语境下,权威日益被消解,神圣逐渐被淡化,同一个问题往往会有许多不同甚至截然相反的解释,并且看起来都很有道理。在校大学生朝气蓬勃、阳光青春,但涉世不深,思想比较单纯,明辨是非的能力还不是那么强,易受外界干扰和诱惑。只有认真学习,有正确的世界观指引,才能明辨是非。有了正确的思维方式,就不会人云亦云,看问题会更加全面,不偏颇激进;有了唯物辩证法这个指南针,遇事就有主心骨,就不会产生选择困境,就不会被芜杂混乱的信息淹没吞噬,导致爱国主义信仰缺失、理想信念迷失、自信心丢失、进取心丧失。

第二十三次全国高校党建工作会议召开时,习近平总书记做出重要批示强调,高校肩负着学习研究宣传马克思主义、培养中国特色社会主义事业建设者和接班人的重大任务。要坚持立德树人,把培育和践行社会主义核心价值观融入教书育人全过程。栗战书同志指出,电科院是中办直管的专门为全国各级党政系统培养密码与信息安全人才的高校,把牢学院的政治方向,确保师生的政治素养,是学院的首要任务。这次公务员素质大赛后不久,学院将会成立思想政治理论教学研究部。学院会采取多项措施落实厅领导的指示,落实中央办公厅主任办公会批准的《深化教育教学改革方案》的要求,进一步做好立德树人的工作,进一步加强社会主义核心价值观的教育,当然也包括网络环境下的思想政治教育。网络是一把双刃剑,有利有弊。我们要兴利除弊,择其善者而为我所用,择其不善者弃而远之。我们要把网络作为思想政治教育、学校管理的新载体,探索管理的新模式。技术不断进步,管理也必须创新。当然,不仅是思政教育,团学工作、党建工作、教学科研管理等工作都要与时俱进。

交流、娱乐、求知这三个类别的划分,也可以说是网络和微信的三种功能,不一定准确。但是,用网络和手机干什么,会区分人的层次,会拉开人与人的差距。我劝同学们多用它们学习,善于用它们交友,少用它们来娱乐。使用网络和手机时,交流、娱乐、求知这三者所占的比例,近点说影响你学习的成绩,远点说决定你一生的出息。

　　两个多小时的比赛过程,是视听盛宴,是精神大餐。和到场的其他老师一样,我自己也开眼界、受教育。这8位同学在692名参赛选手中,经过初赛复赛两轮比拼,在激烈的竞争中一路闯关夺隘、脱颖而出,果然人人出类拔萃,个个身手不凡。我向你们表示祝贺!最后阶段,我们听了3位同学的精彩演讲,让我们感到"Besti团学小微"决赛预告词里写的"笔尖掠过卷面,写下充满自信的答案;笑容浮上脸庞,说出彰显从容的回答",不单是煽情的诗意描述,更是在笔试、面辩环节胜出的评判标准。另外5位同学也一定都精心准备了演讲词,可能还会更加精彩,由于比赛规则的限制,不能在这里展示风采,多少留下一些遗憾。不要紧,一时的名次固然引人追逐,持久的努力更加让人景仰。是雄鹰总会振翅高飞,是黄金定会闪闪发光,机遇永远垂青有准备的人,成功一定属于不懈努力、勇攀高峰的人。

用好中办独有的思想政治教育资源[*]

（2015 年 12 月 11 日）

今天，毛主席纪念堂管理局与北京电子科技学院就共建思想政治教育基地并开展长期合作正式签订合作框架协议。这是加强北京电子科技学院师生思想政治教育的一件大事，是加强我院大学生实践育人基地建设的一件好事，是局院两家兄弟单位互相学习、优势互补、实现资源共享的一件喜事，也是我们两个单位共同落实厅领导指示的实际行动。日前，学院领导和纪念堂管理局领导分别请示了中央办公厅副主任陈世炬同志，陈主任表示大力支持，并指示我们两家要密切合作，注重实效，充分发挥好毛主席纪念堂爱国主义教育示范基地的作用。借此机会，我代表电科院，衷心感谢纪念堂管理局领导多年来对学院各方面工作的大力支持和帮助，衷心感谢纪念堂有关部门为共建思想政治教育基地付出的辛勤努力。

大学生是党和国家最为宝贵的人才资源。党的十八大以来，以习近平同志为总书记的党中央反复强调教育的根本任务是立德树人。要求高校全面贯彻党的教育方针，坚持"育人为本、德育为先"，加强社会主义核心价值观教育，在大学生培养和教育过程中始终把政治教育、思想教育放在首要位置，引导大学生树立正确的世界观、人生观和价值观，当好中国特色社会主义事业的合格建设者和可靠接班人。

我院作为中共中央办公厅直接管理的高等学校，承担着为全国各级党政机关培养密码保密和信息安全专门人才的神圣职责和光荣使命。这就要求我院培养出来的学生必须忠于党，忠于国家，忠于机要密码事业；要求我院的教师必须有坚定的理想信念，坚强的党性，坚守对党绝对忠诚的生命线，做忠诚干净担当的中办人。中央政治局委员、中央书记处书记、中央办公厅主任栗战书同志高度重视学院的思想政治教育，明确指示"办好这所学院，不在于规模宏大，而在于特色鲜明、师生素质精良"，要求我们把确保学

---

[*] 本文是作者在北京电子科技学院与毛主席纪念堂管理局共建思想政治教育基地签约仪式上的讲话。

院的政治本色和学生的政治素质作为学院第一位的任务。今年6月厅主任办公会审议批准的《北京电子科技学院深化教育教学改革方案》特别指出，要坚持把思想政治教育放在首位，贯穿人才培养全过程，把"五个坚持"要求体现在学院工作的各个方面；坚持把培养又红又专、德才兼备的高素质人才作为首要任务。要求学院着力培养"政治坚定、忠诚可靠、技术精湛、富有创新能力"的高素质专业人才。在"三严三实"专题教育活动中，栗战书同志要求组织干部职工到中南海丰泽园、西花厅、毛主席纪念堂、中央警卫团团史馆参观，充分发挥中办独有的思想政治教育资源的作用。毛主席是我们党、军队、国家的主要缔造者，是马克思主义中国化的伟大开拓者。以毛主席为主要代表的中国共产党人，根据马克思列宁主义基本原理，形成了适合中国情况的科学指导思想——毛泽东思想。毛主席纪念堂是全国各族人民景仰的神圣殿堂，是对大学生开展理想信念教育、爱国主义教育、革命传统教育和社会主义核心价值观教育的生动课堂，是对教职工开展党性教育的重要阵地，为我院进行师生思想政治教育提供了得天独厚的条件。把纪念堂作为学院的思想政治教育基地，有助于帮助学生成长成才，有助于激励教师建功立业，是创造性地贯彻落实厅领导指示的具体行动。

多年来，毛主席纪念堂管理局一直为学院开展师生的思想政治教育提供多方面的大力支持：每年暑假，纪念堂都优先安排我院学生作为志愿者，参加为瞻仰群众服务的志愿活动；纪念堂经常派专家观摩、指导我院学生的演讲比赛、朗诵比赛、人文素质大赛等文化活动，宣讲队也多次到学院进行主题宣讲，令师生深受教育和鼓舞。我院也多次组织领导干部、师生党员、入党积极分子和机要干部培训班学员到毛主席纪念堂参观，陶冶情操，净化灵魂，接受教育。毛主席纪念堂已经成为我院师生接受思想政治教育、接受实践锻炼的重要平台，已经成为我院培训全国党政系统机要干部的必修课堂。我院与毛主席纪念堂管理局开展长期共建合作，以签订协议的方式确定毛主席纪念堂作为学院的思想政治教育基地，就是要以制度的形式将行之有效的合作模式和内容固定下来，长期坚持下去。这也是我们把立德树人的要求落到实处，进一步提升综合育人水平，构建高校思想政治教育工作的新格局，创新思想政治教育的形式与手段的一种探索和尝试。

经过友好协商，我院和毛主席纪念堂管理局在多方面开展共建合作工作达成一致意见。纪念堂将为我院创新马克思主义理论课教学与思想政治教育课教学提供实践教学基地，为我院师生、党团员以及机要干部培训班学员提供瞻仰参观、讲解等服务，为我院学生进行社会实践和志愿服务提供必要的条件保障。希望广大师生珍惜机会,充分利用共建提供的有利条件,自觉接受爱国主义教育、党史国情教育以及革命传统教育,坚定共产主义理想信念,把牢政治方向,永葆学院政治本色;自觉通过入脑入心的思想政治教育,将社会主义核心价值观作为内心价值取向,将自身的理想追求与国家、民族和时代紧密地联系在一起;努力创新思想政治教育的方式方法,提高思想政治教育的针对性和有效性,打造我院思想政治教育的特色品牌。

作为共建活动的重要内容,学院真诚邀请和欢迎纪念堂管理局的各位领导、有关部门和干部职工到学院参观指导。我院环境优雅,教学力量雄厚,田径场、体育馆、图书馆、文化艺术中心等文体设施齐全,既可以为纪念堂管理局开展干部培训提供师资、资料及场地等服务保障;也欢迎纪念堂管理局选派干部参加我院组织的相关培训或旁听有关讲座;还可以为纪念堂管理局组织职工运动会、开展文体活动提供场地和现场服务。

我们希望并相信,通过共建合作,学院的思想政治教育会迈上一个新台阶;也盼望通过共建合作,进一步密切兄弟单位之间的联系,局院两家在"守纪律、讲规矩的模范机关"创建活动中相互学习,彼此激励,弘扬主旋律,传播正能量,切实做到让党中央满意,让厅领导放心。

把思想政治教育放在首位
确保学院政治本色和师生精良素质[*]

（2016 年 1 月 15 日）

今天,我们召开座谈会,表彰先进典型,同优良学风班、优秀班主任和优秀本科生导师代表一起交流工作的经验和体会,共同研究进一步加强和改进学生工作特别是思想政治教育工作的措施和方法。我首先代表院党委向获得团中央表彰的"全国高校践行社会主义核心价值观示范团支部"——1311 班团支部、向获得优秀荣誉称号的班级、老师们表示热烈的祝贺。

近些年,学院多方面采取措施,加强班主任、辅导员和团学干部队伍建设,全面推行本科生导师制,学风建设取得了明显成效。刚才,本科生导师代表娄家鹏老师、班主任代表徐凤麟老师、优良学风班学生代表王维臻同学分别就加强和改进学生工作、加强学风建设发了言,团委书记唐伟老师也就贯彻落实中办机关青年工作会议精神,做好学院的青年工作谈了设想,大家讲得都很好,言之有物,给人启示。

"十二五""十三五"这十年,学院共新进 76 名博士、硕士充实教师队伍,40 岁以下青年教职工占全院教职工总数的 39%。随着教师队伍的新老交替,青年所占比例还将进一步提高。青年教师是学院教师队伍的重要组成部分,是培养德才兼备、又红又专人才、办好密码保密部门满意教育的重要力量。青年教师占本科生导师、班主任和辅导员的绝大多数,与学生经历相仿、年龄接近,和学生接触最多,了解学生、理解学生,对学生的思想、行为影响更加直接,是学生思想政治教育工作一线的主力。青年教师的思想政治素质和道德情操,对学生健康成长具有重要的示范引导作用。做好学院的青年教师工作和大学生工作,把思想政治教育做好、做扎实,对于确保学院的政治本色和师生的精良素质至关重要。

近年来,学院深入学习贯彻落实党的十八大和十八届三中、四中、五中全会精神以及习近平总书记关于青年和青年工作的重要讲话,以栗战书同

　＊　本文是作者在优良学风班、优秀班主任和优秀本科生导师表彰座谈会上的讲话。

志对学院工作的指示为指导,认真落实教育部等六部委《关于加强高等学校青年教师队伍建设的意见》《关于加强和改进高校青年教师思想政治工作的若干意见》,狠抓青年教师的师德师风建设,在师生中大力开展弘扬社会主义核心价值观、忠实践行"五个坚持"、加强中办传统和机要精神教育,不断巩固和提高青年教师和学生的思想政治觉悟,取得了明显成效。面对新形势新任务,对照中央和中办的要求,如何进一步提升青年工作的水平,突出学院青年工作的特色,我结合贯彻中办机关青年工作会议精神,谈几点意见。

一、自觉担负起加强青年思想政治教育的政治责任

党的十八大以来,以习近平同志为总书记的党中央高度重视青年工作。2013年5月4日,习近平总书记在同各界优秀青年代表座谈时,要求广大青年坚定理想信念、练就过硬本领、勇于创新创造、矢志艰苦奋斗、锤炼高尚品格。2014年5月4日,习近平总书记和北京大学师生座谈,要求青年自觉践行社会主义核心价值观,在勤学、修德、明辨、笃实上下功夫。2015年1月,中央印发了《关于加强和改进党的群团工作的意见》。2015年7月6日,习近平总书记在党的群团工作会议上发表重要讲话,突出强调加强和改进党的群团工作的极端重要性,对进一步做好党的群团工作提出了明确要求。2015年7月24日,习近平总书记在给全国青联和全国学联的贺信中指出,当代中国青年要在感悟时代、紧跟时代中珍惜韶华,自觉按照党和人民的要求锤炼自己、提高自己,做到志存高远、德才并重、情理兼修、勇于开拓,在火热的青春中放飞人生梦想,在拼搏的青春中成就事业华章。

栗战书同志针对学院人才培养的特殊性,对加强学生思想政治教育工作提出了明确的要求。2013年1月16日,栗战书同志到学院走访调研,看望慰问广大师生,与老师和同学们交流座谈,要求学院认真学习贯彻落实党的十八大精神,始终把牢政治方向,确保学院的政治本色和学生的政治素质。2013年12月18日,他再次来到学院,走进学生公寓,考察学生食堂,到实验室看望正在上课的学生,与同学们亲切交谈,详细询问学生的生活、学习情况、就业意向和未来打算,面对面地做学生的思想政治工作。2015年6月3日,栗战书同志在中央办公厅主任办公会审议学院《深化教育教学改革方案》时指出,要把"五个坚持"要求体现在学院工作的各个方面,在培养学生专业素质的同时,一定要加强思想政治素质教育。思想政治教育是学院

最突出的特色,学院要在思想政治教育方面走在全国高校前列,而且要创造一套经验,走出一条思想政治教育的特色路子来。2015 年 11 月 12 日,栗战书同志在学院干部会议上发表重要讲话,强调指出:电科院是中办直管的专门为全国各级党政系统培养密码与信息安全人才的高等学校,把牢学院的政治方向,确保师生的政治素养,是学院的首要任务。电科院有很强的政治属性,要讲政治立场、政治标准、政治要求,这是区别于其他大学的关键点,就是在政治要求上要更高一些,对学生的政治素质要求也要更高一些。栗战书同志关于确保学院政治本色和学生政治素质的指示,为加强青年教师和学生的思想政治教育,培养德才兼备、又红又专的高素质人才指明了方向,是我们加强青年教师队伍建设和开展学生工作的着力点和落脚点。

2015 年 12 月 22 日,栗战书同志在中办党建工作会上专门就青年工作提出要求。他指出,青年工作本身就是机关党建工作的一个重要内容。青年最有朝气、最富梦想,是党和国家的未来,也是中办的希望。各级领导和党组织都要高度重视青年工作,政治上爱护、工作上支持、生活上关心,引导青年干部健康成长。他希望全厅团员青年深入践行“五个坚持”,目标更远一些,标准更高一些,要求更严一些,以政治坚定防止和克服一切迷惘迟疑的观点,以艰苦奋斗防止和克服一切及时行乐的思想,以严格和自律防止和克服一切贪图私利的行为,以开拓创新防止和克服一切无所作为的作风,努力在中直机关走在前列、作出表率,在“三服务”工作中施展才华、建功立业、放飞梦想。

12 月 23 日,中办召开了青年工作会议。中办常务副主任丁薛祥同志作了重要讲话。丁薛祥同志在讲话中回顾了党重视青年工作的历史,明确指出,我们党始终把赢得青年作为重要任务,总是把青年视为党和人民事业发展的生力军。做好青年工作是我们党的光荣传统、宝贵经验和独特优势,是巩固党的执政地位、实现“两个一百年”奋斗目标的必然要求,是推动“三服务”事业长远发展的必然要求。他强调,要从正确对待青年、积极引领青年、大力培养青年、真心关爱青年四个方面加强中办的青年工作;对中办青年提出了学习历史、多长本事、涵养定力、砥砺品行四个方面的要求。电科院作为中办所属的唯一一所高校,担负着培养政治坚定、忠诚可靠、技术精湛、富有创新能力、服务党政机关和国有企事业单位高素质专业人才的光荣使命。我们要以高度的责任意识和强烈的使命意识,自觉担负起加强青年思想政治教育的政治责任,在学院创造性地贯彻落实中央和中办的部署和要求,使学院的青年工作走在全厅的前列。

二、完善全员、全方位、全过程育人的思想政治教育体系

长期以来,学院始终高度重视青年工作特别是学生思想政治工作,在思想政治教育素质化方面取得了一定成效,得到教育部专家组和职能司局的肯定。按照厅领导的指示和学院《深化教育教学改革方案》的要求,学院要进一步强化师生政治思想素质的培养,坚持把思想政治教育放在首位,继续完善全员、全方位、全过程育人的思想政治教育体系。

做好青年工作是学院各级领导班子、各级党组织、团组织和各部门的共同责任。要始终把青年工作放在重要位置,持续加大对青年工作的支持保障力度,着力营造全院重视青年、支持青年、关爱青年的良好局面。学院要进一步坚持和完善党委统一领导、党政群团齐抓共管、党员干部带头示范、专兼职队伍相结合、职能部门履职尽责、部门各负其责、学生自我教育自我管理的领导体制和工作机制。党委要研究青年工作的总体思路和重大事项,定期听取青年工作情况汇报。落实院领导联系青年制度、联系学生班级制度,通过参加班主任会、班会、学生干部会、师生座谈会、听课、个别谈心等形式,全面了解和掌握青年教师和学生在思想、学习和生活方面的基本情况,在解决思想问题的同时及时帮助解决各种实际问题。

青年工作在全院具有全局性和系统性,涉及青年的教育、培养、管理和使用等各个方面。学院各部门要分工负责,密切配合,形成合力。教学部门要注意发挥课堂教学主渠道作用和教师的言传身教作用,把思想政治教育融入、渗透到教学、科研和社会实践各个方面;深入发掘各类课程的思想政治教育功能,传授专业知识不忘立德树人。即将成立的思想政治理论教研部,要特别关注青年存在的信仰迷茫、信念动摇、价值观扭曲等问题,把理想信念教育和对党忠诚教育作为教书育人的重点,引导学生坚定"三个自信"、践行"五个坚持",始终做到忠于党、忠于国家、忠于人民、忠于密码保密事业,矢志不渝为实现中华民族伟大复兴的中国梦而奋斗;教学研究并重,会干还要会总结,和学生工作部门一起,提炼概括有中办特点、有机要特色的思想政治教育工作规律。团组织要把准青年的思想脉搏,瞄准青年的思想困惑,进一步找准工作的切入点、结合点、着力点,平等看待青年,充分信任青年,经常鼓励青年,周到服务青年,做青年的知心朋友。学生工作处和各党总支要在继承优良传统的基础上与时俱进,严格管理,不断提高青年学生教育、引导和管理的科学性、针对性和有效性。学院其他教辅、管理和服务

部门,同样承担着教书育人、管理育人和服务育人的职责,都要加强育人意识,让每一堂课、每一个管理细节、每一个服务行动中都起到春风化雨、润物无声的教育作用。通过大家共同努力,使学院的思想政治教育工作有中办特点,有机要特色,在大学生思想政治教育方面创造经验,走在全国高校的前列。

三、青年教师要努力提高思想政治素养和师德水平

青年教师处于思想政治教育第一线,要主动承担本科生导师、辅导员、班主任的工作,熟悉本科生导师、辅导员、班主任工作的职责要求,虚心向老教师学习请教,既要学习他们的学识、教书育人的经验智慧和方法艺术,更要继承发扬他们对党忠诚、爱岗敬业、热爱机要、奉献机要的优良传统和作风。要用好课堂讲坛,用好校园阵地,积极参与指导学生社会实践和课外学术科技竞赛,提升学生的动手能力,鼓励引导学生形成独立自主钻研的科研能力。与学生打成一片,畅通沟通交流的渠道,用眼睛去观察、用耳朵去倾听、用真心去体会,利用日常管理服务的各种机会对学生进行思想政治教育。要以学院"修身、博识、兢业、爱生"师风为座右铭,正心立德,正己树人;学识渊博,传道解惑;具敬业奉献的职业操守,有诲人不倦的蚕烛精神。要身体力行社会主义核心价值观,用自己的学识、经验点燃学生对真善美的向往,使社会主义核心价值观浸润学生的心田,使中办传统和机要精神内化为青年学生的行为规范。

本科生导师要发挥零距离、个性化、交流式的优势,加强对学生的思想引导和专业学习的指导,使学生明确学习目标,掌握学习方法,帮助学生全面发展,为将来成为高素质、创新性密码保密人才打好基础。学生辅导员作为开展大学生思想政治教育的骨干力量,要注重加强与学生的沟通,做学生的知心朋友,了解学生的思想动态,帮助学生树立正确的世界观、人生观和价值观,增强学生热爱机要工作的事业心、责任感和光荣感。班主任作为学生日常思想政治教育和管理工作的组织者和实施者,要经常深入教室和学生宿舍,参与学生活动,熟悉和掌握班级学生的全面情况,了解学生学习、生活及思想动态,把思想政治教育做细、做实。各级青年团干部,要注意研究当代青年学生的思想特点和规律,拓宽活动领域,创新活动形式和活动载体,增强青年工作的吸引力和凝聚力,贴近青年,把有深度的工作做得有青春的温度;寓教于乐,把有意义的事情做得有意思。

对于青年教职工,要从入厅、入校教育抓起,帮助他们努力提高思想政治素质和师德水平,发挥好对学生的引领作用。学院要为青年教师提供业务进修、出国访学和党校学习、实践锻炼的机会,组织他们参加学院的"砺行计划",到高校、科研机构和机要部门学习调研和工作实践,了解高等教育的发展趋势,了解学术前沿进展,了解机要密码工作面临的形势和挑战。学院要把加强青年教师队伍建设作为全面提高教育质量,推动高等教育事业科学发展的重要举措。要大力宣传优秀青年教师的先进事迹,在全院形成关心支持青年教师、关爱青年教师节成长的良好氛围。

四、学生要规划设计好自己四年的大学生活

习近平总书记指出:"核心价值观的养成绝非一日之功,要坚持从易到难、由近及远,努力把核心价值观的要求变成日常的行为准则,进而形成自觉奉献的信念理念。"同学们在大学期间要志存高远,德才并重,情理兼修,切实在勤学、修德、明辨、笃实上下功夫。要把"政治坚定、忠诚可靠、技术精湛、富有创新能力"作为自己的求学目标,以大学四年为一个周期,以"认知、认同、内化、践行"为阶段性侧重点,规划好、设计好自己的大学生活。

大学一年级,像小鱼从游,在老师的带领下,找准学业、人生的努力方向。要认真参加入学教育、军事训练、专业导航、生涯规划启蒙等活动,观摩、参加公务员素质大赛、信息安全知识竞赛等学院独有、特色鲜明的校园文化活动,全面了解学院的光荣历史、顶层设计、办学理念、特色文化和校规校纪,认知学院的政治属性和人才培养的规格、标准。

大学二年级,如蜘蛛结网,伸出求知的触角,搭探专业的支点,完善基础知识结构。要理性思考社会主义核心价值观、中办传统、机要精神的深刻内涵,认同中办传统、机要精神与个人事业发展、成长进步的密切联系,认同将来为党的密码保密事业奋斗的特殊使命。

大学三年级,似蜜蜂采花,酿制甘甜的王浆,打牢专业基础,掌握运用知识的能力。要在观念理念上与密码保密事业的要求深度融合,通过参加与机要系统领导对话沟通、机要密码先进工作者和优秀毕业生事迹报告会、假期社会实践、社会公益等活动,升华对社会主义核心价值观、中办传统、机要精神的认识,把对党绝对忠诚、对人民极端负责的信念内化于心。

大学四年级,要学懂弄通中国特色社会主义理论,践行社会主义核心价值观。踊跃到密码保密部门和信息安全岗位实习、实训,自觉按照一名公务

员、机要人的身份来定义、塑造自己,养成公务员、机要人的综合素质和职业操守,成为一粒成熟饱满的种子,毕业后投入祖国大地的怀抱,在机要沃土中生根发芽、开花结果。

老师们、同学们,青年是教职工中最有朝气、最有活力、最有创造力的群体,是学院未来的希望。大学生是早晨八九点钟的太阳,寄托着中国特色社会主义事业兴旺发达的希望。青出于蓝、新松千尺,是我们对青年教师和大学生的真心期望和良好祝愿。中华民族伟大复兴的中国梦在呼唤着我们,建设特色鲜明、水平一流的机要密码专业高等学校的目标在激励着我们。让我们紧密地团结在以习近平同志为总书记的党中央周围,不辜负厅领导的殷切期望,在激扬青春、开拓人生的过程中书写无悔篇章,在为密码保密事业的奉献奋斗中成就自己的青春梦想。

特 色 致 胜

　　特色是大学立足与发展的根本、生存与竞争的前提。今天的高等教育，已进入分类发展、特色致胜的时代。学校的知名度和竞争力不再完全取决于办学历史的长短、规模的大小、学科的多寡和层次的高低。学校的生命力在于能不能培养出社会欢迎的人才，自身有没有鲜明的办学特色。

全身心投入到评建工作中来[*]

（2006 年 6 月 6 日）

本科教学工作水平评估是今明两年我院工作的重中之重，是学院的一件大事。今天，我们在这里郑重举行评估工作责任书签字仪式，标志着我院的教学水平评估工作进入了一级战备状态，我院评建工作又向前迈了一步。下面，我就如何进一步落实好评建工作的任务讲几点意见。

第一，要明确责任。责任书是一种责任关系的委托和确定，签订评估工作责任书，既是一种严格的约束，也是一个庄严的承诺，意味着明确了职责，承担了责任。通过签订责任书这种形式，引导全院教职员工在这个问题上提高认识、凝聚力量；通过责任书的约束，以严明的纪律，相应的激励，变压力为动力，变潜力为活力，充分调动教职员工的积极性、主动性和创造性；通过责任书的承诺，使大家言必行，行必果，明确任务，负起责任。刚才，我已代表院本科教学水平评估工作小组和各项目组组长签订了责任书，各项目组同志要在理清工作任务和部门责任的基础上，自上而下，形成评估小组、项目组、分管领导、责任部门的"分工负责制"，努力做到思想到位、责任到位、行动到位；各部门一把手要切实履行评建工作第一责任人的职责，在靠前指挥、亲力亲为、抓好评建工作的同时，将任务层层分解，责任到人，形成一级抓一级，层层抓落实的良好工作局面。

第二，要狠抓落实。责任书仅仅是一个形式，签字仪式也只是一个过程，重点还是要抓好落实。评建任务和目标不能只写在文件上，停留在口头上，而是要尽快落实在行动上。搞好评建工作，靠的是真抓实干，要兑现签下的承诺，就必须从具体事情抓起，从点滴做起，从大处着眼，细节入手，采取行之有效的方法，把评估指标体系的各项工作任务落实到行动之中；要严格按照《评建工作目标表》中各阶段目标的时间进度，保质保量地完成任务。对于评估工作小组提出的任务、要求，要高度重视，绝不允许相互推诿、消极应付，影响到学院评估工作的全局。学院督查组要切实履行好职责，做到常

---

* 本文是作者在教学水平评估工作责任书签字仪式上的讲话。

督促、勤检查。

第三，要力求实效。教学评估是对我们工作的挑战，也是一次严峻的考验，我们要勇于迎接挑战，各项工作都要经得起检验。以评促建、以评促改、以评促管、评建结合、重在建设"二十字方针"是我们评估工作的出发点，也是评估工作的归宿。评估工作要取得实效，来不得半点马虎，不能存在丝毫侥幸心理。各位院领导要根据各自分管的工作和承担的任务，定期召开有关部门联席会议，及时了解掌握情况，认真研究工作，协调解决问题，检查落实效果，并加强对责任部门评建工作的指导、督促和检查，严把完成工作任务的质量；各部门要深刻剖析本部门工作中存在的薄弱环节，把评建工作的重点放在这些薄弱环节上，自下而上，层层把关。只有这样，我们的本科教学水平才能迈上新台阶，我们的人才培养质量才能有新提高。

总之，我们要全身心地投入到评建工作中来，以饱满的热情、科学的方法、严明的纪律、扎实的工作，确保学院本科教学水平评估工作的有序开展，确保取得评建工作的好成绩。

拓宽创新型人才培养渠道的大胆探索 *

（2006 年 7 月 20 日）

为了贯彻党中央建设创新型国家战略的要求,落实王刚同志"把电科院建设成为我国机要密码人才成长的重要摇篮和国家密码科研的重要基地"的重要指示精神,使电科院培养的人才更加符合各级党政机要密码部门的需求,经我院和辽宁省委机要局多次协商,决定成立中央办公厅电子科技学院辽宁机要实习基地,今天正式挂牌。我首先代表中办电子科技学院表示热烈的祝贺。同时,对于辽宁省委办公厅、机要局领导长期以来对我院的建设与发展,特别是对我院机要密码教学科研工作的大力支持表示衷心的感谢。

电科院是一所具有光荣革命传统、特色鲜明的高等学校。在近 60 年的办学过程中,学院的成长始终与党和国家机要密码事业的发展紧密地联系在一起。在不同的历史时期,学院为各级党政机要密码部门培养了大批合格的人才。在办学过程中,学院紧紧围绕机要部门人才的需求、机要密码业务技能的需求、机要密码事业发展的需求,逐步形成了自己的鲜明特色。为了更好地适应信息化建设快速推进的新形势,提高师生的政治素质和业务能力,由我院和辽宁省委机要局共同建设机要实习基地,就是在新的形势下拓宽创新型机要密码人才培养渠道的大胆实践与探索;同时,也是落实学院办学指导思想、更新教育观念,培养合格机要密码人才的重要举措。我相信,随着机要实习基地建设的不断完善,它一定会成为培养新一代机要密码人才的一个重要基地。

机要实习基地的建立,将机要密码教学科研工作与机要密码工作实践更加紧密地结合在一起,是机要密码教学科研工作的一个创新。学院教师、学生走出校门,亲临机要密码工作一线,会更加深入理解、亲身体验机要密码工作的环境,更能充分了解和学习机要传统,了解机要密码工作,钻研密码业务,更加坚定机要密码教育科研工作的责任感、使命感和做好机要密码

---

* 本文是作者在中央办公厅电子科技学院辽宁机要实习基地签字挂牌仪式上的讲话。

教育工作的信念。我相信,随着时间的推移,机要实习基地的重要作用将逐渐呈现出来。

机要实习基地的建立,为电科院广大师生提供了进行密码业务训练工作实践的场所,为提高学院师生的实践、科研和创新能力提供了有力的平台保障。通过在实习基地的严格训练,教师和学生可以更深入地了解机要密码工作业务,熟悉和掌握各种密码设备及操作技能,全面提高政治素质和业务水平,为今后做好机要密码教学科研工作和从事机要工作打下坚实的基础。

长期以来,学院和辽宁省委机要局在人才培养、科研项目合作、密码产品研制开发等方面都进行了成功的合作,并取得了一些成果。随着这次机要实习基地的建立,将进一步加强电科院和辽宁省委机要局的合作。通过合作,既可以锻炼学院师生的实践创新能力,同时也为各级党政机要部门提供智力资源;既发挥了学院人才的优势,也为党政机要部门提供了必要的服务;形成既培养机要密码科研人才,又共享科研成果的互利双赢的良好局面。

明年,电科院将迎来学院诞生 60 周年,接受教育部专家组对本科教学工作水平的评估。近 60 年来学院应机要事业的需求而生,随机要事业的发展而成长壮大。与时俱进,开拓创新,紧紧依托机要密码事业和信息安全的实际来进行学科建设、科学研究、人才培养,是电科院的生命力所在。电科院要以这次机要实习基地的建立为契机,认真贯彻落实教育部有关文件精神和中央办公厅领导关于学院办学的一系列指示精神,全面提升学院办学质量和科研水平。要紧紧围绕机要密码工作的实际需求,继续在信息安全与保密的基础和应用研究、密码产品和系统的研制开发等领域与辽宁省委机要局继续保持密切合作,力争使研发水平再上一个新台阶,再获新成果。

同志们,电科院发展和建设上取得的成果和进步,都离不开中央办公厅的正确领导和全国各级党政机要密码部门的大力支持。学院要继续坚持全心全意为各级党政机要密码部门培养合格人才的宗旨,充分发挥自身优势,为我国机要密码事业做出新的贡献。

真正从思想上重视起来[*]

（2006 年 9 月 19 日）

一、正确对待　增强信心

在本次预评估反馈意见会上，钱仁根教授代表专家组指出："学院自评自建工作初见成效，但有些方面差距还比较大。专家组不形成统一意见，不给结论，各位专家只谈自己负责的方面。"我们要根据记录认真整理各位专家的意见，分门别类，全部公布，众所周知。

专家们工作认真敬业，既肯定了成绩，也指出了问题。按照厅领导的要求，更多的是谈问题、挑毛病，帮助我们找出工作中存在的差距。我们把专家请来，就是为了"把脉会诊，开方下药"。专家是来帮学校的，不是来为难学校的。

大家要正确对待专家的评估意见，增强保良争优的自信心。专家发现的问题是客观存在的，我们不能讳疾忌医，搞自欺欺人的鸵鸟政策。但这些问题是学院发展前进中的问题，是评估工作深化中的问题，是经过努力完全可以解决的问题。专家说好的我们不沾沾自喜，专家说差的我们也不悲观丧气。找出病灶是治疗的起点，发现问题是解决问题的开始。我们应该为知道自己的差距在哪里而感到高兴。知道路怎么走，劲朝哪使，明确了努力的方向，明年正式评估取得好成绩心里更有底了，是一件好事。

二、固峰填谷　扎实整改

通过本次预评估我们要使自己工作上的亮点更亮，锦上添花。要弥补不足，奋起直追。使强项更强，弱项不弱，不出现木桶的短板，发现有短板要

---

[*] 本文是作者在预评估全体教师初步总结会议上的讲话提纲。

补齐。

"千层之台起于垒土，万里之行始于足下。""不积跬步，无以至千里。"临渴掘井、临阵磨枪是不行的。我们必须下扎扎实实的真功夫，不走过场，不做表面文章，不投机取巧，不心存侥幸。不搞轰轰烈烈的花架子，否则只能是银样镴枪头——中看不中用，绣花枕头——华而不实。我们要记住"功夫在诗外，评优靠积累"。

2007年对我们进行评估，是2003年教育部文件（教高厅[2003]9号）定下来的。明年9月23日至28日是教育部专家组正式进校考察的时间。距今还有一年多的时间。专家组原则上要抽查在校生近一学年的试卷（2004—2006级）和最近一届的毕业设计或毕业论文（2003级）。所有老师都要付出心血。教学工作的"改"与"建"要通过老师来实施、来体现，你们的参与程度和工作水平直接关系到评建工作的效果。

要进一步做好宣传和发动工作。要加大宣传工作力度，层层动员，全面发动，不留死角。使我们的评建气氛更浓，更有实效。

要统筹兼顾，不能顾此失彼。专家指出的突出问题，要在保证日常工作正常运转的前提下立项整改，并通过立项整改推动日常工作。真正达到"以评促建、以评促改、以评促管、评建结合、重在建设"的目的。

三、明确责任　狠抓落实

专家找出的问题是多方面的。既有硬件条件的不足，也有软件建设的差距。问题涉及干部、教师、学生和职工，涉及教学、科研、行政、后勤等部门。学院要求大家："谁的孩子谁抱走，解铃还须系铃人。"不能强调客观，不怨天尤人，不推诿责任。整改必须趁热打铁。明天分管的院领导要分别召开管理口、学生口、教学口的预评估工作初步总结汇报会，会就预评估出现的具体问题进行总结并布置下一步评建工作。

重点单位、重要岗位要加强检查和督导。分管领导要加强指导，系部主任要切实负起责任。问题多的单位、明显的薄弱环节，要落实责任人，订出限期整改的时间表。

要严格履行项目组长负责制。要发挥评估办的主导作用，管理部门的主体作用和教学系部的基础作用。大家要各司其职，各负其责，明确责任，狠抓落实。

四、戮力同心　人人参与

本科教学工作水平评估是一项系统工程,涉及方方面面。教学的中心地位使评估工作涉及全院的师生员工。全体师生员工是评估工作的主体,同时每一个人也都是被评估的对象,每一个人都要发扬主人翁精神。

"窥一斑而见全豹"。教学评估是从随机抽取的样本来推测全体。一个人就代表了全院所有教职工,一个学生就代表了全体学生。人人都是得分点,人人为评估做贡献。但哪一个环节出了毛病,都可能牵一发而动全身。

大家要真正从思想上重视起来,在"改"字上做文章,在"建"字上花力气,在"优"字上下功夫。目前部门之间存在不平衡现象,人员也忙闲不均,并不是每个人都全身心地投入到本次预评估工作中。有些指标要求要层层分解,落实到每一个系部、每一个教研室、每一个教职工。

相信经过专家的指点,通过大家一年的努力,我们的本科教学工作水平一定会有新的提高,评建工作一定会有新的进步,在正式评估时一定会得到更好的评语,一定会取得比我们原定目标更好的成绩。希望大家都有这个信心和决心。

培训在职机要干部是学院的重要任务[*]

（2006 年 10 月 17 日）

　　由我院承办的全国党政系统机要局长密码领导干部信息化建设培训班今天正式开班了。首先，我代表中央办公厅电子科技学院，对来自全国各省、区、市的机要局长和中央、国家机关的机要处长表示热烈欢迎；对高度重视和鼎力支持此次培训工作的中办机要局领导表示衷心感谢；对为培训班做了大量组织协调工作的中办机要局宣传教育处的领导和同志们表示诚挚的谢意。

　　下面，我就如何办好这期培训班讲几点意见。

一、进一步提高对干部培训工作重要性的认识

　　胡锦涛同志指出，现在我国改革开放和现代化建设已经进入关键时期，要全面贯彻落实科学发展观，实现经济社会全面协调可持续发展，关键在于各级领导干部，在于不断提高他们的素质和能力。提高各级领导干部的素质和能力的一个重要途径，就是加强对各级领导干部的学习培训。今年初，中共中央颁布了《干部教育培训工作条例（试行）》并发出通知，要求各地区、各部门认真贯彻执行。这个文件是党中央着眼于党和国家事业发展全局制定的干部教育培训的基本规章，对于培养和造就高素质的干部队伍，推动学习型政党、学习型社会建设，加强党的执政能力建设和先进性建设，都具有十分重要的意义。

　　为贯彻中央《干部教育培训工作条例（试行）》的要求，中央办公厅机要局根据《中华人民共和国公务员法》《密码工作条例》和有关法律、法规，结合密码工作发展和密码干部队伍建设实际，也制定了《党政系统密码干部专业培训纲要（征求意见稿）》。这个《纲要》要求密码干部专业培训要坚持以邓小平理论和"三个代表"重要思想为指导，按照确保绝对安

---

　　* 本文是作者在全国党政系统机要局长密码领导干部信息化建设培训班上的讲话。

全、确保绝对畅通的总要求，以密码工作发展需求为导向，以密码干部能力建设为核心，以培养复合型管理人才和创新型技术人才为重点，逐步形成与密码工作发展相适应的培训体系和机制，努力建设一支政治立场坚定、业务技术精湛、工作作风过硬的密码干部队伍，为新时期密码事业的可持续发展提供人才保障和智力支持。密码干部专业培训的主要原则是：联系实际、学以致用，突出重点、全面提高，与时俱进、改革创新。作为机要部门的领导干部，要充分认识学习理论的重要作用，不断增强理论学习的自觉性和系统性，不断对自己提出更高的标准和更严格的要求，不断提高自己的理论水平和思想政治素质，从而全面提升管理能力和工作水平。要充分认识新形势下干部培训工作的重要性，切实增强理论学习的紧迫感，不断强化学习意识，以能力建设为重点，努力提高自身素质，精心打造一支高素质的机要干部队伍。要充分认识机要干部肩负的历史使命，通过学习培训，努力创新工作思路、提高服务水平，以卓有成效的工作为党的机要密码事业服务，不断开创机要工作的新局面。

二、加强干部业务培训是信息化发展的必然要求

随着科学技术的不断进步，人类社会已经进入了信息化时代。今天，互联网已深入千家万户，极大地改变了我们的工作、生活、学习方式。当今时代，信息化已经影响到经济和社会发展的各个领域，世界各国都纷纷利用信息技术实施经济和社会管理，美、英等国已经达到很高的应用水平。经过改革开放二十多年的奋起直追，我们与发达国家的差距在逐步缩小。我们必须按照科学发展观的要求，立足于现代化建设的全局，把信息化工作摆上重要日程，为信息化工作创造良好的环境，促进信息化有序发展，确保信息化建设的实际效果，使信息化更好地为机要工作服务。信息化工作业务性强、技术含量高、任务繁重，要求我们必须建设一支政治可靠、业务精通、作风过硬、数量充足的干部队伍。要把队伍建设作为信息化建设的重中之重，牢牢抓住吸引、培养和使用三个环节，重点加强干部的业务培训，使之尽快掌握相关专业知识和技能，及时把握信息技术的发展趋势，确保信息化建设的顺利推进。

随着信息化工作的进一步深入，信息安全已成为信息科学的热点课题。目前我国信息安全方面的人才还相对稀缺，政府、国防、金融、公安和商业等部门对信息安全人才的需求很大。要解决供需矛盾，必须加快信

息安全人才的培养。我国的信息安全教育才刚刚起步，未来有很大的发展空间。目前我国信息安全教育与国外还存在着一定差距。教育部非常重视信息安全专业人才的培养和加强信息安全学科专业技术教育，将对中国信息安全专业未来发展进行积极的管理和指导，这将推动中国信息安全专业教育的发展。

我们这次举办密码领导干部信息化建设培训班，主要基于这样几个考虑：一是为了更好地贯彻落实中央文件要求和《党政系统密码干部专业培训纲要（征求意见稿）》《2006年全国党政密码工作要点》精神，为进一步加强密码干部队伍建设，提高密码干部队伍的素质做一些具体工作。二是当前世界经济社会和科技发展的一个重要特征是信息网络化。为顺应这一发展趋势，我们国家提出了实施信息化的战略，电子政务（党务）建设就是其中一项重要的内容。在推行电子政务（党务）建设、推进信息化战略的过程中，党和国家非常重视信息安全保障工作。2003年，中央办公厅、国务院办公厅转发了《国家信息化领导小组关于加强信息安全保障工作的意见》的通知。这个文件针对我国信息安全保障工作中存在的问题，着重提出了加强信息安全保障工作的总体要求和主要原则，特别是对加强以密码技术为基础的信息保护和网络信任体系建设提出了具体要求。组织实施信息化密码保障工作，是我们各级机要系统的职责任务，也是我们面临的一个新的课题和新的技术领域。为开展和完成好这项工作，组织专业学习培训十分必要。三是长期以来，各省机要局和有关中央、国家机关与我院保持着良好的合作关系，在招生、就业、机要干部培训等多方面给予我们很大支持。通过举办培训班这样一种形式，大家坐在一起互相学习，沟通情况，是一次难得的交流机会。特别是近几年来，有些省机要局和中央、国家机关在信息化建设方面、在电子政务（党务）建设方面走在了前面，有许多好的做法和经验值得学习借鉴。许多省、市、区的同志都希望能组织开展这方面的培训，给大家提供一个交流经验、学习借鉴的平台和机会。

三、加强密码通信人才的培训是学院的一项重要任务

我院是全国唯一一所专门为各级党政机关培养信息安全和办公自动化人才的高校。组织和开展各级党政机要部门的在职机要干部进行理论业务培训，是中央办公厅下达给我院的一项重要任务，也是中办机要局

《2006年全国党政密码工作要点》中的一项重要工作。我院作为全国党政系统机要干部培训基地,有责任和义务在培训方面多做些工作,为全国各级党政机要部门服好务,提供更多更好的知识和技术支持。去年3月,中央政治局候补委员、中央书记处书记、中央办公厅主任王刚同志在我院明确提出:"努力把电科院建设成为我国密码人才成长的重要摇篮,成为国家密码科研的重要基地"。今年4月28日,王刚主任又一次在百忙之中来学院给全院师生作报告,提出了要在学院教学科研工作中广泛兴起开展自主创新的热潮;要在学院广大师生中广泛兴起学习实践社会主义荣辱观的热潮;要在学院各级党组织中广泛兴起学习贯彻党章的热潮。明确提出了学院要进一步狠抓教学、搞好科研、强化管理,努力多出人才、多出成果,真正把电科院建设成为我国机要密码人才成长的重要摇篮和国家密码科研的重要基地,为机要密码事业发展做出新的更大贡献。

"机要与密码"是学院的鲜明特征和优势所在,是学院教育教学的灵魂和基石。长期以来学院始终坚持立足机要、面向机要、服务机要的办学方向,在学科专业上建设以密码学为主的信息安全学科体系,在教学上以密码学课程建设为重点突出信息安全特色,在科研上始终坚持以密码学和密码在信息安全工作中的应用为主攻方向,注意把机要特色贯穿于学院办学的各个环节。通过多年的发展建设,学院在密码通信、信息安全教育教学和科研开发方面积累了经验,聚集了一批有水平的教师队伍。学院在突出自身机要特色的同时,积极为各级机要部门和党政办公厅系统做好服务。一方面,努力为各级机要部门和党政办公厅系统培养输送人才;另一方面,认真开展对各级机要部门和党政办公厅系统在职干部的理论和专业技术的业务培训工作。近几年来,学院每年举办的各种类型的党政机要和办公厅干部培训班超过了20期,每年培训的人数都在千人以上。据不完全统计,到目前为止,学院组织培训的全国各级党政机要部门及办公厅(室)系统的在职干部达到12000多人次。

中办机要局对这次培训班给予了高度重视,进行了周密的安排部署,对电科院承办这次培训班给予了有力的指导。以前学院举办培训班的培训对象大多都是基层工作人员,这次培训班基本上是省级机要局长、副局长和中央、国家机关的机要业务骨干。培训班的教学计划是由中办机要局和电科院共同拟定的,两家联合下发培训通知,联合颁发培训证书。

电科院党委非常重视这次培训工作。我们把为机要部门服务、为机要干部培训出力看作是义不容辞的责任,安排专项经费保证办班需要,从今年年初就开始认真策划筹备举办培训班有关工作。几个月来,学院多次召开会议进行专题研究部署,专门组织成立了由中办机要局和学院领导参加的培训班工作小组,选派了以成教中心为主的各系(部)精干人员进行筹备,对培训班的各项工作努力做到认真准备、精心组织、周密安排。我们将竭心尽力为大家的学习、生活服好务,确保大家在这次培训班上集中精力学习,认认真真交流,真正做到学有所获。

四、几点希望

这期培训班共安排七天时间。中办机要局领导将就如何进一步认清形势,明确任务,做好密码管理和信息化密码保障工作亲自给大家讲课。另外,我们还聘请了清华大学、总参机要局、国家信息安全研究中心的教授和专家授课。这期培训班时间安排比较紧凑,充分考虑了参训对象的特点,试图在较短的时间容纳较大的信息量,并增强培训内容的针对性、实用性和可操作性。在整个教学过程中,以专家教授的讲课为主,适当穿插案例分析、演示实习和现场参观教学,以期收到最好的学习效果。为使培训取得预期效果,我提几点希望,供大家参考。

一是提倡互动式学习。教学相长是教育培训工作的一条重要规律,在职人员学习培训更应体现这个精神。我们请的讲课老师,理论水平高。参加培训的同志,直接从事领导管理或信息技术工作,有丰富的实践经验,教与学各有优势,完全可以互动互补、教学相长。在学习的过程中,希望大家带着问题学,听课时可以适当提问,多与老师进行交流,增强学习的主动性和针对性。

二是注重学以致用。为在有限的时间内多给大家传授一些知识,这期班主要是集中讲课,基本上没有自学和讨论时间,最后只安排了半天时间交流一下。希望大家从实际出发,充分利用宝贵的培训时间,在课下加强学习交流。培训班结束回到工作岗位之后,大家可以认真读一下为大家准备的参考读物,继续学习消化培训班上的内容,学以致用。

三是加强交流合作。这期培训班参训对象来自全国各地和中央、国家机关,大家相聚一起,是一种缘分。要利用这个机会,互相交流与沟通。从学院角度讲,真诚希望了解各位领导对学院办学和参加培训等方面的反映,给我们的工作提出意见和建议,帮助我们提高教学、科研质量,以达到更好地为全国各级党政机要工作服务的目的。我们也希望通过举办培训班这种形式,加强我们与各地机要系统的联系沟通,加强各个方面的合作。

　　四是注意劳逸结合。学习培训是辛苦的脑力劳动,既要学好,又不能过于紧张劳累。希望大家适度把握,注意休息,有张有弛,劳逸结合,保持充沛的精力和良好的状态。学习培训的收获应该是多方面的,相信大家会不虚此行,满意、满载而归。

一定要把教学评估的
各项整改措施落到实处[*]

（2006 年 11 月 14 日）

关于评估工作，我在来学院不久的中层干部会上讲过，一定要有紧迫感。在 9 月份的教师会议上讲过，要真正从思想上重视起来。

讲有紧迫感的时候，离正式评估还有一年半的时间。现在只剩 9 个多月了。教育部高等教育教学评估中心确定的日期是明年 9 月 23 日至 9 月 28 日。这中间还有两个假期，大家可以算一下，真正的工作日还有多少？为了使大家增强紧迫感，我们要在 12 月 4 日设立教学水平评估倒计时牌，把它放在比较醒目的位置。大家进教学楼的时候，到食堂吃饭的时候都可以看到，提醒大家看一看、算一算、想一想。对于教学评估，我们一定要有紧迫感，一定要真正从思想上的重视起来。今天我再补充一句话，一定要把教学评估的各项整改措施落到实处。

9 月份专家预评估以后，各项目组、各部门都对照专家的评估意见找差距、议整改、定措施，上上下下都已经行动起来，评建工作在整体上向前推进。但是存在的问题也是不容乐观。评估办的同志刚才也讲了，主要是工作进度缓慢且不均衡，有些整改措施在有效性上和操作性上还有很多需要改进的地方。一些经历过 1999 年合格性评估的同志跟我讲，1999 年学院合格性评估时，全院上下齐心、同仇敌忾的精神状态现在还没有再现。我觉得这是一个巨大的差距。

刚才，各个项目组的同志已经讲了具体的整改措施。我希望这些整改措施在大家的努力下，一件一件都能真正得到落实。希望教学水平评估体系中的 7 个一级指标和特色项目、19 个二级指标、44 个观测点，在明年评估中都能够获得令人满意的评价。

明年教学水平评估，如果达到了我们预定的目标，要对责任人员有一个说法，虽然不能像武侠小说中说得那样大碗吃酒肉、论秤分金银，但从管理

---

[*]　本文是作者在学院中层干部会议上的讲话提纲。

的角度一定要有奖惩的措施。立功者奖,有过者罚。我希望每个同志都能得到奖励。

气可鼓而不可泄。我们既不能自满,也不能泄气。要看到还有许多问题没有解决,也要看到许多问题已经解决,许多问题正在解决。我们学院有一批成熟的领导骨干,有一批经验丰富的教师团队,有经过 1999 年合格性评估考验的坚强队伍。我相信,在教学水平评估中,"保良争优"这个目标一定能够实现。

一、系部处室一级领导要真正负起责任

一栋建筑,没有四梁八柱立不起来。一个单位,如果没有一批领导骨干也撑不起来。今天参加会议的同志就是我们电科院这栋建筑的四梁八柱。

在学院机构调整的会议上我讲过,领导干部要肯干活、能出活、会派活。话很通俗,标准也不高。一个部门的工作状况,很大程度上取决于领导干部,特别是领导干部中的主要负责人。俗话说"兵熊熊一个、将熊熊一窝",话虽偏激,却是实情。只有带不好队伍的领导,没有干不好工作的群众。我这样讲不太严谨,而且有些偏颇,但是面对各位中层干部,我还是要讲,给大家增加一点压力,强化各位的责任心和使命感。

各系部处室的领导班子,特别是新成立部门的领导班子和成员有变化的领导班子,一定要齐心协力,商量办事,搞好团结,不能互不通气,各把一摊。要加强对内部的管理和人员的思想政治工作。如果一个部门总是有人来反映本部门或部门领导的问题,甚至要求调离本部门,这起码说明你们部门的内部还有许多需要改进的地方。

面临工作中遇到的问题,要想办法、拿主意,要前瞻后顾、统筹考虑,有第一方案、第二方案,有上中下策。要让领导做"选择题"而不是"填空题"。

我来学院工作已经有 7 个多月时间。我在工作中感觉到有一种不太好的现象,其他院领导也有同感,就是许多本应该在下一层面解决的问题,往往推到上一个层面,推到学院领导、甚至主要领导面前。而且还有一个冠冕堂皇的说法:领导说怎么办就怎么办。这就违反了管理工作中的层级原理。由于工作职责的不同,部门之间有不同的看法是一种正常的现象。但是不同看法的统一工作要从下面协调起,向上一交了事是一种不负责任的做法,也是不称职的表现。科室之间的,不出部门;分管领导职责范围之内的,做工作解决;分管领导之间的,协商解决;分管领导无法形成一致意见的,再提

请主要领导定夺或提交办公会集体研究决定。这样才能提高效率,才能使处领导、院领导能够集中精力思考大事,而不是陷在琐碎的具体事务中。如果能定的事情不敢定,该协调的事情协调不下来,时间长了,群众也会对你的领导能力产生疑问。

二、要充分发挥重点实验室学术创新、科学研究平台的作用

这些话我本来是准备在重点实验室或是参加密码科研的老师开会时讲。因为拿不准,也没有征求过有关同志的意见,今天在这里试讲一下,就是想请大家提提意见,有哪些不对的、不合适的地方,还有哪些应该讲的东西,希望大家能够告诉我。

我们学院规模很小,是个袖珍学校,仅 7 个教学系部 6 个本科专业,1500 多名学生。从总体上或单个拿出来,很难在全国同类学校、相同专业中有优势。因此,我们必须打破部门间的壁垒与分割,整合学院的资源,集中力量,形成合力,才会有竞争力,才能有生命力。

科研是高校三大社会功能之一。高等教育必须坚持“自由的教学与研究相统一”,这是德国教育思想家、柏林大学的创办者洪堡在 19 世纪初说过的话。他还说过,“大学教师,不仅为学生而存在,他们两者都是为科学而共处。”从我们学院的实际情况来看,目前还没有一支专职从事科研工作的队伍,参加科研的主要是同时承担教学任务的老师。教学与科研之间不应该是冲突的,应该是一种互动的关系。把教学与科研紧密结合,互相促进,才会相得益彰。把科研的成果引入教学,把教学中遇到的问题列为科研题目,彼此相互支撑,研究得更深入才能教得更好。

学科建设、科学研究、人才培养一定要紧紧依托机要密码事业和信息安全实际,这是我们学院特定的优势,也是学院的生命力所在。我们要把面向信息安全的需求,为电子政务、电子商务发展服务作为科研的重点方向。要通过承担科研项目,参与国家、地方重大建设任务等途径,提升服务能力和科研水平。要把密码科研做成学院的强项,以实际行动落实厅领导对学院的要求。

重点实验室是我们学校一个跨系部的学术研究组织机构,是学院学术创新、科学研究的平台。充分发挥其作用,是提高密码科研能力、提高学科建设水平的重要途径,也是推动学院从教学型普通高等院校向教学研究型

转变的基础和保证。重点实验室要为增强学院密码科研能力、提高教学水平服务。要以科研为纽带，以课题项目为枢纽组建科研团队，承担综合性和专项科研项目，实现学术创新。

要充分发挥学院学术委员会对学术研究的领导作用。在学术委员会的领导下，统筹和自主选题相结合，从机要密码工作的现实需求和未来发展趋势出发，确定科研攻关的课题项目，组织院内的科研项目招标，根据课题研究需要集中配置相关资源。要通过科研活动，发现、培养基础扎实、有创新能力和发展潜力的年轻学术带头人，使学院的教学、科研队伍后继有人，不断发展壮大。

三、要大力倡导定了就办、马上就办的工作作风

有首诗是这样说的，"明日复明日，明日何其多。我生待明日，万事成蹉跎。"我们干工作一定要今日事今日毕，本周事本周毕，当月事当月毕。每项工作除了有责任领导、责任部门、责任人之外，还要有时间进度和完成节点。白天不足，夜以继日。工作日办不完，周末加班也要完成。明年正式评估之前，如果我们的工作进度达不到计划的要求，我已经向院长办公会建议，必要时实行周六工作制。

我之所以这么讲，因为确实有很多定了不办和长时间办不好的例子。比如，8月份，我们召开的学风建设研讨会议，许多论文已经在校报上陆续刊登，但论文汇编至今还没有出来。这里面可能有机构调整的影响，但明显有抓得不紧的原因。2006年国家奖学金、助学金名单是在上报截止的那一天才拿出名单来。实际上，已经提前两周进行了部署。2005年后勤服务中心水电费节约的奖励方案，院领导批了四个月毫无动静。部门工作的拖拉直接影响了后勤服务中心职工的工作积极性。还有我院现在有509名学生欠费，占在校生的三分之一，欠缴学费将近300万元。我不知道其他高校有没有这种情况，我想有也不会有这么大的比例。欠费的问题实际上学期就已经提出来了，院长办公会也讨论过。我记得当时定的是对于欠费学生在补交费用之前，上学期的成绩不予登记，本学期开学不予注册，看来并没有解决，不然不会有这么大的数量。这个不光是学院的经费问题，也是对学生、对家长负责的问题。

不过，也有很多好的例子。像2005级学生的户口问题，拖了一年都没有办妥，院领导发现问题提出要求后，很快就办好了。今年6月份教工食堂

的开办,10月份完全由学院自己来承办。这两件事情应该说都是有难度的。但是定下来办以后,就克服困难去办,经过努力办成了。教工食堂增加了品种,提高了质量,改进了服务,我们大家都享受到了成果,受到了广大教职工的欢迎。校园宣传栏上增加了一个回音壁的栏目,大家也看到了,昨天刚立起来。对学生提出的加强图书馆管理和学生宿舍电费计量系统的意见,研究的几条意见都很好,都做了认真的答复。对于每一个教职员工、学生提出的意见建议,就是要有这种认真负责的精神。

凡事预则立,不预则废。有些重要的工作必须提前做好安排。口渴掘井、临战铸锥是不行的。比如,为了评估工作的需要,也是参照其他高校的做法,建议明年适当时候,要在《中国教育报》发表院领导阐述办学理念的文章,在《中国高等教育》杂志刊登学院图文介绍,谁来准备,谁去联系,何时发表,都需要做出安排,提前预约版面。当然,这只是举一个具体的例子。我相信还有很多的事情需要做,大家都要考虑,都要有责任心,都要当电科院的主人。需要做的工作,属于分内的事就自己去做,需要学院做的希望大家要建议和提醒。

创出电科院自己的科研品牌[*]

（2007 年 1 月 10 日）

新年伊始,我们在这里召开科研工作座谈会,体现了院党委对科研工作的高度重视,体现了对科研工作者的亲切关怀,体现了科研在学院工作中的重要地位。刚才,方勇同志宣读了 2006 年密码科技进步奖、中办科技奖获奖名单。李凤华、蒋桂秋、何文才、曾萍、李援南、吕秋芳等 6 位获奖项目代表发了言。今天同大家座谈的目的,就是要充分肯定科研工作取得的成绩,给大家鼓鼓劲;坦诚交流工作思路,同大家谈谈心;明确今后的努力方向,为大家加加油。我首先代表院党委、院领导向全院科研工作者表示新年的良好祝福,向 2006 年度获得科研奖励的课题组成员表示热烈祝贺,向所有默默无闻为学院科研工作贡献力量的同志们致以崇高敬意。

过去的 2006 年,学院科研工作取得了丰硕的成果。学院成功申报国家自然科学基金项目 1 项,国家"十一五"密码发展基金工程项目 2 项,国家"十一五"密码发展基金理论项目 3 项,北京市自然科学基金项目 2 项,科研立项和课题申报取得突破性进展;科研项目获得 7 项省部级奖励,特别是"基于三层交换的网络安全设备测评系统研究"项目获得中办科技进步一等奖,路而红教授主讲的《EDA 技术》被评为 2006 年度北京市精品课程,赵耿教授的"一种新型混沌噪声源"和"基于混沌的高速分组密码设计"两个项目获得国家发明专利,获奖质量和数量创历史新高;成功举办了第二届全国信息安全学科专业建设与发展研讨会和 INTERNET 安全利用第 15 届学术研讨会,扩大了学院在信息安全领域的影响,进一步提升了学院在信息安全领域的知名度;学院加大了科研投入和支持的力度,调整理顺了科研管理体制,为学院科研工作创造了良好环境。2006 年成绩的取得是项目组参研人员克服困难、拼搏奉献、辛勤工作的汗水结晶,也是全体科研人员和全院教职员工共同努力的结果,同时也离不开科研管理部门的辛勤工作。这些成绩为进一步增强学院科研实力奠定了基础,为迎接教学工作水平评估创造

＊ 本文是作者在学院科研工作座谈会上的讲话。

了良好条件。

　　成绩属于过去。展望未来,我们又站在了新的起跑线上。2007年,我们将接受教育部对学院的本科教学工作水平评估,还要申请硕士学位单位授予权。面对繁重的工作任务,广大科研人员要进一步增强责任感、使命感和紧迫感,更加努力地做好各项工作。

　　去年暑假期间,在厅领导的指导和中办人事局的支持下,学院顺利完成的组织机构设置调整,是学院发展的重要阶段性标志。今后,学院要把关注的重点从体制改革转移到学术性改革、建设和发展上来,对科学研究、师资队伍建设、学科建设倾注更多的精力。下面,按照学院科研工作的特点和实际,结合大家刚才谈的看法,我着重就做好学院科研工作讲一些意见,供大家在工作中参考。

一、坚持教学与科研良性互动,实现协调发展

　　科研是高校三大社会功能之一。教学是立校之本,科研是强校之路,高等教育必须坚持教学与科研的统一。教学必须有科研作支撑,如果老师不搞科研,知识更新得就慢,就无法达到理想的教学水平;反过来,教学对科研也是非常有益的,教学的过程,其实也是再学习、再思考的过程。从我们学院的实际情况来看,参加科研的主要是承担教学任务的老师。教学与科研之间不应该是冲突的,应该是一种互动的关系,把教学与科研紧密结合,互相促进,才会相得益彰。不搞科研的教师很难成为优秀的教师。只有教学和科研并重,教师才能提升自己的学术能力。把科研的成果引入教学,把教学中遇到的问题列为科研题目,彼此相互支撑,教得好才有研究的基础,研究得更深入才能教得更好。

　　教育教学研究应该是学院科研工作的一项重要内容。《中国高等教育》2006年第18期刊登了2005年全国高等学校教育科研论文成果排序,97所学校榜上有名(在14家全国中文核心期刊上发表高教科研论文8篇以上),里面有不少知名度不高的地方大学和学院。相对于我们学院的师资力量、教学水平,我认为在教育科研方面我们有很大的潜力可挖。要大力提倡教师和教学管理人员结合工作和教学实践,撰写教育科研方面的论文。希望广大教师强化教研意识,积极参与教研工作,按照学院《"教研基金"项目管理办法》等教研工作的有关规定和要求,进一步加强教育教学改革、学科专业建设的研究;加强对学院现阶段人才培养新问题的研究,探索提高教育教

学质量的新思路、新方法、新模式;适应知识经济的要求和现代化技术的发展,加强体现学生学习主体地位的教学方法和手段的研究;加强高等教育管理理念、管理制度、管理方法的研究,推进学院教育教学又快又好地发展,为学院教学评估工作做出积极贡献,为申请硕士学位单位授予权提供高质量的科研成果支撑。

二、整合全院科研资源,充分发挥科研平台的作用

学院规模很小,是个袖珍学校,仅有 7 个教学系部 6 个本科专业,1500多名学生。从总体上或单个拿出来,很难在全国同类学校、相同专业中有优势。目前世界科研的发展趋势已从过去个人单枪匹马的研究转向团队合作,一些前沿课题已经走上院外合作、全球合作的路子,如四色定理的证明、DNA 测序、MD5、SHA-1 密码的破译等。因此,我们必须打破系部间的壁垒与分割,整合资源,集中力量,形成合力,学院才会有竞争力,才能有生命力。

一要进一步完善科研管理体制。去年,院党委对学院的科研体制进行了改革,把科研中心更名为信息安全工程研究中心,保留了信息安全与保密重点实验室的建制,成立学院控股的中安网脉(北京)科技股份有限公司,初步搭建起了一个集计算机网络信息安全服务、信息安全产品开发和研制的高科技信息产业平台。我们要在今后的科研实践中,逐步完善这一科研平台。要进一步完善科研激励政策,真正在学院建立一个有利于调动各方积极性、有利于促进科技创新的充满活力的科研工作新机制。

二要充分发挥重点实验室科学研究平台的作用。重点实验室是我院一个跨系部的学术研究组织机构,是学院学术创新、科学研究的平台。充分发挥其作用,是提高科研能力、学科建设水平的重要途径,也是推动学院从目前的教学型高校向未来教学研究型高校发展的重要支撑点。重点实验室要为增强学院科研能力、提高教学水平服务。要打破人员的行政隶属关系,以科研为纽带、课题项目为枢纽组建科研团队,承担综合性和专项科研项目,实现学术创新。科研要出成果,靠的是领军人物,靠的是团队整体,靠的是在座的各位,而不是院领导。院领导的职责是理顺科研体制,整合科研资源,创造宽松环境,为科研多出成果、快出成果、出高质量的成果做好服务保障工作。

三要充分发挥学院学术委员会对科学研究的指导作用。在学术委员会

的指导下,统筹和自主选题相结合,从密码工作的实际需求和未来发展趋势出发,确定科研攻关的课题项目,组织院内的科研项目招标,根据课题研究需要,集中配置资源。要通过科研活动,发现、培养基础扎实、有创新能力和发展潜力的年轻学术带头人,使学院的教学、科研队伍后继有人,不断发展壮大。

四要统筹使用好科研经费和基金。尽管学院每年投入的科研经费逐年增长,但总量有限,我们只有集中使用有限的经费才能使科研工作有所建树。我们必须加强学院科研经费的监督和管理,统筹安排科研基金的使用,提高科研经费的使用效益。本着有利于提高学院科研实力和扩大影响力的原则,加大对承担国家级、部级、市级以及其他社会基金类项目课题的支持力度。好钢用在刀刃上,优先保障学院重点科研项目和特色科研课题,优先保障自主创新课题的研究和自主知识产权产品的开发。通过经费的有效使用,最大限度地调动和激发全院教职工参与科研工作的积极性和创造性,确保学院科研水平稳步上升。

三、坚持走特色科研之路,努力提高特色科研水平

学院是全国具有普通密码科研和生产、销售资质的唯一高校。紧紧围绕密码事业与信息安全的现实需要和未来发展趋势来开展学科建设、科学研究、人才培养,是我们学院特定的优势,也是学院的生命力所在。科研工作一定要有所为有所不为,择优扶重,突出重点,必须紧紧围绕学院的特色和优势来开展,走特色科研之路。近几年来,在广大科研人员的共同努力下,学院在理论研究、工程预研、密码项目、国家基金项目等方面都有了长足的进步。但是在学院的特色科研方面,还没有再现昔日的辉煌,还存在着研发能力不足,新产品还不够丰富,市场份额占有较小等问题。如何有效地解决这些问题,进一步提高我院特色科研的市场竞争力和开拓能力,是一个需要大家共同思考的重大课题。

要坚持以密码科研核心,以密码行业和信息安全领域需求为导向,以为电子政务、电子商务发展服务为研究重点,大力研制和推广密码产品和信息安全产品,把密码科研做强、做大。我们要在加强基础科学研究的同时,积极开展密码和信息安全应用基础研究和前沿问题研究,充分利用好特色科研资质,通过承担相关领域的科研项目,参与国家、地方重大建设任务等途径,提高特色科研水平,增强特色科研能力。

　　要教育和引导教师和科研人员进一步转变观念,提高认识,坚决摒弃不愿意涉密的思想。在计算机科学技术行业,研究内容涉及国家秘密的人只占少数;在信息安全领域,真正从事密码研究的人只占少数;在密码科研方面,能够直接参与党政机关在用密码设备研制的只占少数;不是每个科研工作者都有资格进入涉密研究者行列的。从事涉密方面的研究有着比从事非涉密方面研究更多的脱颖而出的机会,而学院就给大家提供了这种机会。能否抓住机会,能否脱颖而出,需要具备实力,集中精力,做出努力,使自己成为具备研究领域扎实知识基础并在某一方向有深入研究和专长的"T 型人才"。科研工作没有捷径可走,只有肯下铁杵磨成针的硬功夫,辛勤耕耘,才会有收获。最近荣获中国女科学家奖的山东大学数学与系统科学学院王小云老师,因破译"白宫密码"而声名鹊起,一朝成名,靠的就是她"十年磨一剑"的努力,在付出艰辛的劳动后,终于在密码破译算法方面走到了世界前列,成为密码研究领域的顶尖科学家。希望广大教师和科研人员向王小云同志学习,积极参与学院特色科研工作,扑下身子,埋头苦干,为学院特色科研的发展建设贡献智慧和力量。当然,学院也会想方设法为广大科研人员创造宽松的环境,提供良好的待遇,在涉密科研人员的职称评定、成果评奖、科研经费等方面给予政策倾斜,提高同志们的待遇,让大家安心工作、甘于奉献。

四、提高自主研发水平,不断增强科研创新能力

　　建设创新型国家,是党中央、国务院审时度势作出的重大战略决策,也是时代赋予我们的神圣使命。胡锦涛同志在去年全国科学技术大会上明确指出:"一个国家只有拥有强大的自主创新能力,才能在激烈的国际竞争中把握先机、赢得主动。特别是在关系国民经济命脉和国家安全的关键领域,真正的核心技术、关键技术是买不来的,必须依靠自主创新。"对我院来说,提高自主研发水平、增强科研创新能力是提升学院科研实力的根本途径,也是科研工作可持续发展的关键。我们要发扬成绩,在借助外脑外力、吸收借鉴先进的科技成果和科技手段的同时,切实加强原始创新和引进消化吸收再创新,在关键领域和关键技术上有所发展,拥有一批自主知识产权,打造一批电科院品牌,从而既支撑学院当前的建设又引领未来的发展。

　　增强自主创新能力,就必须在全院大力培育创新意识,鼓励创新精神,激发创新活力。要切实尊重创新劳动,营造创新氛围,保护创新成果。一切

妨碍自主创新的思想观念都要坚决冲破,一切束缚自主创新的做法和规定都要果断改变,一切影响自主创新的体制弊端都要大胆革除,一切涣散人心不利于团结的内耗必须立即终止,放手让一切有利于自主创新的源泉充分涌流,让广大科研工作者的创造活力竞相进发。增强自主创新能力,关键是要充分发挥全院科研工作者特别是在座各位骨干的积极性和创造力。科研工作者要带头坚持解放思想、实事求是、与时俱进,大力弘扬敢为人先、敢闯敢试、敢冒风险的精神,只争朝夕,勇攀科技高峰,做自主创新的先行者。

五、加强科研人才队伍建设,重视青年人才的培养

人力资源是第一资源。做好学院的科研工作,离不开打造培育一支爱岗敬业、甘于奉献、团结协作的科研队伍。当前学院科研人才资源还不够丰富,结构也不尽合理,创新能力还亟待提高,科研队伍正处在新老交替的关键时期。当务之急是要加强科研人才队伍建设,特别是要下大力气培养优秀的年轻科研人才,提携和培育他们茁壮成长,使他们担负起学院科研工作继往开来的历史重任。

加强科研人才队伍建设,要充分发挥老同志的作用。我们要继承和发扬我院科研工作的优良传统与作风,要充分利用各位老专家、老教授、老教师渊博的知识、丰富的经验,充分发挥老同志在科研课题的申请立项、进程控制、重点环节上的指导和把关作用。要坚持以老带新的好做法,注意发挥老同志的传、帮、带作用,重视中青年人才和后续队伍的培养和建设。希望各位老专家、老教授、老教师将自己的科研方法、宝贵经验和心得体会,毫无保留地传授给青年教师,甘为人梯,对青年同志进行耐心、细致入微地指导,扶上马、送一程;在工作中,对青年同志既要交任务、压担子,又要讲思路、教方法、授技巧,帮助年轻科研人员在实践中尽快成长、成才。

加强科研人才队伍建设,要重视青年人才的培养。要为年轻科研人员积极创造宽松的科研条件,采取多种措施充分调动年轻科研人员的积极性和创造性。希望各位青年同志要保持谦虚谨慎、不骄不躁的作风,尊重老同志,虚心向他们请教,学习他们的宝贵经验;要根据自身特点,发扬艰苦奋斗的精神,不怕困难,吃苦耐劳;要发挥青年人思维活跃的优点,以迎难而上的决心和毅力,以初生牛犊的胆气和豪情,积极开拓创新,勇攀科技高峰。长江后浪推前浪,青出于蓝胜于蓝。电科院的科研工作要靠新一代年轻人,电科院未来要靠新一代年轻人。海阔凭鱼跃,天高任鸟飞。学院为大家创造

了得天独厚的科研机会,提供了科研工作的广阔舞台,广大青年科研人员要继承和发扬学院科研工作的优良传统,把个人的发展和国家民族的命运、机要事业的发展、学院的未来联系起来,积极献身党的密码科研这一光荣而伟大的事业,做出无愧于前辈、无愧于时代的贡献。

　　同志们,中央领导同志和厅领导高度重视学院的科研工作,对科研人员无比关怀。王刚同志去年在我院形势政策报告会上明确指出,电科院要切实做好教学科研创新这篇大文章,把推进自主创新放在突出位置,强化敢于创新的意识、明确开展创新的重点、完善鼓励创新的机制、壮大推进创新的队伍。王刚同志的指示为学院的科研工作进一步指明了方向。在新的一年里,希望大家大力弘扬求真务实、勇于创新的科学精神,大力弘扬不畏艰险、勇攀高峰的探索精神,大力弘扬团结协作、淡泊名利的团队精神,争做自主创新的先锋和拼搏奉献的楷模,把学院的科研工作提高到一个新水平,为把电科院建设成为国家密码科研重要基地而努力奋斗。

精心做好准备　迎接专家评判[*]

（2007 年 8 月 24 日）

　　今天,离教育部本科教学评估专家进校只剩 30 天了。教育部已公布了对我院进行评估的专家组成员。专家组组长是中国政法大学党委书记石亚军教授,副组长是西安电子科技大学副校长陈平教授;成员分别是教育部办公厅副主任王旭明同志,桂林电子科技大学敖发良教授,成都信息工程学院院长周定文教授。这些同志都曾作为评估专家多次参加高校的本科教学水平评估工作。他们不但具有丰富的评估工作经验,而且都是所从事的专业领域的行家里手。我们必须以饱满的热情、昂扬的斗志、务实的精神、踏实的作风,全力以赴地投入到迎评工作中,扎扎实实地做好专家进校前的各项准备工作。今天我们召开全院中层干部会,就是要再次动员,确保专家组的现场考察工作圆满顺利。从现在起,我们将进入评估工作的最后冲刺阶段,对于接下来这段工作,我再讲几点意见:

　　一要坦诚面对,充满必胜信心。自 2005 年全面启动各项评建工作以来,全院师生员工在院党委的领导下,齐心协力,踏实工作,认真自评自查,积极整改建设,在两年多的评建工作中,各项工作都取得了长足的进步。办学指导思想进一步明确,办学特色得到凝练;服务教学的意识不断增强,教学中心地位进一步巩固;基础设施建设得到大力推进,办学条件明显改善;规章制度建设成效显著,管理工作进一步规范;教学质量监控体系不断完善,教育教学质量进一步提高;学风校风建设得到加强,课外科技文化活动成效显著。所有成绩的取得,无不凝聚着大家的心血和汗水。在此,我代表院党委、院领导对大家所做的工作表示衷心的感谢,向为评建工作做出贡献的教职员工表示崇高的敬意。两年多来,学院坚持按照教育教学规律办事,坚决贯彻落实"以评促建,以评促改,以评促管,评建结合,重在建设"的二十字方针,扎扎实实地来开展工作,目前已经打下了非常坚实的基础。我相信,辛勤耕耘必有收获。我们的努力不会白费,一定会在评估工作中取得预

---

　　* 本文是作者在学院中层干部会议上的讲话。

期的成绩,大家对此要充满信心。

二要精心细致,确保万无一失。本科教学工作水平评估是一场考试,是我们在 6 天的时间内向专家介绍学院 60 年的光荣历史与传统,汇报学院本科教学中的全部工作,特别是两年多来我院评建工作取得的丰硕成果,展示全体师生的精神风貌。短短 6 天的时间限制,使专家只能把看到的情况作为结论的基础和依据,即所谓"管中窥豹,可见一斑。"专家组"听、查、测、访、议、评"的工作方式会存在一定的随机性和偶然性。如果某一项工作出现疏漏、某一个人的工作出现失误,就可能会使全体师生的努力付诸东流。这就要求我们必须戒慎恐惧,一丝不苟。不做表面文章,不抱侥幸心理,不在自己负责的工作中出现纰漏,不在本部门负责的观测点上丢分。我们要认真细致,把全部材料反复检查核对,各项工作反复推敲琢磨,重点环节搞好演练,做到每个环节都不出问题,每项工作都不留死角。要抓好细节,在工作中要不厌其小、不厌其烦、不厌其难,力求通过抓好细节来保质量、出亮点。要抓好落实,对每一项工作落实了没有,落实得怎么样进行认真检查,发现疑点必须及时排除,发现问题必须及时解决,切实防止和消除工作落实中的盲点。

三要齐心协力,保持最佳状态。评估工作涉及方方面面,是一项复杂的系统工程。为了迎接专家进校,学院成立了综合调度组、教学运行组、学生工作组、宣传报道组、安全保卫组、生活服务组等 6 个由院领导任组长的迎评工作组。各组都必须明确责任,精心组织、调度有方、井然有序、有条不紊,积极主动地做好各自的工作。要全院一盘棋,加强协作,各组要相互理解、彼此支持。要加强沟通,对于评估工作中出现的情况、调整,要相互通气,让有关人员及时掌握最新信息,避免工作衔接断线。要有补台意识,工作中如果发现问题,要及时提醒,积极弥补,决不能推诿扯皮。

古人说过:"不遇盘根错节,无以别利器。"今天我们面临评估,可以说是"不经专家评判,无以显英豪。"同志们,让我们动员全院的力量,凝聚师生的智慧,同舟共济,齐心协力,奋勇拼搏,以高昂的士气、最佳的精神状态迎接教育部专家进校评估,为争取好的评估结果奠定坚实的基础,以优异的评建成绩为党的十七大增光添彩,为我院 60 周年校庆献礼。

设置保密管理本科专业
满足党和国家保密事业对人才的需求 *

（2007 年 8 月 25 日）

为贯彻落实中央领导同志关于加强新形势下保密教育培训工作的重要指示精神,更好地满足党和国家保密事业对保密人才培养和保密学科建设的需求,经北京电子科技学院和国家保密局认真调研、共同协商,建议在北京电子科技学院设置保密管理本科专业。

一、关于设置保密管理本科专业的必要性

保密工作历来是党和国家的一项重要工作。近年来,随着社会主义市场经济深入发展、科技不断进步和信息化建设快速推进,保密工作的对象、环境和手段发生了深刻变化,保密管理对专门人才、专门理论和专门学科的需求明显增长。同时,随着新时期保密工作不断与时俱进、开拓创新,科学化、法制化、现代化水平显著提高,保密管理已逐步发展为一个相对独立的专门领域,初步形成了中国特色社会主义保密思想理论传统和知识技能体系。

任何学科都有一个产生、发展的过程,只有学科进入高等学校,列为专业,培养人才才能够得到有效保障,人才队伍的发展壮大才会有巩固、稳定的基础。但是,目前我国高等院校还未设置保密管理专业,保密学历教育一直没有开展起来,全国现有数万名保密干部,主要通过短期培训来学习保密专业知识和技能。由于缺乏保密专业学科支撑,保密培训在教材、师资和规模上也受到较大局限。比如,在保密要害部门、部位工作的数万名涉密人员,绝大多数还没有参加过保密培训。这种状况,与当前保密工作面临的严峻形势、承担的繁重任务不相适应,应当尽快加以改变。

---

* 本文是作者向中央办公厅主任办公会议的工作汇报。

二、关于在北京电子科技学院设置保密管理本科 专业的主要考虑

经论证协商,我们建议在电科院设置保密管理本科专业。具体考虑是:

1.电科院具备率先设置保密管理本科专业的优势

电科院具有直接接受中办领导关心指导的得天独厚的政治优势,具有培养国家需要的专门人才尤其是密码与信息安全人才的办学经验,具有设备优良、对口适宜的教育教学条件,在率先培养国家保密专业人才方面有着得天独厚的优势。近些年来,电科院遵照王刚同志重要指示精神,锐意进取,加快发展,学科建设和队伍建设的规模和水平不断提高。学院设有信息安全、信息与计算科学、电子信息工程、计算机科学与技术、通信工程和行政管理等 6 个专业,可以为保密管理本科专业提供坚实的学科基础。学院拥有从事管理学、法学的专任教师二十余人,计算机技术的专任教师三十余人,密码与信息安全的专任教师四十余人,可以为该专业提供雄厚的师资保证。

2.保密管理专业设置为管理类文理兼收本科专业

根据党和国家保密工作要求,保密管理本科专业拟以法学、管理学、计算机科学与技术为学科基础,以保密工作概论、保密史、保密法、保密科技、保密督查、外国保密制度等为主干课程,培养政治可靠,具备保密管理专业知识、科学技术知识等综合素质的专业人才。保密管理本科专业拟设在行政管理系,文理兼收,学业合格者授予管理学学士学位。

3.成立保密管理专业学科指导委员会

保密管理专业学科指导委员会设在电科院,在中央保密委员会、中央办公厅的指导下开展工作,同时吸收中央保密办、国家保密局和有关高等学校、科研院所的专家参加。

三、关于申办保密管理本科专业的有关工作

设置保密管理专业,需要向教育部提出申请。根据教育部要求,申请本科专业在递交报告前,应由申请学校的主管部门组织专家论证。按有关规定,我们申办保密管理专业的程序是:学校将申请表格和材料报中办人事局;中办人事局向教育部高等教育司申请;中办人事局组织 7 人专家组(由

中办人事局提出建议名单,经教育部审准)进行专门论证;论证通过后,报教育部批准。为做好申办工作,我们提出如下建议:

1.考虑到本科教育周期较长,建议今年开始申办,明年招生,2012年首批本科生毕业。

2.考虑到今年教育部把申办截止时间由往年的10月底调整为8月底,建议迅速开展申办工作,力争在8月31日前完成申办程序。

3.考虑到教育部规定的申办程序涉及多个部门,建议成立申办工作小组,由人事局和电科院、保密局有关领导同志牵头,组织专门力量,共同做好申办工作。

厅领导审议同意后,电科院将和国家保密局一起,积极配合中办人事局组织专门力量,迅速开展申办工作。

机要密码是学院的鲜明特色 *

（2007 年 8 月 25 日）

在秋高气爽的日子,各位接受邀请,在周末休息时间来我院参加密码产品用户座谈会,我非常高兴。首先,我代表中办电子科技学院,对来自中央、国家机关有关部委机要部门的领导表示热烈欢迎;对各部委长期以来一直使用学院的密码产品和对学院各方面工作的大力支持表示衷心感谢。

刚才,各位就学院的密码科研、产品研发、售后服务等方面畅所欲言,对学院的工作给予了充分的肯定,有些同志还提出了十分宝贵的意见和建议。这充分体现了同志们对学院的关心和爱护,我们会认真研究大家的意见,不断改进工作,提高服务水平。下面,我就学院的特色、科研工作和进一步为密码产品用户搞好服务谈几点想法。

一、机要与密码是学院的鲜明特色

"山不在高,有仙则名;水不在深,有龙则灵。"这里的"仙"和"龙"实质就是特色。一个地方、一个单位,有特色才会有吸引力和竞争力。桂林山水、苏州园林之所以知名,是因为其独特的风景和建筑。一些高校之所以知名,与其拥有雄厚实力的院系分不开,比如北京大学有目前全国中文学科中规模最大、学科最全、总体实力最强的中文系,清华大学有我国历史最悠久的土木工程系,中国人民大学有名师济济的新闻系(现为新闻学院),南开大学有学科门类齐全、师资和研究力量雄厚的历史系(现为历史学院),等等。特色反映质量,特色体现水平,特色是高校生存发展的关键。以特色求发展的思路,对于办好一所高校具有重要的现实意义。电科院作为一所袖珍高校,与其他院校相比,既不够"大",名师也不够多,要办出名望、办出声誉、办出水平,就必须突出个性、依靠特色。那么,电科院的特色是什么呢?

关于我院的办学,中央和中办领导直接做过许多非常具体的指示。江

---

* 本文是作者在学院密码产品用户座谈会上的讲话。

泽民同志为我院题词:"继承和发扬机要工作优良传统,为密码通信培养可靠接班人。"曾庆红同志要求:"政治上忠诚可靠,业务上精益求精。"王刚同志指示:"不求规模大,但求质量高。""把电科院建设成为我国密码人才成长的重要摇篮和国家密码科研的重要基地。"这些重要指示,指明了学院发展的方向,也明确了学院要以机要与密码为办学特色,即学院在人才培养上要传承机要精神,培养可靠人才,在学科与科研上要彰显密码特色,服务信息安全。多年来,学院遵循高教规律、传承机要精神,发扬中办传统,立足机要、密码行业,服务全国党政系统,面向信息安全领域,不断强化和突出机要与密码特色。1990 年中央办公厅批准我院为"普通密码科研单位",之后,国家密码管理委员会批准我院为商用密码研究、生产、销售定点单位,2007 年,学院被国家保密局授予"涉密计算机信息系统集成资质(甲级)"单位。学院既是中央办公厅所属的专门为全国各级党政机关培养机要、密码和信息安全专门人才的高等学校,也是全国唯一一所具有普密及商密研究、生产、销售资质的高等院校。今天,给同志们介绍这些,就是让同志们更多地了解电科院,便于以后更好地开展合作。

二、密码科研是学院科研的主攻方向

科学研究是高校的一项基本职能,也是衡量一所高校水平高低的重要尺度,是高校创造力强弱的重要标志。开展科研工作,是高校提高教学质量、学术水平和培养优秀人才的重要手段。学院的科研工作受到中办领导和有关国家局的关心和支持。中央办公厅领导十分重视学院的科研工作,要求学院取得教学科研的双丰收。国家密码管理局(中办机要局)、国家保密局(中央保密办)十分关心和支持学院的科研工作,在学科专业建设、实验室建设、科研立项、成果评审中给予学院倾斜和支持。8月份,国家密码管理局局长和国家保密局局长先后率两局领导班子全体成员和有关处室负责人来学院检查指导工作,听取了学院科研情况汇报,视察科研场所,对学院的密码科研和生产提出了明确要求。为优化学院学科专业结构,优化人才培养结构,适应保密工作对人才的需求,学院与国家保密局联合申请在电科院设立保密管理本科专业,今天上午中央办公厅主任办公会已讨论批准。保密管理本科专业的设立,具有前瞻性,可以占据学科的制高点,保持学院学科发展的领先性。

多年来,学院始终坚持教学与科研相互促进的建设思路,坚持以密码科研为核心,走特色科研之路。经过多年的发展,目前,学院拥有一支学术水平高、刻苦钻研、团结协作的科研队伍,其中有方勇等中国青年科技创新奖获得者,有郑秀林、欧海文等全国机要密码一等功荣立者,有何文才、王九林等国务院政府特殊津贴享受者,有李凤华、蒋桂秋等省部级科技一、二、三等奖获得者,有童新海、谢四江等重要密码产品研制者,学院的科研力量已经形成了老中青、相关学科专业有机结合的具有一定实力的科研团队。学院在密码基础研究和密码应用基础研究方面成绩显著,主持或参与了5项国家自然科学基金项目、2项863科技攻关项目、4项北京自然科学基金项目和2项军队密码预研基金项目。2004—2006年,共有14项密码科研成果获省部级奖,其中一等奖1项、二等奖6项、三等奖7项。学院具有年产近4000台密码设备的生产能力,有43个中央及国家部委(系统)装配了学院生产的多种密码设备,这些密码产品得到了广大用户的好评。在混沌密码和多媒体信息安全检索理论与技术研究方面处于国内领先水平,在椭圆曲线和数字水印等理论和技术研究方面达到国内先进水平,在密码工程科研方面,传真加密技术和电话加密技术处于国内领先地位。

学院始终坚持以机要密码行业需求作为科研发展的主攻方向。按照密码和信息安全科研的内在需求与规律,探索构建科学合理的科研体制。经过多年的调整建设,目前,学院已初步搭建起了以信息安全工程研究中心、中安网脉(北京)科技股份有限公司为依托,以信息安全与保密重点实验室、普密研究室、商密研究室为技术支撑,集计算机网络信息安全服务、信息安全产品开发和研制的高科技信息产业平台;形成了以密码及信息安全应用技术研究为龙头,以机要密码行业需求为导向,以系部师生为依托,产学研相结合的科研创新机制。

我们利用这一科研平台和创新机制,坚持教学与科研良性互动,吸引师生参加科研,充分发挥学院的智力优势。把教学与科研紧密结合,寓学于研,研教相融,研学贯通,彼此相互支撑,相得益彰;把参加科研作为人才培养的重要手段,寓学于研,学研相长,重视研究生的力量,把研究生参加科研作为培养研究生的一个重要环节,鼓励本科生参与科研,把本科生参加科研作为提高综合素质的重要途径。我们利用这一科研平台和创新机制,明确科研方向,集中力量攻关。学院规模小,无法在人力、物力、财力上与全国著名高校竞争。十个指头按不住跳蚤,学院在科研工作中要避免走入面大口宽、贪多求全的误区,要有所为有所不为,把分散的科研力量、有限的经费集中起来,主攻密码科研,优先保障学院重点科研项目、特色科研课题,优先保障自主创新课题的研究和自主知识产权产品的开发,把有限的资源用在刀刃上,发挥最大效益。我们利用这一科研平台和创新机制,整合全院资源,营造良好的科研氛围。把科研纳入学院整体规划和系部的工作之中,把参加科研作为每一个从事专职研究和教学人员的本职工作,以科研为纽带,打破人员的行政隶属关系,以课题、项目为枢纽,组建专兼学、老中青相结合的科研团队。每一个课题组都应该精干高效,把真正有研究能力的人,真正干活的人组合在一起,坚决杜绝不干活不出力却在课题组挂名的现象。用有效的政策和激励措施,保护创新成果,营造和谐的人际关系、浓郁的科研氛围,最大限度地调动和激发教师参与科研工作的积极性和创造性,逐步提高学院的科研水平。我们利用这一科研平台和创新机制,加大对青年教师的扶持力度,加强科研梯队建设。科研离不开人才,生生不息的教师和研究生资源是科研队伍的新鲜血液,是出科研成果的人力资源基础。在科研团队中用"大师＋团队"的方式,为青年教师脱颖而出创造了条件,搭桥铺路,帮助青年人进步成长。

三、为密码产品用户服务是学院义不容辞的责任

学院担负着密码产品科研、生产和销售的特殊任务,决定了为密码产品用户服好务是义不容辞的责任。这既是一项重要的政治任务,也是一项艰巨的科研任务。当前,学院的科研工作和科研水平离王刚同志把学院建设成为国家密码科研重要基地的要求还有一定的差距,还需要加大培养和引进密码科研人才的力度,尤其是从事密码编码高水平人才的引进力度,需要进一步加大投入,需要在座各位和广大密码用户的支持。为了改善科研条件,学院将新征用的土地作为研究中心和中安网脉公司研发和办公的场地,会后请大家去现场参观考察。上个月,学院组织科研处、研究中心一起起草了《北京电子科技学院普密资质建设方案》,我们的目标是未来三年内,要能够搭建出一个良好的密码工程科研项目平台,建设一支稳定的密码产品研发、销售及生产队伍,每年至少完成 4 个密码方案的研制工作,完成 6 种以上密码产品的研发工作,完成 3000 台(套)以上密码产品的销售工作。我们将尽最大的努力为广大用户提供最好的产品、最好的服务。

刚才,杨东安同志介绍情况时已经提到了,我院密码产品的市场占有率为 12.4%,在全国五家普密单位中,学院的密码产品市场占有率不是很高,还有很大的上升空间和发展潜力。学院在密码产品生产销售工作中以"质

量第一,服务至上"为宗旨,努力为用户提供长期稳定的高质量的产品和优质的服务。密码产品是商品,但又不是普通商品,它所保护的对象是用户单位所拥有的国家秘密。对密码产品来说,质量是生命,服务是保障。学院在密码产品的生产和服务中牢固树立质量第一的思想。比如:在 2004 年底,由于某部门密码产品丢失,涉及 11 个系统需要召回和更换产品。为了国家的安全利益,确保国家秘密不泄漏,学院不计成本,集中人力,历时一年多,专门为该系统设计生产、更换了密码产品,得到用户好评和国家密码管理局的肯定。2005 年,陕西延安机要局同志找到学院设计密码产品,需求急、报价低。为了革命老区的用户,学院赔本为延安机要部门的同志设计生产了密码产品。我们做密码产品,永远把社会效益放在第一位。学院要求科研服务队伍一定要站在党和国家信息安全的高度、站在用户的角度来想问题,做事情。要考虑国家安全的大局,急用户之所急,想用户之所想,和用户交朋友,而不是简单地做市场。学院一直要求研究中心和中安网脉公司,把电科院的密码产品质量和服务做到最好,这一点欢迎在座的同志们给予监督。

　　学院的密码科研工作能够取得今天的成绩,离不开在座诸位朋友和所在单位的大力支持和帮助。希望今后我们进一步加强联系,扩大合作,携手前进。最后,我再次代表中央办公厅电子科技学院向一直关心、支持和使用学院密码产品的各位以及用户单位表示衷心感谢。

老同志要为评估取得
好成绩做贡献[*]

（2007 年 9 月 13 日）

今天,离教育部本科教学评估专家进校只剩 9 天了。从 8 月底开学以来,学院先后召开了副处以上干部会议和学生评估再动员大会,在 9 月 10 日召开了全院师生参加的庆祝教师节暨教学评估誓师大会,厅领导参加并发表重要讲话,极大地鼓舞了全院师生员工的士气和信心。当前,学院师生员工已经以高昂的精神状态,争创一流水平的工作状态,进入了迎接教育部专家组进校考察的临战状态。今天,把各位老同志请来,召开离退休老干部评估再动员大会,就是要向全体离退休老同志汇报本科教学工作水平评估的有关情况,请老同志密切关注教学评估,积极参与到迎接教育部专家组进校考察的工作中来,发挥离退休老同志不可替代的作用,为夺取教学评估的最后胜利做出应有的贡献。

下面,我向老同志通报一下学院的评建工作及迎接专家组进校考察的有关情况。

一、学院评建工作的基本情况

1. 学院评建工作历程

自 2005 年 9 月开始,学院的评建工作共分四个阶段。

自查自评阶段(2005 年 9 月—2006 年 2 月)。按照教育部《普通高等学校本科教学工作水平评估方案》的要求,开展全面细致的自查自评工作,查找工作中存在的问题和不足,并以此为依据制定了初步的整改建设方案和评建工作日程安排。

全面建设阶段(2006 年 3 月—2006 年 8 月)。按照自查自评阶段制定的整改建设方案,开展第一轮整改建设工作。从顶层设计入手,重点理清办学

---

[*] 本文是作者在离退休干部评估再动员大会上的讲话提纲。

思路,凝练办学特色。进一步巩固和突出教学中心地位,规范学院各项管理工作,加大对教学基础设施建设的投入。

重点建设阶段(2006 年 9 月—2007 年 2 月)。2006 年 9 月,邀请了几位教育部评估专家对学院进行诊断性预评估。根据评估专家的意见和建议,结合自身实际制定详细的整改建设方案,开始第二轮整改。学院积极开展教育思想观念的学习研究,将先进的理论成果与学院的教学、管理工作实际有机结合,促进了教学质量和各项管理工作水平的提高,评建工作取得了显著的成效。

整改提高阶段(2007 年 3 月—2007 年 8 月)。这一阶段的主要任务是对前两阶段的评建工作进行查缺补漏,采取措施攻克重点、难点问题,巩固前两轮评建工作成果,总结评建工作成绩。同时,撰写自评报告,整理、汇总完成各类评估材料。

2. 学院评建工作取得的主要成绩

针对教育部评估指标体系中的 7 项一级指标、19 项二级指标(其中有 15 项为重要指标、4 项为一般指标)、44 个观测点、1 个特色项目,两年多来,学院成立了 5 个项目组、3 个专项组,根据分工,组织各部门一项一项的建设,一个指标一个指标的向 A 级努力,44 个观测点的全部数据准确无误,按照评估要求准备的备查材料装了 60 多个档案盒。学院的评建工作进展顺利,取得了可喜的成果。一是办学指导思想进一步明确,办学特色更加鲜明;二是服务教学的意识不断加强,教学中心地位得到了巩固;三是大力加强基础设施建设,办学条件更加完善;四是制度建设成效显著,管理工作更加规范;五是教学质量进一步提高,教学质量监控体系进一步完善;六是学风建设进一步加强,学生课外科技文化活动成效显著。

3. 学院的顶层设计

在中央办公厅领导的指导下,在中办各兄弟局的支持下,经过学院上下反复研讨,我们形成了学院办学的顶层设计,也就是我们的办学指导思想,包括学校定位和办学思路。

学院办学的服务面向定位是:立足机要、密码行业,服务全国党政系统,面向信息安全领域。

学院的人才培养定位是:培养有密码特色的信息安全高素质人才。

学院的发展目标是:以机要、密码人才需求为导向,以本科教育为主,开展以机要、密码干部培训为主要内容的成人教育,发展一定规模的研究生教育,构建密码特色突出的信息安全学科体系,努力把学院建设成为我国密码人才成长的重要摇篮和国家密码科研的重要基地。

顶层设计确定以后,全院师生的办学思想统一在这个发展目标下,学院的建设按照这个发展目标来设计和实施。顶层设计就像一面旗帜,引导着全院师生努力的方向。

二、迎接教育部专家组进校考察的有关情况

1. 关于教育部专家组情况介绍

此次教育部对我院进行评估的专家组由 7 人组成。专家组组长是中国政法大学党委书记石亚军教授,他作为教育部评估专家已经评估过 51 所高校;副组长是西安电子科技大学副校长陈平教授;成员分别是教育部办公厅副主任、新闻发言人王旭明同志,桂林电子科技大学敖发良教授,成都信息工程学院院长周定文教授。2 位专家组秘书分别是中国政法大学王英伟老师和华中师范大学杨青松老师。这些同志都曾作为评估专家多次参加高校的本科教学水平评估工作。他们不但具有丰富的评估工作经验,而且都是所从事的专业领域的行家里手。我们要全力以赴地投入到迎评工作中,一丝不苟地做好各项工作。

2. 学院迎接专家组考察的准备情况

从今年 6 月份开始,为配合专家组顺利完成考察期间的各项工作,确保学院教学及其他各项工作的有序进行,根据专家组考察期间的主要工作内容,学院成立了综合调度组、教学运行组、学生工作组、宣传报道组、安全保卫组、生活服务组 6 个工作组,分头负责迎接教育部专家组进校考察的各项工作。几个月来,6 个工作组按照工作职责,制定了详细的工作方案,卓有成效地开展了迎接考察的各项工作。当前,各项准备工作已经基本就绪,学院师生员工已经进入了最佳的工作状态。从今天上午开始到 23 日专家组进校前,学院领导开始检查走访,先后将分别开始进行实战汇报演练、讲课演练、双基测试演练,抽查毕业设计和试卷,分口开展中层干部、学生、教师、老干部座谈会动员和准备工作等等。学院在开展实战演练的同时,还积极准备了各种应急预案,一旦有事做到临阵不慌、处变不惊,力争各项工作万无一失。

3. 专家组进校考察期间的工作安排

9 月 23 日至 28 日专家组在学院考察。考察主要日程安排是:

教育部专家组进校考察主要日程安排

日期	时段	时间	主要内容
23日（周日）	中午	12:00 前	专家到校
	下午	15:00-18:00	专家组预备会议
	晚上	19:30 以后	专家制定个人考察工作计划
24日（周一）	上午	8:20-9:20	评估工作汇报会
		9:20-9:30	专家组与各级领导合影留念
		9:30-11:40	专家组集体考察教学基础设施
		11:40-12:00	专家组集体观看新生军训情况
	下午	14:00-17:20	专家考察
25日（周二）	上午	8:00-12:00	专家考察
		12:00-13:00	专家组集体考察学生食堂
	下午	14:00-17:20	专家考察
	晚上	18:30-20:00	专家组集体考察教工食堂
26日（周三）	上午	8:00-12:00	专家考察
	下午	14:30-17:00	召开毕业生座谈会、走访用人单位
	晚上	19:30 以后	专家准备个人考察初步意见
27日（周四）	上午	8:00-9:50	专家考察或准备个人考察意见
		10:00-12:00	专家组各小组会议
	下午	14:30-17:00	专家组全体会议
	晚上	19:30 以后	专家组正、副组长与学院主要领导交换意见
28日（周五）	上午	8:30-9:00	专家组评估意见反馈大会
		9:20-11:30	专家组评估意见小范围反馈会
	下午		机动

专家在校考察期间,有可能要召开老干部代表座谈会。如果要开,专家会按名册随机抽取确定参会人员名单,在座的一些同志有可能会被抽中参加座谈会。

三、几点希望

接受教育部专家组本科教学工作水平评估是中办的一件大事,更是学院的一件大事。大家要充分认识这次教学评估的重要性和任务的艰巨性。经过评估,如果我们达到 A 级也就是"优秀"标准,就会在学生中、在机要系统、在社会上树立良好形象,赢得良好声誉。有了良好的形象和声誉,会对学院今后的招生和就业,对学院未来的发展产生重大影响。评估的结论也是今后增设本科专业,申请硕士学位授予权的主要依据之一。电科院是中办的学校,能否在教学评估工作中取得好成绩,不但直接关系到学院的生存和发展,关系到学院的前途和未来,也关系到中办的声誉。可以说,接下来两周的时间,电科院处在建设和发展道路上的一个关键时刻。

9 月 10 日,中央办公厅领导出席学院庆祝教师节暨教学评估誓师大会并发表重要讲话。厅领导的讲话,从党的教育事业和国家密码人才培养的战略高度,充分肯定了学院长期以来各项工作取得的进步和最近两年多来评建工作取得的成绩,对迎接专家组进校考察提出了明确要求。在这里我宣读其中提出工作要求的一段话:"再过十几天,教育部专家组就要进校考察,整个评建工作就要进入最后验收阶段了。在这个阶段,两年多的评建工作将面临着一次全面的检验,全院一千多名师生员工将面临一场重大的考验。厅领导班子殷切希望全体师生员工以更加昂扬的斗志、更加旺盛的精神、更加扎实的作风,全力投入到迎接专家组进校考察的工作中来,努力取得学院教学评估的好成绩。要发扬连续作战的作风,防止松懈麻痹思想,充分展示师生员工团结奋进的良好精神面貌。要发扬严谨细致的作风,周密部署各项工作,精心检查各项任务的落实情况,认真做好各个环节的工作,严密防范工作疏漏,确保专家组在校考察期间各项工作顺利进行。要发扬顾全大局的作风,牢固树立全院一盘棋的思想,加强团结协作,注意密切配合,心往一处想,劲往一处使,形成工作的整体合力。"希望全体师生员工"振奋精神,齐心协力,扎实工作,以本科教学评估的优异成绩,迎接党的十七大的胜利召开!"

院党委号召全体师生员工,在评估工作中每一个人都必须尽心尽力、尽职尽责,每一个人都必须顾全大局,全体人员都必须齐心协力。搞好这次评估工作,是包括110名离退休老同志在内的全院师生员工的一项重大而艰巨的任务,离退休老同志在评估工作中有着不可替代的作用。老干部作为学院教学、科研、管理、服务的奠基人和开拓者,在学院发展和建设的各个阶段都做出了重大贡献。院党委一直非常重视老干部工作,始终把老干部工作摆在重要位置,把老干部工作作为学院干部工作的一个重要组成部分,作为构建"和谐学院"的一项重要工作来部署、来开展,认真落实老干部的政治待遇,千方百计提高老干部的生活待遇,积极热情为老干部开展服务,把老有所养与老有所为结合起来,充分发挥了老干部的作用。在专家进校评估期间,学院评估办公室、离退休干部处要做好工作安排,提供信息交流的平台,适时向老同志汇报评估进展及专家进校考察的情况,为老干部开展工作服好务,注意收集老同志们对评估工作提醒补台的好主意、好方法,及时向评估工作领导小组反映。

当前,在学院发展的重要时刻,希望全体老同志继续发扬政治立场坚定、工作经验丰富、群众基础深厚、学院影响广泛的独特优势和作用,积极响应院党委的号召,带头顾全大局,自觉维护学院的良好局面,以饱满的精神状态,齐心协力,为学院取得评估的好成绩做出自己的贡献。

临时迎评举措要成为日常管理要求[*]

（2007 年 9 月 24 日）

开展本科教学工作水平评估，是教育部着力提高人才培养质量，促进我国高校本科教学水平的提高，办人民满意的教育的重要举措，是构建中国特色高等教育质量监控和保障体系的重要步骤，充分体现了党和国家对人才培养工作的高度重视。

按照教育部的设计，评估有三个方面的作用。一是进一步加强国家对高等学校本科教学工作水平的宏观管理和指导；二是促使各级教育主管部门重视和支持高等学校的教学工作，增加教育投入；三是促使高等学校明确办学指导思想，改善办学条件，加强师资队伍建设，深化教育改革，提高管理水平，逐步建立和完善自我发展和自我约束的机制，不断提高教育质量和办学效益。开展评估以来的情况表明，教育部设立评估制度的目的完全达到了。学院两年来迎评促建的实践也充分证明了这一点，特别是对第二、第三方面的作用体会尤深。中办对办学更加重视，加大了资金和其他方面的投入；厅内各兄弟局在多方面给予全力支持；学院自己也在提升教学改革的理念，拓展教学改革的思路，完善教学改革的措施，加强教学条件和师资队伍的建设等方面做了大量卓有成效的工作。

教学型普通高校的定位。教学型、教学研究型、研究型是人们区别高校特点的一种说法，来源于卡内基的高校分类法。这样的分类不一定科学，也不一定符合中国高校的实际，但大家都这样讲，对照下来，还是教学型最适合我们。

服务面向定位的考虑。必须围绕"三个符合度"来确定文字表述。"三个符合度"，即学校自己的定位和所确定的目标，与国家、社会和学生全面发展的需求及学校实际情况的符合程度；学校的实际教学工作（包括教育资源的配置利用与教学过程的设计等）状态与学校自己所确定的目标定位的符合程度；学校的教学效果（人才培养质量）与学校自己确定的培养目标（质量

　＊　本文是作者在评估工作院领导座谈会上的发言提纲。

标准)的符合程度。

我们一定要把评估作为提高办学质量的契机、提升办学水平的契机、学院发展的契机;而不是作为负担去被动应付,当做作业去完成。走过场,形式主义,表面文章,只会自欺欺人,最终害了自己。

对顶层设计的考虑。学校的特色不是上头规定的,也不会自发形成,需要有一个有意识、有目的、有计划的建设过程。特色是一种历史的积淀、传统的传承,具有个性的特征,通俗地讲就是人无我有、人有我强、人强我精的东西。

经过反复讨论,集中了大家的智慧,"遵循高教规律,传承机要精神,发扬中办传统"的办学思路得到全体教职员工,包括老干部的一致赞成。这个概括总结了学院60年的办学经验,是经得起推敲、站得住脚的。特色是高校生存发展的关键。电科院的特色就是满足机要密码、信息安全对特殊人才的需求,开展以密码技术及其应用的科学研究。特色项目一定要有,没有不能评为"优秀"等次。我们学院有非常鲜明的特色,关键在于如何准确概括,院内形成共识,得到专家认可。

处理好教学科研、行政管理、服务保障三支队伍的关系。这是任何一个高校管理者必须面对的问题。手心手背都是肉,三支队伍缺一不可。但必须摆正并处理好行政系统和教学系统的关系,突出教学的中心地位,强化行政和保障部门的服务意识。非教学部门要主动关心教学、配合教学、服务教学、服从教学并形成习惯、长期坚持。

政策向教学、向教师倾斜,在用房、经费、物资、收入分配等方面都要有所体现。

提倡并鼓励教职工教学(科研)、管理"双肩挑",打通变换两者身份的通道,保证教师的数量,保持较优的生师比。这一点在我们这样规模的学校应该大力提倡。

迎评工作要常态化,达到评估的真正目的。正确处理评估和正常工作的关系。强调评估工作与正常工作有机结合。评估不应当游离于教学之外,而是融于教学之中。不是在正常的管理工作之外另搞一套,而是管理工作的题中应有之义。不能把评估当作额外负担,而是把评估作为提高教学水平和管理水平的动力和机遇。

迎评促建是当前学院的重要工作,但不是学院的全部工作。评估准备工作要扎实推进,其他工作不能停顿。在评建任务十分繁重的情况下,学院启动了保密管理本科专业的申报工作。机要和保密都是为了信息安全。做好机要工作必须具备保密意识、掌握保密技能。我们将优化资源配置，集中人力、财力，努力把保密管理专业办成社会认可、具有明显优势、机要保密部门欢迎的新的特色专业，给学院的特色注入新的活力。

达到评估要求有难有易。"硬件"达标易，"软件"升级难。通过加大人、财、物投入可以解决的教师数量结构、教学设施、教学经费等改善办学条件方面的问题，通过加强管理可以解决的教学管理的规范性、教学文档的完整性等问题，相对而言，要容易一些。而教师教学水平和科研能力的提高，人才培养模式的改进和人才培养质量的提高，校风教风学风的完善等，需要长期努力、持续发力。

临时性的迎评举措要成为今后经常性的管理要求。评估工作结束后，这个阶段就成为历史，评估的结论就是一个记录。专家肯定的东西，我们继续坚持。专家指出的不足，我们努力改进。专家走了，评估结论有了，决不是一劳永逸、万事大吉，那有违设立评估制度的本意。我们接受评估的目的，绝不是仅仅为了得到一个听上去好听的等级结论。我们的目的是通过评估促进学院教学建设，加强学院教学工作，提升本科教学工作整体水平，不断提高教学质量。而提高教学质量，才是高校的永恒主题。

团结凝聚班子力量，团结凝聚全校人心。心往一处想，劲往一处使，通过评估提升整体办学水平，收到"以评促建、以评促改、以评促管"的效果。

学院的发展必须与时俱进，教学质量的提高不会一劳永逸，提高办学水平永无止境。"超越自我"是学院校训中的一个重要思想。评估是学院前进的新起点，是向社会特别是机要系统扩大影响、展示办学优势、树立良好形象的绝佳时机，我们一定要抓住它。

继续坚定不移地坚持
教学工作的中心地位*

（2007 年 9 月 28 日）

刚才，专家组组长石亚军教授宣读了专家组对我院本科教学工作水平的评估意见。专家们以负责的态度、战略的眼光、精辟的见解、严谨的语言对学院的工作做出了客观而全面的评价，从确立办学指导思想、构建特色鲜明的学科专业体系、积极开展以密码科研为核心的科研工作、加强课程建设、加大教学投入、开展强有力的思想政治工作和全员育人工作六个方面肯定了我们的成绩，凝练、概括了学院的办学特色，指出了学院存在的问题，对学院今后的发展提出了建议和希望。我完全同意专家组的意见。专家组对我院本科教学工作的肯定，是对我们工作的鼓励和鞭策；对我院教学工作中存在问题的意见和建议，明确了我们的整改任务，为我们今后改进提高指明了方向。专家组的意见对于学院的下一步发展具有十分重要的指导意义。

在专家组入校考察的过程中，专家们自觉遵循、严格按照教育部本科教学工作水平评估指标体系和规定程序开展工作，深入学院本科教学的各个环节和教学、管理、服务的各个部门，对学院的本科教学工作进行了全面、深入、细致的考察。各位专家丰富的高校教学、管理经验，科学严谨的工作作风，不辞辛劳、夜以继日的敬业精神和工作态度，深深地感染和激励着我们每一个人。我代表院党委和全体师生员工，对石亚军组长、陈平副组长和各位专家的辛勤工作和对学院工作的帮助、指导致以崇高的敬意，表示衷心的感谢！

专家组评估考察阶段的结束，是我院整改工作的开始，也是评建工作新的起点。在今后的一年的时间里，我们要认真贯彻专家组提出的意见，扎扎实实地做好整改工作。我们要组织全体教职员工认真学习、深刻领会专家组的评估意见，根据专家组的意见，制定全面、细致、有力的整改措施，并一

---

* 本文是作者在本科教学工作水平评估专家组意见反馈大会上的讲话。

丝不苟地抓好整改工作的落实。以专家组评估为基础进一步巩固和扩大评建成果，积极探索加强本科教学、提高办学水平的长效机制，使学院的各项事业能够全面、协调、可持续发展。

目前，我们学院正处在改革和发展的重要时期，有幸能得到各位专家的亲切关怀、精心指导、热情帮助，是学院发展史上一个难得的机遇，必将对学院产生深远的影响。学院将以这次评估为契机，以专家组的肯定和鼓励为动力，继续坚定不移地坚持教学工作的中心地位，增加对教学经费的投入，强化教学管理，深化教学改革，切实加强教师队伍建设，健全教学质量监控与保障体系，进一步提高人才培养质量，为党和国家的机要密码事业输送更多政治可靠、业务精良的接班人。在今后的工作中，学院要将继续坚持"以评促改、以评促建、以评促管、评建结合、重在建设"的方针，在按照专家组的意见认真整改、巩固评估成果的同时，做好 60 周年校庆、申报硕士学位单位授予权和申报保密管理本科专业设置等工作，扎扎实实地把学院的改革、建设不断推向前进。

最后，再次感谢专家组一周来的辛勤工作和对北京电子科技学院建设发展全方位的精心指导。评估的过程是短暂的，我们在评估过程中得到的收益和与专家结下的友谊是长久的。诚恳希望各位专家在今后的工作中继续关心、指导学院的发展，我们随时欢迎各位专家来学院继续指导工作。衷心祝愿各位专家在以后的工作中取得新的更大的成绩，祝各位专家身体健康，万事如意。

以质取胜　提高核心竞争力[*]

（2008 年 1 月 21 日）

党的十七大报告指出，要优先发展教育，建设人力资源强国，提高高等教育质量。在同类院校的竞争中能够站稳脚步，在高校林立的首都能够立足，我们唯有坚持以质取胜战略，着力提高办学质量、水平、效益，才能继续生存，才可能脱颖而出。我们要不断提高办学水平，把机要密码作为生存发展的战略选择和最显著特色，牢牢抓住不放，突出体现出来，始终保持下去。在这个战略选择和定位的前提下，按照"不求规模大，但求质量高"的要求，紧密结合机要密码专业特点，科学制定学生培养方案，不断改进教学方式方法，促进人才培养数量和质量的协调发展，切实增强学院核心竞争力和可持续发展力。

一、要推进教育教学改革，着力构建信息安全学科体系

质量是学院的生命，提高教育质量是一项复杂的系统工程，而抓好学科建设是基础、是关键。我们要紧抓学科建设这个牛鼻子，持之以恒地提高教学质量。一是全力做好本科教学水平评估整改工作，认真落实学院《本科教学工作水平评估整改方案》，全面认识和把握我国高等教育发展的形势，进一步解放思想，转变观念，使学院在教育思想、教学实践上同高等教育发展的主流趋势保持一致，不断激发学院的办学活力。二是突出加强信息安全学科体系建设。完善以密码学为核心的信息安全学科体系建设的总体布局，增设保密管理本科专业方向。全力申办硕士学位单位授予权，重点落实申报 2 个学科的硕士学位单位授予权，形成以密码学基础理论、信息安全软件系统、硬件系统、通信系统以及信息安全管理五位一体、硕士本科两个层次的更为完备的专业体系架构。负责学科和专业建设的同志，要主动地开展关联性工作，积极研究有关学科和专业的建设，自觉为建设信息安全学科

---

[*] 本文是作者在学院 2007 年度总结表彰大会上的讲话摘要。

体系做贡献,使各学科专业共生互补,整体推进。三是推进质量工程建设。进一步完善现行本科各专业培养方案和教学质量监控体系,以精品课程建设全面带动整体课程建设,积极开展密码特色教材和精品教材建设。四是大力开展教学团队建设。着力打造密码学教学团队、信息安全教学团队、人文社科教学团队,进一步推进师资队伍建设,促进广大教师学术水平、教学水平的提高,打造一支高素质的教职工队伍,支撑学院全面、协调、可持续发展。

二、要坚持特色科研,进一步提高自主创新能力

科学研究是高校的一项基本职能。开展科研工作,是高校提高教学质量、学术水平和培养优秀人才的重要手段。我们要始终以机要密码行业需求作为科研发展的主攻方向,坚持教学科研良性互动、协调发展的良好格局。一是进一步整合学院现有的科研力量和资源,按照密码和信息安全科研的内在需求与规律,完善以密码及信息安全应用技术研究为主攻方向,以系部教师为依托,产学研相结合的科研创新机制,发挥整体合力,增强竞争实力。二是聚焦科研目标,坚持"有所为、有所不为"的方针,紧紧围绕机要密码事业与密码及信息安全领域的需求,突出重点,核心优势产品的研发要向系列化、纵深化方向发展,努力使主打密码产品更加丰富,优势密码产品更具竞争力。三是积极开展成立信息安全技术研究所的前期准备工作,逐步组建从事密码及信息安全基础理论研究的科研队伍。四是营造创新的环境,提高自主创新能力。要在全院大力营造创新氛围,培育创新意识,鼓励创新精神,保护创新成果。要发扬成绩,在借助外脑外力、吸收借鉴先进的科技成果和科技手段的同时,切实加强原始创新和引进消化吸收再创新,在关键领域和关键技术上寻找切入点,拥有一批自主知识产权,打造一批电科院品牌,从而既支撑学院当前建设又引领未来发展。

三、服务机要密码事业,拓宽机要培训范围和提高质量

学院的办学要始终坚持立足机要、面向机要、服务机要。做好机要干部培训是学院服务机要密码事业的重要方面,也是学院作为我国机要密码专门人才成长摇篮的应有之义。新的一年里,我们要在拓宽机要干部培训范围上有所作为,在提高培训质量上狠下功夫。一是坚持为各级机要部门服

好务,在中办机要局的指导和支持下,继续做好机要密码干部的培训工作,在培训内容、方式上更加贴近机要部门的需求。二是落实学院"三定方案"中培训机要交通干部的职能,积极与机要交通部门沟通联系,在中办机要交通局的指导和支持下,开展机要交通干部的培训工作。三是积极与保密部门沟通联系,在国家保密局的指导和支持下,开展保密干部的培训工作。四是加强学历教育,按照教育部有关文件精神,规范联合办学行为,加强函授教学监管,确保学历教育质量。办好中办机关聘用青年大专学历班。

四、切实推进素质教育,进一步把立德树人的任务落到实处

继续坚持忠诚可靠的思想政治教育。坚持政治教育素质化,加强社会主义核心价值体系教育,充分发挥课堂主渠道作用,按照"政治上忠诚可靠"的要求,上好思想政治理论课、形势与政策教育课。着力加强人文社科的教学改革和科研扶持力度,加强思想政治理论学科、课程、师资建设,设立人文社科专项科研基金,鼓励广大教师积极探索思想政治教育的新途径、新方法。围绕纪念改革开放 30 周年和迎接奥运会,深入开展理想信念教育、机要密码和中办优良传统教育、遵纪守法教育和敬业教育,教育和引导学生增强爱党爱国爱社会主义和热爱机要密码事业的事业心和责任感。

切实增强学生的适应能力和发展后劲。学院的特殊性质,要求我们培养的人才必须具备过硬的专业素质,必须在同行业以及相关领域知识的掌握上比其他院校学生更出色、更优秀。同时还要适应信息社会的需要和机要事业的发展,在加强机要密码专业课程教育教学的同时,注重对学生综合素质的培养,要按照德、智、体、美全面发展的要求,加强哲学、历史、文学、法律等方面内容的课程,不断提高学生科学素养和人文素养,引导学生向复合型人才的方向发展,以便毕业生走上工作岗位后大显身手,后劲十足,更好地适应社会的激烈竞争。

注重培养学生的创新精神和实践能力。不断推进素质教育,在培养方案和培养机制上大胆创新,大力加强实验和实践教学,注重培养学生获取新知识的能力、分析解决问题的能力、语言文字表达能力以及团结协作和社会活动能力。充分发挥第二课堂的育人作用,积极开展大学生科研为主要内容的课外科技文化活动,鼓励学生参加各类学科竞赛活动,支持学生自主科研立项,发挥学生科研创造性,挖掘学生的兴趣和潜能。拓展渠道,引导学

生积极参加社会实践,在实践的大课堂上积累经验、经受锻炼、增长才干,使学生的综合素质全面提高,创新精神牢固树立,实践能力不断增强。

五、推进制度改革,着力提高学院管理工作水平

管理出质量,管理出效益。加强管理是提高办学质量的必然要求,是依法办学的具体体现。我们要建设特色鲜明、水平一流的学院,就必须要有一流的管理。从一定意义上说,加强管理对于推进工作还具有基础和保证作用,只有把管理搞好了,才能形成好的风气、创造好的环境,使大家专心致志地做好业务工作。

积极稳妥地做好岗位设置工作。实施岗位设置管理制度,是党中央、国务院加强高校管理的重大举措,事关高校人事制度改革的深入推进和收入分配制度改革的顺利实施,事关学院人力资源的优化配置和广大教职工的切身利益。实施岗位设置管理工作是一项十分重要、紧迫而复杂的任务。我们要审慎稳妥地推进。一要按照人事部、教育部有关文件和厅里批准的学院内部管理体制改革总体方案的精神,在认真做好人员测算、摸底工作的基础上,对学院各类岗位统一核编定岗,科学制定学院岗位设置方案。二要进行科学调研论证,在广泛征求教职工意见的基础上,制定具体实施办法,明确各类岗位职责和上岗条件,实施人员聘用制。三要深入细致地开展思想政治工作,使改革的措施真正得到广大教职员工的拥护和支持,确保改革工作顺利推进,完善聘用后续管理工作,初步建立符合我院实际情况的选人用人机制。

提高学院管理工作水平。去年学院专题召开了管理工作会议,今年学院将继续加强管理工作,各部门务必高度重视,坚持严格管理、民主管理和科学管理。一是针对学院实际,坚持分类管理。在教学和学生工作中,围绕培养一流人才的目标,创造性地做好教学管理工作和学生管理工作。在科学研究中,围绕创造一流的科研成果,管好用好科研经费,倡导良好的学术道德和学术风气。在行政管理和后勤服务中,要规范工作流程,明确部门责任,量化考核标准,提高工作效率和服务质量。二是坚持用制度管人,按程序办事。近年来,学院已经出台了不少制度规定,总体上看,各方面的规章制度已经初步完备,但随着形势的发展,制度建设也要与时俱进。我们要以改革的精神加强制度建设,对比较笼统的加以细化,对不够周密的调整充实,对内容过时的进行更新,对缺少规范的抓紧研究制定,使学院形成比较

完善的规章制度体系,为进一步加强管理提供依据。三是采取有力措施落实各项规章制度。通过强化管理手段、完善管理措施、更新管理办法,使制定出来的规章制度不仅写在纸上,挂在墙上,而且要真正落实在行动上,全面体现在严格管理的过程之中。

六、加强班子建设,带动教职工队伍保持良好工作作风

开创学院工作新局面,关键在人。我们一定要主动适应新形势新任务的要求,坚持不懈地抓好队伍建设,以加强各级领导班子建设为重点,努力造就一支政治过硬、业务精良、作风优良的教职工队伍。

要切实增强各级领导班子的战斗力。实践证明,一个部门领导班子政治坚强、内部团结、工作勤勉、作风正派,这个部门的干部职工就人心齐、干劲足,各项工作就会顺利推进。应该说,学院各级领导班子总体上是好的,是团结的、有战斗力的。下一步,我们要按照加强学习、开拓创新,加强团结、遵守纪律的总体要求,认真加强领导班子自身建设。各级领导要加强学习,建设学习型班子,不断提高自身素质,无论在管理上还是业务上都要做行家里手。要忠实履行职责,全力投入工作,任务来了要吃苦在前、奉献在前,真正成为大家干事业的领头人。要珍惜和维护班子团结,凡事讲原则、讲大局、讲协作,相互信任、相互支持、相互补台,齐心协力做好工作。要加强党性修养,密切联系群众,带着感情为大家办实事、解难事,把干部职工的积极性保护好、引导好、发挥好。要清正廉洁,自觉筑起拒腐防变的坚固防线。各级领导班子要在政治上更强,业务上更精,作风上更硬,在各方面为教职工作出表率,以高尚的道德情操,完美的人格魅力,赢得人心、凝聚力量。

要在全院形成良好的工作作风。一个单位没有好的风气,就没有凝聚力;一支队伍没有好的风气,就打不了大仗,打不了硬仗,打不了胜仗。做好学院工作,仅有好的设想、好的措施还不够,还必须有好的作风。新的一年里,广大教职工要继续保持和发扬积极向上、团结奋进的精神状态。一要大力倡导勤奋学习的风气,进一步增强学习的自觉性和紧迫感,拿出"钻"劲和"挤"劲,向书本学习,向实践学习,不断提高理论素养和业务本领,更好地适应工作需要。二要大力倡导高效优质的理念,进一步增强时间观念和效率意识,无论什么工作都要做到雷厉风行,坚决克服办事拖拉、敷衍塞责、推诿扯皮的现象,确保各项工作高效运转。三要大力倡导真抓实干的劲头,进一

步增强事业心和责任感,坚持讲实话、出实招、办实事、求实效,狠抓工作落实,对布置的任务、制定的措施在落实执行中不能虎头蛇尾,必须形成经常性的抓落实机制,抓落实要坚持不懈、持之以恒,力争做到桩桩件件有着落,事事项项有回应。四要大力倡导严谨细致的作风,进一步培养严细的工作习惯,牢固树立细节决定成败、细微之处见精神的意识,抓工作从大处着眼,小处着手,把功夫下到每一个具体环节上,下到每一个具体过程中,把工作作为艺术品来精雕细刻。五要大力倡导甘于奉献的精神,进一步增强奉献意识,牢固树立正确的名利观和苦乐观,坚持事业第一、工作为先,排除各种私心杂念,默默无闻、埋头苦干,一心一意地做好本职工作,千方百计地创造一流业绩,为推进党的机要密码教育事业的发展而无私奉献。

为保密学历教育和专业建设打牢基础[*]

（2008 年 4 月 23 日）

在五一佳节即将到来之际，今天，我们在北京电子科技学院召开保密管理专业建设委员会成立暨第一次会议。首先，我代表北京电子科技学院党委对保密专业建设委员会的成立表示热烈祝贺！

国家保密局和北京电子科技学院联合开展保密学历教育、设立保密管理专业，是贯彻落实中央领导同志关于加强新形势下保密教育培训工作的重要批示精神，更好地满足党和国家保密事业对保密人才培养和保密学科建设需求的具体措施；是保密工作部门依托高等学校加快保密人才培养，大力推进保密干部队伍建设的一项创造性工作。保密管理专业的开设填补了我国高等教育在保密管理专业建设上的空白，标志着国家培养本科层次保密专门人才的开始，拓展了电科院的办学渠道，为彰显电科院的办学特色增添了新的内容，对于学院的建设和发展具有十分重要的意义。

中央领导同志非常重视保密管理专业的开设。去年 8 月，中央办公厅主任办公会听取了电科院和国家保密局关于申办保密管理专业和建设情况的汇报，充分肯定了申办保密管理专业的意义，明确责成中央办公厅人事局和国家保密局、电科院组织专门力量，共同做好申办工作。中央办公厅领导同志也多次听取申办和建设保密管理专业进展情况的汇报，要求电科院和国家保密局组织力量，精心筹备，密切协作，确保申办成功。

去年 7 月以来，国家保密局和电科院根据教育部的有关规定和要求，积极稳步地推进保密管理专业的申办工作。按照教育部申办新专业的程序，电科院和国家保密局共同起草申请报告报中办人事局；中办人事局向教育部高等教育司申请并获同意后，组织专家组进行了专业论证；论证通过后，报教育部审批。今年 1 月，教育部教高[2008]2 号文件批复同意电科院开设信息管理与信息系统专业（保密管理本科专业方向），2008 年开始招生。今年电科院招收 30 名保密管理专业方向学生的计划，经教育部、发改委批复

---

* 本文是作者在保密管理专业建设委员会成立暨第一次会议上的讲话。

后已分省下达。

今年3月19日,国家保密局和电科院在保密局召开了会议,研究了保密管理专业建设的问题。会议讨论了《关于保密管理专业建设的工作建议》,双方就成立保密管理专业建设组织机构、保密管理专业培养方案制订、师资队伍培养、教材建设、招生就业工作、实验、实训、实习基地建设以及保密科学技术研究等问题进行了认真的讨论,广泛交流了意见,形成了共识。会议同意成立保密管理专业建设委员会。保密管理专业建设委员会下设三个工作小组:教学指导小组、教材编审小组、招生就业协调小组,成员分别由保密技术专家、保密教育专家和国家保密局、电科院有关领导、教师组成,主要负责指导保密管理专业培养方案的制订、修订与完善、专业方案的评审,指导专业的发展,教材的规划、组织编写、审定、出版等有关事宜,协调每年的招生和毕业生的就业等问题。

今天,我们讨论通过了保密管理专业"一委三小组"成员名单,三个小组的组长就保密管理专业建设的各个方面谈了设想,各位委员也就保密管理专业的人才培养方案、师资队伍的培养与建设、课程设置、教材建设、专业实习基地建设、招生就业等工作发了言,提出了许多很好的意见和建议。国家保密局领导就开展保密学历教育和保密管理专业建设讲了十分重要的指导意见。

国家保密局领导在讲话中指出,要充分认识开展保密学历教育和保密管理专业建设的重要性。加强保密学科建设,培养保密专业人才是不断提高保密工作专业化水平,促进保密工作持续发展的重大基础工程。他在讲话中强调,要科学把握开展保密学历教育和保密管理专业建设的发展方向,坚持专业教学与理论研究相结合,坚持理论基础与实践能力相结合,坚持吸收借鉴与开拓创新相结合,走出一条适合我国国情的保密人才培养之路。要积极推进保密学历教育和保密管理专业建设稳步发展,立足当前,在比较短的时间内为保密战线输送一批高素质的年轻干部;着眼长远,认真分析未来保密学历教育的发展趋势,制定有前瞻性的发展规划,在本科教育的基础上,逐步考虑成人教育和研究生教育,开展更全面、更系统、更规范的保密学历教育。国家保密局领导还要求国家保密局和电科院积极整合内部资源,实现优势互补,形成工作合力,共同做好培养方案、教材、师资、实验实习基地建设等工作,为保密学历教育和保密专业建设的顺利开展打下坚实基础。

保密管理专业在我国属首次开办,没有现成的培养模式或方案可供参考。我们已经充分估计到了这项工作的难度,但我们对做好这项工作充满信心。筚路蓝缕,以启山林,瞻望前景,任重道远。在今天的会议上,各位委员欢聚一堂,畅所欲言,明确了保密管理专业建设下一步的工作目标和努力方向。希望各小组领导、各位委员按照今天会议达成的共识,按照国家保密局领导提出的要求和委员会的统一部署,认真履行职责,扎实而有效率地做好各小组的工作。会议纪要定稿后会尽快下发,作为各小组开展工作的遵循和依据。我们相信,在中央保密委员会和中央办公厅的正确领导下,在保密管理专业建设委员会的指导下,依靠大家共同努力,一定能建设好保密管理专业,早日为党和国家保密事业培养出事业急需、社会欢迎的高素质保密专门人才。

在评估优秀的新起点上前进[*]

（2008 年 6 月 13 日）

今天我们隆重召开学院本科教学工作水平评估总结表彰大会,回顾总结评估工作取得的成绩和成功的经验,表彰在教学评估工作中的获奖人员。首先,我代表院党委和院评估工作领导小组向全体获奖同志表示热烈的祝贺,向在评估工作中付出心血和汗水、做出贡献的全体教职工、离退休老同志致以崇高的敬意和衷心的感谢。

刚才,任小兵同志宣读了《教育部关于公布北京大学、清华大学等 198 所高等学校本科教学工作水平评估结论的通知》,方勇同志宣读了学院的表彰决定。陈子真同志对两年来的评估工作做了全面的回顾,肯定了成绩,总结了基本经验和体会,我完全同意。徐小青老师、赵剑民同志分别代表教师和管理人员作了精彩的发言,畅谈了评估工作中的收获和感想,讲得都非常好。学院取得了教学评估"优秀"的好成绩,这是国家教育主管部门对学院办学成绩的高度评价,是对学院本科教学工作评建成果的充分肯定。

这次教学评估是对学院 60 年办学历程的一次全面检阅,是对学院开展本科教学 15 年来深化教育教学改革、提高教学水平和人才培养质量的一次国家级验收,对学院的发展具有里程碑的意义。学院自西柏坡中央工委青年干部训练班诞生,发展到今天我国密码人才成长的重要摇篮和国家密码科研的重要基地,在 60 年的办学历程中,有几个重要的里程碑。1981 年国务院批准成立北京电子专科学校;1983 年学校对外公开招收大专生,标志着学校正式迈入国民高等教育序列。1992 年原国家教委批准在北京电子专科学校的基础上建立北京电子科技学院,1993 年学院招收第一届本科生,学院进入提高办学层次,扩大办学规模,改善办学条件,提升教学质量,全面提高、快速发展的时期。1999 年学院通过了教育部本科教学工作合格性评价,本科教学质量和办学水平从内涵上进入了中国高等教育的阵营。2003 年经教育部批准,学院与西安电子科技大学联合开展密码学硕士研究生教育,

---

* 本文是作者在本科教学工作水平评估总结表彰大会上的讲话。

2004 年学院招收第一届联合培养的研究生，学院办学层次进一步提高，人才培养机制更加完善。2007 年学院接受了教育部本科教学工作水平评估，并取得"优秀"的成绩，标志着学院的本科教学质量、人才培养和教育教学水平向中国高等教育一流水平又前进了一步。

学院教学评估工作，从 2005 年教学评估工作领导小组成立，经历自查自评、全面建设、重点建设、整改提高四个阶段，到 2007 年 9 月 23 日教育部专家组进驻学院，前后长达两年多的时间。两年多来，全院师生员工认真贯彻厅领导指示，在中办普通高等学校本科教学工作水平评估领导小组的指导下，全面落实教育部有关文件精神和教学评估的文件要求，先后成立并完善了各级各类评建组织机构，明确了工作任务和目标，紧紧围绕"以评促建、以评促改、以评促管、评建结合、重在建设"的二十字方针，做了大量扎扎实实、深入细致的工作。我们从转变教育思想观念入手，在全院开展了教育教学思想观念大讨论，先进、开放的思想观念深入人心。我们从规划学院顶层设计入手，梳理办学传统，总结办学经验，凝练办学特色，对办学指导思想、学院定位、办学理念、办学思路、办学特色等问题有了更客观深入的思考，为学院深入贯彻落实科学发展观，实现又好又快的发展指明了方向。我们从提高本科教学水平入手，进一步突出和加强了教学工作的中心地位，将先进的教育教学理论成果与学院的教学、管理工作实际有机结合，加大对教学基础设施建设的投入，提高了教育教学水平，促进了教学质量和各项管理工作水平的提高。我们从加强校风学风建设入手，在整个评估工作过程中，广大师生员工心系学院，心往一处想，劲往一处使，所有的人、所有的事都为着一个共同的目标而努力，这种爱院如家的情结、无私奉献的境界、精益求精的作风，升华了每一个人的思想。我们在专家组进校考察期间，全院师生员工不辱使命，以高昂的斗志、良好的风貌、求真务实的奉献精神和一流的工作业绩，赢得了专家组的肯定和好评。经过全院师生员工近三年的共同奋斗和不懈努力，我们的教育思想观念更加先进开放，学院的办学指导思想更加明确清晰，办学定位更加科学准确，教学质量迈上了新台阶，学院的办学水平和综合实力得到全面提升，向党的机要密码事业交上了一份满意的答卷。

学院在教学评估中取得的优异成绩，离不开厅领导、厅内各主管局、各级教育主管部门长期以来对学院的关心和支持，离不开全院各部门的通力协作，更离不开学院每一位师生员工的辛勤劳动和无私奉献。正是大家每个人贡献的一份力量，才汇聚成推进学院建设和发展的强大动力；正是大家每个人付出的不懈努力，才开创出今天学院社会声誉不断提升，在机要部门和党政机关影响日益扩大的大好局面。

回顾评估工作历程，我们深刻认识到外部的大力支持是学院评估工作取得胜利的前提和保证。厅领导高度重视学院的评估工作，多次对学院的评估工作做出重要指示，中央办公厅专门成立了评估领导小组，分管厅领导担任组长并多次亲临学院指导工作。中办人事局、中办机要局、中直管理局从政策、资金等诸多方面给予了学院强有力的支持，帮助学院解决了大量的实际问题和困难。教育部高等教育教学评估中心、北京市教委等各级教育主管部门一直十分支持学院的建设和发展，从多方面给予指导和帮助。在北京市教委的支持下，2006年9月学院邀请部分教育部评估专家对学院进行了预评估，专家们发现并指出了学院在评建工作中存在的问题和不足，为进一步做好评估建设工作提出了宝贵的意见和建议。

回顾评估工作历程，我们深刻认识到广大教师始终是评建工作的主力军和决胜力量。教师是办学的主体，教学评估首要考察的是学院的办学质量和教学水平。在评估工作中，全院教师时刻以提升学院教育教学质量为己任，吸收和借鉴国内外先进的教育思想观念和教学方法手段，从大处着眼，从小处着手，不放过教学环节中的任何一个细节，精雕细刻，精益求精。每一份教案、每一堂课、每一份实验报告、每一本（篇）毕业设计（论文）无不凝聚着老师们的智慧和心血。在评建过程中，全体教师良好的职业道德和专业素养时刻感染并激励着学院的每一个人。专家进校考察期间，教师们不仅以良好的教师风范、严谨的治学态度、丰富的专业知识、娴熟的教学技能得到了专家的肯定和好评，更以优良的师德师风感动了每一位评估专家。正是因为我们有这样一支优秀的教师队伍，学院才顺利完成预定目标，取得教学评估的优异成绩。

回顾评估工作历程，我们深刻认识到全院上下团结一心、通力协作是评估工作取得胜利的重要基础。为了学院的整体利益，学院各部门员工从大局出发，协调配合，相互理解，团结一致，放弃休息时间，主动加班加点，全身心投入到评估工作中去。为了整理评估材料，全院教职员工各司其职，认真计算、反复核对每一个数据，精心制作每一张表格；为了确保专家进校考察期间的各项活动周密稳妥，万无一失，相关部门的干部职工不厌其烦地修改完善工作方案；为了学院各项工作的正常运转，后勤部门的同志日夜值守在后勤保障的第一线；为了全力支持学院评估工作，离退休老同志组成专家组，直接参与学院的评建工作，并通过各种方式积极为学院建言献策，为学院的评估工作做贡献。在评估工作中，全院教职员工焚膏继晷，夜以继日。

有的同志顾不上照顾年迈体弱的父母和家中患病的妻儿,有的同志顾不上辅导即将参加考试的孩子,有的同志加班到深夜,在办公室和衣入睡,第二天又精神抖擞地投入工作。大家无怨无悔、不计较个人得失,在各自的工作岗位上无私地奉献着自己的智慧和力量,以实际行动表达着自己对学院的热爱与忠诚。

回顾评估工作历程,我们深刻认识到思想重视、周密安排是评估工作取得胜利的有力保障。学院分阶段、分层次地以各种形式在全院干部群众、师生员工中开展评估知识的学习宣传活动。通过宣传和动员,调动全院每一位师生员工的积极性、主动性和创造性。同时,在厅评估工作领导小组的指导下,先后成立了学院教学评估工作领导小组,评估工作办公室及各评建工作项目组,分解工作任务,层层落实到部门,具体考核到个人。学院制定了详细的工作方案、预案、工作规程及日程时间表,并建立了一整套与之相应的监督机制,全面监督各项评建任务的进展和完成情况,有力地保证了评建工作能够优质、高效地如期完成。

在这次评估工作中,全体教职员工包括离退休老同志都尽了最大的努力,展现了最佳的状态。虽然我们在表彰中将获奖人员分为一、二、三等奖,但是获奖等次的区别和奖金数额的不同,并不完全能和每个人在评估工作中的贡献画等号。由于名额的限制,许多同志没有进入一、二等奖的范围。大家可能都注意到了,在一等奖、二等奖的名单中没有出现院领导和一些处长的名字。我查看了2005年12月29日院党委讨论决定的院评估工作小组和各项目组组成人员名单,院领导都是工作小组成员同时分别担任各项目组组长。随着评估工作的进程,院领导负责的个别项目有所调整,但自始至终都是站在评估工作的一线统筹规划,督促检查。各位院领导为评估所做的工作广大教职工心中有数。一些处长在项目组中,在本部门负责的观测点上也是身先士卒,殚精竭虑,发挥了不可替代的作用,但他们没有获一、二等奖,这并不表明他们的工作做得不多、干得不好,而是他们不愿占用全院和本处室的名额而为其他同志提供机会,这是作为一名领导干部对待荣誉、对待奖励的正确态度,是谦虚的表现。我向这些同志表示由衷的敬意。

老师们,同志们,教学评估的优异成绩是全院教职员工辛勤耕耘的丰硕成果。全院广大教职员工要倍加珍惜来之不易的优秀成果,要倍加珍惜学院业已形成的良好氛围,要倍加珍惜学院发展建设的大好机遇,乘势而上,再创辉煌。同时,我们也应保持清醒的头脑,正视存在的问题和差距。获得"优秀"的评估结论,我们决不能陶醉和自满,而应该保持清醒的头脑,更加努力地工作。面对建设高等教育强国的目标,面对兄弟院校的竞争,逆水行舟,不进则退。我们要有危机意识和忧患意识,现在不能、将来也不能骄傲。下面,我就如何巩固评建成果,推动学院新的发展谈几点意见。

一、认真整改,巩固评建成果,建立保持优秀教学水平的长效机制。以评促建、以评促改、以评促管,使我们在提高本科教学工作水平和人才培养质量上取得了丰硕的成果。我们要珍惜这些成果,按照评估专家提出的意见和建议,有针对性地对学院的教学工作进行整改。认真落实《本科教学工作水平评估整改方案》,进一步提高教学工作水平和人才培养质量,为学院的进一步改革与发展奠定坚实的基础,建立提高教学质量的长效机制。我们要把迎评促建的工作状态变为日常工作的常态,把评估工作中的好做法固化为制度,把规范变成习惯,使质量意识成为发自内心的责任感,而不是评估的外在压力。

二、进一步突出特色,构建特色鲜明的密码及信息安全学科专业体系。办学特色是一个学校在长期办学过程中积淀形成的、本校特有的、优于其他学校的独特优质风貌。有没有特色,是关系一所大学能否生存、能否实现可持续发展的大问题。我们电科院作为全国唯一一所为党政机关培养机要密码人才的高等学校,要坚定不移地走特色发展之路,进一步明确办学指导思想,突出办学特色,坚持立足机要、面向机要、服务机要的办学定位,在多层次、多样化、多类型的高等教育体系中占有一席之地。以为党和国家培养有机要密码特色的信息安全高素质人才为己任,深入研究将机要特色与办学理念、办学思路、学科建设、人才培养相互融会贯通的机制和办法,着力加强以密码学为特色的信息安全学科专业体系。统筹配置资源,扎扎实实地落实学院"十一五"规划中已经明确的学科专业发展战略,构建特色鲜明的密码及信息安全学科专业体系。

三、遵循规律,探索符合新时期机要密码工作要求的人才培养模式。要准确把握高等教育的主流发展趋势,进一步学习国际国内高等教育的先进思想和观念,广泛吸取和借鉴各高校在人才培养方面取得的成功经验。在认真分析新时期机要密码工作特点的基础上,进一步完善人才培养方案,深入研究适应新时期机要密码工作需要的专业人才的知识、技能及素质结构。处理好知识传授与能力培养的关系,通识教育与专业教育的关系,完美人格与职业素质的关系。在人才培养过程中着力加强政治思想素质教育,把忠诚党的机要密码事业摆在突出位置上。着力加强综合素质和实践能力的培养与提高,积极探索符合学院办学定位、具有学院鲜明特色、科学完善的人才培养模式。

四、勇于创新,不断激发学院的生机和活力。电科院在长期发展过程中形成的优良办学传统,是我们的宝贵财富,一定要继续传承并在新时期发扬光大。创新是一所大学永葆生机的源泉,只有与时俱进、不断改革创新,才不会在竞争的大潮中落伍。我们无论抓教学、搞科研,还是建队伍、强管理,都要有创新的思路和创新的举措。一要加强学术创新,努力追赶密码及信息安全学术科研的最前沿,突出研究重点,加强协同攻关,发挥学院的特色优势,在信息安全领域内创造一流的学术科研成果,更好地为各级党政系统和信息安全领域服务。二要加强教育教学创新,及时更新教育思想观念,研究创造更科学、更行之有效的教育教学方法,使教育理念、内容、方法、手段和模式适应时代进步、科技创新和人的全面发展的要求。教学工作要求质量,大力推进"质量工程",继续抓好学科与专业建设,特别要抓好申办硕士学位单位授予权工作,加强课程建设,推进教学方法和手段的改革,推进人才培养模式创新,打造优秀教学团队。科研工作要出成果,大力推进科研创新工程,强化教学与科研的良性互动,凝聚特色科研队伍,提高特色科研水平。学生培养要重能力,加强忠诚可靠的思想政治教育,坚持以人为本,立德树人,全面提高学生综合素质。管理工作要上台阶,积极探索具有学院特色的管理模式,进一步提高管理水平;充分发扬民主,注重制度建设,坚持依法治校,不断提高管理的科学化、民主化、法制化水平。稳步推进人事管理制度改革,加强财务管理,探索后勤管理和改革的新途径。队伍建设要有新风貌,开好党代会,选举产生新一届党委,进一步配强中层干部,建设学习型领导班子,增强各级领导班子的战斗力和凝聚力。三要加强制度创新,深入研究新时期高等学校管理规律,探索具有电科院特色的管理体制和机制。

五、以人为本,营造健康向上的校园文化。抵御世俗诱惑,守望大学精神。倡导自由与自律,致力传承与创新,推崇责任与奉献,践行包容与和谐,使电科院成为全体教职员工的精神家园。胡锦涛总书记今年5月3日在与北京大学师生代表座谈时指出:"校风反映一个学校的整体形象,一流大学应该有一流的校风。"我们要按照总书记的要求,在培育优良校风上下功夫。一方面继续加强师德师风建设,提升广大教师投身党的机要密码教育事业的光荣感和使命感,淡泊名利、严谨治学、诲人不倦。另一方面要继续加强学风建设,培养学生对党忠诚的政治素质、勤奋刻苦的学习态度和敬业奉献的道德情操。全院各部门共同努力,营造忠于理想、严谨求实、朝气蓬勃、和谐奋进的校园文化氛围。

老师们，同志们，成绩属于过去，未来任重道远。在建设高等教育强国的大背景之下，学院面临新的挑战和机遇，有中央办公厅坚强有力的领导，有全院教职员工的大力支持，学院党委对学院未来的发展充满信心。让我们全面贯彻党的十七大精神，按照科学发展观的要求，认真落实中央、中办领导对学院的指示和要求，励精图治搞建设，专心致志抓教学，一心一意谋发展。让电科院成为学生求学修身、放飞理想的殿堂，教师施展才华、治学研究的乐土，干部职工建功立业、成长进步的舞台，以今天的成绩为新的起点，全院上下共同努力，为早日实现特色鲜明、水平一流的机要密码专业高等学校的奋斗目标而做出自己的贡献。

最后，我再次代表院党委对全体教职员工、对迎评促建之前和迎评促建期间离开工作岗位的老同志在学院发展建设中做出的贡献，在两年多迎评促建工作中付出的辛劳，对大家对院党委工作的支持表示衷心的感谢。

主动融入高等教育发展的主流趋势[*]

（2008 年 8 月 7 日）

利用学校的暑假组织中心组学习，主要有这么几点考虑：第一，是进一步表明院党委抓好学习的决心。今年年初，院党委制订了中心组学习计划，提出要进一步加大学习力度，要增加学习次数，原则上每月安排一次；要拓展学习内容，除了学习党的理论、形势政策等，还要学习教育教学等方面内容。通过抓好学习这个龙头，进一步带动班子建设，促进学院发展。第二，同志们平时工作都很忙，教学系部还有教学任务，而今年的暑假较长，时间相对比较宽裕，也不像去年全校上下做迎接评估专家组的准备工作。在充分休息的同时，大家聚到一起，集中精力"充充电"，深入系统地思考一些问题。通过学习和思考，进一步提高认识，统一思想，为做好下学期的工作打好基础。第三，这次中心组学习会，也是院领导班子落实专题民主生活会整改方案的具体举措。7 月 11 日学院召开了领导班子专题民主生活会，会后领导班子制定了详细的整改方案。整改方案的重要一条，就是要进一步加强对其他高校先进办学经验的学习，主动融入高等教育发展的主流趋势。我们这次学习会，专门安排毛明和李子臣两位同志介绍他们作为评估专家在其他高校评估考察的情况，以及在考察之中的体会、感受和启发。目的就是要进一步学习兄弟院校的先进办学经验，更加积极主动地融入高等教育发展的主流趋势之中，以更加宽广的视野和更加开放的胸襟来建设我们这所特色院校。

刚才，毛明副院长和李子臣教授从不同的角度，谈了作为评估专家考察其他高校的感受和体会，谈得都很好，听后很受启发。借这个机会，我也向大家介绍一下我参加第十六次兄弟院校座谈会的情况。这次兄弟院校座谈会是 7 月 24 日在河南洛阳召开的，由解放军外国语学院主办。参加会议的 9 所院校的负责人和相关部门负责同志共 30 余人，座谈会由解放军外国语学院院长李绍山少将主持，政委郑育文少将致了欢迎辞。会上，各院校负责

---

* 本文是作者在学院党委理论学习中心组学习会上的讲话。

同志介绍了自己学校一年来的工作,交流了在教育教学改革、学科专业建设、人才队伍建设、科研学术创新和校园文化建设等方面的做法和体会。我从"本科教学工作水平评估获得'优秀'成绩"、"中办教指委成立"、"成功举办学院 60 周年校庆"、"校史馆建成开馆,校史编撰完成"、"增设保密管理专业获得批准并招生"以及"研究生教育扎实推进"六个方面介绍了学院 2007—2008 学年的主要工作。

今年以来,院党委非常重视与其他高校的学习交流,非常重视学习其他高校的先进经验。今年上半年,院领导带队,专门赴中国政法大学、北京邮电大学学习考察;我们特别邀请了中国政法大学党委书记石亚军教授来院作学术讲座,进一步更新观念;召开了中办教指委成立大会,聆听各方面专家对学院办学的意见建议,虚心学习请教;今天我们又召开中心组学习会,请毛明、李子臣介绍作为评估专家赴其他高校考察的情况。下学期,院领导还将根据情况,有计划地带队赴有关高校学习考察。在这里,我想就学习借鉴其他高校的办学经验,再强调几点。

第一,要端正态度,放下架子,虚心学习其他高校的先进经验。中央办公厅教学指导委员会专家给学院提出了许多有真知灼见的意见和建议,教育部评估专家在小范围反馈意见中都谈到,学院要"走出去",学习借鉴其他高校的办学经验。专家的这个意见非常中肯。俗话说,尺有所短、寸有所长。我们学院是中办所属的一所高校,我们有自己的特色和优势。但同时也要看到,与其他高校相比,我们也还存在着不足。要融入主流趋势,首先必须了解主流趋势。学习其他高校的先进经验,正是了解高教规律,融入主流趋势的直接途径。

第二,要联系学院实际,真正做到学以致用。学习借鉴其他高校的先进经验,并不是照搬照抄。一定要根据我们学校的特殊使命,结合学院的实际情况,结合本单位、本部门的工作特点,认真思考,批判地借鉴吸收,取其精华,为我所用。在学习借鉴过程中,既要知其然,又要知其所以然,要在把握自己所从事工作领域规律的基础上,借鉴他们好的思想、好的思路来创新工作方法和机制。

第三,要真正建立开放办学的意识。新时期最鲜明的特点是改革开放,在新形势下,任何一个单位和部门把自己封闭起来,都不可能取得成功。今年是改革开放 30 周年,我们要以改革开放的时代精神激励自己,真正树立起开放办学的意识,努力拓宽自己的视野和胸襟,在办学中走改革开放之路。要通过"走出去,请进来"的方式,学习借鉴其他高校的办学经验,在遵守保密工作要求的情况下,积极主动地参与到与其他高校的学术科研交流中。去年厅领导在同院领导班子谈话时,要求我们在珍惜自身经验的同时,要有一种开放的胸怀,注重学习外面的经验,开门走出去,扩大交往,及时了解外界的一些重要信息,注意研究新的教育观念,新的管理方式。虚心使人进步,前进永无止境。只要我们注意学习,扎实工作,凝聚内部力量,吸收外部营养,就一定能够提高办学水平和办学质量,在国家分类、分层次发展、多样化办学的高等教育体系中占有一席之地。

教材是人才培养培训的基础和保证*

（2008 年 9 月 27 日）

中办电子科技学院是我国机要密码专业人才成长的重要摇篮和国家机要密码科研的重要基地，承担着为党和国家培养机要、密码和信息安全技术与管理人才的重任。近年来，在中办的正确领导下，学院始终坚持以教学为中心，以提高教学质量为根本，大力开展学科专业建设，接受了教育部高等学校本科教学工作水平评估并取得"优秀"成绩，学院教育教学水平、人才培养质量和密码科研实力稳步提高。

长期以来，学院高度重视密码专业教材的编审工作和机要密码人才的培养培训工作。2001 年第三届全国党政系统密码专业教材编审委员会成立以来，学院认真按照编审委的部署和要求，严格执行《教材编写规划》，精心组织力量撰写和编纂教材，并出版了一批优秀教材。有的教材已作为我院学生的专业教材；有的教材已作为我院成人教育学员的培训教材并向基层机要部门发行，受到机要密码干部的欢迎；有的教材还获得省部级奖励。这些优秀教材在学院机要密码人才培养和机要密码干部的培训中发挥了不可替代的重要作用，很好地满足了密码专业教育和干部培训的需要。刚才，中办机要局领导在讲话中指出了密码专业教材编审工作的重要性，强调要突出重点、加强专业教材的密码特色，并对密码专业教材的编纂和建设工作提出了明确要求。第四届全国党政系统密码专业教材编审委员会成立和本次会议的召开，对做好全国党政系统密码专业教材的编写，促进中办电科院做好机要密码人才的培养和培训工作具有十分重要的意义。

把中办电科院建设成为特色鲜明、水平一流的机要密码专业高等学校，是我们的努力目标。开展密码专业教材编写工作，是体现学院机要密码特色的一个重要方面，可以直接反映学院机要密码科研和学术水平。我们要站在彰显办学特色、培养高素质机要密码人才的战略高度，认真开展密码专

---

* 本文是作者在第四届全国党政系统密码专业教材编审委员会成立暨第一次全体会议上的讲话。

业教材的撰写编纂工作。

高质量的教材是高质量人才培养培训的基础和重要保证。电科院要完成好培养高素质机要密码专门人才、培训党政机要密码干部的两大任务,就需要编写好密码专业教育和干部培训两个系列的教材。学院要在以中办机要局为领导的全国党政系统密码专业教材编审委员会的指导下,在各位委员的积极参与和努力下,力争编纂一批具有权威性、一流水平的机要密码专业教育和干部培训教材,竭尽全力做好密码专业教材编审的各项工作。

第一,要科学编制教材建设计划。密码专业教材要紧密跟踪密码与信息安全技术的发展前沿,从保证高质量密码人才培养的实际需要出发,正确处理好密码专业教材编写与密码人才培养各个环节之间的关系,科学制订教材建设计划。党政密码干部培训教材要紧贴密码工作实际,符合密码干部进修深造的学习特点,正确处理好理论学习与实际技能培训之间的关系,在充分调研、科学论证的基础上,做好密码干部培训教材、教案的编写出版工作。

第二,要努力编写出版高质量教材。教材的编写过程实质是一个科学研究的过程,尤其是密码专业教材和干部培训教材,没有现成的同类教材可供借鉴。我们要按照"特色为先,质量为本,编写高质量教材"的总体要求,认真开展教材的撰写和编纂工作,努力使编写的教材不仅涵盖密码理论的基础知识,而且反映密码与信息安全最新技术成果;不仅体现教育教学改革与研究的最新成果,而且具有符合教育教学规律和机要密码干部培养培训规律的鲜明特色。

第三,要精心做好教材编务工作。编审委办公室设在学院是中办机要局对学院的信任。编审委办公室要认真贯彻落实编审委会议精神,严格按照《编写规划》,组织完成好编写出版任务;要虚心向编审委领导、专家学习求教,主动开展沟通与交流,积极搭建教材编写学术研究与交流的平台;要做好教材的编写、评审、出版、发行等一系列工作,为多出快出高质量的教材提供保障;要精心为编审委提供细致、周到的服务,为各位委员开展工作创造良好条件。

我相信,在中办机要局的领导下,全国党政系统密码专业教材编审委员会第四届委员会一定能够按照"特色为先,质量为本,编写高质量教材"的总体要求,编写出版一批适合机要密码专业人才培养和机要密码干部培训的精品教材,为培养高素质机要密码人才和培训党政机要密码干部做出应有的贡献。

机要密码部门需求是办学的第一信号[*]

（2009 年 1 月 16 日）

一、强化特色意识。特色是大学立足与发展的根本，是生存与竞争的前提。机要与密码是电科院的本质内涵体现，是学院命运之所系。学院必须始终坚定不移地把服务机要密码事业作为办学方向，必须始终坚定不移把机要密码作为学院生存与发展的战略选择和最显著特色，牢牢抓住不放，突出体现出来，始终保持下去。在这个战略选择和定位的前提下，认真履行人才培养、科学研究、服务社会的职能。要把机要密码部门的需求作为办学的第一信号，在办学定位上，突出服务党的机要密码事业。在人才培养上，突出提高学生的思想政治素质。在专业设置上，突出建设信息安全学科体系。在科学研究上，瞄准机要密码行业需求。要把机要密码特色渗透在教学科研的各个方面。

二、强化质量意识。质量是高校的生命线。要把提高教学质量、人才培养质量作为学院发展建设的永恒主题，坚持本科教学工作的中心地位不动摇，坚持教学建设的优先地位不动摇，坚持教学改革的核心地位不动摇。要按照"不求规模大，但求质量高"的要求，紧密结合机要密码专业特点，科学确定学生的培养目标、培养方式和成人教育的培训内容等，不断改进教学方式和手段，提高教学质量，促进人才培养数量和质量的协调发展，增强学院的核心竞争力和可持续发展力。

三、强化人本意识。坚持以人为本，就要做到教育以育人为本，以学生为主体；办学以人才为本，以教师为主体。一方面，要时刻不忘立德树人这个根本任务。坚持德育为先，把社会主义核心价值体系融入学校教育全过程。要尊重学生的主体地位，调动学生内在的积极性。另一方面，要牢牢抓住师资队伍建设这个战略重点。大力实施人才强校战略，用更大的热情、更多的投入、更得力的举措推进师资队伍建设。把发挥、培养、使用、凝聚优秀人才作为做好学校工作的突出任务，不拘一格地选拔使用人才，充满感情地

---

* 本文是作者在学院 2008 年度总结表彰大会上的讲话节选。

关心爱护人才,努力建设一支高素质高水平的机要密码教育的教师队伍和教育工作者队伍。

四、强化创新意识。创新是进步的灵魂,创新是发展的动力。实践没有止境、创新没有止境,推动工作创新是我们的永恒追求。建设特色鲜明、水平一流的机要密码专业高等学校是我们创新的主攻方向,要在全院形成人人争创新、鼓励创新成果、宽容挫折失利的良好创新环境。让勇于创新的同志受到应有的尊重,使成功创新的成果充分发挥作用,为我们的事业注入奔涌不竭的动力。

五、强化效率意识。效率是财富,效率是生产力。我们要在工作中大力倡导马上就办、事不隔夜、案无积卷的工作作风,大力发扬雷厉风行、令行禁止的工作态度,以一刻也不放松的精神去抓工作,超前谋划、提前准备,不断提高运转的速度,切实增强快速反应能力,确保各项工作高效、有序运转。

六、强化团结意识。团结就是力量。天时不如地利,地利不如人和。一个单位的竞争力,不仅取决于硬件条件,更重要的是取决于是否具有团队精神。同舟共济、团结协作、心往一处想、劲往一处使的团队精神,是电科院的优良传统。要以院处各级领导班子的团结带动全院的团结,以班子的作风带动全院的作风。在工作中要多琢磨事、少琢磨人,树立正气。全体教职员工要牢固树立全院一盘棋的思想,内强素质,外树形象,真正形成团结一心干事业、聚精会神谋发展的良好局面。

做好新一年的各项工作,推进学院建设和发展,最关键的还是要做好关心人的工作。各级领导干部既要在工作要求上毫不含糊,又要在关心教职员工上真心实意。这一点,院党委、院领导从来都是坚定不移的。过去的一年里,广大教职员工默默无闻,无私奉献,辛苦工作,克服了个人和家庭方面的许多困难,全力以赴地投身于学院各项建设。新的一年里,院党委要下更大的决心、做更大的努力,在政治上关心大家的成长进步,对德才兼备的干部及时提拔,对工作实绩突出的干部大胆重用,决不让埋头苦干的老实人吃亏,决不让踏实工作的人心凉,使每一位努力干事的同志都有奔头、有盼头。要努力为大家创造干事业的良好环境,完善激励制度和措施,使人才能够脱颖而出,使才华能够充分展示,使干事业的努力都能够结出硕果。要在生活上帮助大家解决后顾之忧,在政策允许的范围内,尽最大努力改善大家的住房条件,提高大家的福利待遇,保证大家的身体健康,使大家全身心地投入到工作中来。

筚路蓝缕　以启山林[*]

（2009 年 4 月 29 日）

记者：沈书记，您在国家保密局工作过 8 年，到北京电子科技学院工作也 3 年多了，应该说对保密工作和高等教育都有切身的体会，请问您怎样看保密人才培养和保密学历教育？

沈永社：保密工作是党和国家的一项重要工作。保密管理是国家行政管理工作的有机组成部分，同国家其他管理工作一样，对社会的进步、国家的发展，对维护国家的安全和利益，发挥着重要的作用。在我国保密管理历史悠久，积累了丰富的实践经验，在保密管理理论方面也进行了有益的探索。改革开放特别是《保密法》颁布以来，随着新时期保密工作不断与时俱进、开拓创新，科学化、法制化、现代化水平显著提高，初步形成了中国特色社会主义保密思想体系和知识技能体系。但总的说来，保密管理基本上还是局限在对具体涉密行为的一般性认识和行为控制方面。对保密管理的性质特点、管理体制的构建原则、管理机制的基本模式、管理活动的规律性和有效性，缺乏深入的分析和理论研究。加强保密管理研究，建立适应新形势新任务需要的保密管理理论体系，用科学的理论指导保密管理实践，具有非常重要的意义。

目前，我国已经建立起一支具有一定规模的保密干部队伍。由于特殊的历史原因，我国至今没有建立专门的保密管理人才培养教育基地，也没有形成一套规范的保密管理人才教育培养机制，保密干部缺乏专业保密管理知识和保密管理技能的系统培训。整个保密管理系统急需高素质的管理人才。国家保密事业发展的形势，要求我们尽快培养出具备专业知识、懂技术、善管理的高素质保密人才。

建设保密学科，就是为了研究保密管理工作，创新保密管理理论，建立科学的保密管理理论体系。开展保密学历教育，就是为了对保密管理干部

---

[*] 本文是作者就保密学历教育的创办与发展接受《保密工作》杂志社记者专访时的谈话，刊登于 2009 年第 5 期《保密工作》。

进行专业的系统培训,培养高素质的保密管理人才。培养保密管理专业人才、建设保密学科是保密工作部门适应新形势需要,大力推进保密队伍建设的一项重要举措,也是不断提高保密工作专业化水平,促进保密工作持续发展的重大基础工程。

记者:北京电子科技学院是我国第一所也是目前唯一一所由教育部正式批准开展保密学历教育的高校,您认为学院的优势在哪里?

沈永社:学院保密管理专业是在中央领导、中央保密委员会领导、中央办公厅领导和国家保密局领导亲自关心关怀下设立的。2007 年 8 月,中共中央办公厅主任办公会研究决定在北京电子科技学院设立保密管理本科专业。2008 年 3 月初,国家教育部正式下发文件,同意学院在信息管理与信息系统专业下开设保密管理方向,开创了国内保密管理专业学历教育的先河。2008 年 9 月 1 日,我院迎来首届保密管理专业 30 名来自全国各地的学生,标志着我国保密管理本科教育的正式开始。学院是我国第一所也是目前唯一一所由教育部正式批准开展保密学历教育的高校。

北京电子科技学院是中共中央办公厅所属的一所为全国党政系统培养机要、密码和信息安全等专门特需人才的高等学校。学院 62 年的建设与发展,始终得到党中央和中央办公厅领导的高度重视和关心指导,这是学院独有的政治优势。近些年来,电科院遵照中央办公厅领导的指示精神,锐意进取,加快发展,学科建设和队伍建设的规模和水平不断提高。学院设有信息安全、信息与计算科学、电子信息工程、计算机科学与技术、通信工程、行政管理和信息管理与信息系统(保密管理方向)等 7 个本科专业。保密管理本科专业有坚实的学科基础,在课程设置、教学实验条件、图书资料等方面有良好的硬件条件。学院专任教师的硕博比达到 74%,拥有从事管理学、法学的专任教师 20 余人,计算机技术的专任教师 30 余人,密码与信息安全的专任教师 40 余人,为保密管理专业提供了雄厚的师资力量。应该说学院在培养密码与信息安全人才方面积累了丰富的办学经验,具备适合保密人才培养的教育教学条件,在率先培养国家保密管理专业人才方面有着得天独厚的优势。

记者:在信息管理与信息系统专业下开设保密管理方向尚属一种新的设置,您能解释一下这种专业架构吗?

沈永社:随着社会的发展,新学科、新专业的出现是必然的。在国务院学位委员会、原国家教委 1997 年联合颁布的《授予博士、硕士学位和培养研究生的学科、专业目录》和教育部 1998 年颁布的《普通高等学校本科专业目录》中,分设哲学、经济学、法学、教育学、文学、历史学、理学、工学、农学、医学、管理学十一个学科门类(无军事学),下设二级类 71 个,249 种专业,通常把这 249 种专业叫目录内本科专业。但是随着国家经济建设、科技进步和社会发展的需要,新行业的不断出现和发展,需要培养目录外专业人才。新增目录外专业一般由学校报主管部门请专家论证审定并报经教育部审批后,学校可设置目录外专业,到目前新增设的目录外专业已达到 287 个。一般来讲,专业主要按学科划分,要有明确的主干学科或主要学科基础,确定的专业范围既使培养的人才具有较宽广的适应性,又适宜在本学科学制内完成合格人才的培养。按照这个要求,在 11 个学科门类中,学院向教育部申请把保密管理专业列入"管理学"学科门类中的"管理科学与工程类"一级学科,在"信息管理与信息系统"下开设"保密管理方向"(保密管理专业),并获得批准。保密学科的设立需要达到一定的建设条件和满足一定的要求,发展保密学科、开展保密学历教育是保密工作发展的必然要求。

记者:据了解,学院的特色是"传承机要精神,培养可靠人才;彰显密码特色,服务信息安全。"培养保密人才对学院特色有什么影响?学院怎样处理机要密码人才培养与保密管理人才培养的关系呢?

沈永社:特色是大学发展的关键和必由之路,也是国内外高等教育发展的主流趋势。办学特色是一所学校鲜明特征和优势,是学校教育教学的灵魂和基石。我们学院的特色最简明的概括就是"机要与密码",学院的服务面向定位是"立足机要、密码行业,服务全国党政系统,面向信息安全领域",人才培养定位是"培养有密码特色的信息安全高素质人才"。开办保密管理本科专业,培养保密管理人才,是学院原有特色的与时俱进和新发展,拓展了新内容,注入了新活力,有利于强化机要密码办学特色。

党管密码和保密工作,是我党工作的一项基本原则,机要密码工作和保密工作有着天然的联系。做好机要密码工作离不开保密知识,同时,密码又是保密工作最重要的内容之一,机要密码工作与保密工作相辅相成、唇齿相依。学院把这种统一性很好地体现在了机要密码教育与保密教育工作中,在办学中科学把握二者的关系,在保持二者各自的独立性与系统性的基础上,各展其长,优势互补,在密码学科与保密学科结构的完善、教学科研的互动、学生综合素质的培养、知识技能的互补方面互相促进、相得益彰。担心学院开办保密学历教育会影响和削弱机要密码特色,是不必要的。

记者:您能谈谈北京电子科技学院与国家保密局在保密学历教育中开展了哪些合作吗?

沈永社:可以。应该说保密管理本科学生的培养是由电科院与国家保密局联合开展的。在电科院设立保密管理本科专业,国家保密局从最初申请到现在建设,自始至终都参与其中。一是在领导体制方面,国家保密局和电科院联合成立了保密管理专业建设"一委三小组",即保密管理专业建设委员会,下设教学指导小组、教材编审小组、招生就业协调小组。委员会主任由国家保密局局长担任,委员会委员和小组成员由国家保密局和电科院有关领导、专家组成。二是在业务建设方面,共同制定了保密管理专业人才培养方案,共同设计了核心课程、专业基础课、专业课的课程体系,共同开展教材编写,共同组建保密管理专业实验室,共同开展保密科学研究。部分专业课程由国家保密局专家讲授。三是在工作交流方面,国家保密局对电科院保密管理专业教师的培训、进修与提高提供机会和便利条件,电科院选派保密管理专业教师到保密部门调研、短期实习或挂职学习,等等。应该说在保密管理本科专业建设中,国家保密局和电科院密切合作,共同努力,实现了优势互补,确保了专业建设的顺利进行。

记者:您能简要介绍一下学院保密管理本科培养计划与课程开设情况吗?

沈永社:保密管理属于管理科学的范畴。保密管理本科专业以管理科学与工程学科、计算机科学与技术、信息安全学科为学科基础,以保密法学、保密工作概论、保密史、信息安全保密、信息安全测评认证、保密科技、保密督查、外国保密制度、数据库原理与应用、计算机数据结构、计算机网络、信息管理、信息系统分析与设计等为主要课程,以期培养政治可靠,具备保密管理专业知识、科学技术知识的复合型专业人才。保密管理专业在我党领导下的保密工作实践的基础上产生,同时又为中国特色社会主义保密事业服务。因此,本专业的培养目标、培养对象以及培养规格等都有自己的专业特色。

国内高校目前还没有保密管理专业或相近专业。高校与之相关度较高的专业是信息安全、计算机科学与技术、通信工程以及行政管理等专业。与这些相关专业相比,保密管理专业的培养对象、培养规格、隶属学科及所设课程等都不一样,主要表现为:本专业的针对性更强,即为各级各类保密工作部门培养专业的保密管理人才;培养的人才不仅要懂技术,还要懂管理;不仅要掌握保密政策法规,还要有胜任工作的管理能力;保密管理专业知识能力包括:熟悉保密工作发展历史、掌握保密工作基本理论、精通保密法律和行政管理理论、熟练掌握信息管理和保密防范技术、具有较高的公文写作水平等。

我院保密管理本科专业,实行学分制,总学分要达到 175 分左右,要求学生在 4 年完成。其中,理论及实验教学部分不少于 136.5 学分。要求公共基础必修课不少于 53.5 学分、公共基础选修课不少于 14 学分、专业基础必修课不少于 40 学分、专业基础选修课不少于 14 学分、专业必修课不少于 7 学分,选修课不少于 8 学分。第二课堂教育部分至少选修 14 学分。独立实践教学部分不少于 25 学分。军事训练、社会实践、公务员素质教育等不计学分,但必须按规定完成,否则不能毕业。学业合格者,授予管理学学士学位。

记者:作为新开设专业,您对"出口"问题是否有所考虑,学院保密管理本科生的就业前景如何?

沈永社:保密管理专业学生的就业问题,在准备申请开办这个专业时,学院和国家保密局的领导就进行了认真的研究。学院毕业生在毕业前统一参加公务员考试,近两届毕业生公务员考试通过率均在 90% 以上,基本上都具有在党政机关任职的资格。多年来,学院的毕业生在党政机要密码系统供不应求,近五年年均就业率保持在 95% 以上。这些年来,全国各级保密部门也招录了不少学院的毕业生,他们普遍受到用人单位的欢迎和好评,有的已经成长为领导干部和业务、技术骨干。

中央办公厅领导要求学院"不求规模大、但求质量高"。学院开办保密管理本科专业,在校生的规模并未扩大。学院保密管理本科专业与其他专业学生一样,在毕业前要通过公务员考试,取得不同级别党政机关任职资格。国家保密事业发展的形势和实际需求,需要我们尽快培养出具备专业知识、懂技术、善管理的高素质保密人才,各级保密系统需要大量的保密人才。因此,保密管理专业本科生就业是有保障的,我对此充满信心。

记者:学院作为率先开展保密学历教育的高校之一,在工作中遇到了哪些困难?您对学院保密学历教育的前景有什么设想?

沈永社:万事开头难。由于目前国内尚没有开办保密管理本科学历教育的经验,在工作中我们遇到了师资、教材、专业实验室和实习实践环境等方面的困难和问题。针对这些问题,学院和国家保密局已经研究采取了一系列的举措并初见成效。我坚信在中央领导、中央保密委员会和中央办公厅领导的重视和正确领导下,在国家保密局及全国保密系统的大力支持帮助下,充分发挥学院较好的教育教学资源,学院的保密管理学历教育会办得越来越好,走出一条适合我国国情的保密人才培养的路子。

筚路蓝缕,以启山林;展望前景,任重道远。开办保密管理本科专业,毕竟是一件新事物。我们现在做的是开拓性的工作,没有任何现成模式可以参照,要在探索中前进,指望一下子就做到十全十美,既不符合教育规律,也不现实。学院当前的任务就是积累经验,大胆实践,学习借鉴其他新专业设立时的做法和经验。学院保密管理专业、保密教学团队、保密教材的建设,从开始就要坚持高起点、高标准,认真做好材料的积累,争取建设保密管理市级、国家级特色专业、精品教材和优秀教学团队。

保密管理专业的设立对于构建保密学科体系、加强保密管理专业人才培养具有十分重要的意义。从理论上,保密学科融合了管理学、行政学、信息科学、密码学、计算机科学、通信、情报学、法学等多学科的理论和知识,是一门综合性学科,并在实践中不断吸取新兴学科的有用成分,使之得到充实和发展。开展保密管理专业建设,培养保密管理专业人才,必须以保密学科建设为龙头。在保密管理专业建设中,我们将坚持理论与实际相结合的原则,紧密结合我国保密工作实际,按需设课、按需施教,充分利用我国高等教育教学改革的发展成果和国内外先进的教育教学理念,研究我国保密学科、保密管理创新型人才培养的深层次问题。我们将围绕保密管理专业学历教育主题,认真研究保密工作和保密管理的基本规律,探索建设保密管理人才教育培养的模式和机制,探索我国保密学科体系的构建问题。

"一花独放不是春,百花齐放春满园。"国内其他大学和机构也都十分关注保密管理专业建设和保密人才培养工作。北京交通大学等知名高校,也在为开展保密学科研究和开办保密管理专业积极努力,有的已经做了卓有成效的工作。南京大学设立了保密学院,上海政法学院已经开设了《保密法学》选修课。上海市保密局在保密人才教育和培训中采取了"挂牌、试点和搭平台"三项举措,解决了保密教育培训中"无基地、无师资、无教材"的问题,取得良好的效果。这些成功的经验和做法,非常值得我们学习借鉴。我们将进一步密切与相关机构和院校的交流合作。我们衷心希望更多的保密部门、高校、科研院所、培训机构关注并加入到保密人才的教育和培养行列中来,大家共同努力,促进保密学科、专业建设和保密人才的培养,推进国家保密事业又好又快的发展,为维护国家的安全和利益做贡献。

记者:很高兴您能在百忙之中接受采访。

沈永社:北京电子科技学院愿为推动保密学历教育尽绵薄之力。感谢《保密工作》杂志对保密学历教育的关注和支持,也欢迎编辑部的同志追踪报导保密管理学科、专业建设情况。

学院科研发展进程中的里程碑[*]

（2009 年 6 月 17 日）

尊敬的蔡吉人、沈昌祥院士，尊敬的王爱华局长，尊敬的各位专家：

今年 4 月 3 日，经过 5 年多时间的建设，学院的信息安全重点实验室经专家评审验收，报中央办公厅领导批准，正式成为中央办公厅重点实验室。这是各位专家精心指导和无私帮助的结果，是中办人事局、中办机要局亲切关心和大力支持的结果。在此，我代表学院对中办人事局、中办机要局，对各位专家多年来对学院的支持和帮助表示衷心的感谢！

中央办公厅信息安全重点实验室的建立，是学院科研发展进程中的又一个里程碑，对于以机要密码和信息安全为特色的学院具有特殊的重要意义。重点实验室作为国家科技创新体系的组成部分，是学院密码学术研究和应用研究的基地，是聚集密码人才、发挥团队效应的平台，是培养优秀密码科研人才的摇篮，是学院开展学术交流和对外合作的窗口。学院将以重点实验室的建立为提升密码科研水平的突破口，加强对科研工作的领导，加大对科研工作的投入，严格按照《中央办公厅重点实验室建设与管理暂行办法》开展工作，密切跟踪密码科学技术的发展前沿，贴近信息化建设的实际需求，在努力建设一支专兼结合、固流结合、研教结合的高水平研究队伍的同时，多出、快出创新成果，为特色鲜明、水平一流的密码专业高等学校的建设提供强有力的支撑。

最后，真诚希望各位领导、各位专家一如既往地关心和支持学院、关心和支持中办信息安全重点实验室！

---

* 本文是作者在中央办公厅信息安全重点实验室揭牌仪式上的讲话。

蓄能充电　增强发展后劲*

（2009 年 12 月 12 日）

有校友从远方来,不亦乐乎? 各位校友从祖国各地重返学院,参加学院和中办机要局共同为大家举办的"全国党政系统学院毕业生机要业务提高专训班",更新知识,回炉充电,共叙同学之谊,一起参观母校,是一件令人高兴、很有意义的事情。首先,我代表中央办公厅电子科技学院全体师生,对各位校友的到来表示热烈的欢迎和亲切的问候,对共同和学院举办专训班的中办机要局的领导表示衷心的感谢。

下面,我向各位校友简要介绍一下学院近年来的发展、人才培养、机要干部培训开展的情况,就办好这次专训班讲几点意见。

一、学院肩负着培养机要密码专门人才的重要使命

学院为培训机要人员而诞生,因培养机要密码人才而发展,自 1947 年西柏坡中央工委青年干部训练班诞生起,就一直得到中央领导同志的亲切关怀。毛泽东、邓小平、江泽民同志先后题词勉励,江泽民同志还为学院题写了校名。胡锦涛总书记等中央领导同志对学院的建设和机要密码教育工作做出过许多重要指示。在 2007 年学院庆祝建校 60 周年的时候,中央政治局常委、国务院总理温家宝同志批示:"发扬机要工作优良传统,适应新形势新任务,努力办好电子科技学院";国家副主席曾庆红同志批示:"祝贺中办电子科技学院六十周年校庆。把继承和发扬学院优良传统与开拓创新结合起来,以高度的使命感,为党和国家培养更多有密码特色的信息安全高素质人才,让红色电波永不消逝,使密码事业后继有人";中央政治局委员、全国政协副主席王刚同志批示:"中办电子科技学院要以 60 周年校庆为契机,积极进取,奋力开拓,努力把学院建设成为我国密码人才成长的重要摇篮和国家密码科研的重要基地。"中央领导的指示和批示,为学院的建设发展指

---

* 本文是作者在第一期全国党政系统"学院毕业生机要业务提高专训班"上的讲话。

明了方向。

"作始也简,将毕也钜。"学院62年的办学历程,有几个重要的里程碑。1981年,国务院批准成立北京电子专科学校,1983年,学校对外公开招收大专生,标志着学校正式迈入国民高等教育序列。1992年,原国家教委批准在北京电子专科学校的基础上建立北京电子科技学院,1993年,学院招收第一届本科生,学院进入提高办学层次,扩大办学规模,改善办学条件,提升教学质量,全面提高、快速发展的时期。1999年,学院通过了教育部本科教学工作合格性评价,本科教学质量和办学水平从内涵上进入了中国高等教育的阵营。2003年,经教育部批准,学院与西安电子科技大学联合开展密码学硕士研究生教育,2004年,学院招收第一届联合培养的研究生,学院办学层次进一步提高,人才培养机制更加完善。2007年,学院接受了教育部本科教学工作水平评估,并取得"优秀"的成绩,标志着学院的本科教学质量、人才培养和教育教学水平向中国高等教育一流水平又前进了一步。今天,蓬勃发展中的学院已经成为我国机要密码专门人才成长的重要摇篮和国家机要密码科研的重要基地,正在朝特色鲜明、水平一流的机要密码专业高等学校大踏步迈进。

滋兰树蕙,桃李芬芳。62年来,学院为全国机要部门和党政系统培养输送了1万多名大学本、专科毕业生和中专毕业生,近4000名学员获得成人教育学历,培训在职党政干部2万余人次,教育覆盖面达到3万余人。学院大部分毕业生走进了各级党政机关和机要部门,上至中央直属机关,下至地市县党政工作部门,从国家部委到驻外使领馆都有我院毕业生。学院毕业生中涌现出一大批学术上有建树的高级人才和工作上有成就的先进模范人物。像在我驻南斯拉夫大使馆遭袭的危急关头冒着生命危险保卫了密码安全的我院87届毕业生郑海峰,就是学院毕业生的优秀代表。2007年学院庆祝建校60周年时我们有一个初步统计,校友中有3人担任中央、中央纪委委员等职务,有30人担任省部(军)级和国家局领导职务,200余人担任司、局(师)级领导职务,不少毕业生成长为业务骨干,并已在部委和省、地、县机要部门担任领导职务。我初步粗略地了解了一下,学院毕业生担任现任职务的有:山东省委书记姜异康、最高人民检察院副检察长王振川、中办副主任张建平、中直机关工委副书记何虎林、中办机要局局长张彦珍、副局长曹永煜,河北、江苏省委和宁夏回族自治区党委机要局局长王立杰、周渊和宋宜军,辽宁、浙江、山东、湖北、广东、甘肃、青海省委和新疆、西藏自治区委机要局副局长刘玉玺、章燕萍、孙从健、柳德舫、刘志勇、潘胜强、李鸿雁、宋彬、余向军和滕晖,中国民用航空局办公厅副主任周勇和国家安全部机要处处长宋宇峰等等。今年9月初,我去西藏参加全国党政系统2009年机要局长、业务骨干培训班,专门去自治区党委机要局看望了学院的毕业生并和他们进行了座谈。目前,西藏自治区地、市级以上机要密码部门70%以上人员是学院毕业生,全区7地、市机要密码部门中,5位局长是学院毕业生,区党委机要局24名工作人员中,19人是学院毕业生。学院毕业生中涌现出一大批学术上有建树的高级人才和工作上有成就的先进模范人物。在刚刚结束的全国党政系统机要密码干部一等功评选活动中,75名候选人中有11人是学院毕业生。在全国各级党政机关对我院毕业生使用情况调查中,大部分用人单位认为我院毕业生政治上忠诚可靠,具有从事机要密码工作的优良专业素质,具有在党政机关工作的较高的公务员综合素质。学院毕业生已成为全国党政机要、密码战线的重要力量。

二、开展在职机要干部培训是学院的一项重要任务

"机要与密码"是学院的鲜明特征和独特优势,是学院教育教学的灵魂和基石。开展以更新知识、提高工作能力为主要目的的在职培训,帮助在职人员及时更新知识结构,提高工作能力和工作水平,传播与传授新理论、新知识和新技能,是学院教育教学工作的一个重要方面。学院作为全国党政系统机要干部培养、培训的重要基地,组织和开展好各级党政机要部门在职机要干部进行理论、业务培训,是中央办公厅赋予学院的一项重要任务,也是学院的重要工作。长期以来,学院始终坚持"立足机要、面向机要、服务机要"的办学方向,在学科专业建设上逐步构建并不断完善以密码学为主的信息安全学科体系,在教学上以密码学课程建设为重点,突出信息安全特色,在科研上始终坚持以密码学和密码在机要通信中的应用为主攻方向。通过多年的发展建设,学院拥有一支数量充足、结构合理、素质优良的师资队伍,在密码通信、信息安全教育教学和科研开发方面积累了丰富的经验。

学院在突出自身机要特色的同时,始终致力于积极为各级机要部门和党政办公厅系统做好服务:一方面,努力为各级机要部门和党政办公厅系统培养输送人才;另一方面,认真开展对各级机要部门和党政办公厅系统在职干部的理论和专业技术业务培训工作。近年来,学院每年举办的各种类型的党政机要和办公厅系统干部培训班超过了20期。除此之外,还应各省、部和地、市机要部门的委托,专门为各省、部和地、市机要部门组织培训工

作。今年6—11月份,学院为广东省委机要局在江西井冈山举办了4期密码干部忠诚教育培训班,广东全省密码干部690多人参加了培训,6月份为海关总署举办了新机要干部培训班,10月份为天津市委机要局举办了各区、县新机要干部培训班,11月份为济南市委机要局举办了济南市密码领导干部培训班。这种应部门和地方机要部门要求专门设计、量身定做的培训班,受到各地的欢迎和好评,已经有多个省、市机要局向学院提出了培训需求。

这几年,学院每年培训的人数呈现递增的态势,2008年达1926人,今年截止到现在已经达到2952人。据不完全统计,到目前为止,学院组织培训的全国各级党政机要部门及办公厅(室)系统的在职干部已达2万多人次。

三、为什么举办"学院毕业生机要业务提高专训班"

干部培训工作是我党的优良传统,是党的事业的重要组成部分,也是提高各级干部素质和能力的一个重要途径。党的十六大以来,以胡锦涛同志为总书记的党中央,从党和国家事业长远发展的高度出发,作出大规模培训干部、大幅度提高干部素质的战略决策。中央对加强新形势下密码工作专门做出决定,提出要着力提高密码干部政治素质和业务素质,保证胜任现代化密码工作的需要。今年年初,胡锦涛总书记专门就密码工作做出批示,要求我们加强密码管理,加强密码研究,加强人才培养,更好地为党和国家的大局服务。中央办公厅领导、中办机要局领导也要求学院加大对在职机要干部的培训力度,逐步拓宽培训范围。国家密码管理局制定了《党政系统密码干部专业培训纲要》。学院作为全国党政系统密码干部培训的重要基地,加强对全国党政机要密码干部的培训,是义不容辞的责任。学院适应全国机要密码干部队伍发展的形势,根据不同岗位的要求,对在职机要干部进行分级、分类培训,创新培训形式。从今年开始,学院和中办机要局每年都要联合举办"学院毕业生机要业务提高专训班"。为什么要专门为学院毕业生举办培训班呢?

第一,学习培训是终身学习的需要。终身学习、终身教育是与人的一生相伴的活动,贯穿人的生命全过程。学习决定成长的差距,学习决定能力的大小,学习决定人生的境界。邓小平同志说过,学习是前进的基础。胡锦涛同志指出:"在党和人民事业发展的伟大历史时刻,全党同志都要学习、学习、再学习,实践、实践、再实践,前进、前进、再前进。"习近平同志在中央党校2009年春季学期第二批进修班暨专题研讨班开学典礼上指出:"领导干部要爱读书,读好书,善读书。"古人讲读书是医愚之药,读书养浩然之气;士三日不读书,便觉言语无味,面目可憎。读书学习是向大师讨教、和智者对话;培训深造是终身教育过程中的接力加油、蓄能充电。只有强化终身学习的意识,把学习当成一种生存状态和工作方式,持之以恒地坚持下去,才会使自己的思想领人之先,行动步人之前,能力居人之上。

第二,学习培训是适应密码工作发展的需要。当今世界,科技进步日新月异,知识更新步伐不断加快。联合国教科文组织一项研究结果表明:知识更新周期 18 世纪为 80～90 年,19 世纪到 20 世纪初缩短为 30 年,20 世纪 60、70 年代为 5～10 年,到了 20 世纪 80、90 年代缩短为 5 年,进入新世纪缩短为 2～3 年。同志们上大学时所学的知识,到现在许多已经过时了,不补充新的知识,难免会形成"知识恐慌"和"本领恐慌"。随着信息社会的发展,密码工作高科技含量的不断增加,密码使用网络日益扩大,密码服务领域更加广泛,密码装备不断进步,新时期的密码工作对密码干部队伍的能力素质提出了新的更高的标准,要求密码干部不仅要具备扎实的网络安全技术基础知识,还要掌握相关的科学技术知识和操作技能。达到这一要求,密码干部必须不断加强高科技知识的学习,不断更新知识,不断提高科技素质,掌握履行岗位职责所必需的知识和本领,从而逐步实现密码干部由事务型、经验型向技术型、专家型转变,努力把自己打造成为既掌握密码科技最新知识又精通机要密码业务工作的行家里手。

第三,学习培训是增强个人发展后劲的途径。刚才,我在介绍学院培养的毕业生时,已经讲了,从中央直属机关到省、市、地、县,从国家部委到驻外使领馆都有我院毕业生,有优秀的领导干部、有杰出的专业人才。同志们也一样,以今后的工作中,岗位可能发生变动,担任的职务会越来越高,担当的工作会更多更重。一个干部能走多远,能担当多大责任,不能只看目前的现状,而要看有没有发展后劲。一个人的潜能就是发展后劲,是一个人最宝贵的智力财富。看一个干部是否有发展后劲,取决于潜能是否激活和释放,从而形成恒久的学习能力和不断完善自我的能力。虽说"金无足赤、人无完人",但一个优秀干部,应该是一个人格、学识、修养等各方面均衡发展的人,这主要通过自我完善来实现。增强发展后劲,就要求干部正确认识自己,不断增强学习的自觉性,持之以恒地加强自我修养;就要求干部在不断学习中提高思想政治理论水平和道德水平,在实践磨炼中增强组织领导能力、提升综合素质。同志们再次来到母校,我作为母校的老师和领导,真心希望各位校友在学习培训中、在今后的工作和学习中不断完善自己,不断增强发展后劲,进一步为自己美好的事业前景打牢根基,让自己的人生更加辉煌,让母校的社会声誉进一步提高,在机要系统的影响进一步扩大。

四、几点希望

这期培训班共安排 7 天时间。中办机要局解津伟局长助理将要给大家讲第一课。另外,我们还邀请了中办机要局其他领导、专家来给大家授课。这期培训班时间安排比较紧凑,充分考虑了年终岁末工作繁忙的实际情况,注重培训内容的针对性、实用性和可操作性。培训期间还安排了参观中办机要局机要历史陈列室及研究院新址,参观学院及小汤山旧址等现场教学活动。为使培训取得预期效果,我提几点希望,供大家参考。

一是讲求学习效果。希望每位学员聚精会神,珍惜来之不易的培训机会,勤奋钻研,积极研讨,努力实现学习效果最大化。提倡互动式学习,每位学员发挥好主体作用,授课老师发挥好主导作用,努力实现教学相长、学学相长。教学相长是教育培训工作的一条重要规律,在职人员学习培训更应体现这种精神。专训班安排的讲课老师理论水平高,参加培训的同志直接从事机要密码实际工作,有丰富的实践经验,教与学各有优势,完全可以互动互补。在学习的过程中,希望大家带着问题学,课上课下向老师提问讨教,多与老师进行交流,增强学习的主动性,提高针对性,使学习培训达到预期效果。

二是注重学以致用。学习的目的是为了应用。为了在有限的时间内多给大家传授一些知识,专训班采用集中授课的方式,不再安排专门的自学时间,结束前用半天时间讨论交流。希望大家从实际出发,充分利用宝贵的培训时间,在课下研讨交流。培训结束回到工作岗位之后,大家还可以认真阅读为大家准备的有关资料,结合工作实际领会消化学习内容,做到学以致用,用有所成。

三是加强交流合作。同志们是来自全国各地的学院毕业生,因此,这次培训也是一次同学相聚。希望大家充分利用这个难得的机会,共叙同窗之谊,回顾求学往事,交流毕业后工作的心得体会,增进了解,加深友谊。为了方便大家的学习和交流,我们专门抽调了校友当年的班主任、授课老师作为培训班的工作人员。从学院角度讲,真诚希望各位校友,以一个"电科院人"的主人翁精神,以一个"过来人"的经验和智慧,站在党政机要部门的角度,来审视、评判学院的办学,对学院的办学理念、课程设置、教学管理、科学研究、学生工作、人才培养等方面,提出宝贵的意见和建议,我们共同努力把电科院、把党的机要密码教育办得更好。

四是共同努力,创造品牌。成教部要认真总结多年来机要干部培训的成功经验,进一步加强与中办机要局宣教处的联系,争取他们工作上的指导和支持;进一步加强和改进机要干部培训工作的管理,提升服务水平,为参训学员创造良好的学习和生活环境。举办学院毕业生机要业务提高专训班,是学院和中办机要局共同落实中央文件要求和中办领导指示的实际行动,要对专训班给予特别关注,周密组织教学活动,精心安排课程讲座,使专训班成为机要干部培训的品牌班。

最后,祝各位校友在母校生活、学习愉快。预祝本期专训班取得圆满成功,也衷心祝愿各位校友通过充电学习,蓄势待发,在工作岗位上取得新的进步。

特色是大学的生存之道　发展之基[*]

（2010 年 1 月 20 日）

　　从 1947 年到现在,学院已经走过 60 多年的光辉历程。从西柏坡第一个培训班开始,大大小小都算上,学院数迁校址、几易校名。高校的生存和活力不在历史的长短,不在规模的大小,而在于有没有自己的特色。特色是大学的生存之道、发展之基。经过 20 世纪末、本世纪初高校并校和扩招,我国无论从大学数量还是在校生规模,已经成为名副其实的世界高等教育大国。在这个大背景下,如果高校没有自己鲜明的特色,就不可能长久生存发展,就不会在林立的高校中占有一席之地。

　　什么是特色? 最简捷的表达就是"特别出色的地方"。我们学院的特色是什么呢? 就是机要密码。这个特色不是上头规定的,不是自封的,而是在长期的办学过程中积累形成的,又必须在新的历史条件下与时俱进。党对机要密码事业的重视,为机要密码教育事业的发展奠定了基础。党的机要密码事业的发展,为机要密码教育事业创造了良好的环境,提供了更加广阔的发展空间。党和国家对机要密码事业的投入,为机要密码事业包括机要密码教育事业的发展注入了活力。电科院作为中央文件中专指的"密码专业院校",面临加快发展、跨越式发展的重要机遇。如果我们做不到紧跟时代和社会发展、科技进步,跟不上机要业务的拓展,特色就会慢慢逊色、褪色。电科院如果不能提高对机要密码事业发展的适应性和结合度,学科专业结构不能为机要密码事业提供支持支撑,滞后于形势的发展,培养的学生不能满足机要密码事业对人才的需求,就会渐行渐远、落伍掉队。我们必须充分发挥并长久保持自己的优势——机要密码。能否发挥优势,能否长期保持这种优势,决定中办对学院的弃取,决定学院的盛衰存亡。

　　实施人才强校战略,完善人才队伍建设制度,努力造就高水平的人才队伍。"山不在高,有仙则名。水不在深,有龙则灵。"大师就是山中之仙,水中之龙。有没有一支高水平的教师队伍,是建设高水平大学的关键。建强教

---

　　* 本文是作者在学院理论学习中心组学习会上的发言要点。

师队伍,要培养与引进相结合,"所有"与"所用"相配合。加大人才培养力度,积极引进高层次人才。着力加强团队建设,造就一支对党忠诚、业务精湛、素质优良、德才兼备、具有创新能力和发展潜力的人才队伍。创造条件让更多的教师出国培训、进修、访学和参加国内外学术交流活动。实行学术休假制度。安排优秀教师暑期去北戴河休息疗养。组织教师去机要部门实习。要培育产生大师的土壤,创造大师成长的条件。在"十二五"期间,实施教师队伍建设"512工程":即用五年时间,有5名左右学科(学术)带头人在机要密码领域具有很高的学术声誉和专业影响力;有10名左右的教授学者具有较高的学术声誉和专业影响力;有20名左右的中青年教师在学术界脱颖而出,具有一定的学术声誉和专业影响力。启动"三精一名"奖励计划:率先获得国家级优秀教学成果奖、精品课程、精品教材和教学名师的团队和个人给予重奖。发挥中办位在中枢、协调各方的优势,请教育部从全国各高校调入一批学科学术带头人。虽然现在不大可能用计划经济年代行政命令的方式划拨高教资源,但是我们可以用崇高的事业、宏伟的远景、优质的教学科研资源和相对优厚的待遇吸引人才、留住人才。

培养出高质量的、受机要密码部门欢迎的人才,是机要密码特色的直接体现。学院在今后很长一个时期的主要任务,就是为机要密码战线源源不断提供人才支持、技术支撑和知识贡献。保持本科生的培养规模,提高学生入学的重点率,为机要战线源源不断地输送人才。课程建设是人才培养的核心。新修订的09版培养方案,按"宽品径、厚基础"来培养人才,教学内容拓宽了专业面,增加了人文素质教育的课时量,注重了能力的培养,使学生今后有发展潜力,有发展后劲。个性的自由发展是创新型人才的重要特征,也是创新型人才成长的基础,个性化教育是世界教育改革与发展的一个重要趋势。允许学生根据自己的具体情况灵活安排自己的学习生活,在学习方式的选择,提前、推迟毕业等方面给学生更大的学习自由。学生在国际国内大赛中获奖,可否免修相关课程、奖励学分?能不能与中办教指委成员所在的学校交流本科生,使学生有本科第二校园经历?要鼓励教师创造性地确立自己的教学风格。比如,美国大学普遍开设的高峰体验课程,在教学方式方法方面有没有我们可以学习借鉴的地方?高度重视学生忠诚意识、机要意识的养成,办好百名院士学者系列讲座,开阔学生的视野,提高学生的业务水平和创新能力。把机要局的研究所、国家保密技术研究所作为学院学生的实习、实训基地,为提高学生的动手能力创造条件。从2012年起,有基层工作经历的大学生才能报考公务员。我们要争取中组部、国家公务员局把机要密码作为特殊行业,继续执行学院毕业生通过国家公务员考试直接进入各级机要部门的特殊政策。

突出并不断加强科研的密码特色,提高科研工作水平。科研人员要克服急于出成果的学术浮躁心理,摆脱功利思想束缚,为党的机要密码事业贡献自己的聪明才智。凝练聚焦科研方向,整合学院的科研资源和力量,密切结合党政密码事业的需求开展课题研究和设备研制,建立科研成果转化平台和激励机制,大力推进产学研结合,既要出人才又要出科技成果和产品,增强服务党政密码事业的能力。同时,积极参与各种国家基金、计划项目的申报,加强与行业、企业、科研院所的横向联系,开展多方面的合作。以大项目为纽带,组建团队,而不是临时拉夫。以中央办公厅信息安全重点实验室为载体汇聚科研队伍。以信息安全工程研究中心为平台实现科研成果转化。

从外部来讲,要解放思想,探索与国内著名高校、科研机构深度合作共建的途径和方式。不能照搬照抄、食洋不化,而是选择其中于我合适的为我所用。比如,为区域经济社会提供服务的"威斯康星模式",斯坦福大学和加州大学产学研三结合模式,欧盟"高等教育一体化"的大学联盟模式,美国地方大学与地方经济共生的"相互作用大学"模式,其中的做法能不能启发我们的思路?对我们这样一所与机要工作共生共存共发展的学校有没有可以学习借鉴的地方?能不能开展省部共建、部部共建、校校共建?能不能和一所或几所"211"大学或"985"大学攀上"亲家",借梯登高,深层合作,加快学院的建设步伐,跟上高等教育的发展潮流,缩小与高水平大学的差距?从内部来讲,从中办自身来说,整合厅内的资源,电科院、机要研究所、保密技术研究所三方优势互补,合成一个教研一体大学,是不是可以迅速提高教学力量和科研水平,并有可能走出一条进入国家"985"工程建设院校的捷径?只要是能够加快发展、提高水平的措施,都可以研究。

要正确处理规模、结构、质量、效益的关系,即规模适当,结构优化,质量至上,效益优先。规模适当:这是学院创新发展的基础。规模大小与特色没有直接关系,学科是否齐全也与特色没有直接关系。学院从半壁店迁到丰台新址时,厅领导就确定了学院的规模。要稳定本科生的招生数量,申硕成功后逐步增加研究生的招生数量。即使今后能够和别人联合培养博士,也要严把数量关,以质量、而不是以数量取胜。结构优化:专业结构、课程结构、学科结构等要以机要密码事业的需求为导向,优化办学体系内部的合理构成,加强科学管理,提升办学效率。加强学科建设,优化学科布局,紧紧围绕发展壮大党的密码事业,高起点谋划和做大做强密码学科,构建起优势明显、布局合理的学科建设和课程体系。比如,是否可以考虑争取突破密码学本科教育只设在军队院校的限制,组建密码学系或开办密码专业,面向全国招聘系领导和学科学术带头人,把密码学建设成为具有国内领先水平的优势学科。质量至上:办学质量是大学的生命线,质量涉及人才培养、科学研究、学科建设的方方面面,是一个系统工程,在保持学院现有规模的前提下,提高办学质量和水平是学院的主要任务。只有高质量的教学研究和科学研究,才能培育出高素质的创新人才和创新成果。效益优先:办学要讲究成本,更要讲求效益。办学效益涉及经济成本,更重要的在于社会效益。要办机要密码部门需要的教育、满意的教育,必须把社会效益放在第一位。

加强对外交流与合作,创建开门办学新格局。充分发挥中办高等学校教学指导委员会的作用,向专家求教问计。在研究从教学型普通高等学校向教学研究型普通高校转型,制定学院"十二五"规划的过程中,虚心听取机要局、保密局、工信部、教育部、科技部专家的意见,请他们对学院的发展战略给予指导,对学院定位号脉把关。善于利用全国密码学科的优质教育资源,加强与军队、国家科研单位的交流合作,巩固提高联合培养硕士研究生的质量,并尽快与有授权的高校和科研机构开展联合培养博士研究生工作。加强与机要系统特别是中办机要局的联系和沟通,在学科建设、人才培养、科学研究和校园文化建设等方面寻求指导、帮助和支持。

干部培训工作要提高层次,拓展领域。承担机要密码干部的培训,是构成学院特色非常重要的一个方面,也是学院和全国各地机要部门联系的有力纽带。学院每年培训的人数比毕业的本科生、研究生数量多得多。要扩大学院在党政系统的影响和知名度。在培训方面可以采取的措施有:提高办班的层次,如请示中央密码工作领导小组同意,在机要局的支持帮助下,把各地党委分管密码工作的秘书长或办公厅主任请到学院培训。扩大培训的范围,如用五年时间把全国各级机要局长轮训一遍并形成制度。增加培训的种类,如在机要干部实行职业准入制度时,组织新进人员的上岗培训,考试通过后发给在机要部门上岗的合格证书。

创新内部管理体制,优化各项管理和服务。精简学院内设机构,压缩行政、后勤部门的编制,减少行政、后勤部门的人数,增加教学、科研方面的专业技术岗位。能自己人干的工作就不聘外人干,今后一律不再调入工勤服务人员,用购买服务的方式保证服务保障工作的正常运转。学院的教学科研组织也有一个科学设置的问题。比如,教研室作为大学教学与科研的载体,学自苏联,在中国大学长期沿用至今,并在历史上发挥过非常重要的作用。但这是一种直线型"科层制"的管理模式,是行政化管理思想在教学科研组织设置中的映射。教研室以学术活动为主导,学术权力无可置疑地应该是整个组织的主要权力。按照行政管理的方式对它进行管理,违背学术活动的本质。教研室的负责人应不应该由学术学科带头人、教授至少是副教授来担任,而不是仅仅作为一个处长、科长位子来安排?支撑学院发展的首要资源是人力资源,而在人力资源中学术水平最高、教学经验最丰富、科研能力最强的就是教授。他们有能力、有权利参与学校的管理和决策,也完全能够当好领导干部,这一点是毫无疑问的。所以,我们在岗位设置中鼓励、欢迎教授应聘教学系部和科研、管理部门的领导岗位。但是处在我们学校这样一个发展阶段,在高级职称人员总数明显偏少的情况下,用琐碎的行政事务去分最高层次人才的神,究竟是对人才的珍惜爱护,还是人才的过度消费?再比如,如何提高资金的使用效益?能不能在一定的时期里将有限的资金集中使用,用来资助、奖励名师,用于急需的教材、课程建设,花在教学团队建设和教学管理上?

还要加强大学文化建设。一个学校有没有特色,离不开这个东西。美国卡内基促进教学基金会的一篇报告指出:"大学本科教育是否成功与校园生活的质量有关系。它与学生在校园内度过的光阴和他们所参与活动的质量有直接关系。"健康向上的校园文化环境,丰富多彩的课外活动,功能各异的社团组织,对学生的学习态度、价值观念和生活目标有潜移默化的影响,也会对学生巩固所学知识、提高能力直接起作用。学院在这方面的重视程度,我认为比不上学科专业方面建设,是今后需要大力加强的地方,也大有潜力可挖。

危机和机遇是一个硬币的两面。危机来了,可以使人警醒,促人奋起。处理应对好了,就会成为发展的机遇,化"危"为"机",使坏事变成好事。怎样化"危"为"机",需要集中大家的智慧。各位院领导要从自身职责、分管工作的角度,中层干部要从自己本职工作的角度动脑筋、出思路。院学术委员会、教学指导委员会、学科建设委员会要从学术的角度、专业的角度提出切实可行的意见和建议,拿出切实可行的措施。大家畅所欲言,献计献策。务虚的好处是没有拘束,不受条条框框的限制。我先抛砖引玉,期待着大家的真知灼见。

用心打造特色科研品牌 *

（2010 年 10 月 8 日）

　　今天，国家密码管理局领导和普通密码管理处有关同志专程来到学院，为学院普通密码科研生产资质颁发证书、授予牌匾。我代表学院党委、代表学院全体普通密码科研人员，对国家密码管理局领导和同志们的到来，表示热烈的欢迎和衷心的感谢。

　　学院从事密码科研工作已有 24 年的历史。1986 年 10 月，以传真密码机的研制为起点，迈出了学院密码科研工作的第一步。1990 年 11 月 16 日，中央密码工作领导小组第五次会议批准学院成为普通密码科研单位，承担党政系统普通密码科研任务，可自主研发、生产和销售普通密码产品。从此，学院成为我国为数不多的普通密码科研单位之一。

　　二十多年来，在学院党委的正确领导下，在国家密码管理局的支持、扶持下，学院普通密码科研生产工作健康发展，稳步前进。回顾发展历程，忘不了半壁店老校园普通密码科研起步时的艰辛开拓，忘不了成立科研中心时的兴奋激动，忘不了课题组科研攻关时的埋头苦干，更忘不了改革发展进程中艰难的跋涉和成功的喜悦。潜心研发结硕果。自承担普通密码科研生产业务以来，学院通过国家密码管理局鉴定的普通密码科研项目有 31 项，其中批准列装的有 29 项；获密码科技进步（部级）二等奖 4 项、三等奖 17 项；累计销售各种普通密码设备 16000 余台（套）。目前，学院研制销售的现用设备 7314 台（套），装配到 31 个省、部机关（系统）及大型国有企业，创造了良好的社会效益和经济效益。同时，学院是全国唯一具有普通密码科研生产资质的高校，在普通密码科研发展壮大的同时，"产学研"一体的模式突出了学院的办学特色，促进了教学水平的提高，对培养高素质密码人才提供了强有力的支撑。但是，由于体制、机制等原因，学院的普通密码科研工作还存在着一些问题，科研实力还较为薄弱，管理水平还有待提高。在两次检查中发现的密码方案工程实现环节存在的瑕疵，说明学院在普通密码科研工作

---

　　* 本文是作者在普通密码科研生产资质颁证授牌仪式上的讲话。

中还存在明显的缺陷和漏洞。

2010 年 3 月,鉴于学院在密码方案抽查中出现的问题,国家密码管理局决定暂时不发放学院的普通密码科研生产资质证书和牌匾,要求学院进行专项整改。这一决定体现了国家密码管理局对党的密码事业的高度负责和对学院的严格要求。经过几个月的扎实工作、认真整改,顺利通过了国家密码管理局的复核验收。今天,国家密码管理局领导专程来院颁发证书、授予牌匾,既是对学院前期整改工作的充分肯定,体现了国家密码管理局对学院的特殊关爱和全力支持,更是对学院普通密码科研生产工作未来发展的有力鞭策和巨大激励。

学院将认真按照国家密码管理局的要求,努力提高普密人员的思想认识,切实全面推进普通密码科研工作,努力提高普通密码规范化管理水平,不断增强普通密码科研实力,以崭新的面貌参与到普通密码科研事业中去,不断推动学院普通密码科研工作再上新台阶。做好今后的普通密码科研工作,我们必须在以下四个方面作出努力。

一是必须坚持立足机要密码,用心打造特色品牌。机要密码是学院的发展之基、立院之本。经过 60 多年的办学实践,学院形成了独具特色的机要密码品牌。普通密码科研生产资质是这个特色品牌的重要支撑,是学院联系全国党政机要密码系统的宝贵渠道,是学院培养大师、产出科研成果的土壤和空气。我们必须坚持立足机要密码,倍加珍惜、精心呵护普通密码科研生产资质,努力打造学院专于密码、精于密码的科研品牌。

二是必须坚持加强规范管理,不断提高科研实力。规范化的管理是提高科研实力的有力保障,只有按照国家密码管理局的要求,不断加强规范化管理工作,才能确保学院普通密码科研实力得以巩固和提高。要深入研究普通密码的管理工作,既要在宏观上定向把关,又要注重细微之处。密码方案工程实现和工程实施的有效监管,安全可靠的设备、产品和高质量的售后服务,都是普通密码规范化管理的重要内容。我们要建章立制,自我加压,追求完美,在整改工作的基础上继续下大力气,全面提高管理水平。

三是必须坚持强化责任意识,全力确保密码安全。密码工作关系党和国家的安全,是政令畅通的生命线、保障线、指挥线。要牢固树立密码安全责任意识和忧患意识,以高度的使命感和责任感认真对待普通密码科研生产工作中的每个环节。要进一步完善规章制度,高度重视内部技术把关和工程实施管理工作,坚持对所有从业人员认真进行政治审查、纪律约束和忠诚教育,不断完善责任追究制度,全力确保密码安全。

四是必须坚持学习先进经验，深入推进体制机制改革。学院从事普通密码科研工作之初，由于专职科研人员数量不足、科研环境简陋，普通密码用户单位丢失密码机等因素，迟滞了学院普密科研的前进步伐，至今仍处于奋力攀登的过程中，学院探索建立科学合理顺畅的科研体制机制的努力一直没有停止。我们要认真总结梳理 24 年来科研工作的盛衰得失，学习借鉴普通密码科研兄弟单位的先进经验，按照国家密码管理局对普通密码工作的新要求，结合学院实际，勇于开拓、大胆探索，创新科研管理的体制机制，创新科研人才的激励任用机制，一步一个脚印地开创学院普通密码科研工作的新局面。

各位领导、各位同志，今天学院荣获国家密码管理局颁发的普通密码科研生产资质证书和牌匾，必将载入学院的发展史册，这是学院普通密码科研生产工作又一个崭新的起点。在这继往开来的时刻，学院诚挚感谢厅领导和国家密码管理局多年来给予学院密码科研工作的指导和关爱，也深深感谢学院普通密码科研和管理人员在过去二十多年中的不懈努力和辛勤工作。展望未来，任重道远。我们决不辜负厅领导和国家密码管理局的期望和重托，决不辜负广大普通密码产品用户的支持和信任，倍加努力、踏实工作，努力为党和国家的密码和信息安全事业做出自己的贡献。

世情国情党情变化背景下
对学院发展的思考*

（2011 年 12 月 2 日）

"世情"的变化是指今天的世界正处于大发展大变革大调整之中,和平、发展、合作仍然是时代潮流,世界多极化和经济全球化深入发展,世界政治力量对比有利于保持国际形势总体稳定。同时,影响世界和平与发展的因素也在增加,西亚、北非地区局势动荡,国际金融危机影响不断深化,在国际社会对中国借重和合作意愿不断加强的同时,我们受国际社会的影响程度越来越深,在国际上面临的矛盾和问题越来越多,承担的国际责任、承受的外部压力也越来越大。

"国情"的变化是指进入 21 世纪之后,我们紧紧抓住难得的机遇,推动经济社会发展取得巨大成就,我国经济总量 2004 年超过意大利,2005 年超过英国和法国,2008 年超过德国,2010 年超过日本跃居世界第二位,国际地位明显提升,人民生活水平有了很大提高。我们在面对新的机遇的同时也面临新的挑战。一方面,我国发展的有利条件没有改变,仍处于可以大有作为的重要战略机遇期。另一方面,发展中不平衡、不协调、不可持续问题依然突出,面临能否顺利跨越"中等收入陷阱"的重大考验。

"党情"的变化是指和过去相比,我们党的执政理念、领导方式、组织体系、党员干部队伍都发生了明显的变化,党面临着"四大考验"和"四种危险"的严峻挑战。这是胡锦涛同志在"七一"重要讲话里提出的,"四大考验"即"执政考验、改革开放考验、市场经济考验、外部环境考验","四种危险"即"精神懈怠危险、能力不足危险、脱离群众危险、消极腐败危险"。

在世情、国情、党情变化的大背景下,我们应该从国际视野、全局眼光、高等教育的视角,来统筹思考学院的发展问题。我首先向大家介绍一些目前关于高等教育的最新数据。截至 2011 年,全国高校有 2700 多所,在校生 2232 万人,2010 年招收本科生 662 万,研究生 53.8 万,2010 年的

---

* 本文是作者在学习贯彻全国党委秘书长会议精神会议上的讲话节录。

毛入学率 26.5%,2011 年高考录取率是 73%。目前,全国高等教育序列的专业教师共 134 万,本科生师比是16.65:1。我最近查阅了 2010 年北京高等教育质量报告,里面引用了一些数据。按照教育部 2004 年 2 号文件的生师比计算方法,北京市普通高校 2010 年生师比是18.67:1,综合、工科、财经等类普通高校的合格标准是18:1。这是学院所处的高等教育的大背景。

在这样的背景下,我们从哪些方面来分析学院的发展呢?我想从以下三个方面来进行分析:一是要看世界高等教育发展的趋势;二是要看国内高等教育的主流;三是要看特色行业院校的比拼。

—

当今世界,许多著名大学已不再以规模的宏大、学科的齐全为追求目标,而是更加注重自身的办学特色,并努力把自身的特色发挥到极致。大学只有办得更有特色、更有水平、更出人才,才能获得好评、赢得社会的支持,否则就难以发展和生存。不同的大学追求不同的办学特色。

世界上最早的大学被公认是诞生于意大利的博洛尼亚大学和法国的索邦大学。当时大学的主要职能是培养人才。当这种以人才培养为主要任务的大学传入英国之后,受到洛克绅士教育的影响,形成了以注重贵族心智的培养和性格的养成为主要特征的博雅教育,牛津大学、剑桥大学是其中突出的代表。19 世纪初,德国在洪堡的倡导下创立柏林大学,提出"大学应当同时从事教学和科学研究工作"的办学思想,把大学由传统的单纯人才培养的一元职能变成为人才培养与科学研究并重的二元职能,因此柏林大学被公认是现代意义上的最早大学。19 世纪中后期,当美国把这种教学与科研并重的大学移植到美国本土后,继承了德国科学民主的办学思想,重视大学的科学研究,由此形成了以霍普金斯大学为代表的研究型大学。1848 年成立的威斯康星大学,进一步把教学、科研与社会服务联在一起,突破了以往大学二元职能结构模式,把大学从社会的边缘推向社会的中心,由此威斯康星大学成为大学直接为社会服务的典范。威斯康星大学的名言就是"只有脚上粘着牛粪的教授才是好教授",因为它是一所以研究农业而闻名并且是直接为社会服务的大学。据报道,我国科学家袁隆平带学生的标准就是必须得下田,因为研究杂交水稻,实验室种不出稻子,计算机也种不出稻子,必须到试验田里去。今年 4 月份胡锦涛总书记在清华大学百年校庆时发表重要讲话,立足中国深厚的教育文化传统,明察世界多样文明的交流借鉴,把握高等教育发展的趋势,提出大学文化传承创新的第四种职能,拓展和丰富了大学的功能,体现了对当代世界高等教育发展规律的深刻把握和重大贡献。当然,很好地发挥这种职能是每一个高校所面临的重要的新的课题。

世界很多高校与我们学院办学规模差不多,但他们非常注重办学特色,注重增强核心竞争力。比如,有"数学之都"之称的普林斯顿大学,在绘制人类基因图谱方面走在世界前列,并一直保持着自己独有的特色,这是它立于不败之地的秘诀。但普林斯顿大学规模很小,本科生只有 4000 多人。还有一个最有特点的地方,就是考试不设监考,学生进考场前每人签一个诚信证明,这种考试方式我们学院是否也可以借鉴一下,找个班级试点?现在咱们考场里不是有监控吗,我们也争取出现一个无作弊学期。普林斯顿大学之所以能长期保持着"数学之都"的名望,在绘制人类基因图谱方面走在前头,是因为一直坚持特色办学,保持特色与独立是它立于高校不败之地的秘诀。宋家三姐妹上的卫斯理学院,希拉里和谢冰心也是那个学院的毕业生,规模也不大。还有更著名的 MIT(麻省理工学院),跟中国的高校相比,它的规模并不大。在中国有 MIT 这样名气的大学可能 20 年前早就升格成综合性大学了。加州理工大学一直遵循"小而精"的特色发展模式,直到 20 世纪 80年代以后学校的学生规模才达到 2000 名,它的院系设置了六个学部,英文叫 division,跟我们学院现在的系部设置差不多。这样小的规模却人才辈出,培养出很多像著名遗传学专家摩尔根这样的学术泰斗。这就说明一流大学并不在于办学规模的大小,关键在于保持自身特色,出类拔萃,就是一流。了解生物遗传理论的人都知道,在 20 世纪 30 年代,孟德尔和摩尔根的遗传理论与苏联的李森科所倡导理论尖锐对立。回忆起来,李森科就是学阀。

二

当前,中国高等教育已进入以全面提高教育质量为重点的新阶段。加强内涵建设和提升办学质量已成为我国高等教育发展的必然选择。现在国内有 2700 多所高校,中国高等教育的规模确实已经很大了。2007 年教育部直属高校工作咨询委员会第十八次全体会议第一次提出从教育大国向教育强国转化的口号。现在国内高校的主流就是全面提高高等教育的质量。胡锦涛同志在清华大学百年校庆时的讲话中指出:"不断提高质量是高等教育的生命线,必须始终贯穿高等学校各项工作之中"。因此,我们要把提高质量作为改革发展最核心、最紧迫的任务。

当前,各高校可以说是在不断地探索自己的发展道路。一些高校已经开始探索建立战略联盟。比如说,重庆市的6所高校已经建立重庆市大学联盟,联盟成员单位学分互认、学生互换、教师互聘,实现优势互补、资源共享。江苏5所高校也成立了区域教学联盟。北京邮电大学、西安电子科技大学等10所有行业背景的高校也建立了"高水平行业特色型大学战略合作联盟",从服从服务于国家战略需求、服从服务于国家经济社会发展入手,创新办学机制。长三角地区的高校在高校教师互聘、教学资源共享方面也达成了新的合作协议。从高校自主招生改革来看,以清华大学为首的"华约"、以北大为首的"北约"两大高校联盟以及北京理工大学为首的"卓越联盟",都采取联合初试、自主选拔的方式组织招考,从学生选择机制上突破创新,最大限度吸引优秀生源,以图发展。同时,高等学校的学科建设也在不断发展。比如说,今年艺术升成了一级学科,过去的一级学科包括"文、史、哲、理、工、管、经、教、法、农、医、军"12个学科。按照中国当前综合性大学"只要有的学科就都要有"的建设思路,我估计那些没有艺术系的综合性大学还要设艺术系,有艺术系的要升格成艺术学院。综合性大学当然有很强的竞争实力,也容易进入国内一流大学的前列,但是如何评价是否一流要辩证地看,北大、清华谁敢说不是一流,没有一个高校领导敢说北大、清华不是一流院校。但是同时要看到政府对北大、清华这类院校的投入力度,以及中央政府、地方政府对他们给予的特别支持。他们有雄厚的师资,有充足的物质基础,又垄断了全国最优秀的生源。可以算算他们的投入产出比,再拿到世界高校中去比一比,有的高校领导嘴上不讲,心中未必没有想法。

另外,现在学位授权也由永久授权改为向国家新规划的学科领域有期限的授权。学院这次获得的工程硕士研究生学位单位授予权的授权也是有期限的,有效期5年,这是一个重大的变化。学院作为高等学校,就要了解高等学校的主流发展趋势。就像原来的"211"工程、"985"工程以及今年新提出的2011计划(高校创新能力提升计划),我们都要时刻关注这些变化。主流办学趋势是我们从事高等教育的人应该把握的。要了解国内高等学校的变革趋势,了解世界高校的发展趋势。但是,我发现一个很怪的现象,组织宣传处给各部门订报纸,每个部门可订两份,其中一份是中宣部指定的《人民日报》,第二份部门可以自行选择,可我发现没有一个部门订《中国教育报》。大多数订的都是《新京报》《北京青年报》《北京晚报》等。作为高校教师,应该时刻关心高等教育发展的最新情况,及时了解和关注中国教育界的大事。我认为学院不应该为部门订阅社会新闻类、娱乐类的报纸,而应该订阅《中国教育报》或《中国教师报》。这代表着学院的态度和导向,要马上纠正过来。

<h1 style="text-align:center">三</h1>

中国高等院校同质化现象严重。可以说很多院校的院系、学科设置缺乏自身特色。前几年,我第一次参加信息安全类教学指导委员会会议时,有48所信息安全类学校加入了教育部高等学校信息安全类专业教学指导委员会,截至今年已有130多所院校加入,且在数量上还有继续扩张的趋势。在同质化严重的情况下,学院该怎样发展,确实是我们必须思考的问题。

在这样的环境下,学院的发展必须走特色路线,我们要多与有特色的行业学院开展沟通交流,共同研究发展出路,寻求合作。近年来,学院参加了由北京市教委牵头举办的首都行业特色院校论坛,今年已经是第五届。首届是由中国人民公安大学承办的,第二届是学院承办的,第三届由北京体育大学承办,第四届由中华女子学院承办,今年是第五届,由国际关系学院承办。通过参加这些论坛,我们可以积极学习借鉴其他同类院校的发展经验。还有与学院一同从张家口军委工程学校划分出来的、同根同源的10所院校,以及同属于中直系统的4所院校,这些院校与我们面临着同样的发展问题和机遇,所以要多在一起交流,探讨该如何生存、如何发展、如何办学。

现在高等院校的竞争是很激烈的,学院为满足党和国家对机要工作的迫切需求应运而生,随着机要事业的发展而发展。只要我们培养出来的机要密码人才质量高,具有较强的科研实力,机要培训更有针对性和实效性,对机要密码工作起到了支持和保障的作用,学院一定会有很好的发展。长期以来,新进各级机要部门的应届毕业生大多来自学院。据中办机要局统计,2008年至2010年三年间,我院有72%的毕业生进入机要部门工作,其中82%进入地、市、县机要部门。可见我们培养的人才绝大部分输送到了机要部门,是基层密码干部的最大补充源,我们真正是机要部门自己的学校。

我们要充分发挥独有的政治、体制、行业优势，按照中央领导、中办领导指示的要求去办学，按照中办机要局关于密码人才培养、密码干部培训的需求来发展。始终坚持服务机要的办学方向，不断满足全国党政机要部门的人才需求，而且越做越好，我们就会有光明的前景。人无远虑，必有近忧。人无近忧，更需远虑。倘若我们满足现状、不谋发展、不思进取，办不出自己的特色和水平，躺在过去的成绩上睡大觉，就有被边缘化甚至被淘汰的危险。学院的未来掌握在我们电科院每一名教职工手中。

遵循规律　发挥优势　办有特色
高水平的保密管理专业本科教育[*]

（2011 年 12 月 26 日）

2008 年 3 月,教育部发文同意北京电子科技学院在信息管理和信息系统专业内设立保密管理方向。四年后,经过国家保密局的协调和努力,教育部决定在 2012 年将保密管理专业作为独立专业列入普通高等学校本科专业目录。这是我国保密学历教育发展进程中具有重要意义的事件,必将有力地推动国家保密人才培养和保密干部队伍建设,促进保密事业的科学发展。回顾、梳理开展保密管理专业教育的历程,总结专业建设的经验,进一步思考专业建设发展大计,对于进一步开展好保密学历教育意义重大,十分必要。

一、保密管理专业建设的主要成绩

近几年,国内有关高校和科研院所,围绕密码和信息安全,在基础理论研究、专业设置、人才培养、技术研发和应用等方面,抢先布局、加大投入,以期在竞争中赢得发展的先机和主动权。在中办领导关心和国家保密局支持下,北京电子科技学院于 2008 年在国内率先开办保密管理专业(方向),在保密专业学历教育史上留下了浓墨重彩的一笔。光阴荏苒,至今保密管理专业学历教育已进入第四个年头,即将完成一个从招生到毕业的完整培养周期。在这四年中,伴随中央保密委员会保密专业人才教育战略的实施,我国保密专业教育稳步发展,势头强劲,形势喜人,成就可圈可点。一是 10 所著名高校先后设立了国家保密学院,我国保密教育"10＋1＋X"("10"指设在北京交通大学、天津大学、哈尔滨工程大学、复旦大学、南京大学、中国海洋大学、中山大学、湖南大学、四川大学、西北工业大学 10 所大学的国家保密

＊ 本文是作者在保密管理专业建设研讨会暨 2008 级保密管理专业学生就业推介会上的讲话,刊登于 2012 年第 8 期《保密科学技术》。

学院;"1"指设有保密管理专业的北京电子科技学院;"X"指地方保密部门和当地高校共同建设的保密学院,不设数量限制,目前已经设立的是浙江省保密局和杭州电子科技大学共同建设的浙江保密学院)的格局正式形成,开始向专业化、规范化、规模化、体系化方向发展。二是保密管理专业各项基础建设,包括专业培养目标、人才培养方案、人才培养模式、专业教师队伍、专业教学资源、专业教学管理、专业教学研究等方面都得到了良好的发展,特别是保密管理专业将正式列入教育部新修订的《普通高等学校本科专业目录(2012年)》中,成为"管理科学与工程类"中和"信息管理与信息系统"并列的一个独立专业。三是以保密管理专业(方向)招收、按照专门培养方案培养的我国首届本科学生2012年就要毕业,一批经过精心培养、系统训练、具备扎实知识的新鲜血液将补充到保密系统,保密事业科学发展后继有人。

北京电子科技学院开办保密管理专业以来,国家保密局大力支持、有力协调,学院领导高度重视、亲自指导,授课教师倾情参与、辛勤付出,院内各部门积极支持、提供帮助,专业建设取得了显著成绩。主要体现在以下几个方面。

第一,专业建设逐步完善。经过近四年的努力,保密管理专业从无到有,已经初步形成了合理、完整的体系。一是制订并完善了保密管理专业人才培养方案与课程教学大纲,为保密管理本科学历教育奠定了坚实基础。二是编写了部分专业课程教材和讲义,为开展理论教学提供了条件。目前,我院承担的国家保密局统编教材《保密管理概论》已完成初稿,《保密史》《保密监督检查》《保密法学教程》《保密科技》《定密理论与实务》《信息安全保密管理》等课程讲义正在编写过程中。三是开始独立开展专业理论课教学,在经过两轮承担外请保密干部、专家授课的助教任务后,部分教师已经开始独立承担相应课程的主讲任务。四是实践教学体系初步建成。目前,具有保密特色的涵盖保密防护技术、保密检查技术的保密管理专业实验室建设招标工作已经结束,预计2012年4月竣工;同时保密管理专业实习实训基地也正在建设中。五是加强了教学机构建设。在调整充实了保密基础理论教研室、信息与保密技术教研室后,新增加了法学教研室和专业实验室,明确了教研室、实验室承担相关保密管理专业课程的教学和学术研究任务。

第二,科研工作稳步发展。在专业建设上,注意发挥科研和学术的支撑和引导作用。一是培育并凝练出重点科研方向,形成了若干较为成熟的研究领域,其中包括信息安全保密技术、信息安全政策法规、保密行政管理理论、信息安全人力资源管理等。二是积累了一批研究成果,四年来出版论著

5 部,主持和参加保密管理科研项目 5 项,发表论文 40 余篇,其中 20 余篇在中文核心期刊上发表。特别是关于保密制度比较、保密法律问题、保密基础理论等方面的论文,具有较高的学术价值,产生了一定的学术影响。

第三,师资队伍建设有效推进。目前,学院专任教师的硕博比接近 80%,保密管理专业所在管理系的专任教师全部具有硕士及以上学位,初步形成了学科、专业、学历、职称合理的保密管理专业教学团队。一是在借用外部智力资源上开辟了途径。在国家保密局的支持和协调下,学院聘请国家保密局、国务院法制办、中国社科院的干部和专家来学院讲授保密管理专业基础课、专业课,邀请国家保密局有关部门负责同志指导课程体系和实验室建设,邀请上海市国家保密局领导来院开展交流。二是在工作调研上形成了良好态势。学院领导带领管理系保密管理专业教师赴复旦大学、南京大学和上海市、江苏省保密行政管理部门调研,安排教师到各级党政部门实习、考察,使教师了解管理部门的工作内容和流程。三是在学术交流上营造了氛围。支持教师到校外参加法学、管理学等方面的学术会议,组织教师参加 2010 年高等院校保密专业建设论坛、2011 年第 21 届全国信息保密学术会议,即将在哈尔滨举办的第二届全国高等院校保密专业建设与人才培养论坛,我们也派老师参加并应邀作主题演讲。

第四,学生表现突出。保密管理专业学生在校表现良好,在政治、学习、学术科研、社会实践等方面都取得了较为优异的成绩。据统计,首届保密管理专业 28 名学生(招生时 30 人,后有 2 人转到其他专业学习),已有 11 人成为中共正式党员,6 人成为中共预备党员;英语四、六级通过率相对都比较高,多人取得全国计算机二、三、四级证书;65 人次加入了时政学社、读书社、信息管理协会等 10 个学生社团组织;主持参加了多项院级学生自主科研项目;已获得国家励志奖学金、学院优秀学生奖学金 57 人次,获得其他各方面的优秀奖项 80 人次;在 2011 年 11 月举行的国家公务员考试中,22 人获得公务员录用资格,其中有 10 人通过中央、国家机关综合管理类岗位的录用资格。同学们具有扎实的专业知识和深厚的保密情结,立志投身保密事业,已经做好了到保密部门和保密岗位工作的充分准备,正期待着组织的挑选。

二、保密管理专业建设的基本经验

学院从 2008 年开展保密学历教育以来,已经取得了一些成绩,为我们进一步做好工作奠定了基础、树立了信心。但我们也清醒地意识到,保密管理专业建设还处于起步阶段,在建设中还需要经历一个总结经验的过程,以凝聚力量,推动提高,促进发展。在学院开办保密管理专业接近四年,一个完整的保密管理专业人才培养周期即将完成之际,全面总结保密管理专业建设经验,对于提高学院保密管理专业建设水平、提高保密管理人才质量具有十分重要的意义。四年来,学院在保密管理专业建设工作中,积累了以下几条基本经验。

第一,依托共建工作机制。为党和国家的保密事业服务,是学院保密管理专业建设和人才培养的目标。在保密管理专业建设中,我们始终坚持立足保密、面向保密、服务保密的原则,主动接受保密部门的指导,使专业建设的各个环节紧贴党和国家保密事业发展的需要。四年来,学院的保密管理专业建设始终得到了国家保密局的关心和支持,并形成了与国家保密局共同建设的稳固机制,使各项专业建设工作得到稳步推进。一是建立了领导机制。由国家保密局、学院主要负责同志和相关领导、专家组成了专业建设委员会和工作小组,对专业建设工作进行了有力的指导和协调。二是形成了工作机制。学院管理系承担保密管理专业建设的各项具体工作,当工作中遇到需要由国家保密局帮助解决和支持的事项时,一般由管理系提出,经过研究论证,由学院向国家保密局呈文。在此基础上,形成了学院管理系与国家保密局负责学科建设的领导及有关部门的工作联系机制,在实际工作中得到了国家保密局多方面的帮助和支持。三是发展了交流机制。在局、院双方的共同努力下,构建了专业建设研讨的平台。2011年召开的保密管理专业建设研讨会,双方共有30多人参加,与会人员就保密管理专业的内涵、人才规格与能力结构、课程体系、实践教学设计等问题进行了富有成效的研讨。管理系教师与国家保密局有关专家建立了顺畅的沟通和交流渠道,可以直接请教、咨询专业建设等方面的问题。

第二,注重人才培养特色。学院是中办直接管理的唯一一所高校,在保密教育工作中,始终按照厅领导对学院办学的要求,坚持把学院办学特色体现在保密管理人才培养目标上,贯穿到保密管理专业教学、科研工作中,渗透到学生管理教育的全过程,努力为党和国家保密事业培养政治品德可靠、专业基础扎实、实践能力突出、人文素质良好的合格接班人。一是强化忠诚可靠的思想品德教育。坚持育人为本、德育为先,通过全员育人、全过程育人、全方位育人,全面推进学生思想政治教育素质化工作。始终把忠诚教育放在最突出的位置,深入开展理想信念教育、爱国主义教育,充分发挥课堂主渠道作用,上好思想政治理论课、形势与政策教育课,引导学生爱党爱国爱社会主义,自觉践行社会主义核心价值体系,忠诚党和国家的保密事业;把中央办公厅优良传统作风和机要精神作为学院的宝贵精神财富和校园文化建设的核心内容,逐步融入学风建设之中,使"忠诚、笃学、创新、卓越"的校训成为每一名学生的自觉追求;发挥日常思想政治教育主阵地作用,加强学生党团学组织建设、网络思想政治教育、心理健康教育,帮助学生排忧解难。二是注重学生的综合素质培养。适应新形势下保密工作的要求,充分整合校内外教育资源,强化学生自主学习、独立思辨、组织协调、实践动手等能力的培养,注重学生科学素养和人文素养的提高,促进学生全面发展。坚持邀请大学、研究机构的知名学者作学术讲座,邀请党政机关、国家保密局的领导、专家作实务讲座,帮助学生补充新知,开阔眼界,使学生的知识积累与保密部门的实际需求有效对接。坚持以团队的形式组织学生开展第二课堂学习活动,学生在教师的指导下阅读名著、开展科学研究、进行社会实践。加强学生公务员素质训练,鼓励学生积极参加公务员素质大赛、数理文化节、辩论赛等丰富多彩的活动,全面提高学生的综合能力和素质。三是注重学生研究能力的培养。指导学生积极参加大学生创新创业训练计划,实施"学生科研助推计划",资助学生开展小型科研,帮助学生提高研究能力和动手操作能力;创造条件延长实验室开放时间,鼓励学生带项目、带课题、带设计进实验室,通过实验验证、巩固所学知识,培养学生研究、解决实际问题的能力。

第三,形成整体建设合力。学院是在全国率先开展保密管理专业学历教育的高校之一。在建设初期,没有现成的经验可供借鉴,在师资、教材、专业实验室和实习实践环境等方面遇到一些困难。正是在学院各方力量的大力支持下,形成保密管理专业建设的强大合力,逐步克服了重重困难,取得了建设的成绩。一是形成了全院共建的合力。学院主要负责同志高度重视专业建设工作,亲自带领专业教师开展调研,组织研讨,学院领导就专业建设中的重要事项一起研究解决,一起推动落实。教务处等部门为专业建设提供便利条件,给予有力支持。信息安全系、电子信息工程系、计算机科学与技术系、通信工程系、基础学科教学部等系(部)支持教师承担保密管理专业学生的相关课程教学和学业指导,支持实验室承担学生的相关实践教学任务。二是形成了全系共建的合力。由于保密管理是新开设专业,管理系的教师是在承担行政管理专业教学、科研任务的同时,承担保密管理专业教学、科研任务的。教师们克服困难,敬业奉献,通过为来院授课的专家学者助课、观摩进修、攻读保密专业博士学位等形式吸纳新知,拓展自己原来的专业领域,提高学术科研能力。大家同心同德、群策群力,共同承担起建设保密管理专业、推进保密管理专业、发展保密管理专业的重任。

三、保密管理专业发展设想

在看到成绩的同时,我们也清醒地认识到,当前依然存在的一些问题,影响和制约着保密管理专业建设向高水平方向迈进。突出表现为:一是从相近专业转来的教师熟悉新专业需要有一个过程,短时间内难以形成较强的专业教学和研究团队;二是专业一线教师数量仍然不足,高水平师资缺乏,师资队伍建设力度亟待加强;三是教材、实验实践教学建设滞后,制约教学工作;四是相关资源尚未得到有效整合,集成、协同效应还没有充分发挥出来。我们要发挥在全国最先开展保密管理专业教育的机会优势,抓住保密管理专业进入本科专业目录的机遇,在以下几个方面下大力气,取得新突破。

第一,扎实做好保密管理学科建设工作。学科建设是高校发展的主线。开展保密管理专业建设,培养保密管理专业人才,保密学科建设是龙头。一是加强相关基础理论研究,在保密管理基础理论、保密制度比较研究、保密法等方面有所建树;二是加强相关核心理论研究,力争通过对保密组织体系、管理体系、法规体系、技术体系等的深入研究,在保密行政管理、保密法学等学科分支上有所突破;三是加强具体理论研究,利用机要密码工作和保密工作天然联系的特点,发挥学院优势,在探索机要和保密结合,培养具有保密特色的机要密码人才的理论上争取领先一步。

第二,引育并举建强保密管理专业师资队伍。保密管理专业师资队伍建设是专业建设的关键。学院在"十二五"期间,将依托"三精一名工程"("三精"即国家级精品课程、精品教材及其他精品项目,"一名"即国家级名师)"512人才培养计划""青年人才助推计划",根据保密管理专业发展的需要,尽快培养出一支数量、专业、学历、职称、年龄结构科学合理的师资队伍,特别要造就一批具有较高专业理论造诣、在国内有一定影响力的学术、学科和教学骨干。一是继续重视并从相关科研院所和知名大学引进保密管理专业高端人才,不断充实学院保密管理专业师资队伍。二是继续聘请国家保密局和相关部门中既有丰富实践经验又有深厚理论素养的保密管理和技术干部、专家到学院兼职教学,探索建立客座教授、兼职教授制度,为他们提供良好的教学条件。三是继续鼓励、支持学院保密管理专业教师参加进修培训和学术交流,构建教师到保密部门挂职锻炼的有效机制,帮助他们尽快成长为热爱保密事业、熟悉保密工作、研究保密问题的行家里手。

第三,加快保密管理专业课程体系和教材建设步伐。课程体系和教材建设是专业教学活动的基础,直接影响教学水平和教学质量,也决定着人才培养的质量。认真总结学院赴日本、英国、美国等国家的著名高校学习培训的经验,将国际高等教育的新理念、新课程、新教法与保密管理专业教学实际相结合。一是加强保密管理专业核心课程建设,妥善处理主干学科与相关学科、基础教育与专业教育的关系,科学设定必修课程与选修课程、理论教学与实践教学的比例。二是完善特色课程建设,按照保密工作对人才的特殊需求,不断完善特色课程体系,优化课程设置,拓宽学生知识背景,促进文理交融,提升学生综合能力和素质。三是进一步加强教材建设,保密管理专业作为新设专业,必须在教材建设方面创新思路,投足力量,尽快形成科学、合理、完整的教材体系结构。根据学院保密管理专业人才培养层次、培养目标的定位,本着"成熟多少就编写多少、成熟到什么程度就编写到什么程度""院内为主、院外为辅"的原则,加快相关教材的编写工作,组织院内外力量编写并率先推出一批教材和讲义,力争在全国范围取得一定的影响力。

第四,建立以保密系统人才需求为导向的培养目标。培养高素质的保密管理人才是学院开办保密管理专业的宗旨,也是检验保密管理专业建设成败的标准。根据保密事业对保密队伍建设和人才培养的总要求,学院将在总结四年来人才培养经验的基础上继续做好以下几方面工作:一是进一步完善保密管理专业人才培养模式,继续通过"第二课堂学生团队学习""学生科研助推计划"等途径,不断提高学生的专业素养和综合能力。二是进一步完善培养方案,加强文理兼容,在学科建设和课程设置等方面,以保密系统人才需要为导向,以培养懂技术、懂法律的复合型保密管理人才为主要目标,进一步调整和优化技术类课程、法律类课程和管理类课程的比重。三是加强实践教学,依托学院的保密管理专业实验室和实习实践基地,不断提高学生的专业技能和保密技术能力。

第五,把保密管理专业作为学院新的特色专业生长点。机要密码是学院建校以来一以贯之并不断强化的优势和特色。机要密码因其对国家信息安全的极端重要性而成为保密的重点对象之一。开办保密管理专业(方向)之后,学院科学把握继承与创新的关系,把培养掌握保密管理知识和技能的机要密码人才和培养机要密码部门中的保密管理和技术干部很好地结合起来,并作为新的特色专业加以扶持,为保密管理专业发展提供优越的条件,给予特殊的照顾。一是继续重点扶持。学院将根据"十二五"规划的目标和要求,在人力、物力和财力等方面给予保密管理专业倾斜和重点扶持,通过优化资源配置、丰富专业内涵、拓宽专业口径等途径,努力使保密管理专业保持超前发展、协调发展和可持续发展的态势。2011 年,保密管理专业已成功获得北京市质量工程(共建项目)立项。二是制定专业建设标准。学院将在对保密部门人才需求调研的基础上,根据教育部关于本科教学工作和专业建设的标准和新要求,对人才培养目标、课程体系和教学内容、师资队伍建设、实验与实习实训条件、经费投入、人才培养质量等方面提出明确要求,制定相应标准和规范。三是推动教学改革。进一步加强专业层面的教学改革,把学院多年积累形成的先进教育教学改革成果整合、移植应用到保密管理专业建设上来,加快教育思想观念、人才培养目标、人才培养模式、课程体系和教学内容等方面的改革步伐,进一步发挥教学改革的推动作用。

保密管理专业从无到有,我国保密教育事业有了良好的开端。保密事业的长远发展,需要构建一个与保密事业队伍建设相适应的保密学科人才培养体系。与保密事业科学发展的人才需求相比,目前保密教育的规模和层次明显不匹配、不相称。与其他历史悠久的成熟专业相比,保密管理专业建设还处于起始阶段,还要经历一个从稚嫩走向成熟、逐步完善的过程。我们愿意和所有开办保密管理专业的高校齐心协力,共同构建培养学士、硕士、博士的完整的保密人才培养体系。北京电子科技学院将充分发挥隶属于中央办公厅的政治优势,用好党管密码、党管保密的体制优势,用足密码和保密系统的行业优势,向其他兄弟院校学习,遵循高等教育规律和人才成长规律,扬长避短,精心打造在国内具有先进水平的重点专业,进一步彰显本校的办学特色。在现阶段,以有特色、高水平为目标,办最好的保密本科教育。待时机成熟时,向开展高层次保密学历教育迈进。

对基层密码人才实行定单式培养[*]

（2012 年 7 月 9 日）

　　2012 年 4 月，根据中央办公厅和教育部有关文件规定和政策精神，结合六省、区和兵团密码工作及学院教育教学工作实际，北京电子科技学院制定了《关于为新疆、西藏及四川、云南、甘肃、青海省藏区基层密码部门培养人才的实施方案（试行）》。方案规定：从 2012 年起连续 10 年，学院每年向新疆维吾尔自治区、新疆生产建设兵团、西藏自治区、四川省、云南省、甘肃省、青海省增加 20 名订单式培养基层密码人才招生计划，加大为六省、区和兵团基层密码部门培养高素质、复合型密码人才的力度，为六省、区和兵团密码部门加强队伍建设贡献力量。

　　定单式基层密码人才的教育与培养，要在培养目标、思想政治教育、公务员素质培养、密码特色实践教学体系等四个方面做好工作。

一、坚持和完善密码人才的培养目标

　　北京电子科技学院的人才培养目标是："培养具有密码特色的信息安全高素质应用型人才。"密码人才的基本规格是：政治可靠、具有公务员素质、获得工程师基本训练，基础扎实、知识面宽、能力强的应用型高级专门人才。

　　1. 紧紧把握机要密码特色。"机要工作是党和国家的咽喉和命脉"，密码人才的培养是党和国家密码事业发展的关键。学院严格遵照党和国家意志办学，坚持围绕密码特色谋发展、育英才，将突出密码特色的办学规律与高等教育规律有机结合起来，这既是使命与责任，又是人才培养上的特色与专长。

　　2. 办好机要部门满意的教育。胡锦涛总书记在党的十七大报告中明确要求"办好人民满意的教育"。学院作为全国唯一一所专门为党政部门培养密码人才的高校，就是要以机要部门对人才的需求为导向，通过明确人才服

---

　　* 本文是作者在密码专业定向生培养工作专题研讨会上的发言。

务面向和提高人才服务质量,满足特殊行业对人才的特殊需要,努力办出机要部门满意的特色高校。

二、改革与创新思想政治教育模式,铸造忠诚可靠的政治品质

按照"育人为本、德育为先"的宗旨,把突出忠诚可靠的政治品质融入人才培养的全过程,为机要事业培养政治可靠、作风优良的密码人才。

1.改革思想政治理论教育,培育忠诚可靠政治品质。将《密码工作概论》作为必修课设置;把《形势与政策》课作为品牌课建设;思想政治理论课教学要有机地融合机要工作优良传统、职业道德思想、密码保密法规、中办优良传统等忠诚品质教育内容;以树立忠诚品质为主题,在第二课堂设置马克思主义理论与实践、思想道德与机要传统教育项目。

2.创新思想政治工作机制,增强忠诚教育的实践性。把好新生入学关,打好忠诚品质的基础;贴近学生做工作,忠诚品质见行动;创新学生党建工作,实践忠诚品质教育。

3.推进人文教育与科学教育融合,让忠诚教育扎根于人文教育。实行适合学校特点的文化素质教育培养方案,提出独立的培养目标、教育要求、主要课程、课程体系、第二课堂教育安排、校园文化建设等,形成一个较为合理的文化素质教育体系,有利于系统地开展文化素质教育。

三、着力开展素质养成教育,培养公务员职业素质

根据密码人才培养的目标和要求,学生要具有较强的公务员职业素质。要将学生公务员职业素质的培养纳入人才培养体系,培养公务员职业素质。

1.特设课程与实践环节,培养公务员职业意识。在人才培养计划中专门设置公务员职业素质类特设课程和独立实践环节,并以此为平台,加强教学改革,开办专题讲座,开展课内课外实训,进行模拟演练,增强实用性、针对性。

2.渗透能力与技能训练,培养公务员职业能力。公务员要具备"开口能讲、提笔能写、问策能对、交事能办"的职业能力。为了养成公务员素质,培养职业能力,在大学四年的理论与实践教学过程中,要全程渗透公务员能力与技能训练。

3.搭建社会活动平台,培养组织协调和适应能力。通过为学生提供"讲"(讲座、讲演)"做"(动手、实践)"动"(文体娱乐活动)"创"(创新、创造)的机会,为学生锻炼能力、展示才华打造平台,搭建舞台,着力锻炼组织协调能力。

四、创建独具特色的实践教学体系,培养综合性实践能力

要更好地适应机要事业和高等教育发展对人才培养提出的新要求,提高密码人才培养质量,需要加强实践能力培养。

1.设计综合性能力培养目标,改革实践教学体系。通过培养方案的修订和实践教学改革等手段,加强教学改革和人才培养模式创新,突出实践能力和创新精神的培养、突出密码与信息安全学科专业特色。确立密码人才基本技能、专业技能和综合创新能力不同等级的能力培养目标。按照综合性能力培养目标,改革和创新实践教学体系。

2.教学与机要工作实践相结合,加强密码综合能力培养。紧密结合党政机要部门实际工作,改革和创新实践教学内容,提高综合性实践能力培养的针对性和有效性。加强实践教学教师队伍建设,一方面把党政机要部门有经验的专家引进到学校,从事教学工作;另一方面选派教师到党政机要部门学习培训,或联合开展课题研究,增进对实际工作的了解,提高实际工作能力。

凝练专业特色 提升人才培养质量[*]

（2012 年 12 月 21 日）

非常高兴通过"首都特色行业院校改革与发展论坛"这个平台,与大家交流特色行业院校在办学方面的做法和经验,共同研究探讨特色行业人才培养模式改革的有关问题。对于我们学院来说,这次论坛是一次难得的学习机会,使我们有机会对首都特色行业院校改革发展情况有更多的了解,有更加深刻的认识,可以更好地学习借鉴兄弟高校的做法和经验,进一步推进学院的建设和发展。

下面,我向大家汇报一下北京电子科技学院在凝练专业特色,提升人才培养质量方面的工作情况。

一、学科专业设置彰显机要密码特色

为了更好适应机要密码事业发展的需要,学院以密码学学科为重点学科,努力构建密码特色突出、能充分适应机要密码人才培养需求的信息安全学科专业体系。

一是科学谋划学科布局。学院以培养高素质密码和信息安全人才为目标,确立了学科建设模式,明确了重点建设学科和支撑学科,形成了学科研究方向和学术团队。目前,学院建设了密码学、通信工程、计算机科学与技术、数学、公共管理、马克思主义理论、情报学共 7 个学科和 15 个研究方向。其中,密码学学科包括密码理论与应用技术、密码系统设计与测评、密码分析学 3 个研究方向;通信工程学科包括网络安全与保密技术、无线通信系统的安全保密技术、保密通信与信息处理技术、信号处理与加密新理论和新技术 4 个研究方向;计算机科学与技术学科包括多媒体安全与监控、嵌入式系统与芯片安全技术、软件可靠性理论与测评技术 3 个研究方向;数学学科包括模式识别及其在信息安全中的应用、密码数学基础和

＊ 本文是作者在第六届"首都特色行业院校改革与发展论坛"上的发言。

理论 2 个研究方向；公共管理学科包括信息安全政策研究、行政学理论、人力资源管理 3 个研究方向，初步形成了具有密码与信息安全特色的学科专业体系。

二是积极推进研究生教育。从 2004 年开始，学院与西安电子科技大学联合开展密码学专业硕士研究生联合培养工作；2009 年独立开设所有课程，独立承担学位论文答辩、招生就业、教学管理、学生管理，担负起联合培养硕士研究生的全程培养工作。2011 年，增加了通信与信息系统、计算机应用技术两个联合培养硕士研究生专业。通过实施联合培养和全程培养、拓展培养专业等有益尝试，学院积累了硕士研究生培养的工作经验，建立健全了培养体系，师资队伍建设得到加强，研究生培养质量和综合素质明显提高，为独立开展研究生教育工作奠定了扎实基础。2011 年 4 月，按照教育部《关于开展"服务国家特殊需求人才培养项目"试点工作的意见》要求，学院积极开展申报学士学位授予单位培养硕士专业研究生试点工作，当年 10 月得到国务院学位委员会批准，在"电子与通信工程"和"计算机技术"两个工程领域开展专业学位研究生教育工作，获得了硕士专业学位授予权。2012 年首次招收硕士专业学位研究生 30 人，提升了学院的办学层次，使学院能够更好地为党政系统培养和输送高层次应用型密码和信息安全人才。

三是不断优化专业结构。与学科建设的总体要求和布局相对应，学院不断优化专业结构和布局，积极推进专业建设和改革。在获得管理学、理学学士学位授予权和开设信息安全、信息与计算科学两个本科专业后，又联合国家保密局共同成立保密管理专业建设委员会，开办了信息管理与信息系统专业（保密管理方向），进一步完善了学院信息安全专业体系，填补了我国高等教育在保密管理专业建设上的空白，拓宽了学院的办学渠道，为学院的办学特色增添了新的内容。目前，学院共有信息安全、信息与计算科学、电子信息工程、计算机科学与技术、通信工程、行政管理、信息管理与信息系统共 7 个本科专业，形成了能满足新时期党政系统对机要密码人才需求的本科专业设置格局，所有专业建设、课程建设都以密码与信息安全为核心，充分体现了学院的办学特色。其中，信息安全、电子信息工程 2 个专业被批准为教育部高等学校特色专业建设点；通信工程专业、信息安全专业、电子信息工程 3 个专业被批准为北京市高等学校特色专业建设点，形成了以工科为主，理、工、管协调发展的格局。

二、教学改革注重机要密码特色

面对国内外高等教育发展形成的巨大冲击和机要密码事业发展提出的更新更高要求,我们感到,要跟上高等教育的发展趋势,满足机要密码事业发展对人才的要求,必须更新教育理念,创新培养模式。

一是适时修订本科培养方案。学院高度重视培养方案的研制工作,根据不同时期机要密码事业发展对人才的迫切需求,平均每 4 年,也就是在每一个培养周期结束后修订一次培养方案。本科培养方案修订工作以教学改革和人才培养模式创新为核心,突出创新精神和实践能力的培养,突出密码与信息安全学科专业特色,突出综合素质特别是文化素质的培养,突出学生自主学习和个性化的培养。2009 版的培养方案进一步压缩了课内总学时,给学生留出更多的自主学习时间;进一步凝练了各专业的主干课程,科学设计了主干课程的教学内容;进一步调整优化了课程体系与结构,整合第二课堂内容,加大了对学生实践能力与创新精神的培养,形成了一个密码与信息安全人才培养的全新体系。

二是积极探索人才培养模式改革。学院在总结、整合多年来教学改革与实践活动成果的基础上,融汇近四年赴日本、英国、美国高等教育培训考察成果,研究制定了人才培养模式改革试验方案,启动实施了"密码与信息安全人才培养模式创新实验区"项目。人才培养模式改革立足于教学与学生管理基本制度的现有框架,按照"先行试验、控制规模、尊重意愿、效果为准、保障有力"的原则,从 2012—2013 学年开始在 2011 级学生中实施。在各教学部门选拔的基础上,经过严格审核,遴选出 10 名优秀教师担任试验班学生的导师。在个人申请、参考学生学习成绩和系部推荐的基础上,从 2011 级 6 个理工科专业中选拔出 20 名优秀学生进入试验班。试验班从 2012 年秋季学期开始实施,在教学内容、教学方法和教学手段等方面改革创新,为高素质、创新型机要密码人才脱颖而出进行大胆尝试。

三是积极推进实践教学改革。学院不断加大实践教学改革力度,突出实践能力和创新精神的培养,突出密码与信息安全学科专业特色。确立了密码人才基本技能、专业技能和综合创新能力不同等级的能力培养目标,形成了基本实验、提高实验、创新实验等不同层次的实验类型。在深化教学内容和课程体系改革的基础上,构建了实践创新环节,完善了密码与信息安全基础教育实践、专业教育实践和综合实践环节体系。主动与党政机要部门联系,在辽宁、山西、云南、四川等省委机要局联合建立了机要实习基地,为学生进一步了解机要业务、熟悉机要环境、培养机要意识、掌握机要技能创造了良好的条件。积极争取中办机要局的指导和支持,邀请行业主管部门领导和专家为签约到机要部门工作的应届毕业生进行岗前培训,帮助毕业生提前了解密码通信设备的性能,掌握必需的密码通信设备的维护技能,提高毕业生到党政机要部门工作的适应能力。

三、教学建设强化机要密码特色

学院始终坚持以教学为中心,狠抓各项教学建设。在教学条件与利用、专业建设与教学改革、教学管理等方面进行了全面的建设和改革。

一是着力加强特色课程建设。近年来,学院的课程建设由基础、规范化建设向精品、特色化建设转变。20门主要课程获得院级精品课程立项,7门课程获得院级"精品课程"称号。《EDA技术》《电子设计综合实验》《密码学》《思想道德修养与法律基础》等课程先后被评为北京市高等学校精品课程,为全院各专业课程建设起到了很好的示范带动作用。根据学院特色人才培养的目标定位,学院着力打造以《密码学》为核心的特色课程群,涵盖《密码系统设计原理》《密码芯片设计技术》《密码应用技术》《密码设备原理》等十几门课程,努力为学生构架一个独具特色的密码课程体系,不断满足人才培养所需的知识、能力和素质要求。

二是积极推进特色教材建设。为适应机要密码教育发展的需要,学院以"全国党政系统密码专业教材建设""教学质量与教学改革工程"为依托,大力支持精品教材与特色教材建设。《大众密码学》《秘书学教程》《专用集成电路设计与电子设计自动化》和《电子设计自动化应用技术—FPGA应用篇》先后被评为北京市高等学校精品教材。《密码学概论》获中办科技进步二等奖,《新编机要人员修养》获中办科技进步三等奖。《密码算法FPGA实现技术》《数字签名与认证技术》《新时期密码工作人员修养》等一批密码专业教材也相继出版。

三是着力加强师资队伍建设。学院始终坚持把师资队伍建设作为核心问题和头等大事来抓。制定了《"三精一名"奖励工作实施意见》,对"三精一名"("三精"即国家级精品课程、精品教材及其他精品项目,"一名"即国家级教学名师)实行奖励,鼓励教师早日获得教学科研标志性成果。实施教师参加机要密码工作实践的"砺行计划",定期组织教师走访有关省、市、县各级机要部门,与地方机要密码干部(包括学院毕业生)进行座谈交流,增强教师的机要密码意识,不断丰富和完善教师的育人理念。启动实施"密码科研攀登计划",鼓励和引导教师积极参加密码科研工作,着力培养一批学术研究与工程开发兼顾、密码教学与密码科研并举的教师队伍。

各位领导、同志们,学院的建设和发展一直得到北京市教委和兄弟院校的大力支持,在此我代表学院向大家表示衷心的感谢。同时,希望我们这些特色行业院校能够进一步加强联系沟通,加深交流合作,共同为国家和首都经济社会发展做出贡献。

走以密码科研为核心的特色科研之路[*]

（2013 年 1 月 18 日）

　　1 月 16 日，也就是前天，中央政治局委员、中央书记处书记、中央办公厅主任栗战书同志来学院看望师生，并与师生代表进行了座谈，就进一步做好学院工作做出了重要指示，其中对科研工作也提出了明确的要求。今天上午，在学院 2012 年总结表彰大会上，已经传达了栗战书同志重要讲话的内容，希望全体科研工作者认真学习并贯彻落实到今后的工作中，促进学院科研工作又好又快地发展。

　　今天召开这个会议，主要是对学院 2012 年科研工作进行全面总结，明确 2013 年的科研工作方向，同时也借机给大家鼓鼓劲。刚才，周长春、童新海、刘歆三位同志分别代表研究生教育与科研管理处、信息安全研究所和中安网脉公司，汇报了本部门 2012 年开展科研工作的情况及 2013 年进一步做好科研工作的思路，听后深受鼓舞，也很受启发。

　　2012 年，在研究生教育与科研管理处、信息安全研究所和中安网脉公司等有关部门的精心组织下，特别是全体科研人员的共同努力下，学院科研工作取得了新成绩，迈上了新台阶。突出表现在以下六个方面：一是大力实施"密码科研攀登计划"和"青年教师助推计划"，学院密码科研人才培养稳步推进，密码科研承载能力不断提高；二是科研课题的层次、质量和数量明显提升，年度新增国家级、省部级科研项目达到 52 项，实现历史性突破；三是科研课题经费大幅增加，年度累计争取科研经费突破 5000 万元，到账经费超过 1900 万元；四是密码与信息安全领域的业务管理能力不断增强，普通密码资质、涉密信息系统集成资质（甲级）、商密生产和销售资质、密码工程监理资质等从业资质的建设、维护工作不断加强，顺利通过国家密码管理局、国家保密局、北京市保密局组织开展的一系列专项检查；五是深入开展科研合作和交流，科研成果更加丰富，密码及信息安全产品研制工作取得新的进步，10 余项科研成果通过行业测评或认证；六是产业化经营再创佳绩，

---

　　* 本文是作者在学院科研工作汇报会上的讲话。

密码及信息安全技术服务能力有所增强,产品推广应用领域不断拓展,年度销售合同突破 9000 余万元,实现利润约 800 万元。

特别值得一提的是,2012 年下半年,大家发扬团结协作、奋力拼搏的精神,集中承担了包括 28 项"311 专项"课题,"十二五"核高基项目,"党政电子公文原型系统研制及应用示范"项目在内的共 30 项国家科技专项课题,学院在一个年度内同时承担国家级、省部级科研课题突破 50 项,科研经费突破 5000 万元,为学院近 20 年科研工作历史最高纪录,在学院"密码科研攀登计划"实施的第一年,实现了开门红,也为学院建校 65 周年献上了一份厚礼。这些成绩的取得,得益于全体科研人员的潜心研究、科研管理人员的精心组织和公司员工的积极进取,你们为学院科研工作的发展做出了重要贡献,取得了显著成绩。利用这个机会,我代表学院向你们表示热烈的祝贺、衷心的感谢和诚挚的问候!

多年来,学院坚持服务机要密码事业的导向,走以密码科研为核心的特色科研之路,特色科研实力不断增强,形成了良好的科研工作态势。一是创新了科研体制机制,搭建起了以实体为依托,以实验室和研究室为技术支撑,集计算机网络信息安全服务、信息安全产品开发和研制的高科技信息产业平台;形成了以密码及信息安全应用技术研究为龙头,以机要密码行业需求为导向,以系部师生为依托,产学研相结合的科研创新机制。二是加强了科研的组织和管理,大力实施"密码科研攀登计划",围绕密码和信息安全领域申报国家科技专项,形成了 5 个密码科研团队,密码科技人才培养成效明显,教师参与密码科研工作的主动性、积极性进一步增强;建立起了一系列密码科研支持配套政策,如职称评审、岗位聘任等方面向密码科研领域倾斜,特色科研的凝聚力、向心力明显增强。三是深化了科研合作与交流,先后与中国科学院高能物理研究所、浪潮集团、总参 51 所、解放军信息工程大学密码工程学院签订了战略合作框架协议,积极组织和参加全国密码学领域的多种学术活动,学院科研影响力进一步扩大。四是推进了特色科研环境建设,成立了中办信息安全重点实验室、密码技术北京市高等学校工程研究中心、信息安全研究所以及中安网脉公司,并对科研体系进行了整合,初步形成了产、学、研各有侧重、相互促进的科研创新格局;科研楼建设项目获得批准,相关建设工作正在积极推进之中。五是加大了密码科研成果转化力度,形成了五大系列产品,研发的产品在全国信息安全部门和机要行业得到广泛应用,与全国 26 个省(市、自治区)、40 个部委和 128 个企事业单位建立了项目合作关系,为机要密码系统提供全方位的技术支撑和服务保障,密码产品向系列化、品牌化迈进。

面对成绩,我们不能盲目乐观、骄傲自满,要看到学院科研工作与国内其他高校相比还存在一定的差距,要树立赶超意识,进一步增强做好科研工作的紧迫感和危机意识。我们也无须因此而妄自菲薄、消极悲观;因为我们是一个袖珍学校,科研人员数量比较少,应通过相对比较而看到小的长处和优势,切实增强科研工作的信心,不断提高科研的自主创新能力和承载能力,努力打造一流的科研团队,扎实推动科研工作更好地发展。为推进工作,鼓舞士气,下面我利用这个机会给大家提四点希望。

一、深入学习贯彻党的十八大精神,进一步增强做好特色科研工作的使命感和责任感。党的十八大报告指出:"科技创新是提高社会生产力和综合国力的战略支撑,必须摆在国家发展全局的核心位置。""建设下一代信息基础设施,发展现代化信息技术产业体系,健全信息安全保障体系,推进信息网络技术广泛应用。"当前国家有关部委、国家密码主管部门为推进经济结构战略性调整,设立国家科技专项,加大经费支持力度,提高原始创新、集成创新和引进消化吸收再创新能力,优化密码及信息安全产业布局。学院科研工作发展处于前所未有的重要机遇期,要深刻认识学院密码保密的办学特色和优势,进一步增强使命意识、责任意识,精心谋划,乘势而上,紧跟科技发展趋势,加大基础研究和应用基础研究力度,切实提高科研自主创新能力,使战略性高技术产品研制实现跨越式发展,使关键技术攻关实现原创性突破,使学院的特色科研综合实力达到业内先进水平。

二、大力推进协同创新,进一步做强特色科研。栗战书同志要求我们在科研工作中,要注意搞好协同创新,走一条多校联合、资源共享的道路,为我们进一步做强特色科研交给了办法、指明了方向。在世界科技快速发展、交叉融合成为科技发展新的增长点的大趋势下,国家已经启动实施了以"协同创新"为核心的"2011计划"。我们要抓住机遇,按照教育部《关于实施高等学校创新能力提升计划的意见》的有关精神,积极与国家和军队密码科研机构、国内密码专业院校以及信息安全企业开展合作交流,共同构建协同创新联合体,实现资源的共有共享。通过进一步深化科研合作,不断满足新型密码设计、密码装备研制、信息安全系统开发等重大需求,进一步提升密码自主创新能力、密码通信保障能力和信息安全支撑能力。同时,要注意发挥学校的密码特色和比较优势,面向国家需求,特别是机要密码事业发展的需求,在院内广泛开展协同创新,建立起多学科的联合攻关体系和思维模式,科学组织内部科研力量,激活创新基因,不断形成新的创新突破点,全面推进学院的特色科研和技术创新工作。

三、进一步发挥科研在人才培养中的重要作用,推进产学研用的深度融合。科研工作是高校培养创新型人才的重要环节,可以促进教学知识的更新、教学手段和方法的创新、教材的建设,学生参与科研实践可以直接培养学生的创新精神、增强学生的创新意识,科研工作对高校提升教育教学质量具有极其重要的支撑作用。要积极推进科教结合,形成教学与科研互动的稳定机制,鼓励学生参与课题和工程项目研究,加入创新团队,做到寓教于研、研中有教,不断提高学生的实践动手能力和科技创新本领。要紧密结合学院开展的硕士专业学位研究生教育工作,完善人才发现培养机制,立足于密码科技后备高层次人才的培养,广泛开展研究生密码科研实践,积极探索密码专业人才培养的新途径,建立起产学研用相结合的科研工作机制和高层次人才培养模式,更好地支撑机要密码科研事业的发展。

四、进一步完善科研体制机制,不断提高科研管理的科学化规范化水平。继续大力实施"密码科研攀登计划"和"青年教师助推计划",进一步完善"一所""一室""一企"组成的科研创新平台建设,打造具有学院特色的科研创新体系;要加强对科研工作规律的探索和研究,制定相关对策和办法,努力破解在政策、体制、机制、保障等方面不利于科研发展的难题,营造良好的科研工作氛围,不断激发科研工作活力。要站在关系国家安全利益的高度,认真反思保密工作中出现的问题,深刻理解安全保密和密码科研工作的内在关系,牢固树立密码安全保密意识,以高度的责任感和使命感做好普通密码资质管理、密码人员涉密等级管理等工作,确保密码科研的安全保密工作万无一失。要进一步完善制度建设,建立并优化包括项目申报、立项、经费管理、研究进度等环节的一体化、规范化科研管理流程,促进科研工作的良性发展。

一元复始,万象更新。新的一年孕育新的希望,新的起点昭示新的辉煌。在新的一年里,希望大家认真学习贯彻落实栗战书同志重要讲话精神,继续发扬崇真向学、严谨求实的科研作风,进一步解放思想,振奋精神,开拓进取,扎实工作,闯出一条密码特色科研之路,为学院实现从教学型高校向教学研究型高校的转型做出自己应有的贡献。

教材建设须体现自身特色[*]

（2013 年 2 月 1 日）

　　《保密管理概论》一书终于出版了。这对我国保密管理专业建设是一件大事、喜事,也是保密管理专业教材建设的一项标志性成果。我曾经在保密战线工作多年,到高校工作后又见证了保密管理专业的筹建、开办和快速发展的历程。编写组的老师希望我在概论出版时写几句话,我愿借此机会介绍一下保密管理专业的有关情况。

一

　　大学的发展以学科专业发展为基础,是高等教育发展的规律之一。专业是高等学校培养人才的基本单位,我国所有的高等学校都是按照专业来培养人才的。一般来讲,专业主要按学科划分,学科是依据一定的教学理论组织起来的科学基础知识体系。设立一个专业,要有明确的主干学科或主要学科基础,确定的专业范围既使培养的人才具有较宽广的适应性,又适宜在本学科学制内完成合格人才的培养。专业设置关系到人才培养目标与规格,关系到教育教学资源的配置和优化,关系到教育质量和效益,也关系到高等教育与社会发展的协调与适应。

　　科学合理设置专业并随着国家新的战略发展需求、经济社会以及教育自身变化对专业及时进行调整,是国家教育主管部门的重要职责,也是高等教育适应经济社会发展需求和人的全面发展需要的基本保证。新中国成立到"文革"前,我国对专业进行过两次调整。1953 年,专业种数 215 种;1965 年,专业种数 627 种。1978 年我国高校恢复招生以后,已经进行过 4 次大规模的学科专业目录修订和专业设置调整工作,每次修订后都要颁布新的《普通高等学校本科专业目录》。1987 年第一次修订目录,专业种数从 1343 种调减到 671 种。1993 年第二次修订目录,专业种数从 671 种调减到 504 种。

---

　　* 本文是作者为《保密管理概论》撰写的序言。

1998 年第三次修订目录,专业种数调减到 249 种。

但是,为了适应经济社会发展需求的变化,适应高等教育的快速发展,满足高校多样化人才培养的需要,1998 年之后十多年的时间里,教育主管部门陆续批准目录之外的专业 386 种,占到了专业总数的 60.8%。2012 年第四次修订目录,学科门类由之前的 11 个(哲学、经济学、法学、教育学、文学、历史学、理学、工学、农学、医学、管理学)增加到 12 个,新增加了"艺术学"门类(从文学门类中独立出来),与研究生学科目录的学科门类一一对应;专业类由原来的 73 个增加到 92 个,与研究生学科目录的一级学科基本对应;专业种数从 635 种(目录内 249 种,目录外 386 种)调减到 506 种,由 352 种基本专业、154 种特设专业(截至专业目录颁布时)构成,在基本专业和特设专业中确定了 62 种国家控制布点专业。保密管理(专业代码 120106TK,T 表示特设专业,K 表示国家控制布点专业)就是首次设立的 154 个特设专业之一。

二

北京电子科技学院隶属于中共中央办公厅,是一所为全国党政系统培养信息安全与办公自动化专门人才的高等学校。多年来,一直把高水平、有特色作为学院努力方向和奋斗目标。学院遵照中央和中央办公厅领导的指示精神,把握特色办学定位,找准发展方向,确立人才培养目标和规格,确定服务面向,明确科研攻关方向,锐意进取,学科建设水平不断提高。

2007 年,国家保密局向中央办公厅请示在北京电子科技学院设立保密管理专业。2007 年 8 月,中央办公厅主任办公会议同意在我院设立保密管理本科专业。我院随即向教育部提出申请。按照申请设立新专业的要求,我院在当时的 11 个学科门类中,向教育部申请把保密管理专业列入"管理学"学科门类中的"管理科学与工程类"一级学科,在"信息管理与信息系统"下开设"保密管理方向"(保密管理专业)。

2008 年 1 月 28 日,教育部下发《教育部关于公布 2007 年度高等学校专业设置备案或审批结果的通知》(教高[2008]2 号文件),同意我院在信息管理与信息系统专业下开设保密管理方向,招收应届高中理科学生,毕业合格授予管理学学位。随后,学院根据教育部的规范要求,制定了包括专业培养目标、培养要求、主干学科、核心课程、主要实践性教学环节、主要专业实验等内容在内的保密管理专业人才培养方案与课程教学大纲,为保密管理本科学历教育奠定了坚实基础。

2008年3月,国家保密局与我院共同组成了保密管理专业建设委员会,由国家保密局局长任主任,学院领导和国家保密局副局长任副主任,负责领导和协调保密管理专业建设,下设三个工作小组,分别负责保密管理专业教学指导、教材编写和招生就业协调工作。

2008年9月1日,我院迎来来自全国各地的首届保密管理专业30名学生,标志着我国正规保密管理本科教育的正式开始。同期,原来设有信息管理与信息系统专业、也在申请设立保密管理专业的高校,从2006级信息管理与信息系统专业学生中选拔部分优秀学生改按保密管理方向进行培养,并于2010年毕业。我院按照独立的人才培养方案,完成从招生到毕业完整四年培养周期的学生于2012年毕业。完成学业的毕业生全部到机要、保密部门从事保密管理和技术方面的工作。

三

教材是教学三个要素之一。它是依据教育的目标与教学内容组织、有利于教学活动的展开而有计划地编制的材料,包括作为主要材料的教科书以及除教科书外的其他图书资料。教材是体现高校教学内容和教学方法的载体,是高校教学的基本工具,是学生学习之本、教师施教之据,也是影响教育质量的关键因素,在整个教学活动中具有不可替代的重要地位。教材建设是高校教学基础建设的重要组成部分,是深化高等教育教学改革、全面推进素质教育、提高教学质量、培养创新人才的重要保证。教材建设还是高等学校学科专业建设的重要组成部分,是教学管理的重要内容,是巩固教学内容、优化教学成果的集中体现。

保密管理作为特设专业必须在教材建设上体现自身特色。国家保密局在教育部批准设立保密管理方向后不久,就牵头研制保密管理专业的教材规划并组织相关高校同步编写,十分具有前瞻性和战略眼光。我院负责的《保密管理概论》是保密管理专业的核心骨干教材,是国家保密局批准的首批专业规划教材之一。作为教材,首先要满足大学课堂的教学需要,又要总结丰富多彩的保密管理工作实践,并力图从理论上加以概括总结。这本书详细介绍了保密管理思想、体制、职能、信息公开与保密审查等基本理论;全面阐释了机关单位、涉密人员、涉密载体与涉密信息系统及专项涉密活动的保密管理;系统介绍研究了保密法制、监督管理、保密技术和保密宣传教育培训的主要内容；结合深入保密管理实践，探讨了武器装备科研生产单位、经济合作、外事活动、出版领域的保密管理工作。通览全书，可以看出作者在编写过程中充分考虑了内容设置的科学性、先进性、新颖性、实用性和实践性，突出了培养保密管理人才厚基础、重能力、求创新的总体思路，契合保密管理专业人才培养方案的基本要求。该书既可以作为保密管理专业的本科生教材，也可以作为保密工作教育培训的参考书，对于保密管理工作者也会开卷有益。

本书从接受任务起到定稿付梓，历时两年多的时间，期间多次研讨、数易其稿。封化民教授、孙宝云副教授和编写组的老师们查阅了大量中外文献资料，搜集研究相关政策法规和规定，并深入有关高校和保密管理实践领域进行调研。在确定教材框架和初稿写作过程中，多次组织学术会议进行研讨，邀请保密管理领域的专家对教材结构和内容指点把关，反复推敲后才最终定稿。我在这里表达对编写组老师们的崇高敬意！但是，成熟的教材一定要经过长期的教学实践检验才能日臻完善，因此，这本自著教材不可能十全十美，教材的教学适用性和教学效果有待检验。我希望今后编写组能在加强教材研究的基础上及时总结经验，在教学实践中不断修订完善。我相信，经过几年教学实践的打磨，《保密管理概论》成为保密管理专业精品教材的目标一定能够实现。

特色是学报的旗帜[*]

（2013 年 4 月 18 日）

　　刚才，沈昌祥院士、解津伟副局长、杜虹总工程师、杨义先教授、王强理事长、陈性元院长、郑进宝秘书长、孔志印副院长、张显龙副社长、康劲副秘书长、王佃启副秘书长作了非常精彩的主题发言。各位专家、学报同行在座谈交流中也畅谈了密码信息安全、保密管理、信息安全管理等学科领域的最新研究动态，高校学报的办刊理念和成功经验，既有宏观的指导，又有微观的指点。并从学院学报办刊实际出发，围绕加强高校学术期刊建设以及促进学术期刊与相关科研机构、企事业单位的交流合作谈了许多好的想法，提出了宝贵的意见和建议。各位专家和来宾的发言，体现了在各自学术研究领域的高深造诣，更体现了对《北京电子科技学院学报》的殷切关爱。听了之后深受感动，深受启发。在此，我代表院党委、院领导再一次向各位专家和来宾表示崇高的敬意和衷心的感谢。

　　《北京电子科技学院学报》创刊 20 年来，始终坚持正确的政治方向，勇于创新，不断探索，依托学院密码保密和信息安全这一鲜明的学科专业特色，以特色栏目建设为创新点，以提高办刊质量为目标，瞄准科学前沿，刊发了大批名家和新秀的高水平论文，学术质量稳步提升，学术影响力不断扩大。但同时我们也清醒地认识到，随着新闻出版体制改革的不断深入，高校学术期刊的建设发展正面临着越来越多的挑战与机遇。今天我们庆祝《北京电子科技学院学报》创刊 20 周年，就是要总结经验，寻找差距，以学报创刊 20 周年为契机，着眼长远，整体谋划，在新的起点上开启新的征程。

　　对于学院学报未来的发展建设，我谈四点意见。

　　一是要始终坚持正确的政治方向。今年 1 月 16 日，中央政治局委员、中央书记处书记、中央办公厅主任栗战书同志亲临学院座谈调研，并对学院工作做出重要指示。栗战书同志强调："电科院是中办唯一的一所高等学校，也是一所专门培养密码保密事业后备力量的高等学校。一定要把牢坚

　　* 本文是作者在《北京电子科技学院学报》创刊 20 周年座谈会上的讲话。

定正确的政治方向,做到始终不动摇、不错位。"学报作为学院对外展示学术形象的重要窗口,必须牢固树立政治意识、大局意识和责任意识,以科学的理论武装人,以正确的舆论引导人。要严格遵守宪法和法律,遵守党和国家有关新闻出版的方针、政策和法律、法规;严格执行期刊管理办法和制度,严格按照办刊宗旨办刊;始终坚持正确的政治方向和舆论导向,坚持党的基本理论、路线、纲领和方针政策,在思想上、政治上、行动上和党中央保持高度一致,坚决反对任何形式的否定和偏离党的路线、方针、政策的错误倾向,不给任何错误言论提供发表的机会。

二是要不断强化质量意识。质量是学报的生命线。学报要发展,必须坚持不懈地在全面提高质量上下功夫,牢牢树立精品意识。近年来,学院学报的整体质量虽然有了稳步提升,但是毕竟起步较晚,办刊经验也相对不足,无论从目前的办刊情况,还是学术影响来看,都存在着一些问题。进一步提升学报质量,关键要解决好三方面的问题。一是稿件来源,要加强组稿约稿力度,在约请校外专家学者撰写高水平学术稿件的同时,注重挖潜,进一步调动学院师生的投稿积极性。要以开放的心态开门办刊,使学院学报成为密码保密、信息安全领域专家学者和科研人员的论坛,而不能成为本院教师学生的自留地。二是编辑审核要认真把好审稿质量关,严格执行三审制度,加强对编辑人员的业务培训,严格按照学术规范编排设计学报版面。三是发行推广,要充分利用各种对外学术交流的机会,推广介绍学院学报,吸引更多的专家学者、科研机构和企事业单位关注、支持学院学报的发展。

三是要进一步彰显特色。特色是学报的旗帜,当今各类学术刊物之间的竞争,越来越表现为办刊特色的竞争。栗战书同志年初在学院座谈调研时指出:"密码保密特色是学院的立业之本、发展之基,也是学院的突出优势和平台。"特色鲜明体现在各个方面,学院的招生、就业、科研、培训,乃至校园绿化都应体现我们自己鲜明的特色。学报也是其中的一个重要方面,各位专家的希望就是我们的努力方向和奋斗目标。事物在不同的发展时期都有阶段性的特征,学院学报发展至今,也有相应的阶段性特征。学院要紧紧围绕密码保密特色来确定学报的办刊定位,规划学报的栏目设置,制定学报稿件的选用标准。精心打造特色栏目,刊发一批密码保密特色鲜明的高水平稿件,努力做到在学术上创新,在专业上创新,在风格上创新。

四是要形成合力推进学报更好更快发展。办好学报,打造精品,仅仅依靠编辑部几个人的智慧和力量是远远不够的。我们要虚心向各位领导专家请教,向业界同仁学习。要积极整合校内外资源,改善办刊条件,为学报发展搭建良好平台。要研究制定一系列制度措施,加大投入力度,将为学报撰写稿件情况作为岗位聘用的重要条件,鼓励学院教师及科研人员为学报投稿;要充分发挥编委会的作用,定期召开编委会议,加强对学报的学术指导和质量监督,各位编委要认真履行职责,为学报拓宽稿源、扩大影响多做贡献;要积极创造条件,组织学报编辑人员参加各类业务培训和交流活动,进一步开阔视野、提升业务素质;要加强与其他高校学术期刊、各科研院所、企事业单位的交流合作。积极营造专家学者、编辑人员群策群力、集思广益,共同办好学报的良好氛围。

在这里特别要表达一个心愿,学报的建设和发展离不开各方面专家学者的指导帮助,离不开国家密码管理局、国家保密局等主管部门的大力支持。我们真诚地希望在座的各位领导、专家继续关心我院学报,关注我院学报,为学报的发展高端策划、指点迷津,特别是希望各位专家帮助推荐或撰写一些高质量、高水平的稿件,帮助我们进一步提升学报的质量水平。

各位来宾、同志们,今年是全党全国深入贯彻落实党的十八大精神的开局之年,也是学院贯彻落实栗战书同志重要讲话精神,走与密码保密事业相适应、齐发展的办学之路,努力建设密码保密部门满意的高校的重要一年。新的时代,新的发展对学院学报提出了新的更高的要求,让我们携起手来,共同努力,把《北京电子科技学院学报》办成在密码保密与信息安全相关研究领域具有较高学术影响力的高水平学术期刊。

走与密码保密事业相适应
齐发展的办学之路*

（2013 年 12 月 15 日）

从 2004 年学院和西安电子科技大学联合培养密码学硕士研究生开始，学院开展研究生教育工作已满十年。获得硕士专业学位单位授予权已满两年。为了总结工作经验，部署"十二五"后期研究生教育工作，推动学位与研究生工作更好地适应国家学位与研究生教育发展趋势，满足密码行业人才需求，我们召开学院历史上首次学位与研究生教育工作会议。

中办机要局、中办人事局、中直管理局和各省机要密码部门在年末岁尾各项业务工作都十分繁忙的情况下，安排领导、专家出席会议，充分体现了领导机关对电科院学位与研究生教育工作的高度重视，充分体现了各省机要部门对电科院学位与研究生教育工作的大力支持。会议全面总结了十年来学院学位与研究生教育的成绩和经验，分析了学院学位与研究生教育工作面临的形势和任务，研究了进一步加强学科建设与研究生教育工作的思路和措施。与会同志在认真总结学院研究生教育工作的基础上，结合国家学位与研究生教育改革发展的新形势和党的密码工作对人才的新需求，就如何做好学科建设、优化研究生培养模式、加强行业导师指导、推进行业实习实践以及招生就业等工作进行了充分讨论。大家在讨论中提出的意见和建议，具有很强的指导性和针对性，是大家留给学院的宝贵财富，学院会倍加珍惜。会后学院将深入研究分析和吸收采纳这些意见和建议，用于指导今后的学位和研究生教育工作。

下面，我就今后学院学位与研究生教育工作讲几点意见，供大家参考。

一、转变观念，提高对研究生教育的认识

研究生教育是高层次创新人才培养的主要途径。党的十八大报告指

---

* 本文是作者在 2013 年学位与研究生教育工作会议上的讲话。

出,要深入实施科教兴国战略和人才强国战略,全面推进高等教育内涵式发展,这对高等教育事业提出了新的更高要求。研究生教育处于高等教育结构中的最高层次,既是高等教育的重要组成部分,也是提升高等教育水平的重要基础。

开展研究生教育是推动学院办学发展的必经之路。纵览知名大学的发展历程和轨迹,都走过了一条通过开办研究生教育,推进学校不断发展的道路。就电科院而言,要把学习党的十八大精神与贯彻落实中央、中办对学院办学要求结合起来,把办好大学的一般要求与密码保密部门对人才培养的具体需求结合起来,加强学科和专业建设,深化教育和教学改革,不断提升培养质量,坚定不移地走质量至上、特色取胜的内涵式发展道路,走与密码保密行业、信息安全企业、相关高等学校和科研机构联合培养研究生的协同创新之路,为国家培养出更多政治上忠诚可靠、业务上精益求精、理论基本功扎实、学术视野开阔、具有创新意识和创新能力的高层次人才。

开展研究生教育是教学研究型大学的重要标志。学院当前正处于从教学型大学向教学研究型大学转型的过渡时期。一所教学研究型大学应该拥有结构合理的学科体系和一定规模的学位授权点,拥有一支高水平的学术队伍及学术成果,拥有高水平的研究基地和充足的科研经费,具有合理的研究生规模。我们要充分认识研究生教育工作在推动学院发展、提升办学层次、加快学科建设、提升师资水平等方面的作用,一步一个脚印、扎扎实实地推进研究生教育工作,促使学院尽快达到教学研究型大学的标准。

开展研究生教育是加快学科建设的重要手段。学科建设是高等教育特别是研究生教育发展的基础,也是高等学校办学实力和办学水平的重要标志,加强研究生教育是加快学科建设的重要推动力量。学院具有密码专业深厚的学科底蕴,为研究生教育工作的开展奠定了坚实的学科基础。做好研究生教育工作必将进一步促进学院以密码为核心的信息安全学科体系的形成与优化。

开展研究生教育是提升师资队伍水平的重要措施。研究生教育与高校师资队伍建设是一种相互依存、相互促进的关系。发展研究生教育,可促进指导教师密切关注密码学科前沿,积极研究密码新理论,研究密码新形态,开发密码新技术,拓展理论教学空间,更新实践教学内容,不断提高教师的理论水平和专业技能。有了良好的师资队伍,才能真正按照国家要求,使学生立足理论知识,学好密码新技术、新应用和新成果,让学生优化知识结构,掌握密码科研方法,提高实践创新能力,满足行业的需求。

二、提升理念，强化研究生培养的质量意识

人才培养质量是研究生教育的生命线，是研究生教育持续发展的基石，也是研究生教育管理工作的永恒主题。当前，学院的学科建设和研究生培养工作正处于起步攀登阶段，我们必须树立正确、科学、可持续发展的质量观。

研究生生源质量是研究生培养质量的基础。研究生生源是研究生培养的"原材料"，好的"原材料"才能加工成好的"产品"，生源质量直接影响到研究生的培养质量。我们一定要正确把握研究生招生数量和生源质量的关系，在稳步增加生源数量的同时，注重生源质量的提高。要充分发挥密码保密行业优势，调动学校导师和行业导师的积极性，加大招生宣传力度，鼓励广大学生和有志青年报考我院，采取灵活的激励政策吸纳校外优秀生源。

创新能力培养是研究生培养的核心。研究生教育的根本目的是培养具有创新精神、创新能力的高层次人才，不断推进科技创新和社会进步。研究生教育必须与高水平的科研工作相结合，才能培养出高质量的人才。学院承担着"国家特殊需要人才"培养的任务，在研究生培养过程中，积极营造良好的创新环境，搭建鼓励创新的平台，全面挖掘研究生潜能，激发他们科研创新的激情，提升学生的创新实践能力。参与科研实践活动是研究生创新能力培养的重要途径。要积极探索并不断完善以建立机要密码工作的科技攻关方向、学院承担的重大科研项目和重点课题、信息安全研究所创新产品为牵引的研究生创新能力培养的新机制。

优秀导师队伍是研究生培养质量的关键。导师队伍的素质直接影响到研究生的培养质量。随着我院研究生教育的发展和招生数量的逐步增加，师资队伍建设工作愈发重要。学院必须下大力气做好师资队伍建设工作，调整和优化师资队伍结构，加强高水平教师的培养和引进，加大对科研项目和课题经费的倾斜力度，建设一支适应研究生教育和学院发展的优秀导师队伍。

政治素质是研究生培养质量的特殊需求。强化学生的政治素质是学院研究生教育工作的重要任务，是密码保密工作的特殊要求。研究生教育工作在确保学术功底厚、动手能力强培养目标实现的同时，要深入开展爱国主义教育、理想信念教育、革命传统教育、中办优良传统教育、密码保密教育，确保培养的研究生忠于党、忠于祖国、忠于人民、忠于密码保密事业。

三、解放思想，探索研究生教育的新机制

学院研究生教育基本形成了比较合理的人才培养体系。但是，学院研究生教育与党政系统对人才的需求和学院的长远发展目标还有一定差距，研究生教育机制等方面需要进一步改革和创新。

要发挥行业资源优势，完善行业合作机制。目前，学院研究生教育资源不能满足研究生教育发展的需要。开展研究生教育，要打破封闭的思维模式，具备开放的视野，充分发挥学院隶属中办、地处首都的有利条件，拓展研究生教育的发展空间，善于利用机要密码系统和院外资源，特别是要有效利用行业资源，加强合作，联合开展科研项目研究，联合培养高层次人才。研究生的培养目标一定要和机要密码部门的需求对接而不能脱节。研究生教育还要与科研院所、信息安全企业等开展更广泛的合作，积极探索聘请校外导师、信息安全企业导师，建立校外研究生培养基地、参与校外科研项目研究等方面的合作培养机制。

要规范管理，探索有效的管理模式。规范管理是研究生教育发展的内在要求。学院发展研究生教育要积极探索有效的管理模式，明确学院及所属部门、行业及所属单位等不同机构在协同培养研究生工作中的职责，共同推进招生、培养、学位、就业等各项工作。

要深化改革，逐步完善研究生教育工作的管理制度。制度是规范研究生教育管理的保证。要研究制定研究生教育评估制度，进一步加强自我监控与评估，为提高学科建设水平和研究生培养质量提供保证；要研究建立严格的导师资格评审与复查制度，实行导师队伍有进有出的动态管理；教学系部、实践基地要研究制定二级管理制度，使研究生管理工作高效、有序地运转。

要坚持创新，建立有效的研究生教育运行机制。创新运行机制是研究生教育可持续发展的推动力。要坚持机制创新，不断优化学科结构和人才培养模式，完善人才培养的运行环境，健全研究生教育的投入机制，实现研究生教育工作的可持续发展。

同志们，学院学位与研究生教育工作正处在一个非常关键的发展时期，我们的工作任重而道远。我们有充分的理由相信，在中央、中办领导的正确领导下，在全国各级密码部门的大力支持下，经过全体师生的共同努力，一定能够开创学院学位与研究生教育工作的新局面。让我们团结一致、凝聚力量，为学院搞好学位与研究生教育，发挥学院的特色优势，走出一条与密码保密事业相适应、齐发展的办学之路而努力奋斗。

有特色才能生存发展 *

（2014 年 11 月 5 日）

　　为了更好地落实栗战书同志对学院的指示精神,加快学院教育教学工作发展,"深化教育改革、谋划学院发展"调研组由院领导带队,历时六个多月时间,通过访谈、座谈、参观、考察等方式,先后到西北工业大学、中国政法大学、中国人民解放军信息工程大学密码工程学院和网络空间安全学院、国际关系学院、中国人民公安大学、华北科技学院、北京国家会计学院、中北大学和中国科学院信息工程研究所共 10 所高校和科研院所进行调研,对部分中央办公厅高等教育教学指导委员会委员进行了访谈。调研和访谈的内容涉及学校的办学体制、办学特色、教育教学以及内部管理体制机制等。这些学校具有鲜明的行业办学背景,他们的很多做法给我们以启发,值得学习借鉴。他山之石,可以攻玉。通过学习调研,我们对学院的教育教学进行了思考,达成了共识。

　　一、学院是机要密码事业的重要组成部分。自中国共产党诞生以来,党管密码就是革命、建设和改革事业成功的重要保障。党管密码的体制要求密码的研制、使用要集中统一管理,尤其是核心密码的研制和使用更要实行专控管理。确保密码研制、使用安全可靠关键在人。因此,同密码的研制和密码的使用一样,密码人员的培养也必须实行集中管理。

　　学院作为全国唯一一所专门为党和国家机要密码事业培养高素质人才的高等学校,应机要密码事业的需求而诞生,伴随机要密码事业的发展而发展壮大。60 多年来学院形成并不断完善具有机要特色的办学目标、学科专业体系、教学科研工作和管理方式,为机要密码事业发展提供了有力的人才支撑。学院隶属于中央办公厅是党管密码体制的历史产物,也是保障当前机要密码事业又好又快发展的正确选择。

　　二、特殊人才需要特殊培养。特殊岗位需要特殊人才,特殊人才需要特殊培养。要培养机要人员的特殊素质,特别是对党忠诚的政治品质,由行业院校自己专门培养是必不可少的主要途径。通过专门院校培养,既注重学

---

　　* 本文是作者为《深化教育改革、谋划学院发展调研报告汇编》所写的按语。

生专业技术学习,又注重系统的思想政治教育,毕业后学生不仅专业强,而且政治素质过硬。在调研中我们发现,依托普通高等学校培养的国防生与军队院校专门培养的毕业生,在满足特殊岗位要求上存在的差距是十分明显的。

机要密码岗位对人才有特殊要求,不仅要求业务水平高,更要求政治素质强,需要特殊培养。人才有其自身的成长规律,特别是政治素质,如对党忠诚、保密意识等,需要一种养成教育。学院 60 多年来的办学积淀,已经形成了独具特色、行之有效的思想政治教育和人才培养机制,在教学科研、招生就业、校园文化等方面具有鲜明的办学特色,满足了机要密码事业对特殊人才的要求。

三、行业满意是行业院校生存之本、发展之基。在当前高等教育快速发展和人才市场激烈竞争的形势下,行业院校都在千方百计巩固和强化自身的不可替代性,努力办行业满意的高校,办出特色,以特色求生存谋发展。办行业满意的高校首先要求高校办学紧扣行业需求,把行业满意作为办学宗旨,把为行业服务贯穿于教学、科研、管理和社会服务的各个方面。办行业满意的高校,还需要行业高校在教学和科研工作中主动承担、积极配合行业主管部门的基本职能和重点工作,使自身成为行业主管部门履职行政的重要依靠力量。

学院要办成机要部门满意的高校,必须紧扣全国机要密码部门的需求,满足机要密码事业对人才的特殊需要,紧紧依靠国家密码管理局对机要密码教育的管理和指导,努力实现学院办学功能与密码管理职能的有机融合,使学院的教育工作成为全国机要密码工作的一个不可分割的组成部分,为国家密码管理局全面加强对全国密码工作领导和管理提供有力的抓手。

四、正确处理规模、特色与质量的关系。如何处理好规模、特色和质量的关系,是始终困扰行业特色院校的问题之一。学校规模大,办学质量容易提升,但容易钝化、淡化特色;学校规模小,容易办出特色,但是提升办学质量比较慢。办学规模与特色、质量的关系不是绝对的,关键是要围绕特色提升质量,依靠质量强化特色。我们调研的一所军队院校,紧紧抓住密码科研,坚持走特色科研发展道路,经过十几年的潜心研究,建成了全军第一个量子密码实验室。量子密码的研究不仅处于国内领先水平,在国际上也处于先进行列,超过了发达国家同领域的研究水平。学院通过坚持特色办学,加强密码特色科研,提升人才培养质量,同样也可以在现有规模下办出特色、办出水平。

创新人才培养模式
提高人才培养质量[*]

（2014 年 12 月 6 日）

这次召开有学院所有部门参加的本科教学工作会议，是学院 1993 年开办本科教育后的第一次。会议是学院贯彻党的十八大和十八届三中全会精神，按照中央办公厅的要求，扎实推进本科教学工作，更好地服务党和国家密码保密事业发展而召开的一次重要会议，也是学院根据当前高等教育发展与改革的趋势，适应党的密码保密工作对高质量应用型人才的需求，全面总结学院开展本科教育以来、特别是 2007 年全国本科教学工作水平评估以来的教学工作，研究今后进一步加强本科教学工作的重要会议。

北京市教委历来对学院的建设和发展十分重视，中办机要局、中办人事局、国家保密局多年来一直给予学院多方面的帮助和支持。本科教学工作是学院培养高素质密码保密人才、服务密码保密事业的一项重要工作，不仅关系到学院的建设与发展，而且也关系到各级密码保密部门的人才队伍建设，关系到党和国家密码保密事业的长远发展。可以说，做好本科教学工作是实现学院与密码保密事业相适应、齐发展的重要一环，是我们的共同愿望。在年末各项业务工作都十分繁忙的情况下，上级部门的领导和专家到会指导，充分体现了北京市教委、中办相关各局对学院工作的高度重视和大力支持。

这次会议的主题十分明确，就是通过全面总结学院本科教学工作取得的成绩和经验，深入分析当前高等教育发展的形势和学院本科教学工作存在的问题，深入研究今后进一步加强学院本科教学工作的思路和措施，更好地满足党和国家密码保密工作对高质量应用型人才的需求。会议期间，同志们就如何进一步顺应国内外高等教育发展潮流、大力开展教育教学改革、提高教学质量、加强师资队伍建设、创新实践教学体系、增强学生综合素质和能力、推进本科生导师制机制化建设等问题，统一了思想，明确了方向，提

---

* 本文是作者在北京电子科技学院本科教学工作会议上的讲话。

高了认识,理清了思路,增强了信心。

　　教学工作是教育培养学生的基本手段和主要渠道。这次召开本科教学工作会议,是学院着力解决人才培养和本科教学工作中重点难点问题的重要举措。毛明同志的报告全面总结了近年来学院本科教学工作取得的成绩,分析了本科教学工作面临的新形势、新问题,提出了下一步本科教学工作的重点。我完全赞同。根据会议讨论情况和大家意见建议,我就做好今后的本科教学工作强调几点意见。

一、积极推进人才培养模式改革创新

　　人才培养模式的改革创新是完善人才培养工作的核心环节。适应党和国家密码保密事业的发展需要,坚持遵循高教规律和学院办学特色相结合,人才成长规律与密码保密人才培养特色相结合,积极开展人才培养模式改革创新。

　　一是加强实践教学。实践教学是培养学生动手能力、操作技能的重要手段,是培养高层次应用型人才的重要途径。对实验、实习、社会实践、毕业设计(论文)等实践教学的各个环节,一定要有课时保障、效果检验、质量标准。要进一步改革实践教学方式,优化实践教学内容,继续提高综合性、设计性、创新性实验占实验课程的比重。要完善密码与信息安全基础教育实践、专业教育实践和综合实践环节,构建密码特色突出的实践教学创新体系。要加强实验室建设和密码科研与生产实习实训基地的建设。要探索与机要部门共同建设实习基地的工作机制,充分发挥校外实习基地的作用,增强实习实训的针对性和有效性。要建立承担实践环节教学工作教师的激励制度,鼓励和吸引高水平教师积极承担实践教学任务。

　　二是积极探索多样化人才培养途径。因材施教,量体裁衣,要依照不同培养目标和学生个性化特点,探索不同类型的人才培养新模式。要跳出传统学科专业设置的局限,为学生进行多学科、多专业知识交叉学习创造有利条件。要加强密码保密基础通识教育,构建宽口径、厚基础和学科交叉的多元、开放、系统的课程体系。要总结开展“密码与信息安全人才培养模式创新试验区”项目和人才培养模式改革试验班的成功经验,把行之有效的做法在全院本科教学中推广应用,开花结果。

　　三是发挥学生科研和竞赛驱动作用。学生参加科研项目和专业竞赛是培养学生科研能力和创新意识的重要手段。要以“国家级大学生创新创业训练计划"为抓手,吸引学生积极参与各类科研项目,培养学生的科研能力和创新意识。要完善学生参加各类知识技能竞赛激励制度,力争在全国大学生计算机应用能力与信息素养大赛(MOS 赛项)、全国大学生数学建模竞赛、挑战杯竞赛、大学生电子设计竞赛中取得更多更好成绩。已经形成品牌的公务员素质大赛、人文素质大赛、信息安全大赛,要继续创新,吸引更多的学生参加。

四是完善本科生导师制工作。本科生导师制是学院加强本科教育和学生政治思想工作的有力举措,是精致化人才培养模式的重要组成部分,是"教学相长"的有效载体。导师制的推进要深化、细化、精准化,探索导师和学生双向选择机制,导师在学生评优评奖等方面要有发言权,以增强学生接受指导的积极性和主动性。导师对学生的学业、科研、校园生活和职业规划等方面的指导内容要有统一标准,针对不同情况学生的个性化指导要有原则要求,为学生全面发展提供优质的个性化服务。要加强对导师的考核和奖惩,对考核优秀的导师给予褒扬奖励,对考核不合格的导师要训诫警示。

二、继续提升人才培养质量

育人是高等学校的根本任务,是党和人民赋予高等学校光荣而神圣的历史使命。在高等教育进入大众化深入发展的历史阶段,处于从外延扩张向内涵发展的转型时期,我们必须更加突出本科人才培养的基础性地位,把培养"满足党政机关需要、受到密码保密部门欢迎"的高质量人才作为学院的根本任务。

一是加强学科专业建设。学科专业水平是培养高质量本科人才的重要保证。以密码保密为特色的优势学科专业,是我们的"拳头产品"和核心竞争力。要紧紧依托已有的学科专业优势,积极深化培养模式、教学方式、教学管理等环节的综合改革,在加强现有的 2 个教育部特色专业(占专业总数的 28%)和 3 个北京市特色专业(占专业总数的 42%)建设的基础上,进一步提高专业建设内涵。要提高学科建设和专业设置与密码保密事业发展的匹配度,以本科人才培养为中心,以学科专业建设为重点,统筹人才培养,统筹师资建设,统筹教学资源,加快推进学科专业一体化建设,着力构建特色鲜明、优势突出的以密码学为核心的信息安全学科专业体系。

二是加强课程、教材和教学资源建设。课程和教学资源建设是教学建设的基本内容,也是人才培养质量的根本保证。要加强课程体系综合改革和建设,处理好必修和选修、课堂讲授与学生自主学习、理论教学和实践教学、第一课堂和第二课堂的关系。恢复和光大集体备课、观摩评课和新老教师"传帮带"制度,为相关课程教学大纲和教学内容做到各有侧重、衔接有序提供交流平台和保障机制。要继续依托"三精一名"工程,紧紧围绕 2014 版本科培养方案,加强密码保密特色课程和教材建设,力争用 3 年时间,建成1~2 门国家精品开放课程,力争用 5 年时间,组织编写出版 10 种以上的优秀特色课程新教材;倡导启发式、项目驱动等教学方式,采用慕课、翻转课堂的新教学手段,加强优秀团队和教学名师建设。要加强网上教学平台和教学资源库建设,力争用 3 年时间,建成满足学生自主学习需要、能提供全方位学习支持和服务的网上教学平台和教学资源库。

三是完善人才培养质量评价机制。满足密码保密部门在信息化密码保障、党委系统信息化、电子政务内网建设等方面的新职能对人才质量的更高要求,完善人才培养质量评价制度和毕业生跟踪反馈机制,把密码保密部门的评价与人才需求信息及时反馈到各个培养环节,使之成为学校调整学科专业设置、课程内容和教学方法的重要参考,以密码保密部门的评价作为衡量人才培养质量的重要指针,不断提高人才培养质量。

四是强化思想政治教育。学院为党和国家培养密码保密人才的使命决定了确保学院的政治本色和学生的政治素质是第一位的任务。思想政治工作和德育工作是学院的亮点和优势。习近平总书记 5 月 8 日在中办调研时提出的"五个坚持",既是中办干部职工的行为准则,也是中办这所学校培养人才的政治标准。要通过深入开展爱国主义教育、理想信念教育、革命传统教育、中办优良作风教育、密码保密教育,培养和激励学生投身密码保密事业的光荣感、责任感和使命感,确保学院培养的学生始终忠于党、忠于祖国、忠于人民、忠于密码保密事业。

三、大力加强教师队伍建设

教育大计,教师为本。教师是本科教学工作的主体,深化教学改革的关键在教师,保证教学质量的关键也在教师。栗战书同志指出,"办好学院,核心是建强师资队伍。"为满足密码保密事业发展对人才培养提出的新要求,我们必须培养与引进并举,优化师资队伍结构,提高师资队伍质量,以"咬定青山不放松"的顽强毅力做好师资队伍建设工作,打造一支师德高尚、业务精湛、结构合理、充满活力的师资队伍。

一是加大教师培养力度。要加大对教师特别是中青年骨干教师的培养力度，设立对外学术交流基金，鼓励骨干教师到国内外著名大学进行学术交流或访学，选拔优秀教师到国外培训、去著名高校研修，为骨干教师脱颖而出创造条件。要继续实施"砺行计划"，周期性组织教师到机要、保密部门参加实践。要加大教师队伍建设"512 人才培养计划"的推进力度，力争用 3 年时间，培养 5 名左右在机要保密领域具有很高的学术声誉和专业影响力的学科（学术）带头人，10 名左右具有较高的学术声誉和专业影响力的教授学者，20 名左右具有一定的学术声誉和专业影响力的中青年教师。

二是积极稳妥引进人才。要研究提出吸引高端人才的政策措施，制定高端人才引进的计划，在厅领导和中办人事局的支持帮助下，每年引进若干名学院特色学科专业发展所需要的领军人才。同时，每年面向应届毕业生和社会公开招聘博士、硕士研究生充实教师队伍，继续保持学院较优的生师比。

三是善于借用外脑外力。要采取多种形式和渠道延请著名高校高层次、高水平的专家学者指导学院本科教学工作，参与本科教学建设。要采取聘任兼职教授、客座教授、访问学者等方式引进高层次人才，增强学院的教学实力。要用好学院地处首都、隶属中办的优势，积极探索与相关高校共建学科专业，通过互派教师等方式，使外地、外校优质教师资源为我所用。信息技术的发展和在高等教育领域的应用，为我们创新校外教师资源、教学资源利用模式提供了极大便利。互联网可以使高水平教师的风采和高质量的课程不受任何地域、时空的限制向全世界展示，真正做到了非我所有但可为我所用。

四是完善教师管理和激励制度。要严格落实教师人才储备、教职准入、青年教师助教、教授每年为本科生授课等制度。要不折不扣地贯彻落实教育部《关于建立健全高校师德建设长效机制的意见》，提高学院师德建设规范化、制度化、法制化水平。师德是一项重要的考核指标，引导教师既要做学问之师又要做品行之师；既要有学识魅力又要有人格魅力。文件中在"高校教师不得有如下情形"后列举了七种行为，被媒体解读为"师德七条红线"。要统一制定本科教学工作的考核评估机制，结合学科专业建设强化教师岗位聘用和年度、聘期考核工作。要深化绩效工资改革，建立以教学工作量和教学质量为衡量标准的薪酬制度，真正做到教师的平均工资水平高于国家公务员的平均工资水平。要健全教师职称评审、聘用制度，加大对特色学科专业和适应机要事业发展新办专业的支持力度，对做出突出贡献的教师要破格评聘。要加大对具有成为享受政府特殊津贴和教学名师潜质教师的资源倾斜和经费保障力度,促进人才快速成长。要探索建立校内岗位教授、副教授的聘用机制,为教师成长提供更加广阔的发展空间。要继续实施和完善优秀教师定期休假、疗养制度,探索建立学术休假制度。

四、坚持教学中心地位不动摇,不断完善保障机制

作为一所为党和国家培养密码保密人才的特色院校,重视本科教学是我们的优良传统。但是,我们也要清醒地看到,与密码保密部门多层次、多样化人才需求相比,学院本科教学工作还需要进一步改进。因此,我们必须以踏石留印、抓铁有痕的精神继续坚持教学中心地位,不断完善保障机制。

一是巩固和强化教学中心地位。以教学为中心是高等教育的基本规律,是学院为党和国家密码保密事业培养高质量人才的根本要求。刘延东同志要求高等院校主要领导要亲自抓教学,完善教学协调和管理机制,推动各种资源优先向教育教学一线倾斜。全院上下必须统一思想,牢固确立教学工作在学校各项工作中的中心地位,确保本科教育教学的基础作用和主体地位毫不动摇。要坚持专业技术岗位设置与聘用向教学一线倾斜,引导和激励教师重视本科教学。要坚持院领导定期听课、联系教学部门和学生班级制度,加大对本科教学和人才培养工作的服务、指导力度。要争取成立专门的工作机构,加强教学和教学管理规律的研究。

二是加大教学经费投入。教学经费是否得到保障、是否充足,是检验是否真正重视教学的试金石。要合理安排资金,调整经费支出结构,在经费预算、专项经费分配及经费支出上加大对教学一线的倾斜,逐步加大教学经费的投入力度,确保教学运行需要。要着力加强教学基础设施建设,改善教学一线条件,升级教务和教学软件系统,更新更换教室和实验室陈旧落后的教学科研仪器设备。

三是完善教学质量监控和评价体系建设。严格教学质量过程监控和教学效果评价,收集分析教学数据,为2018年前接受教育部对学院的评估工作和提高教学质量奠定坚实基础。要完善教学质量监控体系,重点抓好教学质量过程监控和教学效果评价、评估。要做好年度本科教学基本状态数据的收集分析工作,建立基本状态数据库,按教育部要求撰写年度《本科教学质量报告》,按规定公布并接受监督。

四是加大校园信息化建设力度。完善网络基础设施,推进优质教学资

源共享。要积极推进教务信息化建设,做好教务信息发布、多媒体辅助教学和网络优质教学资源共享的保障与服务。要加快数字图书馆建设,拓展特色教学资源建设和开发,增强信息服务能力,不断满足教学工作的需求。要结合党政机关电子公文系统安全可靠应用推进工作试点,提高学院整体的信息化建设和应用水平。

五是营造良好的育人环境。要以"一训三风"为统领,加强校园文化和学风、师风建设,形成特色鲜明的文化氛围。学生要以学为主,勤奋刻苦;教师要行为世范,为人师表。要坚持依法治校,加强对大学生的法治教育、诚信教育,严格学习纪律,严格考试管理,培养学生诚信守法、奋发图强、自强不息的进取精神。要均衡推进学校各项工作协调发展,以真诚细致的师生服务、科学规范的行政管理、优质高效的后勤保障,为本科教学工作创造良好的教育教学环境。

同志们,面对高等教育综合改革大步推进,信息安全已经成为国家重要战略的宏观背景,学院为党和国家培养密码保密高素质人才的工作使命光荣、任重道远。我相信,在中办的正确领导下,在全国各级机要部门和相关单位的大力支持下,经过全院师生的共同努力,坚持我们的办学定位不动摇,聚焦我们的办学特色不偏离,瞄准我们的办学目标不松劲,我们一定能把学院办成高质量、高水平的学校,办成密码保密部门满意的学校。

加强特色课程教材建设[*]

（2014 年 12 月 25 日）

各位委员、同志们：

首先，我代表北京电子科技学院对第五届全国党政系统密码专业教材编审委员会成立大会的召开表示热烈祝贺！并对第五届编审委员会成立给予大力支持的中共中央办公厅机要局表示衷心感谢！

刚才，第四届编审委员会办公室汇报了工作情况，本届编审委员会对申报的教材以及本届编审委员会工作的相关问题进行了审议，委员们提出了很多意见和建议，为密码教材编审委员会更好地开展工作打下了良好基础。

北京电子科技学院是一所为全国党政系统培养密码专门人才的高等学校，承担着为党和国家培养高素质密码专门人才的重任。近年来，学院按照中央领导和中央办公厅领导对学院的指示要求，特别是栗战书同志 2013 年 1 月 16 日到学校调研时重要讲话精神，走出了一条与密码保密事业相适应、齐发展的办学道路。一是人才培养质量显著提升。学院紧跟国内外高等教育发展的趋势和步伐，借鉴赴日本、英国、美国、意大利等国家和港澳地区学习考察的成果，进一步贴近党政机要部门对高素质人才的需求，坚持深化教育教学改革，立足定位不动摇，聚焦特色不偏离，瞄准目标不松劲，培养了一大批"满足党政机关需要、受到机要密码部门欢迎"的高质量人才。二是教学科研实力日益增强。学院全面实施"高等学校本科教学质量与教学改革工程"，创新密码与信息安全人才培养模式，以学科建设为龙头，取得了精品课程、精品教材、优秀教学团队及教学名师等一大批教育教学成果。学院密码科研特色更加鲜明，先后完成了国家科技重大专项"核高基"项目中"通信终端密码专用芯片"的研制任务；参与了国家发改委"密码标准研制"等 10 个国家级项目和 8 个省、部级项目。三是研究生教育持续推进。为不断适应全国党政系统对不同类型高层次人才的需求，学院按照教育部"服务国家特殊需求人才培养项目"要求，坚持"稳起步，高起点，重质量"，不断完善研

---

* 本文是作者在第五届全国党政系统密码专业教材编审委员会上的讲话。

究生教育管理体系,狠抓学科内涵和导师队伍建设,硕士研究生教育工作取得历史性突破。在联合培养硕士研究生工作的基础上,2011 年学院又获得了硕士专业学位研究生单位授予权,2012 年开始独立招收电子与通信工程和计算机技术两个专业的专业硕士研究生。四是密码干部培训力度明显加大。在中办机要局的指导和帮助下,学院坚持"立足机要、面向机要、服务机要"的理念,在继续做好全国县(市)机要局长培训班、机要干部持证上岗培训班等工作的基础上,还开展了密码专业技术人员进修班和其他党政部门、重点国有企业重点涉密部门培训班等工作,充分发挥了"全国党政机要系统干部培训中心"的作用,进一步发挥了密码干部培训在密码政策宣传、业务能力提高和职业资格认证等方面的作用。

教材作为体现教学内容和教学方法的知识载体,不仅是教学活动的基本工具,也是反映高等学校教学与科研成果的重要标志。编写和使用优秀特色教材对于深化教育教学改革,全面提高教学质量,培养高素质密码专门人才都具有十分重要的意义。目前,学院已经制定了 2014 版本科培养方案,提出了加强机要密码特色教材建设的目标,力争用 5 年时间,组织编写出版 10 种以上的优秀特色课程新教材。

为开展好教材编审和做好教材编审委员会的服务工作,谨提出以下几点要求。

第一,紧贴教学需要,注重科学规划。根据密码与信息安全技术发展需要,将密码专业教材编写纳入学院特色教材规划中,纳入学院的长远发展目标。要坚持更新观念、突出特色、分批建设、保证质量的原则,注意特色课程教材的系列化建设。继续做好本科密码专业教材编写工作,适当向信息化建设、电子政务领域拓展;结合近年来培训工作需求,编写机要密码干部培训系列教材,用于不同层次干部培训;着手研究开发研究生专业教材,满足学术硕士部分专业课和专业硕士专业课的需要。在充分调研、科学论证的基础上,科学合理制定密码专业教材编写出版计划。

第二,固化改革成果,严把教材质量。教材的编写过程实质是一个学术研究过程,尤其是密码专业教材,没有可参考的版本,这就要求我们潜心钻研。教材编写要反映本学科国内外科学研究的新知识、新技术,反映近年来学院科学研究取得的成果,特别是反映密码与信息安全的最新技术成果,认真研究梳理,纳入教材体系。教材编写要体现改革的精神,要将体现先进教育教学思想,反映教学研究新成果、新成就,特别是学院在人才培养模式改革、教学方法手段创新中取得的成果、经验,例如案例式、探究式、讨论式等教学方法纳入到教材体系中。教材编写要以促进学生综合能力培养为出发点,符合密码与信息安全专门人才培养目标及课程教学的要求,取材合适,深度适宜,篇幅恰当,富有启发性,符合认知规律,适应密码与信息安全人才培养的需要,有利于激发学生学习兴趣,全面培养和提高学生知识、能力和素质。

第三,认真履行职责,做好后续工作。本届编审委员会办公室设在学院,作为密码专业教材编审委员会的秘书长单位,学院要认真履行职责,为教材的编审工作提供良好的服务。要组织开展好后续教材编写计划制定的调研工作,提供科学合理的教材编写出版计划;要加强同行业专家、学者之间的沟通与交流,为学术研究与交流提供平台;要做好教材研制、编写、评审、出版、发行等一系列工作,为多出快出高质量的教材提供周到的服务;教材出版后,要积极进行使用情况调查、研究,了解教材的质量和读者的反映,及时进行反馈,以进一步改进教材建设工作;要做好教材使用管理工作,严格按照教材密级使用教材,做好保密教材的存放、借阅、归还、销毁等工作。

最后,希望全国党政系统密码专业教材编审委员会第五届委员会,高度负责,不辱使命,编写出一批适合人才培养、满足机要教育的优质特色教材,为培养高素质密码和信息安全专门人才做出贡献。诚恳请求各位委员对我院的教学工作提出宝贵意见。

三 乐 情 怀

　　"得天下英才而教育之"，是孟子讲的人生三
乐之一。和青年学生在一起，看着他们在校园里成
长成才，听到他们在职场上进取进步的消息，心中
充满"建机要名校、育密码英才"的喜悦和自豪。
校园不大，容得下同学们的欢笑和荣誉；丰台风
大，能吹散校友们的委屈和烦恼。老师永远是学生
的知心朋友，母校永远是校友的精神家园。

学业的结束　创业的开始[*]

（2006 年 5 月 26 日）

非常高兴收到邀请来参加三系毕业生欢送会。你们召开欢送会的时间，正好是学校领导开会的时间，但我还是来了。为什么？毕业是学生的大事。学生的大事就是学校的大事，学校的大事就是学校领导的大事。对于一个大四学生来说，还有比求学四载、马上毕业更重要的事情吗？

毕业，是一个教人激动的时刻。春夏秋冬四个轮回，一千多个日日夜夜。多少个清晨鸡鸣而起，早炼晨读；多少个夜晚焚膏继晷，挑灯夜战。上课、记笔记、写作业、做实验，考试、实习，写论文、搞设计……四年的大学生活可以说是既单调刻板又丰富充实，既流于程式又多姿多彩。而这一切都将结束、学位拿到手、证书带回家之时，老师的心情和你们一样激动。

毕业，是一个让人留恋的时刻。《诗经·小雅》中说："昔我往矣，杨柳依依。今我来思，雨雪霏霏。"校园四载，座座楼宇承载过你们的情感；大学四年，株株草木见证了同窗的友谊。看丹桥下，闪动着你们矫健的身影；富丰路旁，留下你们探索的足迹；阶梯教室，飘荡你们琅琅的书声；运动场里，洒下你们军训的汗水。当所有这一切从过去进行时成为现在完成时的一刻，教君如何不留恋？

毕业，是一个令人伤感的时刻。毕业意味着离校，意味着分别。南朝才子江淹《别赋》的第一句话就是"黯然神伤者，别矣"。再也不能倾听男老师浑厚的嗓音；再也不能欣赏女老师优雅的风度；再也不能与学兄学弟师姐师妹亲密无间、朝夕相处。也有人说现在科技不是很发达吗？但互联网络的聊天，能感受传情的肢体语言吗？手机短信的文字，能传递熟悉的音容笑貌吗？此时此刻，怎一个"愁"字了得？

毕业，是一个使人振奋的时刻。大学四年，社会在关注着你们，亲友的关怀温暖着你们，家庭的财力支持着你们。这些财力，来自"汗滴禾下土"的辛苦劳动；来自轰鸣机器旁的单调操作；来自办公桌前的辛勤笔耕；来自生

---

[*]　本文是作者在学院三系（现通信工程系）毕业生欢送会上的演讲。

意场中的奋力拼搏……离开学校,回到父母身边,报寸草春晖之恩;走上工作岗位,行精忠报国之事。用拿到的薪水反哺家庭,把学到的本领回报社会,难道不让你感到振奋吗?

毕业,好比蛹之破茧化蝶,花之含苞待放,是学业的结束,是创业的开始。此时,我想起了一首老歌,歌的年龄可能比你们都大。"漂亮的姑娘十八九,小伙子二十刚出头,如金似玉的好年华,正赶上创业的好时候。"创什么业?中国特色的社会主义事业!

来到同学们中间,我也变得年轻。我羡慕你们,祝福你们,祝贺你们,也期待着你们为母校争光的好消息。唐朝诗人崔橹有一首送客诗:"野酌乱无巡,送君兼送春。明年春色至,莫作未归人。"希望你们毕业后常回来看看。

招生就业要为机要部门"量体裁衣"*

（2006 年 11 月 29 日）

  北京电子科技学院招生就业工作会议在大家的共同努力下，就要圆满结束了。这是研究改进电科院招生就业工作，努力提高生源质量，切实改进就业服务措施，更好地满足全国机要密码人才需求而召开的一次重要会议。中央办公厅领导对开好这次会议非常重视，专门听取了学院领导班子关于会议情况的工作汇报，并指示我们认真总结经验，采取有力措施，切实提高招生就业工作水平。中办人事局、中办机要局领导和有关部门也给予精心指导和大力支持，专门派人参加会议。会议总结了招生就业工作取得的成绩和经验，分析了当前招生就业工作面临的困难和存在的不足，提出了今后改进招生就业工作的意见。吉林、福建、山东、贵州、新疆五省区介绍了经验，霍刚和刘凡英同志分别就《招生工作细则》和《就业推荐办法》两个文件稿做了说明，李凤华同志也向大家介绍了学院开展研究生教育的有关情况。在分组讨论中，同志们积极发言、坦诚交流，围绕进一步做好学院的招生就业工作畅所欲言、献计献策。大家交流了做好招生就业工作的经验和体会，围绕招生工作的具体环节和就业推荐的规范程序进行了热烈讨论。还就电科院教学和提高教学质量、明确办学指导思想与人才培养目标等提出了一些很好的意见和建议。这些意见和建议对于做好明年的本科教学水平评估工作和电科院的长远发展很有帮助。会议的召开对于今后进一步规范招生就业工作、提高生源质量、完善就业推荐办法、提高电科院毕业生在机要系统的就业率有实实在在的指导作用。大家希望学院继续加大教学改革的力度，在学生的思想政治教育、专业教育和能力培养等方面，增强时代性、针对性、适用性，适应新的形势和机要工作新的需要，切实造就密码事业高素质人才。这些意见和建议，对学院的发展建设和人才培养具有十分重要的参考价值。下面，我就做好招生就业工作讲几点意见。

---

  * 本文是作者在学院招生就业工作会议上的讲话。

一、进一步规范招生工作,确保生源质量

招生工作是一项政策性很强的工作。教育部每年都发布高校招生工作的文件,要求加强对招生工作的组织领导,严格执行有关制度和"六公开"(即招生政策公开、高校招生资格及有关考生资格公开、招生计划公开、录取信息公开、考生咨询及申诉渠道公开、重大违规事件及处理结果公开)、"六不准"(即在招生工作中,不准违反国家有关招生规定,不准徇私舞弊、弄虚作假,不准采取任何方式影响、干扰招生工作正常秩序,不准协助、参与任何中介机构或个人组织的非法招生活动,不准索取或接受考生及家长的现金、有价证券,不准以任何理由向考生及家长收取与招生录取挂钩的任何费用)的要求,不断完善公开透明的招生工作机制和体系。关于电科院招生工作,2004 年中共中央办公厅、教育部联合下发了《关于北京电子科技学院招生工作的通知》(厅字[2004]7 号)。经过三年的实践,各省(区、市)都探索和积累了许多好的做法、好的经验。比如,吉林等地在招生工作的政审、面试环节上,研究制定了政审面试的办法、程序、内容和评分标准,对面试考生实行集体打分,综合测评,形成一套很完善、实用的做法,切实保证了招生工作的顺利进行。

为了加强与领导机关和机要部门的联系,我到电科院工作八个月来,先后到中办机要局、中办人事局、中直管理局进行拜访和去云南、辽宁、山东三个省的机要部门进行学习考察,亲身感受到中办各局领导、省委办公厅领导和机要部门都非常关心和支持电科院的招生就业工作。中办人事局在政策上严格把关,中办机要局在工作上精心指导,中直管理局在经费上提供保障。各地机要部门积极主动地采取措施做好政审、面试和学生的选拔、录用工作。这次会议上讨论的《招生工作细则》,主要就保证生源质量方面提出了一些可操作的规范性要求。同志们讨论中对《细则》提出了一些中肯的修改意见。会后,我们将根据大家的合理意见修改后尽快下发,作为我们今后共同做好招生工作的依据。落实《细则》,要重点把握好以下四个方面。

第一,科学合理地制定招生计划。招生计划是招生工作的基础。随着机要事业的发展,对机要人才的需求也相应增加。各省(区、市)都希望学院增加在本地的招生计划,但在目前办学规模的前提下,只能科学合理地安排招生计划。在《细则》中提出了制定分配招生计划的三个依据:往年安排电科院学生就业岗位数;往年所招收的本省(区、市)一本线以上考生的比例;

往年报考电科院的生源情况。在工作程序中增加了初步计划与各省（区、市）沟通的环节，充分发挥计划对于保证生源质量和提供就业岗位的联动作用。提出"三个依据"和增加"一个程序"，主要考虑了两个方面：一是教育部有要求。教育部在《关于做好 2006 年普通高等学校招生工作的通知》中明确提出："改进招生来源计划管理工作，促进高教资源合理配置。高校招生计划增量应优先向中西部高等教育欠发达且生源数量多、质量好的省份倾斜，努力使高校招生计划在区域、专业等结构分布上更加科学、合理。"二是结合机要部门实际需要。衡量的基本标准就是对学生的需求量，有的省（区、市）需求量很大，每年从电科院选调学生的数量超过了招生计划，比如国家安全系统、广东省等。有的省（区、市）也提出了招生计划与就业人数挂钩的建议。这次会议上，我们提出这样的招生计划确定原则，有利于机要密码人才的培养，充分体现电科院的机要特色。各省（区、市）机要部门可结合本地区的实际情况，根据本地区机要密码人才的需求情况，科学合理地安排所属市、县的招生计划。

第二，加强与高招办的协调沟通。高招办是负责招生工作的专门机构，有关招生的各项工作需要高招办支持配合才能完成。在与各省（区、市）高招办协调沟通中要相互尊重、相互配合，既要强调我们的特殊性，又要尊重他们的意见。我们的特殊性需要多做宣传解释工作，取得他们的理解和支持。协调和沟通工作不仅在招生期间要做好，平时也应多接触，创造良好的合作环境和条件。既要主动配合高招办及时通过有效渠道向社会宣传招生简章和有关信息；又要根据工作重点，随时关注舆情。既要把握适当时机，及时进行正面引导；又要注意防止网络等媒体的渲染炒作，警惕社会上出现打着机要系统招生的牌子进行诈骗的事情发生。

第三，认真搞好政审和面试工作。政审和面试是电科院招生的特殊规定，是我们考查学生综合素质的重要手段，是保证生源质量的基础环节。越是特殊，越要做好工作。各省（区、市）在完善政审和面试办法时，要把选拔综合素质高的人才作为重点内容。《细则》对政审和面试的组织、内容和方式等进行了规范。在操作过程中，一方面要审查考生填写的政审表的真实性，考察诚信，根据《细则》的要求，认真、细致、严格把关；另一方面，还要注意方式方法，把握好政策。凡是通过政审面试的，都要有过硬的条件；凡是没有通过的，都要有充足的理由。政审面试结果要及时告知考生并做好考生和家长的说明、解释工作，防止和避免招生中发生投诉、争议，引起一些不必要的麻烦，保证招生工作顺利进行。

第四,严格遵守录取规则。电科院属提前批次录取院校。录取过程要经过确定录取分数线、审批拟录取名单、投档、审查考生的电子档案等环节,最后由电科院在网上录取。各省(区、市)机要部门要按照中央办公厅、教育部有关文件规定,在政审、面试合格条件下,遵循公平竞争、公正选拔、全面考核、综合评价、择优录取的原则,以保证电科院生源的质量,确保为国家培养出合格的机要密码后备人才。另外,还要做好录取过程中与高招办的网络畅通等技术保障工作。

审批拟录取名单环节的设立,是考虑到招生工作政策性强,各省(区、市)操作办法有差别,容易出现标准不一的情况。增加学院审批环节后,可以通盘考虑,综合平衡。为了保证生源质量,录取时除高考分数外,还要考虑综合素质和个性特长等。各省(区、市)机要部门在考虑拟录取名单时,在保证重点率的前提下,可按照招生有关文件规定,对于市级以上学科竞赛和科技发明创造奖获得者给予适当照顾。对于长期在机要岗位上工作的老同志的子女,符合当地高招办的投档条件且有文艺、体育特长的,可在征得高招办同意的前提下,在招生计划内予以适当照顾。

二、多方面采取措施,提高毕业生在机要系统的就业率

党中央、国务院高度重视高校毕业生就业工作,胡锦涛等中央领导同志多次做出重要批示,要求全力做好高校毕业生就业工作。几年来,国务院每年都专门研究教育工作,进行系统部署。教育部每年都采取新的措施,积极鼓励毕业生就业。中央、国家有关部门从各自的职能出发,密切配合,通力合作,采取有效措施,积极促进高校毕业生就业和创业。日前召开的全国普通高校毕业生就业工作会议决定,2007 年为毕业生就业全面服务年。会议要求各地、各高校要充分认识到在构建社会主义和谐社会进程中做好高校毕业生就业工作的重要性,把毕业生就业当作学校发展的头等大事,切实增强做好这项工作的自觉性和主动性。

据统计,2005 年全国普通高校毕业生 338 万人,比 2004 年增加 58 万人;2006 年全国普通高校毕业生 413 万人,比 2005 年增加 75 万人。在高校毕业生人数逐年大幅增长、就业形势越来越严峻的情况下,电科院把毕业生就业作为基础性、关键性的重要工作来抓,在机要部门的大力支持下,毕业生就业工作保持基本稳定。2004 年就业率为 90.06%,2005 年为 89.74%,2006 年截至 8 月底是 91.14%。这里我代表电科院的全体师生,向全国党政

机要系统所有关心支持电科院毕业生就业工作的领导和同志们表示衷心的感谢!

2007年全国普通高校毕业生预计将达到495万人,比2006年增加82万人。在全社会就业形势严峻的情况下,高校毕业生就业压力仍然十分突出。2007年学院将有401名学生毕业,其中硕士研究生18名,本科生348名,高职(专科)生35名。从学历层次上讲,高职(专科)生的就业难度更大。近几年,电科院毕业生的就业率在基本保持稳定的情况下,在全国党政机要系统就业的比例却呈下滑趋势。2004年为51.46%,2005年为41.77%,2006年为41.43%。造成这种情况的原因是多方面的:一是随着社会的发展和教育改革的深化,大学生就业的市场化程度越来越高,双向选择是大趋势;二是我们培养的学生有较高的综合素质,能够在激烈的竞争中胜出,进入各级党政机关的公务员队伍和信息安全领域的知名企业;三是有一些具备竞争能力的学生被社会上的其他单位选中,担心机要部门接收安置不落实而签订了三方协议书;四是少数来自西部的学生不愿意回当地工作。

为提高学生到党政机关特别是机要系统就业的比例,电科院采取了一系列措施,进一步提高学生的公务员素质。包括建立健全招生就业机构,明确了招生就业办公室和学生工作处一个机构两块牌子;各系党总支书记按处长配备,主抓学生工作;每年拨专项就业经费,做好全国机要部门到电科院考察、选调毕业生的相关工作;给每个系安排一定专项经费用于对学生进行公务员素质培养,并制定办法鼓励学生提高公务员素质;引导和鼓励学生到西部和基层就业等等。为了从制度上保证向机要系统推荐德才兼备、素质过硬的毕业生,我们起草了《北京电子科技学院就业推荐办法》,这个办法将根据讨论中大家提出的意见修改后尽快下发。

《就业推荐办法》实施后,省级机要部门每年下半年可根据本地在电科院就读的毕业生人数,制定下一年度到电科院选调毕业生的计划,并在适当时机到电科院选调毕业生。电科院根据具体需求信息,积极组织推荐毕业生到机要部门就业,并根据岗位需要量,适当调整下一年度的招生计划,以妥善解决招生与就业不均衡的问题。

第一,思想上重视。就是确实把电科院毕业生的就业工作摆上工作日程,当作各级机要部门的一项重要工作来抓。做好电科院毕业生的就业工作,是学院党政领导的"一把手工程",也是机要部门领导的"一把手工程"。党中央、国务院决定办这样一所特殊的高等学校,给予许多政策支持,从专科升至本科,又批准联合培养硕士研究生,目的就是为了培养机要密码高素质人才。国际上窃密与反窃密斗争日益尖锐复杂,机要密码工作在国家安全、稳定与发展中的作用日益突出。我们应当站在这一战略高度来看待电科院的建设发展,包括学生培养与毕业生就业问题。从学院来讲,就是要努力提高教育教学质量,全面提高学生的综合素质和能力,使培养出来的学生更符合机要工作的需要。从机要部门来讲,就是要源源不断地补充"对党忠诚,立场坚定,严守机密,遵守纪律,精研业务,无私奉献"的后备人才,使党的机要密码事业后继有人。

第二,政策上扶持。各省(区、市)机要系统选调机要人员时,都要优先考虑电科院的毕业生。在这方面,广东、福建、山东、贵州、云南、新疆、西藏等省区,国家安全和公安系统都坚持得很好,党委和办公厅领导都高度重视,组织人事部门也给予大力支持。有的省(区、市)由于人员变动,需要从头做宣传解释,需要主动去协调一些环节,搞好衔接。在机要系统内部,政策上也应有所体现。比如有的省(区、市)明确要求地市级机要部门要配备具有密码通信专业知识的本科毕业生,还与单位评先挂钩,达到一定数量比例的给予奖励,这样就鼓励他们录用电科院的毕业生。还有些省(区、市)每年接收毕业生都很积极主动,工作安排也很好,毕业生和家长都比较满意。如贵州省全部安排了通过公务员资格考试的毕业生,每年还对未通过公务员资格的个别学生采取不同的措施,想方设法安排到事业单位去工作。还有的省(区、市)机要局主动联系,积极向党政机关机要系统以外的其他部门输送人才,腾出工作岗位到电科院选调学生。如福建省、山东省、吉林省等地机要人员被有关部门调走后,及时从电科院选调毕业生补充进去,机要局成为党政机关的人才基地。如果各地都能这样去努力,电科院的毕业生在机要部门的就业比例将会有一个大幅度的提高。

第三,措施上配套。电科院是专门为各级党政机关培养机要密码人才的高等院校,为此,中共中央组织部、人事部专门下发了《关于党政机关考试录用北京电子科技学院毕业生有关问题的通知》(人发[1996]23号),这是关于电科院毕业生就业的指导性文件。随着《公务员法》的实施,有的省(区、市)人事部门的同志对文件理解有偏差,导致通过国家公务员资格考试的电科院毕业生,到党政机关工作还要进行二次考试的情况。我们要主动向有关部门做好宣传解释和沟通工作。学院已与中共中央组织部和人事部进行了沟通,提出了修改建议,目前正在商洽过程中。在没有新的文件前,我们仍然要按文件精神做好毕业生的就业工作,把各项配套措施做好。

新疆维吾尔自治区党委机要局直接依据《通知》,制定本区相应制度的做法可以借鉴。新疆维吾尔自治区党委办公厅按照《通知》精神，参照国家公务员管理办法，向自治区党委报送了《关于自治区党委办公厅录用北京电子科技学院毕业生的请示》。通过反复向组织、人事部门宣传机要工作的特殊性及党中央、国务院对机要人员的特殊政策，2004 年 2 月，自治区党委组织部批复了《关于同意录用参加中央、国家机关录用考试合格的北京电子科技学院毕业生的函》。批复中明确规定，参加中央、国家机关录用考试合格的北京电子科技学院毕业生，不再参加自治区人事厅组织的公务员录用考试，从制度上保证了毕业生的公务员身份。2006 年新疆维吾尔自治区的 7 名毕业生全部在乌鲁木齐地区就业。希望各地同志多做工作，使组织人事部门的同志增强对机要工作和电科院学生就业政策的理解，从制度上保证电科院的毕业生顺利到党政机要部门工作。

第四，加强沟通协调，尽早动手选调。电科院多年来一直坚持与各省（区、市）机要部门沟通合作制度，对毕业生选择去向，特别是对留京的跨地区、跨系统择业的，首先征求生源地机要部门的意见。大多数省（区、市）机要部门为保证电科院学生就业，专门与组织人事部门沟通协商，申请用人计划，到电科院选调毕业生。

高校毕业生就业一般到 6 月底基本结束，各级组织、人事部门这段时间也专门安排人员进行审批。社会用人单位一般在上一年的 10 月份确定进人计划，11 月份组织人员到高校物色、挑选毕业生，年底基本确定来年用人人选。希望各省（区、市）机要部门注意把握学生的就业意向确定时间，早计划、早动手。确定就业单位后，学生在学校期间还能根据就业单位情况，有针对性地加强学习，保证更快适应工作需要。对于因种种原因就业困难的毕业生，更要早做工作，发动各方面的力量，积极拓宽就业门路，给予特殊的帮助。《招生细则》也明确了把招生计划和就业安排紧密结合起来，每年 4 月份前选调电科院学生的情况都可作为分配招生计划指标的参考因素。

三、加强沟通，密切合作，共同关注学生成长

大学学习阶段是一个人人生发展的重要时期，也是世界观、人生观、价值观形成的关键时期。电科院培养的学生是国家机要密码事业的后备力量。我们要从全国密码人才教育和培养的视野和角度，培养政治上忠诚可靠、业务上精益求精的机要密码高素质人才。在人才培养的过程中，家庭、学校和机要部门具有很大的影响。从人才成长的规律来看，大学学习阶段

对人的影响是终生的。所以说在校学习时期,我们功夫下的有多大,学生成才后对机要密码工作的回报就有多大。关注、关心学生的成长是我们义不容辞的责任。

电科院要做好育人工作,全面培养学生综合素质。电科院来自机要,立足机要、面向机要、服务机要是长期坚持的原则,以机要密码人才的需求为导向,为机要部门"量体裁衣",这是我们学院服务面向定位中最重要的一个方面。我们在人才培养中要始终围绕机要作文章。一是在教学内容上贴近机要密码工作实际。要根据党政机要系统对学生业务知识、技能和公务员素质的要求,在课程设置上突出重点,并专门安排时间、采取多种方式对学生进行公务员素质训练。二是在人才培养上贴近机要密码事业发展进程。机要事业的发展需要更高层次的人才。2004、2005两年我们根据西部基层人才紧缺的情况,专门为西部定单式培养过两届高职(专科)生。学院从2004年开始与西安电子科技大学联合培养硕士研究生,目前在校生有77人,2007年首届研究生毕业。今后,我们要努力争取并尽快拿到独立培养研究生的资质。三是在课程设置上贴近密码通信技术的前沿。要根据党的密码通信事业发展对高科技人才的需求趋向,不断探索密码学与通信技术、计算机技术的结合点,深化课程体系和教学内容的改革;要跟踪世界信息安全技术发展的前沿,把最新成果及时补充到课程内容中去;要建立适应提高机要密码人才素质的教学质量监控体系,不断提高本科教学质量。在为迎接明年教育部对学院的本科教学工作水平评估中,我们把立足机要密码行业,培养有机要密码特色的信息安全高素质人才,写入了学院的顶层设计之中。今后,我们要进一步加强与机要部门的沟通联系,切实为机要部门在人才培养方面搞好服务。

各级机要部门要关注学生发展,培养学生机要意识。多年来全国机要系统十分关心电科院学生的成长,形成了从招生到大学四年学习再到就业的"一条龙"服务,打造了机要事业人才有序循环的系统。维护这个循环系统,需要进一步加强沟通合作,促进学生成长。希望大家能继续坚持这种好的做法,关注学生成长,培养学生的机要意识。一是主动联系学生,了解学生的学习、生活状况。学院专门做出规定,要求每学期向各级机要部门寄发学生学习成绩单和学习情况。机要部门可根据学生学习情况对学生提出要求和希望。同时,也希望注意与家长配合,帮助解决学生在学习过程中出现的问题和困难。二是关注学生成长,帮助学生提高实践能力。通过对机要部门工作的毕业生质量问卷调查,发现部分学生的操作技能不太理想。针对这个问题,我们要充分发挥校内专业实习基地、网络环境下的密码通信实习基地的作用,增加学生实践能力培养的教学内容。同时,准备利用寒暑假有计划地安排学生到有关机要部门进行社会实践,希望大家能给予支持和配合。根据本部门的实际情况,在保密区外安排学生做一些力所能及的工作。三是培养学生机要意识。机要意识是在与机要人员交往过程中,在机要优良传统环境的影响下形成的。学生在机要部门实习、实践,是他们养成机要素质、培育机要职业道德的最佳形式。希望各级机要部门能为电科院的学生提供机要工作实践锻炼的机会。

学院招生就业办公室要履行职责,把招生就业的各项工作落到实处。招生就业工作涉及千家万户,关系到人民群众的切身利益,关系到国家经济发展和社会稳定,关系到学院的形象和声誉。招生就业办公室作为学院的职能部门任务艰巨,责任重大。要严格按照教育部关于招生就业的文件要求开展工作。在招生工作中,要按照"阳光工程"的要求,规范管理,公开信息,改善服务,赢得学生的信任,维护学院的声誉。在就业工作中,要满腔热情做好就业指导和服务,千方百计搜集用人信息,积极主动联系用人单位,广开门路扩大就业渠道。在日常工作中,要加强与机要部门的联系,加强与学院有关部门的协调配合,创新工作模式和运行机制。以满腔的热情、负责的态度,切实维护学生的合法权益。想学生之所想,办学生之所需,全心全意为学生服务。学院有关部门要加强对招生就业工作的配合和监督,并在办公条件、人员编制和经费方面给予保证。

同志们,对于学生来说,我们都是老师。电科院的同志是学校老师,机要部门的同志是工作老师。党的机要密码事业把电科院与机要系统紧密地联系在一起,机要密码工作的发展决定了我们的合作是长期的。让我们携起手来,共同努力,为机要密码事业的发展做出更大的贡献。

把在机要系统就业作为第一选择*

（2007 年 1 月 11 日）

新年的钟声已经敲过，期末考试即将结束，现在离大家毕业离校的时间只剩下一个学期了。目前 07 届同学最关心的问题是什么？就是在毕业之前落实工作单位。今天，学院召开 07 届毕业生就业工作动员会，各系部主任、党总支书记、毕业班班主任，教务处、学生处、研究生处、团委、院办、组织宣传处等相关处室主要负责人都来参加，体现了学院对就业工作的高度重视和全力支持。会议目的就一个：全面贯彻落实全国普通高校毕业生就业工作会议精神和学院招生就业工作会议精神，帮助 07 届同学认清就业形势，树立正确的择业观，提前考虑并尽早落实毕业后的工作岗位。

就业问题，每一个毕业生最为关心，学院上下高度重视，整个社会普遍关注。党中央、国务院高度重视高校毕业生就业工作。胡锦涛等中央领导同志多次做出重要批示，要求全力做好高校毕业生就业工作。近几年，国务院每年都专门研究，进行系统部署。教育部每年推出新的举措，积极鼓励毕业生通过多种方式就业。中央、国家有关部门从各自的职能出发，密切配合，通力合作，采取有效措施，积极促进高校毕业生就业和创业。2006 年 11月召开的全国普通高校毕业生就业工作会议决定，2007 年为"毕业生就业全面服务年"。会议要求，各地、各高校要充分认识到在构建社会主义和谐社会进程中，做好高校毕业生就业工作的重要性，把毕业生就业当作学校发展的头等大事，切实增强做好这项工作的自觉性和主动性。

学院党委和院领导十分重视毕业生的就业工作，把做好毕业生的就业工作列为院系领导的"一把手工程"，想方设法为同学们创造就业条件，千方百计为同学们拓展就业渠道。去年 11 月，学院组织召开了全国省、部机要系统有关同志参加的招生就业工作会议，讨论通过了《北京电子科技学院就业推荐办法》，明确了学院与省、部机要部门双方在就业工作中的分工和责任，理顺了学院毕业生就业工作的运行机制。目前，就同学们十分关心的我

---

* 本文是作者在学院 2007 届毕业生就业工作动员会上的讲话。

院毕业生在省级以下机要部门就业的资格证书问题,学院领导带领有关部门负责人到中央组织部、人事部进行协商沟通,积极争取政策上的倾斜和照顾。我们的汇报得到中央组织部、人事部有关部门的理解和支持,协商进展顺利,令人满意。

2007年的就业形势十分严峻。在全社会就业形势严峻的情况下,高校毕业生就业压力更加突出。据统计,2005年全国普通高校毕业生338万人,比2004年增加58万人。2006年毕业生413万人,比2005年增加75万人。2007年是我国高校扩招后的第四个毕业高峰年,毕业生预计达到495万人,比2006年增加82万人。2007年学院将有401名学生毕业,其中硕士研究生18名,本科生348名,高职(专科)生35名,是学院毕业生数量有史以来最多的一年。

下面,我就做好今年毕业生的就业工作讲几点想法,供同学们参考。

一、学以致用,积极投身党的机要密码事业

立足机要密码行业,服务全国党政系统,面向信息安全领域,是学院长期坚持的服务面向定位。多年来,学院坚持以机要密码人才需求为导向,以培养有密码特色的信息安全高素质人才为目标。各位同学从填报高考志愿、通过当地机要部门面试政审的那一刻起,就与党的机要密码事业紧密地联系在一起。经过电科院四年的学习生活,你们身上已经深深打上了机要密码工作者的烙印。

机要密码工作是党的咽喉和命脉,是党和国家事业的生命线、保障线、指挥线。无论在革命战争年代还是和平建设时期,始终发挥着无可替代的重要作用。投身党的机要密码事业,是广大有志青年的美好理想和人生追求。能够从事机要密码工作是党和人民的无限信任,无比神圣和光荣。在过去,能被选中当机要员,是个人的骄傲,全家的自豪。隶属于中央办公厅的电科院给大家提供进入机要密码工作者行列的机会,这种机会令全国其他高校学生羡慕不已。学院在学科建设、课程设置、实验教学、实习安排等方面都是从机要密码工作实际出发来设计安排的,使毕业生从知识结构、操作技能都能胜任机要工作岗位的要求。学院培养的学生在机要密码部门工作专业对口,学识才华大有用武之地。这些年来在机要系统工作的毕业生,相当一部分人已经担任所在单位的领导职务、成为技术专家。作为电科院的毕业生对此一定要有清醒的认识,利用好学院特有的就业政策优势,珍惜

这得天独厚的宝贵机会,把在机要系统就业作为第一选择,把献身机要密码事业作为自己的人生追求。

二、志存高远,到祖国最需要的地方去建功立业

作为新时代的大学生,必须脚踏实地,切勿好高骛远,正确认识自己,树立正确的择业观。我国高等教育进入"大众教育"阶段后,许多毕业生的心态还停留在"精英教育"年代,就业期望值过高。反映到我们学校的学生身上,就是有些同学在就业区域的选择上,只愿意去东部沿海省市,固守中心城市和沿海城市,不愿意去中西部地区;在就业岗位的选择上,只想去高级领导机关,不愿去基层单位;对物质待遇和工作环境抱有许多不切实际的期望。

2005 年 7 月,胡锦涛总书记就实施大学生志愿服务西部计划做出重要指示,要求各地党委和有关部门引导和鼓励更多的高校毕业生到西部、到基层、到祖国最需要的地方去,磨炼意志,增长才干,为实现全面建设小康社会的宏伟目标贡献自己的智慧和力量。西部地区和基层单位蕴藏着有志青年广阔的发展空间,是今后一个时期高校毕业生就业的主要方向。从机要系统来看也是如此,编制空额较多,人员需求最为迫切的是西部省、区和市以下的机要部门。这几年西部省份、欠发达地区机要部门和县、市机要部门来学院选调毕业生时,多次出现过本地毕业生不愿意回去,其他地区的毕业生也不愿意去,导致急需用人的单位招不满人甚至招不到人的情况。这与学院千方百计拓展就业渠道,想方设法为同学们提供就业岗位的努力背道而驰。

"宰相必起于州部,猛将必发于卒伍。"基层是大学生成长成才的沃土。大学生要积极响应党的号召和国家的呼唤,选准青年知识分子成长之路,把投身基层、投身西部作为自己人生事业的起点,发挥自己的聪明才智,在奉献中成长,在锻炼中成才。

可能也会有少数同学不是不愿进机要部门,而是受到客观条件和种种因素的制约,需要在其他领域就业。这就需要关注其他行业部门、用人单位的招聘信息,积极参加社会有关职位考试和求职招聘活动。这些同学一定要增强竞争意识,克服等、靠、要的惰性,在就业市场主动"推介"自己,展示自己的能力和实力,捕捉适合自己的就业机会。对于到机要系统以外的行业和单位求职的同学,学院有关部门也要提供支持和帮助。

三、齐心协力，努力实现毕业生全部就业的目标

做好学院毕业生的就业工作，需要党政领导齐抓共管，职能部门统筹协调，相关部门配合协作，全体毕业生积极配合。就业工作要贯彻落实一把手责任制，坚持党委书记、院长负总责，学院招生就业工作领导小组统筹协调，各系部和相关部门领导具体负责，层层落实。要完善就业目标责任制，量化细化工作任务，明确工作责任，把毕业生就业工作纳入院系及有关部门领导的业绩考核，与待遇和奖惩挂钩。我代表院党委向毕业班级的同学们郑重承诺：凡涉及与同学们就业有关的事情不分平日假日，不分上班下班，不分白天晚上，能快办的一定快办，该支持的全力支持。学院上下全体动员，对就业工作全程抓、全员抓，保证就业措施到位，负责人员到位，经费支持到位，设备保障到位。

各部门领导和负责毕业生就业工作的同志，要从思想上高度重视就业工作，认真负责地做好各个层面的就业服务工作。要加强就业指导，通过开展灵活多样的就业指导和创业教育活动，为毕业生释疑解惑、提供帮助。要组织同学们学习就业方面的知识，引导他们按照所学专业基础技能和自身特长，多途径选择就业岗位。要挖掘资源，千方百计为同学们开拓就业门路。要充分调动教职工的积极性，通过学院推荐，老师介绍，发动社会关系为毕业生联系工作单位，在全院营造人人关心就业的良好氛围。各系部和招生就业办公室要认真收集提供就业信息，想学生之所想，办学生之所需，让每一个毕业生都能够及时多渠道、全方位地了解大学生就业的各项政策，了解各地机要部门来校选人提供的机要岗位需求信息。各毕业班也要建立就业信息收集汇总机制，把就业信息全面准确及时地传达给每一位同学。

同学们自己也要积极主动，尽快与本省、市、县机要部门取得联系，汇报自己的学习成绩和就业想法，了解所在地区人才需求情况和安排意向。按照当地的要求，有针对性地做好相关准备工作。鼓励毕业生面向基层就业是当前和今后一个时期高校毕业生就业工作的方向。党中央、国务院专门下发了《关于引导和鼓励高校毕业生面向基层就业的意见》（中办发〔2005〕18号），采取了代偿助学贷款、考研考公务员加分、生活补贴、户档迁转、职称评定、权益保障、创业扶持等一系列优惠措施和倾斜政策。凡是去西部省区和边远贫困地区机要部门工作的同学，学院将将给予大力支持，特事特办，帮助解决一切遇到的困难，包括争取获得公务员资格。

　　毕业生的就业工作,关系到广大学生的切身利益,关系到学院的建设和发展,关系到学院的声誉和形象。就业工作做好了,会增加考生报考学院的吸引力,提高生源质量,进而提高学院教育教学水平和人才培养质量。我们要坚持以学生为本,认真落实"一切为了学生,为了一切学生"的就业工作理念,满腔热情、精心周到地为毕业生提供各项就业服务,切实把就业工作做深、做细、做实,确保毕业生在机要系统的就业率有明显提高,努力做到2007届毕业生全部就业。

　　四年寒窗苦读,老师教育呵护,家庭倾力支持,亲友关心鼓励,毕业时找到工作以便反哺回报,是每一位同学的心愿,是每一个家庭的企盼,也是学院领导和老师的期望。我衷心祝愿今年毕业的401位同学都能早日找到适合自己、称心如意的工作。

做信息安全领域的优秀人才 *

（2007 年 3 月 28 日）

今天，我们在这里隆重举行 2007 届硕士研究生毕业典礼暨学位授予仪式。老师代表赵耿教授向你们表达了祝福，学生代表刘平同学也向老师表示了感谢。我借此机会代表院党委、院领导和全体师生员工，向三年苦读、奋力拼搏，顺利完成学业的同学们表示热烈的祝贺！向传道授业、诲人不倦的导师们表示衷心的感谢！

开展研究生教育，是学院提高办学层次和水平的重要标志。作为学院与西安电子科技大学联合培养的首届密码学硕士研究生，你们的学习和成长始终得到中央办公厅领导的重视和关心。三年前，你们刚入学时，中办领导就专门来学院看望你们，提出希望和要求；毕业离校前，又专程来学院与你们和导师合影留念。这体现了中办领导对学院开展研究生教育的特别重视，对学院培养出来的研究生的特殊关爱，你们应该会为此感到骄傲和自豪，也应该成为毕业后工作的前进动力。三年来，同学们在学术的殿堂里上下求索，围绕自己的研究方向刻苦钻研，在导师的悉心指导下，提高了专业理论素养，培养了学术研究能力，成长为有密码特色的信息安全高素质人才。有了研究生学长的校园里，电科院学习的气氛更加浓厚，学术和科研的氛围愈发浓郁。实践证明，你们没有辜负中办领导、学院领导和导师们的殷切期望，以百分之百的论文盲审通过率和求职成功率，向母校递交了一份满意的答卷，也为你们的师弟师妹们树立了良好的榜样。

时光荏苒，岁月如梭。今天，你们就要戴上硕士的桂冠，迈出校园，踏上新的人生旅程。在这里，我嘱咐同学们几句，作为临别赠言。

第一，要志存高远，追求卓越。同学们要胸怀国家和民族，心系社会和人民，把握人生的航向，树立远大的志向，为党和人民的事业贡献自己的聪明才智。积极投身到机要、密码事业中，施展才华、建功立业。走上工作岗位后，对自己要有更高的要求，对事业有更高的追求，勇于探索，刻苦钻研，

---

* 本文是作者在 2007 届硕士研究生毕业典礼暨学位授予仪式上的讲话。

争取在机要、密码行业和信息安全领域中有所建树,大展宏图,用自己的学识和行动创造新的成绩。永不满足现状,勇攀事业高峰,使自己成为信息安全领域的优秀拔尖人才,成为机要密码事业的可靠接班人。

第二,要继承传统,开拓创新。建校 60 年来,学院培养出来的毕业生,在各自的岗位上都做出了突出的贡献,取得了骄人的成绩,受到了党政机关和机要系统的广泛好评,树立了电科院学生的良好形象。你们是学院历史上第一届毕业的硕士研究生,也是学院有史以来学历最高的一届毕业生。你们走出母校所展示的一切,都将体现着学院的新水平、新高度,映射出学院的新气象、新境界。希望同学们继承和发扬机要的光荣传统和学院的优良作风,秉承"忠诚、笃学、创新、卓越"的校训,与时俱进,革故鼎新,展现电科院人的卓越风采,让电科院的品牌更加响亮。

第三,要终身学习,不断进取。学如逆水行舟,不进则退。21 世纪是高科技迅猛发展的世纪,终身学习已经成为时代发展的必然要求。同学们作为社会中的高层次人才,应该更加清醒地认识到终身学习的重要性和必要性。完成学业,只是学校教育的结束,而不是学习过程的结束。学生身份有终止之日,学习生涯无终结之时。要认真学习中国特色社会主义理论,进一步提高马克思主义的理论素养。要紧紧跟踪世界科技前沿,及时更新专业知识,不断增强业务本领。要努力用人类的优秀文明成果充实自己,丰富自己,做终身学习的实践者和受益者。

第四,要爱岗敬业,脚踏实地。"合抱之木,生于毫末;九层之台,起于垒土;千里之行,始于足下。"同学们毕业离校、走上工作岗位,没有什么能代替自己的埋头苦干,唯有立足本职工作开始对理想目标的不懈追求。从中办这所学校毕业出去的学生,到哪儿都应该勤勤恳恳、踏踏实实,不挑不拣、任劳任怨。同学们要从基层做起,从小事做起,干一行、爱一行、研究一行、精通一行,在工作中施展自己的才华,努力使自己成为敢于担当、可堪大用的栋梁之材,肩负起时代赋予的重任。

毕业、就业,是你们人生一个重大转折。希望同学们充分发挥自己的聪明才智,在平凡的工作岗位上勤奋工作,创造出不平凡的无愧于时代和人民的业绩,谱写出人生的华美乐章。母校永远是你们的坚强后盾,电科院永远是你们的家。希望同学们常回家看看,关心和支持母校的发展。我们期待着从四面八方不断传来你们成长进步的好消息。

青年人不应该被格式化 *

（2007 年 9 月 18 日）

按照今年新生入学安排，今天由我来给同学们讲课。我讲的内容分四个问题：一、做一个感恩的人；二、做一个勤奋的人；三、做一个诚信的人；四、做密码事业的可靠接班人。

一、做一个感恩的人

人从出生的一刻起，就在接受人间给予的各种恩惠。无论我们的一生怎样付出，我们从人间获取的恩惠永远大于我们的付出。因此，学会做一个感恩的人，用感恩的心去回报我们的获取，我们的心灵才会在一种感恩图报的心境中去善待生活中的一切人和事。

一要感党之恩。同学们能进入大学学习，首先离不开十年寒窗的刻苦学习。但是同学们能取得今天的成绩，也离不开中国共产党的培育，离不开这个祥和稳定的社会大环境。从小的方面来讲，同学们上大学，国家为经济困难同学提供助学贷款、特困补助、减免学费，还要发给大家伙食补助，这都是党的温暖。所以，感党之恩不是一句虚话，而是有着实实在在的内容。同学们要体会党和国家、社会之恩，要懂得回报党和国家之恩。感党之恩，就要坚决拥护党的领导，树立和坚定为共产主义奋斗的远大理想，有强烈的社会责任感和历史使命感，立志报效祖国，服务人民，为实现中华民族的伟大复兴贡献自己的聪明才智。

二要感父母之恩。"谁言寸草心，报得三春晖？"从我们出生开始，母亲用乳汁哺养我们长大，父亲用智慧陶冶我们情操，我们在父母温暖的怀抱中健康地成长，父母在生活上无微不至地为我们提供一切。当你拿到大学录取通知书欢呼雀跃的时候，你们的父母又在默默地筹集学费，筹划四年上大学的费用。"羊有跪乳之恩，鸦有反哺之义。"要感谢父母将自己带到了这个

---

* 本文是作者对 2007 级新生进行入学教育的讲稿。

世界,感谢父母把自己养大成人,感谢父母供你们上学读书。希望每位同学都学会关心和回报父母,担起家庭责任。

三要感老师之恩。从幼儿园到大学,有多少老师为自己学生呕心沥血,默默奉献着光和热,燃烧着自己,点亮着我们的人生。同学们从接到录取通知书的那一刻开始,学院的老师就已经开始为迎接你们的四年大学生活做准备了。作为深受教师教诲之恩的学生,更应该热爱和尊敬自己的老师。感老师之恩,就要尊敬老师。勤奋学习、早日成才,始终都是老师对学生寄予的最大期望,而好学上进、刻苦读书,则是学生对老师的最好回报。

点滴之恩涌泉相报。学会感恩,拥有一颗感恩的心,是一个人道德品质的完美境界。感恩不仅是一种回报,更是一种责任,一种智慧,一种人生态度,它可以使人道德完善、人格升华。感恩是当代大学生的应有品质。

二、做一个勤奋的人

宝剑锋从磨砺出,梅花香自苦寒来。勤奋能让一只蜗牛爬上金字塔顶,勤奋是学业进步的发动机,勤奋是人成长进步的助推器。

一要忘掉高考分数,从零开始。许多同学可能都读过王安石的《伤仲永》。方仲永从神童到"泯然众人"的变化过程,说明天资固然重要,但没有好的后天教育和努力,再好的天赋也没用。同学们以高分进入电科院,都是当地学校的佼佼者。但高中了了,大学未必佳。同学们要忘掉高考分数,从零开始。分数的差距并不等同于能力的差异。初高中学习,如在河流中游泳,可见两岸参照物,能感觉到自己在向目标接近。读大学就好像在大海中游泳,看不见参照物,要达到目标,更需要坚持不懈的努力。大学只是人生征程中一个新起点,要端正心态,从高考成功的自豪和陶醉中清醒过来,入学之初就要一切从零开始,以务实的态度制定出个人在学业、思想道德、心理素质、动手能力等方面的长期的奋斗目标和短期的、切实可行的行动计划,搞好人生职业生涯设计,以激励和鞭策自己为创造大学阶段的人生辉煌而不懈努力。

二要刻苦学习,勤奋笃学。勤奋苦读是中华民族的优良传统。韦编三绝、磨杵成针、悬梁刺股、凿壁偷光、囊萤映月都是大家熟悉的例子。我院校训中"笃学"释义是:专心致志,刻苦钻研;广闻博采,好学深思;不倦探索,知行合一。它反映了学院在培养人才上注重专业知识与通识有机融合的追求。既强调要专心致志,刻苦钻研专业知识;又强调要广闻博采,好学深思。

笃学,就要求同学们明确学习目的,端正学习态度,以学习为业,以学习为乐,以学习为荣。学习本身是一件艰苦的事情,只有付出艰苦的劳动,才会有相应的收获。要有锲而不舍、水滴石穿的精神,切实把各门功课学好,把每一堂课、每一次作业、每一次实验、每一次考试都当作学习的重要机会来看待,珍惜好,把握好,利用好。

三要尽快适应,转变角色。从高中到大学,摆在同学们面前最重要的就是要努力适应环境,尽快转变角色。高中以前同学们接受的是管制性教育,到了大学强调自学,是一种适应性教育。同学们在思维方式上要适应从感性到理性的转变。在思考处理问题时,要有远见卓识而不要目光短浅,要三思而后行,不要随心所欲;要克服依赖思想,培养独立思考和解决问题的能力;要加强道德和法制观念,做事要考虑后果,不做鲁莽草率之事。在学习方式上要适应从监督到自觉的转变。首先要培养学习的兴趣,提高学习的主动性。要实现由应付升学考试到提高自身素质和能力的转变。在打牢基础理论知识、拓宽知识面的同时,要重视实践,积极参与第二课堂的活动,注意培养动手和创新能力,在提高个人的综合素质上下功夫。要注意学习时间的科学运筹,实现由拼挤时间向讲求效率的转变。在学习中要讲究用脑的艺术,遵循学习的规律,注意学习方法,提高学习效率。要重视良好的学习习惯的养成,雷厉风行,把每天的时间安排好,克服随意性;学习要专心致志,处理好学习与课外活动、人际交往的关系,少去或者不去网吧,避免上网成瘾,荒废学业,影响身心健康。要适应从依赖到独立的转变。自主、自立、自律是大学生活的特征。要适应这种生活方式的变化,坚持自己的事自己做,今日事今日毕,从点滴小事入手,严格要求自己,不管做什么事情都要掌握分寸,把握一个度,处理好学习与娱乐休闲的关系,养成良好的生活习惯,敢对自己的不良习惯说"不"。

四要全面发展,不能偏科。大学是人全面发展的重要阶段,是培养塑造科学素养、人文精神、审美情怀的场所。大学生要崇尚理想、追求真理、陶冶性情、净化心灵。上大学是为未来人生(当然包括就业)打基础,而不应是就业技能传习所、求职技巧培训班。把读书上大学作为晋升的阶梯、牟利的工具,太过于功利化,成不了大家、大师、大才。现在是知识爆炸的年代,六艺经传皆通习之,已不太现实。大学课程是按照专业知识结构设置,都是打基础的,都应该掌握。木桶的容量取决于短板。知识结构的明显缺陷会制约人生的发展。所以,理工科的同学要多读些文史方面的书,文科的同学要多读些自然科学方面的书,还要善于利用图书馆和网络,以全面发展为目标,人文底蕴与科学素养并重,全面提高自己的综合素质,把自己培养成既能适应社会激烈竞争的通才,又能担当机要密码和信息安全重任的专才。

三、做一个诚信的人

诚信乃立人之本,建业之基。诚实守信,是高尚人格的具体表现,一个人最美好的自我形象就是真诚。一个具备了真诚的人,就具有了高尚人格的魅力,就会被所有的人所敬佩。李嘉诚先生说过:做事先做人,一个人无论成就多大的事业,人品永远是第一位的,而人品的第一要素就是诚信。中国人自古就崇尚诚信。古人曰:人而无信,不知其可;一言既出,驷马难追;君子一言,快马一鞭;一言九鼎,一诺千金;言必信,行必果,等等。中国古代经典四书之一的《大学》中说:"古之欲明德于天下者,先治其国;欲治其国者,先齐其家;欲齐其家者,先修其身;欲修其身者,先正其心;欲正其心者,先诚其意。"也是讲一个人做人、做事必须先讲诚信,才能正心、修身、齐家、治国、平天下。

诚信是决定人生成败的"看不见的手"。诚信应该成为植根于同学们灵魂深处的价值观。无论中国外国,都对诚信者赞美,对失信者唾骂。中国历史上范式赴约、季札挂剑、曼殊焚画、曾子杀猪的守信佳话,至今传为美谈。韩国科学家黄禹锡克隆人类胚胎干细胞造假与中国上海交大微电子学院院长陈进"汉芯"造假,令两国科学界蒙羞,也印证了"失信者必将失去一切"的老话。

玉壶冰心,诚信一生。对同学们来说,做一个诚信的人,就是要把诚信融入学习和生活中来。作为学生,就要在学习中讲诚信,成绩考得好与坏并不是最重要的,最重要的是题目由自己独立完成。做一个诚信的人,要从身边的小事做起,要从自我做起。只有在小事上讲求诚信的人,养成了良好的习惯,面临大事时才会从容地选择"诚信"。当我们看到社会上一些不诚信的人所做的一些不诚信的事的时候,往往会义愤填膺,指责这种人缺少诚信,没有素质。但是当生活中我们自己面临类似的事情时,我们又是怎么做的呢?上课迟到,旷课撒谎,考试作弊,这何尝不是缺乏诚信的表现呢?"人"字一撇一捺,一撇是诚实,一捺是守信,有了这完整的两笔,才能撑起一个大写的"人"字。大学不是真空。同学们在社会上、在校园中肯定会遇到不顺心的事情,看到不合理的现象,听到不和谐的声音。遇到了怎么办?既要有勇敢斗争的胆量和勇气,又要能够平静面对,有出淤泥而不染的操行。

要相信邪不压正。泡沫阻挡不住河流的奔腾，尘土掩盖不了珠玉的光泽，腐草之中的萤光无法与当空高挂的皓月相比，一两片乌云终究遮不住太阳的光辉。

四、做密码事业的可靠接班人

电科院是唯一一所为全国各级党政机关培养有密码特色信息安全高素质人才的高等院校，是国家密码人才成长的重要摇篮、国家密码科研的重要基地。经过 60 年的发展，学院的特色鲜明，办学水平稳步提升。学院以机要与密码为鲜明办学特色，在人才培养上传承机要精神，培养可靠人才，在学科与科研上彰显密码特色，服务信息安全。各位同学从高考志愿填报电科院、通过当地机要部门面试、政审的那一刻起，就与党的机要密码事业紧密地联系在一起。来院学习，同学们要意识到毕业后从事机要工作，肩负起密码工作这一关系党、国家和民族生存与发展的重担，是义不容辞的责任。

理想信念是人生的指路明灯，有了它就有了前进的方向和奋斗目标；理想信念是人生之帆，有了它就有了迎风破浪、克服一切艰难险阻的动力；理想信念是生命之光，有了它人生就能焕发出绚丽的光彩和活得有意义！同学们一定要树立远大的理想，努力使自己成为政治上忠诚可靠、业务上精益求精、有密码特色的信息安全高素质人才。

青春是绚丽多彩的。青年人不应该被格式化，而应该多面孔，德智体美全面发展，既成人也成才。成人，就是人格健全，懂得做人的道理，有正确的世界观、人生观、价值观；热爱党、热爱人民、热爱社会主义祖国，有强烈的社会责任心和使命感。成才，就是要学有所长，学有所成，成为党的机要密码事业的可靠接班人。

同学们，你们来自天南地北、五湖四海。你们是生动的画，立体的诗，流动的音符，是校园最美的风景。同学们刚进入校门，正处在人生风华正茂的美好时期，一定要珍惜时光，勇敢地承担肩上的重任。预祝你们在校四年学业进步，身体健康。在四年后毕业时，每个人都可以自豪地说：我努力了，我没有虚度在电科院四年的大好光阴。

全方位提高学生的综合素质*

（2008 年 12 月 5 日）

非常高兴来观摩第七届公务员素质大赛的决赛。现在比赛即将落下帷幕，决胜名次马上就要产生。利用统计分数的间隙，我给大家讲几句话，并向即将产生的获奖选手提前表示祝贺。

能够通过初试、半决赛结构化面试这两个环节的选拔，在有着近五百名同学参加的活动中脱颖而出的这八名同学，毫无疑问是我们电科院学生中的佼佼者。他们刚才在决赛中经过"争分夺秒、直临现场、视听影音、同题争鸣"四个板块的激烈竞赛，显示了他们的才华，展示了他们的风采和魅力。我作为学院的领导，为他们出色的表现感到骄傲，感到自豪！你们出色的表现又一次证明：电科院里卧虎藏凤，人才荟萃，后生可畏，前程无量！

可能有的同学会讲，你是不是说错了？这是一个"语误"，却是我有意为之。因为大家都知道，成语里讲的是"卧虎藏龙"，为什么说卧虎藏"凤"呢？因为在今天的八名选手中有四名是女同学，大家可以想一想，在我们校园里，男生占三分之二，女生只占三分之一，在一个男生比女生多一倍的校园里，在一项全校性比赛的决赛中，女同学占了一半，这充分说明，电科院的女同学有着更强的竞争力，确实是巾帼不让须眉。所以，我在向女同学们表示特别祝贺的同时，也要说一句：男同学们，努力啊！

国家为什么要办大学？为了培养中国特色社会主义事业的建设者和接班人。同学们进大学学什么？学习基础知识，学习专业技能。因为每个同学走出大学后，必须掌握从事特定职业所需要的知识和技能。但是不是仅学这些就够了呢？我认为还是不够的。

党的十七大提出要全面实施素质教育，培养德智体美全面发展的社会主义事业的建设者和接班人。素质教育的内涵，远远不是基础知识和专业技能所能够包括的。我理解，培养学生的道德操守、独立人格、健全心理、创新能力和对社会的适应能力，也应该是素质教育不可缺少的内容。只有两

＊ 本文是作者在学院第七届公务员素质大赛决赛时的演讲。

个方面都具备,学生在走出校门之后才会有可持续发展能力,才会有后劲。

　　能力的养成靠自身的积累,能力的展示需要舞台。我们举办公务员素质大赛,就为参赛者提供了展示的舞台,也为观摩者提供学习借鉴的平台。所以,举办公务员素质大赛,决不能把它狭窄地理解成单纯为了提高学生的备考能力和强化"国考"前的体验,而是为了促进学生德智体美全面发展,全方位提高学生的综合素质。这种好的形式已经举办过多次,深受广大同学的欢迎,今后应该继续坚持办下去!

　　在向本届大赛获奖同学表示祝贺的同时,我也要给同学们一句忠告。有一句俗话叫"一俊不能遮百丑"。我们这次大赛的获奖者,包括参加校内校外各种竞赛的获奖者、优胜者都不能骄傲、不能自满。人上有人,天外有天。希望你们继续努力,认认真真学习,勤奋刻苦读书。要学好基础课、公共课、专业课、实验课,以全面发展的优秀成绩,来证明自己的胜出不是出于侥幸,不是出于偶然,不是撞大运,而是综合素质和实力的真实显现。

　　我们学校的特殊性质和既定的人才培养目标,决定了我们的毕业生有一多半在毕业后要进入各级公务员队伍。这是我们学校的一个特殊优势,也是令其他许多高校毕业生非常羡慕的地方。但是大家要知道,当一个公务员也不是那么容易的,当一个优秀的公务员就更不容易了,绝不是会像今天一两个小时的竞赛就能评判优劣。公务员是国家的公仆,是人民的勤务员。当一个优秀的公务员,要忠于职守、要勤奋敬业、要精通业务、要处理好人际关系,还要吃得了苦、受得了气、受得了委屈、经受住挫折,希望同学们在校期间就要有充分的思想准备。五柳先生陶渊明如果生活在当代,只会是一位个性鲜明的文人雅士,而不会是一个合格的公务员。果戈理笔下的那个小公务员,就是小说《外套》里的主人公,名字好像不是叫什么"斯基",什么"诺夫",对了,名字叫巴什马奇金,他如果生活在中国,恐怕也只会令人同情。当然,我们新中国优秀的公务员,就像天上的繁星,数不胜数。像周总理、焦裕禄、郑为民,还有四川大地震中舍小家为大家的灾区基层干部,都是我们大家仰慕的楷模、学习的榜样,都是优秀的公务员。

　　公务员素质大赛作为我们学院学生大型特色活动之一,已经成功举办了六届。这次院团委、院学生会和行政管理系学生会共同举办的第七届大赛,也取得了圆满的成功。许多老师、许多同学为这次大赛付出了辛勤的劳动,我也在这里向他们表示感谢和敬意。希望今后这项赛事越办越好,越办越精彩!

掀开求学生涯的崭新一页 *

（2009 年 9 月 9 日）

在硕果丰盈的金秋九月，我们隆重举行北京电子科技学院 2009 级研究生开学典礼。我代表学院向新入学的研究生表示热烈的欢迎和诚挚的祝贺！向辛勤耕耘在研究生培养一线的各位导师致以崇高的敬意和诚挚的慰问！

北京电子科技学院是一所历史悠久、机要密码特色鲜明的高校。在过去的 62 年中，电科院积极投身国家机要密码和信息安全事业的建设和发展，在人才培养、机要干部培训、密码研究与应用等方面取得了有目共睹的成绩。你们的到来，为今天的电科院增添了新鲜血液，为未来的学院发展开启了新的希望。

我院从 2004 年开始与西安电子科技大学联合培养密码学专业的硕士研究生，2009 级研究生是我院迎来的第六批硕士研究生，也是学院担负起全程培养责任的第一届研究生。多年来，在中央办公厅的正确领导和厅领导的关心和支持下，在全体师生的共同努力下，学院探索出了一套适合学院发展的独具特色的办学思路，学院管理水平和人才培养质量稳步提高，学院本科教学工作水平评估获得"优秀"等次；学院的学科建设、师资队伍建设取得重大进展，学术水平、科研能力、师资队伍素质不断提高；研究生教育健康发展，培养过程管理把关严格，研究生培养质量得到保证。现在，我们正在围绕"申硕"目标，大力加强重点学科的立项建设，加强师资队伍建设，培养和造就一批学科带头人和学术骨干，努力提升学院的办学实力和核心竞争力。学院《新增硕士学位授权单位立项建设规划》已经通过了北京市学位委员会组织的专家论证，目前各项建设工作正扎实有序地向前推进。为进一步推进我院学科建设，提升我院独立培养研究生的能力和水平，提高研究生培养质量，学院从 2009 年、从你们这一级开始独立负责联合培养硕士研究生的全程培养工作。

---

* 本文是作者在 2009 级研究生开学典礼上的讲话。

在座的新同学中,有的同学已经在电科院生活和学习了四年,大多数同学是第一次迈入这个美丽的校园。无论是否曾经在这里学习过,从今天开始,都要掀开求学生涯的崭新一页,开始你们奋发向上、自我超越之旅。过去的十年寒窗固然辛苦,今后的三载岁月更需努力。规划好自己的努力方向,明确自己的奋斗目标,相信每个同学都已经有所考虑。借此机会,我提几点建议供同学们参考。

一、树立远大理想,明确人生目标

有志者事竟成。立志是成才、成功的先导。一个人要成才、成功,首先要明确发展的方向和奋斗的目标。方向是前进的指引,目标是前进的动力。胡锦涛总书记在致中国青年群英会全体代表的信中,希望当代大学生"努力成为理想远大、信念坚定的新一代,品德高尚、意志顽强的新一代,视野开阔、知识丰富的新一代,开拓进取、艰苦创业的新一代。"胡锦涛总书记把"理想远大、信念坚定"排在当代大学生树立人生目标的第一位。每一个人崇高的理想信念,从来都是与国家、民族的命运和党的事业紧密连在一起的。同学们选择来电科院学习深造,只有明确为国家、为社会、为我国的信息安全和机要密码事业做出贡献而刻苦学习、增长才干的求学目标和努力方向,才会在毕业后实现自己献身科学、报效祖国的理想和抱负,才能实现自己的人生价值。

二、践行机要精神,锤炼意志品格

1930 年党的机要工作创立以来,一代又一代机要工作者用鲜血和生命凝练形成了"对党忠诚、严守机密、遵守纪律、精通业务、开拓创新、甘于奉献"的二十四字机要精神。

机要精神是党的优良传统作风在机要战线的具体体现,是机要人员宝贵的精神财富,是每一个机要工作者应该具备的基本素养,也是同学们研究生阶段思想政治教育的必修课程。践行机要精神,在意志上,要求我们对事业的追求坚定不移,百折不挠;在思想上,要求我们知难而上,挑战自我;在学习上,要求我们潜心专注,执著求索;在生活上,要求我们淡泊名利,守道安贫。机要精神是同学们在校期间锤炼意志品格的动力,毕业之后攻坚克难、攀登科研高峰的人生财富。

三、掌握科学方法，提高创新能力

进入 21 世纪后，科学技术日新月异，新的知识层出不穷，知识更新的速度越来越快，周期越来越短。研究生与本科生的一个重要区别，就是不仅要上课、读书，更要围绕实际的课题，开展科学研究工作。要运用学到的知识解决实际问题，并创造出新的知识。培养和提高创新能力是研究生学习阶段的首要任务。美国未来学著名学者托夫勒在《第三次浪潮》中指出："未来的文盲不是不识字的人，而是没有学会学习的人。"英国哲学家怀特海说："19 世纪最大的发明就是找到了发明的方法。"从事科学研究，需要广泛的阅读以占有资料，需要深刻而冷静的思考和大胆而合理的假设，需要坚定不移、持之以恒的探索求证。因此，同学们要善于学习，勤于思考，掌握科学的思想方法，打造自主创新的能力。学术上的怀疑态度和批判精神，始终伴随着科学技术的进步，对于刚开始从事科研的研究生来说，不唯书，不唯师，用怀疑态度和批判精神去做学问、搞科研，尤其可贵，尤其应该得到鼓励。希望同学们明确自己的奋斗目标，增强在课程选择和能力培养上的自觉性和主动性，有青出于蓝的抱负，向着研究型创新人才的目标努力。

四、弘扬科学精神，遵守学术规范

科学精神，是激励和鼓舞人们不懈地探求新知、追求真理的精神力量，其核心是求真务实。成就"两弹一星""载人航天"骄人业绩的科技工作者，一次又一次为我们树立了弘扬科学精神的典范。大学不仅仅是学术的殿堂，还是社会德性与良知的捍卫者、提升者，以自身纯洁的道德品性潜移默化地影响社会。近年来，国内外学术界和高校发生的一系列违背学术道德的事件，亵渎了科学的尊严，玷污了学术的高洁，给大学以至整个学术界的声誉造成不良影响。这给所有从事科学研究的人敲响了警钟，它从反面告诫我们：在社会价值趋向多元化的背景下，面对学术界少数人追名逐利的行为和浮躁习气，一定要远离投机取巧、沽名钓誉，恪守学术道德，遵守学术规范，杜绝学术不端行为。希望同学们向"两弹一星""载人航天"科学家学习，自觉培养探索求知的理性精神、实事求是的严谨精神、批判创新的进取精神、互助共进的协作精神，践行"忠诚、笃学、创新、卓越"的校训，做到"严谨治学，诚信做人"，仰望星空，脚踏实地，以坚持不懈、刻苦钻研的态度投入学习和研究工作。

　　同学们,你们是电科院的骄傲,今天你们在校学习会为校争光,明天走上工作岗位将为校添彩。让我们紧密团结在以胡锦涛为总书记的党中央周围,高举邓小平理论和"三个代表"重要思想的伟大旗帜,树立和落实科学发展观,发扬电科院优良传统,抢抓机遇,开拓进取,为早日把电科院建设成特色鲜明、水平一流的机要密码专业高等学校而努力奋斗!

　　最后,衷心祝愿同学们在研究生学习期间思想上进,学业有成,身心健康,今后为中华民族的伟大复兴以及党和国家的机要密码事业做出你们应有的贡献!

当毕业歌声响起时 *

（2011 年 4 月 12 日）

又到了阳春三月、桃李芬芳的季节，又是举行研究生毕业典礼和学位授予仪式的时候。今天我们欢聚一堂，隆重举行 2011 届研究生毕业典礼暨学位授予仪式，为圆满完成学业的 23 名同学颁发硕士研究生毕业证书和学位证书。我首先代表学院全体教职工，向 2011 年毕业的研究生同学表示热烈的祝贺和衷心的祝福，向悉心指导和培养你们的导师表示诚挚的感谢和亲切的问候。

开展研究生教育七年来，在全体师生的共同努力下，学院的办学思路日臻完善，办学特色更加鲜明，教学质量稳步提升，人才培养模式不断创新，研究生教育健康发展，科研水平不断提高。学院的师资队伍、科学研究、学科建设、物质条件及资金投入等方面取得重大进展。2008 年国务院学位委员会调整新增博士、硕士学位授予单位政策之后，学院按照国务院学位委员会《关于做好新增博士、硕士学位授予单位工作的指导意见》的要求，制定了新增硕士学位授予单位立项建设规划，并于 2009 年 2 月经北京市学位委员会专家组论证通过后上报国务院学位委员会办公室。三年来，我们一直在按照立项建设规划的要求，加强硕士生指导教师师资队伍建设，培养和造就一批学科带头人和学术骨干，不断提升学院的办学实力和核心竞争力。目前，新增硕士学位授予单位的授权学科建设、支撑学科建设和公共服务体系建设正在扎实有序地推进。今年年初，学院与西安电子科技大学又新签订了联合培养通信与信息系统、计算机应用技术两个专业硕士研究生的协议，使学院的研究生教育实现了从单一专业到多专业的突破，为今后独立开展研究生教育奠定了更加坚实的基础。

在见证学校前进步伐的同时，同学们勤奋求学、刻苦钻研，在知识的海洋里尽情遨游，在科学的道路上不断跋涉，经历了耕耘的艰辛和收获的喜悦，度过了一段难以忘怀的美好时光。求学期间，同学们共发表学术论文 52

---

* 本文是作者在学院 2011 届硕士研究生毕业典礼暨学位授予仪式上的讲话。

篇,参加科研项目43项(已结题33项)。有些同学被评为"优秀研究生""优秀研究生干部""优秀研究生毕业生"和"优秀党员",还有的同学光荣地加入了中国共产党。我们为你们获得的荣誉、奖励和取得的成绩感到欣慰、高兴和自豪。

研究生教育是我国高等教育的最高层次,是为国家培养精英人才的主要方式。你们通过三年的学习,夯实了理论基础,训练了思维方式,培育了研究能力,打下今后成就事业的重要基础。学院自开展研究生教育以来,严把培养质量关,毕业生始终保持了百分之百的就业率。许多毕业的研究生已经在自己的工作岗位上取得了突出的成就,为母校赢得了荣誉。今天的毕业典礼,既是你们三年寒窗苦读、学有所成的圆满结束,也是你们扬帆远航、振翅高飞的崭新起点。当毕业歌声响起的时候,老师和同学的心情同样激动。刚才,陈辉焱副教授讲话中的谆谆嘱托和殷切希望,代表了全体硕士生导师的心声。刘山鸣同学的发言,情真意切,表达了对学院的依恋和对导师的感恩之情。在你们离开学校奔赴新的工作岗位之前,作为学校的老师和领导,非常高兴和你们分享收获的喜悦,更为你们即将开始的新的征程而深深祝福。我送给大家四句话,和同学们共勉。

第一,做一个践行校训的人。校训是学院诞生60多年历史、文化的积淀,是全校师生共同遵守的基本行为准则与道德规范。我们学院的校训是"忠诚、笃学、创新、卓越"。忠诚,就是忠于党,忠于祖国,忠于人民,忠于社会主义,忠于机要密码事业;树远大理想,养浩然正气。笃学,就是专心致志,刻苦钻研;广闻博采,好学深思;不倦探索,知行合一。创新,就是遵循高教规律,加强机要特色,发扬中办传统;与时俱进,开拓进取,革故鼎新,不懈攀登。卓越,就是勇担责任,敬业奉献;超越自我,敢为人先;为人崇尚高山景行,做事追求精益求精。今天你们是学校的学生,明天你们走出校门,就是学校的校友。不管是学生是还是校友,你们身上已经打下了电科院人的烙印。希望同学们在走上工作岗位之后铭记校训,忠诚之心不改,笃学之志不移,永葆创新之精神,追求卓越之目标。

第二,做一个热爱机要的人。学院应党的机要事业之需而诞生,随党的机要事业发展而成长壮大,以特色鲜明、水平一流的机要密码专业高等学校为建设目标。学院开展研究生教育,是为了满足机要工作对高层次专业技术人才日益迫切的需求。机要工作与党的事业血肉相连,与党的命运休戚相关。在革命战争年代,机要工作被誉为党的"咽喉命脉",社会主义建设时期成为党的"中枢神经",改革开放以来,发挥了"生命线、保障线、指挥线"的重要作用。无论是本科生还是研究生,自从走进电科院校门的那一刻起,就与党的机要密码事业结下因缘,建立起割舍不断的联系。从电科院毕业的学生,无一不为进入机要队伍而骄傲,为从事党的机要工作而自豪。希望进入机要战线工作的同学钟情机要,热爱机要,为党的机要密码事业贡献自己的聪明才智,做出自己应有的贡献。

第三,做一个永不落伍的人。"吾生也有涯,而知也无涯。"研究生毕业只是一个学习阶段的结束,而学习则是现代人终身的职业。当今时代,社会和科学技术都在加速发展,知识总量呈几何级数增长,更新速度不断加快。特别是信息技术,推陈出新、日新月异,确实可以说是青年人教中年人、儿子教老子的技术。从事信息安全相关的工作,注定要不停追赶、奋力攀登,才能跟上进步的节奏。谷歌和百度可以让人愚蠢,也可以使人聪明。只有永远抱着谦虚的态度、进取的精神,始终保持旺盛的求知欲、强烈的好奇心,一刻也不停止探索的脚步,才不会被科学技术的进步所淘汰,才能在职业的生涯竞争中与时俱进。

第四,做一个仰望星空的人。中办的老主任、温家宝总理曾在《人民日报》上发表诗作《仰望星空》。他在和同济大学师生的一次座谈时讲过,一个民族有一些关注天空的人,他们才有希望;一个民族只是关心脚下的事情,那是没有未来的。我们的民族是大有希望的民族!我理解,仰望星空就是要视野开阔、高瞻远瞩、胸怀宽广、无私无畏,追求真理、敬畏正义,有不以物喜、不以己悲的豁达,有淡泊名利、宠辱不惊的淡定,有为信仰和真理献身的勇气。我希望同学们经常地仰望星空,学会做人,学会思考,学会知识和技能,做一个关心机要事业发展、关爱社会和谐与进步、关心国家的前途与命运、关注世界和平与发展的人。

五年前,我在参加学校本科毕业生的一个欢送会上,曾经引用唐朝诗人崔橹的一首《送客》诗为他们送行。诗是这样写的:"野酌乱无巡,送君兼送春。明年春色至,莫作未归人。"今天,我把这首诗也送给你们。真心希望你们毕业后不忘母校,每年春暖花开、莺飞草长的季节,当然也并不仅限于这个季节,常回学校看看。母校会永远关注着你们,老师会永远牵挂着你们,为你们的进步而欢欣鼓舞,为你们的业绩而骄傲自豪。也相信你们会以各种方式关心和支持母校的发展,为母校的发展献计献策。祝同学们拥有美好的生活,辉煌的事业,灿烂的前程。

精彩的人生在毕业之后[*]

（2011 年 6 月 24 日）

年年岁岁花相似，岁岁年年人不同。6 月 20 日，中办领导来学校看望 2011 届毕业生并和大家合影留念。在同学们即将告别母校，开始新的征程之际，我首先代表院党委和全体教职工，对同学们顺利完成学业表示诚挚的祝贺，对同学们即将开始的精彩人生致以美好的祝愿。

刚才，周鹏飞等八名同学的精彩发言，饱含着报效祖国的豪情，充满着对母校师长的深情，洋溢着青春与奉献的激情，我听后很受教育，也很感动。发言的八名同学都将从事机要密码工作，其中六名要到基层或西部机要部门工作。我对同学们在人生的重大转折时做出这样的选择表示崇高的敬意。

高校毕业生是党和国家宝贵的人才资源。党和政府引导高校毕业生到西部和基层工作，既着眼于充分发挥高校毕业生在西部和基层建设中的积极作用，更着眼于当代大学生的健康成长。胡锦涛总书记曾做出重要指示，号召和鼓励更多的高校毕业生到西部、到基层、到祖国最需要的地方去，磨炼意志，增长才干，为实现全面建设小康社会的宏伟目标贡献自己的智慧和力量。温家宝总理多次强调，要鼓励高校毕业生到城乡基层、中西部地区和中小企业就业。中央办公厅领导为学院毕业生到西部、基层和边远地区机要部门工作争取特殊政策，使我们这所学校成为全国唯一实行公务员资格考试的高校。学院积极响应中央、中办领导的指示和要求，积极引导和鼓励毕业生到西部、基层和边远地区机要部门就业。据中办机要局统计，2008—2010 这三年，共有 812 名毕业生到各级机要部门工作，占毕业生总数的72％，其中有 664 人在地、市及以下机要部门工作，占在机要部门工作毕业生总数的 82％。基层是青年学生熟悉当代中国社会、了解中国基本国情的最好课堂，基层机要部门是我们学院毕业生就业的主渠道，成长成才的主阵地。座谈会开始时，学生工作处介绍了 2011 届毕业生的总体就业情况。听

---

* 本文是作者在和 2011 届本科毕业生座谈时的讲话。

到已经签订三方协议的毕业生绝大多数要从事机要密码工作,我感到非常高兴。希望有更多的同学到祖国和人民最需要的地方去建功立业,到基层机要部门去施展才华,开始毕业之后的精彩人生。

下面,我对即将走上机要工作岗位的同学提几点希望。

一是要志存高远、坚定信念,在工作中实现人生价值。理想如灯塔,信念似磐石。远大理想是战胜困难、赢得胜利的精神支柱和力量源泉。要树立崇高的理想,自觉把个人的理想追求与国家和民族的命运紧密联系在一起,把个人的成长进步与党的机要密码事业的建设发展紧密联系在一起,立志在西部、在基层、在祖国需要的地方干出一番事业,用青春和汗水投入到中国特色社会主义建设事业中,在报效祖国、服务人民、奉献社会中实现个人的远大理想和人生价值。从校园到社会,从学生到公务员,大家要有转换角色的思想准备。走上工作岗位之后,大家看到的、遇到的很可能与想象的不一样。人生的道路不会一帆风顺,难免遇到困难和挫折。越是面临艰苦生活、复杂环境,就越要坚定自己的人生选择,越要保持奋发向上的精神状态,以坚强、乐观、豁达的心态面对现实,不因一时的彷徨而动摇理想信念。要有强烈的事业心和责任感,踏踏实实做事,干一行爱一行,钻一行精一行,以做好本职工作为己任,努力在工作中创造一流业绩。

二是要坚持学习、敏于求知,在学习中汲取力量。毕业只是学业的结束,而不是学习的结束。只有终身学习,与时俱进,才能永不落伍。大学期间学到的知识,只是为从事机要工作打下了初步的基础。到了工作岗位后,需要学习的东西很多。要坚持围绕工作抓学习,注意结合任务学、根据需要学、带着问题学,把重点放在做好工作的领域里,把精力放在弥补自身的不足上,尽快使自己成为业务工作的行家里手。在科学技术飞速发展的今天,机要工作的科技含量在不断增加,机要部门的工作领域也在不断拓展,必须不断掌握新的知识和技术才能胜任工作。在重视增加知识、储备知识的同时,还要重视转化知识、运用知识,真正把学到的知识转化为分析问题的技巧、解决问题的措施、做好工作的本领,使学到的东西派上用场、发挥作用、见到成效。学习的面应该尽可能宽一些,不能仅仅局限于直接与工作有关的领域。社会是没有围墙的大学。读有字之书是学习,读无字之书也是学习。《红楼梦》中"世事洞明皆学问,人情练达即文章"的对联、"三人行,必有我师"的古语,说的都是时时可学、事事可学的道理。

三是要勤奋工作、有所作为,在实践中增长才干。"纸上得来终觉浅,绝知此事要躬行。"向实践学习,在实践中不断磨炼自己、完善自己、超越自己,是一个人成长成才的必由之路。对于即将走上基层机要密码岗位的同学们来说，基层一线是大家通过实践了解国情、增长本领的最好课堂，是磨炼意志、汲取力量的火热熔炉，是施展才华、开拓创业的广阔天地。同学们走上工作岗位后，要善于从小事做起，努力在做小事中培养做大事的能力，聚沙成塔，集腋成裘。要发挥好青年人的优势，初生牛犊不怕虎，在尊重惯例的基础上敢于打破惯例，在走好老路的基础上善于开辟新路，革故鼎新，敢为人先。要保持年轻人奋发有为的冲劲、力争上游的拼劲和锲而不舍的韧劲，敢于在工作中打头阵、挑大梁、攻难关，尽心竭力，拒绝平庸，追求卓越。

海阔凭鱼跃，天高任鸟飞。今天校园里的桃李芬芳，明天是机要战线的栋梁。北京电子科技学院应党的机要事业之需而诞生，随着党的机要事业发展而成长壮大，社会知名度和在全国机要系统的影响力随着毕业生源源不断地进入各级机要部门而不断提高。像我们这所高校这样，全部毕业生参加国家公务员考试，国家公务员考试录用资格通过率在 90% 以上，70% 以上的毕业生进入各级机要密码工作岗位，在党政机要系统从业人员中所占比例最高，在全国千余所高校中绝无仅有。党的机要密码事业的发展前进，为同学们施展才华提供了广阔天地。你们的机遇千载难逢，你们的舞台十分宽广，你们的前程无限美好。希望同学们珍惜宝贵机遇，树立雄心壮志，奋力开拓进取，创造出无愧于时代的业绩，谱写出辉煌的青春乐章。母校会始终关注着你们，并希望早日听到你们成长进步的好消息。

机要精神是人生的宝贵财富 *

（2012 年 4 月 12 日）

　　每年的这个时候，都是我们倍感欣慰和留恋的时候。欣慰的是学院又为国家和社会输送一批富有才华和发展潜质的年轻人。留恋的是同学们刻苦求学的身影和浓浓的师生情谊。

　　今天，在这样一个庄严而隆重的时刻，我们为圆满完成学业的 2012 届 27 名毕业研究生同学举行毕业典礼暨学位授予仪式。首先，我代表学院全体教职员工、代表学院领导，向通过不懈努力完成学业的各位同学、向获得"优秀毕业研究生""优秀研究生"和"优秀研究生干部"奖励的同学们，表示衷心的祝贺！向为同学们的成才呕心沥血的研究生导师，致以诚挚的谢意！

　　开展研究生教育八年来，在中央办公厅的正确领导和全体师生的共同努力下，学院办学思路更加清晰，教学质量稳步提高，密码科研能力持续提升，研究生教育水平不断提高。经过十年的不懈努力，2011 年学院成功获得了"电子与通信工程"和"计算机技术"两个工程领域的硕士专业学位授予权。在"十二五"规划的开启之年，学院进入"联合培养和独立培养并重，学术型人才培养和应用型人才培养兼顾，全日制教育与在职教育并举"的研究生发展阶段。今年将迎来第一届全日制硕士专业学位研究生，这标志着学院"申硕"工作取得了重大突破，办学层次得到了提高，为向教学研究型高校转型打下了重要基础。

　　伴随学院各项事业的长足进步，同学们在求学的道路上，刻苦向上、勤奋钻研，取得了丰硕的成果。期间，同学们共发表学术论文 50 余篇，参加科研项目 26 项，提交及申请专利 4 项，有 11 名同学光荣地加入了中国共产党，有的同学还在协助老师完成大量社会工作中锻炼了自己的才干。我们为你们取得的成绩感到欣慰、高兴和自豪。

　　暮春三月，莺飞草长，桃李芬芳。在毕业典礼之前，中央办公厅领导在百忙之中专程来学院看望大家并同大家合影留念，体现了中央办公厅领导

---

　　* 本文是作者在 2012 届硕士研究生毕业典礼暨学位授予仪式上的讲话。

对学院发展的关心、支持和对研究生工作的重视,体现了对同学们的关爱。刚才导师代表李子臣教授的发言真切感人、语重心长;毕业生代表时睿同学的发言发自肺腑、情真意切。在学院领导为你们拨正学位帽上的流苏,向你们颁发了学位证书时,意味着你们今天正式成为我国社会主义建设事业的新一届硕士!这既是你们个人的光荣,也是你们家人的光荣,也是母校的光荣。在你们即将离开母校、踏上新的征程的时候,我想提三点希望,和同学们共勉。

第一,希望你们心系机要,努力践行机要精神。1930年1月15日,党中央在上海和在香港的中共南方局成功进行第一次无线电密码通信,标志着我们党密码工作的正式创建。80多年来,一代又一代机要战线上的无名英雄在长期的革命斗争和现代化建设过程中,用他们的鲜血和生命凝练出了"对党忠诚、严守机密、遵守纪律、精通业务、开拓创新、甘于奉献"的二十四字机要精神。机要精神是密码工作在长期发展历程中形成的十分宝贵的优良传统,是密码工作最核心的价值理念,是密码工作者安身立命的根本准则。从电科院出去的学生,都会深深打上机要精神的烙印。机要精神是人生的宝贵财富,是建功立业的精神动力。坚信并践行机要精神,是你们今后在事业上获得成功的法宝,也是老师对你们的殷切期望。

第二,希望你们脚踏实地,敬业奉献。走出校门,走上工作岗位,要干一行、爱一行、钻一行、精一行。工作态度要恭敬严肃,工作标准要精益求精。爱岗是敬业的前提。敬业和奉献总是紧密联系在一起的。奉献精神是一个人社会责任感的集中体现,是一个民族兴旺发达的精神支柱,是职业道德和公民道德的最高境界。希望同学们以助人和奉献为美德,把助人和奉献当追求,真正做到时时处处脚踏实地,时时处处乐于助人。向雷锋同志学习,把有限的生命投入到无限的为人民服务中去,爱岗敬业,奋发进取,在本职岗位上施展才华,奉献社会,实现自己的人生价值。

第三,希望你们锐意创新,不断进取。"古之立大事者,不惟有超世之才,亦必有坚忍不拔之志。"有才无志,往往难成大事。有志无才,则往往成事不足。这里的"志",根本在理想、在抱负,关键在坚持、在创新、在进取。一切成功最终均源于执著与坚持、创新与进取。所谓"只要功夫深,铁杵磨成针",讲的就是这个道理。胡锦涛总书记《在庆祝中国共产党成立90周年大会上的讲话》中特别号召"全国广大青年一定要深刻了解近代以来中国人民和中华民族不懈奋斗的光荣历史和伟大历程,永远热爱我们伟大的祖国,永远热爱我们伟大的人民,永远热爱我们伟大的中华民族,坚定理想信念,增长知识本领，锤炼品德意志，矢志奋斗拼搏，在人生的广阔舞台上充分发挥聪明才智、尽情展现人生价值，让青春在为党和人民建功立业中焕发出绚丽光彩。"希望同学们牢记总书记的教导，在新的岗位上、新的环境里、新的征程中，实现新的超越，努力成为国家的栋梁、社会的中坚。

"慈母手中线，游子身上衣。"每年的这个时候，面对即将离开母校的学子，心中总会有一种眷恋和不舍，总想给同学们多说一些嘱咐的话，但即使有千言万语，也难以表达母校和老师的心情。"无论你走得有多远，你的心总和我连在一起；无论黄昏时刻树的影子有多长，它总是和树根连在一起。"印度诗人泰戈尔的诗句代表了我们的心情。愿同学们在今后的日子里，牢记"倡导自由与自律，致力传承与创新，推崇责任与奉献，践行包容与和谐"的大学精神并身体力行，为母校争光。请同学们记住，无论你们将来走得有多远，母校时刻牵挂着你们、想念着你们、关心着你们。也相信你们会以各种方式关心和支持母校的发展，为学院的建设献计出力。

最后，祝同学们鹏程万里、前程似锦！

携手共创电科院人的美好明天 *

（2012 年 6 月 30 日）

在这秋风送爽、丹桂飘香的美好时节，我们迎来了电科院 65 周年华诞，迎来了《电科院人》的创刊。值此喜庆时节，我们代表电科院的教职员工向广大校友致以亲切的慰问和崇高的敬意。

斗转星移，岁月无息。电科院随着党的机要密码工作的需要而诞生，随着党的机要密码事业的发展而发展，转眼间，电科院已经走过了 65 个不平凡的春秋。从 1947 年 8 月中央工委在河北平山西柏坡韩家峪举办中央机要干部训练班开始，学院先后经历了张家口中央军委工程学校、南京机要学校、北京机要学校、宣化机要学校、北京电子专科学校和北京电子科技学院等几个发展时期，走过了不平凡的历程。经过 65 年的艰苦奋斗，电科院已由初创时，根据工作需要不定期举办的初级机要干部培训班，逐步发展成为中央办公厅所属的唯一一所为全国党政系统培养机要密码和信息安全专门人才的正规普通高等学校，在教学水平、师资力量、基础设施等方面都有了翻天覆地的变化。学院坚持以学科专业建设为龙头，汇聚优势学科，凝练学科方向，突出办学特色，初步构建起了密码特色突出的信息安全学科体系，本科教育建有 5 个系、7 个本科专业。研究生教育有联合培养硕士研究生专业 3 个，工程领域硕士专业学位研究生专业 2 个。学院在全国率先开办保密管理专业（方向），开国家保密学历教育的先河。近年来获得教育部及北京市"质量工程"项目成果 20 余项、教学成果奖 10 余项。学院现有在校生 1963 人，其中本科生 1843 人、研究生 120 人，生均占有教学资源在国内本科生教育中名列前茅。现有专任教师 135 人，其中教授 17 人、副教授 55 人，高级职称的教师比例达 53%；具有硕士和博士学位的教师比例达 75% 以上。有 16 名教师享受国务院特殊津贴，有多名教师获得"北京市教学名师""北京市优秀教师"和"北京市青年骨干教师"的光荣称号。

经过 65 年的开拓进取，电科院服务党的机要密码工作形式已由当初单

---

* 本文刊登于 2012 年 8 月《电科院人》创刊号，与院长共同署名。

一的在职干部培训,逐步发展成为密码人才培养、密码科学研究、密码产品研发等多种形式,工作的职能范围不断扩大,服务的能力水平不断提高。学院作为全国唯一具有普通密码科研、生产和销售以及商用密码生产和销售资质的高校,具有国家保密局批准的涉密计算机信息系统集成资质(甲级)。建有中央办公厅信息安全重点实验室、密码技术北京市高等学校工程研究中心,信息安全研究所及控股的高新技术公司,形成了集学术研究、工程研发、应用推广于一体、"产学研"相结合的特色科研体系。先后完成了"核高基"专用密码芯片、国家"863计划"项目、国家密码标准等重大科技项目攻关任务,累计44项科研成果获得省部级奖励,"传真密码机系列"推荐参评2012年国家科技进步二等奖。完成60余项密码和信息安全产品转化工作,25个密码方案通过国家密码管理部门审定并投入实际应用,年生产2万余台(套)密码和信息安全产品,装备到近70个中央、国家机关和省级机关以及行业系统,密码产品向系列化、品牌化迈进。

经过65年的不懈追求,电科院培养的学生已由当初的中专生、大专生发展到今天的本科生、研究生,已由当初的专门技术人才逐步发展成为具有忠诚意识、创新能力、精湛技术的高素质复合型人才。长期以来,学院坚持以机要密码人才需求为导向,源源不断地为机要密码干部队伍输送新鲜血液,为党的机要密码事业发展提供强有力的人力支撑。截至目前,已培养研究生、本科生、大专生和中专生共15600余人,为各级党政机关和机要部门培训机要人员30650余人次,分布在全国各级党政机要部门、中央各部委及驻外使领馆。有不少毕业生担任省、市、县级机要部门主要领导,获得"全国党政系统机要密码先进工作者"和"全国党政系统机要密码干部一等功"的荣誉称号,成为各级领导骨干和业务骨干,还涌现了一批学术上有成就的高级人才和先进模范人物。65年来,电科院从初创阶段的培训班发展成为专门的机要干部学校,从合并调整阶段的机要干部学校发展成为正规的电子专科学校,从步入正规阶段的电子专科学校发展到今天欣欣向荣的电子科技学院。电科院的每一步发展,始终离不开党中央、中央办公厅领导的亲切关怀,离不开各级党政机要部门的大力支持,离不开几代电科院人的努力奋斗,同样也离不开来自四面八方校友的无私关爱和鼎力相助。

展望未来,我们的前程光明而美好,我们的任务光荣而艰巨。学院的立校之本和存在价值,源于党中央对机要密码工作的特殊需要。学院在今后的发展中将牢记党的重托,以"建机要名校、育密码英才"为己任,认真落实中央、中央办公厅领导对学院的指示和要求,遵循高教规律,传承机要精神,发扬中办传统,坚持以提高教学科研水平为中心,以加强重点学科建设为龙头,以提高人才培养质量为根本,以完善体制机制为保障,全面推进学院改革、建设和发展各项工作,不断增强学院的综合实力和核心竞争力,努力把学院建设成为特色鲜明、水平一流的机要密码专业高等学校。

饮其流者怀其源,学有成时恋吾师。校友作为学院的珍贵财富和宝贵资源,是学院建设发展的一支不可或缺的重要力量。愿广大校友能与母校风雨同舟,携手同行,共同开创电科院的美好明天。

电科院赋

——贺北京电子科技学院 65 周年校庆*

（2012 年 7 月 29 日）

时惟壬辰，序属初秋，校友云集，宾客毕至。江山无限，同庆母校春永驻；岁月有情，相约携手燕归来。忆往昔峥嵘岁月，聚今朝感慨万千。太行深处皱褶，跳跃嘀嘀电键；韩家峪村民居，回荡琅琅书声。是为学院之肇始也。沧海桑田，十迁校址；斗转星移，八易校名。作始也简，将毕也钜。光阴荏苒，岁月如歌。颠沛流离，栉风沐雨；筚路蓝缕，春华秋实。

聚赤县精英，纳神州俊才。朝气蓬勃，青春洋溢。学海弄潮，书山登峰。崇真向学，有德有识；修身求知，成人成才。桃李芬芳，芝兰满室；其华灼灼，其香馥郁。赴基层建功立业，做机要栋梁之材。中华显邑边城，校友业绩煌煌；寰球使领馆舍，门生身影历历。弟子谦谦，先生兢兢，晓学无涯且教无涯。人才济济，丹心耿耿，悟知亦难而行亦难。

欣植兰蕙，乐育菁莪。名师荟萃，英姿卓荦。蕴积涵育，高深学术。踔厉骏发，闳才硕儒。三精一名，龙年双至。攀登砺行，奋发有为。当庠序之园丁，具三乐情怀；做中办之稀土，抱蚕烛精神。普密资质，高校独享；保密专业，全国首开。建机要名校，让红色电波永不消逝；育密码英才，使神圣事业后继有人。

心灵寓所，精神家园。春日澄莹，嫩柳含烟；夏月朗润，翠竹私语；秋风习习，碧桐嬉雨；冬雪皑皑，苍松挺立。四时美景常在，根叶恋情永存。感天地之有序，叹宇宙之无穷。恨黉舍之聚短，惜教泽之绵长。游子心拳拳，母校情殷殷。同窗情、学友情，情深似海；师生谊、兄妹谊，友谊长青。

承恩沐露，玉在山而草木润；浸淫人文，渊有珠而崖不枯。慕先哲，崇真理，彰学术，旌道德。厚积底蕴，精塑校魂。忠诚、笃学、创新、卓越，师生圭臬。尊师、尚德、精艺、自强，学子精神。循高教规律，承机要特色，扬中办传

---

* 本文是作者为《电科院人》创刊号撰写的卷首语，发表于 2012 年 9 月 22 日《人民日报》。

统,鼎立之三足。倡导自由自律,致力传承创新,推崇责任奉献,践行包容和谐,并列之四美。

胸有鲲鹏志,御风万里行。百舸争流,奋楫者先。千帆竞发,勇往者前。追世界高教之势,质量至上;守机要教育之魂,特色取胜。瞻望壮美远景,擘划宏伟蓝图。芳林新叶,新芽敢离老干;流水后波,后昆岂让前贤。甲子又五,杏坛不辍弦歌;继往开来,木铎再振金声。歌曰:富丰福地,储灵蕴秀;声誉日隆,德业锐进;青出于蓝,后来居上;任重道远,辉煌可期。

创新人才培养模式的大胆探索[*]

（2012 年 9 月 21 日）

新学年伊始，2011 级人才培养模式改革试验班正式开班了。我代表学院党委对试验班开班表示热烈祝贺！并对试验班导师、同学们表示亲切的问候！

全面提高高等教育质量，是党中央、国务院作出的重大决策，是教育规划纲要提出的明确要求。胡锦涛总书记在清华大学百年校庆重要讲话中强调，不断提高质量，是高等教育的生命线，必须始终贯穿于高等学校人才培养、科学研究、社会服务、文化传承创新各项工作之中。为了更好落实胡锦涛总书记重要讲话精神和教育规划纲要的要求，教育部制定的《关于全面提高高等教育质量的若干意见》，提出了全面提高高等教育质量的 30 条具体措施，鼓励各高校大胆探索，积极创新，进行人才培养模式改革。

2007 年本科教学工作水平评估以来，学院扎实有效地开展了一系列教学改革与研究活动，取得了丰富的教学改革经验。从 2009 年开始，在中办领导和中办人事局的关心支持下，学院连续三年组团分赴日本、英国、美国等国高校学习借鉴教育管理经验，对于更新办学理念、深化教学改革起到了有力的推动作用。学院要进一步提升教学水平与教学质量，打造具有密码特色的教学品牌，应努力把从国外高校学习借鉴来的办学经验用于教学实践，将自教学评估以来取得的教学改革经验转化为人才培养模式，建立高素质人才和拔尖创新人才培养的长效机制。学院创办试验班，就是要把创新人才培养模式落到实处。现在的试验班，由 2011 级的理工科专业中每个班平均选拔 2 名同学组成，既是一个实体班，有相对独立的培养目标，单独上若干门课，单独进行一些教学活动；又是一个虚拟班，学生的学号及日常学习、社团活动、生活事务等的管理仍在原班级进行。

创新人才培养是当前高等教育改革发展中的核心议题，也是深化教学改革的目标方向。教师是提高教学质量和人才培养质量的关键因素。办好

---

[*] 本文是作者在 2011 级人才培养模式改革试验班开班仪式上的讲话。

试验班,需要导师和同学共同努力。要大胆实践,勇于探索,做到教学内容整合优化,教学方式多样灵活,教学风格新颖独特。希望每一位导师都增强责任感和使命感。紧跟国内外高等教育的发展形势,及时了解国家教育的方针政策,不断更新教育思想观念,树立科学、先进的人才观、教学观、质量观,实施素质教育,开展教育创新,促进人才全面发展。跟踪本学科专业的最新理论学术观点和前沿技术,准确把握机要密码、保密部门对于专门人才的特殊要求,围绕本专业培养目标与规格,优化自身知识结构,讲究教学艺术,提高传道的能力、授业的技巧和解惑的水平,做学生的良师。以自己严谨的治学态度、优良的职业道德和丰富的学识指导学生的学业,不仅给学生传授知识,还要教会学生学习、做事和做人,做学生的益友。

试验班的每位同学,你们是经过层层选拔,才成为试验班的一员。学院对你们寄予了希望。你们要有更高的目标追求,认识到进入试验班不只是一种荣耀,需要面对更高的课程要求和更强的能力、素质要求。另外,要感受到一种压力,试验班同学选自理工科专业,但我们学院文科专业学生也不弱,在 2007 年教育部本科教学工作水平评估期间做过统计,学生专利均来自文科专业学生;今年的微软办公软件核心技能世界大赛全球总决赛冠军由我院行政管理专业同学夺得。你们作为我院理工科学生的优秀代表,要充分利用好试验班教学资源,积极参与课堂讨论,认真按导师指导进行学习,充分利用实践教学资源,踊跃参加教师科研和课外科技活动。试验班同学来自不同专业、不同的班级,带来各专业、各班级新的思想、文化,这本身就是一种宝贵的创新教育资源和全新的学习环境。大家要利用好试验班这个平台,相互学习,相互交流,激发出更多的思维火花和创新元素。对试验班学生,在严格要求的同时,根据《人才培养模式改革试验方案》要求,在推优、入党、就业、研究生报考等方面给予关注。

人才培养模式改革指导委员会要很好地承担起指导责任,严格按照培养计划和管理办法来开展教学活动和组织管理。教学和学生管理部门要认真分析在学生选拔、课程设置、导师聘请、教学模式、课外活动组织、师生激励等人才培养体制机制方面的具体做法,积极推进改革试验,及时总结办学经验。教学管理部门和导师所在部门要改进完善教学质量评价标准,调整评价体系,在保证人才培养达到基本要求的前提下,探讨创新型人才培养的质量标准和评价办法。通过试验班的尝试和经验积累,为今后教育教学改革,特别是学院人才培养体制机制的改革打好基础,做好准备。

祝愿 2011 级人才培养模式改革试验班圆满成功!

建机要名校　育密码英才[*]

（2012 年 10 月 26 日）

中央办公厅电子科技学院招生就业工作会议在大家的共同努力下,就要圆满结束了。中央办公厅领导非常重视学院的招生就业工作,对计划申请、保证重点率、规范招生程序、严肃招生纪律、全心全意做好就业服务工作多次做出明确指示,对开好这次会议十分关心,指示我们要精心筹备、严密组织、注重实效。中办机要局专门派人参加会议,给我们具体的指导和支持。安徽省委机要局为开好这次会议,做了大量的组织协调工作。我代表学院向各位领导和同志们表示诚挚的谢意。

会议回顾了学院 2006 年招生就业会议以后三年来招生就业工作的基本情况,总结了工作取得的成绩和经验,分析了学院当前招生就业工作面临的困难和存在的不足,提出了今后学院招生就业工作的想法和意见。学生工作处(招生就业办公室)就学院招生就业方面的一些具体问题详细进行了说明。安徽、吉林、广东、四川、新疆、西藏、安全部等 7 个省(区)部机要局介绍了他们在招生就业工作中的做法和经验。大家普遍认为,这次会议内容丰富,主题突出,安排紧凑,效果明显。大家对改进学院的教育教学工作,进一步提高人才培养质量,进一步做好招生就业工作,保证生源质量,提高就业率,特别是在机要部门的就业率等问题,增强了信心,统一了思想,提高了认识。

在 2006 年召开的招生就业工作会议上,我们讨论并通过了《北京电子科技学院招生工作细则》和《北京电子科技学院就业推荐暂行办法》。这两个文件是学院招生就业工作基础性文件,是我们招生就业工作的规范和依据。三年来,学院和各省、区、市机要部门认真贯彻执行,有力地保证了招生就业工作的顺利进行。招生和就业,是高等教育的进口和出口,是学校管理工作最重要的两个环节。做好这两个环节的工作,要从学院和各省、区、市机要部门两个方面着手。

---

[*] 本文是作者在学院招生就业工作会议上的总结讲话。

一、严格执行招生文件规定,确保生源质量

一流的生源是办成一流学校的前提和基础。学院的人才培养目标定位于"培养有密码特色的信息安全高素质人才"。要培养高素质人才,必须要有高质量的生源。要保证生源的质量,基础在规范招生程序,重点在搞好政审,关键是协调沟通。

一是规范招生程序。学院在全国同类高校中生均占有教学资源充裕,严格的学生管理,机要系统提供的就业岗位多于当年毕业生数量,毕业生通过国家公务员资格考试后直接进入公务员队伍。学院这些独特的优势,使学院在社会上的声誉和知名度越来越高,对考生的吸引力越来越大,每年报考学院的上线考生远远高于计划名额。这既是好事,可以保证我们在生源上有较大的选择空间,同时也对我们的招生工作提出了严格的要求,这就是必须按招生规范程序进行操作。从学院这方面来讲,要严格按照教育部关于招生工作的要求,合理确定招生计划分配指标,统筹使用机动计划,严格按照招生程序办事。从各省、区、市来讲,各地机要局作为招生责任单位,在具体招生过程中,要严格按照学院下发的《招生工作细则》来执行。要成立招生领导小组,完善招生规则,制定面试、政审标准,给考生提供公开、公平、公正竞争的环境,确保生源的高质量。

二是严格面试政审。学院是提前录取的特色院校。面试政审是学院招生工作特殊性的重要体现,是保证学院生源质量的重要措施,也是体现招生公平公正的关键环节。面试政审工作能否做到公平公正,不仅关系着学院的声誉,而且也关系着国家公开透明、公正和谐招生工作体系的建设。要设计科学、合理、规范的面试内容,制定并严格执行统一、严格、严谨的面试程序、规则及评分标准。要周密组织面试,坚持政审标准,程序严谨递进,结果公平公正。招生简章中对政审有明确要求。对考生进行政审,是保证生源质量的基础环节,也是保证未来机要干部队伍忠诚可靠的第一个关口。在对考生进行政审时,一方面,要认真、细致,坚持标准,严肃纪律,严格把关。另一方面,还应该注意方式方法,把握好政策,特别是要做好考生和家长的思想疏导、说服解释工作。凡被选录的,都必须有过硬的条件;不予选录的,必须有充足的理由。要维护考生的正当权益,杜绝和防止招生中发生投诉、争议现象以及一些不必要的麻烦,保证招生任务顺利完成。

三是重视协调沟通。我们的招生录取工作要通过各省高招办来进行,

搞好与高招办的沟通协调十分重要、非常关键。各地的招生工作实践表明，这方面做得好，招生工作进展就顺利，反之就会困难重重、费时耗力，招生质量和效率都受影响。这里有一个相互尊重、彼此配合的问题。从我们的角度讲，既要强调学院招生的特殊性，同时更重要的是尊重他们，多做宣传解释、沟通协商工作，取得他们的理解和支持。不仅招生期间，平时也应该和省高招办领导和有关同志常联系、多接触，为工作中的合作和配合创造条件，打好基础。

二、挖掘潜力，继续做好毕业生就业工作

学院的毕业生就业工作，在各省、区、市和中机、安全、外交、公安、民航等部委局机要密码部门的大力支持下，一直稳定在较高水平，在北京市教委公布的在京高等学校就业率排行榜上居于前列。通过机要部门的牵线推荐和组织、人事部门的支持，党政机关和事业单位也接纳吸收了不少学院毕业生从事机要工作。我们一定要保持住这种良好的势头，进一步挖掘潜力，加大工作力度，从完善组织体系、制定落实政策、强化就业服务入手，千方百计拓宽就业渠道，千方百计营造良好就业环境，千方百计帮助毕业生就业，使每一位毕业生都能走上发挥聪明才智、大有用武之地的工作岗位。

一是思想上进一步重视。当今世界正在发生广泛而深刻的变化，当代中国正在发生广泛而深刻的变革。随着电子信息和网络时代的到来，各国为了在新的世界格局中抢占有利地位，在综合国力竞争中取得主动，都在积极争夺信息控制权，围绕信息保护和获取而展开的密码斗争日趋激烈。同时，随着我国经济社会的快速发展，我国的机要密码事业也进入全面发展时期，密码使用网络日益扩大，密码服务领域更为广泛，密码技术装备不断进步。严峻的形势，繁重的任务，对机要干部队伍在数量上和质量上都提出了更高的要求。党中央、国务院决定办这样一所由中央办公厅直接管理的高等学校，目的就是向机要战线源源不断地输送人才，培养和造就机要密码事业的可靠接班人。因此，我们一定要从思想上高度重视，真正把选调电科院毕业生到机要部门工作摆上各级机要部门的工作日程，作为一项重要工作来抓。

二是政策上扶持。经过多年的努力，目前已有许多省、区、市的机要系统在选调干部时，优先考虑学院的毕业生，保证了学院毕业生在机要部门的就业率。要抓住全国贯彻落实中央关于加强和改进新形势下密码工作的决

定、条例和胡锦涛总书记重要批示的有利时机,争取党委领导和有关部门的重视和支持,用足用好中办、中组部、人力资源和社会保障部对学院毕业生的特殊政策,出台地区性的规定,畅通学院毕业生直接进入各级公务员队伍的渠道。

三是措施上配套。学院人才培养目标的定位是:立足机要密码行业,面向各级党政机关,服务信息安全领域,其中机要系统是就业的主渠道。在工作中,对毕业生的择业意向,学院一直坚持与省级机要部门协商办事。在保证首先满足各地机要部门用人需求的前提下,对于毕业生符合学院人才培养目标定位的择业意愿,给予理解和支持。特别是对留京的跨地区、跨系统择业和非生源地择业的,首先征求生源地机要部门的意见。学院要加强与地方机要部门的沟通联系,要及时通报当地学生在校的学习成绩和在校表现,尽早提供当地学生的择业意向,便于地方机要部门及时掌握情况,有针对性地做好工作。希望各省、区、市机要部门也要有一些配套措施,把招生和就业统筹考虑,保证满足急需机要人员的基层机要部门的用人需求。

同志们,机要密码教育和人才的培养是党的机要密码事业的重要组成部分,党的机要密码事业把学院与机要系统紧密联系在一起。建机要名校,育密码英才,是学院教职员工的追求,也是全国党政机要系统的期望,这是我们共同的奋斗目标。我相信,在中央办公厅的正确领导下,在全国党政机要系统的大力支持下,学院作为我国机要人才重要摇篮和密码科研重要基地的地位会更加巩固,社会影响和声誉将日益提高,特色鲜明、水平一流的机要密码专业高等学校的宏伟目标一定能够早日实现。让我们共同努力,办好机要部门自己的学校,为建设一支政治立场坚定、业务技术精湛、工作作风过硬的机要密码干部队伍,为新时期机要密码事业的可持续发展提供人才保障和智力支持,为机要密码事业的发展做出新的更大的贡献。

有理走遍天下 *

（2012 年 11 月 23 日）

2010 年,我们学校的《数理文化》选修课在全国高校率先开设。在当年举办的第二届数理文化节上,我来讲过话。记得讲了校园文化对于培养人才的重要性,校园文化应该多种多样,希望同学们积极参与校园文化建设,把数理文化节办成校园文化的品牌项目等意思。今天再讲那些意思,就没意思了。所以,原来打算只看只听只发奖,不讲话。但系主任请我参加的意思,还是希望讲几句,对数学物理等基础学科的重要性加以强调,对数理文化节予以肯定,给参赛同学一些鼓励。看了五个系制作的暖场视频和选手的自我介绍,我想出今天演讲的题目:有理走遍天下。

这个"理",不是"道理"的"理",也不是"数理"的"理",而是"理工"的"理",它包括以物理、数学为代表的自然科学知识。在这里,我把这个"理"理解成我们建设社会主义所需专业知识的一个代称。为什么这么讲呢? 在新中国刚刚成立的时候,百业待举,百废待兴,急需大量工科专业技术人才。为了满足国家建设的需要,1952 年全国高校进行院系调整,拆分综合性大学,组建专门学院。这正是今年全国各地庆祝建校 60 周年的高校特别多的原因。当时有"学会数理化,走遍天下都不怕"的说法,反映的正是专业技术人员供不应求的真实情况。

自然科学知识,特别是其中的数学知识和物理知识,因为和人类的生存生活关系最为密切,而被人们最先掌握。刚才的知识竞赛中,同学们提到的那些如雷贯耳的中外科学家的大名,使用的精妙无比的公式、定理,都是科技发展史上不可省略的内容,对文明的进步、生产力的发展和人类生活质量的改善和提高起了毋庸置疑、不可替代的作用。我们甚至可以这样讲,数学无处不在,物理人人难离。我们经常说的"长短""高低""厚薄""冷暖""平行""对称""和谐""平坦与崎岖""光滑与粗糙"等,我们说一个小伙子英俊,看他的五官比例;夸一个姑娘漂亮,要讲她的三围尺寸;美术,要讲黄金分割

---

* 本文是作者在学院第三届数理文化节上的演讲。

比例;音乐,要讲十二平均律。这些耳熟能详的说法和司空见惯的现象中,蕴藏着深刻的数理知识与文化。就连社会科学研究中的定性结论也越来越借助于精确数据和定量分析的支撑。所以,"学会数理化,走遍天下都不怕"的说法到今天也没有过时。

看到同学们在竞赛各个环节的精彩表现,我非常高兴。不难看出,各位选手不但掌握了教科书上的内容和知识,而且还广泛涉猎了大量课外书籍。而这恰恰是"数理文化节"的设计者和组织者希望达到的目的。学好数学和物理,可以训练逻辑推理、提高抽象思维能力。参加知识竞赛,可以锻炼选手的即时反应能力、语言表达技巧和随机应变能力。组织知识竞赛,可以培养学生的学习兴趣,激发学生的研究热情,培养学生的团队精神和合作意识。

在这里,我着重讲一讲"团队精神"和"合作意识"。我看今天参赛的同学,包括台下的学生观众,都是"90后",属于新闻媒体所说的"鸟巢一代"。虽然观众明显没有"校园歌手"大赛那么多,但高雅与通俗从来不在人数上比高低。"90后"的你们有什么特点呢?你们是在远远优越于父辈的条件和环境下成长起来的,在"四二一"结构家庭中受到太多的呵护。你们胸怀远大理想、心理健康向上、勇于自立自强,显现出比较强的独立性。但不少人身上有"以自我为中心"的不足或缺陷,而这对一个人的发展进步是有妨碍的。踊跃参加竞赛,多参加社团活动和学院组织的各种活动,对于培育大家的团队精神、合作意识大有好处。当今时代,科研获奖和技术攻关突破越来越倚仗团队的合作。就像今天的竞赛,每个团队的三名选手知识互补、各展所长、协调配合,才能赢得最终的胜利。一个人再强,单打独斗也是不行的。

讲到最后,我想只讲"有理走遍天下"还是有点偏颇,不符合辩证法。所以,还要加一句:"无礼寸步难行"。这个"礼",不是"物理"的"理",也不是"理工"的"理",而是"仁义礼智信"的"礼","知书达礼"的"礼",指的是人品情操、文明素养、涵养风范,也就是我们经常讲的,一个人的道德修养和综合素质。今后,你们走上工作岗位,光靠数学物理是远远不行的。每个专业,教育部都规定有学生必须研修学习的公共课、基础课和选修课。无论什么工作岗位,都需要多方面的知识。同学们要把所有的课程都学好、学扎实,既注重书本知识,也注重实践实验、动手能力;既读有字之书,也读无字之书;既打牢知识基础,又砥砺道德情操,品味求学快乐,追求美好人生。

不久前,我作为一名党代表参加了党的十八大。在会议上,我欣喜地看到,十八大代表和十八大选举产生的中央委员、中央候补委员、中央纪律检查委员会委员中都有我们的校友。会议期间,我接触了一些党代表,他们有的是部委的领导,有的是军工、科研、文化单位的负责人。知道我是咱们学校的领导后,就专门跟我讲,我们学校的毕业生在他们那里工作表现出色,很受欢迎,今后还要来学校选录毕业生。我作为学校的领导,听了之后非常高兴,也感到骄傲和自豪。同学们毕业后,大多数是要进入各级党政机关和企事业单位做密码保密工作的。希望同学们走出校门后,能像你们学长、学姐一样为母校争光。在校学习时,珍惜光阴,勤奋努力,喜理不厌文,爱文不斥理,全面发展,健康成长,有德有识,成人成才,为投身中国特色社会主义事业、为全面建成小康社会储蓄知识、积攒力量,未来在时代的舞台上书写人生的辉煌篇章!

责任与使命 *

（2013 年 2 月 15 日）

同时在一个学校求学叫做同学，
先后于一个学校受业谓之校友。

同学间年级高者曰学长学姐，
校友中时间晚的称师弟师妹。

学长学姐不分职业职务无尊无卑，
走到一起个个亲密无间。

师弟师妹不论地域年龄无长无幼，
聚到一块人人笑逐颜开。

手拉手从太行山村走进塞外山城，
肩并肩从六朝故都来到北京首都。

沐浴党的阳光校友队伍日益壮大，
追随时代步伐母校声誉与时俱增。

"电科院人"——
你我过去共同的称谓，
校友今后永恒的骄傲。

《电科院人》——
母校呼唤校友的平台，

---

* 本文是作者为《电科院人》第 2 期撰写的卷首语。

同学保持联系的纽带。

银龙怒驱末日去，
金蛇喜迎新春来。

愿同学的情缘绵绵不断，
让校友的旗帜高高飘扬。

与密码保密事业相适应齐发展，
为党政机要系统建名校育英才。

这就是"电科院人"的责任，
这就是《电科院人》的使命。

坚定信念　坚守良知[*]

（2013 年 3 月 28 日）

又是一年春草绿，又当学子离校时。明媚的阳光、和煦的春风、复苏的万物告诉我们，春天又在不知不觉中来到了我们美丽的校园。今天，我们沐浴着春光，欢聚一堂，在学术报告厅为 2013 届研究生隆重举行毕业典礼暨学位授予仪式，并为 28 名同学授予硕士学位。刚才，毕业生代表张文凤同学表达了对母校和老师依依难舍的离别之情，导师代表池亚平老师也表达了对同学们美好前程的衷心祝福。在对 28 位同学具有人生里程碑意义的特殊时刻，我代表学院向圆满完成学业，即将为国家贡献聪明才智的各位同学、向获得"优秀研究生"和"优秀研究生干部"奖励的同学们，表示热烈的祝贺和真挚的祝福！祝贺你们完成学业并获得学位，祝福你们在今后的人生道路上再创佳绩。同时，借此机会也向全体研究生导师，向为研究生教育辛勤工作的教职员工表示由衷的感谢，并致以崇高的敬意！感谢你们为党的密码保密事业和国家的信息安全工作又培养输送出一批高层次专门人才，感谢你们为学院研究生教育事业付出的辛勤劳动。

今年 1 月 16 日，中共中央政治局委员、中央书记处书记、中央办公厅主任栗战书同志来学院看望慰问教职工，与老师和学生代表亲切座谈，在听取学院工作汇报后发表了重要讲话。栗战书同志在讲话中指出，在 65 年的办学历程中，学院积淀了光荣的革命传统，积累了宝贵的办学经验，培养了一大批优秀的人才，为党的密码保密事业发展做出了重要贡献。栗战书同志要求我们认真学习贯彻落实党的十八大精神，深化教育教学改革；始终把牢政治方向，确保学院的政治本色和学生的政治素质；深刻认识学院的特色优势，走出一条与密码保密事业相适应、齐发展的办学之路。栗战书同志的讲话高屋建瓴，既符合党的教育方针、高等教育发展趋势和高等教育规律，又完全符合中办、学院的实际情况，

---

* 本文是作者在 2013 届硕士研究生毕业典礼暨学位授予仪式上的讲话。

有很强的指导性和针对性,是我们今后办好学院、做好工作十分重要的指导思想,为我们走出一条与密码保密事业相适应、齐发展的办学之路指明了方向,对于推动学院的建设和发展具有十分重要的意义。办好人民满意的教育是党的十八大提出的明确要求。人民满意不是一句空洞的口号,而是有着实实在在的内容。对于一所具体的学校来说,就是要让学生满意,让学生的家长满意,让就业单位满意。做到这一点,对于学院来说,就是要努力把学习十八大精神与贯彻落实中办对学院办学要求结合起来,把办好大学的一般要求与密码保密部门对人才培养的具体需求结合起来,加强学科和专业建设,深化教育和教学改革,不断提升办学质量,坚定不移地走质量至上、特色取胜的内涵式发展道路。对于同学们来说,就是要加强政治思想修养,发扬中办传统,践行机要精神,打牢专业基础,掌握过硬本领,走上工作岗位之后,用你们掌握的科学知识和研究方法解决工作中遇到的技术难题,用你们的智慧和力量为中国特色社会主义大厦添砖加瓦。

学院开展研究生教育九年来,在中央办公厅的正确领导和全体师生的共同努力下,教学质量稳步提高,密码科研能力持续提升,研究生教育水平不断提高。目前,学院的研究生教育已进入"联合培养和独立培养并重,学术型人才培养和应用型人才培养兼顾,全日制教育与在职教育并举"的崭新阶段。今后,学院将长期坚持走与密码保密行业、信息安全企业、相关高等学校及科研机构联合培养研究生的协调创新之路,为国家培养出更多政治上忠诚可靠、业务上精益求精、理论基本功扎实、学术视野开阔的高层次人才,朝着把学院早日建设成为教学研究型高校的目标而努力奋斗。

为党的机要事业而诞生、随党的机要事业而发展壮大的北京电子科技学院,到今天已经走过66年的光辉历程。你们在校三年,也经历并见证了学院不断前进的脚步。你们是电科院建设发展的参与者、实践者,也是学院这片沃土之上的播种者、耕耘者和收获者。同学们在求学的进程中,勤奋努力、刻苦钻研,取得了丰硕的成果。据统计,同学们共发表学术论文64篇,参加科研项目33项,有11名同学光荣地加入了中国共产党。三年的求学经历也是你们成长进步的过程。你们提高了综合素质和能力、锻炼增长了才干。我们为你们取得的成绩感到欣慰、高兴和自豪!在同学即将走出校门、开始新的人生征程的时刻,作为老师再叮嘱你们几句话。

一是提醒同学们坚定信念,坚守良知。今天大学这座"象牙之塔",虽然也受到各种不良风气的影响,但毕竟比社会还是要宁静单纯一些。同学们走进社会,在不同的岗位上工作,可能会遇到太多的不如意。比如,和领导、同事之间的关系不像师生、同学之间那么单纯和简单,工作付出了努力却没有收到理想的效果,职务和职称的升迁对于自己来说有很多不公平,等等。遇到这种情况怎么办? 最不可取的就是怨天尤人,自暴自弃。人生的道路本来就有崎岖有坦途,路边也会有鲜花有荆棘。不管顺境逆境、得意失意,都要善于调整自己的心态,从容淡定,宠辱不惊。天助自助者。自弃者,人必弃之。面对现实,变革现实;适应社会,改造社会。有达则兼济天下之志向,有穷则独善其身的操守。

二是希望同学们爱岗敬业,甘于奉献。大家走出校门,入职履新,要干一行、爱一行,钻一行、专一行、精一行。对待职业要敬业兢业,工作标准要精益求精。爱岗敬业是做好工作的基本前提,千万不能这山看着那山高。对职业要有忠诚度,对选定后从事的工作要始终有恋人般的激情。干就要干好,就要干出门道,就要干出水平。奉献精神是一个人社会责任感的集中体现,是职业道德和公民道德的最高境界,是一个民族兴旺发达的精神支柱。胡锦涛同志在中南海会见"中国青年五四奖章"获得者和青年志愿者代表时寄语青年,甘于奉献是青年应有的精神境界。在社会主义市场经济条件下,不讲物质利益原则、不按经济规律办事是不行的,但不讲互助友爱、不讲奉献精神也是不行的。奉献精神虽然很高尚,但做起来也不是高不可攀,奉献就在身边,奉献就在眼前,人人都可以为社会、为他人做出一些奉献。一个人在年轻的时候,多讲些奉献,少讲些索取,多为他人着想,少考虑个人得失,才能成长为品德高尚、精神充实的人。这段话饱含哲理却又明白易懂,应该作为我们大家的座右铭。

三是祝愿同学们人生出彩,梦想成真。在不久前结束的第十二届全国人大第一次会议上,习近平同志深情阐述了"国家富强、民族振兴、人民幸福"的中国梦。中国梦是国家的梦,民族的梦,人民的梦,也是每一个中国人的梦。中国梦,靠中国道路实现,以中国精神引领,用中国力量驱动。中国梦为每一个人实现自己的梦想提供了广阔的空间,个人的志向只有和中国特色社会主义事业联系在一起,和祖国一起成长进步,人生才会出彩,梦想才会实现。人生出彩,要靠知识的积累和机遇的把握;梦想成真,要靠执著的追求和不懈的努力。我相信我们每一位同学会永远热爱我们伟大的祖国,永远热爱我们伟大的人民,永远热爱我们伟大的中华民族,坚定理想信念,矢志奋斗拼搏,在人生的广阔舞台上充分发挥聪明才智、尽情展现人生价值,让青春在为党和人民建功立业中焕发出绚丽光彩。

学子遍神州,天涯若比邻。不管今后你们走得多远,母校始终注视着你们,你们也永远是母校的牵挂。希望同学们毕业之后,常上校园网站去看看,常回富丰路校园来转转。你们对电科院不满意的地方可能很多,但你们毕业后一定不愿意听别人说电科院的坏话。因为这里曾经是你生活了三年的地方,也必定会是将来你魂牵梦萦的地方。当你到了一个或熟悉或生疏的环境,校园里教学楼、图书馆、文化活动中心、运动场的影像和老师、同学的音容笑貌在你梦中依稀重现时,那就是母校对你的召唤!

用创新点亮精彩人生 *

（2013 年 9 月 15 日）

金秋是收获的季节，今天是喜庆的日子。北京电子科技学院第一届大学生创新年会隆重开幕了，这是学院教学科研工作和学生学习生活中的一件大事。首先，我代表院党委对年会的举办，对同时开幕的创新项目展览表示热烈的祝贺！向专程前来出席开幕式的北京市教委高教处的领导同志表示衷心的感谢！

创新尤其是科学技术的创新，是国家发展的动力源，是民族兴旺的助推器。党的十八大报告中提出要实施创新驱动发展战略，突出强调科技创新是提高社会生产力和综合国力的战略支撑，必须摆在国家发展全局的核心位置。《国家中长期教育改革和发展规划纲要（2010－2020 年）》中将创新精神和实践能力也列为战略主题的重要内容，目的是要培养适应创新型国家建设需要的高水平创新人才。长期以来，国家高度重视大学生的科研创新能力训练，教育部和北京市教委相继实施了大学生科研创新计划。

北京电子科技学院是为全国党政系统培养密码保密和信息安全专门人才的特色院校。学院以为密码保密事业创新发展提供教育和人才资源为己任，重视学生创新能力的培养，着力提高学生为密码保密事业服务的责任感，勇于探索的创新精神和善于解决问题的实践能力，结合学院特色和学科专业建设，有效整合各种教育要素和资源，切实把科研创新训练融入教育教学各个环节，把科技活动贯穿校园文化建设始终，构建了大学生课外科技文化活动和科研训练活动的完善机制和平台，促进了学生创新精神和实践能力的提高，学生科技创新成果日渐丰富。

为大力营造科技创新氛围，我们举办了这次大学生创新年会，集中展示学生的学术成果和创新项目。希望同学们以此次年会为契机，进一步激发科研创新的热情，更加注重创新，更加崇尚创新，让创新成为一种追求，让创新成为一种责任，让创新成为一种行动。在今后的学习中坚守创新使命，勇

---

* 本文是作者在第一届大学生创新年会暨创新项目展览开幕式上的致辞。

攀科技高峰,用学习开拓崭新未来,用创新点亮精彩人生,努力使自己成为具有创新精神和创新能力的密码保密事业可靠接班人。

希望全院师生共同努力,把今年的年会办好,同时要总结经验,完善体制机制,把年会办成品牌,办成我们学院学生心中向往的"科技盛会",办成展示人才培养模式改革成果的重要阵地。同时,学院有关部门要认真落实好教育部和市教委业务主管部门的要求,不断提高学院大学生科研创新训练工作水平。

最后,预祝第一届大学生创新年会圆满成功!

人生出彩　梦想成真[*]

（2013 年 10 月 6 日）

　　党的十八届一中全会结束后不久，习近平总书记在国家博物馆参观《复兴之路》基本陈列展览时，首提实现中华民族伟大复兴的"中国梦"。在第十二届全国人大第一次会议闭幕式上，习近平主席深情阐释"国家富强、民族振兴、人民幸福"的中国梦。中国梦是国家的梦、民族的梦、人民的梦，也是每一位电科院学子的梦。

　　梦是种子发芽的萌动，梦是含苞欲放的渴望，梦是硕果满枝的向往。没有梦，就缺乏前进动力，就失去努力方向，就没有奋斗目标。中国梦为每一位电科院学子实现自己的梦提供了辽阔的空间，开辟了宽广的道路。"天生我才必有用。"我们要敢于有梦，善于寻梦，勇于追梦，勤于圆梦。

　　把个人梦融入民族梦，用"我的梦"托起中国梦，人生方能出彩，梦想才会成真。人生出彩，要靠知识的积累和机遇的把握。梦想成真，要靠执著的追求和不懈的努力。

　　"自信人生二百年，会当水击三千里。"我们要珍惜韶华，奋发有为，永远热爱社会主义祖国，永远热爱勤劳勇敢的人民，永远热爱伟大的中华民族，永远热爱党的密码保密事业。每一位电科院学子都要坚定理想信念，矢志奋斗拼搏，尊师、尚德、精艺、自强，在人生舞台上充分发挥聪明才智，在密码保密战线尽情展现人生价值，使自己成为党的忠诚卫士、国家的栋梁之材。

---

　　* 本文是作者为《电科院人》第 3 期撰写的卷首语。

今日桃李芬芳　明天机要栋梁[*]

（2013 年 11 月 29 日）

公务员素质大赛是学院人气很高的学生活动之一。本来我已经接受院团委和学生会的邀请来观看比赛、参加颁奖,因为厅里通知下午去参加中央办公厅理论学习中心组集体学习,不能亲自到场助威鼓劲,亲眼看到精彩的比赛场面和选手出色的表现了。不过我相信,竞争一定很激烈,场面一定很精彩,十位同学的表现一定非常出色。我向大赛的成功举办和获奖的同学表示热烈的祝贺。

上个星期日"国考"刚刚结束。我们电科院以应届毕业生百分之百的参考率,继续领先全国高校。我还相信,我们电科院应届毕业生"国考"的总通过率和 A 级通过率,也一定会继续领先全国高校。我们的学校虽小但特色鲜明,"国考"的高参与率和高通过率在全国高校中绝无仅有、独一无二。这也正是电科院在社会上具有很高的知名度和对高中毕业生具有强烈吸引力的地方。而我们能够做到这一点,原因很多,但学院高度重视公务员素质的培养教育和连续 11 年举办公务员素质大赛功不可没。

同学们从通过了当地机要部门面试、政审,被电科院录取的那一天起,就已经成为机要干部后备队伍的一员了。毕业之后,就要充实到各级机要部门,进入机要干部队伍。机要工作是关系国家主权和安全的生命线,是关系党和国家发展目标顺利实现的保障线,是保证中央和地方各级党政机关反应灵敏、政令畅通的指挥线。机要干部是党和国家的忠诚卫士,是具有特殊要求的国家公务员。"国考"考了高分,公务员素质大赛取得了好成绩,还不能就和优秀公务员画上等号。"纸上得来终觉浅,绝知此事要躬行。"同学们到机要岗位报到上班后,怎样才能当一名合格的机要干部呢?

一是坚定理想信念。李大钊在奉系军阀的绞刑架下从容就义,方志

---

[*] 本文是作者在第 12 届公务员素质大赛颁奖时的书面讲话。

敏被国民党逮捕后宁为玉碎、不为瓦全，成千上万的革命先烈为了共和国的建立抛头颅、洒热血，为什么？就是因为他们有强大的精神支柱。当一名机要干部，你必须信仰马克思主义，拥护中国共产党，忠诚党的机要事业。你有走中国特色社会主义道路的信念，你才有实现中华民族伟大复兴的信心，你才能做好机要工作。理想信念决定人的世界观、人生观和价值观，是管总的东西。有了正确的理想信念，境界才能高远，品德才会高尚，操守才能高洁，才会有远大的前途。

二是坚持遵规守矩。没有规矩不成方圆。国有国法，党有党章，单位有单位的规章制度。到了工作岗位上，说话办事要中规中矩，要靠谱。该请示的一定要请示，该汇报的一定要汇报。有程序要讲程序，不明白要问明白，不能耍小聪明、走捷径、自作主张。在机要部门工作，特别是要严守政治纪律，与党中央保持高度一致，个人服从组织，下级服从上级，不碰政治红线、不越思想防线、不触行为底线，让组织上和领导放心。

三是严格履职尽责。同学们到了工作单位，一开始干的都是简单、具体的工作，支使你的人多，干的事杂。这不是欺生，也不是大材小用。刚进机关的人都是这样，都有这么一个阶段。分配给你的工作岗位都有职责要求，你要尽快熟悉并照着去做。不能因为工作简单就不用心。简单的工作干好了，领导才会交给你复杂的工作。无论工作多么复杂，只要多用心、善总结，干长了，就会驾轻就熟、熟能生巧，在办文、办会、办事等机关工作的各个方面表现出电科院毕业生特有的素质。

四是提高综合素质。我知道有一种观点在一部分同学的头脑中很有市场，就是公共课、基础课学好学不好不那么重要，重要的是把公务员成绩考好。这种观点是错误的，误人子弟。你考上了公务员，进入机要干部队伍，如果你基础打得不牢靠，该学的知识没学全，该掌握的东西没掌握好，应付眼前不会有问题，但你欠缺可持续发展的潜力，一二十年下来，你可能还是一个送电报的机要员。而那些学得扎实、全面发展的同学，可能就成长为技术骨干，走上领导岗位。毛主席《和柳亚子先生》的七律诗中有一句"风物长宜放眼量"。同学们的眼光一定要放长远些，不要近视。大学的课程安排都是有科学依据的，不能因为到工作岗位后可能用不上就不好好学，所以一定要认真学好每一门课，不要偏科。在学好功课的前提下，积极参加社团活动，培养锻炼你跟人打交道的能力和团队合作意识，使各方面的素质都得到提高。你开口敢讲、提笔能写、交事会办、问策能对，在单位才会人人欢迎，才会受到重用，才会有发展的后劲。

　　做一个好的机要干部，肯定不止这几条，但我认为这几条最重要，利用这个场合跟同学们讲一讲，供大家参考。走出学校的小课堂，进入社会的大课堂，有些东西需要同学们在工作中去悟，自己去总结概括。今日桃李芬芳，明天机要栋梁，这是我对每一个同学的祝福和期望。

龙马精神 驰而不息[*]

（2014 年 2 月 19 日）

今年是农历甲午年，也就是常说的马年。晚唐诗人李郢在写给裴度的诗中，夸奖他"四朝忧国鬓如丝，龙马精神海鹤姿"，赞美裴度人品才干卓越超群，人格魅力无与伦比，"执生不回，忠于事业"，四朝为官，历任显职，忧君忧民却屡受排挤，年纪虽大，但依然精神矍铄，风度翩翩。龙马是传说中形体像龙、一日千里而不知疲惫的骏马，海鹤是一种傲立鸡群、姿态高雅不凡的海鸟。后来，"龙马精神"演变为一句成语，用来形容一个人像龙马一样精神抖擞，充满朝气和活力。

龙马精神是对马优秀品质的准确概括，是中华民族自强不息、奋斗不止卓越基因的形象体现。天降大任于斯人也，我辈躬逢其时。龙马精神，映射炎黄子孙的风貌风骨，展示中华民族博大精深文化的深刻内涵。它鼓舞我们，在人生征途上乘风御雨，逐日追月。它激励我们，在学习过程中不甘平庸，积极进取。它鞭策我们，在工作岗位上奋力拼搏，攻坚克难。它督促我们，在日常生活中勤俭勤恳，朴素朴实。

"天行健，君子以自强不息"。以"忠诚、笃学、创新、卓越"为追求，以"尊师、尚德、精艺、自强"为座右铭的电科院学子，有"两个一百年"的奋斗目标和中华民族伟大复兴中国梦的召唤，有内化于心的龙马精神的驱使，在追求理想、收获幸福的道路上马不停蹄，驰而不息，一定会马到成功！

---

* 本文是作者为《电科院人》第 4 期撰写的卷首语。

一生学习　研究　读书[*]

（2014 年 3 月 28 日）

今天，我们在学术报告厅隆重举行 2014 届硕士研究生毕业典礼暨学位授予仪式，为 29 名同学授予硕士学位。刚才，赵耿教授代表导师表达了对同学们美好前程的衷心祝福和殷切期望，张若箐同学代表毕业生表达了对母校和老师依依难舍的离别之情。在这个庄严美好的时刻，我代表学院，祝贺毕业班的同学们圆满完成学业；同时，向获得 2012—2013 学年"优秀研究生"和"优秀研究生干部"奖励的同学表示祝贺！借此机会也向全体研究生导师，向为学院研究生教育辛勤工作的教职员工表示由衷的感谢。

今年元旦前，中共中央政治局委员、中央书记处书记、中央办公厅主任栗战书同志轻车简从来到学院走访调研，进宿舍、看食堂，到干部培训教室看望广西第六期全区机要干部持证上岗培训班学员、到实验室看望慰问师生员工，与院领导班子和教师代表围绕"维护国家安全，建设好国家密码阵地"主题进行了座谈，充分体现了厅领导对党的密码保密教育工作的高度重视，对学院建设发展的格外关心，对学院师生的特别关怀。栗战书同志座谈时的重要讲话，以深入贯彻落实十八届三中全会精神为统领，着眼于当前密码保密工作面临的新形势、新任务和新挑战，从党和国家密码保密事业长远发展的战略高度，从办学方向、人才培养定位、管理体制、学科设置和师资力量、招生就业政策等方面，就学院未来发展提出了具体要求，对推动学院的建设和发展具有十分重要的指导意义。

努力办好密码保密部门满意的教育，需要全院教职工共同努力。研究生教育是学院教育教学工作的重要组成部分，是学院加强学科建设、不断提升办学水平和质量的重要支撑。办好密码保密部门满意的教育，要求我们着力夯实学院研究生教育基础。做到这一点，对于学院来说，就是要努力把学习十八大和十八届三中全会精神与贯彻落实中办对学院办学要求结合起来，把办好研究生教育的一般要求与密码保密部门对人才培养的具体需求

---

* 本文是作者在 2014 届硕士研究生毕业典礼暨学位授予仪式上的讲话。

结合起来,精心谋划学科发展思路,合理调整学科建设布局,强化学科团队建设,在申报重大课题、完成重大项目攻关、产生有影响的学术成果等方面发挥重要作用,不断优化研究生培养方案,鼓励引导研究生参与有关密码科研项目,进一步突出研究生培养模式的行业特色,坚定不移地走质量至上、特色取胜的内涵式发展道路。对于同学们来说,就是要加强政治思想修养,发扬中办传统,践行机要精神,打牢专业基础、掌握过硬本领;走上工作岗位之后,用你们掌握的科学知识和研究方法解决工作中遇到的技术难题,用你们的智慧和力量为母校争光,为中国特色社会主义大厦添砖加瓦。

开展研究生教育十年来,在中央办公厅的正确领导和全体师生的共同努力下,学院教学质量稳步提高,密码科研能力持续提升,研究生教育基础不断夯实。学院和西电联合培养的研究生以其杰出的专业理论素养和出色的学术研究能力,一直保持了百分之百的一次就业率,表明社会对学院高层次人才培养质量的认可与肯定,彰显毕业同学优良的品质和潜在的素质。学院的研究生教育已经进入"联合培养和独立培养并重,学术型人才培养和应用型人才培养兼顾,全日制教育与在职教育并举"的阶段。目前,学院在校全日制研究生 163 人,在职工程硕士 78 人,总计 241 人。今后,学院将长期坚持走与密码保密行业、信息安全企业、相关高等学校及科研机构联合培养研究生的协调创新之路,为国家培养出更多政治上忠诚可靠、业务上精益求精、理论基本功扎实、学术视野开阔的高层次人才。同学们在学院求学过程中,勤奋努力,刻苦钻研,在导师的指导下取得了丰硕的成果。据统计,毕业班的同学们读研期间在核心期刊发表学术论文 57 篇,其中 EI 检索 15 篇,参加科研项目 25 项,其中省部级以上 17 项,有 9 名同学光荣地加入了中国共产党。三年的求学经历也是你们成长进步的过程。你们提高了综合素质和能力、锻炼增长了才干。我们为你们取得的成绩感到欣慰、高兴和自豪!

刚才,学院领导为你们拨正学位帽上的流苏,向你们颁发了学位证书,这标志着你们成为我院与西安电子科技大学联合培养的第八届毕业研究生,意味着你们成为我国高层次人才队伍中新一届硕士研究生。这是你们个人的光荣,也是你们家人的荣耀,更是母校的骄傲。

在这个虽属惯例、但对每一位毕业同学有特殊意义的毕业典礼和学位授予仪式上,我送给同学们三句话,作为临别赠言。这三句话有三个主题词:学习、研究、读书。

先说学习。按照我们国家正常的学历教育年限,同学们研究生毕业的年龄在二十五六岁的样子,这二十五六年约有二十年是在校园里度过的。

如果不是继续读博,硕士毕业就要离开校园,走向社会。但离开校园不会、也不应该是学习的结束,而是另一个学习阶段、另一种学习方式的开始。当今世界和当代中国正在发生广泛而深刻的变化。科学技术日新月异,知识经济方兴未艾,知识总量呈几何级数增长,知识更新速度大大加快,对科研人员的素质和能力提出了新的更高的要求。仅以同学们要从事的信息安全领域来说,移动互联网、大数据、云存储和云计算等新技术,将改变甚至颠覆一些传统观念和做法,对我们提出了新的挑战。如果我们不加强学习,知识就会老化,思想就会僵化,能力就会退化,就难以做好机要密码工作,就无法保障国家的安全和利益。习近平总书记在欧美同学会成立100周年庆祝大会上的讲话中指出,学习是立身做人的永恒主题,也是报国为民的重要基础。梦想从学习开始,事业从实践起步。我们要牢记总书记的教诲,好学才能上进。党上进,国家上进,民族上进,必须大兴学习之风;个人上进,更离不开学习。希望每一位同学学以立身,学以明志,学以润德,学以博识,砥砺道德情操,掌握真才实学,练就过硬本领,努力成为堪当大任、能做大事的优秀人才。

再说研究。攻读研究生学位有期限,从事研究工作无止境。以知识吸纳为主还是以研究能力培养为主,是本科教育和研究生教育的一个重要区别。词典上对研究的解释是:探求事物的真相、性质、规律等。一个人要在学术上有建树,在科研中不断出新的成果,不是研究一阵子,而是要研究一辈子。研究的动力来自对世界的好奇,对真理的热爱,对规律的求索。在工作岗位上,没有谁比谁更聪明,只有谁比谁更努力。希望同学们在走上工作岗位之后,仍然能保持对未知事物的求知欲,保持对新生事物的探索心,紧跟时代和科技前进的步伐,结合工作中遇到的新情况、新问题,研究过去没有发现的规律,提出新的思路和解决办法。三年中导师言传身教给你们的严格规范的学术训练、实事求是的科学态度、辩证唯物的思维方式,将会伴随并助力你们成长进步,使你们受益终生。

最后说读书。说到读书,故事多多,有囊萤映雪、凿壁偷光的机灵,有悬梁刺骨的自虐,有程门立雪的虔诚,有韦编三绝的勤奋,有"半部论语治天下"的吹牛,有"千钟粟、黄金屋、颜如玉"的诱惑,还有陶渊明"好读书不求甚解"的潇洒,周总理"为中华崛起而读书"的崇高,陈望道蘸墨汁吃粽子的专注等等。古今圣贤、中外名人关于读书有大量精辟而经典的论述,概括起来,脱不出以下几句话的范围:书籍是人类知识的载体,是人类智慧的钥匙(托尔斯泰),是人类进步的阶梯(高尔基),是瞭望世界的窗口(果戈理)。习近平总书记在一次中央党校的开学典礼上，专门讲过爱读书、读好书、善读书的问题。当然，他是对一定级别的领导干部讲的。但读书获取信息、增长知识、开阔视野、陶冶性情、培养和提升思维能力等诸多好处，不光对领导干部，对每个人都是一样的。腹有诗书气自华。读书可以使人坚定理想信念，提高政治素养，锤炼道德操守，提升思想境界。坚持读书，持之以恒，必然读有所悟、读有所得，能够把握人生道理，领悟人生真谛，体会人生价值，实践人生追求，像毛泽东同志在《纪念白求恩》一文中所讲的那样，就能使自己向着成为一个高尚的人、一个纯粹的人、一个有道德的人、一个脱离了低级趣味的人、一个有益于人民的人的目标迈进。

　　总而言之，就是学习正未有穷期，研究无止境，读书伴终生。希望同学们在一生中养成学习的习惯，保持研究的兴趣，以书为伴，与书为友，仰圣贤之德，养浩然之气，把学习、研究、读书当成一种生活态度，一种工作责任，一种精神享受，一种人生追求，成为今后工作、生活的重要组成部分，欣欣然不为外物所诱，怡然自得，乐在其中。祝愿并祝福你们把研究生毕业作为新的起点，汇聚北京电子科技学院和西安电子科技大学两所大学的优点，不忘西电"厚德求真励学笃行"的校训和电科院"严格严谨有序有恒"的校风，走好自己的人生之路。不管今后你们走到何方、身在何处，母校始终注视着你们，牵挂着你们，为你们祝福，期盼早日听到你们成功的喜讯。也希望你们常回母校看看，以各种方式关心和支持母校的建设和发展。

读万卷书　行万里路[*]

（2014 年 7 月 9 日）

2014 年的暑期即将开始。为了深入学习贯彻习近平总书记系列重要讲话精神，自觉践行社会主义核心价值观，培养大学生的创新精神，提高实践能力，充分展示我院大学生朝气蓬勃、奋发进取的精神风貌，暑假期间学院将在本科生中组织开展以"践行社会主义核心价值观"为主题，以"实现中国梦，创造精彩人生"为口号的 2014 年暑期社会实践活动。今天，我们在这里向暑期社会实践团队授旗，为同学们壮行。借此机会，我向同学们提几点要求。

一、在社会实践中了解社会，认识国情。教育与生产劳动和社会实践相结合是党的教育方针的重要内容，理论教育和实践教育相结合是大学生思想政治教育的根本原则。"读万卷书，行万里路"，自古以来就是中国知识分子的求学追求。社会实践可以帮助大学生正确把握现实，有着其他课程和教育活动不可替代的作用。同学们走出学校的围墙，解民情、接地气，能够深刻理解我们国家处在社会主义初级阶段这个最大的国情，真实体验地区发展的不平衡和城乡差距；能够深入了解不同群体的生存状态，准确认识社会的客观情况；能够在切身感受时代发展脉搏的同时，发现发展中存在、又需要在继续发展中解决的诸多问题。大家要抓住社会实践的好机会，了解社情民情、认识国情世情，这对同学们掌握正确的思维方式和工作方法，形成正确的世界观大有好处。

二、在和群众的接触中锻炼能力，增长才干。走出校门，到基层去，到群众中去，可以加深对所学专业知识的理解，还可以学到许多课堂上书本里学不到的东西。我看同学们的选题，涉及当前社会的热点、难点问题，很有挑战性。分析问题的成因，探寻解决的思路和途径，你就会发现书上写的、老师讲的那些原理、范畴不再枯燥，而是十分管用。毛主席著作中的许多名篇就是在深入基层调查研究后写出的调研报告。往年我们学院学生在社会实

---

* 本文是作者在暑期大学生社会实践重点团队代表座谈会暨授旗仪式上的讲话。

践活动中,有的荣获"全国百强团队"称号,有的被评为首都大学生暑期社会实践优秀团队,有不少调研报告在全国"挑战杯"等各种竞赛和成果评比活动中获奖,为学院争得荣誉。在社会实践中,还可以锻炼同学们协调配合意识,培育团队精神。这次社会实践活动的团队有的是由不同年级、不同专业、不同籍贯的学生组成的,是一种很好的尝试。

三、在勤学、修德、明辨、笃实上下功夫。习近平总书记今年五四青年节和北京大学师生座谈时强调,广大青年树立和培育社会主义核心价值观,要在勤学、修德、明辨、笃实上下功夫,努力把核心价值观的要求变成日常的行为准则和内在的理想信念。勤学是前提:只有下得苦功夫,求得真学问,才能真正将社会主义核心价值观内化于心、外化于行。修德是基础:只有加强道德修养、注重道德实践,既立意高远又立足平实,既修好公德又修好私德,才能真正担负起历史赋予的重任。明辨是保障:只有善于明辨是非,善于决断选择,才能正确把握青春奋斗与奉献的航向。笃实是关键:只有扎扎实实干事,踏踏实实做人,从易到难、由近及远,一步一个脚印往前走,才能在时代大潮中建功立业,成就辉煌人生。

四、把践行"五个坚持"作为自己的努力方向。今年5月8日,习近平总书记视察中办并发表重要讲话。他在讲话中对中办干部职工提出了五点希望,即"坚持绝对忠诚的政治品格,坚持高度自觉的大局意识,坚持极端负责的工作作风,坚持无怨无悔的奉献精神,坚持廉洁自律的道德操守"。"五个坚持"既是学校老师的座右铭,也是学校培养出来的学生的努力方向。希望同学们在学校求学时就瞄准这五条去做,坚定信仰,胸怀大局,负责任、敢担当,能吃苦、不怕累,有蓬勃朝气,具昂扬锐气,养浩然正气,毕业后当一名党的机要密码事业合格的接班人。

希望同学们在社会实践活动中遵守纪律,互相照顾,注意安全,完成预定计划,交出合格答卷。祝同学们暑假愉快。

把握每一个"第一次"
珍惜每一个"最后一次"*

（2014 年 9 月 21 日）

在这个金色的秋天，你们怀着梦想、憧憬和希冀，来到电科院，开始拥有许多人生的"第一次"、经历人生的"最后一次"。

你们第一次开始追逐自己的理想；你们第一次独立参与团体生活；你们第一次有机会在学习理论的同时亲身实践；你们第一次不再由父母安排生活和学习中的一切，而是可以自由自主地处理各类问题……

如果不读研究生，大学四年也可能是你一生中"最后一次"系统性地接受教育；"最后一次"可以将大段时间用于学习；"最后一次"拥有相对宽容的、可以置身其中学习为人处世之道的理想环境……

大学是人生的关键阶段，在这个阶段里，同学们应当认真把握每一个"第一次"，让它们成为未来人生道路的基石；在这个阶段里，同学们要珍惜每一个"最后一次"，不要让自己在不远的将来追悔莫及。这里，我想给同学们几点忠告。

一、珍惜上大学、上电科院的机会

考大学不易，上电科院难。电科院多年来坚持"不求规模大，但求质量高"的办学方针，招生规模一直没有扩大，学院"十二五"发展规划确定的在校本科生人数为 1800 人，每年招生 450 人左右，招生计划提前分配到各地，平均每省十几个人。2014 年，电科院招收理工类考生的全国平均录取分数高出一本线 46 分（考分最高的高出 121 分），招收文史类考生的全国平均录取分数高出一本线 30 分（考分最高的高出 79 分）。各位都是来自全国各地的佼佼者，我为电科院能选拔到各位优秀才子感到由衷的喜悦，也为大家来到电科院学习感到骄傲。

---

* 本文是作者对 2014 级新生进行入学教育的讲稿。

近年来,大学生就业形势严峻,公务员考试的热度不断升温。电科院作为全国唯一一所为全国党政系统培养专门人才的学校,办学得到了中央的重视和关心,在毕业生公务员准入政策上给予了倾斜。电科院学生毕业前夕参加全国公务员录用统一考试,取得录用资格考试合格证书的毕业生,用不着到人才市场去奔波求职,在学校就可依据其所获证书等级接受挑选,签约去各级党政机关机要部门工作。最近4年,毕业生国家公务员考试的通过率均保持在90%以上,学院一次性就业率保持在96%以上,在机要密码部门特别是在地、市以下机要密码部门的就业率稳步提升。同学们要珍惜在学院学习的机会,提升自身素质,提高自身能力,牢牢把握机遇,努力把自己塑造成为国家的栋梁之材。

二、适应大学学习方式的变化

清华大学校长陈吉宁对今年的新生坦言:"你们以往的高分,大多来自应试教育环境中对于特定问题所寻找的标准答案,而大学需要自己主动去寻找问题。"同学们以优异的高考成绩考入电科院,毫无疑问是所在地区和学校的佼佼者。但"高中了了,大学未必佳"。高考取得好成绩,只是在人生的一次长跑中领先了一步,虽然也能够赢得几声喝彩,但一时的领先者能够跑多远、跑多久,取决于坚持不懈与不断拼搏。

从中学阶段过渡到大学阶段,教学形式、学习内容、学习条件、学习方式都有了很大的变化:

1.教学形式不同。中学的"应试教育"以教师课堂教学为主,学生依赖教师和课本;大学教育的显著特点是在教师的指导下以自学为主,学生有更多的学习自主权。

2.学习内容不同。大学学习的内容特点是宽、深、新:"宽"指所学的课程门数比中学要多5~6倍,一般达到四五十门之多,涉及的领域十分广泛;"深"指内容比起中学要深得多;"新"指大学的学习要把握科技文化发展前沿的最新知识和最新成果。

3.学习条件的转变。在中学,学生的学习内容主要是课本知识,基本上在课堂中进行,时间也安排得非常紧凑。大学阶段则不同,课程有选修、必修之分,学习场所有教室、实验室、图书馆、资料室等。怎样科学合理安排,是对大学新生的一大考验。

4.学习方式不同。相对中学而言,大学的学习氛围比较宽松,学习的自主性大大增强,学习环境由"硬"变"软",这对自制力和自律性强的学生来说不成问题,而对自制力弱一些的学生就是一个考验。

　　如何掌握大学的学习方法?首先,要培养学习的兴趣,提高学习的积极性、主动性和创造性。其次,要实现由应付升学考试到提高自身素质和能力的转变。在打牢基础理论知识、拓宽知识面的同时,要重视实践,积极参与第二课堂的活动,有选择地加入一些社团,注意培养动手和创新能力,在提高个人的综合素质上下功夫。第三,要注意学习时间的科学运筹,实现由拼挤时间向讲求效率的转变。在学习中要讲究用脑的艺术,遵循学习的规律,注意学习方法,提高学习效率,开发自己的智力潜能。第四,要重视良好的学习习惯的养成。学习要有计划性,要雷厉风行,不要拖泥带水;要把每天的时间安排好,生活要有规律,克服随意性;要注意把握学习的节奏,提高学习效率;学习要专心致志,心无旁骛,不早恋分心;还要处理好学习与课外活动、人际交往的关系;电脑不能成了影碟机、游戏机;要利用互联网开阔视野、掌握信息、收集资料;切忌网游成瘾,荒废学业,影响身心健康。

三、加强心理调适和自我修养

　　大学阶段,是自我意识迅速发展的关键时期。同学们要积极进行全方位的自我调整,对自己要有一个再认识。尽快适应全新的大学环境,不因生活环境不适应而产生失望感;不因人际关系不适应而产生孤独感;不因在中学时的优势消失而产生失落感;不因对学校管理制度不适应而产生压抑感。大学生在认识、评价自我时还缺乏必要的客观性和正确性,对自我的理解和判断也流于肤浅,常常会"一叶障目,不见泰山",出现自我否定或者盲目自大、自吹自擂等片面性。

　　首先要正确认识自己。"天生我才必有用""天将降大任于斯人也"的过度自信和"我是一只小小鸟,想要飞怎么也飞不高"的极度自卑都不可取。二是要充分自信乐观。一个充满自信的人,善于发现自己的长处,更懂得充分展示和发挥自己的长处,并注意学习他人的长处。努力接近自信的人,观察他们的言行,不断给自己积极的心理暗示,说"我能行"。三是要锤炼意志力量。"自知者胜,自胜者强""惟志坚者始能遂其志"。同学们应在实践中发展自己的耐力和自制力,增强对挫折的承受力,加强自我控制的自觉性和主动性,朝着既定的目标,努力克服困难,战胜干扰,胜不骄,败不馁,最终实现自己的理想。最后要加强自我修养。同学们都有着自己的个性品质和人格特征,有积极的一面,但也有不足的一面。一些人格弱点往往容易诱发矛盾,引起冲突,导致社会交往障碍,阻碍一个人的成长进步。必须努力克服这些弱点,修养良好的个性品质,塑造完美的大学生形象。

四、大学期间要读 100 本课外书

孔子曾说"君子不器",意即有才华的人应该多才多艺。同学们在大学学习期间要广泛涉猎各领域知识,努力提高自身科学文化素养。对于我们这所学校来说,必须正确处理"专"与"博"的关系,在加强机要密码专业课程教育教学的同时,要注意综合素质的培养和提高,向多样化、复合型人才的方向发展。

坚持专和博的统一。大学是人全面发展的重要阶段,是培养塑造科学素养、人文精神、审美情怀的场所。同学们要努力学好专业知识,在此基础上以全面发展为目标,坚持人文底蕴与科学素养并重,全面提高自己的综合素质,把自己培养成既能适应社会激烈竞争的通才,又能担当密码保密和信息安全重任的专才。

"立身以立学为主,立学以读书为本。"国家教育总督学柳斌说过:"一个不重视阅读的学生,是一个没有发展的学生;一个不重视阅读的家庭,是一个平庸的家庭;一个不重视阅读的学校,是一个乏味的应试的学校;一个不重视阅读的民族,是一个没有希望的民族。"在中小学阶段,大家忙于应试,普遍存在"阅读危机"。进入大学,一定要努力把这一课补上。这里我给大家提个具体建议,就是在四年期间"开卷有益",至少要读 100 本课外书。

要多读经典书籍。读书要讲品位,要多读经典著作。阅读经典就是与大师同行,就是追随伟大的灵魂;阅读经典可以直接接触人类文明的原始成果,从中汲取丰富的营养;阅读经典可以使我们形成自己的判断,不会人云亦云;更重要的是,经典书目可以给我们指点为学和为人的方向。因此,常读经典是一种精神的需要,更是一种有益的生活方式。

注意拓宽阅读的范围。古人说,腹有诗书气自华。当代作家毕淑敏说过,书就像微波,从内到外震荡着你的心。专业知识的获取和巩固,精神气质的端庄高雅,读书是不可或缺、不可替代的重要途径。读书的范围一定要广,不要局限于自己所学的专业。理工科的同学多读些人文社科方面的书籍,文科的同学多学点科学技术方面的知识。同学们可以找王梓坤、赵鑫珊的书读一读。王梓坤是学数学出身,但他写的《科学发现纵横谈》显示出他

在文史知识方面的深厚功底。赵鑫珊毕业于北大西语系德语专业,他写的一系列著作,如《哲学与当代世界》《普郎克之魂》《地球在哭泣》等,表现出他在自然科学方面的渊博知识。

五、经常给父母送去问候

"谁言寸草心,报得三春晖""十月胎恩重,三生报答轻"。父母的养育之恩山高海深。父母为子女花去了多少心血与汗水,为子女编织了多少个日日夜夜,父母在生活上无微不至地为子女提供一切,尽最大努力满足子女的要求。我看到同学们来学校报到时,很多父母千里相送,为你们提行李,整理床铺,购买日常用品……如果这个世界上只有一种永恒不变的爱,那就是父母对子女的爱。爱无价,亲情更无价。"鸦有反哺之义,羊知跪乳之恩。"作为接受高等教育的大学生,要感谢父母将自己带到了这个世界,感谢父母把自己养大成人,感谢父母供你们上学读书。

与父母多联系常沟通。"儿行千里母担忧。"大学新生永远是父母心头的牵挂。大学新生的想家期,大多数人入学两个月后就基本结束。但是你可知道,父母想你的时期却永远不会结束。如何才能让他们放心呢?要与父母多多联系,经常沟通。给父母报平安,向他们汇报自己的近况,并给予父母及时的问候。我国著名学者季羡林先生在望九之年依然耿耿于怀的是,没有很好地报答他最爱的母亲。也许我们也曾经对父母承诺过:"等以后我……"但是,谁又知道,"以后"有多远,谁又保证他们一定等得到那个"以后"呢?那么从现在起就为父母去做我们所能做的一切吧,不要徒留"子欲养而亲不待"的遗憾。

从 2010 年起,学院开展了"感恩父母,放飞梦想"深情寄家书活动,要求新生在学院印制的署有党委书记和院长签名的家书册页上给家长写信,并组织了"十佳家书"的评选活动。希望同学们踊跃参加,向父母表达自己的感恩之情,汇报自己入学后的感受以及今后的打算。绝大多数同学可能从来没有给父母写过信,你们写的信会作为家庭文物珍藏的。

六、做电科院文化的创造者和传承者

校园文化是一所大学长期积淀形成的物质文化和精神文化的总和,是全校师生所共同具有的气质精神、价值追求和行为方式。电科院作为一所大学,具有所有大学共同具备的特点;同时由于办学定位、办学特色的不同,又有着与其他大学相区别的特质,这一点突出体现在学院的大学文化和精神上。

我们学校的校训是"忠诚、笃学、创新、卓越",校风是"严格、严谨、有序、有恒",师风是"修身、博识、兢业、爱生",学风是"尊师、尚德、精艺、自强",大学精神是"倡导自由与自律,致力传承与创新,推崇责任与奉献,践行包容与和谐"。

立德树人是教育的根本任务。德智体美全面发展中的"德"就是社会主义核心价值观,即党的十八大报告中"富强、民主、文明、和谐,自由、平等、公正、法治,爱国、敬业、诚信、友善"24个字。以"一训三风"为代表的大学文化是社会主义核心价值观在高校的个性体现。前几天在开学升国旗仪式上,同学们齐声诵读校训、校风、学风,就是学院开展以"一训三风"为载体的社会主义核心价值观宣传的具体安排。

同学们要认真学习、自觉践行社会主义核心价值观,明大德、守公德、严私德。要做电科院文化的创造者和传承者,以自己的实际行动为学院文化建设添砖加瓦。在校期间,承担起校园文化建设者的使命,积极参与各类文化活动,为提升校园文化的底蕴和品位、强化校园文化的特色竭力尽智。毕业之时,肩负传播先进文化的责任,带走装满知识的行囊,带着电科院文化的烙印,在全国机要保密的工作岗位上奋斗拼搏,建功立业,创造自己的精彩人生。

扣好人生第一粒扣子 *

（2014 年 10 月 3 日）

北大是我国新文化运动的中心、五四运动的策源地,是党的创始人李大钊、毛泽东工作过的地方。春天的燕园,未名湖波光潋滟,博雅塔亭亭玉立。在五四运动 95 周年之际,习近平总书记前往北京大学,观看图书馆珍藏的早期《共产党宣言》多种译本,倾听身着五四时期服装的师生朗诵毛泽东 32 岁时写下的《沁园春·长沙》,在和师生座谈时发表了《青年要自觉践行社会主义核心价值观》的重要讲话。

习近平总书记指出,当代大学生是可爱、可信、可贵、可为的。时间之河川流不息,每一代青年都有自己的际遇和机缘,都要在自己所处的时代条件下谋划人生、创造历史。每个时代都有每个时代的精神,每个时代都有每个时代的价值观念。青年是标志时代的最灵敏的晴雨表,青年的价值取向决定了未来整个社会的价值取向。习近平总书记用"穿衣服扣扣子"的生动比喻,来说明处在价值观形成、确立时期的青年养成正确价值观的重要性。他号召青年从现在做起、从自己做起,使社会主义核心价值观成为自己的基本遵循,变成日常的行为准则,形成自觉奉行的信念理念,并身体力行大力将社会主义核心价值观推广到全社会去。

"恰同学少年,风华正茂;书生意气,挥斥方遒。"青年一代有理想、有担当,国家就有前途,民族就有希望。作为电科院的莘莘学子,要把社会主义核心价值观内化为精神追求,外化为自觉行动,按照习近平总书记的要求,从一开始就要扣好人生的第一粒扣子,在勤学、修德、明辨、笃实上下功夫。下得苦功夫,求得真学问;加强道德修养,注重道德实践;善于明辨是非,善于决断选择;扎扎实实干事,踏踏实实做人。我们要忠诚于党,报效祖国,服务人民,在密码保密战线拼搏奋斗,在实现中国梦的伟大实践中创造自己的精彩人生。

---

* 本文是作者为《电科院人》第 5 期撰写的卷首语。

把做人放在第一位[*]

（2015 年 6 月 16 日）

当国旗广场 2011 级学生照毕业像的快门一响，当不同省、区学弟学妹煽情的送老海报贴满松涛楼西墙，当文化艺术活动中心毕业晚会的帷幕徐徐拉开，电科院的又一个毕业季到来了。今天，我们欢聚一堂，举行隆重的毕业典礼和学位授予仪式，欢送完成学业、即将奔赴工作岗位的 2015 届毕业生。我代表学院向 2015 届同学表示热烈祝贺，向为同学们成长付出辛劳、做出贡献的师长、亲友表示崇高敬意，向关注学院建设发展、支持学院工作的各位领导表示衷心感谢。

毕业典礼在每一所大学都一年一次，但对学生来说是一生一次。毕业典礼和学位授予仪式是本科阶段教育完成的标志，是成为一名知识分子的庄重仪式，是学生从校园生活走向社会生活的起点。四年前，同学们以提前批次第一志愿考入电科院，满怀对未来的憧憬、对知识的渴求、对密码保密事业的担当开始了大学生活。在你们中间，有微软办公软件核心技能世界大赛的冠军、季军，有全国大学生信息安全竞赛等各项竞赛特等奖、一等奖获得者，有全国大学生创业大赛、首都高校体育比赛、北京市大学生艺术团展演等各种赛事活动的优胜者，累计获奖人次占同年级人数比例在全国高校中名列前茅。你们这一届学生，有 98.8％的同学取得了公务员资格，其中有 77.45％的同学在"国考"中达到中央、国家机关公务员录用的分数线，在全国高校中独一无二。母校为你们取得的成绩感到由衷的高兴，老师看到学生"青出于蓝而胜于蓝"倍感欣慰，我也和你们一样感到骄傲和自豪。

刚才，毕业生代表王春光同学、教师代表李玲老师、校友代表郭锐同学、学生家长代表邵朗同志都发言表达了他们激动的心情和殷切的希望。他们的发言感动了我，也启发了我。他们对学校的评价、对老师的感恩、对同学们的期许，让我深深感到肩负使命的光荣和责任的重大。在临别之际，我也

---

* 本文是作者在 2015 届本科生毕业典礼暨学位授予仪式上的讲话。

嘱咐同学们几句,作为临别赠言。

一、要把做人放在第一位

党的十八大报告讲,立德树人是教育的根本任务。教书育人讲德育为先,提拔干部要德才兼备,艺术家要德艺双馨。不管从事什么职业,德都是放在首位。教会学生做人、做事,是学校的责任。做人重于做事、高于做事,是绝大多数教育工作者的共识。做事先做人,做人重修身,修身德为本。古人讲正心诚意、修齐治平,修就是修身,排在齐家、治国、平天下前头。修身做什么? 就是要做人、做一个好人。好人的标准是什么? 往大里说是有理想信念、有人生追求,要继承中华民族传统美德,学习世界文明的先进理念,践行社会主义核心价值观,做一个高尚的人、一个纯粹的人、一个有道德的人。说具体点,就是热爱生活,懂得感恩,诚信正直,有社会责任感,待人有同情心等等。我希望同学们毕业之后,在脚踏实地时不忘仰望星空,在物欲横流时不随波逐流、不违背良心做事,面对功利诱惑不忘人生的意义和价值。上大学学习知识,是为了改造世界,而不是为了适应世界;我们说社会上一些东西不好,是为了让社会更好。世界不完美,才更需要我们每一个人都做出自己的努力。要在浮躁的社会环境中保持平静,在众人狂热时保持清醒,在可能一时失范的小环境中洁身自好,不自弃、不失足、有定力、守规矩,最终一定会取得成功。我在今天"最后一课"的场合讲这些话的原因,你懂的。

二、要把干事作为人生追求

梦是当今热词之一。梦是人生理想追求的概括,是奋斗目标的形象说法。实现中华民族伟大复兴是十三亿各族人民的中国梦,你们每个人也一定会有自己的梦。万物生长离不开大地,个人成才离不开时代。本职工作与家国天下,青春梦与中国梦,个人奋斗与人类命运,不会也不可能截然分开,从来都是密切联系在一起的。党的十八大确定了"两个一百年"的奋斗目标。现在距建党一百周年、全面建成小康社会还有 6 年;距建国一百周年、建成富强民主文明和谐的社会主义现代化国家还有 34 年。你们朝气蓬勃,正值如金似玉的好年华,是实现"两个一百年"奋斗目标的生力军。你到了新单位,别人不看高考成绩,不问毕业院校,不看"国考"分数,不看颜值高低,只看工作态度和工作实绩。实绩是干出来的。你要干事、干成事,千万不能错失这千载难逢的机遇,不要辜负这个大有用武之地的时代,必须奋发努力,一步一步、踏踏实实从底层做起,从具体工作做起。做好第一件事,做好每一件事,你的人生追求才不会落空。

三、要有吃苦的思想准备

这和孟子把"苦其心志、劳其筋骨、饿其体肤"作为"天将降大任于斯人"的考验是一个意思。20 世纪 60 年代有一部电影《我们村里的年轻人》,我们这个年纪的人都看过,就像你们都看过《小时代》系列一样。电影插曲的歌词很有哲理:樱桃好吃树难栽,不下苦功花不开,幸福不会从天降,社会主义等不来。你们在校史馆看到的优秀校友,今天作为嘉宾来出席毕业典礼的校友,毫无疑问是你们学习的榜样。但你必须知道,他们不是一出校门就取得成功的。他们的成长过程是漫长的、艰苦的,甚至是曲折的。他们的成长过程有逆境、有低谷,付出了心血和汗水才取得成功。社会比单纯的校园复杂,生活比课本更鲜活生动。丛林法则和心灵鸡汤都解决不了工作生活中面临的实际问题。这一点以后你们会有体会。同学们离开校园,走向社会,要勇敢地面对挑战,不怕吃苦,不在挫折面前低头。年轻人争强好胜、不甘人后,有天生我才必有用的雄心,有初生牛犊不怕虎的冲劲,很可贵、很难得,但你一定要有理想丰满、现实骨感的思想准备。不要总想走红地毯,也要准备穿荆棘丛。习近平总书记在同各界优秀青年代表座谈时指出,"无数人生成功的事实表明,青年时代,选择吃苦也就选择了收获,选择奉献也就选择了高尚。青年时期多经历一点摔打、挫折、考验,有利于走好一生的路。"同学们今后在拼搏的道路上遇到困难时,要看到成绩,要看到光明,要提高自己奋斗的勇气。

久久难忘毕业季,依依不舍离别时。同学们,你们带走的不光是盖着学校钢印的毕业证,还有老师言传身教的知识和经验,同学之间不计功利的感情和友谊,电科院留给你的人生体验和感悟。这些都比文凭重要,更应该珍惜。在离校前不多的时光里,你不妨再走一次学子大道,再唱一次毕业歌,再在校园里拍一张将来自己回味的青春靓影,再为改进学院工作至少提一条意见或建议;你应该向尊敬的老师道一声珍重,向亲爱的同学说一声再见,也别忘了抓紧时间向心仪已久的异性吐露你的心声。

"忠诚、笃学、创新、卓越"的校训,被你们称作"八字真经","严格、严谨、有序、有恒"的校风,已经在你们身上打上了电科院的烙印,"尊师、尚德、精艺、自强"的学风,也将在你们今后建功立业的过程中长久起作用。看到你们在校四年的成长成熟、进取进步,老师和家长一样感到欣慰、放心。同学们在校期间的出色表现使我相信、并且时间也将证明:走出校门之后的你们是政治坚定的人,是技术精湛的人,是富有创新能力的人,是受各级党政机关和密码保密部门欢迎的人,是给学校争光的人。同学们,你们有没有这样的信心和决心?

四载求学伴,一生同窗情;来年校庆日,莫作未归人。欢迎各位同学经常回电科院看看。校园不大,容得下你们的欢笑和荣誉;丰台风大,能吹散你们的委屈和烦恼。老师永远是学生的知心朋友,母校永远是校友的精神家园。

最后,祝 2015 届毕业生工作顺利、生活美好。祝各位领导和嘉宾身体健康、全家幸福。

按机要人员的标准要求自己[*]

（2015 年 9 月 14 日）

  电科院开展硕士专业学位研究生教育工作有三年了，还处于起步阶段，特别需要机要密码部门的帮助和支持。在贵州省委机要局建立研究生实习基地，是贵州省委机要局支持帮助学院办学的实际行动，为学院人才培养更加贴近机要部门创造了条件，为学院与贵州省委机要局进一步加强联系和合作提供了平台。今天，学院贵州研究生实习基地挂牌并正式启用。2015级专硕到贵州来开展机要行业实习，开始入学后的第一课。首先，我代表学院向多年来给予学院大力支持与帮助的贵州省委办公厅，特别是省委机要局的各位领导和同志们表示衷心的感谢！

  多年来，在中央办公厅的正确领导和全国机要密码部门的大力支持下，学院着力推进改革发展，教学科研水平不断提升，人才培养质量不断提高，学院保持着良好的发展势头。为适应形势发展对机要密码人才培养的需求，学院新世纪之初就着手谋划开展研究生教育，提升人才培养的层次。这里，我先简要介绍一下学院研究生教育的发展历程。

  2002 年，学院向国务院学位办申请硕士学位授予权，尽管当时申请的密码学、通信与信息系统两个学科建设成绩优异，但受制于本科毕业生未满十届的刚性规定而未获批准。2003 年，教育部批准学院与西安电子科技大学开展联合培养密码学硕士学位研究生工作；2009 年，学院开始负责联合培养硕士研究生的全程培养工作，独立开设所有课程，承担论文答辩、招生就业、教学管理、学生管理等工作。2011 年，又增加通信与信息系统、计算机应用技术两个联合培养专业。2011 年 10 月，国家启动"服务国家特殊需求人才培养"试点工作项目后，学院作为试点的第一批院校获得"电子与通信工程"和"计算机技术"两个工程领域的硕士专业学位授予权，2012 年首次招生。今年 3 月首届 30 名专硕顺利毕业，全部在行业内和信息安全领域就业。毕业生各方面素质过硬，基础知识扎实，又具备实际操作的动手能力，深受用

---

  * 本文是作者在专业学位硕士研究生密码行业实习开班式上的讲话。

人单位好评,专业学位研究生教育开局良好,旗开得胜。到目前为止,学院联合培养密码学学术型研究生已连续 12 年招生,毕业 9 届;专业学位研究生连续 4 年招生,毕业 1 届。所有毕业研究生学位论文答辩及盲审通过率、硕士研究生获得学位比例、硕士研究生就业率均为 100%。目前,学院在校研究生共 217 人,其中联合培养 90 人,独立培养 127 人。"十三五""十四五"时期在校研究生数量还要逐步增加。学院还一直在开展机要干部在职攻读计算机技术工程硕士的工作,基本形成了联合培养与独立培养并重、全日制教育与在职教育并举、学术型人才培养与应用型人才培养兼顾的研究生教育格局。根据今年 6 月 3 日中央办公厅主任办公会审议批准的《深化教育教学改革方案》,学院还将积极探索开展本硕连读或研究生推免工作,独立培养学术型研究生工作,适时开展联合培养博士研究生工作,稳步提高学院办学层次,不断提高人才培养质量,更好地满足机要密码事业发展对高层次人才的需求。

这次实习,是 2015 级专硕新生课程安排的第一板块,是你们今后从事机要密码和信息安全工作的起点。希望大家珍惜这次宝贵机会,全身心投入,圆满完成实习的各项任务,走好成为机要密码事业合格接班人的第一步。在此,我向同学们提几点要求。

一、要打好政治合格的底子

密码工作政治性极强,对工作人员政治要求很高。密码工作从 1930 年创立,经过一代又一代机要密码工作者的不懈奋斗,凝练形成了"对党忠诚、严守机密、遵守纪律、精通业务、开拓创新、甘于奉献"二十四字机要精神。去年 5 月 8 日,习近平总书记到中办视察时提出了"五个坚持",排在首位的就是"坚持绝对忠诚的政治品格"。安排同学们到省级密码领导机关实习,与一线机要干部共处,就是要让同学们进一步巩固大学期间思想政治教育的成果,从机要干部身上学习忠诚于党、忠诚于党的机要密码事业的优秀品质,接受机要精神的熏陶,锤炼自身的品格和意志,今后具备担当重任、建功立业的过硬政治素质。

二、要明确献身机要的方向

各位同学被"服务国家特殊需求"的试点专业录取后,就与党的机要密码事业紧密地联系在一起。机要密码事业是党的事业的重要组成部分。密码通信在党和国家的事业中发挥着生命线、保障线、指挥线的特殊作用。希望你们通过实习,认真学习领会党的机要密码工作的性质、地位和作用,感受作为一名"机要人"的光荣和自豪,切实增强使命感、责任感。只有立志投身机要、献身机要,才能在将来承担起"确保密码在任何时候、任何情况下绝对安全、绝对畅通"这一密码人员的神圣使命。

三、要培养专业认知的能力

工程领域的硕士专业学位人才培养以"服务国家特殊需求"的应用型人才为特色,其最大特点就在于实践性。为了做到这一点,我们依托机要部门开展实习实践,并在培养过程中实行"双导师制"。入校之初先到机要部门开展行业实习和行业实践,在校期间参与课题研究和技术攻关,毕业时的学位论文由学院教师和机要部门专家共同指导,贵州省委机要局副局长李爱民同志就是学院聘请的专业学位研究生行业指导教师之一。"双导师制"是学院保证专硕培养质量的重要举措,也是人才培养紧贴密码行业、突出密码特色的有力保证。通过实习,了解密码部门的工作环境、工作性质,以及对人才知识结构和操作技能的要求,使同学们加强对党政系统密码通信、计算机信息安全方面在用技术和未来发展所需基本理论、先进技术应用的思考,开阔专业发展的眼界,培养专业认知的能力,增强专业学习与研究的针对性,选准专业发展的发力方向。

四、要保守接触的国家秘密

机要工作的首要任务就是保证密码的绝对安全。只有密码安全,通过密码传送的国家秘密才会安全。一个合格的机要密码工作者,保密是必备素质。在行业实习的众多环节,大家都有可能接触国家秘密。机要局的具体业务和设备载体不少都涉密,有的涉密程度还很高。同学们在实习工作中,必须严格遵守保密纪律。一定要遵守实习的有关规定,遵守贵州省委机要局的纪律要求,不该说的不说,不该记的不记,不该问的不问,不该去的地方不去。牢固树立保密意识,强化保密观念,本身也是这次实习的一个重要内容。"必须十分注意保守秘密,九分半不行,九分九也不行,非十分不可。"同学们记住毛主席这句话,会受益终生。

贵州省历史悠久,有着深厚的文化底蕴,也有异常丰富的红色教育资源。红军长征时经过了贵州的 68 个县(市、区)。毛主席《长征》诗中"五岭逶迤腾细浪,乌蒙磅礴走泥丸"所说的乌蒙山脉,有一半就在贵州。长征途中的"黎平会议""猴场会议""遵义会议""强渡乌江""娄山关战役""四渡赤水"等重要历史事件都发生在贵州境内。贵州还涌现出邓恩铭、王若飞、周逸群等一批我党早期的革命家。唐宋八大家之一的柳宗元写过一篇《黔之驴》,讲的是贵州本地老虎和经水路进入贵州的外地驴子的博弈过程,十分生动有趣,给人许多启发。"黔驴技穷"这个成语出来后,很容易给人误导,其实在柳宗元笔下,驴是外来户,虎才是本地土著。寓言以虎喻人,反映出贵州人有沉着冷静的态度、调查研究的精神和敢打硬仗的决心。我们要向贵州人民好好学习,像贵州人民一样虎虎生威。贵州近几年的快速发展大家有目共睹,特别是在党的十八大以后,贵州的发展速度明显高于全国平均速度。五百多年前,明朝开国元老刘伯温曾预言:"江南千条水,云贵万重山。五百年后看,云贵赛江南。"现在看来他真的很有远见。贵州正凝聚后发优势,洼地崛起,奋力爬高,争取更大地开放、更快地发展,向更高的发展目标迈进。

贵州省的机要密码工作具有良好的工作基础,省委机要局拥有一支优秀的高素质干部队伍。省委机要局对这次实习非常重视,做了认真准备和精心安排,李跃文局长和其他局领导,还有相关处室的负责同志都要亲自给大家授课。实习期间安排同学们实地考察的铜仁市委机要局,是去年受到中央办公厅表彰的全国党政系统机要密码工作先进集体。在这里,办报机房就是你们的求知课堂,机要干部就是你们的入门导师。我相信每一位同学都会珍惜机会,把握机会,看问思悟,学有所获,从现在起就按机要人员的标准要求自己,为今后成为机要系统的一员打下扎实可靠的基础。

为校友加油充电　助校友胜任工作
增校友发展后劲[*]

（2015 年 10 月 30 日）

同国内许多大学一样,我们学校也是起源于干部培训班。1947 年,国民党军队重点进攻陕北解放区占领延安后,中共中央暂时分为三个团队,毛泽东、周恩来、任弼时率中共中央和中国人民解放军总部机关留在陕北,指挥全国各战场的作战;刘少奇、朱德、董必武率部分中央机关人员转移到华北,组成中央工作委员会,进行中央委托的工作;叶剑英、杨尚昆率中央和军委大部分工作人员在晋西北组成中央后方委员会,统筹后方工作。1947 年 8 月,中央工委在河北平山县(当时叫建屏县)西柏坡韩家峪举办的中央机要干部训练班,对外称"中国青年干部训练班",就是学院的前身。经过 68 年的发展建设,学院已成为集本科教育、研究生教育和干部培训于一体、以工为主,理、工、管协调发展的教学型普通高等学校。学院一直都非常重视机要干部培训工作,"文革"结束复校后,最初是由各系进行分散培训,后来单独设立了培训机构——原先叫成教中心,现在叫培训部——专门负责开展在职机要人员的培训工作。

干部教育培训是我们党有组织、有计划、有目的学习的重要方式,是党的事业和党的建设的重要组成部分,是培养造就高素质干部队伍的重要保障,是提升干部素质能力的先导性、基础性、战略性工程。重视干部教育培训工作是我们党的优良传统,建党之初的农民运动讲习所、工人夜校、自修大学、军官教导队等都是干部培训的形式,也是提高工农干部素质和能力的一个重要途径。党的十一届三中全会以后,党和国家工作重心转移到社会主义现代化建设上来。面对新形势新任务,中央高度重视干部教育培训工作,广泛开展干部学历教育,同时恢复和新建各级党校、行政学院,成千上万的干部接受培训。特别是党的十六大以来,党中央从党和国家事业长远发

---

* 本文是作者在第七期全国党政系统"学院毕业生机要业务提高专训班"学员座谈会上的讲话节选。

展的战略高度出发,做出大规模培训干部、大幅度提高干部素质的战略决策。为此,先后出台了一系列文件。1996 年 5 月中央印发了《1996—2000年全国干部教育培训规划》,2006 年 1 月中央颁布《干部教育培训工作条例(试行)》,2010 年 6 月中央办公厅印发了《2010—2020 年干部教育培训改革纲要》,2013 年 9 月中央颁布《2013—2017 年全国干部教育培训规划》,2015年 10 月中央印发了《干部教育培训工作条例》。中央关于加强新形势下密码工作的文件,明确提出要着力提高密码干部政治素质和业务素质,保证胜任现代化密码工作的需要。这些文件是我们党对干部队伍教育培训高度重视的真实写照。2007 年,中办机要局也制定了《党政系统密码干部专业教育培训纲要》。2013 年 9 月,中办机要局同意学院承担"全国党政机要系统干部培训中心"的职能,并正式授牌。学院适应全国机要密码干部队伍发展的形势,根据不同岗位的要求和培训对象的需求,创新培训形式,对在职机要干部进行分级、分类培训。粗线条地划分,目前我们的培训班次有三种类型。第一种是按学员的行政级别或工作部门分类,如局长、处长及普通机要干部培训班,各级分管领导培训班,新机要干部持证上岗培训班和业务处长培训班等。第二种是按培训内容分类,如网络通信及安全管理、领导能力与领导素质建设、信息化建设与密码保障、保密法律法规、网络信息安全与电子政务建设、公文处理与政务礼仪等。第三种是按培训班形式分类,主要有中办机要局交办、全国各地及中央部委委托学院承办和学院根据机要部门需求自办三种。学院毕业生机要业务提高专训班,就是专门为在机要部门工作的校友开设的班次。办这个班,主要基于以下三个方面的考虑。

一、为校友加油充电

现代人才学中有一个"蓄电池理论",认为人的一生只充一次电的时代已经过去,只有不间断充电的高效蓄电池,才能长时间持续不断地释放能量。终身学习、终身教育是与人的一生相伴的活动,贯穿人的生命全过程。学习决定能力的大小,学习决定成长的差距,学习决定人生的境界。邓小平同志说过,学习是前进的基础。江泽民同志、胡锦涛同志关于学习也有许多经典论述。习近平同志到中央工作后,中央党校每年举行春季、秋季学期开学典礼时,都要亲自去看望学员,发表重要讲话。2008 年 5 月 13 日,他在中央党校 2008 年春季学期第二批进修班开学典礼讲话中指出:"高度重视学习,善于进行学习,是我们党的优良传统和政治优势,是我们党保持和发展先进性、始终走在时代前列的重要保证,也是领导干部健康成长、提高素质、增强本领、不断进步的重要途径。"培训深造是终身教育过程中的接力加油、蓄能充电。只有强化终身学习的意识,把学习当成一种生存状态和工作方式,持之以恒地坚持下去,才会使自己的思想领人之先,行动步人之前,能力居人之上。

二、助校友胜任工作

当今世界,科技进步日新月异,知识总量不断膨胀,更新步伐不断加快,知识的半衰期逐渐缩短。联合国教科文组织一项研究结果表明:知识更新周期在 18 世纪约为 80~90 年,19 世纪到 20 世纪初缩短为 30 年;20 世纪 60~70 年代,知识更新周期为 5~10 年,到 80~90 年代,知识更新周期缩短到 5 年;进入 21 世纪,知识更新周期缩短到 2~3 年。学院历届毕业生的绝大多数至今仍然在机要岗位上工作。各位校友上学时学到的知识,到现在许多已经过时,不补充新的知识,难免会形成"知识恐慌"和"本领恐慌"。随着信息社会的发展,密码工作高科技含量不断增加,密码装备定期更新换代,密码使用网络日益扩大,密码服务领域更加广泛,新时期的密码工作对密码干部队伍的整体素质提出了新的更高的标准和要求,密码干部不仅要具备扎实的网络安全技术基础知识,还要掌握相关的科学技术知识和操作技能。达到这一要求,就必须不断加强高科技知识的学习,不断更新知识,不断提高科技素质,掌握履行岗位所必需的知识和本领,从而逐步实现密码干部由事务型、经验型向技术型、专家型转变,努力把自己打造成为既掌握密码科技最新知识,又精通机要密码业务技能的行家里手。

三、增校友发展后劲

学院桃李满天下,从中央、国家部委到驻外使领馆,从党政机关到企事业单位,处处都有电科院人。他们之中有高级领导干部,有杰出的专业人才,有各个领域、各条战线的先进模范人物。参加这次培训的同志今后工作岗位也有可能会发生变动,担任的职务会越来越高,担当的工作会更多更重,也有可能去机要部门之外的领域发展。一个干部能走多远,能担当多大的责任,不能只看目前的现状,还要看有没有发展后劲。一个人的潜能就是发展后劲,是一个人最宝贵的智力财富。看一个干部是否有发展后劲,取决于潜能是否激活和释放,从而形成恒久的学习能力和不断完善自我的能力。虽说"金无足赤、人无完人",但要出类拔萃,首先应该是一个人格、学识、修养等各方面均衡发展的人。这主要通过自我完善来实现,参加培训为你完善自己提供了机会和条件。增强发展后劲,必须正确认识自己,不断增强学习的自觉性,持之以恒地加强自我修养,在不断学习中提高思想政治理论水平和业务能力,在实践磨练中增强组织领导能力、提升综合素质。

同志们回到母校,我作为母校的老师和领导非常高兴,真心希望各位校友通过学习培训,在今后的工作中不断完善自我,不断增强发展后劲,进一步为自己奋斗的事业打牢根基。通过不懈的努力,让自己的人生更加辉煌,让母校的声誉在社会上进一步提高,在机要系统的影响进一步扩大。也希望大家根据工作实践和这次实地参加培训的感受,对培训班内容设置、组织形式、教学安排、效果评价等方面提出意见和建议,帮助我们把专训班办成按需施教、个性鲜明、备受欢迎、有口皆碑的培训班。

文 化 塑 魂

　　文化是一所大学的灵魂，是大学彰显特色的重要标志。大学文化在长期办学中积淀形成，经历任教习和学子涵育，是一所学校发展的精神动力，是办学特色中别人拿不走也仿不了的。高品位的大学文化是展现学校对外形象的"名片"，是为学校发展赢得竞争优势的软环境，是一种具有巨大内部凝聚力和外部扩张力的无形资源。

外语是大学教育的重要课程[*]

（2006 年 12 月 29 日）

同学们，老师们：

晚上好！

很高兴收到你们的邀请，很高兴出席"梦幻之夜"新年英语晚会，很荣幸允许我站在这里给大家讲几句话。首先祝贺演出成功并对今晚将获奖的同学表示衷心的、羡慕的、但绝不是妒忌的祝贺。

在大学课程中外语是很重要的一门课。学习外语是有用的、有益的、有价值的。外语是一座桥，可以走更远的路。外语是一扇窗，可以看到更多的风景。外语是一架梯子，可以到更高的地方。当然，外语还是一个"秘密武器"，可以多一条结识帅哥靓妹的途径。

记得我学英语的时候，没有全国统一的教材，没有原汁原味的外文读物，更没有语音实验室，连粗笨像砖头似的录音机，好像是松下牌的，都是罕见之物。我学英语是从"毛主席万岁"开始的。学的大部分是政治术语，如"工农兵是我们的老师""我为革命学习英语""外语是人生斗争的武器"等等。你们赶上了好时候。有英语广播、电视、报纸、杂志、互联网，与我们那个年代比起来，条件要好得多，不只是天壤之别，简直是天渊之别。你们应该学得更好。我相信你们已经做到了，今天的晚会已经证明了这一点。

学英语有没有诀窍呢？有的。我在这里透露一点，不收专利费。第一，每天与不同的人说英语，对自己讲英语。第二，坚持听英语。当你听到一个单词或短语的用法时，试着自己也用一下。第三，试着用英语思考问题。当有人用英语提问时，你要试着立即用英语回答，别想如何用中文回答。假如你做到了这些，你的英语基本上就过关了。第四，也是最重要的，就是你们要听英语老师的话。如果你们不听老师的话好好学习，你们就得不到好分数。要知道，你们的老师，不管男女老少，都是很棒的。像郎永清、巴雪静、刘伟伟、李新华、陈茜芸、楠凌娜、杨厚琴、张武江、王玮等等，每一个人都是

　＊ 本文是作者在"梦幻之夜"新年英语晚会上英语演讲的中译稿，题目系作者另拟。

非常优秀的。我说的话,特别是第四点,你们可一定要记住哟。

套用一句名人的话,结束我的演讲。在学习外语的道路上没有捷径可走,只有在崎岖小路上奋勇攀登的人,才有可能到达光辉的顶点。有志者事竟成。命运之神保佑你们。

抱歉占用了大家的时间,我讲完了。谢谢!

附:英语演讲原稿

A Speech at the "Night of Fantasy" New Year English Party

Delivered by Shen Yongshe on Dec. 29th, 2006

Good Evening, everyone!

I am very glad to be invited by you and to attend the "Night of Fantasy" New Year English Party. I feel much honored to stand here, in front of you, to make some remarks to all of you present here. First of all, let me congratulate you for your excellent performances and I wish to express my heartfelt, envious, but by no means jealous congratulations to those who are to win the prizes tonight.

Foreign language is one of the most important courses in college curriculum. It is very useful, beneficial and worthwhile to learn. A foreign language is a bridge which can pave a way for you to go further. A foreign language is a window through which you are able to see more beautiful views. A foreign language is a ladder by which you can reach higher places. Of course, a foreign language can also serve as a "secret weapon" for you to meet with handsome boys and pretty girls.

In the past when I learned English, there were no uniform English textbooks, no English reading materials of original taste and flavor available in the country, let alone the phonic labs. Even a tape recorder, as if its brand was Panasonic made in Japan, was very rare, though it looked as rough as a brick. I began to study English by learning a slogan "Long live Chairman Mao!" Actually most English we learned at that time were those political terms, such as "The workers, peasants and soldiers are our teachers" "We learn English for the revolution" "A foreign language is a weapon for the struggle of life", etc. Nowadays, you are lucky enough to meet such a good time when there are so many approaches to learn English, such as the English broadcast, TV, newspaper, magazine and the Internet. Compared with the old days, your conditions and circumstances in learning English are much better than us. In fact, it is vastly different as between heaven and earth. Therefore you are expected to learn English much better and harder. I believe that you have done a good job since your performances tonight have proved your capabilities in English. Are there any knacks in learning English? Yes, there are. Let me disclose some of them to you, free of charge. Firstly, speak in English with different people and also talk to yourself in English everyday. Secondly, keep listening to English. Whenever you hear English usage of a certain word or a phrase, try to use it yourself. Thirdly, try to think in English. When someone asks you a question in English, you should answer it right away in English, instead of translating it from Chinese to English in your mind. Generally speaking, your English is up to standard if you manage to do so. Last but not the least, it is most important that you should follow the guidance of your teachers. You know, you will not get a good mark if you don't listen to them. Remember, your English teachers are very great, whether they are male or female, young or old. For example, Forever-clear-headed Man, Silent-Snow Bar, Double-Great Liu, New-China Lee, Red-Cloud Chen, Nancy Linna, Thick-Harmonica Yang, Valiant-River Zhang, Great-Queen Wang, etc. Everyone above is excellent in their fields. Do think about and remember my words please, especially the last point.

Well, let me conclude my speech with an adapted quote of a well-known person. There is no short cut in the way we learn foreign languages, and only those who keep climbing without fear in the rugged path will be able to reach the glory peak. Where there is a will, there is a way. God bless you!

I'm sorry for taking you so much time and my speech is over. Thank you very much for your listening to me. That's all!

校训——60 年办学经验的科学总结[*]

（2007 年 7 月 2 日）

　　校训是师生员工经过长期努力而积淀形成的相对稳定的理想、信念与追求，它反映着一个学校办学的特色，反映着师生员工的精神风貌。经全院上下反复讨论修改，北京电子科技学院凝练确立了"忠诚、笃学、创新、卓越"的校训。八字校训立意高远、内涵丰富，不仅体现了大学之道，传承了学院的传统，而且反映了学院的办学特色。

一、忠诚：历史之传统

　　"忠诚"释义：忠于党，忠于祖国，忠于人民，忠于社会主义，忠于机要密码事业；树远大理想，养浩然正气。

　　学院校训将"忠诚"放在第一位，表明学院始终坚定不移地将忠诚教育放在育人工作的重要位置。从释义中可以看出，除了一般意义上的忠诚要求外，特别强调了政治上的忠诚可靠，这是学院办学的一个重要特色，是由学院历史传统和性质决定的。一是源于学院与机要事业的天然联系。机要工作的性质及其在党的工作中的地位，决定了它对人政治上忠诚的要求。从 1947 年 8 月，中央工委在河北省平山县韩家峪举办中央机要干部训练班开始，学院伴随机要事业的发展而不断发展壮大，机要事业对工作人员的特殊要求，就是学院人才培养的目标。二是源于中央和中办领导的要求和期望。在 60 年的发展历程中，学院一直得到党中央和中办领导的亲切关怀。老一辈无产阶级革命家毛泽东、周恩来、刘少奇、朱德、任弼时、邓小平都对学院建设做过许多重要指示，有的还亲自为学员授课，他们都特别强调政治上要忠诚可靠。毛泽东、邓小平、江泽民先后为学院题词。历任中央办公厅主任都十分关心学院的建设和发展，并在这方面提出了明确要求。三是源于学院特殊的隶属关系。学院自创建以来，一直是在中央办公厅及中办机

＊ 本文刊登于 2007 年第 8 期《机要工作》。

要局的直接领导下建设和发展,这是学院得天独厚的政治优势。代代师生在党中央身边,接受党的优良传统作风的教育和熏陶,形成了忠诚的政治品格。

春风化雨,润物无声。60年来,学院在建设和发展中,始终把忠诚教育贯穿于办学治校的各个环节,经过不断的实践和探索,在党的建设、教学建设、学生教育管理等方面逐步形成了一整套忠诚教育的有效机制。新生录取前由学院和省级机要部门进行严格的政治审查,为忠诚教育奠定坚实的基础。在教学中努力践行中办优良传统作风和机要工作优良传统,始终将政治上忠诚可靠作为人才培养的目标。建立以党委为核心、党政工团齐抓共管的思想政治工作机制。坚持开展经常性的传统教育和形势政策教育,特别是中央政治局候补委员、中央书记处书记、中央办公厅主任王刚同志连续几年为师生作形势政策报告,受到广大师生的热烈欢迎,取得了良好的教育效果。学生党建工作在高校中独具特色,《求是》《中国高等教育》等刊物均载文介绍了我院加强学生党建工作、发展学生党员的做法和经验。

二、笃学:立校之根本

"笃学"释义:专心致志,刻苦钻研;广闻博采,好学深思;不倦探索,知行合一。

培养什么样的人,怎样培养人,是学校办学立校的根本性问题。校训在"笃学"的释义里,强调既要专心致志,刻苦钻研专业知识;又要广闻博采,好学深思,深刻反映了学院在培养人才上对通才与专才教育有机融合的追求。这种追求的出发点和落脚点,是使学院培养的人才不但具有适应机要、密码事业不断发展的能力,还要具有适应科学技术、时代和社会发展的素质。长期以来,学院将"突出忠诚教育、培养特色本领、提高综合素质"作为重要理念,致力于培养学生在机要、密码、信息安全方面的专业素质,努力使学生在专业知识和技能方面比其他院校学生更出色、更优秀。在长期的办学实践中,学院始终把机要部门的需要作为办学的第一信号,紧贴机要、密码工作实际开展教学,尤其重视专业实践教学,通过组建实验基地、专业实习基地、与各省共建实习基地等多种途径培养学生的实践动手能力。同时,学院注重学生的全面发展与完善人格的形成,在科学知识与人文知识的整合上下功夫,在科学精神与人文精神的统一上做文章,加强学生综合素质教育,引导学生向复合型人才方向发展。从全国机要部门的反馈来看,学院培养的毕业生综合素质较高,业务能力较强,能很快适应机要、密码工作。

释义中的"不倦探索,知行合一"体现了学无止境,终身教育的理念和学习的目的在于应用的要求。学生无论是在校期间,还是毕业后走上工作岗位,都要不断学习,把学习的知识与机要、密码实践紧密结合起来,把个人的发展和机要、密码事业的发展紧密联系起来,用自己的行动和学识创造新的业绩,成为机要、密码事业的可靠接班人。滋兰树蕙,桃李芬芳。走出校门的一届届毕业生牢记校训,在机要、密码战线上不断耕耘,勇于创新,创造了优秀的业绩,相当一部分毕业生成为全国各级机要部门的领导干部和业务骨干。

三、创新:前进之动力

"创新"释义:遵循高教规律,传承机要精神,发扬中办传统;与时俱进,开拓进取,革故鼎新,不懈攀登。

创新是一个民族进步的灵魂,是一个国家兴旺发达的不竭动力。在校训"创新"的释义中,包括了两层含义。一是创新的方略,即坚持发展共性,打牢学院发展之基;坚持发展个性与特色,注入发展活力。二是创新的精神,在师生中大力提倡、培育和养成"与时俱进、开拓进取、革故鼎新、不懈攀登"的精神状态。两个方面相互促进、相互渗透、相辅相成,共同推进学院不断成长。

"遵循高教规律,传承机要精神,发扬中办传统"是学院的办学原则,这是对60年发展历史的经验总结。学院一直坚持"遵循高教规律"这个普遍要求不动摇,也坚持"传承机要精神,发扬中办传统"这个特殊要求不动摇,将两者辩证地统一到学院的办学治校之中,并在多方位建立支点,突出个性与特色,注入活力,实现创新的目标。

——在学科专业体系建设上突出特色,注重质量而不追求数量。经过多年的发展,学院已建成信息安全、信息与计算科学、电子信息工程、计算机科学与技术、通信工程、行政管理六个专业,所有学科及专业建设、教学建设都以密码与信息安全为核心。

——在课程体系建设上彰显个性,力求创新。学院在全国高校中最早开设《密码工作概论》《密码学》《密码学基础》等课程,经过多年努力,学院有密码特色的教材体系建设日臻完善,密码学课程体系逐步形成。

——在科研工作上明确主攻方向,坚持走以密码科研为核心的特色科研之路。经过多年努力,学院成为全国高校中唯一的国家普通密码科研单位,涉密计算机系统集成资质(甲级)单位。通过组建信息安全与保密重点实验室、成立信息安全工程研究中心,打造密码科研环境。通过人才队伍建设,培养了一批综合素质高、开发能力强的密码科研队伍。通过研究和开发具有自主知识产权的信息安全与保密的关键技术,占领国内密码产品的市场。我院研制生产的密码产品在国内有关行业得到广泛应用,并受到普遍欢迎。

　　——在学生素质上突出创新精神和能力的培养。千方百计为学生多提供创造、创新的机会,提供锻炼能力、提高素质、展示才华的平台。鼓励和支持学生开展课外科技文化活动。由专门机构指导学生开展课外科技活动,学院拨出专款资助学生自主科研立项。仅近两年,就有 2 项学生科研成果获国家专利证书。同时,学院学生在历届北京市及全国数学建模比赛、电子设计等大赛中均获得较好成绩。

　　辛勤耕耘,收获可期。在长期的学院特色建设过程中,师生的创新意识逐步增强,创新能力显著提高,创新成果不断涌现,“与时俱进、开拓进取、革故鼎新、不懈攀登”的创新精神成为师生的共同追求。

四、卓越:努力之目标

　　“卓越”释义:勇担责任,敬业奉献;超越自我,敢为人先;为人崇尚高山景行,做事追求精益求精。

　　校训中的“卓越”表达了对实力的自信和对目标的追求,它激励师生在不断超越自我中做到领先超群,做人、做事、做学问都要追求至真、至善、至美的境界。做教师,要成为最有魅力的教师;做学生,要成为最优秀的学生;做学问,要达到最精深的程度;做管理,要达到最佳的效果;做服务,要提供最优质的服务。

　　志存高远,天道酬勤。多年来,学院师生对卓越境界的不懈追求,取得了突出的成绩。广大教师在教学、科研中追求卓越,不懈耕耘,精研业务,协调攻关,勇攀高峰,展现着人民教师的风采。目前学院有 14 名同志享受国务院政府特殊津贴,有一批“北京市优秀教师”和“北京市青年骨干教师”,1 名教师获得“北京市教学名师”称号。有近 160 人次获得省部级科研成果奖。近 3 年来,学院教师编写著作和教材 36 种,其中有 7 种被评为北京市高等教育精品教材和机要特色教材。

毕业生在工作岗位上追求卓越,展现才华。建校以来,学院培养硕士研究生、大学本专科毕业生 4759 名,培训在职机要干部 15000 多名,他们在从中央到省、地、县的各级党政机关及相关工作领域发挥着重要作用。据统计,我院毕业生中,有 33 人担任省、部、军级和国家局领导职务,有 200 余人担任司局级领导职务,有 1000 余人担任县处级领导职务,有一批各行各业的工作标兵和先进模范人物。

学院的校训是学院历史传统和办学特色的凝练与概括,要言不赘,辞简意赅。在今后的办学实践中,学院师生将在过去发展的基础上,以校训为指引,创造学院发展的新境界,通过不懈努力,把学院建设成为我国密码人才成长的重要摇篮和国家密码科研的重要基地。

行路不忘开拓者　饮水常思挖井人 [*]

（2007 年 9 月 10 日，11 月 7 日，11 月 8 日）

一

各位领导、同志们：

1947 年，我们学院的前身在革命圣地西柏坡诞生，到今年已经走过 60 年光辉历程。60 年来，一代又一代电科院人艰苦奋斗、呕心沥血，使电科院发展成为今天这样一所有较高社会声誉、受到全国机要战线欢迎的高等院校。吃水不忘挖井人。对每一位为电科院发展做过贡献的人，我们永远不会忘记。

建设校史馆记录学院 60 年的成长轨迹和发展变化，一直是电科院人的心愿。为了迎接 60 周年校庆，在厅领导的亲切关心和机要局、管理局、人事局的大力支持下，校史馆于今年 6 月中旬开工建设，9 月 6 日竣工。

建成后的校史馆，将成为学院对外宣传的窗口、教职工追思传统的课堂、学生热爱和忠诚党的机要密码事业的教育基地。在庆祝第 23 个教师节的喜庆日子，中央办公厅领导为校史馆揭牌，请机要局、管理局、人事局各位领导作为校史馆第一批尊贵的客人进行参观指导。

（校史馆开馆辞，2007 年 9 月 10 日）

二

在全党、全国各族人民庆祝党的十七大胜利闭幕，认真学习贯彻党的十七大精神，北京电子科技学院举行 60 周年校庆的喜庆日子，我们高兴地迎

---

[*] 本文是 60 周年校庆期间作者在校史馆开馆，47、48 级老校友座谈会，校庆文艺晚会上的致辞。

来了学院最尊贵的客人——学院创建之初韩家峪、天井中央机要干部培训班的学员,47、48级的电科院校友。我首先代表学院党委、代表全体师生员工,对各位老校友的到来表示热烈的欢迎。

"作始也简,将毕也钜"。弹指一挥间,电科院已走过了60年的发展历程。60年岁月沧桑,薪火相传。电科院伴随党的机要密码事业的发展而成长壮大,已由初创时期的短期培训班逐步发展成为一所拥有现代化教育设施、具有较强师资力量和较高社会声誉的正规高等院校。60年滋兰树蕙,桃李芬芳。学院为全国机要部门和党政系统培养了一大批优秀人才,受到全国机要部门的好评和欢迎。学院能够发展到今天,离不开党中央、中央办公厅领导的亲切关怀,离不开几代电科院人的艰苦努力,也离不开今天在座的47、48级各位校友的开创性工作。你们为机要干部培训积累了经验,为新中国成立后机要干部学校的创建开了先河,为今天的密码专业学校奠定了基础,在党的机要密码教育工作历史上写下了光辉的一页。这是党的机要工作的光荣,也是电科院的骄傲。我代表学院党委和全体师生员工,向你们表示崇高的敬意。

在刚刚过去的9月,电科院上下一心,群策群力,以良好的精神状态和优异的工作成绩,接受了教育部专家组对学院进行的本科教学工作水平评估,得到了专家的高度赞扬和充分肯定。现在,我们正全力以赴,争取硕士学位的单位授予权,进一步提高学院的办学层次,向新的更高的目标前进。11月6日,曾庆红同志为学院60周年校庆做出重要批示:"祝贺中办电子科技学院六十周年校庆。把继承和发扬学院优良传统与开拓创新结合起来,以高度的使命感,为党和国家培养更多有密码特色的信息安全高素质人才,让红色电波永不消逝,使密码事业后继有人。"王刚同志为学院60周年校庆做出重要批示:"中办电子科技学院要以60年校庆为契机,积极进取,奋力开拓,努力把学院建设成为我国密码人才成长的重要摇篮和国家密码科研的重要基地。"11月7日,温家宝同志为学院60周年校庆做出重要批示:"发扬机要工作优良传统,适应新形势新任务,努力办好电子科技学院。"后天,中央办公厅、教育部和北京市教委的领导将来学院参加庆祝建校60周年座谈会并发表重要讲话,为学院的下一步发展指明方向。我们相信,电科院的远景光明灿烂,电科院的明天更加美好。

行路不忘开拓者,饮水常思挖井人。看到校史馆泛黄照片中的学院老前辈来到学院,我们感到无比高兴。你们是学院最尊贵的客人。希望各位老校友能常回来看看,关注学院的发展,指导我们的工作。学院的大门永远为你们敞开。

（在 47、48 级老校友座谈会上的讲话，2007 年 11 月 7 日）

三

尊敬的各位来宾，老师们、同学们：

大家晚上好。

秋天，是收获的季节；今天，是学院喜庆的日子。

在全党、全国各族人民认真学习贯彻党的十七大精神的大好形势下，电科院迎来了 60 周岁生日。

作始也简，将毕也钜。电科院的 60 年，是不平凡的 60 年。

60 年栉风沐雨，风雨兼程。一代又一代电科院人牢记使命，矢志不渝，坚韧不拔，自强不息，为学院的建设和发展付出了辛劳和汗水，铸就了学院今天的辉煌。

60 年岁月沧桑，薪火相传。学院伴随党的机要密码事业的发展而成长壮大，从初创时期的短期培训班，逐步发展成为一所拥有现代化教育设施、具有较强师资力量和较高社会声誉的正规高等学校。

60 年滋兰树蕙，桃李芬芳。学院为全国机要部门和党政系统培养了一大批优秀人才，受到全国机要部门的好评和欢迎。

60 年承恩沐露，倍享殊荣。党的三代领导核心毛泽东、邓小平、江泽民先后题词勉励。胡锦涛等中央领导同志对机要密码工作和学院建设做过许多重要指示。昨天和前天，温家宝、曾庆红、王刚同志专门对学院 60 周年校庆做出重要批示。明天，中央办公厅、教育部和北京市教委的领导将来学院参加庆祝建校 60 周年座谈会并发表重要讲话，为学院的下一步发展指明方向。

60 年已成过去，未来远景光明灿烂，明天更加美好。学院的生日就是我们老师、学生和机要部门自己的节日。学院的发展离不开各地机要部门的支持。今晚来自全国各地机要部门的领导、校友，和全院师生一起，共同欣赏文艺节目。让我们用热烈的掌声对出席校庆活动的嘉宾表示欢迎，对可爱的学生为校庆精心准备的精彩演出表示感谢。

北京电子科技学院庆祝建校 60 周年文艺演出现在开始，请大家欣赏。谢谢大家。

（在校庆 60 周年文艺晚会上的致辞，2007 年 11 月 8 日）

爱国爱校教育的生动教材 *

（2007 年 11 月 20 日）

　　在欢庆建校 60 周年之际，在全院认真学习贯彻党的十七大精神，传达学习中央领导同志重要批示的大喜日子里，装帧大方、印制精美，散发着油墨芳香的《北京电子科技学院史（1947—2007）》与大家见面了。《北京电子科技学院史（1947—2007）》（以下简称《院史》）在中央办公厅历史编写领导小组的领导下，在学院院史编写领导小组的指导下，在全院各部门的大力支持下，经过编纂人员一年多的辛勤工作定稿成书，由西苑出版社出版发行。今天，我们在这里举行首发式。首先，我代表学院党委、代表学院院史编写领导小组，向参与院史撰写、编审、出版的同志们，向为院史提供各种珍贵历史资料的老同志及学院档案室，向在场和不在场的每位为院史做出贡献的同志，表示崇高的敬意和衷心的感谢！

　　我们学院是一所具有 60 年光荣历史和革命传统的高等学校。学院前身可以追溯到 1947 年 8 月，中央工委在河北省平山县西柏坡韩家峪举办的中央机要干部训练班，标志着我党规模较大、较为正规的机要教育的开始。之后，历经天井中央机要干部训练班、张家口军委工程学校、南京机要干部学校、北京机要干部学校、宣化机要干部学校、北京电子专科学校和北京电子科技学院几个发展时期，伴随党的机要密码事业的发展而不断成长壮大。建校 60 年来，在党中央和中央办公厅领导的亲切关怀下，在各级机要部门的大力支持下，学院坚持"遵循高教规律，传承机要精神，发扬中办传统"的办学原则，以"立足机要密码行业，服务全国党政系统，面向信息安全领域"为服务面向定位，形成了以培养有密码特色的信息安全高素质人才为目标的独具特色的培养机制，已为国家培养出万余名大学生和中专生，一大批毕业生成为各级机要部门的领导干部和业务骨干。据不完全统计，有 30 余人担任省、部、军级和国家局领导职务，200 余人担任地市、司局、师级领导职务，担任处级领导职务的逾千名；还涌现了一批学术上有成就的高级人才和

---

　　* 本文是作者在《北京电子科技学院史（1947—2007）》首发式上的讲话。

先进模范人物。60年来,学院为党和国家输送了大批人才,对机要密码事业的发展做出了重要贡献。

编史修志在我国有着悠久的传统。编纂史书,"存史、资治、教化、育人"意义重大。历史是不能割断的,事物的昨天、今天和明天之间有着内在的、必然的联系。编写《院史》,是为了记录学院的奋斗足迹,总结办学经验,指导今后的办学工作,功在当前,利在长远,是一项认识过去、服务现在、指导未来的一项重要工作。

《院史》在编写过程中,得到中办历史编写工作小组的具体指导,得到学院历任老领导的亲切关怀,他们对《院史》的考证、编写、审核严格把关,精心指导。以老同志为主体的全体编纂人员为院史的撰写付出了大量的汗水和心血。他们克服时间紧迫、资料短缺等诸多困难,默默无闻,埋头苦干,不计奔波之苦,不惜案牍之劳,勤奋耕耘,终于完成了这部集思想性、科学性、资料性为一体、洋洋25万字、图文并茂的史书。全书脉络清晰,结构合理,内容翔实,印制精美。《院史》的出版,填补了学院基础建设的一项空白,也是学院今后制定、完善改革发展思路和重要决策的参考依据,具有很高的历史价值和文化价值。同时,搜集整理了大量十分珍贵的资料,为今后修订、续写院史积累了丰富的素材,奠定了坚实的基础。

《院史》是学院60年机要密码教育历程的忠实记录,是各级领导和全体教职工集体智慧的结晶,也是对师生进行传统教育和爱国、爱校教育的教科书。我们相信,《院史》对学院今后的建设和发展,必将起到有益的借鉴指导作用,激励广大教职工热爱和忠诚党的机要密码教育事业,志存高远、爱国敬业,为人师表、教书育人,严谨笃学、与时俱进,为进一步提高机要密码教育工作的质量而努力奋斗。

当前,全党、全国人民都在深入学习贯彻党的十七大精神。我们全体教职员工要在认真学习十七大文件,学习中央领导同志为学院60周年校庆所做的重要批示的同时,细心读一读《院史》,加深对学院历史的了解,从中吸取有益的营养,结合学院的实际全面贯彻落实科学发展观,不断提高教学、科研、管理水平,推动学院更快更好地发展。同时,要充分发挥《院史》的教化作用,把它作为学生爱国、爱校教育的生动教材,激励和引导学生矢志成才,做党和国家机要密码事业的可靠接班人。

老师们、同志们,盛世修史,国运昌盛。电科院60年的岁月已定格在这部《院史》里。回顾历史,我们信心百倍;展望未来,我们豪情满怀。捧读《院史》,我们深感学院的过去灿烂辉煌,学院的今天充满机遇,学院的未来更加美好。目前,我们学院正面临着难得的发展机遇。我们一定要抓住机遇,善加把握,励精图治,扬长补短,把建校 60 年作为开拓进取的新起点,按照中央领导同志的重要批示要求,努力把学院建成我国密码人才成长的重要摇篮和国家密码科研的重要基地,办成特色鲜明、水平一流的机要密码专业高等学校。

体育是素质教育的重要内容 *

(2008 年 10 月 18 日，2009 年 10 月 17 日，
2012 年 6 月 6 日、10 月 13 日)

一

一年一度的学生田径运动会，展示优良系风班风，检阅体育竞技水平，促进学生健身锻炼，是学院的体育盛会，师生欢乐的海洋。在运动会期间，裁判员恪尽职守，公平执法；工作人员高度负责，敬业尽职；观众文明守纪，情绪高昂。运动员龙腾虎跃，顽强拼搏，在赛场上表现出了出色的竞技水平和良好的体育道德风尚，赛出了水平，赛出了风格，取得了运动成绩和精神文明双丰收，充分展示了电科院学生奋发进取的精神风貌，谱写了我院精神文明建设的新篇章！

"日月忽其不淹兮，春与秋其代序。"一天的运动会离我们而去，人生的拼搏永不停息。生命在于运动，体育就是动力。希望同学们把运动会激发出来的集体观念、拼搏精神、竞争意识保持下去、发扬光大，带到今后的学习、生活中去。田径场上，不甘落后，勇争第一；课堂考场，笃守诚信，自强自律；在人生舞台上，追求卓越，勇攀高峰。祖国的未来属于你们！

同学们，青年时代的毛泽东曾写下"自信人生二百年，会当水击三千里"的豪迈诗句。希望你们在"更高、更快、更强"的奥运精神激励下，秉承校训要求，牢记时代使命，经常参加锻炼，磨炼意志，刻苦读书，发愤学习，"野蛮其体魄，文明其精神"，做一名德智体美全面发展的优秀学生，永葆青春活力，展示靓丽人生。

(2008 年学生田径运动会闭幕词，2008 年 10 月 18 日)

---

* 本文是作者在学院学生田径运动会上的开幕词、闭幕词、和体育比赛获奖同学座谈时的谈话要点。

二

秋风送爽,硕果飘香,刚刚送走了举国欢庆的国庆佳节和亲人团聚的中秋佳节。今天,我们又相聚在这里,伴随着喜悦,伴随着希望,伴随着活力,迎来了学院 2009 年学生田径运动会的隆重召开! 我代表院党委、院领导向全体运动员、裁判员、老师们和同学们致以亲切的问候和良好的祝愿!

以人为本,全面发展,是包括身体素质在内的各方面素质的和谐发展。体育是素质教育的重要内容,也是校园文化的重要组成部分。对于每个同学来说,健康的身体是学习的基础,德智体美的和谐发展应成为一种自觉的追求。我们学院每年举办一次学生田径运动会,就是为了激励同学们增强健身意识,提高身体素质,丰富校园精神文化生活,促进个人和学院的全面发展、健康发展、和谐发展。

运动会既是竞技场上的较量,也是精神风貌的展现。我们要弘扬体育精神,追求更高、更快、更强,坚持团结、互助、合作。希望全体运动员奋勇争先,赛出风格,赛出水平;希望全体裁判员严守规程,秉公办事,公正裁决,确保比赛顺利进行;希望全体工作人员热情服务,尽职尽责,为运动员提供有力的保障;希望全体观众能自觉遵守纪律,服从指挥,争当文明观众。我相信,通过我们的共同努力,本次运动会一定会取得圆满成功!

(2009 年学生田径运动会开幕词,2009 年 10 月 17 日)

三

因厅里临时通知开会,不能如约来操场和大家见面,请同学们原谅。

我把原来准备讲的几句话写下来,请体育老师转给各位同学。

大家在首都高等学校第 50 届学生田径运动会和 2012 年首都高校乒乓球锦标赛中为学校争得了荣誉,我向你们表示亲切的慰问、衷心的感谢和崇高的敬意! 你们辛苦了!

大学的生活应该丰富多彩。孔夫子很赞赏一位学生家长的话,大概跟他的教育理念相符,在《论语》中有记载:"暮春者,春服既成,冠者五六人,童子六七人,浴乎沂,风乎舞雩,咏而归。"

教育既应该庄严神圣,也应该充满欢乐。看见同学们在操场上跑步锻炼、在草地上欢乐地放风筝;和看到同学们在图书馆安静读书、在教室里埋头做作业一样,老师的心情一样欣慰。听到你们在运动会上摘金捧银,和听到你们在课程考试和知识竞赛中折桂夺冠的消息一样,老师的心里同样高兴。我向你们在运动竞技中的出色表现表示热烈的祝贺!

老师希望每一位同学在大学的四年里健康成长,成人成才。知识、本领都需要以身躯为载体才能发挥作用。没有好的身体,知识、才能无所附丽,你就是有天大的本事也没有用武之地。毛泽东主席在年轻时讲过,野蛮其体魄,文明其精神。希望同学们身体强健,学业精进,气质优雅,品德高尚,德智体美全面发展,当好社会主义事业的优秀建设者和可靠接班人。

(和在体育比赛中获奖同学座谈的谈话要点,2012 年 6 月 6 日)

四

体育运动有利于培养人们顽强拼搏、勇攀高峰的精神品质;有利于弘扬团结协作、公平竞争的社会风尚;有利于树立自尊自信、自强自立的人生信念。同时,体育精神体现了人类战胜极限的渴望,激发了人类与时俱进的潜能,它给予我们努力学习的动力,战胜困难的决心,迎接成功的信心。对于每个同学来说,良好的身体素质是学习的基础,健壮的体魄是完成学业的保证。学院每年都要举办一届学生田径运动会,就是为了激励同学们增强健身意识,不断提高身体素质,促进身心健康和谐发展。

运动会是展示学生精神风貌和综合素质的大舞台。我们不仅要追求更高、更快、更强,还要坚持团结、互助、合作。希望全体运动员奋勇争先,赛出风格与水平;希望全体裁判员严守规程,确保比赛顺利进行;希望全体工作人员热情服务,提供有力的保障;希望全体观众文明守纪,为运动员加油助威。

(2012 年学生田径运动会开幕词,2012 年 10 月 13 日)

携手为国育英才 *

（2010 年 9 月 6 日）

尊敬的新生家长：

您好！

金秋九月，硕果累累，您和您的孩子都收获了一份成功的喜悦：您的孩子以优异的成绩走进北京电子科技学院的大门。我们代表学校全体师生向孩子表示真诚的欢迎，向您表示衷心的祝贺。

二〇一〇年是不平凡的一年。成功举办世博会，国内生产总值跃居世界第二，凸显了富强、民主、文明的国家形象。面对玉树地震、舟曲特大泥石流等自然灾害，各族儿女同舟共济，向全世界展示了中华民族空前的凝聚力和攻坚克难的智慧与勇气。《教育规划纲要》的颁布和全国教育工作会议的召开，吹响了教育事业科学发展的进军号。

和谐盛世，我们生逢其时；为国育才，我们重任在肩。中共中央办公厅领导下的北京电子科技学院，以建机要名校、育密码英才为己任，精心打造知行结合、学用相长的教学品牌，精于密码、专于密码的科研品牌，忠诚可靠、专业精湛的人才品牌，把为每一个学生成长成才服务作为学校一切工作的出发点和落脚点。您的孩子来到这里，是对学校的信任，我们有责任、有信心、有能力让您的孩子健康成长、茁壮成长。

大学，是孩子人生道路的新起点。世界观、人生观和价值观将在这里发育、定型；成功的事业将在这里奠基、起步；美好的人生将从这里扬帆、远航。

尊敬的家长朋友们，让我们携手，给孩子一颗坚强的心脏，使他能够自信地直面困难、勇担责任；让我们携手，给孩子一双睿智的眼睛，使他们能够理性地判断、成熟地选择；让我们携手，给孩子一对有力的翅膀，使他们能够翱翔于自由的天空，去实现自己的追求和理想。

---

* 本文是作者和院长联名给 2010 级新生家长写的信。从 2010 级开始，新生在印有学院党委书记、院长签名致家长信的折页上给父母写信，开展"感恩父母，放飞梦想"深情寄家书活动。

最后,祝家长朋友们身体健康、工作顺利!

　　此致

敬礼

北京电子科技学院

党委书记　院长

于细微处见精神

——考察英国高等教育的几点思考*

（2010 年 9 月 15 日）

为期 21 天的英国高等教育考察培训已经结束,每个团员都结合自己的工作和考察的收获撰写了心得体会,集中全团智慧的调研报告和培训总结比较全面地反映了培训的过程和大家的收获。为避免重复,我结合考察过程中的见闻谈几点观感,在细节方面为调研报告的结论提供一些例子和印证。

一、关于教师

办好一所高水平的大学,关键在教师。英国具有的语言优势使它的师资队伍国际化程度很高。我国香港只有二三十年历史的几所大学后来居上,在国际大学排名好于国内名校,一个重要的原因就是香港能利用其语言优势组建国际化师资队伍。英国不少大学的领导和骨干教师都来自其他英语国家。英国规定高校教师必须在全球公开招聘,但是从结果看,来自其他英语国家的确实有,但还是从本国、本校的聘任者居多。

教师在英国有很高的社会地位,但一定要有真才实学,要有敬业精神,要有教学本领和技巧。英国大学的教师必须参加科研、管理,没有只教书的教授。教授如果不给学生上课,就要改为研究员。在英国大学所有的人都要搞研究,但不是所有的人都教学。英国大学的人员分类表中,academic staff 和 research staff 是两种人。判断一名教师的教学质量,除了同行听课的传统做法外,最重要的是课程结束后学生对他的评价。评价是由教务部门组织进行的,而不是由教师自己来组织。学校会客观辩证地看待学生对老师的评价,他们认为学生给上 9 点钟课的老师打分低于上 11 点钟课的老师是正常现象。英国大学的教职工分工清楚,责任明确,该谁干的事儿只能由他去干,对此我们有切身的感受。原来我们提前联系好了要去伯明翰大

---

* 本文是作者带队考察英国高等教育后撰写的报告。

学考察,不巧当天负责接待我们的学院院长家中有人突然去世而不能接待,学院没有其他人能接替他做这件事,对此我们感到很难理解,却对英国大学的责任明确留下了深刻的印象。

老师除了教学、科研之外,还要成为学生的导师(Tutor)。一个普通工科学生的导师可能是这个领域的顶级专家。导师每周与学生见一次面,学生向导师报告对老师指定文章的学习体会,老师要批评、挑错,学生要立论、辩论、说明。导师不仅要指导学生学习,还有义务在力所能及的范围内帮助学生解决一些生活、思想方面的问题。导师指导学生时,不是正式的教室方式,而是以轻松的方式、在轻松的环境中进行的,比如咖啡馆、草坪。学生也不是被动的接受者,而是主动的消费者,对老师讲的也要质疑、评价、争论。本科生一对一教学的导师制是英国高等教育的悠久传统,是对学生实行个性化培养、保证学生培养质量的一个关键因素,是英国人自己津津乐道而外国人也十分羡慕的精华。而旨在对学生未来职业和个人发展进行指导的校外导师制度,提供了一个企业、学生、学校互动的载体,对于实现学校知识和社会、职业知识间的相互促进,帮助学生提高对社会的适应能力,规划好自己的职业生涯,起着独特而不可替代的作用,是导师制发展的新亮点。

英国对高校教师有严格的要求,从教学、科研、对学校建设的贡献和对社会的贡献四个方面对教师进行评估。因此在英国的大学,升教授是很困难的,也是最不透明的,普通教师不了解,感觉似乎是上帝在决定。据说剑桥有一个副教授获得了诺贝尔奖还升不上教授,最后跑到美国耶鲁去当教授了。而一旦评上教授就是终身的。每个学校都可以自己评教授,教授的待遇也由学校自己定。因此,在英国名校教授的薪酬待遇低于非名校是很常见的事情。

二、关于学生

学校所做的一切,最终都是为了学生。英国没有全国统一高考,中学生报考大学靠的是中学阶段的各种证书考试成绩和高级水平课程(A-Levels)的成绩。高级水平课程的成绩各英联邦国家都承认。高级水平课程考试每年举行两次,评价标准为A、B、C、D、E五个等级和一个未评价等级U。学生自行决定申请的学校,学校根据学生的高级水平课程成绩和面试情况决定是否录取。取得3个以上A等级的学生可以向全英前5所名校提出入校申请,牛津、剑桥要通过面试决定是否录取。没有被录取的学生拿着牛津、剑桥拒绝录取的通知书去申请其他学校,被录取的可能性很大。因为能够得到牛津、剑桥的面试机会的学生一定会是好学生。

英国大学注重学生学习能力的培养,大学生都有很强的自理能力。大学都是完全开放式的,出了教学楼、图书馆就是繁华热闹的街道。学院、系的铭牌就挂在临街建筑物的门口。本科一年级学生学院负责提供宿舍,二年级就要搬出去自己租房。有的大学就是一个小城市,或者说城市的主要部分就是大学。剑桥国际管理学院的范云萍女士20世纪90年代从南开大学到剑桥读研究生时,导师第一次见面什么都不问,先给她一个书单,上面列出十本书,要求她十天后交一篇读后感,并特别要求必须用Macintosh打印出来。而当时范女士还不知道Macintosh是什么。中国高校辅导员、班主任对学生无微不至的关心,把学生自理能力、创造性都管没有了,真的有利于学生自主成长吗?从国内高校出去、现在在英国大学当老师的同胞提出的这个问题,值得我们深思。

英国大学有内容多样的讲座和丰富多彩的课外活动。教学系部年初就要制定组织各种讲座的计划,为学生获取专业之外的广泛知识创造条件,使学生有开阔的视野和思想,不局限于自己的专业。在访问中听到的transferable skills这个词引起了我们的浓厚兴趣。经了解,这种技能包括:沟通技巧,展示、报告,数学、文字、计算机能力,交际能力,团队精神,信息提炼,压力承受,个人自信自立和领导能力,时间管理,其他实用技能如项目规划、资源应用能力、管理等。很明显,这些技能不是任何一门具体课程能够给予的。英国大学的考试制度是很严格的,不及格的课程只有一次补考的机会。学生把考试成绩公布的日子称为"自杀日"。但是,如果一门课不及格的学生很多,就要开会研究讨论,考试内容不合理就要调整评分标准。对于因学习成绩、品行等方面的原因不能继续留在大学的学生,通常用不予注册使学生离开学校。

三、关于大学管理

英国大学的校长多是由皇室成员或社会名人兼任的,不对大学的教学、科研和管理担当实际的责任,类似于中国的名誉校长,比如剑桥大学的校长是女王的丈夫菲利浦亲王,牛津大学的校长是前香港总督彭定康。中科院院士、原复旦大学校长杨福家在2001年曾出任英国诺丁汉大学校长。在英国大学负实际管理责任的是Vice-chancellor and Rector,大体相当于中国高级领导人或名人兼任校长的大学的常务副校长。常务副校长由董事会从本校选拔产生或者从校外甚至国外礼聘,是一位职业管理人员,一般不承担教学和科研任务,其他副校长一般是著名的专家或教授,在教学和科研领域取得过优异成绩。

英国高校可以根据经济、社会、行业发展和市场人才需要自主设置专业和研究方向。这一方面在 20 世纪 60 年代创办的新大学尤为突出。英国一所大学的校长来华时,向中国同行请教,在英国大学开办什么专业能吸引中国学生去留学。国内一位高校领导介绍说,文化创意产业在中国刚刚兴起,如果能够开办文化创意产业管理方面的专业会对中国学生有吸引力。几个月后,这位高校领导就接到邀请,说新的专业已经开办,请他去考察指导。国外高校设置新专业的权力和效率令国内高校领导羡慕不已。大学是否真正拥有办学自主权,是我们办人民满意的教育,缩小与世界一流大学差距时不能不考虑的问题。

牛津大学互联网研究所是牛津最年轻的研究所,由政府和雪莱基金会出资,2001 年建成。开办的起因很简单,几位议员提出牛津为什么不做互联网方面的研究呢?学校于是组织相关专业负责人撰写了建议书,申请设立互联网研究所并很快得到批准。针对许多研究机构只注重从技术方面研究互联网的局限,牛津大学互联网研究所关注 Internet 社会影响的研究,是世界上第一个这方面的研究机构。他们为此而感到骄傲,说牛津就像特洛伊木马,总是在前面冲锋陷阵。研究人员来自许多不同的学科,有技术方面的人才,但核心团队以社会科学方面的研究人员为主。最近该所发表的运用技术手段,通过对互联网上微博(Twitter)文字的分析,预测英国首相竞选结果和公众对 BP 公司墨西哥湾原油泄漏事件态度的研究成果,打开了新的视角,也引起了人们的关注。

在考察过程中我们也听到了另一种说法,牛津大学是权力分散的大学,这意味着在牛津大学做点事、做成事不容易,因为没有权力集中的机构。39 个独立学院都是独立学术实体。"一个人如果能在牛津大学玩转,就可以当英国首相"的说法显然有玩笑的成分,但也折射出在英国著名大学及学院担任领导职务对综合素质有很高的要求。

四、关于出国考察

科技的进步和资讯的发达,为了解国外教育情况提供了极大的便利,但学习借鉴国外大学办学经验的最直接、最有效的途径还是去国外实地考察。2000年以来，在厅领导的关心下，厅里已经4次专门为学院组团到国外考察高等教育，共有53位同志参加；另有40多位教职工参加厅内外组织的境外考察和培训。近两年，学院也单独安排6位密码科研人员参加国外举办的密码学术会议，2位老师去美国大学做访问学者。对于一个只有300多名教职工的学校来说，参加境外培训和出国考察人员的比例是不低的。十年来，学院顺利开展联合培养研究生教育，本科教学工作水平评估取得"优秀"等次，在质量工程中取得不俗的成绩，与厅领导和人事局为教职工提供走出国门、开阔眼界的条件，创造教职工提高教学、科研和管理水平的机会是分不开的。我们这次赴英国考察的同志大多数来自教学一线岗位，并且都是第一次出国。实地考察英国的著名大学，亲身感受世界高等教育发展趋势的脉搏，大家都感到开眼界、受启发、长见识。每位老师在看到自己学校与世界一流高校的差距，找出自己工作可以改进之处的同时，也明确了自己今后的努力方向。

学院发展要与日俱进，量体裁衣。前些年，学院严格遵循厅领导"不求规模大，但求质量高"的指示，在全国高校争先恐后扩大招生规模的冲动中始终保持冷静。近几年，在原来只有四个专业的基础上新设信息安全、信息与计算科学、信息管理与信息系统三个专业，使学院的密码和信息安全特色更加突出，与机要密码行业的需求更加贴近。今后，我们要立足自身基础，依托资源优势，尊重高教规律，进一步理清办学思路；在教学、科研和人才培养方面都要创出自己的品牌；紧跟国际国内高等教育的主流发展趋势，真正把学校建设成为有特色、高水平的机要密码专业高等学校。

看而思，坐而议，最终是为了起而行。学习考察的目的在于应用，在于改进自己的工作，在于提高自身的教学科研能力和办学水平。实现学院的奋斗目标，必须学习借鉴国内外大学先进的办学理念，见贤思齐，扬长避短、取长补短。我们要思考，在教育教学改革、学科、专业建设方面要开展哪些实实在在的工作？在教材建设、课程安排、人才培养模式等方面如何体现自己的特色，如何保持自己的特色？如何提高自己的水平并长期保持高水平？如何发挥一个袖珍学校的优势，努力做到小而精致、小而特色鲜明、小而不可替代？仅有思考是不够的，更重要的是采取实际行动。只要我们聚内力、借外力、多努力，取法乎上，孜孜以求，我们的办学水平和能力就会不断有新的提高。

文化是大学的基石和灵魂 *

（2010 年 11 月 12 日）

今天非常高兴来观摩基础学科教学部、院团委共同举办的数理文化节决赛晚会。这次数理文化节以"青春、科技、创新"为主题，以"提高同学数理文化素质和动手实践能力"为宗旨，取得了圆满成功。我被现场的热烈气氛感染兴奋，为选手的出色表现而骄傲和自豪。我向活动的组织者和参赛的同学表示敬意，向获奖的同学和活动的成功表示祝贺。

纵观世界高等教育发展史，从意大利博洛尼亚大学主张教书育人、传承知识，到德国柏林大学注重科学研究、创造知识，再到美国威斯康星大学强调服务社会、应用知识，大学的功能虽然在扩展，但大学最基本的功能没有变也不可能变，那就是培养优秀的学生，输送社会需要的人才。

培养出好的学生，要有大师，要有大楼，还要有大学的校园文化。校园文化是承载、建设大学文化的一个载体，而大学文化是一所大学的基石和灵魂。我这里所说的校园文化，主要还不是指校园建筑、校园景观、绿化美化那些物质实体方面的内容，而是指学校优良传统、学术氛围、教风校风学风等非物化形态方面的内容。校园文化，延续着办学传统，折射出办学模式，彰显着办学特色。校园文化是大学价值的外化，映射着大学管理者、施教者的理念、理想，也体现了受教育者的理解、追求与创造。不管是泡菜理论还是熔炉理论，不管用的词是浸染、熏陶还是熔铸，承认校园文化对于学生的成长成才起着潜移默化、至关重要、不可替代的作用，是每一个大学校园文化研究者不约而同的共识。

校园文化与大学同时诞生，但不会是自发形成的，它需要培育，需要扶持，需要呵护。一所大学校园文化的形成，看起来好像是复制、延续、堆积的自然过程，实际上却是一个提纯、主动、有意识的创造过程。丰富多彩、健康向上的校园文化，靠管理者引导，靠施教者倡导，靠学生主导。每年从全国各地走进校园、四年后又走出校园回到全国各地的学生担当着双重角色，既

＊ 本文是作者在学院第二届数理文化节决赛晚会上的演讲。

是校园文化活动的载体又是校园文化建设的主体。因此,同学们在求知求学的同时也在延续学校的历史,在搞活动、受教育的同时也在更新、创造着校园文化。

人改造环境,环境也改造人。人创造文化,文化也创造人。美国卡内基促进教学基金会认为,大学本科教育是否成功,与学生在校园里度过的光阴和他们所参与活动的质量有直接关系。文化育人,润物无声。校园文化是育人的土壤、空气和阳光。举办品味高雅、特色鲜明、寓教于乐的活动,可以充实、丰富同学们的科技知识和人文知识,陶冶情操,开阔视野,启迪心智。希望同学们和老师一起,精心设计、建设具有浓厚人文精神和科学氛围、体现中办优良传统和机要密码特色的校园文化,使学院培养出更多政治上忠诚可靠、业务上精益求精、各方面全面发展的高素质人才。

电科院是一所以工为主、理工管协调发展的高校,以特色鲜明、水平一流的机要密码专业高等学校为自己的奋斗目标。数学、物理、物理实验是大学非常重要的公共基础课。数学是现代密码的母亲。一位美国总统的科技顾问曾经讲过,高密码技术本质上就是高数学技术。如果我们校园文化的百花园里没有数学、物理的身影,终归是不全面、不完美的。可喜的是,同学们在2006年就成立了物理协会,在2009年又成立了数学协会,并且在2008年已经成功举办了首届数理文化节。我衷心祝愿数理文化节这棵校园文化的新苗茁壮成长,祝数理文化节越办越好,吸引更多的同学参与,产生更大的影响,成为校园文化活动的品牌项目。

完善和丰富学院核心价值体系 [*]

（2011 年 5 月 26 日）

今年 4 月 24 日，胡锦涛总书记在庆祝清华大学建校 100 周年大会上发表了重要讲话，对我国高等教育事业的发展提出了明确要求，对广大青年学生的成长成才提出了殷切希望。胡锦涛总书记的讲话站在实现中华民族伟大复兴的历史高度，科学分析了我国高等教育发展所处的国际、国内环境。胡锦涛总书记深刻指出：我国高等教育还不完全适应经济社会发展和人民群众接受良好教育的要求，同国际先进水平相比还有明显差距。当前，随着科学技术的飞速发展，党和国家的机要密码事业同样处于一个大发展的重要战略机遇期。学院作为全国唯一一所为党政机关培养机要密码、信息安全高素质专门人才的高等院校，更应清醒地认识到，在人才培养、科学研究等方面，与厅领导的希望和要求，与适应机要密码事业发展的实际需求，还存在较大的差距。国内高校围绕信息安全人才培养而展开的激烈竞争更使学院面临日趋严峻的挑战。逆水行舟，不进则退，学院的全体党员干部和广大师生必须进一步增强危机意识、忧患意识，以高度的责任感和使命感积极投身教学、科研和管理工作之中。战略上要头脑清醒、超前前瞻，战术上要环环相扣、稳扎稳打，做到"干一件事，想两件事，规划三件事"，时刻保持一种时不我待、刻不容缓、马不停蹄的精神状态，把一天当几天用，坚持不懈、持之以恒地抓好各项工作。

党和国家机要密码事业的发展，科技是关键，人才是核心。学院应责无旁贷地肩负起为机要密码事业培养更多、更优秀高素质人才的光荣使命。我们要加大人才培养力度，更多地培养符合机要密码事业发展需要的高素质专门人才，满足机要密码部门、特别是基层密码部门对人才的需求。在本科生培养方面，要深入开展调查研究，切实了解新时期机要密码工作对人才的知识、技能及综合素质的实际需求，以此为依据不断加强课程体系建设，深化人才培养模式的改革创新；在研究生教育方面，要进一步增强研究生教

---

* 本文是作者在学院党委理论学习中心组学习会上的讲话。

育服务机要密码的能力,在研究生教育中融入机要密码特色,探索开设机要密码相关的公共课程;在密码干部培训方面,要加强课程建设、教材建设和师资队伍建设,逐步扩大密码干部培训的参与面,不断提升培训质量。为了提高机要密码干部队伍的整体素质,中办机要局决定在"十二五"期间,把全国县(市)机要局长轮训一遍。5月12日至21日,在中办机要局的精心指导和大力支持下,学院成功举办了第一期县(市)机要局长培训班,来自河北、浙江、广东、贵州、宁夏五省、区的80名县(市)机要局长参加了培训。学院相关部门要对第一期培训班的教学、管理、服务保障等方面工作进行认真总结,保持发扬好的经验和成功做法,同时查找缺点和不足,在之后的办班工作中及时加以改进。

胡锦涛总书记在讲话中明确指出,高等学校既是高层次创新人才培养的重要基地,又是基础研究和高技术领域创新成果的重要源泉。近几年来,学院在科研体制构建、科研环境建设等方面开展了大量卓有成效的工作,科研成果的数量和质量都有了明显提高,但是与机要密码事业发展对于科技创新日趋迫切的需求相比,还存在很大的差距,还有许多工作要做。我们要不断提高科研工作水平,为机要密码事业发展提供有力的理论和技术支撑。一要紧跟密码和信息安全学科发展前沿,积极参加各类高水平国际、国内学术会议,增进与各大高校、科研机构的合作交流,及时了解和掌握密码学及其相关学科的最新研究动态和发展趋势;二要加强密码理论等基础学科研究,高度重视基础研究在推动科技创新中的关键作用,结合学院实际,力争在密码理论创新、密码算法研究方面取得新突破;三要加强工程科研攻关,在高水平完成包括"核高基"国家科技重大专项在内的已有科研项目的同时,继续加大资源整合力度,努力打造高水平科研团队,集中力量在特色和优势领域开展工程技术科研攻关,并力争取得重大突破。学院将在"十二五"期间,按照普通密码科研生产资质的基本环境要求,规划和建设集密码研究、开发和生产于一体的密码科研楼,就是要进一步加强科研环境建设,为提升学院的科研工作水平夯实基础,创造条件。

胡锦涛总书记在讲话中,首次将文化传承创新与人才培养、科学研究、服务社会并列,作为大学的第四种功能。我们要加强文化传承创新,培育机要密码特色更加鲜明的校园文化。清华大学之所以能在百年办学历程中培养出17万名优秀的人才,为民族兴盛、国家富强做出卓越贡献,不仅仅是因为清华有着灿若星河的学术大师,更是因为清华百年来积淀的"爱国奉献、追求卓越"的优良传统、"厚德载物、自强不息"的校训以及"行胜于言"的校风,激励着一代代清华人满怀豪情地投身祖国的教育、科研、建设事业,并为之不懈钻研,奋斗终生。学院建校六十多年来,也积淀形成了独具特色的校园文化。前几年,我们概括凝练了"忠诚、笃学、创新、卓越"的校训,并在释义中赋予其丰富的时代内涵。前几天刚刚闭幕的学院党员代表大会上,我们总结了"倡导自由与自律,致力传承与创新,推崇责任与奉献,践行包容与和谐"的大学精神。我们推进学院的科学发展,必须恪守校训,弘扬大学精神,精心培育机要密码特色更加鲜明的校园文化。要采取有效措施,创新方法途径,以先进文化引领,不断提高学院的软实力,将校训校风的精神实质融会贯通于教学、科研、管理、服务等各项工作之中,使其逐步内化为全院师生的共同精神追求和价值取向;要积极树立典型,营造"比、学、赶、超"的良好氛围,使校训校风外化为全院师生的共同行为方式。"十二五"期间,学院将进一步加大校园文化建设力度,形成以办学理念、校训及释义、大学精神、学风师风校风为主要内容的校园文化,不断完善和丰富学院核心价值体系建设,使文化建设与学院其他工作齐头并进。

胡锦涛总书记在讲话中指出:青年是民族的希望,国家的未来。对学院来说,青年就是学院的未来。2010 年底,中办机关党委制定下发了《关于建立健全领导干部联系青年工作机制的意见》,明确要求全厅各单位要进一步增进领导干部与青年的联系,有针对性地做好青年思想引导工作,加强青年队伍建设,促进青年成长成才。目前,学院共有 35 岁以下教职工 90 人,占全体教职工总数的 26.3%,其中硕士 51 人、博士 19 人,硕博比 77.8%,在青年教职工中具有中级以上专业技术职务的共有 63 人,占 70%,担任副处长以上领导职务的有 7 人,占 7.8%,学院的青年教职工已逐步成长为推进学院各项事业发展的主力军。

学院各级领导干部要高度重视做好青年工作的重要性,一要加强与广大青年的联系,真心与青年交朋友,了解他们的所思所想,积极开展思想引导工作,帮助青年进一步坚定理想信念,解除思想困惑,明确努力方向。二要充分发挥青年教职工的聪明才智,学院的青年教职工普遍具有学历层次高、知识结构合理,思维活跃,精力充沛的特点,各级领导干部要充分发挥青年同志的优势和长处,敢于压担子,让广大青年干部在实际工作中经受磨炼,增长见识,提高本领。三要积极构建有利于优秀青年人才脱颖而出的体制机制,学院在第三次岗位聘任工作中选拔任用了一批年轻干部,在这方面做出了积极的探索,取得了良好的效果。下一步要继续加大改革力度,勇于打破条条框框,使那些真正具备条件的优秀青年在更加适合他的工作岗位上发挥更大的作用。

胡锦涛总书记在讲话中对广大青年学生提出了三点希望：希望把文化知识学习和思想品德修养紧密结合起来；希望把创新思维和社会实践紧密结合起来；希望把全面发展和个性发展紧密结合起来。结合学院实际，我认为教育引导广大青年学生成长成才要妥善处理好三个关系。一要处理好"教"与"学"的关系，教师在教学中要加强与学生的互动交流，倾听他们对教学工作的意见和建议，不断丰富教学内容，提升教学质量，真正做到"教学相长"。二要处理好"知"与"行"的关系，教师在传授文化知识的同时，要着力加强学生实践能力的锻炼和培养，一方面要合理分配理论课程与实践课程的学时比例，使学生能在实践的过程中及时巩固所学知识，加深对理论的理解；一方面要科学设计理论课程与实践课程的教学内容，避免理论与实践的脱节，真正做到"知行结合"。三要处理好"宽"与"严"的关系，在学生管理过程中，既要有严格的制度约束，特别是在学生日常养成方面，必须严字当头，严加管理。但是同时也要从青年学生身心发展的实际出发，倾心了解，真心关爱每一个学生，真正做到"宽严相济"。

人文素质和科学素养缺一不可*

（2011 年 11 月 18 日）

今天非常高兴来观摩电科院首次人文知识竞赛。应邀出席并即席讲几句话，表示我对这个活动的支持，表示对参赛同学的赞赏，表示对为比赛服务的学生志愿者劳动的肯定。我首先向之前参加此次人文知识竞赛初赛和今天参加决赛的所有同学表示衷心的祝贺，向组织这次活动的人文社科部、管理系和团委的老师，向各位评委老师以及所有学生志愿者表示诚挚的敬意。

"人猿相揖别。只几个石头磨过，小儿时节。"这是毛主席诗词《贺新郎·读史》开头的三句话。人猿揖别后，随着生产生活的发展，知识也不断积累。最初的知识仅限于与人类的生存、生活有关，面非常狭窄，所以当时的知识是不分类的。随着人类的不断成长进步，随着知识的不断积累，知识的量越来越大，随后对知识加以分类就显得十分必要。所以就产生了各种各样的学科，已产生的学科也在不断分化的过程中。学科的过度分化和彼此隔绝，成为互不往来的封地，可能是"钱学森之问"的答案之一。

简单地讲，目前学科门类最通俗简捷的分法就是两大类，这就是以数理化天地生为代表的理科知识和以经管法文史哲为代表的文科知识。我们国家现行的高考制度使同学们在高中时或至少是高中后期就要人为地选择一个知识门类来学习。高考是没有一个综合卷子的，同学们想考上大学，不是考文科就是考理科，也叫文史类或理工类，二者必选其一，这就造成了所学知识的分隔。这到底是人类教育的进步，还是人类教育的悲哀？这样提问不一定科学，但确实是每一位同学面临的现实。因此在现实条件下，你们上大学后，老师也好，同学也好，就要设法弥补高中阶段应试教育所造成的知识结构方面的欠缺，改变知识结构失衡的状况，缩小文理之间的差距。

所以，我希望理工科的同学都要读一些人文方面的书籍，文科的同学也要多学一些科学技术方面的知识，哪怕只是入门的常识也好。人文素质教

---

* 本文是作者在首届人文知识竞赛结束时的演讲。

育与科学技术教育是相互联系、相互补充和相互促进的。科学素养可以增强人挑战自然的能力，使人在物质生活满足中提高生存的质量和生活的自信；人文素质使人理解人生的意义和价值，在精神生活满足中提升文化品位和生活格调。英国哲学家培根关于不同门类知识的不同功能的格言，想必大家都熟悉。因此，人要全面发展，人文素质和科学素养缺一不可。就好比车之双轮、鸟之两翼，两个方面互倚互靠、相辅相成，才能走得更远、飞得更高。

学理工出身的中国科学院院士杨叔子教授，十几年前就在他任校长的华中理工大学呼吁人文和科学的融合，倡导开展文化素质教育，几年前还专门来我们学校做过讲座。今天，越来越多的有识之士认识到，在大学加强人文素质教育，人文教育与科学教育并重，现代科学技术发展需要，高等教育发展也需要。在我们这样一所理工为主的学校实行科技与人文融合，强化人文素质教育尤其需要、十分必要、至关重要。此次举办的人文知识竞赛就是加强人文教育的一种有益尝试。

观看了两个多小时的竞赛过程，我感到十分高兴。竞赛内容既有知识面宽广的必答题，也有限时抢答题和由老师指定的人文讨论话题。同学们在答题时显底蕴，在辩论中展风采，在小品中演绎人文理想。六个小品全部都是原创，既有古代的又有当代的，既有外国的又有中国的，既有校园的也有社会的，既有现实的也有穿越的，内容非常丰富。参赛同学的才思如天马行空，像李贺的诗，想象奇特，不落窠臼。同学们在节目中的精彩表现，展示了电科院学生多才多艺的特点和激情四射的活力，也体现了同学们知识积累的厚重、随机应变的睿智和团队协作的默契。在整个比赛过程中，理科不输文科，女生不让男生，精彩纷呈，妙语连珠，现场的掌声和笑声就是你们的奖状，向你们表示祝贺！

这次人文知识竞赛是我们学校的第一次，是校园文化活动的一棵新苗。幼苗出土，难免稚嫩，但它有着旺盛的生命力和无限的生长空间。我希望人文知识竞赛这棵校园幼苗在老师的呵护下、在同学们的支持下能够茁壮成长，成为电科院学生钟情、喜爱的知识竞赛，成为我们校园文化的一个品牌，在今后越办越好。

学院举办这样的知识竞赛、同学们参加这样的知识竞赛，对于同学们提高综合素质、培养特色本领、培育创新能力大有裨益。比赛总是要分出名次的，但最重要的不是名次。通过参加比赛拓宽知识面，学到新东西更重要，在校园营造出一种奋发向上、读书求知的氛围更重要。

　　人才培养是每一所大学的神圣使命,培养德智体美全面发展的中国特色社会主义事业的接班人是每个学校的基本任务。我院的目标是建设特色鲜明、水平一流的机要密码专业高等学校。学生从通过面试政审、录取入校那一刻起,就与我们党的机要密码事业紧紧联系在一起。希望每一位同学都要珍惜四年的大学生活,刻苦读书,努力学习,积极参加课外科技、文化活动,做到政治上忠诚可靠、学业上精益求精,成为既有理论知识又有动手能力的人,成为既有科技知识又有文化教养的人,成为既术业有专攻又全面发展、后劲十足的人。

　　提高人文素质,关键靠自觉。自觉来自心灵的智识、来自典范的导引、来自外界的督促。人文素质教育是一种养成教育、终身教育。有知识、有教养、有品位,光靠参加今天这样的竞赛是不行的,仅靠书本和课堂也是远远不够的。它需要一个人不懈的追求、终生的努力。所以,同学们来日方长、任重道远啊!

　　不久前闭幕的党的十七届六中全会提出了推动社会主义文化大发展大繁荣、努力建设社会主义文化强国的宏伟目标。文化的传承与创新是大学的重要职能之一。历任中央办公厅领导都对学院的文化建设非常关心。我们要认真学习和贯彻会议精神,在学院形成"中央领导特殊关爱、密码特色鲜明、人文意蕴丰厚"的校园文化,为学生提高文化素质提供载体、搭建平台、创造条件,使每一位从电科院走出去的毕业生都身怀专技、胸有韬略、腹藏诗书,在未来的工作岗位上建功立业,大展宏图。

校史是传承大学文化的重要载体*

（2012 年 7 月 28 日）

今天的高等教育已进入分类发展、特色致胜的时代。学校的知名度和竞争力不再完全取决于历史的长短、规模的大小、学科的多寡。学校的生命力在于能不能培养出社会欢迎的人才,自身有没有鲜明的办学特色。文化是一所大学的灵魂,是大学彰显特色的重要标志。大学文化在长期办学中积淀形成,经历任教习和学子涵育,是一所学校发展的精神动力,是办学特色中别人拿不走也仿不了的。大学文化的传承要有载体,校史就是最重要的载体之一。

编史修志在我国有着悠久的传统。中华民族几千年的文明没有中断,史志功不可没。"以铜为镜,可以正衣冠;以人为镜,可以明得失;以史为镜,可以知兴替。"编纂史书,可以存史资治,能够教化育人,功在当代,利在千秋。国家如此,一个单位、一所高校也不例外。历史是割不断的,昨天、今天和明天之间存在着内在的、必然的联系。历史也是不停步的,在前人业绩品格的激励下,今天的北京电子科技学院已经走出了一条与机要同呼吸、与密码共命运、与信息安全保密齐发展的特色办学之路。

五年前,为了回顾学院发展的光辉历程,总结历史经验,学习、继承前辈的优良传统,在 60 周年校庆时,学院组织编写并出版发行了《北京电子科技学院史(1947—2007)》。院史再现了学院 60 年从小到大、从弱到强、不断发展壮大的历史画卷,不但填补了学院文化建设的空白,也为今后修订、续写提供了范式,打下了基础。院史出版后,受到机要系统和学院师生的欢迎,成为教学、科研、学科建设和学校管理的重要参考书,成为调入和新入职人员的入门教材。

厅里已经决定,今后中央办公厅每五年续编一次厅史,每年编写一本《中央办公厅大事记》;中办各单位要加快本单位历史和大事记的编写工作;各单位的历史和大事记将作为中央办公厅历史分卷独立成册。高校一般逢

---

* 本文是作者为《北京电子科技学院校史(1947—2012)》撰写的序言。

五逢十都要举办校庆活动。从65周年校庆开始,今后学院每逢校庆都要续写一次校史,一来这是厅里的统一要求,学院要为中办续写厅史提供资料;二来也是为了记录五年前进的足迹,把工作中的规范做法和成功经验记录下来,给后人留下可资借鉴的宝贵资料。我们希望并相信,续写的校史会和学院的工作一样,后来居上,青出于蓝。

树影与树身永不分离[*]

（2012 年 9 月 13 日）

在这天高云淡、金菊飘香的美好时节，我们迎来了学院 65 周年华诞，迎来了《电科院人》的创刊。今天，学院隆重举行校友座谈会暨《电科院人》首发式，一是为了借此机会回顾历史，总结经验，听取校友对学院工作的意见和建议，团结广大校友共同推动学院各项事业的不断发展。二是进一步加强学院与校友和校友相互间的联系，为大家共同追忆求学的欢乐，交流事业成功的心得，增进友谊创造一个交流的平台和机会。我代表院党委和全体教职员工向在百忙之中参加座谈会的各位校友致以诚挚的问候，表示衷心的感谢！

时光荏苒，日月如梭。从 1947 年 8 月中央工委在河北平山西柏坡韩家峪创办中央机要干部训练班开始，学院先后经历了张家口军委工程学校、南京机要学校、北京机要学校、宣化机要学校、北京电子专科学校和北京电子科技学院等几个发展时期，走过了 65 年的风雨历程。经过 65 年的艰苦奋斗，电科院已由初创时期，根据工作需要不定期举办的机要干部培训班，逐步发展成为中央办公厅所属的唯一一所为全国党政系统培养机要密码和信息安全专门人才的正规普通高等学校，在教学水平、师资力量、基础设施等方面都有了翻天覆地的变化。经过 65 年的开拓进取，电科院服务党的机要密码工作形式已由当初单一的干部培训，逐步发展成为密码人才培养、密码科学科研、密码产品研发等多种形式，工作的职能范围不断扩大，服务的能力水平不断提高。经过 65 年的不懈追求，电科院培养的学生已由当初的中专生、大专生发展到现在的本科生、研究生，已由当初的专门技术人才逐步发展成为具有忠诚意识、创新能力、精湛技术的高素质复合型密码保密人才。

65 年来，从初创阶段的培训班发展成为专门的机要干部学校，从合并调整阶段的机要干部学校发展成为正规的电子专科学校，从步入正规阶段的

---

[*] 本文是作者在校友座谈会暨《电科院人》首发式上的讲话。

电子专科学校发展到今天欣欣向荣的电子科技学院,电科院的每一步发展,始终离不开党中央、中央办公厅领导的亲切关怀,离不开各级党政机要部门的大力支持,离不开几代电科院人的努力奋斗,同样也离不开来自四面八方校友的无私关爱和鼎力相助。

文化是一所大学的灵魂,是一所大学生生不息的血脉。校友作为一所学校的珍贵财富和宝贵资源,是大学文化建设的参与者和创造者,毕业之后是大学文化的传播者和践行者。从校友身上,可以折射出学校的办学水平和人才培养质量。建校 65 年来,作为机要人员的摇篮,学院时刻牢记党的重托,以"建机要名校、育密码英才"为己任,源源不断地为机要密码干部队伍输送新鲜血液,为党的机要密码事业发展提供强有力的人力支撑。据不完全统计,截至目前,已培养研究生、本科生、大专生和中专生共 15152 人,为各级党政机关和机要部门培训机要人员 30650 余人次。从党和国家的高级领导机关到边疆沿海的基层密码部门,从大型国企到驻外使领馆的机要岗位,到处都有电科院学子的身影和足迹。校友中有 7 人分别当选为中央委员、候补委员,中央纪委常委、委员,49 人担任省部(军)级和国家局领导职务,有 17 人担任省部级机要部门主要领导,有 30 人获得"全国党政系统机要密码先进工作者"和"全国党政系统机要密码干部一等功"的荣誉称号。不少毕业生已成为各级机要部门的业务骨干,涌现出了一大批学术上有建树的专业人才和工作上有突出成就的模范人物。这些宝贵的资源和财富是学院建设与发展的重要外部支撑和依靠力量。为了概览校友队伍的全貌,便于校友之间交流联系,应广大校友的迫切要求,我们搜集、编印了《北京电子科技学院校友名录(1947-2012)》,希望借助广大校友的力量补苴罅漏、充实完善。

泰戈尔有一句诗,大意是说树的影子再长,也不会与树身分离,人们常用来形容校友和母校的关系。这的确是一个非常恰当而巧妙的比喻。校友与母校的联系和情感一经建立,永不隔断,历久弥新。经常听取校友的意见和建议,是学院改进工作、健康发展不能忽视、不可替代的一个重要方面。校友在学校里学习或工作多年,熟悉学校的教学、科研、管理等各个环节,对学校提出的意见和建议往往鞭辟入里、深中肯綮。校友分布于全国各地和各行各业,清楚社会对人才素质的要求和各类人才的需求,提出的意见更具有代表性和针对性。同时,校友的成长之路、拼搏精神和奋斗业绩是宝贵的励志教育资源,可以丰富在校学生的人生观、世界观和价值观教育,促进学风师风校风建设。树立和强化为广大校友服务的理念,加强与校友的联系,从机制上保证校友工作健康顺利开展,是关系学校建设发展的一项十分重要的工作。

为了更好地传播母校信息,报道校友业绩,联络校友感情,凝聚校友力量,弘扬母校精神,在建校 65 周年之际,我们编辑出版了校友刊物《电科院人》。希望大家对刊物的编辑出版工作提出宝贵的意见建议并踊跃赐稿,使之成为宣传、了解母校的窗口,抒发情怀、寄托思念的园地,展现风采、加强交流的平台,成为电科院人的心灵寓所、精神家园。

长期以来,各位校友在各自的岗位上辛勤工作,努力奋斗,用自己的智慧和汗水不断为母校增添光彩,以不同的方式关心和支持母校的建设和发展。"石韫玉而山辉,水怀珠而川媚。"你们是母校一张张靓丽的名片,你们承载着母校的光荣与梦想,你们是学院建设发展的一支不可或缺的重要力量。愿广大校友与母校风雨同舟,携手同行,共同开创电科院的美好明天!

最后,衷心祝愿各位校友身体健康,阖家幸福,事业进步,万事顺意!

大学文化是高校的灵魂[*]

（2013 年 2 月 26 日）

当今世界正在发生深刻变化，经济全球化、世界多极化深入发展，各种思想文化交流交融交锋日趋频繁；当代中国正在发生深刻变革，在主流思想文化积极健康向上的同时，以拜金主义、享乐主义、极端个人主义等为代表的腐朽文化仍然存在，这对于维护国家文化安全、发展社会主义先进文化提出了新的要求和新的挑战。党的十七届六中全会指出，当今世界正处在大发展大变革大调整时期，文化在综合国力竞争中的地位和作用更加凸显，维护国家文化安全任务更加艰巨，增强国家文化软实力、中华文化国际影响力要求更加紧迫。会议明确提出要提高全民族文明素质，增强国家文化软实力，弘扬中华文化，推动社会主义文化大发展大繁荣、努力建设社会主义文化强国的重大战略任务。党的十八大报告进一步阐明了中国特色社会主义文化发展道路和建设文化强国的宏伟目标。大学文化代表的是社会文化中的先进文化，引领着社会文化的发展方向，是社会主义文化建设的重要组成部分，在社会主义现代化建设中发挥着重要作用。大学文化研究的重大意义已成为学术界的共识，并有日渐成为学术界研究和关注的热点的趋势。

第一，大学文化是高校内涵发展不可缺少的重要内容。当前，在全面建设社会主义和谐社会和创新型国家进程中，我国高等教育的规模已经是世界第一，正从人力资源大国向人力资源强国迈进，从高等教育大国向高等教育强国迈进，高校正处在从扩大规模的外延式发展到注重质量的内涵式发展转变的过程中。高校的内涵发展，意味着大学必须更加注重人才的培养，更加注重知识的创新，更加注重办学的质量和特色，更加注重服务社会、引领社会。这一切都需要一个无形但又无处不在的灵魂支配，这个灵魂就是大学文化。大学文化是以大学为载体，通过历届师生的传承和创造，为大学

---

　　* 本文是作者为《基于校训、校风、师风、学风的大学文化理论研究和实证分析》课题撰写的立项申报书。

所积累的物质成果和精神成果的总和,其核心是大学精神。大学文化具有先导性、创新性、综合性等特点。大学文化的建设涉及内容广泛,但是本质却是从高等院校的优良传统、悠久的发展历史、独特的办学理念等方面来提炼、概括,形成特有的文化品质与自我精神。它广泛渗透于大学办学中的各个环节,影响和支配大学的发展方向、发展模式和发展特色。从这个意义上说,大学文化是大学内涵建设的灵魂与核心,办大学从本质上说就是办文化。今天,高等教育在不断创新改革的进程中,明显偏重于学术研究和管理技术发展,却忽视大学文化的传统与人文精神培养的现象令人堪忧。把文化传承与创新作为高校的一项重要任务,更加凸显了大学文化对于大学内涵发展的重要作用和意义。大学文化作为内涵发展的一项重要内容,在高校目标的实现过程中具有举足轻重的影响力,大学文化建设成效的好坏将直接影响高校办学质量。

第二,高校在建设文化强国中肩负时代使命和重要职责。党的十七届六中全会从中国特色社会主义事业总体布局的高度,提出了坚持中国特色社会主义文化发展道路,努力建设社会主义文化强国的战略任务。高校和文化有天然的紧密联系,高校对文化的作用和人才培养一样,是高校与生俱来的功能。大学的文化贡献,在于大学的天赋职能:一是发挥大学文化知识继承传播职能,通过自身的人才优势、科研创新能力,探索文化发展规律,在文化建设理论和教育创新中发挥带动作用。二是担负高层次人才培养的职能,培养适合当代中国需要、服务中华民族复兴的德才兼备人才和文化领军人物。三是以大学为代表的文化创造基因推进文化创新,成为文化体制机制创新的策源地。四是结合办学实际,主动开展传统文化的保护、研究和弘扬工作,自觉担负起民族优秀文化的传承创新责任。五是以高水平的大学文化建设和高尚的价值示范作用,带动社会良好风气的形成。六是发挥文化开放的渠道作用,成为古今文化传播的驱动力和中外文化交流的辐射源。因此,高校是知识的集中地,是保存、传承、传播和创造先进文化的重要场所,是优秀文化传承的重要载体和各种新思想、新知识、新文化的重要策源地,是文化创作、创意、创造的主体,在文化建设中具有重要的引领、示范、辐射、提升作用。大学文化是社会主义文化的重要组成部分,文化传承创新是大学的重要功能之一。在新的时代条件下,高校要以高度的文化自觉和文化自信,勇于承担起推动社会主义文化大发展大繁荣的时代使命,努力建设社会主义文化强国。

第三,一流的大学必然要有一流的大学文化作为支撑。特色的大学必须有特色的大学文化。以大学精神为核心的大学文化是大学的灵魂与原动力,没有先进文化的大学是没有凝聚力和竞争力的。先进的大学文化能聚人心、激斗志,它鼓励拼搏进取和创新精神,创造自由的学术氛围和以人为本的育人环境,它既有对自身传统的扬弃,又有对时代精神的反映,是核心竞争力最具个性色彩的内在体现。大学的竞争是全方位的竞争,而人才的竞争是其核心竞争,特别是在国际上某些专业领域领先的学术大师。独具特色的大学文化往往是吸引学者的重要因素,他们希望能在一个学术氛围浓厚、人际关系融洽、实验条件优越的学术环境下进行科学研究和教书育人。所谓大学,非校舍之大、教员薪水之大,系道德高尚、学问渊深之谓也;非谓有大楼之谓也,有大师之谓也。北京大学校长马相伯、清华大学校长梅贻琦都在其就职典礼上讲过类似的话。师资是办好学校的关键。大学文化能够为教师提供适合发挥才能的学术生态环境和研究氛围,是高校增强吸引力的重要手段。

第四,大学文化研究对于形成规律性认识、指导大学文化建设实践具有重要意义。大学文化研究不仅是一个抽象的、理论的思辨过程,也是一个不断开拓、不断探索的实践过程,更是一个包含理论与实践等诸多复杂的多元建构过程。课题将立足于个性对大学文化作实证性研究,研究单一的大学个体,在个性研究的基础上去发掘共性,寻找共同特征,对其他高校的大学文化建设可以产生推动和借鉴作用。如一批办学历史悠久、特色鲜明的著名高校,它们在长期的办学过程中形成了各自独具特色的大学文化。针对这些高校进行具体的大学文化个案研究,可以从中总结概括带有规律性的东西,指导大学的文化建设,有助于使大学文化的理论研究和大学文化建设的具体实践实现有机结合。

第五、大学文化研究的现状及不足。随着大学文化功能的拓展,特别是党的十七届六中全会的召开,结合国家文化大繁荣大发展的要求,大学文化被置于国家大文化的发展格局中,被赋予新的内涵和要求,研究的视野正逐步开阔,研究的领域也不断拓展,研究的深度也日渐增加。国内学者近几年对于大学文化研究内容的认识越来越丰富,越来越深刻,初步形成了较为系统的话语平台,对大学文化内涵、功能、特征及其实践的相关研究都达到了较为深入的程度,取得了丰硕的研究成果。目前关于大学文化的研究,总体上朝着更宽的视野和更广的领域推进,但也存在着一些不足或者需要更为深入研究的地方。

1. 从已有的研究成果看,对于个案的研究多,从总体出发研究的成果少；从单个方面着手研究的成果多，而综合起来研究的成果少。

2. 从实践研究的层面看，很多高校对待大学文化还存在着理想与现实相脱节的严重问题，需要对文化不能自然沉积而成的基本属性有进一步的认识，进一步探讨如何把文化真正融入高校办学的每一个层面，融入高校生活的每一个角落的具体办法和途径。

3. 从构建特色大学文化的层面上看，很多高校的文化趋同从众现象严重，简单借鉴模仿他校，缺乏自身文化的自主整合与创造，对大学文化中精神因素的作用认识得不够全面、深入，致使学校特色不突出，竞争力不强，大学文化的内容出现多校雷同、近似的文字表述，物质文化和制度文化层面的建设也缺乏明晰的目标。如何结合高校的顶层设计、办学定位、办学特色整合大学文化的研究，是本课题研究的一个基本出发点。

文化传承要有物质载体 *

（2013 年 6 月 19 日）

《毕业歌》雄壮激昂的旋律又一次在校园响起，一群群毕业生身穿庄重神圣的学位服在校园中四处照相留念，又一个毕业季节到来了。

475 名 2009 级同学在毕业离校之前，集体创作并捐资定制了母校留念作品——"校徽、校训与时间轴"。这是你们感恩母校真情的寄托，也是留给母校的一件最好礼物。今天，我们在食堂前的草坪上举行一个简短但很有意义的揭幕仪式。我代表学校领导和全体师生向 2009 级同学表示衷心的感谢。

这件作品匠心独运，构思巧妙，寓意深刻，有文化底蕴，有人文情怀。校徽、校训表达了你们传承学院精神、敦行致远的决心，四年时间轴记录了你们在校期间的成长阶段和进步历程。大学四年的无形时光即将逝去，校园中留下的有形纪念物，会让同学们的人生之根在电科院的沃土中扎得更深更牢；会让同学们在离开电科院之后，仍然在学院文化精神的感召下奋进前行。

文化传承创新是大学的四大功能之一。大学自身的文化对培养学生的完善人格至关重要。它是涤荡师生心灵的清风，滋养师生精神的润雨。它可以张扬学校的活力，净化教育的灵魂。大学文化需要精神传承，也要有物质载体。第一个给学院留下文化符号的是 1999 级的二系学生。那是一座黑色的小型石雕，就在教学楼前的草坪中。当过二系主任的王贵和院长在上面题写了"未出土时先有节，到凌云处总虚心"的诗句。十年之后的你们是学院历史上第一个以全体毕业生名义为学院留下文化符号的一届学生。2009 级不但以到目前为止唯一一个考试无作弊的年级在学院历史上留下美名，你们今天的举动毫无疑问会进一步唤醒师生文化建设的自觉性和主动性，也一定会带给学弟学妹思维的启发和行为的示范。

师生流动如水，校园美景常在，大学精神永存。同学们，母校永远是你们心灵的港湾。希望你们毕业后，修文以润内，养德而固本，实现密码梦想，创造精彩人生。

---

* 本文是作者在 2009 级母校留念作品揭幕仪式上的演讲。

修身博识育桃李　精艺自强报师恩[*]

（2013 年 11 月 9 日）

　　加强与校友的联系是庆祝建校 65 周年之后形成的一项制度性工作。65 周年校庆之后,学院将电科院毕业生机要业务提高专训班与校友座谈会结合起来,逢五逢十的校友活动由学院统一组织,其他年份由 5 个系轮流组织。今年,电科院毕业生机要业务提高专训班已经办到了第五期,也是第一次由系里组织校友座谈活动。每年利用专训班的机会召开一次校友座谈会,目的是给大家提供一个交流感情、增进友谊的平台,同时也想听听大家对学院工作的建议,共同推动学院事业向前发展。刚才,包头市委机要局长梁慧敏、石家庄市委机要局技术处处长高联合、宝鸡市委机要局总工程师李惠平等 11 位校友代表先后发言,大家讲得都很好,听后很有收获、很受启发。我代表学院领导向各位表示衷心的感谢。

　　学院发展到今天,已经走过了 66 年的历程。经过一代又一代电科院人的艰苦奋斗、开拓进取,学院已由初创时期,根据工作需要不定期举办的机要干部培训班,逐步发展成为中央办公厅所属的唯一一所为全国党政系统培养机要密码和信息安全专门人才的正规普通高等学校,在教学水平、师资力量、基础设施等方面都有了翻天覆地的变化;学院服务党的机要密码工作形式已由当初单一的干部培训,逐步发展成为密码人才培养、密码科学研究、密码产品研发等多种形式,工作的职能范围不断扩大,服务的能力水平不断提高;学院培养的学生层次已由当初的中专生、大专生发展到现在的本科生、研究生,已由当初的专门技术人才逐步发展成为具有忠诚意识、创新能力、精湛技术的高素质复合型密码保密人才。

　　作为机要人员的摇篮,学院时刻牢记党的重托,以"建机要名校、育密码英才"为己任,源源不断地向机要密码干部队伍输送新鲜血液,为党的机要密码事业发展提供了强有力的人力支撑。据不完全统计,截至目前,已培养研究生、本科生、大专生和中专生近 16000 人,为各级党政机关和机要部门

---

　　* 本文是作者在第五期电科院毕业生机要业务提高专训班和校友座谈会上的讲话。

培训机要干部近 37000 人次。从"十二五"时期开始,学院承担了全国县(市)机要局长的轮训任务,目前培训任务已经过半。可以说,从党和国家的高级领导机关到边疆沿海的基层密码部门,从大型国企到驻外使领馆的机要岗位,到处都有电科院学子的身影和足迹。不少毕业生获得"全国党政系统机要密码先进工作者"和"全国党政系统机要密码干部一等功"的荣誉称号,成为各级机要部门的业务骨干,涌现出了一大批学术上有建树的专业人才和工作上有突出成就的模范人物。

学院从初创阶段的培训班发展成为专门的机要干部学校,从合并调整阶段的机要干部学校发展成为正规的电子专科学校,从步入正规阶段的电子专科学校发展到今天欣欣向荣的电子科技学院,始终离不开党中央、中央办公厅领导的亲切关怀,离不开各级党政机要部门的大力支持,同样离不开来自四面八方校友的无私关爱和鼎力相助。中央办公厅新的领导班子高度重视学院的工作,中央政治局委员、中央书记处书记、中央办公厅主任栗战书同志今年 1 月 16 日专门来院看望慰问并同师生进行了座谈,从"要认真学习贯彻落实党的十八大精神,深化教育教学改革;要始终把牢政治方向,确保学院的政治本色和学生的政治素质;要深刻认识学院的特色优势,走出一条与密码保密事业相适应、齐发展的办学之路"三个方面对学院发展做出了重要指示;5 月份,对学院工作做出了重要批示:"办好这所学院,不在于规模宏大,而在于特色鲜明、师生素质精良。"院党委正按照栗战书同志的指示要求,认真扎实地做好各项贯彻落实工作,努力推进学院的建设发展。

电科院作为机要部门自己的学校,与各级机要部门的联系方式也多种多样。比如人才培养,学院每年培养的绝大多数毕业生都直接进入各级机要部门和机要岗位。比如干部培训,每年学院培训 5000 人次以上;中办机要局明确学院为"全国党政机要系统干部培训中心",今年 9 月举行了挂牌仪式。比如科学研究,学院研发的密码设备和信息安全系统装备到各级机要部门。但是,校友是学院与机要系统联系最主要的渠道,已离开学校的校友曾经是我们昨天的学生,今天在校的同学又将成为我们明天的校友。1995 年 11 月,中办机要局在四川重庆召开过校友会筹备会,通过了校友会章程,并选举产生了校友会筹备委员会。当时的中办机要局副局长何虎林同志担任会长,学院副院长韩勇同志担任副会长,秘书长由学院董庆祥教授担任。后来虽然没有正式成立校友会,但校友活动一直以各种不同的形式在开展,受到各地机要部门和校友的欢迎。校友是学院一笔宝贵的财富,在学校时是大学文化建设的参与者和创造者,毕业之后又是大学文化的传播者和践行者;校友是学院的一张鲜亮的名片,无论走向哪里,在天涯,在海角,都传播着电科院的名声,每一个校友的业绩都是电科院的骄傲;校友是反映学院教学水平和工作水平的一面镜子,以校友为鉴,可折射出学校的办学水平和人才培养质量的高低;校友是学院发展的特殊资源,你们熟悉学校的教学、科研、管理等工作,分布于全国各级机要部门,清楚机要系统对各类人才的需求,你们的智慧和力量是母校发展的不竭动力。

为了更好地凝聚校友力量,弘扬母校精神,在去年建校 65 周年时,创办了校友刊物《电科院人》,得到了党政机要系统的普遍好评,引起了全国各地电科院毕业生的强烈共鸣。希望大家对刊物的编辑出版工作提出宝贵的意见建议并踊跃赐稿,使之成为宣传、了解母校的窗口,抒发情怀、寄托思念的园地,展现风采、加强交流的平台。

修身博识育桃李,精艺自强报师恩。希望广大校友继续发扬学院的优良传统,努力为党的机要密码事业做出更大的贡献;希望广大校友与母校风雨同舟,携手同行,以不同的方式关心和支持母校的建设和发展,共同开创电科院美好的明天!

历史悠久　与时俱进

——意大利高等教育的几点印象 *

（2013 年 12 月 17 日）

　　1988 年,意大利的博洛尼亚大学举办庆祝成立 900 周年的典礼,邀请世界各国著名高校领导出席,北京大学当时的常务副校长王义遒前往参加。庆典结束后要发表一个宣言,其中"基本原则"的第一条中,有"为了满足向当代世界开放的需要,大学应独立于一切政治、经济和意识形态权力之外"的句子。王校长对能不能在上面签字犹豫不决,是在请示了当时中国驻意大利大使同意后才签字的。这个宣言就是著名的《博洛尼亚大学宪章》。

　　2013 年 6 月下旬,北京电子科技学院把意大利作为出国考察学习高等教育的目的地。除了它是文艺复兴的发源地,拥有悠久的历史和灿烂的文化外(意大利是联合国教科文组织确定的世界遗产最多的国家,49 处。中国第二,45 处。西班牙第三,43 处),一个主要原因就是意大利孕育了世界上最早的现代意义上的大学。博洛尼亚大学成立于 1088 年,通常被认为是欧洲最古老的大学之一,是全世界第一所现代意义上的大学。

　　中国和意大利都是文明古国。两千多年前的丝绸之路就把万里之遥的两个国家连在一起。今天中国对意大利了解的不少,像但丁、薄伽丘、达·芬奇、米开朗基罗、拉斐尔、伽利略、马可·波罗、郎世宁、利马窦等名字,当然还有八国联军、二战的轴心国联盟,中国人并不陌生。意大利是一个南欧国家,面积 30.13 万平方公里,人口 6148.2 万(2013 年 7 月)。全国分为 20 个大区(一级行政区),共 110 个省,8092 个市(镇)。就人口和面积来说,属于一个中等国家。从地图上看,意大利像是伸进蔚蓝色地中海的一只巨大的长筒靴。《神曲》的作者、意大利著名诗人但丁说过,意大利是嵌在两个海(指地中海的属海亚德里亚海和第勒尼安海)中间的高跟鞋,说得非常形象,让人一下子就记住了。

　　意大利的高等教育由"教育、大学与研究部"主管。意大利目前有 89 个

---

　　* 本文是作者带队考察意大利高等教育后撰写的报告。

大学机构:公立大学 55 所,理工大学 3 所,私立大学 17 所,外国人大学 2 所,特定立法设立的 6 所高等研究院和 6 所远程教育大学。我们这次 3 周的意大利高等教育考察之旅,先后参观和考察了那不勒斯大学、罗马第一大学、罗马第二大学、锡耶纳大学、佛罗伦萨大学、博洛尼亚大学、米兰大学、都灵理工大学、贝加莫大学和罗马开放大学,伊萨克牛顿中学和萨维奥自动络筒机公司。现场考察和行前行后研读有关资料,对意大利的高等教育有了一个粗浅的认识。

一

意大利是博洛尼亚进程最早的倡导者和参与者之一。欧洲各国的高等教育体系结构复杂,彼此之间差别很大,使跨国人才交流和留学有诸多不便。从 20 世纪 50 年代开始的欧洲一体化进程,对区域内高等教育的交流与合作提出越来越高的要求。大学生跨国流动学习、大学教师及科研人员跨国教学和交流,有助于经济、政治一体化进程的推进。1997 年 4 月 8 日至 11 日,欧洲理事会与联合国教科文组织在葡萄牙首都里斯本召开会议,通过了《欧洲地区高等教育资格认可公约》(简称《里斯本认可公约》)。该公约是欧洲地区唯一的涉及欧洲地区高等教育的具有约束力的文件,是奠定"博洛尼亚进程"的基础文件。1998 年 5 月 25 日,法、英、德、意四国教育部长在庆祝巴黎—索邦大学建校 800 周年的纪念会上,联合发布了《建设和谐的欧洲高等教育体系之联合宣言》(简称《索邦宣言》),首次明确提出"欧洲高等教育区"的概念。

1999 年 6 月,欧洲 29 个国家的教育部长在意大利博洛尼亚举行会议,共同探讨 2010 年建成欧洲高等教育区并完善欧洲共同的高等教育体系等问题,并签署了《博洛尼亚宣言》。宣言的最终目标是构建一个保证成员国的教育质量、增加工作机遇和公民流动的欧洲高等教育区。其具体目标包括:

(一)建立容易理解并可以进行比较的学位体系;(二)建立一个以本科和硕士两个阶段为基础的高等教育体系(2003 年 9 月第三次双年度会议通过的《柏林公报》将博士教育作为高等教育学位结构的第三阶段);(三)建立欧洲学分转换体系(European Credit Transfer System,ECTS);(四)促进师生和学术人员的流动;(五)促进欧洲在质量评估方面的高等教育合作,保证教育质量;(六)推动高等教育欧洲化。

《博洛尼亚宣言》不仅仅是宣布政策目标及完成期限,还确定了每两年举行一次会议,总结已经取得的成就和部署下一阶段主要任务的工作机制。在其后每隔两年召开一次的例会上,又相继补充了以下几个方面的内容:(七)强调终身学习和德育的必要性;(八)强调高等教育机构与学生的关系;(九)推动欧洲高等教育区的发展;(十)博士研究生的培养及在欧洲高等教育区的发展。

2010年3月11日至12日,加入博洛尼亚进程的47个成员国负责高等教育的部长在布达佩斯和维也纳集会,宣布共同启动欧洲高等教育区,1999年《博洛尼亚宣言》中提出的在第三个千年前十年的短期政策任务目标如期完成。

二

对意大利高等教育情况的了解是从布鲁诺先生介绍开始的。布鲁诺先生是意大利中欧教育培训中心负责人。1983年,他作为联合国教科文组织派出的联合国科学技术发展基金会专家团成员参与中国国家科委的火炬计划,作科研项目的监督代表。尽管已同中国打交道30年,他还是谦虚地说,30年时间太短了,只能说是刚刚开始,要一千年才能了解中国。在古罗马帝国时期,欧洲的高等教育是一样的。今天意大利的大学教育,大体上和欧洲其他国家差别不大,因为要服从博洛尼亚进程的统一要求。由于历史不同,各国又有自己的特点。在他上学的时候,意大利处于工业复兴年代,小学、中学、大学都是为工业服务的模式,高等教育遵循的完全是工业需要的逻辑。世界在发生变化,高等教育也要适应,不一定还按照工业需要去办大学。大学也要多元化,现在已经没有规范模式,也没有标准不标准之说。古罗马斗兽场是为了让人娱乐而建的,今天孩子的娱乐工具是手机,教育要注意这种趋势。高等教育在更多地走实际实惠的路子,培养出来的人要有实际操作能力,而不是都去搞理论研究。这与人类发展到今天的生存现状有关,今后发展更多地要靠发挥人脑资源,避免消耗不可再生的自然资源。至今毁损地球的主要是欧洲、美洲,近30年中国要承担很大责任。要在这种背景下探讨高等教育的发展模式。世界变化很快,高等教育也要变,规范化的东西僵化了,生命就不会长了。这位意大利朋友直言中国现在走的是美国大学的路子。他说的一点没错。美国的教育体制确实有它先进的地方,但美国模式有利也有弊。再好的东西照搬照抄也是不行的。中国近代创立的大学最初的确是学习德国,后来学习美国,建国初期模仿苏联,改革开放后又学美国。按北大中文系主任陈平原的说法,今天中国的大学制度本来就是"旁采泰西",而不是"上法三代"的结果。现在中国的高等教育正紧跟世界的发展趋势,在博采众长的基础上探索走自己的发展路子。

三

意大利有全国统一的全职教师衡量标准。全职教师每年要有 1500 小时与教学、研究和管理活动相关的工作时间,其中至少要有 350 小时用于教学和为学生提供服务。只要是教师,每年 120 课时必须保证。米兰大学国际事务部负责人告诉我们,教师在完成 120 课时教学任务后才能去搞科研。没有科研与工资挂钩的说法,也无法说科研能带来多少经济回报。但有了科研成果,可带来声誉和同行认可,晋级后自然收入就会增加。研究成果的数量和等级,可以证明教师在所在专业领域取得的成绩。

为了保证大学质量,研究员(相当于中国的讲师)以合同制的方式聘用,最长年限 8 年,合同到期后,如果评不上副教授,就要离开学校。教师的总量和各大学的分配指标由国家控制。教师的资格是国家评,学校聘。教授、副教授的资格由一个抽签组成的国家级委员会评审确定。教授、副教授的职称由各个大学(须有钱、有位置)从具备资格的人中通过公开选拔来授予。职称评审中平衡教学、科研的比重,注重教学成果的考察和教学质量的评价,多年没有教学成果的老师要淘汰,以保证教学水平。

意大利没有全国统一高考,除个别专业有名额限制要进行考试外,各大学实行注册入学制。学生与大学的联系很单纯,就是和教学、毕业有关的学校管,别的都不管。但对留学生有调整,会提供更多的服务,以满足他们在异国生活上的需要。对学生的管理松散,导致高缺课率、高辍学率和低毕业率。大学的毕业人数仅占平均注册学生人数的 60% 左右。意大利实行欧洲认可的学分制,1 个学分代表 25 个学时,一个全日制学年的平均学习量是 60 学分,相当于 1500 学时。学分是衡量学习的量,分数才是评价学生学习结果和质量的尺度,只有通过各门课程考试才能获得学分。考试由大学自行组织,形式灵活多样,口试、笔试或能力评估都可以。三年制的本科阶段只要求对于特定主题进行阐述或报告,对于论文的拟定和讨论适用于研究生阶段。学生如果转专业学习,新旧专业相衔接的学分继续有效。在考研究生时,本科修得的 180 个学分只有在学生所选的研究生专业和本科专业直接衔接时,才能全部得到承认。

四

我们对罗马开放大学的考察,是从在他们的教工食堂吃午饭开始的。午饭后,学校后勤伙食负责人到教室征求对饭菜和点心的意见,女校长带我们参观学院开办的音乐广播电台和体育节目直播间。秘书长赵剑民还应邀进入直播间,向收听足球比赛实况转播的球迷发表演讲。

罗马开放大学是意大利6所远程教育大学之一,仅有8年历史,我们访问的这个新建教学点只有1年的时间。它类似于中国的广播电视大学,但它完全由私人出资,国家负责正式编制教师(占教师总数的20%,正争取提高到50%)的工资。开设的课程有政治科学、哲学、法律、工程(电子、机械、土木)、经济学等。刚开设了中文课,正准备开亚洲历史和生物工程等新课。还开设专修课、短训课,没有学位的研究生课程。9月份还要开针对毕业生的知识更新课。培养3年制本科生和2年制研究生,但有政治地理专业的博士点。大部分教师都很年轻,他们使用网络更自如些。助教是合同聘任的大学毕业生,有全职的,也有计时的。他们作为网上教师,不占用教师的编制,相当于家庭教师,至少每周和学生沟通一次,学生得到的辅导比一般大学强多了。如果学生考试没有通过,助教第二天就会联系学生指出问题、进行辅导,帮助学生通过补考。一般第三次考试时都能通过,但第三次考试是规模小了,不是更容易了。学校教多少学生是为了让多少学生毕业,而不是事先规定毕业的比例。大学在国内设有36个笔试考试点,口试都要到罗马来。各点2月、6月、11月是考试时间,罗马这个点除8月之外每个月都有考试。上课必须使用国家规定的教材,但内容要与日俱进。比如欧洲历史课不用更新,但昨天奥巴马宣布美国加入世界气候公约,就要加入教学内容。虽然博洛尼亚进程承认学历,但培养出来的学生肯定不能和名校相比,但学校会积极推介(如组织公益活动),为他们就业创造机会。现代社会需要这样一所大学,欧盟2014—2020规划对网络教育会增加经费。

信息时代的到来和网络技术的进步对教育、培训产生了巨大的影响。从MIT的课程开放计划、"可汗学院"到"慕课(MOOC, Massive Open Online Course 的缩写,大规模在线开放课程)联盟",这种基于网络的在线教育,对现行教育体制带来巨大的冲击。在线教育对于促进社会公平、缩小教育差距提供了人人、校校可以捕获的机遇和实现的途径。高水平师资的风采可以冲破国家、学校的框限向全世界展示,在普通大学注册就读的学生足不出户就能够享受到全球顶级的教育资源。教育教学模式的革命性变革即将到来,迎接挑战,抓住机遇,先知先行者无疑会受益在先。

五

因为这次考察有企业与高校的合作机制方面的内容,我们这次还访问了一个企业——萨维奥自动络筒机公司。络筒机是纺织行业的一种专用设备。萨维奥公司是世界非常有名的络筒机生产商,最大的市场在中国,占有率高达 60%～70%,在中国的山东济宁、江苏昆山、广东东莞等几个地方有工厂。公司对来自中国大学的访问团非常重视,75 岁的公司元老、董事莫兰尼先生亲自带领负责市场开发和电气方面工作的两位工程师,陪我们参观产品展示馆和生产、质检车间,并为我们讲解。他的父亲是公司的第二代老板,曾受到周恩来总理的接见。他是公司的三个购买人之一,在中国投资建厂后多次到中国,仅在上海一地就呆过两年。在两位工程师介绍情况时,他不时打断自己来解说,并戏称自己最大的特点是对所卖的东西一窍不通。

该公司诞生于 1911 年。墨索里尼时期规定,不准从德国、英国进口设备,要自己做。萨维奥公司从那时起从主机到零部件都是自己制造。络筒机这些年经历了从机械、半机械到全自动的发展过程。35 年前企业就开始和学校合作。他们认为,和大学合作有很多好处。企业要想在竞争中占据优势,提高产品的技术含量,就必须与大学紧密合作,使用最新科研成果。大学在合作中也有好处。教授可以了解企业的最新需求,学生可以在纺织工业领域巩固学到的知识并在实际中应用。学生可以定期到公司实习,毕业设计也可以来公司做。公司可以提供场地、设备供学校使用,经费双方承担或者由公司支付。论文大学可发表,专利归公司。公司从不接受欧盟的资金支持,就是因为那样做了,得到的专利将属于欧盟。以数字化记号代替打结的技术,就是和大学合作的成果。还有许多提高性能的工艺革新改造也是从大学得来的。现在在公司的地下室,就根据市场预测研制着最新的机型。在中国的北京、上海搞市场调研时,也是委托大学去搞,企业自己去搞往往听不到实话。公司和大学、科研机构合作,在国外办厂,都有书面合同和保密协议。但保密协议在中国一条也不管用。发现有人仿制,打官司胜诉了也没用,人家该卖照样卖。后来我们也想开了,别人抄袭说明我们的东西好,也可以提高我公司的知名度。听了这样无可奈何的话,深感我们国家在知识产权保护方面必须采取更加有力的措施,缩小和发达国家的差距。

六

　　高校老师不坐班的工作特点,导致不是一个专业的老师即使在一所大学里共事,平时长时间接触的时间并不多。出国考察组成的临时集体,使不同系部、不同专业的老师有了近距离、长时间接触和交流的机会。大家在一起谈教学的感悟,谈科研的成果,交流本学科专业的最新进展,分析自己学校的特色和优势。尤其让我感动的是培训团里的青年骨干教师。他们都是第一次出国培训,非常珍惜这次机会,出国之前就做了大量准备工作,并将收集到的资料发到团里每个同志的邮箱共享。他们在访问的过程中向教授、管理人员提出的问题,不是灵光一闪,而是自己在教学实践中经常思考、在国外遇到触发点而涌出。每次上课和参观结束后,都及时整理笔记,并开展讨论。这种讨论是发散型的,从具体到抽象,从微观到宏观,从教育到社会,从国外到国内……思想的交锋、观点的碰撞,都给人带来思考问题新的视角和新的启示。

　　2004 年,我们的国内生产总值超过意大利居世界第六,之后又超过英国、法国(2005)、德国(2008)和日本,在 2010 年成为世界第二大经济体。自豪之后的遗憾是我们经济的高速发展,是以能源的过度消耗和生态环境的持续恶化为代价的。驱车行驶在亚平宁半岛,满目苍翠、空气新鲜,青山绿水、蓝天白云并没有因为经济的发展而玷霾蒙尘。意大利之行,使我们对党中央实施生态文明建设与经济、政治、文化、社会建设并列的"五位一体"发展战略,走科学发展道路决策的正确性、重要性有了更加深刻的认识,对树立中国特色社会主义"道路自信、理论自信、制度自信"的必要性有了更加深切的体会。

　　昔日西方发达国家之一的意大利,有着发达后的潇洒,也流露出富庶后的慵散;有克服经济危机的应对措施,但经济回升还显得疲软乏力。在接触中,我们也看到今天的意大利人优越感和危机感并存。"意大利走下坡路不能说是因为中国的原因。我们要努力,不然中国人就赶上我们了。我们要不就快点跑,要不就与中国人合作一起跑。"布鲁诺先生的话很有代表性。高等教育和经济建设的道理是一样的。换位思考,考察归来之后的我们应该怎么做?

"校训、校风、师风、学风"释义 *

（2014 年 4 月 25 日）

校训：忠诚 笃学 创新 卓越

释义（修订）：忠于党，忠于国家，忠于机要密码事业；专心致志，好学深思；革故鼎新，与时俱进；为人仰慕高山景行，做事追求精益求精。

校风：严格 严谨 有序 有恒

释义：治学规范，治校严谨；讲程序，守规矩，高标准，严要求；建机要名校，固人才培育之本；育密码英才，守特色教育之魂。

师风：修身 博识 兢业 爱生

释义：正心立德，正己树人；学识渊博，传道解惑；敬业奉献的职业操守，诲人不倦的蚕烛精神。

学风：尊师 尚德 精艺 自强

释义：精研业务，精湛技能；敬重师长，崇尚德行；树远大理想，励精图治；养浩然正气，奋发图强。

---

　* 本文是作者综合大学文化建设课题组成员所提方案而形成的建议稿，经学院党委常委会讨论通过后，成为学院"一训三风"释义的正式文字表述。

"一训三风"是大学文化的代表性要件[*]

（2014 年 4 月 30 日）

文化具有历史性和传承性,联系着国与家,联系着民与族,联系着人与人。文化是民族的血脉,是人民的精神家园。在文化传承和发展的历史进程中,教育特别是高等教育起着承前启后、开拓创新的重要作用。

大学是优秀文化传承的基本载体,是思想文化创新的重要基地。大学作为开展高等教育的社会组织,处于人类社会教育体系的最高层次,在文化交流、文化传承、文化引领、文化创新中具有其他社会组织不可替代的作用,肩负着独特的历史使命。

大学在传承社会先进的思想文化的同时,自身也在不断塑造独特的大学文化,并且影响和引领着社会文化的发展方向。大学文化既是社会文化的一个重要组成部分,又在一定程度上折射着社会文化的价值取向和发展水平。在我国从人力资源大国向人力资源强国迈进、从高等教育大国向高等教育强国迈进的过程中,大学也开始从规模扩张的外延式发展向注重质量的内涵式发展转变。大学文化的培育和建设毫无疑问是内涵发展的一项重要内容,其本身也是文化传承创新的有机组成部分。大学文化与社会文化的关系,既寓于后者之中,又对后者具有导向引领的功能。一方面,大学通过对社会文化进行专业化、学科化和系统化的梳理,保存、提炼和传播优秀传统文化,使文明成果得以扬弃,使社会正气得以弘扬,使社会文明风尚得以提升,从而成为社会先进思想文化、优秀价值精神的传承者。另一方面,大学在对社会文化进行梳理的过程中,高校师生依托科学严谨的学术思维和研究方法,实事求是,求索求证,大胆创新,演绎、提炼引领风气之先的科学理念、思想观念和价值精神,即先进的思想文化成果和精神文化产品。这些思想文化成果和精神文化产品以各种途径和方式影响着社会经济、政治、文化的发展,成为引领社会文化发展的风向标,衡量社会文化发展水平的指示器。

---

* 本文是作者为《中国大学校训、校风、师风、学风大全》撰写的序言。

在当代中国,大学作为继承和发展人类思想和知识的社会组织,作为培养德智体美全面发展的高层次人才的殿堂,在帮助大学生吸纳知识和掌握技能的同时,也在为这些年轻的文化学习者、传承者和创新者注入社会主义核心价值观,帮助他们形成健全的人格,树立高尚的情操,以此推动人的自由全面发展,推动中国特色社会主义事业进步,推动中华文明和世界文明的创新与发展。

大学文化根植于中华民族优秀传统文化,吸收借鉴世界各国杰出文明成果,映射着时代精神和永恒价值。它是学校的灵魂,是学校发展的驱动力,是学校软实力和综合竞争力的重要体现。无论是从历史和现实的角度进行考察,还是对国内和国外大学进行比较,我们都能毫不犹豫地得出一个结论:一流的大学一定具有鲜明的办学特色和一流的大学文化,特色鲜明的大学必然有特色鲜明的大学文化。先进的大学文化能聚人心、激斗志,它鼓励拼搏进取和创新精神,创造自由的学术氛围、和谐的育人环境,可以孕育和吸引一流的大师,培养和造就一代又一代具有崇高理想、独立人格的优秀人才。

大学自身的发展,不但需要完备的基础设施作为支撑,更需要文化的积淀和精神的塑造。大学文化建设既是学校生存发展之本,又是学校内涵发展的动力之源。国内外绝大多数大学结合自己独特的悠久发展历史和优秀文化传统,对大学文化进行了凝练与升华,形成了打上自身鲜明烙印的顶层设计、学校章程、办学理念、大学精神和校歌、校训等。体现大学精神、展示大学文化最具代表性的要件就是校训、校风、师风、学风(以下简称"一训三风")。校训是一所学校办学理念、治校精神的集中反映,是体现大学文化精神的核心内容。一般说来,校风、师风、学风是从管理、教师、学生三个不同的角度对大学精神和校训的诠释和引申。"一训三风"(有的还有释义)是广大师生在学校建设和发展的认识与实践活动中形成的共识,是一所大学独立思想、传统精神与人文内涵的集中体现。它反映一所大学的优良传统、办学特色和发展方向,又能表明一所学校的文化指向和社会责任,对教职工具有陶冶规范作用,对大学生具有示范引导功能。

培育和建设"一训三风",有利于发扬学校的优良传统,办出学校的特色;有利于增强全校师生的向心力和凝聚力,激发大家奋发向上的热情和勇气;有利于宣传学校励精图治、追求卓越、开创未来的良好形象。精心打造的"一训三风",是社会主义核心价值观在高校的个性体现,反映着学校的办学理念、育人思想、兴校智慧,向外界直观呈现学校的历史底蕴、现实辉煌和未来愿景，在学校内部也传播着凝聚人心、鼓舞士气的正能量。

《中国大学校训、校风、师风、学风大全》作为中央高校基本科研业务费资助课题的阶段性成果，以教育部公布的《2013 年普通本科院校名单》为依据，通过公开出版物和高校网站收集了名单所列 879 所大学的学校徽标和"一训三风"。同时，也收录了部分港澳台大学和国内具有代表性的军事院校的学校徽标和"一训三风"。在大学文化研究日益受到重视的今天，希望这本资料性、工具性的小册子能够为高等学校的管理者谋划、培育和建设大学文化开阔思路，为大学文化建设的研究者提供资料方面的便利，为社会各界人士全面了解大学文化打开一个窗口。我们有信心在读者的关心和鼓励下继续前行，按照预定计划完成其他大学"一训三风"的收集出版工作。

文理科学生都要提高人文素质*

（2014 年 6 月 6 日）

2011 年，我院成功举办了首届人文知识大赛。三年之后举办的这次人文素质与公文写作大赛，再一次受到同学们的热烈追捧。预赛成了参与人数最多的大型校园文化活动，全校超过百分之四十的同学踊跃参加，足以看出活动的影响力和受欢迎的程度。参加决赛的选手在初试锋芒的知识问答、慧眼识英的公文辨析、纵横捭阖的人文探底三个板块激烈竞争，其间穿插展示的文采风华，融话剧、音乐、舞蹈于一体的人文演绎，展现了电科院学子深厚的人文底蕴与靓丽的青春风采，为我们呈现了一席风格独特、韵味独具的人文盛宴。我首先向所有参赛同学表示祝贺，向参与大赛组织和服务工作的老师、同学表示敬意！

"人文"这个词最早在中国古代典籍中出现，是和"天文"相对应的。五经之一的《周易》第 22 卦贲卦的卦辞是："刚柔交错，天文也；文明以止，人文也。观乎天文，以察时变；观乎人文，以化成天下。"日月星辰在宇宙天空分布、运行是"天文"，人类社会的各种文化现象是"人文"。也就是说，"天文"是指天道自然，"人文"是指社会人伦。

从注重传授知识，到加上重视能力培养，再到加上注重提高素质，是高等教育在人才培养观念转变上的三步曲。传授知识、培养能力解决如何"做事"，提高素质解决如何"做人"；理想的教育就是把这两者有机结合起来。素质包括思想道德素质、文化素质、业务素质和身体心理素质。素质教育是德智体美全面发展的教育，是重视人文精神养成和提高的教育，是人格的不断健全和日臻完善的教育，是"做事"和"做人"完美结合的教育。

素质教育是相对于专业教育来讲的。专业教育培养的是专才，改变的是人的身份和地位；素质教育培养的是通才，改变的是人的品位、格调和精神。素质教育这个概念国外也有，而且相当受重视，只是叫法不同，叫"通识教育""通才教育""博雅教育"的都有。1928 年耶鲁最早提出"通识教育"的

---

* 本文是作者在 2014 年人文素质与公文写作大赛上的演讲。

构想。理工与人文相通,是麻省理工的重要特色之一。中国高校重视并大规模开展文化素质教育,始于华中理工大学,中科院院士杨叔子当时是校长,为了加强人文素质教育,该校新生入学一律进行中国语文水平考试。

只注意传授知识,不注意培养能力和素质,培养出来的人只会做事不会做人,这些人文素质方面存在的问题,是高校饱受社会诟病的焦点之一。"有知识、没文化""有地位、无品位""高学历、低素质"的例子可以举出一大堆。马加爵、药家鑫、清华铊中毒、复旦投毒、"我爸是李刚",都是人文精神缺失的校园悲剧。

我们所说的人文素质,有广义和狭义之分。广义就是素质教育中的文化素质。当其与科技素质相对应时,用的就是狭义。什么是人文素质(文化素质)教育呢?我认为就是对大学生进行文、史、哲、艺术等人文社会科学和自然科学方面的教育,以提高全体大学生的审美情趣、文化品位、人文素养和科技素质。说得再简练一点,就是把人类优秀的文化成果内化为人格、气质、风度、修养。面容姣好不等于有气质,身体健壮不等于有风度,腹有诗书、谈吐不凡、行为优雅,才是有气质、有风度。所以说,加强人文素质教育,不是只针对理工科学生讲的,对文科学生也适用。理工科的学生要加强人文方面知识的学习,文科的学生要加强自然科学方面知识的学习。我非常高兴经常在校报上读到理工科学生写的文章,谈古论今,旁征博引,文采斐然。我也知道我们学校有不少文科学生掌握了扎实的自然科学知识,还注册了许多国家专利。教育领域的综合改革方案已经把取消高中文理分科作为选项,预示文理分家的现状不会再长时间持续下去。明天在全国各地考场上高考的 939 万考生,也许就是今后文理分科考试的为数不多的几届考生之一,理工男和文科女的校园恋情至少在高中阶段将成为或甜蜜或苦涩的历史回忆。

我院是以理工科专业为主并且"一头沉"的高校,理重文轻。实现科技素质与人文素质的融合,使从这个校门走出去的毕业生全面发展,成为受机要部门欢迎的高素质人才的任务更为迫切。"国考"的分数只是你进入机要队伍的敲门砖、通行证,在机要系统成长进步,分数的高低已不再重要,重要的是你的综合素质,人文素质就是综合素质中的重要内容,不但不可替代,而且举足轻重。然而,人文素质的培养是一个潜移默化的过程,人文素质的提升也不可能一蹴而就。提高人文素质要从老师、学生两个方面努力。加强校园文化建设以营造氛围,增设必修、选修的人文课程以开阔视野,开办讲座,建立学生社团,开展丰富多彩的文化艺术活动等都是被实践证明行之有效的方式。像今天这样组织比赛就是寓教于乐、喜闻乐见的一种好方式，我希望能够定期组织、长期坚持、久久为功。

严格地讲，公文写作能力是人文素质的一个组成部分，是题中应有之意。把它加在大赛的名称里，我理解是突出公文写作在工作岗位上的重要性，进一步提高同学们对公文写作的重视程度。我到全国各地和校友见面座谈时，机要局领导和校友都不约而同地建议学校，加强对学生公文写作能力的培养和训练。他们感到，学校的毕业生到了工作岗位之后，在"问策能对、交事会办"方面问题不是太大，但"开口敢讲、提笔能写"方面还存在一定差距。这次大赛的组织者动了脑筋，公文写作竞赛部分的设计很有新意，既有考察基础知识的选择题，也有需要团队协作配合的实践题，还有考验临场应变能力的纠错题，可以提高参赛人员和现场观众的兴趣，也能够比较全面地考察同学们的公文写作能力。

万众憧憬中国梦，潮平风正好扬帆。同学们，希望你们珍惜四年韶华，刻苦钻研，广学博取，使自己成为既有科技知识、又有文化教养的人；积极参加课外科技、文化活动，使自己成为既术业有专攻又全面发展的人；坚定信念，砥砺品行，成为业务上精益求精、政治上忠诚可靠的人；仁义兼备，智勇双全，成为既脚踏实地又追求卓越的人，努力在实现中国梦的伟大实践中创造自己的精彩人生。

马上就要宣布决赛的名次了。我建议同学们不必在意一时的名次，重要的是永远保持求知的渴望，永远保持不满足现状的进取之心。让我们大家共同努力，积极推进学院内涵式发展，增强学生的文化素质，提高教师的文化素养，提升学校的文化品位，向办学特色鲜明、师生素质精良的目标大踏步前进。

以高度的文化自觉自信
建设电科院的大学文化[*]

（2014 年 6 月 27 日）

今天我们举行简朴而隆重的学院"校训、校风、师风、学风"释义发布会，这是学院发展史上的大事、喜事，也是一个意义深远的标志性事件。随着时间的推移，将愈发显现出其重要性。

刚才，陶学平同志介绍了学院"一训三风"释义的形成过程。李晓明、傅强、齐巍三位同志和张雪同学分别发言，畅谈了自己对校训、校风、师风、学风的理解与感悟，讲得都很好。受大家发言的启发，我也讲一下自己对大学文化建设的思考。

一、大学的四个功能和大学文化的三个组成部分

现代大学有四个功能，即教书育人、科学研究、服务社会和传承文化。教书育人，就是传授知识；科学研究，就是创新知识；服务社会，就是应用知识；传承文化，就是要以文化人、引领社会。育人是现代大学的本体功能、基本功能，大学的根本使命是人才培养。"教书育人"与"科学研究""服务社会""传承文化"不是并列关系，而是派生递进关系，后者倚赖、依托于"教书育人"，而不是游离于"教书育人"之外。

文化是一所大学的灵魂，是大学彰显特色的重要标志。大学文化在长期办学中积淀形成，经历任教习和学子涵育，是一所学校发展的精神动力，是办学特色中别人拿不走也仿不了的。大学文化是历史积淀与时代发展的统一，是科学精神与人文精神的统一，是理想主义与现实主义的统一。高品位的大学文化是展现学校对外形象的"名片"，是为学校发展赢得竞争优势的软环境，是一种具有巨大内部凝聚力和外部扩张力的无形资源。

大学文化有三个组成部分：一是精神文化，由价值观、历史传统、理想追

---

* 本文是作者在学院"一训三风"释义发布会上的讲话。

求、审美情趣等构成;二是制度文化,由大学的组织架构及其运行规则、师生行为规范等构成;三是物质文化(环境),由大学的物理空间、物质设施等构成。

一所大学,设施是肌肤,制度是筋骨,特色是气质,文化是灵魂。联合国教科文组织指出:除了正规的课程,学生置身其中的环境也是一种教育要素或反教育要素。一个肮脏的环境培养不出环保意识和美学意识。斯坦福大学首任校长乔丹曾经说过,大学的建筑也会对学生的培养教育起到积极作用,每一块砌墙的石头都势必给学生以美和真的熏陶。苏联著名教育实践家和教育理论家苏霍姆林斯基也讲过,我们努力使学校的每一面墙壁也会说话。制度文化和物质文化,毫无疑问会对学校造就人才的质量和品位产生重大影响,但不是我们今天讨论的重点。

办大学就是办一种精神,办一种文化。今天的高等教育,已进入分类发展、特色致胜的时代。学校的生命力在于自身有没有鲜明的办学特色,能不能营造出文化育人的氛围,是不是培养出受社会欢迎的人才。所谓教书育人、管理育人、服务育人,说到底都是文化育人;而科学研究、服务社会、传承文化也都是通过育人或育出的人来实现的。

二、近年来学院文化建设历程回顾

学院诞生于硝烟弥漫的战争年代,停办于动荡荒诞的"文革"时期,恢复于改革春风鼓荡之时,在科学发展观的指引下快步前进。67年来,学院走过了一条不平凡的发展之路。从初创时不定期举办的机要干部培训班,逐步发展成为中央办公厅管理的为全国党政系统培养机要密码和信息安全专门人才的普通高等学校,在教学水平、师资力量、基础设施等方面都有了翻天覆地的变化。学院服务党的机要密码工作的形式,已由当初单一的机要干部培训,逐步发展成为机要保密人才培养、密码科学研究、信息安全产品研发等多种形式,工作的职能范围不断扩大,服务的能力水平不断提高;学院培养的学生层次也在不断提高。截至目前,已培养研究生、本科生、大专生和中专生16000多人,为各级党政机关和机要部门培训机要干部逾42000人次。

早在1998年,联合国教科文组织就在《21世纪的高等教育:展望与行动世界宣言》中警告世人:教育和大学"必须进行最彻底的变革和创新,以使我们目前这个正在经历一场深刻危机的社会可以超越一味的经济考虑,而注重深层次的道德和精神问题。"我国的《国家中长期教育改革和发展规划纲要(2010—2020)》对高等教育人才培养目标的表述是"信念执著、品德优良、知识丰富、本领过硬"。真是英雄所见略同。中外有识之士都已经意识到,当今世界高等教育面临的挑战已经远远超出单纯的"高深学问"的范畴,深入到了文化和精神领域。

大学文化不会自发形成,它是大学发展到一定阶段的产物,历经一代代师生创造、传承、发展。提升学院的社会声誉,倚赖于师生的精良素质,也倚赖于师生身上折射出的大学文化。一个合格的办学者和称职的管理者,一定会在培育和创新大学文化上下功夫。

近年来,学院在聚精会神地提高教学、科研等硬实力、上层次的同时,致力于文化建设,荟历史深厚积淀之精华,萃今日全体教师之智慧,凝练大学文化、传播大学精神,打造软实力。学院的社会知名度逐年提高,机要部门的认可度不断提升,文化建设功不可没。2006 年,学院凝练形成了校训及其释义。2012 年至今,先后组织开展了学风、师风和校风的征集活动和校训释义修订,校风、师风、学风释义文字表述征集研讨活动。至今年 4 月,各项活动圆满结束,总结凝练了"一训三风"及其各自释义的文字表述,进一步丰富了学院校园文化内涵。"一训三风"是对师生精神面貌的状貌摹神,也是师生精神世界的理想追求。"一训三风"释义的发布标志着学院在文化建设的道路上又前进了一步,标志着学院精神文化体系的进一步完善。

经过长期的努力,学院确定了"立足机要密码行业、面向信息安全领域、服务全国党政系统"的人才培养目标,凝练概括出"建机要名校、育密码英才"的办学理念,总结出"倡导自由与自律,致力传承与创新,推崇责任与奉献,践行包容与和谐"的大学精神。它们共同构成的学院顶层设计,反映了学院的办学传统和办学特色,是学校过往历史的科学总结和今后发展的奋斗目标,也是全院师生建设"与密码保密事业相适应、齐发展"电科院的共同思想基础。

三、"一训三风"在大学文化中的地位和作用

大学精神是大学文化的精髓和灵魂,是大学赖以生存的支柱和精神推动力,集中体现着大学的核心价值追求,鲜明表达出大学的个性与特质,深刻透射出大学的生命力、凝聚力和感召力。大学的校训、校风、师风、学风等文化要件是大学精神文化的载体。"一训三风"的形成和成熟,是建设大学精神文化的基础性工作。

　　"一训三风"是一所大学独立思想、传统精神和人文内涵的集中体现,它汇聚成学校的文化传统,反映一所大学的办学传统和特色,又表明一所大学的文化指向和社会责任,是凝聚人心的有效载体,是培育校园文化的有效途径,是学校弥足珍贵的精神财富。

　　校训是一校之魂,是历史文化的浓缩,是承载学校精神的重要文化符号。校训是学校对学生道德要求、行为约束、品行养成的训诫,反映了学校的理想和人才培养目标,体现了学校对学生的期望和要求。校训对学校精神的诠释,不要求全,而是追求精、追求深、追求特色。

　　校风是一所学校风气的总和,集中体现学校的办学理念、育人方针、学术追求和办学特色。师风,有的学校和师德连在一起说,有的学校称为教风,是教师在从事教育工作中必须遵守的职业规范、行为准则和道德操守。学风是一所学校治学态度的集中体现,它既对学生,也对教师。但和"师风"对应时,指的是学生应该具备的求学精神、态度和追求。良好的学风、师风是形成优良校风的前提和基础,学风、师风、校风三者和校训一起,共同构成大学精神文化的核心内容。

　　培育和建设电科院的"一训三风",有利于发扬学院的优良传统,办出学院的特色;有利于增强全院师生的向心力和凝聚力,激发奋发向上的热情和勇气。精心打造的"一训三风",反映着学院的办学理念、育人思想、兴校智慧,向外界直观呈现学院的历史底蕴、现实辉煌和未来愿景,在学院内部也传播着凝聚人心、鼓舞士气的正能量。

四、以优秀的文化塑造师生精良的素质

　　党的十八大以来,习近平总书记多次就培育和践行社会主义核心价值观发表重要论述,提出明确要求。2014年2月17日,他在中央党校省部级主要领导干部学习贯彻十八届三中全会精神、全面深化改革专题研讨班开班式上的讲话中指出,要大力培育和弘扬社会主义核心价值体系和核心价值观,加快构建充分反映中国特色、民族特性、时代特征的价值体系。培育、弘扬并坚守社会主义核心价值体系和核心价值观,必须充分发挥文化的作用。

　　没有文化的引领,走不上一流大学之路。文化上没特色,大学也不会有特色。大学文化是学校可持续发展的动力之一。好的大学文化必然对学生产生潜移默化的教育和同化作用。著名的"泡菜理论"和"熔炉理论",讲的都是大学文化对学生的熏陶作用。大学文化的价值就在于它用潜移默化、

润物无声的情感陶冶和思想润泽浸染、启迪、感化学生,使之产生一种"蓬生麻中不扶自直""入芝兰之室久而自芳"的教育效果。

大学不仅是知识传承的殿堂,更是文化浸润与人格锤炼的场所。大学文化建设应该以社会主义核心价值观为指导,应该是社会主义核心价值观在学校的具体化,应该内化为全体师生的精神追求,外化为全体师生的行为准则。

经过历届师生的长期努力,学院不仅形成了务实超前的办学理念、优势明显的学科专业、定位明确的服务方向、适用对路的人才规格、科学高效的管理模式,而且形成了独具特色、独树一帜的大学文化。

雁过声在,薪尽火传。文化在传承中延续、生长。学院每一名老师、学生都是校园文化的继承者、创造者、传播者。2009级毕业生为母校留下了刻有"校徽、校训与时间轴"的白色大理石雕塑,表达了他们传承学院精神、敦行致远的决心。2010级毕业生为母校留下了一个刻有脚印的卷轴状大理石雕塑,上书"立德树人""今日桃李芬芳,明天机要栋梁"字样,按照设计,明年还要在雕塑两旁栽植桃树和李树。第五期电科院毕业生机要业务提高专训班学员和一系校友也制作了一件刻有"修身博识育桃李,精艺自强报师恩"及一系系训的母校留念作品。这些校园文化符号是电科院文化的物质载体,会让同学们的人生之根在电科院的沃土中扎得更深更牢,使同学们在离开电科院之后,仍然在学院文化精神的感召下奋进前行。

"一训三风"作为精神文化因素,一旦内化到师生心中,就会产生巨大的能量。我们要以高度的文化自觉自信,建设电科院的大学文化。要精心办好学院网站、院报、学报和校友刊物《电科院人》,加强校史、校友名录编纂,建设好、使用好校史馆,规范庆典仪式,开展学生科技、文化、艺术、体育、社会实践等课外活动,积极开展文明校园、文明班级、文明宿舍创建活动,丰富师生业余生活,营造高雅、文明、和谐的校园文化氛围,优化人才培养的环境。我们要以高度的文化自觉自信,孕育自己独特的文化基因,提升文化品位,创造文化品牌,使从这里走出去的每一个人都打上电科院的文化烙印。只有这样,我们的学院才更具生命力,更有吸引力,更加受欢迎,机要教育事业之树才会长青!

校训、校风、师风、学风的确定和释义的定稿发布,电科院人的精气神为之一振,是电科院文化建设道路上的一座里程碑。希望全院师生学习、践行、弘扬"一训三风",加快深化教育教学改革的步伐,加大彰显机要保密特色的力度,坚持文化塑魂强体的追求,共同开创电科院美好的明天!

花繁叶茂求学地 山高水长校友情[*]

（2014 年 11 月 18 日）

在这金橘飘香、草色微黄、"APEC 蓝"依然保持的初冬时节,有机会与 64 级宣化机校的校友在这里共同庆祝入校 50 周年,感到非常高兴。

宣化机校是学院发展史上非常重要的一个阶段。学院原副院长韩树凯（时任北京机校办公室负责人）是前往河北宣化机校选址人之一。当时机校借用的是停办的冶金部龙烟钢铁技工学校的校舍,现为河北工业职业技术学院宣钢分院所在地。2012 年 5 月 22 日,学院在宣化机校举行了"中办电子科技学院校史教育基地"和"中办宣化机要干部学校旧址"揭牌仪式。宣化机校也成了新入职人员入校教育的重要基地之一。中办机要局原副局长肖光曾兼任宣化机要干部学校校长。1964 年 6 月,宣化机校选调第一期学员 475 人。经过一年培训,1965 年暑假毕业,有 454 人分配做机要工作,有 21 人安排做其他工作。1965 年 6 月,宣化机校选调第二期学员 499 人。分编为 3 个队,13 个班,其中第三队 102 人为外交部学员队。1969 年 1 月,宣化机要干部学校全体教职工和学员下放到"五七干校"劳动锻炼。其中,学校的教职工和一队、二队学员去江西进贤中办"五七干校";三队的学员去江西上饶外交部"五七干校"。

当年的学员如今已经成为机要战线德高望重的老同志,有些还担任过机要部门的领导。能来参加这次老校友的庆典活动,我感到非常高兴。我代表院党委和全体教职员工向各位校友致以诚挚的问候,表示衷心的感谢!

时光荏苒,日月如梭。从 1947 年 8 月中央工委在河北平山西柏坡韩家峪创办中央机要干部训练班开始,学院先后经历了张家口军委工程学校、南京机要学校、北京机要学校、宣化机要学校、北京电子专科学校和北京电子科技学院等几个发展时期,走过了 67 年的风雨历程。经过 67 年的艰苦奋斗,学院已由初创时期,根据工作需要不定期举办机要干部培训班,逐步发展成为中央办公厅所属的唯一一所为全国党政系统培养机要密码和信息安

---

* 本文是作者在 64 级校友入校 50 周年联谊会上的致辞。

全专门人才的正规普通高等学校,在教学水平、师资力量、基础设施等方面都有了翻天覆地的变化。经过 67 年的开拓进取,学院服务党的机要密码工作形式已由当初单一的干部培训,逐步发展成为密码人才培养、密码科学研究、密码产品研发等多种形式,工作的职能范围不断扩大,服务的能力水平不断提高。经过 67 年的不懈追求,学院培养的学生已由当初的中专生、大专生发展到现在的本科生、研究生,已由当初的专门技术人才逐步发展成为具有忠诚意识、创新能力、精湛技术的高素质复合型密码保密人才。

学院的每一步发展始终离不开党中央、中央办公厅领导的亲切关怀,离不开各级党政机要部门的大力支持,离不开来自四面八方校友的无私关爱和鼎力相助。党的十八大以来,中央政治局委员、中央书记处书记、中央办公厅主任栗战书同志两次来院考察调研,深入教学、科研、学生工作一线,听取各方面情况的介绍,并发表了重要讲话,从"要认真学习贯彻落实党的十八大精神,深化教育教学改革;要始终把牢政治方向,确保学院的政治本色和学生的政治素质;要深刻认识学院的特色优势,走出一条与密码保密事业相适应、齐发展的办学之路"三个方面对学院发展做出了重要指示。2013 年5 月,栗战书同志对学院工作做出重要批示:"办好这所学院,不在于规模宏大,而在于特色鲜明、师生素质精良。"院党委正按照栗战书同志的指示要求,认真扎实地做好各项贯彻落实工作,努力推进学院的建设发展。

校友是学校的珍贵财富和宝贵资源。学院作为机要人员的摇篮,作为全国党政机要系统干部培训中心,时刻牢记党的重托,以"建机要名校、育密码英才"为己任,为机要密码干部队伍源源不断地输送了新鲜血液,为党的机要密码事业发展提供了强有力的人力支撑。据不完全统计,已培养研究生、本科生、大专生和中专生 16000 多人,为各级党政机关和机要部门培训机要干部 45500 人次。"十二五"期间,学院承担了全国县(市)机要局长的轮训任务。五年下来,轮训了 2700 人左右,实现了对县(市)机要局长轮训的全覆盖。从近几年的情况看,学院每年培训机要干部 5000 人左右,是研究生、本科生毕业人数的 10 倍。可以说,从党和国家的高级领导机关到边疆沿海的基层密码部门,从大型国企到驻外使领馆的机要岗位,到处都有电科院学子的身影和足迹。多年来,机要系统是学院毕业生的主要就业岗位。今天在座的老校友近一半是在外交部机要局工作的。每年外交部都会专门拿出岗位给我们学校的毕业生。我们国家实行公务员考试制度以后,对中央国家机关的招考都是实行岗位考试,但允许我们学校的毕业生实行资格考试。去年外交部计划在我们学校招录 15 人,后来又追加了 5 个。外交部一局局长张迎红说,在外交部,考试分数最高、面试成绩最好的是我们电科院的学生。学院毕业生素质很高,到单位之后发展也很快。多年来,学院毕业生在工作岗位上建功立业,据不完全统计,在历届毕业的校友中,有 7 人分别当选为中央委员、候补委员,中央纪委常委、委员,50 多人担任省部(军)级和国家局领导职务,有 19 人担任省部级机要部门主要领导,有 30 余人获得"全国党政系统机要密码先进工作者"和"全国党政系统机要密码干部一等功"的荣誉称号。11 月 12 日,中央办公厅公布了中办机要局评选出的 10 名"2014 年全国党政系统机要密码先进工作者"和 10 个"2014 年全国党政系统机要密码先进集体"的名单(简称"双十佳")。在这 10 名党政系统机要密码先进工作者中,有三位是我们的校友:一位是厦门市委机要局局长周德南同志,一位是青海省委机要局副局长李鸿雁同志,一位是山东省委机要局副局长孙从健同志。这说明我们学校的毕业生干得非常好,非常出色。现在不少毕业生已成为各级机要部门的业务骨干,涌现出了一大批学术上有建树的专业人才和工作上有突出成就的模范人物。这些宝贵的资源和财富是学院建设与发展的重要外部支撑和依靠力量。

校友与母校的联系和情感一经建立,永不隔断,历久弥新。五十年沧桑风雨路,弹指一挥间;再相逢青丝变白发,同窗情不变。今天有这么多老校友在入校 50 周年之际欢聚一堂,举行庆祝活动,充分体现了同学友谊之深厚、校友感情之珍贵,也体现了我们学校强大的凝聚力。刚才听主持人朗诵了 64 级校友苏纲写的诗《八十抒怀》,其中有一句话是:"马列毛旗心底铸,中华大梦我同圆",充满激情,令人振奋。参加庆典活动的校友来自全国各地、各行各业,你们对学院的意见和建议,尤为珍贵。同时,校友的成长之路、拼搏精神和奋斗业绩是宝贵的励志教育资源,可以丰富在校学生的人生观、世界观和价值观教育,促进学风师风校风建设。从学院来讲,要树立和强化为广大校友服务的理念,加强与校友的联系,从机制上保证校友工作健康顺利开展,这是关系学校建设发展的一项十分重要的工作。为了更好地凝聚校友力量,弘扬母校精神,建校 65 周年时,学院创办了校友刊物《电科院人》,受到了教育口、党政机要系统的普遍好评,引起了全国各地电科院毕业生的强烈共鸣。希望大家对刊物的编辑出版工作提出宝贵的意见建议并踊跃赐稿,把所思所悟所感所想写下来,并通过校友刊物传播开来,传承下去,使之成为宣传、了解母校的窗口,抒发情怀、寄托思念的园地,展现风采、加强交流的平台,成为电科院人的心灵寓所、精神家园。另外,学院校友名录在编录时由于时间紧,收录的校友并不完整。比如按校史上的记载,64 级

3个学员队10个班共475人，但校友名录上只有73人。希望各位校友踊跃提供线索和资料，以便我们在修订校友名录时扩充、补全校友名单。

花繁叶茂求学地，山高水长校友情。长期以来，各位校友在各自的岗位上辛勤工作，努力奋斗，为党的事业做出贡献，为母校增光添彩，在离开工作岗位后仍继续以不同的方式关心和支持母校的建设和发展。你们是母校的光荣和骄傲，是今天在校学生学习的榜样，是学院今后建设发展的一支不可或缺、不可替代的重要力量。

11月11日，习近平总书记在APEC领导人非正式会议的开幕辞中引用了刘禹锡的一句诗："风翻白浪花千片，雁点青天字一行。"今天，在北郊龙城丽宫国际酒店的上空，在"APEC蓝"的背景下，也有一行字，表达了我们今天所有到会同志的共同心愿：校友与母校风雨同舟，电科院的明天更加美好！

办好师生喜闻乐见的校友刊物*

（2015 年 3 月 30 日）

　　新一届《电科院人》编委会今天成立了。编委会的阵容比较强大，由院领导，学生处、培训部、组宣处、团委负责人，五个教学系和研究生党总支书记组成，充分体现了学院对《电科院人》的重视和支持。希望编委会委员和编辑部成员不负重托，不懈努力，不辱使命，把《电科院人》办出特色，办出风格，办出水平。

　　刚才大家站在"电科院人"的角度，为《电科院人》献计献策。从发言中可以看出来，每一位同志都提前做了功课、动了脑筋，讲得都很好。以后大家对办好这份校友刊物有什么好的新的想法，可以随时和编辑部沟通。

　　造就学生者为学校，成就学校者乃学生。校友与母校，心心相连，息息相通，如影之随形，永不分离。泰戈尔有一句诗："黄昏时的树影再长也离不开树身，你无论走多远也走不出我的心。"人们常用这句诗来形容校友和母校的关系，的确贴切、巧妙而传神。为了更好地传播学院信息，报道校友业绩，联络校友感情，凝聚校友力量，在建校 65 周年时，我们创办了校友刊物《电科院人》。封面上就用英文印着泰戈尔的那句诗。目前，刊物已出版 5 期，反响很好，得到认可，受到欢迎，在校学生、教职员工和全国各地电科院毕业生先睹为快，党政机要系统给予很高的评价。大家的褒奖是对我们工作的肯定和鞭策，激励我们更加努力，把《电科院人》越办越好。如何不辜负大家的期望，把《电科院人》办成师生喜闻乐见的校友刊物，我讲四点意见：

一、准确定位

　　看客布菜、量体裁衣，办刊物首先要弄清是给谁看的。《电科院人》是一份校友刊物。这里的"校友"是广义的校友，包括学生、进修生、培训学员等，也包括在学校工作过的教职工。也就是说，它的内容和读者对象是学生老

---

　　* 本文是作者在《电科院人》新一届编委会成立暨第 6 期编前会上的讲话。

师兼顾，在校离校并重。《电科院人》坚持面向校友、服务校友，依托母校、服务母校。刊物的宗旨是沟通校友情感，彰显校友业绩，传播母校文化，共创母校辉煌。我们的理想，是让《电科院人》成为母校与校友联系的纽带，反映学院建设发展成就、展现校友风采的窗口，成为校友寄托思念、抒发情怀的心灵寓所和精神家园。校友身上留着母校深深的烙印，折射着母校的办学水平和人才培养质量。经常听取校友的意见和建议，是学院改进工作、健康发展不能忽视、不可替代的一个重要方面。《电科院人》这个刊物应该具有双重功能，它既是反映学院建设发展情况的窗口，也是校友为母校出谋划策、建言献策的重要渠道。我们要用好这个渠道，及时了解校友特别是在机要密码部门工作的校友，对学院教育教学、专业设置、课程安排、学生管理和建设发展等方面的意见和建议，择善而从，改进工作，使学院和党的密码保密事业相适应、齐发展，真正成为机要密码部门满意的学校。

二、办成精品

"取法乎上，仅得其中。"不付出卓绝的努力，达不到卓越的目标。要把《电科院人》打造成精品，使读者喜闻乐见，首先，内容要感动人。这就要求《电科院人》发出好声音，唱响主旋律，凝聚正能量，弘扬真善美，做到"一字一句皆是情"。优秀校友的嘉言懿行是取之不尽的素材源泉，他们的成长之路、拼搏精神和奋斗业绩是宝贵的励志教育资源，可以丰富在校学生的人生观、世界观和价值观教育，激励大学生立志成才、献身机要、报效祖国。要围绕师生成长发展需求，挖掘、总结、凝练优秀校友的先进事迹。一个个生动的典型，一段段感人的故事，都蕴含着电科院的风骨与精神，引导校友见贤思齐、崇善尚德。要牢记"内容为王"，注重原创。《电科院人》的文章，提倡第一手的采访，有独特的角度，有与众不同的深度，有自己的风格；鼓励校友写、写校友的原创作品，不能简单转载、摘编校园网、校报和其他校园刊物的文章。

其次，文风要贴近人。心理学中有一个原理，人们对于信息和观点的接受程度，与作品的情感和亲和方式密切相关。贴近生活、贴近读者，必须转文风、接地气。编辑心中有读者，读者心中才有刊物。笔触与校友血脉相通，写出来的东西才会充满生机与活力。走心的文章才感人，走心的句子最动人。写作、编辑时走了心，才能把情怀、感悟、哲思凝练为优美的词句，使读者读起来上口入心，收"无意说教，落地自生花"的功效。

再次,形式要吸引人。佛要金装,人要衣装。好的刊物要吸引人,必须讲究装帧、版式、插图等,还要有别出心裁的总体设计。这方面我们已经做了不少工作。比如《电科院人》封面依次以赤、橙、黄、绿、青、蓝、紫和彩虹七色为底色,8期一循环,封面图片前三组依次是校园建筑、中南海风光、革命圣地;封二是图片报道;封三介绍学院文化;封四刊登当年北京市和学院优秀毕业生名单及照片。每期都要争取做到题材多种多样,内容丰富多彩,视觉图文并茂,这都是吸引读者的重要因素。多报道一个校友就会吸引一批校友,多一个作者就会多一群读者。所以作者、报道对象要多多益善,要尽量多宣传各个地方、各条战线、各个年龄段校友,多刊登反映这些校友工作生活情况的文章。媒体的融合是今后传媒的发展趋势。我们与时俱进,从2014年第5期刊物开始,已经做到“纸电同步”,在微信(DKYers)和易信公众号(BESTIers)发布纸质刊物的精华内容,让《电科院人》插上互联网的翅膀,方便五湖四海的校友阅读。

三、培育文化

继教书育人、科学研究、服务社会之后,文化的传承和创新作为高等学校的第四种功能日益成为共识。大学作为传承文化和创新的主体之一,自身也必须重视文化建设,才能以文化人、引领社会。党的十七届六中全会专门就推动社会主义文化发展繁荣问题做出决定。高等学校校园文化是社会主义先进文化的重要组成部分,加强校园文化建设对于推进高等教育改革发展、加强和改进大学生思想政治教育、全面提高大学生综合素质,具有十分重要的意义。2004年教育部就专门下发过加强和改进高等学校校园文化建设的文件。一所好的大学,不但要有大师、大楼,还必须有文化。同重视基础设施建设、学科专业建设、师资队伍建设一样,文化建设也要提到议事日程上来。越是好学校越重视文化建设,这方面的投入就越大,学校的知名度和影响力也因之水涨船高。校友作为一所学校的珍贵财富和宝贵资源,在校时是大学文化建设的参与者和创造者,离校后是大学文化的传播者和践行者。因此,要特别注意校友特别是年轻校友资源的开发,将来在各级机要密码部门挑大梁、把电科院文化发扬光大要靠他们。校友是连接学校历史、现实和未来的纽带,校友文化是大学文化建设中必不可少的组成部分。培育、传播健康积极的校友文化,办好《电科院人》,是传承学校精神、扩大学校影响、促进学校发展、助力校友进步的重要手段,也是帮助校友提高人文修养、健康生活情趣、品味高雅人生的具体措施。在体现时代特征、机要特色、学校特点的文化建设过程中，《电科院人》作为电科院文化建设的新载体，应当忠实记录学校的"人、情、史、事"，当仁不让地承担起赓续机要文化、绵延电科院精神、弘扬社会主义核心价值观的崇高使命。

四、群策群力

办好《电科院人》，需要群策群力，"众筹"智慧。编委会每一位成员都要在位谋政，完成编委会交给的任务，为提升刊物的质量建言献策，为刊物约稿、组稿、写稿，推荐优秀稿件，策划好的选题，以增强刊物的可读性，提升刊物的品位和质量，提高刊物的知名度。编辑部要精心选题组稿。选题好比食谱，稿件就是巧妇手中的"米"。选题组稿是编辑工作的基础。成熟的刊物靠品牌栏目来支撑，有优秀作者来供稿。因此，必须善于发现作者、培养作者，甘当为他人作嫁衣的无名英雄。要精心修改稿件，以点睛之笔，理芜杂为精致，化腐朽为神奇，琢璞成玉，锦上添花。要充分调动有关学生社团参与办刊的积极性，使社团成员得到多方面的锻炼，也为他们展示才华提供舞台。要严把校对关口，做到文经我手无差错。德国《明镜》周刊的差错率是十万分之一，我们的《电科院人》要以"零差错"为目标。这就要求各位编辑提高自身的素养，在实际工作中不断学习、总结，练就扎实基本功。要细心细心再细心，严肃认真、一丝不苟，坐得住冷板凳，耐得住寂寞，用敬业精神和辛勤汗水使这本仍处于幼年的校友刊物茁壮成长，精彩纷呈。

重视出国学习考察成果的转化和应用[*]

（2015 年 6 月 18 日）

在高等教育资源富集的首都北京，北京电子科技学院只是一所袖珍学校，不论从师生规模、学科专业数量还是校园面积来说，都是如此。但是，在北京林立的高校里，北京电子科技学院又是一所个性突出、特色鲜明的学校。

学院隶属于中共中央办公厅，是一所为全国党政机关和国有企事业单位培养密码保密和信息安全专门人才的普通高等学校。学院诞生于解放战争后期中共中央和中国人民解放军总部所在地——河北省平山县西柏坡。1947 年 8 月，由中央工委直接管理的中央工委青年干部训练班是学院的前身。68 年来，学院牢记党的重托，以"建机要名校、育密码英才"为己任，秉承"遵循高教规律、传承机要精神、发扬中办传统"的办学理念，已经发展成为一所承担密码保密人才培养、信息安全科研服务、全国党政机要系统干部培训等职能，以工为主，理工管协调发展的教学型普通高等学校。学院生均教学资源在同类院校中居于前列，现有 8 个本科专业，在 2 个工程专业领域独立培养专业硕士研究生，和西安电子科技大学在 3 个专业联合培养学术型硕士研究生。

学院面向全国统一招生，委托各省（自治区、直辖市）密码管理部门对本地上线考生进行面试、政审，提前批次录取。每年 11 月的最后一个星期天或 12 月的第一个星期天，全体应届毕业生集体参加中央组织部公务员管理办公室、人力资源和社会保障部（国家公务员局）统一组织的中央、国家机关公务员录用公共科目笔试。按照笔试成绩，取得适用于中央、国家机关和省、市、县党政机关机要职位的公务员录用公共科目笔试成绩合格证书；取得合格证书的毕业生，通过双向选择，经用人单位面试、政审、体检合格后，办理录用手续。

---

* 本文是作者为《兼收并蓄 博采众长》《开阔视野 启思创新》《他山之石 可以攻玉》《追根溯源 增识益智》丛书撰写的序言。

　　学院具有国家密码管理部门颁发的普通密码科研、生产、销售资质证书,具有国家保密管理部门审批的涉密计算机信息系统集成甲级资质,建有中央办公厅信息安全重点实验室、密码技术北京市高等学校工程研究中心、信息安全研究所及控股的高新技术公司,形成了集学术研究、工程研发、应用推广于一体、"产学研"相结合的特色科研体系。

　　学院能够在教育教学、人才培养、科学研究等方面取得成绩,是党中央和中央办公厅领导高度重视和亲切关怀的结果,是教育部、北京市教委、中央办公厅各单位大力支持的结果,也和学院教职工的自身努力密不可分。学院在全国各级党政机关的美誉度与日俱增,社会知名度稳步提高,毕业生受到就业单位欢迎和好评的事实,证明我们没有辜负各级领导的期望。

　　2009年至2013年,在中央办公厅人事局、教育部中国教育国际交流协会和国家外国专家局中国国际人才交流协会的精心安排下,学院以一线青年教师为主组织出国培训团,分别到日本、英国、美国、意大利四个高等教育发达国家的著名高校和教育管理机构学习考察,以开阔教师眼界、博采各国高等教育之长处为我所用。学院十分珍惜组织上给我们创造的机会,努力做到学习考察成果最大化,要求出国的每一位同志都要向本系部(处室)或教研室汇报出国培训的心得体会,并写成书面报告在全院范围内进行交流,让少数人的收获成为大家的共同财富。学院高度重视出国学习考察成果的转化和应用,近年来本科生导师制的全面推行,"三精一名工程""攀登计划""砺行计划"的推出,拔尖创新人才培养实验班的开办等一系列改革举措,都是学习借鉴国外高校先进办学理念、成功办学经验的范例。

　　学院高教研究室组织专门力量,以《兼收并蓄 博采众长》《开阔视野 启思创新》《他山之石 可以攻玉》《追根溯源 增识益智》为书名,把四次出国培训的考察调研报告、总结报告和参加人员的心得体会作为丛书出版,旨在唤起更多教师在教学实践中变革尝试的激情与行动,鼓舞每一位教职工思考改进自己的工作、谋划创造电科院的未来,是一件非常有意义的工作,我举双手赞成并作序荐之。

让校训精神烛照一生 *

（2015 年 9 月 6 日）

在大学生活中，文化氛围是对学生影响最大的因素之一。校园文化是空气，看不见却离不开；校园文化是水，感觉不到却充盈于身体各处。

高等学校人才培养模式改革的内容之一，就是纠正工具化、功利化的偏颇，重视用"文化育人"理念引领和带动学生全面发展，在专注知识育人、专业育人的同时，不忘文化育人。

以校训为代表的"一训三风"是社会主义核心价值观在一个高校的个性体现。校训是一所大学办学理念、治校精神的集中反映，是体现大学文化精神的核心内容，是学校对于师生的价值导引和精神训诫，是全体师生共同遵守的行为准则。校训形成并得到认可，就会渗透到大学文化的行为主体和各种表现载体中，以其特有的导向、陶冶、激励、塑造功能，在人才培养中发挥无可替代、不可忽视的重要作用。

"忠诚、笃学、创新、卓越"八字校训，作为电科院人才培养目标的基本共识和价值追求，深深地铭刻在每一个电科院人的心中。它是指引方向的灯塔航标，为人处事的规矩绳墨。在校师生和返校校友都喜欢把有八字校训的育材楼作为拍照的背景，正是为了借此加深、强化对校训的记忆。

弘扬社会主义核心价值观，践行校训精神，要贯穿于教育教学的全过程，融入人才培养的各环节；要落细、落小、落实，从一丝一毫着眼，从一点一滴开始，从一言一行做起。积跬步以至千里，累细行以成大德。每一位同学，不管是在校读书，还是离校入职，都要自觉做电科院文化的传承人和践行者，让校训精神烛照一生。

---

* 本文是作者为《电科院人》第 8 期撰写的卷首语。

文化是校园中的阳光和空气[*]

（2015 年 10 月 31 日）

三系校友上午参观了校史馆，和系领导、老师进行了座谈和交流。下午，三系校友和"第 7 期电科院毕业生机要业务提高专训班"学员一起，召开 2015 年校友座谈会。首先发言的三位校友，分别来自河南省郑州市、贵州省铜仁市、四川省雅安市。这三个市的机要局是 2014 年全国党政系统机要密码工作十个先进集体中仅有的三个基层单位。他们是学院专门邀请来参加"电科院毕业生机要业务提高专训班"的，不用交费也不占所在省份的培训名额。我们用这种方式来表达对基层先进单位的崇高敬意。

校友对母校的感情，像江河流水，源源不断；似甘甜美酒，窖藏的时间越长越芬芳醇香。今天参加座谈的校友，最早的是 1989 级的，离开学校已有二十多年；最晚的是 2011 级，今年才刚刚毕业。地方机要部门选派大家回学院参加培训，充分说明了各地机要部门对学院培训工作的重视和对学院毕业生的偏爱。河南省郑州市委机要局张志伟、贵州省铜仁市委机要局姚元文、四川省雅安市委罗薏苡分别介绍了各自所在机要局的基本情况和突出的工作成绩，讲了个人在工作中的体会和感悟，很感人，我听后很受教育。全国县级机要部门大约 2700 个，地、市级机要部门也有 400 多个，能在五年一次的全国性评比中当上"十佳"着实不易，不付出辛劳、没有做出突出贡献是评不上的。后面同志的发言也很生动，很动感情。有的校友讲到，我们学校的规模和面积都比较小，和现在动辄"千亩校园、万人学校"无法相比。但我们做到了小而精致，小而温馨，小而有内涵，小而有特色。大家是学院不同时期的学生，有的同学是第一次来到现在的校园。不管是在小汤山校址、半壁店校址，还是今天的丰台校址上过学，回到母校都有一种亲切感、认同感和归属感，这就是《易经》上讲的"同声相应，同气相求"。决定一所学校产生凝聚力、向心力、吸引力的因素，并非学校的地理位置和空间距离，而是学校的文化积淀和精神传承。大学精神无形无影，但它却超越时空、无处不

---

* 本文是作者在北京电子科技学院 2015 年校友座谈会上的讲话。

在,是学生求知求学的软环境,像阳光带给每一个学生温暖,像空气弥漫在整个校园。每一个学生都沐浴在大学精神的阳光下,呼吸着有机要特色的校园文化的空气。这种阳光和空气,当时可能感觉不到或者感觉并不强烈,却会影响你的一生。

校友是一个学校珍贵的财富和最宝贵的资源。学院从 1947 年 8 月在太行山深处诞生到现在,68 年为全国机要部门和党政系统培养输送 17517 名大学本、专科毕业生、中专毕业生和研究生,培训在职党政干部 5 万余人次。68 年来,向机要干部队伍源源不断地注入新鲜血液,不少同志已成为德高望重的领导干部。据统计,有 50 多人担任省军级和国家局的领导职务。仅以全国机要系统的最高领导机关——中办机要局为例,王振川、何虎林、林波、张彦珍、陈久松、曹永煜、解津伟等局领导都是学院不同时期的毕业生。在省一级机要局担任领导的也不在少数,担任正局长的就有:广东省委机要局孙学群(1955 级),四川省委机要局林福凯(1955 级),广西壮族自治区党委机要局陈德馨(1955 级),新疆维吾尔自治区党委机要局刘同生(1959 级)、宋彬(1986 级),兵团机要局于芳仁(1959 级),内蒙古自治区党委机要局陈战(1964 级),河北省委机要局闫三元(1983 级)、王立杰(1990 级),辽宁省委机要局周维(1983 级),江苏省委机要局周渊(1983 级),湖北省委机要局柳德舫(1983 级),天津市委机要局张世忠(1985 级),宁夏回族自治区党委机要局宋宜军(1985 级)。在省一级机要局担任副局长、总工程师、专职密码督查员的就更多了。历次全国党政机要系统"十佳"中,学院校友均占有一定的比例。2009 年全国党政系统机要密码干部一等功评选活动中,75 名候选人中有 11 人是学院毕业生,全国党政系统机要密码先进个人"十佳"中有 2 人(西藏自治区日喀则地委机要局何克瑜、辽宁省国家安全厅邓建京)是学院毕业生。2014 年全国党政系统机要密码先进个人"十佳"中有 3 人(青海省委机要局李鸿雁、山东省委机要局孙从健、福建省厦门市委机要局周德南)是学院毕业生。校友也是学院办好密码保密部门满意的教育信息资源、思想政治教育资源和就业资源。近几年,接收学校毕业生比较多的地区和部门,校友担任领导的机要部门,来学院选录毕业生的积极性非常高,成为毕业生稳定的就业方向。西晋文学家陆机《文赋》里说:"石韫玉而山辉,水怀珠而川媚"。电科院的毕业生就是山中之玉,水中之珠。电科院在社会上的知名度,在机要行业的美誉度,来自并仰仗历届校友的出色表现和卓越贡献。母校因校友骄人的业绩而感到光荣、自豪和骄傲。

经常听取校友的意见和建议,是学院改进工作、健康发展不能忽视、不可替代的一个重要方面,学院历来予以高度重视。教育部关于新一轮本科教学工作评估的文件已经印发。教育部《普通高等学校本科教学工作审核评估方案》中,将学生发展、招生就业情况、学生学习效果及学风建设等方面列入审核评估范围,将办学定位和人才培养目标与国家和区域经济社会发展需求的适应度、学生和社会用人单位的满意度列为审核评估的重点。同学们在校期间,熟悉学校的教学、学生管理、后勤服务等各个方面的情况;毕业后在不同岗位工作,遍布全国各地和各行各业,了解社会对各类人才的需求和用人单位对人才素质的要求。特别是在机要部门工作的同志,对于工作任务的增加、工作内容的拓展、技术要求越来越高的机要岗位,需要的人应该有什么样的知识结构、具备哪方面的素质和动手能力最有发言权。你们对学校提出的意见和建议来自切身体验,尤为珍贵,对于修订完善培养方案、加强学科专业建设、提高课程质量和人才培养质量,将发挥十分重要的作用。教育部要求全国公办高校年底前完成本校章程的核准备案手续。大学章程是高等学校依法自主办学、实施管理和履行公共职能的基本准则,涵盖学生代表大会、学生权利、义务、权益以及校友工作等方面的内容。我们这次校友座谈会和专训班,还有专门听取校友对《北京电子科技学院章程》和《学院"十三五"规划初稿》意见建议的安排,希望大家留下宝贵意见。

校友是传播大学文化、践行机要精神的生力军。学院的历史、地位、文化,学院在全国机要系统的荣誉、声望,是历届学生、历代教师共同创造积淀而形成的。大学除人才培养、科学研究、社会服务三项基本功能外,还有文化传承与创新的功能。校友是大学文化的创造者、传承者和践行者。这些年,学院加大了大学文化建设工作的力度,并取得一些新的进展,如建设校史馆、出版校史、创办校友刊物、编纂校友名录,校园文化景观建设和建筑的命名等,还有大家熟知的"建机要名校、育密码英才"的办学理念,"倡导自由与自律、致力传承与创新、推崇责任与奉献、践行包容与和谐"的大学精神,"一训三风"及其释义等等。学院的大学文化,既要靠在校学生建设,也要靠走出校门的学生传播和发扬光大;既要有形而上的概念理念,也要有形而下的物化载体。校友们在离校、返校时为学校留下个性化的纪念物,不断充实、丰富着学院的文化内涵。远的不说,今年返校聚会的 9521 班,留下了镶嵌"青春不散场"铭牌的两把靠背椅,以纪念入校 20 周年。0141、0142 班校友创作并书写了十米长卷《母校赋》和《母校颂》赠给学院。听说这次返校的三系同学也在征集创意,要为母校留下纪念物。学院首届独立培养的专硕研究生,也在酝酿策划近期返校时为学院做点事情。这些校园的文化符号是校友对学院仰慕、思念之情的浓缩与结晶,寄托着学生对学院的深厚感情。2012 年 65 周年校庆后建立起来的校友定期交流机制,5 个系轮流配合"电科院毕业生机要业务提高专训班"组织校友座谈活动已经形成惯例,今年是第三次,沿袭了前两次的好做法并有所创新。《学院章程》规定西柏坡中央机要干部训练班开班的 8 月 12 日作为校庆日,学院会在每年都组织一些活动,并为校友返校聚会、联欢、交流提供帮助和支持。此外,注意发挥重要庆典仪式的励志、育人功能,设计学院的视觉识别系统,制作具有电科院特色的各种学业学位证书,都属于文化建设方面的内容。有些工作已经开始做了,有的准备着手去做。总之,要通过一届届学生、一代代教师的努力,让电科院文化留存校园,传给学生,辐射机要系统,影响社会,为国家的文化发展繁荣做出我们自己的贡献。

陶渊明曾经写过这样的诗句:"羁鸟恋旧林,池鱼思故渊",用来比喻校友和母校的关系挺合适。展翅高飞的凤凰永远怀念羽翼未丰时栖息过的梧桐树,乘风破浪万里航行的水手盼望回到宁静的港湾。电科院就是你们的梧桐树,就是你们的港湾。大家回到学校,我们感到非常高兴。每一位电科院毕业生好比一粒种子,各级机要部门就是肥沃的土地。电科院毕业生到了一个地方,就要在那里经风雨、见世面,生根发芽、成长成材、开花结果。母校的老师希望经常听到校友进步的喜讯、分享校友的喜悦,母校会永远张开双臂,随时欢迎校友多回来走走,常回家看看!

文字游戏送祝福

——教职工结婚贺联集锦

　　我是 1982 年大学毕业分配到中共中央办公厅信访局工作的。1982 年在中国高等教育史上是一个特殊的年份,因为这一年全国有 77 级、78 级两届大学生毕业。这在中外教育史上都是比较少见的。相同的情况只有一次,发生在 1995 年,这一年在少数大学,比如我毕业的北京大学,同时毕业了 1990、1991 两届毕业生。造成这种情况的原因,前者是 1977 年恢复高考的决定做出后,由于时间太紧,当年只举行了高考,入学推迟到翌年 2 月。后者是 1990 年少数大学的新生入学后,去部队参加了一年军训。因此,北大这四届学生为避免歧义都说自己是哪一级,而不是哪一届。

　　20 世纪 80 年代的中央机关,风清气正,艰苦朴素,年轻人结婚非常简朴。在信访局,就是机关团支部书记端个脸盆,到各个办公室,大家把份子钱放进去,一般年轻人五毛,老同志一块。新人办完婚礼、休完婚假回机关上班后,团支部书记再端一盘水果糖到各个办公室,每个人拿几块,没有送红包、吃酒席一说。这种好风气在中央办公厅的这所学校至今还一直保持着。只是现在连收份子钱都免了,结婚的年轻人回学校后,给本系部、本处室同事每人一包糖,吸烟的再多给一包烟,对学校领导,一般也都送一份。为了表示对结婚青年人的祝福,我给每个人创作一副姓名嵌字联,贴在装入镜框里的美术或摄影作品上送给他们以示答谢。收在本文中的贺联绝大多数都是为学校教职工所作,亦有几副是为原工作单位同事和亲朋好友子女而作。文字游戏虽然浅俗,如能给一对新人带来惊喜与欢乐,倒也不失为一件雅事。需要说明的是,由于本人才情不逮,所拟贺联没有全部做到把新人全名都嵌入其中,有姓无名、有名无姓的情况都有,也有的还是以谐音字替代本字。其中,也有个别只知道一方姓名、只嵌一人姓名的情况。贺联排列不分先后,依姓氏汉语拼音声母为序。在整理文稿的过程中发现几组带韵文字,一并附在本文后面。

陈酒醇香　花鲜乃艳

王浆甘甜　德胜者强

　　（陈艳、王德强结婚贺联）

开辟新生活　喜结连理

正当好年华　比翼齐飞

　　（段开正结婚贺联）

同学雷婷已成生活伴侣

夫妻继续攀登事业高峰

　　（顿继峰、雷婷结婚贺联）

万冯婚嫁　校园又添恩爱伉俪

赣晋结缘　历史新续联姻篇章

　　（冯祎春、万宗杰结婚贺联）

付艳玲一笑

予郭超三躬

　　（郭超、付艳玲结婚贺联）

妍本是窈窕淑女

方可为如意郎君

　　（韩妍妍、袁方结婚贺联）

晴空旭日美桃李

雨后蔷薇送芬芳

　　（黄雨薇、李旭结婚贺联）

玲珑园丁　桃李满天下

鹏翔长空　穿云破雾行

　　（李玲、钱云鹏结婚贺联）

兰蕙馨香远

德华天地盈

　　（李亚兰、徐德华结婚贺联）

不愧人中俊彦

果然仪态万方

　　（李彦兵、万方结婚贺联）

夫唱妻随　原不分甲方乙方

安家立业　何必循流程章程

　　（刘芳、贾成结婚贺联）

新华欣闻虎啸

建平乐友婵娟

　　（刘虎、尹建平和周新华、杨娟喜结亲家贺联）

且喜蓬勃有朝气

可爱倩女具童心

　　（刘童倩、尼勃斐结婚贺联）

松柏气质是姜涛本色

兰蕙芳姿乃童思真容

　　（刘童思、姜涛结婚贺联）

爱犹旭日东升　然也

情赛苍松常青　可乎

　　（刘旭然、常青结婚贺联）

妍容懿范　流光溢彩

事业爱情　比翼齐飞

　　（刘妍、祁飞结婚贺联）

刘府有女威仪在
任尔鹏鸟家里飞
　　（刘威、任鹏飞结婚贺联）

星颜鲜亮遂君愿
器宇轩昂慰吾心
　　（吕东宇、钱星结婚贺联之一）

星河架鹊桥　欣迎东床快婿　甜蜜两口
宇围植连理　乐挽钱塘佳人　恩爱一生
　　（吕东宇、钱星结婚贺联之二）

静本淑女　懿范正合满意
宁乃绅士　风度可为王师
　　（满宁、王静结婚贺联）

彭郎真志士也
王妹乃倩女乎
　　（彭志、王倩结婚贺联）

慕卿才高　巍与天齐
喜君貌美　卓尔不凡
　　（齐巍、于卓尔结婚贺联）

喜跃马扬鞭猛男威武相貌
爱佩玉戴瑶乖女俊俏容颜
　　（孙猛、戴瑶结婚贺联）

婚礼上无论唐装洋服　唯新郎新娘最美
成家后不必伟大高明　须实心实意真情
　　（唐伟、高洋结婚贺联）

欣闻甜女颜如玉
乐见李郎容增辉
　　（田彦彦、李建辉结婚贺联）

百年伴侣　非宗科莫属
一生伉俪　唯赵烁最佳
　　（童宗科、赵烁结婚贺联）

慧中秀外　永绾百年心结
麟凤龟龙　好人一生平安
　　（汪永好、赵慧麟结婚贺联）

一网情深　情系白马王子
三石筑基　筑牢玲珑爱巢
　　（王磊、汪玲结婚贺联）

婚基稳固三石磊
姻缘美满二吉喆
　　（肖磊、冯秋喆结婚贺联）

雁门杨府育才女
晋北同乡结良缘
　　（杨波、仝宁结婚贺联）

喜汝赛婵娟之妍容　于今属我
敬君如李广般威仪　结彩张灯
　　（于广威、张娟结婚贺联）

亦学友亦夫妻　同舟共济
有家庭有事业　亮丽人生
　　（于亦舟、熊亮结婚贺联）

刚毅健硕美男子
雅致芳菲俏佳人
　　　（张健毅、欧阳雅菲结婚贺联）

雪压青松　雪化时方露本色
剑指民贼　剑落处乃现精神
　　　（赵剑民、王雪青结婚贺联）

赵老师越千山追求真情　终得佳偶
温大夫渡万水跋涉洪波　喜筑爱巢
　　　（赵越、温洪波结婚贺联）

具百步穿杨柳之功力　方中郎君情怀
有三周华不注般韧劲　乃获韩嫒芳心
　　　（周韩、韩杨结婚贺联）

敬君晓其理　乃真淑女
责己重以周　是大丈夫
　　　（周杨、刘童晓结婚贺联之一）

刘宅乖女　童龄欲晓宇宙奥秘
周府靓仔　自幼沐浴杨柳春风
　　　（周杨、刘童晓结婚贺联之二）

滨州耀文星
海阳飘红霞
信郎赛兔捷
王婆长自夸
　　　（2006 年 4 月 16 日，戏赠信长星、王红夫妇）

久蓄朝圣志
今越唐古拉

飘逸蓝天云

怒放格桑花

欣与卓玛舞

风拂五彩发

夜数山巅星

晨观湖面霞

畅饮青稞酒

细品酥油茶

清泉涤俗念

彩虹染双颊

西藏归来日

此行可自夸

（2006 年 7 月 23 日，复唐珂当日在西藏山南措美所发短信）

蒹葭苍苍，白露为霜；

雁飞秋凉，酒醇菊香；

中秋月圆，相思情长；

国庆佳节，遥祝吉祥；

工作顺利，身体健康。

（2007 年中秋节、国庆节短信）

虎去雄风犹在

兔来清辉常存

（2011 年 2 月，辛卯年春联）

瑞环一语三冬暖

俊德九章四季春

（2013 年 7 月 9 日，意大利都灵理工大学至贝加莫大学途中）

致知自格物始

成功由勤奋来

（2013 年 9 月 29 日，为学院首届大学生创新年会题词）

树是校园风景,柿柿如意吉祥。

一人入口品尝,不如千人观赏。

　　(2013 年 10 月 4 日)

红楼红船奠伟业,清韵清风满乾坤。

大气磅礴中国梦,小康旖旎庶民心。

一马当先蹄应疾,三思而行步须稳。

谋定后动谱新曲,骏骨龙媒抖精神。

　　(2014 年 2 月 14 日,七律·马年抒怀)

拥护党的领导,坚持社会主义。

增强民族团结,维护祖国统一。

执行宗教政策,保守国家秘密。

交流工作感悟,健康生活情趣。

凡是本群成员,视为自动同意。

　　(2014 年 2 月 15 日,《天山作证》微信群守则)

羊来举头觅喜

马去抬足生风

　　(2015 年 2 月,乙未年春联)

相识相知常相思

每逢佳节必有诗

才疑蒋兄今朝懒

重阳短句凌晨至

　　(2015 年 10 月 22 日,复蒋喜旺《鹧鸪天》)

羊伴清风辞旧岁

猴扬正气报新春

　　(2016 年 1 月,丙申年春联)

和 谐 校 园

　　和谐的校园环境、良好的育人氛围，是大学师生成长成才的重要条件。我们要努力建设高雅的校园文化，精心维护优美的校园环境，努力构建和谐的人际关系，着力加强领导班子和管理团队建设。用和谐的理念推动学院科学发展，用和谐的氛围激发师生的创造活力，把我们的学校建成师生成长的摇篮、精神的家园、生活的乐园。

评估成绩关乎学院的声誉和尊严 *

（2006 年 5 月 9 日）

刚才，我们传达了中央办公厅普通高等学校本科教学工作水平评估领导小组第一次会议精神，传达了厅领导对教学评估工作提出的指示和要求。周宇、霍刚、陶学平同志分别代表教学建设组、学风建设组和师资队伍建设组发言，谈了自评工作的开展情况和下一步的工作思路，对我们很有启发。下面，我根据教育部对评估工作的要求和厅评估工作领导小组会议精神，再提几条原则性的要求，供大家参考。

一、要进一步提高思想认识

意识是行动的先导，认识到位是搞好本科教学工作水平评估工作的前提和思想保证。对全国高等院校进行本科教学工作水平评估是我国高等教育战线的一件大事，是促进我国高等院校本科教学水平提高、办人民满意的高等教育的重要举措，是构建中国特色高等教育质量监控和保障体系的重要步骤。评估工作开展以来，在促进高校端正办学指导思想、规范高校办学行为、加大教学投入、改善办学条件、提高教育质量、创新办学思路等方面发挥了很好的导向作用。关于教学评估的目的和意义，我们通过各种渠道和形式，做了很多宣传。经过前一阶段的具体工作，现在再来看本科教学工作水平评估工作，我们的认识有了新的提高。

第一，学院如何办学、如何定位，是一个关系自身生存和发展的大问题。评估可以促进我们进一步明确学院的办学指导思想与目标定位，理清发展规划和工作思路，做好学院的"顶层设计"，从而有利于学院的长远建设和发展。

第二，我院目前的办学层次，决定了本科教育在我院发展中发挥着关键作用。它是我院生存和发展的根本和基础，是支撑研究生教育和其他层次

---

* 本文是作者在学院本科教学工作水平评估动员大会上的讲话。

教育的基石和平台。我们今后申硕能否成功,研究生教育能不能办好,将在很大程度上取决于本科教育的质量。所以,我们必须始终坚持本科教育的基础地位和教学工作的中心地位不动摇。

第三,深刻理解"以评促建,以评促改,以评促管,评建结合,重在建设"的评估原则。本科教学工作水平评估对于学院的各项办学条件和教学环节都有明确而具体的指标要求。通过接受评估,我们要想方设法加大教学经费投入,强化教学管理,改善办学条件,积极采取有力措施进一步推动和深化教学改革,加强教师队伍建设,不断提高教学工作的整体水平。

第四,在提高"三个符合度"上下功夫。从根本上说,教学评估就是评估一所学校的"三个符合度",即学校的办学目标、人才培养目标与社会发展需要、学生全面发展需要之间的符合程度,学校教育资源的配置、教学过程的设计和实施与学校自身目标的符合程度,学校人才培养质量与人才培养目标的符合程度。搞好评估,就是要努力提高这"三个符合度"。

历任厅领导对电科院的建设和发展给予了极大的关心和支持。对于做好学院本科教学水平评估的工作,也有许多具体的指示。评估工作是学院跨年度的一件大事。厅领导挂帅的评估工作领导小组已经成立并召开了第一次会议,充分体现了厅领导对这项工作的高度重视。评估是一把尺子,可以量出一个学院质量如何、水平高低;是一面镜子,可以照出一个学院在各个方面存在的薄弱环节和差距。电科院的名声响不响、牌子亮不亮,很大程度上取决于评估的结果。甚至学院未来的发展,今后教学、科研、工作条件的改善,教职工收入水平的提高,都与评估的结果密切相关。我们对评估工作的认识和重视程度还有待进一步提高,对评估指标体系的把握和理解还要更加全面、深入、准确,个别部门的组织领导工作还需要进一步加强。事实上,学院广大教师、学生都十分关心学院的本科教学水平评估工作,非常关注各级领导对评估工作的重视程度,领导的一言一行对大家的参与意识、工作情绪都会有直接影响,进而影响评估工作的开展力度和效果,影响评估工作的进展和质量。对于评估工作,全院上下一定要统一思想,提高认识,高度重视。要时刻绷紧评估这根弦,妥善处理评估与正常教学、管理工作的关系,把足够的时间和精力投入到本科教学水平评估工作中去。

二、要进一步增强忧患意识

安于现状、不思进取是前进的大敌。电科院要发展、要进步,必须奋发进取,不懈攀登。按照教育部的评估指标体系,评估内容有 7 项一级指标和 1 个特色项目,19 项二级指标,44 个观测点。每一项指标和观测点的得分标准和分数权重都规定得清清楚楚。根据院评估办对 2004—2005 学年教学状态的分析报告,我们仅能评为合格,与我们提出的"保良争优"的目标有较大的差距。我们必须时刻有忧患意识,居安思危,真正全身心投入教学评估工作中,齐心合力把工作做好。我们要以教学水平评估为契机,全面提高教学水平,改善教学质量,扑下身子,真心实意地抓,聚精会神地干,坚决不走过场,不搞形式主义,不做表面文章。严格对照教育部制定的评估标准,认真查找学院存在的突出问题,抓住重点,突破难点,整体推进,确保教学评估工作扎扎实实地进行。日后的成功取决于今天的努力。参加评估就好比是参加一场知道考试规则和考试题目的考试,如果我们考不出好成绩,就说明我们人还不够聪明,工作还不够刻苦,功夫下得还不够。希望学院的每一位教职员工,特别是各部门的一把手,要高度重视,精心组织,尽职尽责,扎实工作。评估工作是全院也是各部门的一把手工程。各部门的一把手要当好评估工作的第一责任人,靠前指挥,亲力亲为,亲自抓评估的各项工作,把评估工作放在重中之重的位置,切实解决人、财、物等方面的实际问题,保证所在部门不拖全院工作的后腿。

三、要进一步增强紧迫感

学院已经通过中办人事局上报教育部,希望在明年 9 月份安排专家来我院评估。但大家千万不要以为评估只是明年 9 月的事,可以不着急、慢慢来。评估工作分自我评估、专家组现场考察和学院整改三个阶段,明年 9 月只是专家组进学院考察的时间,最费时间和精力、最主要的工作是在自我评估阶段,也就是现在我们所做的工作。认为专家组进学院现场考察才是评估的看法是不对的、不全面的,实际上评估工作现在就已经开始。我们对这一点一定要有清醒的认识,一定要有临战的紧迫感,各项工作不能再停留在口头上,而是要尽快落实在行动上。

一是要雷厉风行。雷厉风行,就是办事果断、迅速。要以只争朝夕的精神,强化时间观念,加快工作节奏,提高工作效率,做到今日事今日毕。当前要特别注意克服松松垮垮、办事拖拉等不良作风,改变按部就班、四平八稳的工作状态。

二是要真抓实干。搞好教学评估工作,靠的是真抓实干。要把各项工作任务目标落实到具体行动中,从一件件具体事情抓起,切实解决教学、科研和管理工作中存在的实际问题,扎实稳妥地把学院各项工作推向前进。不仅要抓大事,也要抓"小事"。要从点滴做起,从身边事做起。"天下大事,必做于细",要从大处着眼,从细节入手,对任何细小的问题都一丝不苟。

三是要积极进取。工作需要热情和行动,需要努力和勤奋,需要一种积极进取的精神。要站在学院全面建设和发展的高度,以"院兴我荣、院衰我耻"的主人翁精神,积极投入到评估工作中去。根据存在的问题,制定具体的工作方案、实施步骤和行之有效的工作方法,落实领导责任制,常督促、勤检查,把各项工作真正落到实处。

四、要把评估和学院各项工作有机结合

高校本科教学工作水平评估是一项系统工程。评估涉及学院的方方面面,不光与教学部门有关,也与行政管理、后勤服务部门有关,与全体师生员工都有关。做好评估工作,不是哪几个人、哪几个部门的事,而是全院的大事,必须全院动员,上下联动,个个参与,人人有责。评估不应当游离于教学之外,而是融合于教学之中。不是在正常的管理工作之外另搞一套,而是管理工作的题中应有之义。不能把评估当作额外负担,而应该把评估作为提高教学水平和管理水平的动力。要把评估与总结办学的成绩、教学工作的优势和特色有机结合起来,与日常教学工作有机结合起来,与教学档案的规范建立与积累有机结合起来,与建立健全规章制度有机结合起来。通过评估,真正达到明确办学指导思想,改善办学条件,加强师资队伍建设,深化教学改革,提高教学质量和办学效益的目的。这里我主要强调三点。

一是要统筹兼顾。正确处理重点与一般的关系,弹好钢琴,分清轻重缓急,科学安排主次,合理分配力量。我们既要紧紧抓住密码人才培养这个首要任务不放松,又要全力以赴做好其他工作,继续坚持加强学科建设与推进科研工作、强化教学中心地位与加强管理服务工作、培养专业素质与提升综合素质、加强硬件建设与营造软件环境的协调统一,做到各项工作相互促进、协调发展。

二是要有全局观念。"不谋全局者,不足谋一域。"教学评估事关学院工作的全局,没有与评估无关的人,没有与评估无关的事。搞好教学评估工作,需要广大教职员工继承和发扬学院的优良传统和作风,树立整体观念和大局意识,以高度的主人翁责任感和使命感,自觉投身于教学评估工作之

中。要处理好全局和部门之间的关系,把本部门的工作、本部门的利益放在全局考虑,放在学院的大局考虑,各项工作要与时俱进,创造性地开展工作。

三是要加强配合协作。没有相互配合,就不可能实现保良争优的目标。整个学院是一个命运的共同体,教学部门、科研部门、管理部门、后勤服务部门都是学院整体的组成部分,虽然分工不同、发挥的作用不同,但都在不同的岗位上为学院的发展做贡献。教学水平评估工作是一项系统工程,是我们大家每个人的事情。教学水平评估工作任务经过分解,各部门都担负一定的工作,有的可能会更多一些,部门之间不能彼此掣肘、互相扯皮、争功诿过,不能袖手旁观、事不关己、高高挂起,部门之间要互相"补台",而不是"拆台",每个人都要讲团结、讲协作。注意充分发挥每个人的主观能动性,调动每个人的积极性、创造性,各尽其能,各展所长,给予每个人施展才华的空间。人人头顶上都有一片蓝天,人人都要为评估工作做贡献。要加强交流沟通,互相支持配合,既有分工又有合作,集思广益,群策群力,使每个人都成为"得分手"。全院师生心往一处想,劲往一处使,拧成一股绳,用高度的政治责任感和坚韧不拔的毅力,切实做好"以评促改,以评促建,以评促管"的各项工作。

同志们,4月28日,中共中央政治局候补委员、书记处书记、中央办公厅主任王刚同志,在我院形势政策报告会上对学院工作做了重要指示,要求学院狠抓教学、搞好科研、强化管理,努力多出人才、多出成果,真正把电科院建设成为我国机要密码人才成长的重要摇篮和国家密码科研的重要基地,为机要密码事业发展做出新的更大贡献。王刚同志的指示,明确了我们做好评估工作的指导思想,也为学院的建设和发展指明了方向。今年是我院实施"十一五"规划的开局年,也是我院建设和发展史上的一个关键年。能否在评估中取得优异成绩,不仅关系到学院下一步的建设和发展,更关系到学院作为中办所属高校所应具有的声誉和尊严。我们的目标非常明确,那就是保良争优。当然,我们接受评估的目的不仅仅是为了获得一个好的结论,而是通过评估促进学院的教学建设,加强学院的教学工作,提升学院本科教学工作的整体水平,不断提高教学质量。我相信,只要我们团结一心,振奋精神,群策群力,扎实工作,高质量地完成各项建设与整改任务,我们的目标就一定能够实现,我们就一定能够在教育部的评估中取得满意的成绩,也为顺利实施学院"十一五"规划,为把学院建设成为我国密码人才成长的重要摇篮和国家密码科研的重要基地打下坚实的基础。

保密工作必须抓紧、抓细、抓实[*]

（2006 年 5 月 30 日）

　　为了贯彻落实中央和国家机关保密工作会议和中央办公厅保密委员会扩大会议精神，今天我们召开有院领导、院保密委员会成员、各部门一把手和全体涉密人员参加的保密工作会议。刚才，俊德同志传达了《王刚同志在中央和国家机关保密工作会议上的讲话》，方勇同志传达了《毛林坤同志在中央办公厅保密委员会扩大会议上的讲话》，大家观看了由中央保密委员会办公室组织摄制的保密教育录像片《佟达宁间谍窃密案》，小兵同志代表学院与保密要害部门的负责人签订了《北京电子科技学院 2006 年保密责任书》。下面，我结合学院的实际，就贯彻落实厅领导的讲话精神，进一步做好我院的保密工作讲几点意见。

　　一、深刻领会讲话精神。王刚同志在中央和国家机关保密工作会议上的重要讲话，站在全局和战略的高度，深刻分析了当前中央和国家机关保密工作面临的严峻形势，指出了中央和国家机关保密工作中存在的问题，提出了进一步做好中央和国家机关保密工作的具体要求，是我们做好当前和今后一个时期保密工作的指导性文件。毛林坤同志在中央办公厅保密委员会扩大会议上的讲话，对中办机关贯彻落实王刚同志讲话精神做了具体部署、提出了明确的要求，对做好中办机关的保密工作具有重要的指导意义。希望大家认真学习、深刻领会，并自觉地贯彻落实到工作中去。

　　二、着力提升保密意识。着力提升保密意识、强化保密观念，是做好保密工作的前提和基础。从我院的情况来看，首先要克服"无密可保"的糊涂思想，认为我院是教学单位，不像中办其他各局，没有多少密可保。应当说，这种思想是不正确的。从教学上来看，我院有多门密码课程；从科研上来看，我们有普通密码和商用密码研发和生产的资质；从收文来看，我院涉密程度比普通地、厅级单位要高得多，秘密、机密、绝密文件都有。正因为如此，中央办公厅把我院的院（党）办（秘书科、档案科）、科研管理处、一系、科

---

　　* 本文是作者在学院保密工作会议上的讲话。

研中心确定为保密要害部门(部位)。与此同时,我们还要消除"有密难保"的消极思想,认为现在敌对势力窃密的技术和水平很高,我们想保也难。事实上,在现实生活中很多失泄密案件是人为的,刚才我们观看的《佟达宁间谍窃密案》就是最好的佐证。因此,我们一定要认识到位、警钟长鸣,充分认清当前保密工作面临的严峻形势和做好保密工作的极端重要性,不断增强忧患意识、危机意识和责任意识。

三、认真落实工作责任。重视和抓好保密工作,不能仅仅停留在会议和制度上,而要落实在行动和工作中。院党委要加强对保密工作的领导,把保密工作列入重要的议事日程,定期听取工作汇报,及时研究解决保密工作的重大问题,要像重视教学工作一样重视保密工作,像加强管理工作一样加强保密工作。分管保密工作的院领导要履行直接领导的职责,与保密要害部门的一把手签订保密责任书;保密要害部门的一把手也要与本部门的涉密人员签订保密责任书,并加强对涉密人员的思想教育和日常管理;全体涉密人员要认真履行岗位职责、严格遵守保密规定。其他部门的一把手也要履行保密工作第一责任人的职责,真正做到"谁主管谁负责",一级抓一级,层层抓落实。保密保卫处要充分发挥职能作用,加强对保密责任书贯彻落实情况的督促检查,及时发现和纠正保密工作中的漏洞和问题,确保学院在保密方面不出任何问题。

四、切实管好涉密载体。涉密载体包括涉密纸介质文件、涉密移动存储介质和涉密信息系统三个方面。加强涉密载体的管理,是做好保密工作的重要环节。从我院的实际情况来看,要着重做好以下三项工作。首先,要加强涉密文件的管理。各部门、特别是院(党)办要严格执行文件管理的制度,完善文件发放回收的程序,严格控制涉密文件的知悉范围,防止扩大涉密文件的传阅范围。其次,要加强涉密U盘的管理。目前,我院涉密移动存储介质主要是U盘。要严格遵守中央办公厅关于对涉密移动存储介质实行"统一购置、统一标识、严格登记、集中管理"的规定,由保密保卫处统一购置、统一标识、严格登记,涉密部门要指定专人集中管理。需要特别强调的是,有专门标识的涉密U盘必须专用。第三,要切实加强涉密计算机的管理。目前我院有多台涉密计算机。涉密计算机严禁上网,严禁处理非涉密信息。保密保卫处准备在近期对全院的涉密计算机和涉密U盘进行一次全面检查,希望大家做好自查和配合工作。

多年来,我院一直重视保密工作的建设和发展,取得了明显的成绩,特别是科研中心保密柜"双人双锁"的管理办法,得到了厅领导的肯定。前不久,为了加强保密管理,进一步做好我院的保密工作,院党委决定在保密保卫处增设保密科。今后,我们还将修订完善保密工作规章制度,进一步增加人、财、物的投入,加强保密要害部门、部位的安全保密环境建设,在人员管理方面逐步引入奖惩机制。让我们共同努力,把我院的保密工作抓紧、抓细、抓实,让厅领导放心。

把公寓楼项目做成精品工程 *

（2006 年 12 月 7 日）

一、三方分头把关,一定要保证新学生公寓楼工程的质量。质量优良的建筑物就是一座功德碑;豆腐渣工程就是一个耻辱柱。

二、要保证工程进度,明年 9 月份要交付使用。要合理调配人员和施工机械,科学组织施工,严格现场管理,多想办法,克服困难,共同努力。

三、要保证施工安全。要加强管理,防患于未然。施工、消防、治安、食品安全都很重要,绝对不能发生事故。

四、大家要团结协作,加强沟通、协商。工程的局部变动、修改难免,但要一事一请示,件件有记载,谁都不要自作主张。

五、康迪监理公司要很好地担负起监理的职责,要按照行业规范要求,对工程的质量、进度、施工材料和工艺严格把关。努力把新学生公寓楼项目做成精品工程,争取建筑行业的长城杯、鲁班奖。

六、学院作为业主,要为施工方创造一个良好的施工环境。按标书和合同办事,你们都有充分的自主权,这是我们的承诺。业主任何人不得向乙方指定施工队伍,指定材料。有这种情况,可以向学院治理商业贿赂领导小组反映,学院决不袒护,一定严肃处理。

另外,体育馆的问题,双方都有原因,都要认真查找自己这一方面存在的问题,想办法补救,把体育馆的收尾工作做好,尽快决算、验收、交付使用。我相信,大家都重视这项工作,一定能合作好。

三方参加人

北京电子科技学院： 党委书记　沈永社
　　　　　　　　　　副院长　　任小兵

---

* 本文是作者与新学生公寓楼（建成后命名为育材楼）施工单位和监理公司负责人的谈话要点。

　　　　　　　　行政管理处　孙春明　康伍伍　何文学

新兴集团一公司： 总经理　贾玉彬
　　　　　　　　党委书记　张春雷
　　　　　　　　副总经理　李俊远　潘健伟

康迪建设监理公司： 副总经理　赵静良

用和谐理念推动学院科学发展 *

（2007 年 1 月 24 日）

和谐的校园环境、良好的育人氛围，是大学师生成长成才的重要条件。我们要用和谐的理念推动学院科学发展，用和谐的氛围激发师生的创造活力，把学院建设成为师生成长的摇篮、精神的家园、生活的乐园。

努力建设高雅的校园文化。要引导并组织学生开展益智强身的校园科技、文化、体育等活动，继续抓好"迎奥运、讲文明、树新风"主题教育活动和"创和谐校园，做文明学生"系列活动，培养学生良好的道德品质和文明行为，创建意蕴丰赡、格调高雅、丰富多彩的校园文化。西苑出版社要坚持正确的出版方向，遵循出版规律，始终坚持把社会效益放在首位，加强选题策划，努力打造精品，争取社会效益和经济效益的双丰收。

精心维护优美的校园环境。优美的校园环境是构建和谐校园的外在标志。我们要建设好学生公寓楼，管理使用好文化艺术中心、体育馆，完成校园网升级改造，推进图书馆的信息化、网络化建设。从袖珍校园的实际出发，以特色绿化美化校园环境；丰富植物种类，以品种数量取胜，让花草树木成为学院一道靓丽的风景线，创造袖珍精致、景美神怡的校园环境。

努力构建和谐的人际关系。良好的校园人际关系是和谐校园的基石。我们要营造干群、部门、师生和个人内心和谐。干群和谐就是干部要密切联系群众，群众要尊重领导；处事公正、待人平等，工作上多理解，生活上多关心。部门和谐就是部门之间要相互学习、相互支持、相互配合、相互补台。师生和谐就是关爱学生，尊师重教，教学相长，共同进步。个人内心和谐就是准确评价自我，正确看待他人，淡泊名利，与人为善，有一种积极进取、健康向上的心态。

着力加强领导班子和管理团队建设。做好学院工作，领导班子建设是关键。要按照中央办公厅主任王刚同志提出的"增强党性、加强团结、以身作则、开拓创新"的四点要求，着力加强院系两级领导班子建设。每个领导

---

* 本文是作者在 2006 年学院总结表彰大会上的讲话节选。

干部都要努力做贯彻民主集中制的模范。研究讨论问题充分发扬民主,贯彻集体决议保持步调一致;严格执行民主集中制的各项制度规定,维护党委的权威,树立班子的形象,自觉接受党组织、党员和群众的监督。要努力做加强团结的模范。在工作中讲原则、讲协作,不说不利于团结的话,不做不利于团结的事,相互信任、相互支持,宽容宽厚,宽以待人。要努力做清正廉洁的模范。进一步加强党性修养,率先垂范,严于律己,清正廉洁,在思想上筑起拒腐防变的坚固防线,切实把从严治党的方针真正落到实处。

当前,学院处于天时、地利、人和三者兼备的最佳时期之一。我们一定要抓住机遇上台阶,一心一意谋发展,聚精会神干事业,使学院的每一个人都感到工作有干头,事业有奔头,干得多有想头,干好了有甜头,越干越有劲头,为学院的下一步建设和发展做出我们最大的努力。

要带着感情来做好老干部工作[*]

（2007 年 4 月 7 日）

　　总的来看，近些年学院老干部工作与教学、科研、管理和服务工作协调发展，老干部的政治待遇、生活待遇得到了较好的落实，赢得了老干部信赖和支持，这为我们进一步开创老干部工作的新局面奠定了坚实的基础。虽然学院老干部工作取得了一定的成绩，积累了一些很好的经验，但是必须看到，学院老干部工作面临着一些新情况新问题。比如：年纪大的老干部逐步进入高龄期、多发病期，数量上仍然持续增加，如何贴近老干部需求，创新服务手段和管理方式，提高服务质量等等，都需要我们很好地进行研究，认真地加以解决。为了进一步做好新形势下的老干部工作，落实好中央、中办有关老干部工作的政策措施，我们召开老干部工作研讨会。这个研讨会是学院历史上第一次专门研究老干部工作的会议。大家在研讨时，应该从贯彻落实科学发展观、发扬党的优良传统、弘扬尊老爱老的传统美德、推动学院发展的大局出发，深刻领会党和国家的老干部方针、政策，把学习和思考结合起来，通过研讨，力求在思想上和认识上有新的提高，服务质量有新的改进，工作上有新的起色。希望大家紧密结合学院实际，认真讨论、修改好院党委《关于进一步加强和改进老干部工作的意见（讨论稿）》。要联系本部门的业务工作，讨论如何为老干部服好务，多提一些可行的、适用的合理化建议。

　　老干部是我们党和国家的宝贵财富。老干部工作是党和国家干部工作的重要组成部分。党中央十分重视老干部工作，提出了"政治上尊重老干部、思想上关心老干部、生活上照顾老干部，进一步把中央关于老干部工作的各项政策措施落到实处"的工作要求。对学院来说，老干部是学院教学、科研、管理、服务的奠基人和开拓者，在学院发展和建设的各个阶段都做出了重大贡献。院党委、学院各部门都要重视老干部工作，始终把老干部工作列入工作议程、摆在重要位置，把老干部工作作为学院整体工作的一个重要

---

　　* 本文是作者在学院老干部工作研讨会上的讲话。

组成部分,作为构建"和谐学院"的一项重要工作来部署、来开展。

老干部在学院的长期工作中,积累了丰富的经验,保持着优良传统和作风,具有独特的优势。他们为党工作奋斗了一辈子、奉献了一辈子、劳累了一辈子,从工作岗位上退下来以后,第一位的任务就是要保持身心健康,做到安度晚年、颐养天年、益寿延年。要紧紧围绕学院中心工作,根据老干部身体状况和各自特长,按照"自愿量力、就近就地"的原则,在机要教育、传统教育方面发挥他们的政治优势,在教学科研、讲学授业方面发挥他们的经验优势,在政策咨询、学院建设方面发挥他们的智慧优势。要把党的政治关怀送到每一位老同志心里,认真组织好老干部的思想政治和理论学习工作,通过制定并逐步完善老干部阅读文件、听报告、参加重要会议和重大活动等制度,认真落实老干部的政治待遇。要千方百计为老干部办实事、做好事、解难事,保证老干部有关经费的发放和使用,努力提高老干部的生活待遇、改善医疗待遇。要积极创造条件,热情开展服务,认真组织活动,把老有所养与老有所为结合起来,充分发挥老干部的作用。

做好老干部工作,是院党委和全院教职工义不容辞的政治责任。尊敬和关心老干部,对于继承和发扬党的优良传统,推进新老干部的交替与合作,维护改革、发展、稳定的大局,促进学院教学、科研、管理等各项工作都有着重要的意义。我们要把老干部工作摆在重要位置,切实为老干部服好务。在组织领导上,要提高对老干部工作的认识,加强领导,各级各部门主要领导要负总责,坚持做到"三个亲自":即分管院领导要亲自深入到老干部工作部门了解情况,指导工作;组织、人事部门领导要亲自处理涉及老干部的有关工作;财务、行管和后勤、卫生等相关部门领导要亲自过问本部门为老干部的服务工作。在落实老干部的各项待遇上,政策有明确规定的,不折不扣地照办;没有政策规定的,过去有惯例的,参照惯例办;没有惯例的,根据实际情况商量着办。要加强离退休干部党支部建设,充分发挥离退休干部党支部"自我教育、自我管理、自我服务"的作用,组织好支部生活,发挥好桥梁纽带作用。要加强老干部工作队伍建设,健全各项工作制度,不断提高老干部工作人员的素质和业务水平,不断增强为老同志服务的能力,提高为老同志服务的标准和质量。

每个人都是要退休的,这是不可抗拒的自然规律。老干部的今天就是我们的明天。在职的同志对离退休的老干部要有感情,要带着感情来做好老干部工作。要加强在全院开展尊老、敬老、爱老、助老等方面的宣传教育,引导全体在职教职工发扬党的优良传统,弘扬中华民族传统美德,常怀尊老之心、恪守敬老之责、善谋利老之策、多办助老之事。老干部中也有不少同志过去做过领导工作,有丰富的经验和很高的觉悟,更能理解老干部的愿望与政策规定在许多时候是存在距离的。这就需要大家一起做好凝聚老干部、引导老干部、组织老干部的工作。处理好这方面的问题,是政治上成熟的具体体现。政治上成熟不是空的,各级领导干部和同志们要把政治上成熟体现在处理重大政策问题、处理各种矛盾问题以及处理老干部工作问题上。

同志们,做好新形势下的老干部工作意义重大,责任重大,使命光荣。我们要认真落实好党的老干部政策,进一步增强政治意识、大局意识、责任意识、服务意识,以饱满的政治热情,周到一流的服务,扎实的工作作风,更好地为老干部办实事、办好事,以出色的工作成绩,让党放心,让老同志满意。

领导干部要有一个好作风[*]

（2007 年 4 月 28 日）

　　胡锦涛同志在中央纪委第七次全体会议上的重要讲话,是新形势下加强领导干部作风建设的纲领性文件。胡锦涛同志的重要讲话,以邓小平理论和"三个代表"重要思想为指导,从贯彻落实科学发展观、加强党的先进性建设和执政能力建设的高度,深入分析了当前党风廉政建设和反腐败斗争面临的形势,明确提出了加强反腐倡廉工作的重点任务,深刻阐述了全面加强新形势下领导干部作风建设的极端重要性和紧迫性,明确要求采取有力措施,努力加强领导干部作风建设,为构建社会主义和谐社会提供保证。胡锦涛同志在讲话中倡导的"勤奋好学、学以致用,心系群众、服务人民,真抓实干、务求实效,艰苦奋斗、勤俭节约,顾全大局、令行禁止,发扬民主、团结共事,秉公用权、廉洁从政,生活正派、情趣健康"八个方面的良好风气,具有很强的现实针对性和指导性。

一、努力做一个学习型领导干部

　　胡锦涛同志把"勤奋好学、学以致用"作为第一条要求提出来,意味深长。作为一个领导干部,一定要重视学习,善于学习,保持旺盛的学习热情,不断提高自身的文化知识层次,并把学到的知识用于工作。首先要认真学习马克思主义理论,提高理论素养,着眼于掌握和运用马克思主义的立场观点方法。把学习理论同解决本单位工作中的实际问题结合起来,把学习的成果转化为科学的发展思路,转化为领导发展的实际能力。到中央党校脱产学习,一直是我多年来的愿望。这次组织上给了我这个机会,我一定要十分珍惜,充分利用好四个半月的时间,静下心来读点书,思考些问题,努力在理论基础、世界眼光、战略思维、党性修养四个方面都有所进步。特别是要学好马克思主义中国化的最新成果,用科学的发展观武装头脑,指导工作。

---

　　* 本文是作者在学院领导班子专题民主生活会上的发言。

在学习中处理好学习与工作的关系，做到既要专心致志地学习，又不影响工作。

其次，还要学习高等教育管理等方面的知识。高校不同于机关，有其自身的规律。遵循高教规律，与传承机要精神、发扬中办传统同样重要。到学院工作后，确实有一个重新学习的问题。这一年多来，除了党的文件和国家的法律法规、本科教学工作水平评估指标体系、厅领导关于学院工作的指示外，还结合工作读了一些教育方面的专著。越学越感到原有的知识已经远远不够用了。今后要继续努力，多读点书，多向班子成员请教，多向老师学习，把握高等教育的规律，做个明白人，不当门外汉。

二、把群众的呼声作为调整工作思路的"第一信号"

群众观点是马克思主义政党的根本观点。密切联系群众是党的作风建设的核心。"心系群众，服务人民"不能只是挂在嘴边的空话。群众不是一个空泛的概念，在电科院，就是三百多名教职员工和一百多位离退休干部。考虑问题、布置工作，要把群众赞成不赞成、高兴不高兴作为出发点和落脚点。制定政策，建立规章制度，要全面考虑，了解不同群众的不同想法 兼顾教学科研人员、行政管理人员、工勤服务人员的不同诉求。群众的要求不一定都合理，也不可能全部得到满足；但只要正确的地方，我们就要采纳；一时做不到的，要做好解释工作。这次征求到的群众意见中，大家对院领导班子总体上是肯定的。同时对学院的教学、科研、管理和分房工作提出了一些很好的意见和建议，分管领导要提出意见，院领导班子要逐条认真研究，制定相应的整改措施。

三、顾全大局，求真务实，不搞形式主义

学院是中央办公厅下属的高校，必须与以胡锦涛同志为总书记的党中央保持高度一致，必须坚决服从、自觉接受中央办公厅的领导。二十多年在中办工作，我在这方面有很强的意识和自觉性。到学院工作后，我感到每个班子成员都有很强的大局意识和全局观念。能否做到顾全大局、令行禁止，是衡量一个领导干部是否称职的起码条件。到学院工作后，注意把中央的精神、教育部的要求和学院的实际情况结合起来，和大家一起创造性地开展工作。牢记厅领导的指示，与学院的同志搞好团结，特别是与班子成员搞好

团结,发扬民主,团结共事,不说不利于班子团结的话,不做影响班子整体效能发挥的事。充分调动每一个人的积极性,发扬民主,求真务实,不追求劳民伤财的所谓"政绩",不搞形式主义的花架子,扎扎实实,一件事一件事地去做。对照本科教学工作水平评估指标体系的要求,一个观测点一个观测点地落实。以教学评估工作为抓手,争取厅领导的支持,争取教育部和北京市教委的指导,争取中办兄弟局的支持,凝聚全校的力量,改善办学条件,提高教学质量,提高人才培养的质量。

四、廉洁自律,严于律己,自觉接受群众的监督

作为一个领导干部,要做到秉公用权、廉洁从政,自觉遵守党的纪律和国家的法律法规,严格执行领导干部廉洁从政的各项规定。正确认识和对待手中的权力,牢固树立正确的权力观、地位观、利益观,始终保持同人民群众的血肉联系。邓小平多次强调"领导就是服务"。在一个单位,就是要为单位的全体同志服好务。要摆正自己与群众的位置,努力做到在感情上贴近群众,思想上尊重群众,行动上深入群众,体察民情,了解民意,集中民智,珍惜民力,高度重视并着力解决影响干群关系的突出矛盾和问题,扎扎实实办好事、办实事。从学院的实际情况出发,艰苦奋斗,勤俭节约,过紧日子,把有限的经费花到该花的地方。

领导干部的生活作风问题,不是工作领域之外的个人问题,而是关系到党风建设的成败,关系到党的宗旨和科学发展观能否落实、社会主义和谐社会能否建立起来的重大问题。胡锦涛同志在中央纪委七次全会上的讲话中,要求领导干部"生活正派、情趣健康",既适时又及时,有很强的针对性。作为一个领导干部,要洁身自好,独善其身,在形形色色的诱惑面前能拒绝腐蚀,站稳立场,坚持原则。要规范自己的"生活圈""交际圈",慎交友,少应酬,培养高雅的生活情趣,陶冶高尚的生活情操。在各方面严格要求自己,自觉接受党组织、班子成员、党员和群众监督,按照胡锦涛同志提出的要求,当好八个方面良好风气的模范实践者和积极推动者。

扎实做好评估整改工作[*]

（2007 年 10 月 11 日）

国庆节前教育部专家组进校评估的一周大家确实非常辛苦。9 月 27 日晚上，专家组正副组长与学院主要领导交换意见时，我们就已经知道专家组评估意见的基调。28 日在正式的反馈会上，大家都听了专家组的结论和专家的反馈意见。虽然专家组没有讲给我们的等次，但是我想大家应该能够感受到专家对于我们学院的关爱之心、鼓励之意。总之，大家应该能感受到我们的工作得到了专家的肯定，辛勤的劳动没有白费。所以，在国庆放假期间除了办公室的同志在加班整理专家反馈意见外，就没有安排其他同志加班，让大家在国庆期间放松休息，调节身心。一张一弛，文武之道嘛。身体是革命的本钱。有了好的身体才能干好工作，没有好的身体只能干好一段时间的工作，所以休息也是为了更好地工作。今天是我们国庆长假后的第一次部门一把手和党总支书记会议，专门研究如何扎扎实实地做好专家离校后评估整改工作。

一

近两年来的迎评促建，一周专家组进校现场考察评估，随着专家组的离校而成为历史。应该说我们划上了评估的第二个分号。专家组的结论实际就是一个历史的记录，结论意见有了，专家走了，并不就是万事大吉、一劳永逸了。如果这样的话，那就违背了教育部设计评估制度的本意。提高办学水平，提高人才培养质量，应该是所有高校当然也包括我们学院永恒的主题。学院的发展必须与时俱进，提高办学水平永无止境。我们的校训里不是有"卓越"两个字吗，它的释义里头就有"超越自我"。我们要把评估看成是学院前进的一个新的起点，使电科院的后来人在若干年以后回忆起来时，能觉得通过评估使学院开始了新的攀登，有一个新的进步。

---

[*] 本文是作者在各部门一把手和党总支书记会上的讲话。

专家组进校前后我们做了周密细致的组织工作,成立了由院领导牵头的若干工作组。各个组都出色地完成了任务,没有出现大的疏漏。我想用这么几句话来概括:领导带头,中层尽职,教工努力,学生争气。借这个机会,我代表院党委向大家道一声辛苦,说一声感谢。感谢大家对学院荣誉的珍惜,感谢大家工作的敬业态度,感谢大家对学院领导班子的支持。这种感谢,既是对在座的各位,也是对你们代表的部门,对全院每一位教职员工。在专家组进校的这一段时间里,很多同志克服了家庭方面、个人方面的困难,任劳任怨。有的同志可能就是趴在沙发上或者伏在桌子上过的夜,有的累得生病进了医院,拿点药就又回到工作岗位上。感人的事迹很多,不可能一一列举了。尤其是院内评估专家王贵和、李树德、李战勇、曲建国和评估办的同志,整个评估的过程、评估的重要工作,很多都是由他们来承担,由他们来策划,由他们来指导督导的,从自评报告的撰写,众多支撑材料的整理,评估诸多环节的设计,他们做了很多工作,为我们这次评估工作的顺利圆满,奠定了扎实的基础。特别是李战勇同志,一个退休的教授,为了教学评估,为了学校的发展,不远万里,从加拿大回到中国,这是什么精神?我觉得是一种爱岗敬业的精神,是一种爱校如家的精神,是每一个教职员工都应该发扬和坚持的电科院精神。

二

这几天同志们都在认真研读教育部专家组对我院本科教学工作水平的评估意见和专家在反馈意见会上的讲话,学习领会专家提出的意见和建议。我也作了一些思考,专家离校以后就应该是整改了。整改需要一年的时间,第一个月要上报整改的初步意见,在这一年中,教育部有可能派出督察组来抽查,评价一下学院的本科教学水平和现状,评价一下专家组的意见。所以整改是教育部要求的评估工作中一个必不可少的规定环节。没有整改,评估的前两个阶段没有什么实际意义。而整改这项工作不仅仅是党委书记、院长、院领导班子的事,也是在座各位领导骨干的事,是全院教职工的事。当然,作为领导来说责任更大一些、担子更重一些。

下一步怎么整改呢?我们要召开一个专门的研讨会进行研讨。这几天有些教学、科研部门和评估办也已经开会在研究了。在这里,我先讲一下自己的几点思考。

一要进一步确立教学的中心地位,使"领导重视教学,政策倾斜教学,投入保障教学,科研促进教学,全员服务教学"在制度上体现出来,在每一项工作中体现出来。二要进一步完善本科教学管理组织体系,也就是常说的"院长负责、教务处牵头、系部为基础、各职能部门协调配合"的本科教学管理体系。三要进一步完善教学督导、领导干部听课、教师互评、学生评教等贯通各个教学环节的教学质量监控体系。四要加强专业、学科和课程建设,努力培养政治可靠、业务精良、具备综合素质和可持续发展能力的人才。五要进一步加强师德师风和学风建设。六要进一步加强领导班子建设,坚持民主集中制原则,团结协作,各负其责,各司其职,集中精力抓大事,扎扎实实干实事,锲而不舍干成事。七要进一步加强干部队伍的建设,处理好教学、科研、管理三支队伍的关系。

评估实践又一次证明并将继续证明,我们学院有一支完全可以信赖的、关键时刻冲得上去的干部职工队伍。所以我们要珍惜安定和谐的大好局面而不是去破坏它,要保护干部职工的积极性而不是去伤害它,要保持学院心齐气顺的势头而不是去干扰它。关于整改,我和大家一样,只是做了些初步的思考,说的这几条不一定全面,也不一定准确,算是抛砖引玉吧。希望在随后安排的研讨会上多听一听大家的真知灼见,我们一起来开动脑筋,集思广益,把整改方案做好。

三

在研讨会召开之前的这段时间,要做好以下四方面的工作。

第一,要认真学习领会专家组的意见和专家个人的建议,提出整改方案。前天、昨天许多同志到医院进行年度体检。体检就是要评价一下身体的健康状况,找出健康隐患。实际上专家来学院评估也很像体检。专家的意见就是根据你的健康状况开出的药方。在京剧《沙家浜》中有一段唱腔:"病情不重休惦念,心静自然少忧烦,家中有人勤照看,草药一剂保平安。"但是专家的药方是不是对症,药量多少合适,只有我们自己才如鱼饮水,冷暖自知。对待专家的意见,要防止不动脑筋、照搬照抄和借口特殊、置之不理两种倾向。各个部门对专家提出的问题和建议,不要推卸责任,也不要等待观望,要根据各自部门的实际情况,拿出改进的意见和建议。能做的先做起来,能改进的先加以改进,需要从新学期、新学年开始的要拟出计划。学院过两天专门召开研讨会,学习专家组的意见和建议,广泛听取大家的意见和建议。通过研讨,在各部门提出的整改意见的基础上,在评估办评估专家的指导下,综合汇总,拟出一个整改方案,提交院长办公会讨论。讨论以后还可以再返回,继续征求意见,这样经过几次反复,拟出一个成熟的整改方案,提交中央办公厅评估领导小组审定。

第二,要继续营造人人关心评估、人人关心整改的氛围。气可鼓而不可泄。这种好的精神状态要保持下去,千万不能松懈。有关部门要考虑在教职工和学生中开展"我为整改献言献策"征文活动,征文的内容可以是学院发展的宏观思考,也可以是有关工作的意见和建议,内容不限,目的就是要营造一种氛围,校报要出评估的专版。另外在专家进校期间,包括整个评建过程中,一些好的作风、做法我们要坚持下去,使带有突击性质的迎评举措成为经常性的管理要求。比如说"校园建设天天看"这项工作,很好地促进了整改,使行政后勤管理服务工作的质量和效率都提到了一个新的水平。

第三,整改工作要和学院的正常工作有机结合起来。整改工作有一年的时间。整改工作不应该游离于教学、科研工作之外,而是要融入教学、科研之中。也不是在正常的管理之外另搞一套,它本身应该是管理工作中的一部分,不能把整改当作额外的负担,而应该把它作为提高教学水平和管理工作的一个抓手和动力。整改是非常重要的工作,但不是学院的全部工作。在评建任务十分繁重的情况下,我们还启动了保密管理本科专业申报的工作。这件事情与这次评估工作没有直接关系。但是关系学院的长远发展,所以尽管评建工作十分繁忙,但还是要做这件事,并且打算将来优化资源配置,集中人力财力,把保密管理专业办好,办成一个社会认可、具有明显优势、机要保密部门需要的特色专业。

第四,要说话算数,兑现奖励。为了评估学院发过文件,在文件中讲了要奖功罚过。评估结束后各部门要开好总结会,要总结上报评估过程中和专家进校期间本部门的好人好事,还有学生中的好人好事。评估办提出表现突出的先进部门和先进个人的表扬奖励建议名单。学院近期要专门召开会议进行表扬,并且作为学院的一项重大活动,对表现突出的同志结合年终总结表彰进行奖励。

党支部要发挥好战斗堡垒作用[*]

（2007 年 11 月 2 日）

党的十七大胜利闭幕，全党兴起了学习贯彻十七大精神的热潮。党的十七大根据形势和任务的发展变化，对党章进行了适当修改，把中国特色社会主义总体布局和一系列对内对外重大方针政策写入党章，把科学发展观写入党章，把党的建设的理论创新成果和重要经验写入了党章。在党的十七届一中全会上，胡锦涛总书记强调，贯彻落实党的十七大精神，要高度重视学习贯彻党章。党章是规范和指导全党行为的总章程。学习贯彻党章，是学习贯彻党的十七大精神的重要内容，也是加强和改进党的建设的重要基础性工作。今天，我们支部书记一起学习，就是要带头落实总书记的讲话要求。刚才，张雅君、孟瓅、姜学光、李玲等几位同志结合工作谈了自己的体会。下面我再讲三点意见：

一、支部书记要带头把党章学习好、贯彻好

学习理解党章是贯彻落实党章的前提和基础。支部书记学习党章，相对于普通党员在理论素养和认识水平上有更好的基础，同时也有运用自身学习成果指导广大党员学习的责任和义务，必须先学一步、学深一点。要在全面系统重温党章基本内容的基础上，重点学习最新写入党章的内容，深入领会充分体现党的理论创新和实践发展成果的重大理论观点、重大战略思想、重大工作部署，明确重大意义，弄清精神实质。只有把这个基础夯实了，我们才能够保证自己不说违背党章的话，不做违背党章的事，认真履行党章规定的党员义务，严格遵守党的纪律；才能够认清自己作为一名支部书记的责任，抓好党支部建设，不断增强创造力、凝聚力和战斗力，充分发挥战斗堡垒作用。

今天的集中学习还只是第一步，在学院学习十七大精神的安排中，我们

---

* 本文是作者在党支部书记学习班上的讲话。

还有后续的内容,力求让大家学深、学透一些。会后,大家要尽快组织本支部的党员认真学习党的十七大精神特别是学习党章,这是加强党的建设,提高支部工作水平的一项基础性工作。

二、支部书记要扎实推进支部建设制度化、规范化、程序化

近些年来,学院在党支部的建设方面取得了很好的成绩,在重大的活动中,各党支部都能发挥战斗堡垒作用,为学院建设做出了很大贡献,各位支部书记功不可没。我们虽然有这么好的基础,但新的发展形势要求我们还应当继续努力,进一步推进党支部建设的制度化、规范化、程序化,为我们克服新的困难提供组织保障。这也是党章对我们基层党支部的要求。

一是要提高全体党员的制度意识。我们要继续坚持每周二、周五的学习会,经常不断地对党员进行制度建设的教育。要通过制度教育,使每个党员都了解党的制度,懂得党的制度,自觉遵守党的制度,同各种破坏制度的行为作斗争。

二是党支部班子成员要模范地执行制度。党支部班子成员在党支部生活中,既是教育者又是被教育者,不仅要接受党的教育和党的制度的约束,还负有教育、监督党员执行制度的责任。只有党支部班子成员以身作则,带头执行、模范遵守党的制度,党支部制度的实施才有了可靠保障。

三是对制度的实施实行严格的监督。党支部各项制度的实施,既要靠思想教育、领导带头,同时也离不开对违反制度行为的制裁和处理。一个制度制定出来以后如果并不认真执行,再好的制度也毫无意义。遵守制度贵在自觉,执行制度要在严肃。

三、支部工作要结合本部门业务,重在取得实际效果

党支部是学院党组织的基石,是院党委联系广大党员群众的桥梁,也是学院党委全部工作和战斗力的基础。充分发挥各党支部的战斗堡垒作用,对于加强学院党的建设,全面推进教学、科研、管理和服务工作,重要性是不言而喻的。

目前,学院的各支部书记基本上都是兼职在做,表面看来,党支部工作没有或基本没有专职人员,没有硬性量化指标,加上从工作方式看,支部工作通常与思想政治工作互相交错、渗透,以致许多人把这些工作看成是"虚"

的,但"虚"不等于"虚无",虚功可以而且应当实做,虚实完全可以紧密结合。这就要求党支部工作应该紧紧围绕学院中心工作来开展,只有根植于本部门教学、科研、管理和服务工作之中,才会显示出旺盛的生命力。衡量或判断党支部工作水准如何主要是看三个方面:一是党支部自身建设情况是不是规范,有无生气;二是看支部工作对本部门业务工作的推进程度,也就是实际效果;三是看本支部的党员是否发挥了先锋模范作用。党支部工作说到底不在于面上文章做得如何漂亮,也不在于活动搞得多频繁、声势有多大,而在于对以育人为中心的教学、科研、管理和服务工作的促进和提高程度如何,把握了这一条就把握了处理支部工作和业务工作关系的钥匙。

同志们,我们刚刚经历了教育部本科教学工作水平评估专家组进校考察阶段,又要迎来学院 60 周年校庆。学院站在了一个新的历史起点上,已经进入了一个持续健康的发展时期,如何以发展的目标凝聚人,以优良的环境塑造人,以事业的拓展吸引人,落实中央领导、中办领导"感情留人、事业留人、适当的待遇留人"的要求,学院还有很多工作要做,各党支部也还有很多课题可以研究,希望大家以学习党章为契机,再接再厉,把党支部工作水平推向一个新的高度,为学院的发展再立新功。

管理要寓于服务之中 *

（2007 年 12 月 12 日）

加强和规范管理是新形势下高等教育和谐发展、科学发展的迫切需要。科学发展、和谐发展是当前和今后我国经济社会发展的主旋律，高等教育的管理必须用科学发展观和构建和谐社会的重大战略思想武装头脑、指导实践。今年是教育部确定的高等学校管理年，学院召开管理工作会议，体现了院党委、院领导对管理工作的重视，也是学院落实教育部本科教学工作水平评估专家整改意见的具体行动。

管理有广义、狭义之分。在高校，广义的管理还应该包括教学管理和科研管理。这方面的问题，我们准备放在教学和科研工作中去研究。我们今天召开的这个管理工作会议，主要是研究财务、人事、行政、后勤服务等方面的管理，也就是狭义的管理。

管理工作对于学院各项工作正常运转至关重要。学院的管理部门为保证以教学为中心、提高人才培养质量提供了支撑和保障，付出了辛勤的劳动，取得了很大的成绩。比如，教辅部门在教学、教室、教材、考试安排等方面的细致工作，保障了教学工作的顺利进行。财务部门的同志加强财务管理，千方百计筹措经费，细心理财，开源节流，在预算资金比较紧张的情况下，保证了学院工作的正常运行。人事方面的科学管理，包括人员的招聘和甄选、教师的考核和培训、职称的评定和聘用、教工的薪酬和奖惩等等，与调动全体教职工的积极性有很大的关系。行政后勤部门的同志，敬业勤奋，踏实工作，使校园环境和办学条件、办公条件每年都有新的改善。教学工作和管理工作，是红花和绿叶的关系，谁也离不开对方。

建设特色鲜明、水平一流的机要密码专业高等学校，必须靠一流的管理工作做保证。目前学院管理工作存在制度不够完善、管理比较粗放等诸多问题的现状，与厅领导的要求，与广大师生的期望值，还存在差距，还需要改进。

---

* 本文是在学院管理工作会议上的讲话提纲。

办好我们这所学校,教育教学模式要创新,人才使用机制要创新,内部管理体制也要创新。做好管理创新这篇文章,需要大家动脑筋、出主意、想办法,众人拾柴火焰高。比如,在岗位设置方案中,如何科学合理地设立管理的有关岗位。比如,如何在把教职工分成专技、管理、工勤三类人员的情况下,平稳地改变因历史原因造成的不合理构成。如何把握专技人员中教师岗位和非教师岗位人员的比例,如何按照学科、专业确定高级职称的分布名额,调动每一个专技人员的积极性。又比如,从资产和财务管理的角度讲,可以对学院的各类投入进行成本核算,科学评价资金的使用效益、教学设施和教学仪器设备的利用率,各部门的经费使用情况、资产占用情况,管理费用支出和办公用品消耗情况等,使每一个人都树立办学成本和管理成本的意识,等等。

管理就是服务。管理部门、管理人员一定要有这种意识。管理要寓于服务之中。管理是为了规范教育教学和校园秩序,是为了改善师生的工作、学习、生活条件,是为教师教书育人、学生学习求知创造良好环境。

做好学院的管理工作,需要建立完善的管理制度,规范的工作流程,明确的责任部门,量化的考核标准。已有制度的要按制度办,需要修订的要及时修订,没有制度的要抓紧制定。要按照制度管人、管事、管钱、管物,使制度成为学院内部人人遵循的管理依据。要按程序办事,工作流程规范后,不因领导人和办事人的变动而改变。有些管理工作是一个部门的职责,有些则需要多个部门共同参与。独立承担的部门要当仁不让,负起全责;协办部门要积极主动配合牵头部门的工作,不能挂名不干事、出工不出力。要把管理工作的质量和效率纳入管理部门负责人和岗位责任人的目标责任制,作为考核其工作业绩的重要依据。

教学、科研、教辅部门的领导在做好自己管理工作的同时,要对财务、人事、行政、后勤服务部门给予更多的理解和支持。这些部门的同志要把主要精力投入管理和服务工作,认真履行岗位职责,增强服务意识,提高工作效率和服务质量。中层干部都要研究管理,通过大家的共同努力,逐步使学院走上规范管理、科学管理的轨道,把学院的管理工作提高到一个新的水平。

高教研究室要在继续承担好评估工作办公室职能的同时,加强对学院自身问题的研究,为学院的教学、科研和管理方面的决策提供信息和咨询服务,起到智囊团的作用。学院将在适当时候加强和充实高教研究室的力量。

把按期转正作为事业的新起点 *

（2008 年 1 月 21 日）

经院党委常委会和党委会研究,同意 2007 年试用期满的 22 名正副处长按期转为正式任职。在此,我代表院党委向你们表示热烈的祝贺。

按照中央办公厅人事局《关于领导干部任职试用期实施办法的规定》,结合每一位同志撰写的试用期满述职报告和年度考核民主测评结果,学院对 22 位同志在一年试用期间职务适应能力和履行职责情况进行了考核。考核结果表明,同志们在试用期内,工作努力,成绩突出,较好地体现出了履行岗位职责所需要的政治素质、能力水平和工作作风,有 3 位同志在试用期内,服从组织的安排,调整变动了工作岗位,表现出应有的觉悟和大局意识。在 2007 年年度考核中,有 3 名同志获得了优秀等次,3 名同志被评为先进工作者,说明大家的工作得到广大教职工的认可。

对新提拔的处级干部实行一年的试用期制度,是中办贯彻中央关于深化干部人事制度改革、加强干部队伍建设的实际举措,是完善领导干部选任制度,提高干部选拔任用工作质量的内在要求。虽然大家通过了组织考核,按期转为正式任职,但从学院发展建设的需要和干部成长的规律出发,在今后的工作中,大家还必须继续坚持对自己高标准、严要求,不断提高自身综合素质,不断增强自己的适应能力和履行职责能力。

一是要更加努力学习。政治理论的学习要放在第一位。要认真学习、领会党的基本理论和党的路线、方针、政策,不断提高自己的政治理论水平和政策水平。当前,要把深入学习贯彻党的十七大精神,与学院建设发展的实际工作相结合,自觉用科学发展观来指导教学、科研、管理各个方面的工作。还要加强岗位必备知识和技能的学习,特别是教育科学与管理科学的学习。应该有计划地学习和掌握岗位职责需要的专业知识和管理知识,成为本职工作的行家里手。此外,也要不断加强人文社会学科知识的学习,学习哲学、历史、文学、艺术和法律,全面提高自己的综合素质。

---

* 本文是作者在宣布试用期满干部正式任职座谈会上的讲话。

二是要切实转变作风。务实、落实，提高执行力、提高工作效率是我强调的重点。凡组织上交给的任务，凡学院和部门集体做出的决定，都要千方百计地去办好、去落实，决不能疲沓拖拉。要忠于职守，勇于实践，大胆创新，在建设特色鲜明、水平一流的机要密码专业高等学校的进程中，精心谋事、潜心干事、专心做事，在想干事、会干事、干成事上多下功夫，为学院的发展做出应有的贡献。

三是要提高领导艺术。刚刚转正的同志，尤其是刚走上副处长岗位的同志，可以"干中学"，但不能"以干代学"。学然后知不足，干的过程中就会感觉到自己存在差距。当了领导干部，从干活到派活，要转变角色，学会换位思考。在工作中，要准确理解上级意图，正确处理和下属的关系，妥善处理和其他部门的关系。会调动群众的积极性，能营造合作共事的氛围。在实践中摔打，在工作中磨炼，并善于总结其中的得失，是掌握和提高领导艺术的最有效方法。中办人事局和中办机关党校会定期举办新任处级干部培训班，组织上会安排你们分期分批参加。

四是要保持奉献精神。市场经济条件下，奉献精神不但要讲，先进分子还应该带头践行。古之君子"先天下之忧而忧，后天下之乐而乐"，今天的领导干部是人民公仆，要吃苦在前、享受在后，时时处处为群众着想，牢记全心全意为人民服务的根本宗旨。要能吃苦，能吃亏，困难面前不退缩，荣誉面前不伸手。一事当前，首先要做到公私分明、先公后私，如果能够做到公而忘私、大公无私，更是我们应该追求的理想境界。

五是要遵守廉政纪律。"公生明，廉生威。"为官廉洁与为官公正同样重要。胡锦涛总书记明确要求各级领导干部要常修为政之德，常思贪欲之害，常怀律己之心。对于一个领导干部来说，最重要的就是正确使用手中的权力，遵纪守法，循规蹈矩。言要自重，情要自禁，行要自律。组织上赋予的权力，只能用来工作，用于解决学院建设发展和教职工遇到的困难和问题，而不能给自己、给亲朋好友谋私利。

希望大家把按期转正作为人生事业的新起点，进一步增强事业心和责任感，继续保持谦虚谨慎、不骄不躁的作风，继续保持艰苦奋斗、积极进取的精神状态，敬业奉献，求真务实，廉洁奉公，树立并维护一名电科院处级领导干部和中央办公厅干部的良好形象，在今后的工作中取得新成绩，不辜负组织的教育培养和希望，不辜负教职工的信任和拥戴。

学习实践科学发展观活动
要成为"群众满意工程"*

（2008 年 10 月 15 日）

在全党开展深入学习实践科学发展观活动，是党的十七大作出的战略决策，是用中国特色社会主义理论体系武装全党的重大举措，是"三个代表"重要思想学习教育活动和保持共产党员先进性教育活动的继续，是深入推进改革开放、推动经济社会又好又快发展、促进社会和谐稳定的迫切需要，是提高党的执政能力、保持和发展党的先进性的必然要求。在全党开展深入学习实践科学发展观活动，就是要在世情、国情、党情发生深刻变化的条件下，更好地用中国特色社会主义理论体系这一马克思主义中国化最新成果武装和统一全党思想，动员全党更好地为实现党的十七大提出的宏伟蓝图和行动纲领而团结奋斗。这对于实现全面建设小康社会的宏伟目标、开创中国特色社会主义伟大事业新局面，都具有十分重大的意义。

电科院作为中办所属的为党和国家培养机要密码专业人才的高等学校，使命光荣，责任重大。这些年来，在中央办公厅的正确领导下，学院持续保持了健康发展的良好势头，办学水平逐年提升，综合实力稳步提高，社会影响不断扩大，较好地完成了为机要密码部门培养人才、提供服务的任务。但我们也要清醒地看到，同新形势、新任务、新要求相比，同科学发展观的要求相比，学院的工作还存着很多"不适应""不符合"的问题。比如，我们的教育思想观念和教学模式与高等教育发展主流趋势的要求不完全适应，我们的人才培养质量和科学研究水平与培养高素质创新人才的任务要求还不完全适应，我们的师资和干部队伍现状与建设特色鲜明、水平一流的机要密码专业高等学校的目标要求还不完全适应，学院的内部管理、作风建设与厅领导要求及我们自身工作要求还不完全符合。这些问题，如不加以认真解决和克服，必将影响到学院办学质量和办学水平的提升，影响到培养高素质机要密码专业人才光荣使命的完成。因此，对学院来讲，开展深入学习实践科

---

* 本文是作者在深入学习实践科学发展观活动动员大会上的讲话摘录。

学发展观活动,是深化教育教学改革、全面提高办学质量、加强党的建设的内在需要,也是创新发展理念、破解发展难题、推进学院发展的一次重大机遇。我们一定要站在事关为党和国家培养机要密码专业高素质人才的战略高度,充分认识开展这次学习实践活动的重要性和紧迫性,把思想和行动统一到中央的重大决策和部署上来,统一到中办的具体安排上来,以高度的政治责任感,良好的精神状态,积极投身学习实践活动,推动学院又好又快发展。

开展学习实践活动,处以上领导班子和领导干部是重点。学习实践活动政策性强,标准和要求高,全院党员必须大力弘扬求真务实精神,领会实质,把握要点,切实把方案落实好。在实施操作过程中,要紧紧围绕"党员干部受教育、科学发展上水平、人民群众得实惠"这一总要求,牢牢把握以下四个主要原则。

第一,务必坚持解放思想。要以解放思想为先导,以改革创新为动力,用科学发展观更新发展理念、转变发展思路、破解发展难题,使思想和行动更加符合解放思想、实事求是、与时俱进的思想路线,更加符合教育教学规律、中办要求和机要密码特色需要,更加符合建设特色鲜明、水平一流的机要密码专业高等学校的奋斗目标。

第二,务必突出实践特色。要紧紧围绕科学发展这一主题,紧密结合学院和各部门实际,选准实践活动的切入点,把开展学习实践活动与贯彻落实党的十七大和党的十七届三中全会精神结合起来,与落实中央领导同志重要指示、批示结合起来,与进一步加强党的建设、队伍建设、业务建设结合起来,与评估整改工作结合起来。在学习中推动实践,在实践中深化学习,确保学习实践活动取得明显成效,达到预期目标。

第三,务必贯彻群众路线。要坚持开门搞活动,引导教职员工和广大学生参与,增强学习实践活动的透明度,虚心向群众学习,自觉接受群众监督。要充分发扬民主,坚持广纳贤言,采取多种形式,认真听取教职员工特别是教学科研一线人员的意见建议,努力解决广大教职员工反映最集中、要求最迫切的实际问题。坚持从群众中来,到群众中去,把群众满意作为衡量学习实践活动成效的重要依据,把解决实际问题作为检验学习实践活动成果的重要标准。

第四,务必以正面教育为主。要坚持高标准、严要求,切实提高党员干部的思想认识,如实查找影响和制约学院建设发展的突出问题,深刻分析产生问题的原因,全面总结经验教训,进一步明确努力方向。查找和分析问题既要严格要求,又要注意保护党员干部的积极性,不搞人人过关,保证活动质量。

开展学习实践活动的关键在于取得实效。要按照中央提出的提高思想认识、解决突出问题、创新机制体制、促进科学发展的总体目标和中办实施方案中六个方面的具体要求,结合学院实际,学习要突出解放思想,实践要突出改革创新。通过学习实践活动,努力使学院建设发展的认识更加统一,思路更加明确,体制机制更加完善,业务工作得到更好推进,真正成为"群众满意工程"。

第一,着力按照科学发展观的要求,提高认识谋划发展。一是以深入学习为前提,努力提高思想认识。通过学习实践活动,用中国特色社会主义理论体系武装党员干部头脑,帮助广大师生特别是各级领导干部全面把握科学发展观的科学内涵、精神实质和根本要求,切实把大家的思想和行动统一到推进学院的科学发展上来。二是以解放思想为先导,更新教育观念。全体党员干部要按照中办的要求,结合本部门实际和党员干部的思想实际,深刻分析工作差距和不足,进一步解放思想,进一步转变观念,进一步明确方向,特别是要全面认识和把握我国高等教育发展的形势,科学分析机要密码事业的发展态势,准确把握学院的特点和优势,克服因循守旧、封闭保守思想,积极融入高等教育发展的主流趋势之中。三是以教育教学为中心,谋划学院建设发展。各级党员干部要围绕建设特色鲜明、水平一流的机要密码专业高等学校的目标,进一步明确学院的发展思路和发展战略,全面落实学院"十一五"发展规划确定的目标,科学谋划教学、科研、管理、服务各项工作。要切实担负起培养机要密码专门人才的重要使命,进一步研究如何突出办学特色,要遵循高等教育发展和机要密码教育发展规律,进一步探索学院人才培养的科学道路,要坚持改革创新,不断激发机要密码专业高等学校的生机活力。

第二,着力加强各项业务建设,不断提高办学能力与水平。一是要在提高质量上下功夫。通过学习实践活动,进一步强化质量第一的理念,在推进教学质量与教学改革工程,加强学科专业建设、打造优秀教学团队、深化教学改革上提出新举措、取得新进展。二是要在提升创新能力上下功夫。进一步聚焦科研目标,进一步凝聚科研队伍,完善科研政策措施,营造良好创新环境,不断提高特色科研水平,不断增强学院的核心竞争力。三是要在提高人才培养质量上下功夫。坚持并加强忠诚可靠的思想政治教育,全员育人,以人为本,关爱学生,努力提高学生的综合素质。四是要在深化体制机制改革上下功夫。要努力解决影响和制约学院学科专业建设及长远发展的突出问题,结合评估整改工作,在去年清理规章制度的基础上,继续做好规章制度的废、改、立工作,逐步形成保障和促进科学发展的制度体系,建立和完善促进科学发展的长效机制。深化机构改革、人事管理制度改革、后勤服务体制改革,探索建立起一套适应和谐发展、科学发展、符合高等教育规律的内部体制机制,保证学院各项工作更加科学、优化、高效运转。五是要在加强管理上下功夫。建设水平一流的学院,离不开水平一流的管理。要积极推进科学管理、民主管理、法制管理,完善工作程序,严格工作纪律,提高工作效率。要强化责任意识,坚持分类管理,认真落实规章制度,把管理好不好作为衡量一个领导干部履行职责情况的重要标准。

第三,着力推进干部队伍建设,全面增强队伍整体战斗力。一是在营造人才成长发展的良好环境上有新发展。以公平竞争和择优上岗为载体选拔人才,以优化结构和提高班子整体合力为目标配置人才,以能力水平和业绩贡献为标准评价人才,以鼓励创新和创造为导向激励人才,采取切实有效的措施让优秀干部、年轻干部脱颖而出。二是在加强现有教职员工队伍的培养和培训上有新举措。支持教职员工在职进修和参加各种培训,提高教职员工的综合素质,引导广大教职员工争做一名合格的中办干部,争当一名优秀的人民教师。三是在为教职员工办实事上有新办法。要想方设法为教职员工办实事办好事,深入了解干部职工的工作和生活情况,在发展上为每一个人创造干事业的环境,在工作上进一步营造良好的氛围,在住房上努力使更多的人有新的改善,在生活上通过提高办学效益提高福利待遇。四是在转变作风上有新气象。队伍的作风关系着学习实践活动能否取得实效。我们要大兴求真务实之风,特别是各级领导班子和领导干部应当以身作则,按照讲党性、重品行、作表率的要求,牢固树立群众观点和宗旨意识,深入处室、深入师生员工,热情关心和切实解决大家的实际困难和问题。广大党员要进一步增强政治意识、大局意识和责任意识,真正做到雷厉风行、埋头苦干、无私奉献、廉洁自律,以实际行动体现共产党人的政治本色和高风亮节。

抓住推动学院科学发展的难得机遇[*]

（2008 年 11 月 30 日）

电科院既是中办的下属单位,又是一所普通高校。对学院来讲,落实科学发展观,实践科学发展观,应该做什么? 怎么做? 结合学院的实际和特点,我汇报一下自己的学习体会。

一、科学发展观的第一要义是发展,落实到学院工作中,就是要牢记办学宗旨,切实担负起培养机要密码专门人才的重要使命,更好地为机要密码事业服务。

牢记学院办学宗旨是推进学院科学发展的基本前提和重要基础。我们必须牢记服务机要密码事业的宗旨,把机要密码作为学院生存发展的战略选择和最显著特色,牢牢抓住不放,突出体现出来,始终保持下去。必须坚决贯彻党的教育方针,认真落实中央、中办领导对学院的指示和要求,遵循高教规律,传承机要精神,发扬中办传统,为国家培养政治上忠诚可靠、业务上精益求精、有密码特色的信息安全高素质人才。学院在学习实践活动中,要进一步提高思想认识,把握第一要义,牢记办学宗旨,明确发展方向,努力解决好学院"为了什么发展、怎样发展、实现什么样的发展"问题,要用中央、中办领导同志最新指示、批示精神,进一步完善学院办学指导思想,明确办学思路和特色,不断激发办学活力。

二、科学发展观的核心是以人为本,落实到学院工作中,就是要坚持教育以育人为本、以学生为主体,办学以人才为本、以教师为主体。

坚持教育以育人为本、以学生为主体,就要全面落实立德树人的要求,把培养人作为思考、谋划、推进各项工作的出发点和归结点;在育人的全过程、各环节都要以学生为主体,发挥学生的内在积极性和能动性,促进学生德智体美全面发展。坚持办学以人才为本、以教师为主体,就要始终坚持"全心全意依靠教师,在教育、管理和科研中充分发挥教师的主人翁作用;全心全意建设教师队伍,把加强教师队伍建设摆在突出重要的位置"这样两个

---

* 本文是作者在中央办公厅机关解放思想讨论成果交流会上的发言。

原则,统筹处理好教师队伍建设与学院基础设施建设的关系,辩证处理好硬件与软件、大楼与大师的关系,认真研究如何吸引德才兼备的优秀人才来当教师、如何把教师队伍整体素质提高到新的水平、如何建设一支高水平的教育管理干部队伍等问题,努力建设一支适应机要密码教育事业发展的教师队伍和教育工作者队伍。

三、科学发展观的基本要求是全面协调可持续,落实到学院工作中,就是要着力解决好影响和制约学院长远发展的突出问题,提高学院核心竞争力,不断增强发展后劲。

实现学院全面协调可持续发展,必须解决好影响和制约学院长远发展的基础性问题。我们要进一步认清在建设高等教育强国大背景下学院发展所面临的新课题、新矛盾、新任务,着力转变不适应、不符合科学发展的思想观念,找准并切实解决影响和制约科学发展的突出问题。学院在这次学习实践活动中,重点围绕"完善科研机制,强化科研特色,提高科研水平""以学科建设为龙头,加强人才队伍建设""以提高教学质量为核心,全面推进教学建设""围绕服务教学中心,科学构建后勤保障机制"四个课题,广泛听取意见,深入开展调研,力争拿出高质量的调研成果和切实可行的措施,提高学院核心竞争力,不断增强发展后劲,从而保持学院发展的连续性,保持发展的动力,保持发展的活力,保持发展的与时俱进。

四、科学发展观的根本方法是统筹兼顾,落实到学院工作中,就是要协调处理教学、科研、管理、服务等各项工作的关系,做好"五个统筹"。

一是统筹人才培养与科学研究、社会服务三大职能。人才培养是高等学校的根本任务,科学研究是办学的基础,社会服务是高等教育必须完成的任务,也是取得更大社会认可和支持的前提。我们必须统筹履行好三大职能,要抓好人才培养,为党和国家培养机要密码高素质人才。要抓好科学研究,切实把学院打造成国家机要密码科研的重要基地。要抓好社会服务,始终坚持立足机要、面向机要、服务机要,各项工作都应该紧密联系机要密码发展的实际,切实为机要密码部门提供优质高效的服务。二是统筹加强学科建设与提高科研水平。推进学院的科学发展必须加强学科建设,要突出加强信息安全学科体系建设,完善以密码学为核心的信息安全学科与专业体系;要坚持以密码科研为核心,以密码行业和信息安全领域需求为导向,提高机要密码特色科研水平,增强学院的创新能力。三是统筹教学中心地位与强化管理服务。教学是学院的中心工作,必须放在首要的位置,要始终不渝地坚持以教学为中心,持之以恒地提高教学质量。管理和服务是做好教学工作、提高教学质量的保障,必须放在重要的位置。要积极推进科学管理、民主管理、法制管理,深化体制机制改革,提高管理和服务水平,科学构建运行保障体系,为教学科研等各项工作高效运转提供强有力支撑。四是统筹学生专业知识与综合素质的培养。电科院的特殊性质要求我们培养的人才必须具备过硬的专业素质,必须在机要密码专业知识的掌握上比同类院校更出色、更优秀。我们要在加强机要密码专业课程教育教学的同时,注重对学生综合素质的培养,不断提高学生科学素养和人文素养,引导学生向复合型人才的方向发展,增强后劲,适应社会激烈竞争。五是统筹硬环境与软环境建设。一方面要加强硬件建设,积极改善办学条件、完善教育教学设施;同时,又绝不能仅仅停留在物质资源集聚的层面上,要进一步增强学校的学术氛围和大学精神这一"软实力"。我们要在软环境的建设上下更大的功夫,大力培育以中办优良传统和机要精神为主要内容的电科院精神,为教学、科研、管理、服务提供有力的精神支撑和良好的环境氛围。要着力构建丰富多彩、格调高雅、和谐向上、突出机要密码特色的大学文化,充分发挥校园文化的育人功能。

实现学院的科学发展,我们必须在思想上、政治上、行动上和党中央保持高度一致,必须忠实贯彻党的教育方针政策,必须积极落实中央、中办领导对学院的一系列批示、指示和讲话精神,必须紧密联系机要密码事业发展的形势和学院的实际。要通过开展深入学习实践科学发展观活动,把科学发展观的要求转化为推进学院各方面工作的自觉行动,进一步提高学院教育教学工作水平。在提高思想认识上,要使全院党员深入学习科学发展观的科学内涵、精神实质和根本要求,系统掌握科学发展观所体现的马克思主义立场、观点和方法,在促进学院科学发展等重大问题上进一步统一思想,凝聚共识。在解决突出问题上,要进一步明确在新形势下学院发展所面临的新课题、新矛盾、新任务,着力转变不适应、不符合科学发展的思想观念,着力找准并解决影响和制约科学发展的突出问题。在创新体制机制上,要把解决问题与建立长效机制紧密结合起来,建立健全相关制度,从制度和机制上保证把科学发展观的要求落到实处。在促进科学发展上,要努力在提高教学水平上取得新成绩,在推动科研工作上取得新突破,在加强队伍建设上取得新进展,在提升管理和服务水平上迈出新步伐。

我们要深入学习实践科学发展观,把这次学习实践活动,看作是学院加强自身建设的内在需要,看作是推动学院科学发展的难得机遇,以邓小平理论和"三个代表"的重要思想为指导,深入学习实践科学发展观,努力做科学发展观的坚定信仰者、忠实执行者、自觉实践者和积极推进者,不断解放思想,坚持求真务实,锐意改革创新,为把学院早日建成特色鲜明、水平一流的机要密码专业高等学校而努力奋斗!

把学习科学发展观的收获
转化为推进工作的实际行动 *

（2010 年 1 月 22 日）

　　2010 年是学院全面实现"十一五"发展规划目标、制定"十二五"发展规划的重要一年。2010 年学院工作的总体要求是：以科学发展观为统领，进一步完善办学指导思想，制定学院"十二五"发展规划，推进教育教学模式、科研体制机制、人事管理制度改革，不断加强党的建设和作风建设，抓住机遇，团结一心，锐意进取，开创学院工作的新局面。概括起来就是：坚持一个统领，抓好两件大事，推进三项改革，弘扬四种精神。

一、坚持以科学发展观为统领，进一步完善办学
指导思想，制定好"十二五"发展规划

　　用科学发展观武装党员干部头脑、推动工作，是关系根本、关系全局、关系长远的大事。我们要继续深入学习实践科学发展观，把学习科学发展观的收获，转化为实践科学发展观、推进工作的实际行动，创新发展理念，创新发展思路，创新发展举措，创新领导方法。

　　1. 要调整完善学院的办学指导思想和办学方向。要紧紧围绕发展壮大党政密码事业，进一步完善思路、明确定位、创新发展，立足学院自身基础，科学确立发展目标和发展战略。要认真研究机要密码专业高等教育发展的规律，办学定位要突出服务党的机要密码事业；办学层次要突出抓好硕士学位单位授予权的申请和研究生教育工作；办学类型要在教学型的基础上增加研究型教学因素；人才培养要突出提高学生思想政治素质；学科专业设置要突出建设密码特色突出的信息安全学科与专业体系。要努力探索机要密码专业人才培养的科学道路，不断激发机要密码专业高等学校的生机活力，更好地担负起培养机要密码专门人才的重

---

　　* 本文是作者在七届三次教代会暨 2009 年度总结表彰大会上的讲话节选。

要使命。

2. 要不断增强机要密码特色。要按照"遵循高教规律,传承机要精神,发扬中办传统"的办学思路,借助中央办公厅的政治优势、党管密码的体制优势和全国党政机要系统的行业优势,探索与国内知名高校、科研机构合作的途径和方式,发挥好中办教指委的作用,使学院的发展获得有力支撑、增添强大动力。我们要紧紧围绕发展壮大党的密码事业这一中心任务,把机要密码作为生存发展的战略选择和最显著特色。在这个战略选择和定位的前提下,认真履行人才培养、科学研究、服务社会的职能。我们要把机要密码特色体现在教育教学的各个方面,渗透到学院建设的各个领域,形成符合机要密码专门人才素质要求的独特培养机制。我们要为全国党政机要密码系统提供优质服务,进一步提高机要密码干部培训层次,扩展培训领域,提高培训质量;凝练、聚焦科研方向,丰富科研产品,增强为党政密码行业提供技术服务的保障能力。

3. 要精心描绘出学院"十二五"发展的宏伟蓝图。认真总结"十一五"发展规划的执行情况,科学分析"十二五"时期学院面临的形势和任务,制定好"十二五"发展规划。规划的发展目标要凸显以人为本、科学发展的基本原则和主线,充分体现为机要密码事业服务的理念,突出学院的机要密码特色。规划的具体指标要积极稳妥、综合平衡、相互补充、切实可行。通过规划的讨论制定,统一教职员工思想,凝聚广大师生智慧和力量,明确学院的下一步发展方向。

二、重点抓好两件大事,进一步激发办学活力

1. 实施岗位设置管理,构建良好的用人机制。高校的岗位设置管理改革,是国家事业单位改革的重大举措。目前,教育部直属高校和北京市市属高校都已经基本完成了岗位设置管理改革和首次聘用工作。岗位设置工作,是一项带有基础性、根本性和长期性的重要制度,其核心是改变现有的身份管理,逐步建立科学合理的岗位管理制度。通过科学合理的岗位设置与管理,优化人员结构,合理配置人才资源,形成优秀人才不断涌现的机制。

实施岗位设置管理具有基础性和牵引性,对职称评聘制度、人才引进和培养制度、人事管理制度、教职员工工资制度等方面的改革,都会产生支撑作用和带动作用。我们要按照厅里的统一部署,按照中办核准的

学院岗位总量、结构比例和最高等级，从学院发展建设的需要出发，进行岗位设置；按照报经中办备案的学院各类岗位聘用实施细则，根据岗位任职条件将现有人员聘用到相应岗位，确保岗位设置和聘用制度在学院平稳实施。把岗位设置首聘工作与学院第三轮聘任工作结合起来，进一步健全体现科学发展观要求的聘用机制和评价体系。在岗位设置和聘用管理工作入轨后，根据岗位职责，完善管理人员、专业技术人员和工勤服务人员的绩效考核办法。根据国家和厅里有关绩效工资的政策，规范人员绩效工资管理。我们要大力实施人才强校战略，把岗位设置和聘用工作与高层次人才引进、加强人才内部培养工作结合起来，加强团队建设，努力建设一支高素质人才队伍。

2. 配齐配强部门领导班子，完成党委换届选举。认真贯彻十七届四中全会精神、全国高校党建工作会议和北京市高校党建工作会议精神，总结学院党建工作经验，全面加强党的建设。一是继续抓好理论学习。创建学习型党组织，坚持用中国特色社会主义理论体系武装头脑，加强理想信念教育，引导师生员工坚定共产主义远大理想和中国特色社会主义共同理想。加强思想道德建设、机要传统教育和形势政策教育，引导师生员工弘扬以爱国主义为核心的民族精神和以改革创新为核心的时代精神，自觉践行社会主义荣辱观，培养高尚道德情操和健康生活情趣。二是以岗位设置工作为基础，做好部门领导的聘任工作，配齐配强部门领导班子。三是适时召开党员大会。组织党员学习党的建设各项规章制度，进一步明确换届工作的程序方法，增强党员意识，正确行使民主权利。以党委换届为契机，进一步健全完善党的建设各项工作制度。四是进一步加强组织建设。抓基层、打基础，建设好党支部（总支）。按期组织党总支和党支部进行换届选举，并对党总支、党支部书记进行业务培训。加强对学生党建工作的指导，做好党员发展工作。加强反腐倡廉的理论教育和经常性警示教育，认真落实党风廉政建设责任制等各项制度，进一步强化和发挥纪委在反腐倡廉建设中的作用。

三、深入推进三项改革，进一步打造特色品牌

1. 推进教育教学改革，着力打造特色教学品牌。在教学上要把电科院教学与实际结合紧密的优势发挥出来，既注重向学生传授各方面知识，又注重培养学生的动手能力，提高学生的实际工作本领，打造出电科

院知行结合、学用相长的教学品牌。我们要始终坚持教学中心地位和提高教学质量不动摇,抓好教学质量与教学改革工程各个项目的建设工作,深入开展教育教学改革。一是着力加强学科建设。优化学科布局,做强做优密码学学科,高起点谋划、构建适合机要密码人才培养的学科体系。在现有学科建设和研究生培养工作的基础上,尽最大努力,取得硕士学位单位授予权,栽好、育好学院这棵"梧桐树"。二是深化课堂教学改革。运用现代化教学手段,倡导启发式、探究式、互动式、情景式教学,突出学生在教学活动中的主体地位,不断提高学生的自主学习和独立研究能力。三是深化实践教学改革。抓住"09版"培养方案实施的有利时机,改革实践教学方式,扩大综合性、设计性和研究性实验比例,发挥好第二课堂在创新型人才培养过程中的辅助作用。四是改进本科教学质量评价体系。在分析研究创新型人才的基本要素基础上,制定适应创新型课堂模式和创新型实验教学模式的评价标准和评价指标体系,引导教师和学生向研究型教与学转变,不断增强教师和学生的创新思维和创新精神。

2. 推进科研体制机制改革,着力打造特色科研品牌。科研上要紧紧围绕密码及密码相关领域,瞄准世界密码科研发展前沿,集中资源和力量进行攻关,力争成为我国密码与信息安全领域一支不可或缺的科研生力军,打造专于密码、精于密码的科研品牌。全院科研人员要始终坚持以密码科研为主攻方向,不断提高自主创新能力。一是着力提升密码科研实力。在加强普通密码资质建设和维护工作的基础上,继续巩固科研领域的传统优势,做好密码安全基础产品的研制与开发,着力加强密码引擎、网络密码产品、党政办公密码应用系统的研制工作,认真做好电话、传真普通密码设备技术的标准制定工作,努力使密码和信息安全产品更加丰富、更具竞争力。二是积极构建科学的科研体制机制。正确处理工程科研、学术科研和人文科研的关系。解放思想、积极探索、勇于创新,着力构建科学高效的科研管理体制,进一步建立科学有效的运营机制。三是充分发挥科研平台的作用。要不断提升中办重点实验室的作用和影响力,加强与院外科研单位的交流与合作,申报国家和北京市科研平台,协调组织科研团队合作开展国家级重大、重点课题研究,逐步打造并形成学院的密码科研基地、科技创新基地、人才培养基地。

3. 推进人才培养模式改革,着力打造特色人才品牌。人才培养要德智体美全面发展,注意政治性和专业性相结合,既注意加强师生的理想信念教育和作风养成,又注重提高师生的专业素养,打造忠诚可靠、专业精湛的人才品牌。我们要始终坚持"政治上忠诚可靠,业务上精益求精"的培养目标,提高学生培养质量,为党政机要密码部门源源不断地输送人才。一是坚持学生思想政治教育素质化。坚持用中国特色社会主义理论构筑青年学生的精神支柱,按照政治上忠诚可靠的要求,抓好形势政策教育、理想信念教育、中办优良传统教育和机要精神教育,教育和引导学生增强爱党爱国爱社会主义和热爱机要密码事业的使命感和责任感。二是推进人才培养模式改革。推行本科生导师制,在导师的引导下,增进学生的思想品质、实践能力、创新能力和社会适应能力,体现个性化培养。改革课程考核方式,在确保基础课统一、规范考试的基础上,部分专业课和选修课进行考试改革试验,不仅检测学生的认知水平,更要考核学生的知识应用能力、创新思维品质、分析和解决问题的能力。构建学生参加学术科技竞赛、学术论坛和知识竞赛、文体比赛的长效机制,营造校园浓郁的学术氛围和文化氛围。三是创新学生管理方式。坚持一切为了学生的理念,加强对学生思想与行为的引导,创新学生管理与服务的方式和机制,整合学生管理资源,规范学生工作程序,为学生搭建一个良好的教育、服务、管理平台,使学生的管理教育更具针对性和有效性。

四、大力弘扬四种精神,进一步培养优良校风

1. 大力弘扬潜心钻研、严谨治学的精神。教师和科研人员要严谨治学,远离浮躁肤浅之气,抛弃急功近利之心,一心一意做学问,踏踏实实搞研究,努力成为自己从事专业领域的大师和领军人物。广大教师和科研人员要专心致志,刻苦钻研,扑下身子,埋头苦干,创业绩、出成果。做学问不容易,取得成果更不容易,没有十年磨一剑的韧劲、板凳甘坐十年冷的坚韧,就不可能取得成功。每一位教师和科研人员都要立志追求真理、献身科学,耐得清贫,甘于寂寞,抵御诱惑,静下心来搞科研,扎扎实实做学问,充满爱心育人才。

2. 大力弘扬雷厉风行、真抓实干的精神。"一步实际行动胜过一打纲领",这是被大量事实和历史经验证明了的真理。当前,学院正处于改革发展的重要战略机遇期,肩负着前所未有的繁重任务,各级领导干部必须带头雷厉风行、真抓实干,把"实干"作为一种习惯来培养,作为一种

纪律来要求，作为一种境界来追求，让实干成为干部职工的座右铭。在工作中大力倡导马上就办、事不隔夜、案无积卷的工作作风，雷厉风行、令行禁止，切实把心思用在谋发展上，把精力花在抓落实上，把快乐寄寓在干事业中。

3.大力弘扬清风正气、奋发有为的精神。正气能凝聚人心，正气能留住人才，正气能发展事业。一个人弘扬正气，就会有大局至上的政治胸襟、奉献至上的思想情操、他人至上的人生理念、祖国至上的高尚追求。一个单位要形成清风正气、奋发有为的状态，要靠党员和领导干部来带动。广大党员和领导干部要深刻领会、身体力行胡锦涛总书记提出的"勤奋好学、学以致用，心系群众、服务人民，真抓实干、务求实效，艰苦奋斗、勤俭节约，顾全大局、令行禁止，发扬民主、团结共事，秉公用权、廉洁从政，生活正派、情趣健康"八个方面的良好风气，使清风正气在校园内蔚然成风，使每个人都能干成事，使学院的发展越来越好。

4.大力弘扬上下一心、团结协作的精神。团结出战斗力。众人拾柴火焰高。一个单位所有人的积极性充分发挥出来，才会形成发展的巨大合力。一个好的干部职工应该立足本职，胸怀大局。一个好的团队要能够相互理解、相互支持、相互补台、求同存异。一个好的单位要能够及时化解矛盾，消除内耗，上下一条心，风雨同舟，患难与共。推进学院的发展，增强学院凝聚力，实现团结一心，要靠共同的事业、共同的目标、共同的责任来维系；要靠经常性的思想交流、思想互动来协调；要靠明确职责分工，各尽其责、各展其长、各尽其能来融洽。在过去的一年里，广大教职员工默默无闻、勤勤恳恳地投身于本职工作，克服了很多个人和家庭方面的困难，为学院的建设和发展做出了贡献。新的一年里，院党委将做出更大的努力，在政治上关心大家的成长进步，理顺人尽其才、才尽其用的激励机制，努力营造干事业的良好氛围。在工作上进一步改善办公条件，努力为大家创造能干事、干成事的良好环境。我们一定要上下一心，团结协作，追求和谐，在思想上合心、工作上合力、行动上合拍，营造出聚精会神抓教学，一心一意谋发展的良好局面。

加强自我约束　健康生活情趣[*]

（2010 年 4 月 30 日）

作为一名党员干部，加强学习是一项长期的任务，没有哪一个干部能够一次学习，终身"免疫"。无论是从知识更新还是世界观的改造来说，都需要不断加强学习。忽视学习、放松对世界观的改造，造成的必然结果就是免疫力下降，逐步滑向腐败的深渊而不能自拔。

首先，要严于律己。

主要体现在"六个正确对待"，即：要正确对待权力，牢记执政为民；正确对待利益，防止心态失衡；正确对待监督，切忌忘乎所以；正确对待家人，避免因爱生害；正确对待社交，做到谨慎交友；正确对待生活，培养健康情趣。只有这样，我们才能做到说话有底气、做人有骨气、干事有硬气。为此，各级领导干部要善于用好四面"镜子"：要用"望远镜"看前程：珍惜政治前途，自觉算好"廉政账"，不因近利而留远忧。要用"平面镜"照自己：经常反思自己的言行举止是否符合党员标准和党内生活准则，正确对待手中权力。要用"显微镜"查问题：从思想和灵魂深处查找有悖于党员标准的问题，真正做到防微杜渐、防患于未然。要用"多棱镜"找根源：对症下药，及时改进，消除腐败根源。

从当前一些党员领导干部的思想状况来看，我觉得，有三种心理应当予以高度重视：一是特权心理。总认为自己是领导，就应该享受特有的权力，办什么事情都要特殊一点，表现得不同于一般的老百姓。二是攀比心理。看到一部分人在党的政策下先富起来，认为自己的付出不比别人少，但生活质量却不如人，导致内心不平衡，盲目攀比。三是侥幸心理。总认为以权谋私，天知、地知、你知、我知，你不说，我不说，谁都不知道。殊不知，行贿之人只是为了自身利益的最大化，绝不会考虑你的风险有多大，一旦东窗事发，这些人首先要保护的是自己，而收受贿赂的各级干部就是他们首先抛弃的对象。之所以有这些心理是党性不纯的表

---

[*] 本文是作者在反腐倡廉教育月活动中的党课讲稿节选。

现,也是一些干部犯错误的心理诱因。因此,我们要进一步加强自我教育,真正从思想上把这些事情想清楚,进一步明确是非标准、提升道德境界、提高执政能力、夯实理想信念,才能拒腐防变,健康成长。

从查处的案件来看,一些领导干部之所以会出现问题,就是因为不拘小节,放松了思想的防线,"不虑于微,始成大患;不防于小,终亏大德。""公仪休嗜鱼不受鱼"的故事给我们每个人以启发。公仪休是战国时鲁国的宰相,他十分喜欢吃鲤鱼,有人就送鱼给他,他拒而不受。他说:"夫唯嗜鱼,故不受也。夫即受鱼,必有下人之色;有下人之色,将枉于法;枉于法,则免于相。免于相,则虽嗜鱼,此必不能至我鱼。"对领导干部而言,小节不小,小节见精神,小节有品性,小节影响着整个队伍的作风,搞一次特殊,就丢掉一分威信;破一次规矩,就留下一个污点;谋一次私利,就失去一片民心。因此,领导干部一定要坚持慎微、慎初,时时自重、自省、自警、自励,做到认清自己的身份,检点自己的言行,珍重自己的人格,爱惜自己的名誉。

其次,要培养健康的生活情趣。

胡锦涛总书记在中央纪委第七次全体会议上号召党员领导干部做到生活正派、情趣健康,讲操守、重品行,注重培养健康的生活情趣,保持高尚的精神追求。这一要求对当前领导干部在生活作风上存在的问题具有很强的针对性。一些领导干部在物质生活上贪图享乐,物欲横流,信奉"以健康为中心,潇洒一点,舒服一点"的生活观念,过于在意票子、房子、车子甚至女子,生活待遇上锱铢不让,寸土必争。文化生活上萎靡消极,低级趣味,沉溺于歌舞厅、夜总会,灯红酒绿,声色犬马,追求感官享受,迷恋于求神拜佛,占卜算命。社会生活中庸俗粗浅,奉行实用主义原则,建立自己的小圈子,编织自己的关系网,官款相傍,投桃报李,不给好处不办事,给了好处乱办事。领导干部的生活作风问题,绝不是单纯的个人隐私,而是腐败的诱因和前兆,是"起于青萍之末"之风。如果不引起高度重视,就会在违法违纪的道路越走越远,在"盛怒于土囊之口"时坠入深渊。

现在,社会上有一种比较时尚的提法,就是幸福指数。什么是领导干部的幸福指数?我认为,大体可以划分为三个层次。一是自由地生活。这是最基本的层次,自由地生活是全人类的共同追求。失去自由是最痛苦的事情。作为党的领导干部,首先就是要遵守党的纪律和国家的法律,循规蹈矩不犯法,遵章守纪不违规,才会有自由的生活。二是有尊严地生活。在温家宝总理近期的讲话中多次提到尊严的问题,目的是要让大多数普通老百姓都能够有尊严地生活,这是一般老百姓的追求。作为党的领导干部,过有尊严的生活,就必须不受贪欲的诱惑,不背人情的包袱,不被利益所驱使,正确使用手中的权力。三是有信仰、有理想、有追求地生活。作为党的领导干部要更多地把落脚点放在这个层次上。人是要有点追求的,要为理想、为信念、为追求去生活。如果反腐倡廉这一关过不了,就会滑向泥潭,甚至身陷牢狱,最后连最基本的自由生活都做不到,幸福指数将归零。所以,领导干部要有理想、有信念、有追求地生活,是一个非常重要的理念。

当前,我们有一些干部因为幸福指数不高而牢骚满腹,"牢骚太盛防肠断,风物长宜放眼量。"要提高幸福指数,一是学会感恩。任何一名干部的成长,除了自身的努力、家庭的支持以外,没有组织的培养都不可能顺利走上领导岗位。对组织的培养要有一种感恩的心态。二是学会快乐。要学会快乐地生活、快乐地工作,要相信天生我才必有用,看到自己的长处、优点和取得的成就,进一步增强自信心,不要一天到晚愁眉苦脸。同时,也要看到领导、同事、部下的长处和优点,同大家一起有情有义地工作,有滋有味地生活,有情有义地交往,把在一起工作看成一种缘分,把工作当作爱好来做,让自己快乐起来。三是学会助人。要乐于助人,看到别人快乐自己就快乐,别人幸福自己才觉得幸福。予人玫瑰,手留余香。作为中办电科院的领导干部,我们讲的别人指的是广大教职工和学生。我们讲的助人,不是指帮了亲戚、帮了朋友、帮了关系密切的人,而是要更多地帮助需要帮助的广大人民群众。要学会用这种心态不断地去帮助身边的群众,来提高自己的幸福指数。只有真正具备了这种心态和境界,才能坦然面对各种诱惑,不为名所累,不为利所移,真正做到用权不滥,理财不贪,见色不迷,永葆共产党人的政治本色。

对聘用委员会委员的四点要求 *

（2010 年 9 月 18 日）

刚才，我们讨论通过了《聘用委员会工作规则》。在开始评议和投票表决之前，我讲几点意见，供各位委员参考。

第一，聘用委员会委员要增强责任感。聘用委员会由四个方面的同志组成：一是中办人事局文件规定的 3 位成员；二是经过学院副高级以上职称人员民主推荐产生的 7 名本单位专家；三是学院工会推荐产生的 1 名教职工代表；四是学院提名、中办人事局与厅内有关单位协商产生的 4 名外单位专家。各位委员产生的途径不同，但最后都经过了中办人事局的审批备案。我们担任学院聘用委员会的委员是组织聘用和群众信任的结果。我们不能辜负组织的信任和群众的拥戴，在开展工作、评议表决过程中，要遵循文件要求，依据个人申报，参考办公室意见，每位委员自主作出判断，行使权力。

第二，在评议推荐过程中应该注意把握好的几个问题。一是要全面准确地掌握各类各级岗位的任职条件。岗位任职条件有"实"有"虚"。每一级岗位都有具体的任职条件要求，但每个级别都要符合管总的基本任职条件，就是治学态度、学术道德、身体条件等。我们要注意这些基本条件，它虽然"虚"，但它统管总体，只有符合这些基本条件，再符合各级的具体条件，才能算合格。二是要认真研读申请人提交的业绩材料和办公室提出的审核意见。评审业绩、成果时，既要考虑其等级也要考虑数量，既要考虑数量也要考虑质量，既要考虑质量也要考虑效果。三是全面衡量申请人的业绩和成果，注意不同类别成果的特点，既要考虑对学院、中办的贡献，也要考虑对社会的贡献。四是评议比较申请人的成果时，既要考虑一般意义上的学术水平，也要考虑与学院顶层设计、办学定位、机要密码特色的吻合度和相关度。五是统筹考虑专业技术类别和同一类别中不同构成的关系。学院是专业类别比较多的事业单位，以教师

---

* 本文是作者在第一次聘用委员会全体会议上的讲话。

岗位为主。要处理好教学类和非教学类之间的关系,教学类中也要处理好课堂教学和实验实践教学之间的关系、理工专业和人文社科专业之间的关系,非教学类也要兼顾图书资料、会计统计、医疗卫生等不同系列。六是要综合考虑应聘人的资历、经历、学缘结构和本人在学院教学科研工作中的贡献,充分体现"提携现有人才"的指导思想。

第三,郑重行使权力。在投票表决时,各位委员要认真阅读推荐和表决票上的说明,按要求画票,不能投弃权票,不要画未满额的票,不能出无效票,避免不必要的重复劳动,提高工作效率。

第四,遵守聘用委员会的工作纪律,特别是保密纪律。学院的评审条件是公开的,竞聘工作是公开的,拟聘意见也是公开的,经党委会审议同意后还要公示一周。但是,评议过程中的有些内容不能公开,不能向外泄露。评议过程中的工作规则可以公开,程序可以公开,但委员的发言、评议内容和针对具体申报人的票数不能公开。办公室的工作人员也要遵守保密纪律。

时刻牢记党旗下的庄严承诺[*]

（2010 年 11 月 30 日）

刚才，我们传达学习了国家密码管理局《全国党政系统密码干部宣誓暂行办法》和落实暂行办法的通知，并面向党旗庄严宣誓。开展密码干部宣誓活动，是新形势下加强密码干部教育，严格密码干部管理的一项重要举措，是激励密码干部履行职责，增强责任感、使命感的一种庄重仪式。

长期以来，学院党委高度重视密码工作，要求并鼓励大家认真做好密码工作。今天，我们组织学院从事密码人才培养、密码科研生产、机要文书管理工作的密码干部和工作人员举行密码干部宣誓活动，这是落实国家密码管理局文件要求的具体行动，是推进学院密码干部队伍建设的一项重要内容，更是强化学院密码工作人员自身使命，激励大家做好密码工作、不断取得新的工作业绩的动员令和进军号。作为密码干部，使命光荣、责任重大。希望大家铭记誓言，认真履行密码干部职责，不断增强从事密码工作的责任感、使命感和光荣感，在学院这一机要密码专门人才成长的宝贵摇篮和机要密码科研的重要基地中，为党和国家的密码事业做出应有的贡献。借此机会，我代表学院党委对学院密码干部、密码工作人员做好学院的密码工作提三个方面的希望。

一、要进一步继承发扬密码工作优良传统，充分认识密码工作的重要性

从我党诞生初期到战火纷飞的战争年代，从西柏坡的运筹帷幄到新中国百废待兴的峥嵘岁月，从改革开放的励精图治到新世纪抢险救灾、维护稳定等重大历史关头，密码工作都发挥了十分重要、无可替代的巨大作用。经过战火磨炼和历史考验，密码工作形成了对党忠诚、埋头苦干、勇于牺牲、甘于奉献的优良传统，一批批密码干部为了党和国家的利益，抛头颅、洒热血，

---

* 本文是作者在密码干部宣誓仪式上的讲话。

严守纪律,保守机密,谱写了气壮山河的壮丽诗篇,涌现出李白、施奇等许多可歌可泣的杰出人物和英雄代表。党中央十分重视密码工作,毛泽东、周恩来、朱德、邓小平等老一辈无产阶级革命家多次为密码工作题词、做出重要指示。江泽民同志为我院题词并题写校名。胡锦涛总书记写信祝贺党的密码工作创建 80 周年,向广大密码工作者表示诚挚问候,对密码工作重要作用和取得的成绩给予充分肯定。学院作为一所培养机要密码和信息安全专门人才的高等院校,肩负着党和国家的希望与重托,承担着密码人才培养的光荣使命。学院的密码工作人员必须责无旁贷地按照党和国家的要求,进一步继承和发扬密码工作优良传统,深刻认识密码工作的重要性,牢记自己的工作职责,扎扎实实、兢兢业业地干好密码工作。

二、要进一步增强密码安全意识,不断强化做好密码工作的责任感

密码关系党和国家的安危,密码工作是党和国家事业的生命线、保障线、指挥线。

新时期新阶段密码工作的形势与任务发生了广泛而深刻的变化,我国在今后相当一段时期内仍将是世界各主要大国和周边国家情报窃取的重点和主要对象,针对我国的情报窃取活动将会更加频繁和猖獗。近来年,在地方和中央国家机关发生的出卖国家秘密和泄密案件为我们敲响了警钟。我们在从事密码人才培养、密码科研生产、机要文书管理工作中,必须思想坚定、政治过硬,自觉将密码工作提升到关系党和国家的安全和利益的高度,忠于党,忠于党的密码事业。要进一步牢固树立敌情意识和忧患意识,不断增强从事密码工作的光荣感、责任感和使命感,通过学院各级组织的有力监管和经常性的忠诚教育、保密教育,提醒密码工作人员时刻绷紧安全保密这根弦,使密码干部始终处于党组织的监督之下,自觉保守党的秘密,自觉维护国家的信息安全。

三、要进一步提高密码工作本领,努力为学院的机要密码特色增光添彩

密码技术是国家安全的三大支撑技术之一,也是国际上竞争激烈、斗争尖锐复杂的领域之一。在世界科技日新月异、信息化飞速发展的背景下,密

码理论、加解密技术不断进步,围绕信息保护和获取而展开的密码斗争日趋激烈。学院作为我国普通密码科研生产定点单位,肩负着普通密码设备的研制生产和为党和国家培养密码人才、推动密码干部队伍建设的重任。学院的密码工作人员要时刻牢记胡锦涛总书记的要求,瞄准世界密码科技前沿,着眼于党政机关未来人才和密码应用需求,进一步提高密码工作本领,不断学习先进的密码科学技术,围绕办学理念、办学特色,在教学、科研、生产等工作中与时俱进、大胆探索,努力提高密码理论研究和教学水平,努力研制自主创新的密码产品,努力做好机要文书管理工作,努力为打造学院的特色品牌增光添彩。

同志们,让我们时刻牢记自己对党作出的庄严承诺,恪守面对党旗宣读的神圣誓言,切实做到对党忠诚、热爱祖国,勤奋敬业、求真务实,锐意进取、勇攀高峰,严守秘密、甘于奉献,在教书育人的岗位上,在密码人才培养、密码科研的工作过程中做出自己应有的贡献。

"十二五"开局之年要迈出新步伐*

(2011 年 1 月 21 日)

2010 年,院党委按照中央要求和厅里部署,带领全体教职员工,理清思路、凝聚力量,积极进取、扎实工作,在教学、科研、管理等方面都取得了很大进展,办学思路更为清晰,教学质量稳步提升,密码科研成果突出,队伍建设力度加大,班子面貌焕然一新。学院这些成绩的取得是全体教职员工共同努力的结果,凝聚着大家的智慧和力量,渗透着大家的心血和汗水。在此,我代表院党委向辛勤工作在教学、科研、管理和服务岗位上的广大教职员工表示衷心的感谢! 向受到表彰和奖励的 2010 年度考核优秀等次的教职工、先进工作者、受到校外局级以上单位表彰奖励的部门和个人表示热烈的祝贺!

2011 年,是中国共产党成立 90 周年,是"十二五"时期开局之年,是全面贯彻落实教育规划纲要的关键之年,也是学院建设和发展至关重要的一年。院党委按照厅里对学院工作的要求,确定 2011 年工作的总体思路是:坚持以邓小平理论和"三个代表"重要思想为指导,深入贯彻落实科学发展观,全面实施学院"十二五"发展规划,深入研究办学规律,以提高教学科研水平为中心,以加强重点学科建设为龙头,以完善体制机制为保障,以加快人才培养为根本,不断增强学院的综合实力和核心竞争力,推动学院事业在科学发展道路上迈出新的步伐。

下面,我就做好学院"十二五"开局之年的重点工作,讲几点意见。

一、深入研究办学规律,推进学院科学发展

推动学院科学发展,是当前和今后一个时期学院面临的一个重大而紧迫的课题。能不能做到科学发展,关系学院的发展全局,关系学院的未来前途。我们必须紧紧围绕发展壮大党的机要密码事业这一中心任务,深入研

---

* 本文是作者在七届五次教代会暨 2010 年度总结表彰大会上的讲话。

究教育教学的一般规律和学院为机要密码事业培养接班人的特殊性，立足实际，发挥优势，正确处理速度与质量、规模与特色、全面与重点、当前与长远的关系，真正走出一条高教规律、中办特点、机要特色三者有机结合的办学路子。

一是推进学院科学发展，必须进一步完善学院的办学思路和办学方向。在办学定位方面，要为中央办公厅和全国党政系统机要密码部门提供更加有力的人才支撑，培养输送符合机要密码事业发展要求和实际工作需求的高素质专门人才。在办学层次方面，要进一步巩固本科教育的规模和质量，积极推进硕士学位授予权申请工作。在办学特色方面，一定要突出机要特色、保密特色，瞄准机要、保密目标，认真做好教学科研工作。在人才培养方面，要继续推进学生思想政治教育素质化，着力提高学生综合素质。在办学模式方面，要在更高层面寻求学院建设与机要密码事业发展的契合点，进一步激发学院的生机与活力，办让中办满意、让全国各级党政机关满意的机要密码专业高等学校。

二是推进学院科学发展，必须加强对学院重大问题的研究。我们在脚踏实地苦干实干的同时，更要仰望星空，积极谋划学院的长远发展。一方面要加强调查研究，问计于专家学者，问计于知名学府和兄弟院校，问计于各级党政机要密码部门，进一步梳理学院的发展思路。一方面要敢于打破既有的条条框框，大胆进行理论创新和制度创新，集中全院的智慧和力量，深刻剖析、逐一解决制约学院科学发展的重点难点问题。院党委会、常委会、院长办公会要重点研究和谋划事关学院发展的问题，使领导班子把更多的时间和精力放在研究教学质量和科研水平的提高等大事上。

三是推进学院科学发展，必须制定好、执行好"十二五"发展规划。"十二五"规划是学院未来五年发展建设的整体方略，对学院发展具有极其重要的意义。2010年，学院"十二五"规划起草工作在规划领导小组的领导下，集中全院教职工的智慧，完成了规划的初稿。目前，学院正在征求中办机要局、中办人事局、中直管理局、国家保密局和全国机要系统的意见。下一步，院领导还将带队到有关省、市机要、保密部门调研，广泛听取机要、保密部门对"十二五"发展规划的意见和建议。根据征求到的意见和建议，对规划稿进一步加以补充、完善，使规划充分凸显机要、保密特色，真正成为指导学院今后五年科学发展的纲领性文件。

二、教学上要有新举措

一要学习先进教学理念,改革教育教学方法。努力打造知行结合、教学相长的教学品牌,认真学习借鉴日本、英国知名大学先进高等教育理念和高校办学经验,更新教育教学观念,深化课堂教学模式改革,充分发挥中办优势,邀请在机要、保密、文稿、会务等方面有实际工作经验的专家学者和部门负责同志来院授课,着力提高学生的实践能力和综合素质。要从机要密码事业发展的实际需求出发,认真研究所需人才的知识素质结构,以此为基础调整学院的课程设置,明确不同层次的教育教学重点。要结合当代大学生的身心发展规律,进一步更新教学内容,创新教学方法,切实提高教育教学质量。组织好教师赴美高等教育培训团工作和青年教师机要实践工作,不断提升教师素质。

二要加强学科专业建设,优化学科专业布局。以学科建设为龙头,按照《新增硕士学位授予权项目建设规划》,进一步调整学科布局,重点建设密码学、信息与通信工程学科,兼顾计算机科学与技术,公共管理和数学学科的发展,增设马克思主义理论一级学科,逐步过渡到6个学科、15个研究方向的建设轨道。全力争取中办和相关部门的支持和帮助,积极开展申请硕士学位授予权的各项工作,力争获得硕士学位授予权。

三是要紧贴机要工作实际,提高人才培养质量。按照"忠诚可靠、专业精湛"的要求,紧密联系当代大学生实际,抓好理想信念教育、中办优良传统教育和机要精神教育。实施《院领导联系学生班级工作办法》,了解和掌握学生的思想和学习情况,及时帮助学生解决各种实际问题。继续开展"百名院士学者系列讲座"计划,进一步拓宽学生的学术视野。创新学生课外学术科技活动激励机制,为在学术科研方面确有所长的学生创造脱颖而出的条件和环境。从机要密码一线工作实际出发,加强对学生的公务员素质训练,培养训练学生的专业素养和业务技能。切实疏通就业渠道,稳步提升毕业生在机要和保密部门的就业率,加强就业观和择业观教育,鼓励学生到基层和艰苦地区工作。

三、科研上要有新突破

一要进一步理清科研工作思路。以密码和信息安全为作为科研的主攻方向,进一步理顺科研部门之间的各种关系,建立科学有效的科研管理机制。充分发挥党管密码的体制优势和机要系统的行业优势,精心维护好普密、商密科研生产和销售资质,做好密码安全基础产品的研制与开发,提升学院密码产品研发和自主创新能力。充分整合学院科研平台和学术资源,提升学院在密码与信息安全研究方面的学术研究和工程实现的影响力。在重点研究方向和关键技术领域,继续采用导向管理、经费定向投入等措施,用重点项目凝聚、带动和培育后备人才。进一步完善科研人员职称评定方法,充分调动科研人员工作的积极性、主动性和创造性。努力形成有利于培育高水平科研人才,有利于孵化高水平科研成果的科研工作新格局。

二要进一步促进教学科研互动。鼓励教学人员积极参与科研工作,在实际项目研发过程中了解本学科专业发展的新动向,加快知识更新,不断充实教学内容。鼓励科研人员积极参与教学工作,将科学研究、工程实践中的新知识、新技术传授给学生,切实提高学院的教育教学水平,提升学生综合素质。赋予信息安全工程研究中心指导学生专业实习、毕业设计的职能,使其成为教学的实体,真正做到教学科研有机结合,相互促进。

三要进一步加强科研交流合作。要善于借用外脑外力,切实用好外部资源。一方面与机要保密部门建立多层次的密切联系机制,充分利用机要、保密行业在人才培养、产学研结合、科研成果转化等方面的资源优势;一方面加强与军队系统、相关科研机构在密码和信息安全领域的科研合作交流,本着互利互惠、优势互补的原则,坚持"走出去"和"请进来"相结合,不断提升学院的科研水平。

四、管理上要有新办法

管理出效益,管理出生产力。有效的管理对于提高学院办学质量、提升教学科研整体水平起着非常重要的作用。下一步要在狠抓管理的基础上,下最大决心、采取果断措施,真正把优势资源放到教学科研中去,切实做到保重点、保主业、保一线。

一是要围绕教学科研推进内设机构调整工作。按照突出教学科研主业的要求,精简压缩行政管理部门,编制、人员向一线集中的原则,对内设机构进行调整。目前,学院经过多次研究讨论,提出了内设机构调整方案。调整后,学院的机构总数从2006年的27个减少到20个。教学科研、学生管理和教辅部门14个,编制268人,分别占机构总数的70%和编制总数的74.4%,

较好地体现了高校的特点。厅领导、中办人事局对机构方案审批后,学院将立即实施,切实为教学科研提供充足的人力资源保障。

二是围绕教学科研做好人才引进和培养工作。按照突出教学科研主业的要求,牢固树立人才优先发展的理念,以一天都不能耽误的精神做好人才引进和培养工作。实施人才强校战略,借用外脑外力,采取多种形式和渠道引进国内外高层次、高水平的专家学者。采取聘任兼职教授、招聘工程研究中心合作研究人员、短期聘用等方式引进国内外高层次人才,增强学院的教学科研实力。扩大兼职教授数量,规范兼职教授管理,充分发挥兼职教授队伍的作用。加大对中青年骨干教师的培养力度,设立对外学术交流基金,鼓励骨干教师到国内外著名大学一流学科进行学术交流或访学,选拔骨干教师出国培训,到高校进修或到机要、保密部门参加实践,为骨干教师的脱颖而出创造条件。从今年开始,学院启动实施教师队伍建设"512工程"(即:用五年时间,有5名左右学科[学术]带头人在机要保密领域具有很高的学术声誉和专业影响力;有10名左右的教授学者具有较高的学术声誉和专业影响力;有20名左右的中青年教师在学术界脱颖而出,具有一定的学术声誉和专业影响力)。

三是围绕教学科研做好服务保障工作。按照突出教学科研主业的要求,为教学科研提供有力的经费支持,为教师、科研人员提供更好的工作生活环境。要合理安排资金,调整经费支出结构,在经费预算、专项经费分配及经费支出上加大对教学科研一线的倾斜,切实把教学、科研经费作为学院资金投入的重点。要着力改善教学科研一线条件,对部分实验室的陈旧教学科研仪器设备进行更换,对过时的教学科研软件系统进行升级换代。要着力加强教学科研基础设施建设,对教学楼内部进行粉刷修缮,对教学楼、生活服务中心电梯进行更换,对信息安全工程研究中心办公用房的水、暖、电系统进行改造。积极推进厅机关内网、校内网建设,做好多媒体教学保障与服务。加快数字图书馆二期建设,拓展特色资源建设和专题信息资源的深度开发,增强信息服务的能力,不断满足教学科研工作的需求。

四是围绕教学科研做好学院党建工作。按照突出教学科研主业的要求,全面加强和改进学院党的建设,促进学院科学发展。继续推进学习型党组织建设,坚持好的学习制度,创新学习形式,丰富学习载体,构建起长效学习机制。积极开展庆祝建党90周年主题教育和实践活动。围绕"忠诚党的机要保密教育事业,创建一流密码特色高校"的创先争优主题,分别开展教学示范岗、科研示范岗、管理服务示范窗口活动。大力宣传教学科研一线的先进个人和先进集体事迹,营造学先进、当先进良好氛围。落实好新修订的《中国共产党普通高等学校基层组织工作条例》,加强党支部日常建设,做好党员发展工作,确保党员发展质量。加强校园宣传和文化建设,丰富宣传阵地和文化载体,营造特色鲜明、格调高雅的文化环境。进一步总结凝练体现学院特色、全院师生认可赞同的校风、学风,丰富精神文化。

五、队伍上要有新气象

作风是形象,作风是力量。把学院建设成为特色鲜明、水平一流的机要密码专业高等学校,需要进一步加强院处两级领导班子建设,进一步改进工作作风,用强有力的领导、良好的作风确保学院各项工作任务的顺利完成。

一是要进一步加强院处两级领导班子建设。院处两级领导班子是教职工的领路人,是学院事业发展的火车头。要注重提升院处两级班子能力,适应机要保密教育事业发展新形势新任务提出的新要求,加强对院处两级领导班子的能力培养,推动领导干部培育战略思维、创新思维、辩证思维,增强谋划能力、开拓能力、实干能力、执行能力,提高运用科学发展观干事创业水平。要注重增进院处两级领导班子的团结,全面贯彻落实民主集中制,健全班子议事决策规则,完善班子沟通交流、讨论酝酿、科学决策等机制,充分发扬民主,正确实行集中,提高班子的凝聚力和战斗力。要注重优化处级领导班子结构,进一步调整充实处级领导班子,注意把那些经过教学科研一线磨炼、关键岗位历练、重大任务考验的优秀干部充实进领导班子,促进班子成员在年龄、阅历、专长等方面的优势互补,努力实现最优组合、形成最佳阵容,切实增强班子的整体功能和活力。

二要进一步增强不进则退的危机意识。"忧劳可以兴国,逸豫可以亡身。"危机意识是激励我们做好工作的压力,是推动我们创新发展的动力。要时刻保持清醒头脑,正视学院建设发展中存在的困难,从服务机要保密事业发展大局出发,充分认识到培养机要保密工作合格接班人的重要性和紧迫性。要居安思危,越是形势好的时候,越要有忧患意识,时刻牢记我们肩负的历史使命,以高度的主人翁精神,想学院之所想,急学院之所急,不强调客观条件,不怨天尤人,以只争朝夕的精神投入工作,以实际行动为学院的建设发展贡献力量。

三要进一步增强舍我其谁的责任意识。电科院发展到今天,是前人拼搏奋斗的结果。电科院要继续发展,靠我们每一个在学院工作的人共同努力。"责任重于泰山。"责任意识的强弱，与我们事业的发展有着直接关系。要保持昂扬向上的工作状态，尽心尽力，恪尽职守，密切合作，在推进重点工作上狠下功夫，在破解发展难题上狠下功夫。要树立狠抓落实的工作作风，做到敢于管理，不怕得罪人；做到敢于负责，带头抓工作的落实；做到雷厉风行，带头抓问题的解决；做到率先垂范，带头承担棘手繁重的工作任务。要树立迎难而上的信心和攻坚克难的决心，面对困难，敢作敢为，以"拼命三郎"的勇气和"不服输"的干劲做好每一天的每一项工作，确保学院各项工作任务的顺利完成。

四要进一步增强敢为人先的创新意识。创新是民族进步的灵魂，是国家兴旺发达的不竭动力，更是学院科学发展的生机源泉。推动工作，打开局面，根本出路就在于创新。要从自身实际出发，在教学内容、方法和手段上进行创新，不断探索和充实新观念、新知识、新理论，使教育教学跟上社会发展和时代前进的步伐。要紧紧围绕密码工作的发展方向和中心任务，提高科研自主创新能力，注重在密码基础理论和关键技术研究上下功夫，注重在完善科研体制机制上下功夫。要围绕教学科研主业创新管理服务，进一步深化人事制度改革和后勤管理体制改革，完善聘用制度，淡化行政级别，降低运行成本，提高运行效率，切实为教学科研提供有力保障。要在全院大力提倡创先争优、开拓创新的精神，把创新意识贯穿和体现在各项工作中，努力在全院形成人人敢创新、人人争创新、人人能创新的生动局面。

同志们，做好 2011 年的工作，争取一个良好的开局，对于描绘未来五年的发展蓝图有着十分重要的意义。广大教职员工一定要在中央办公厅的正确领导下，在院党委的带领下，以昂扬的斗志、饱满的热情、开拓的思路、扎实的作风，聚精会神搞教学，集中精力抓科研，千方百计促发展，在"十二五"规划的开局之年，迈出学院科学发展的新步伐，取得教学科研的新成绩。

积极推进党务公开
有力促进教学科研 *

（2011 年 3 月 31 日）

2009 年 8 月，中办机关党委确定我院电子信息工程系教工党支部为全厅两个党务公开试点单位之一，院党委对此高度重视，把抓好党务公开试点工作作为推进党内民主建设、促进教学科研业务的有利契机，周密策划方案、精心组织力量、有序推进落实。院党委常委会多次专题研究，指定党委一名领导主抓试点工作，明确党委组织宣传处协调督促，系党支部具体实施和落实，学院在经费、人力上均给予了充分保证和支持。

一年多来，在厅机关党委的领导下，学院组织该支部成员深入学习政策文件，认真借鉴地方经验，及时制定实施方案，边实践边摸索，不断完善工作程序，主动自觉开展工作。在党务公开试点工作中，试行了"三三二二"工作法，即：坚持"三个结合"、发挥"三类作用"、开展"两种评议"，拓展"两个载体"，取得了较好的成效。

一、坚持"三个结合"，确保党务公开始终围绕中心业务来推进

高校的教学系部主要承担培养学生的任务，教工党支部成员绝大多数从事教学、科研等工作。因此，党务公开工作必须坚持立足实际，与教学、科研和行政工作相结合，增强工作的实效性和针对性。

一是围绕中心，坚持党务公开与教学工作相结合。教学工作是学校的中心工作。教工党支部的党务公开工作，必须紧紧围绕教学工作来进行，通过党务公开促进教学质量的提高。电子信息工程教学团队是北京市优秀教学团队，党支部制作了详细的教师情况一览表，将全系党员教师的职位、职称、专业方向和所授课程等内容公开张贴，方便学生根据教师的特点及专业

---

* 本文是作者在中办机关党委党务公开试点工作经验交流会上的发言。

特长,有的放矢地寻求教师帮助和指导。同时,充分利用学院电子教务平台,鼓励教师将所授课程的电子教案、PPT、参考资料等放到网上,便于学生下载学习。

二是把握重点,坚持党务公开与科研工作相结合。科研工作是教学部门的另一重要任务,也是提高教学质量的重要途径。近年来,电子系的科研和教研工作蒸蒸日上,党员教师参与了包括国家"核高基"科研项目、北京市精品课程立项等多项省部级以上的研究课题,在国内外重要期刊和会议上发表数十篇学术论文。试点工作中,支部成员组织党员教师,建立了党务公开网站,开发相关软件,制作重大成果宣传展板,积极宣传系里取得的教研和科研成果,鼓励教师更加积极地参与科研和教研工作,更多更快地出成果,以科研促教学,以教学带科研,卓有成效地推动了全系的教学科研工作。

三是理清关系,坚持党务公开与行政工作相结合。支部工作的顺利开展离不开行政领导的大力支持。试点工作中,党支部发挥成员交叉任职优势,在行政领导班子的大力支持下,将每周定期召开的管理工作会议、不定期召开的系领导班子工作会议内容以及各类专题研讨会内容,通过党务公开宣传板、网站以及党务公开交流活动,及时发布,使全系师生能够第一时间掌握系里的工作思路、工作内容及工作动态,并根据系里的工作重点、工作要求,及时调整个人发展方向,形成全系团结协作,共同发展的良好氛围。

二、发挥"三类作用",激发党员教师参与党务公开的积极性创造性

充分发挥共产党员的先锋模范作用、党支部的战斗堡垒作用和各级党组织的有效监督作用,是搞好党务公开试点工作的重要条件。

一是发挥先锋模范作用,激发全体党员的创造力。党支部采取得力措施,大张旗鼓地宣传优秀党员的先进事迹,广泛开展互帮互学活动,要求普通党员、普通群众积极向先进典型学习,先进典型拿出一定的精力,积极帮扶普通群众,有力地激发了广大党员群众的工作热情,大家自觉加班加点认真备课,牺牲休息时间辅导学生学习,教学、科研和管理工作取得了明显成效。实践证明,党务公开犹如一把标尺,既帮助党员衡量自己在群众心目中的位置,也帮助群众看清党员发挥先锋模范作用的情况。

二是发挥战斗堡垒作用,增强党支部的凝聚力。试点工作中,党支部利用适当形式,全面及时地向广大党员公布系里工作的重点和难点问题,动员大家集思广益、群策群力,出点子、抢任务,共同做好工作;认真组织丰富多彩的主题党日活动,克服高校教工队伍较为松散等不足之处,切实增强了队伍的凝聚力,使各级党组织真正发挥了战斗堡垒作用。如,在学院党委组织的"弘扬优良传统,促进学院发展"活动中,支部积极与北京市昌平区下东廓村党支部结成帮扶对子,高校教师党员与基层村民党员一起,畅谈祖国建设成就,共庆新中国 60 华诞,大家加深了了解,增进了友谊,人心更齐,劲头更足。该活动被评为学院"一等奖"。

三是发挥有效监督作用,促进党务公开试点工作高效开展。专门成立了党务公开监督组,从不同部门、不同岗位聘请了十几名党务公开监督员。党务公开监督员通过参加会议、网站和宣传橱窗发布等形式,全方位、多角度地监督党务公开试点工作。在监督员的监督和协助下,初步实现了制度建设、工作内容和财务状况等内容的完全公开。

三、开展"两种评议",营造民主和谐、双向互动的 良好氛围

教师的职责是教书育人,为党的机要密码事业培养合格的接班人。试点工作中,党支部积极开展教工党员民主评议和学生评教评议两种活动,切实推动了全系各项工作的顺利开展。

一是力推党员民主评议,做到开诚布公。积极开展党员民主评议。一是通过系例会,对党支部以及全系的整体工作开展定期评议,对照要求,查找不足,提出整改方案;二是通过开展民主评议活动,动员党员群众对支部委员进行全面评议,对照要求,查找缺点,提出改进意见;三是在不涉及隐私的前提下,公布党员工作、学习、生活及思想情况,使支部各位党员互相了解,互相借鉴,互相评议,互相帮助,共同进步。

二是开展学生评教评议,做到客观公正。对广大教师教学情况最生动、最直接、最准确的评价当属学生评议,它是检验和保证课堂教学质量最有力的措施。试点工作中,支部利用学院教学网站、系党务公开平台,认真组织学生按照一定标准,对每一名任课教师的教学情况进行匿名评议,并由计算机汇总统计评分结果,根据评分结果,指出教师需要改进的地方。通过"学生评教",有效提高了全系的教学质量,促进了各项工作。

四、拓展"两个载体",增强党务公开的吸引力和感染力

党务公开工作要开展得有生气、有活力,必须依靠有效的形式和载体。试点工作中,党支部在利用会议、文件、信箱等常规公开形式的基础上,根据学院特点,重点利用和建设党务公开宣传栏、党务公开网站两个载体,不断丰富内容和栏目设置,增强了党务公开的吸引力和感染力。

一是建设党务公开宣传栏。宣传橱窗简洁明快,视觉冲击力强,也是校园文化建设的主要载体。党支部在教学楼教师比较集中的公共区域,建立了党务公开宣传栏。以图片、文字等形式,公开了工作机构、教职工基本信息、党建工作制度、党费收缴以及支部活动情况等,宣传本系党员教师取得的成果,并指定专人负责,及时更新内容。

二是设计开发党务公开网站。根据教师学生习惯于网上交流的特点,组织专业老师和学生一起,依托学院校园网,设计开展了党务公开工作网站。将党务公开的内容分栏目设置。将党务公开网站与学院教学平台有效对接,方便大家浏览。在网站上还开设了网上意见箱,收集大家对党务公开及党建工作的意见建议,进一步提高访问和点击率,增强了党务公开效果。

通过一年多的党务公开试点工作,电子系党员民主参与、民主管理、民主监督的意识进一步增强,沟通和表达意见的渠道进一步畅通,党员教师的主人翁精神和责任感得到进一步激发,先锋模范作用进一步发挥,党支部民主、团结、和谐的风气更加浓郁,凝聚力、战斗力进一步增强,有力地促进和推动了教学科研工作。党务公开试点以来,该系的各项工作成绩得到了广大师生的一致好评。目前,该系一个专业确定为教育部和北京市特色专业,一个教学团队被评为北京市优秀教学团队,一门课程被评为北京市精品课程。2009年,在学院组织的教学研讨活动中,党员教师积极参与,展示了良好风貌,获得团体二等奖。

学院的党务公开试点工作虽然取得了一些成绩,但是与兄弟单位相比,和上级的要求相比,还存在一些差距和不足。我们将以这次经验交流会为契机,认真落实厅里的各项要求,进一步巩固成绩,克服不足,总结试点经验,完善工作制度,扎实推进全院的党务公开工作,不辜负厅里的关心和厚爱。

在新的任期内担负起
推动学院科学发展的重任[*]

（2011 年 4 月 8 日）

选拔与学校科学发展要求相适应的高素质干部队伍,是做好今后各项工作,建设特色鲜明、水平一流的机要密码专业高等学校的基本前提和条件。第三次领导干部竞聘工作很好地总结了一聘、二聘的经验,坚持了党管干部和公开、平等、竞争、择优的原则。通过公布岗位、个人申请,教代会代表、院务会成员两轮推荐,差额考察,党委研究审定的程序,做到拟任岗位、任职条件、选任程序、推荐结果"四公开",把提拔干部的初始提名权交给了教代会代表,纪委办公室按照新制定的《聘任工作监督办法》全程进行了监督,提高了干部选拔任用的公信度和透明度,得到了厅领导和教职工的认可。刚才,宣读了中办人事局的任命文件和同意备案干部的名单。至此,学院第三次领导干部聘任工作已基本完成。此次干部竞聘工作,院党委对 6 个正处岗位和 22 个副处岗位进行了公开竞聘,全院共有 86 人报名,26 名同志通过竞争上岗走上了处级领导岗位。我代表院党委向新任职的同志表示热烈祝贺,并向大家提几点希望和要求。

一、努力学习

"立身百行,以学为基"。学习是成长和进步的基础,是提高自身素质、增长才干的重要途径,也是做好工作、干好事业的重要保证。一个人能有多大发展,能为社会做出多大贡献,很大程度上取决于这个人学习抓得紧不紧,知识基础打得牢不牢。我们党历来重视加强党员干部特别是领导干部的学习。毛泽东同志早就指出:"学习是我们注重的工作,特别是干部同志,学习的需要更加迫切,如果不学习,就不能领导工作,不能改善工作与建设大党。"邓小平同志有句名言:"学习是前进的基础。"江泽民同志强调:"领导

---

　　* 本文是作者在学院第三次聘任工作管理岗位干部培训班上的讲话。

干部要努力成为勤于学习、善于学习的典范。"胡锦涛总书记指出,如果我们领导干部不抓紧学习,不抓好学习,不在学习和工作中不断提高自己,就难以完成肩负的历史责任,甚至难以在这个时代立足。这次三聘上任的66名同志普遍接受过良好教育,不少同志都是硕士、博士,具有较高的文化水平和丰富的专业知识。但是,学习的任务丝毫不能忽视和放松。从大的方面讲,当今时代是一个大变革大发展的时代,科学技术日新月异,新事物新知识不断涌现,新情况新问题层出不穷,我们需要学习的东西很多,一定要有知识恐慌、本领恐慌的危机感;从小的方面讲,随着工作岗位的变化、职级的提高,大家现有的素质和能力与新岗位、新角色的要求之间也会出现新的不适应,迫切要求通过学习尽快胜任工作。因此,我们一定要增强学习的责任感和紧迫感,以院党委建设学习型党组织为契机,真正把学习当做一种工作责任、一种生活方式、一种精神追求,通过学习不断提高理论水平、工作能力和精神境界,更好地肩负起推动学院科学发展的重任。

一是要端正学习态度。"不重学则殆,不好学则退,不善学则衰。"要把加强学习作为政治任务、历史使命和重要责任,深刻认识到学习是加强党性修养、坚定理想信念、提高精神境界的重要手段,是获取知识、提升能力、增长本领的必经之路。要克服"工作太忙,没有时间学习""学不学都一样,不影响工作""只要干好就行,学习没什么大用"等错误思想认识,切实端正学习态度,树立终身学习的理念,做到"无一时不学、无一事不学、无一处不学",推动学习工作化、工作学习化,使学习成为工作、生活的重要组成部分。要进一步增强学习的积极性和主动性,变"要我学"为"我要学",从"一般学"向"深入学"转变,真正养成孜孜以求、勤奋好学的良好习惯。要带着兴趣学,把对工作事业的无限热爱、对科学理论的坚定信仰、对科学知识的不倦追求,转化为学而不厌的兴趣和快乐,使学习成为愉悦身心的爱好和习惯。要持之以恒地学习,以磨杵成针、金石可镂的精神深入学、持久学、终身学,真正做到活到老、学到老,生命不息,学习不止。

二是要把握学习重点。"为学之道,先博而后约。"现在是知识爆炸的时代,各方面的知识浩如烟海,正确选择学习内容十分重要。要加强理论学习。认真学习马克思列宁主义、毛泽东思想和中国特色社会主义理论体系,学习党的路线、方针、政策,不断提高政治思想觉悟和理论政策水平,提高战略思维、创新思维和辩证思维能力。当前特别是要深入学习实践科学发展观,真正用科学发展观武装头脑、指导实践、推动工作。要加强高等教育领域理论知识的学习。注重立足工作实际,抓紧学习教学、科研、管理等各方面的业务知识,积极借鉴古今中外教育教学工作的有益经验,把握工作规律,努力做一名"精通本职的、掌握相关的、了解全面的"内行领导。要兼顾全面,广泛学习工作所需要的一切知识,本着缺什么补什么的原则,广泛学习经济、政治、文化、法律、社会、科技等方面知识。同时,还要注意公文的写作能力的提高。作为教学、科研部门的负责同志,不但要学本专业的知识,也要注意学习管理等方面的知识;同样,管理部门的负责同志在加强本部门事务性知识学习的同时,也要涉猎有关教学、科研方面的基础知识,有针对性地加长自身知识的"短板",不断优化知识结构、丰富知识储备、提高工作能力。

三是要讲求学习方式。掌握了科学的学习方法,就掌握了开启知识之门的"金钥匙"。我们要继承和运用行之有效的传统学习方法,认真向书本学习,精读中外经典著作、广读增智益脑之书、勤读修身养性之书,不断在读书学习中获取真知灼见。要积极向实践学习。毛泽东同志说过:"读书是学习,使用也是学习,而且是更重要的学习。"要开阔眼界、开阔思路、开阔胸襟,注重学习新形势,研究新情况,解决新问题,在实践中总结经验、把握规律,用实践来检验和提高学习的成效,做学习型、实干型、创新型领导干部。要虚心向身边的同志特别是老同志学习,牢记"三人行,必有我师"的道理,加强与其他同志的交流与合作,不断在博采众长中成长进步;发扬理论联系实际的学风,坚持学以致用、用以促学、学用相长,切实把学习的过程变为提高思想认识、解决实际问题、开创工作局面的过程。

二、注重修养

"小胜靠智,大胜靠德"。道德修养对于一个人的发展进步来说始终是第一位的。我们党历来高度重视党员干部人格修养的培育和塑造。在延安时期,毛泽东同志就号召全党学习白求恩精神,做"一个高尚的人,一个纯粹的人,一个有道德的人,一个脱离了低级趣味的人,一个有益于人民的人。"刘少奇同志在著名的《论共产党员的修养》一书中指出,为了保持我们无产阶级的先锋战士的纯洁,提高我们的革命品质和工作能力,每个党员都必须从各方面加强自己的锻炼和修养。党的十一届三中全会后,邓小平同志指出:"党和政府愈是实行各项经济改革和对外开放的政策,党员尤其是党的高级负责干部,就愈要高度重视,愈要身体力行共产主义思想和共产主义道德。"党的十三届四中全会后,江泽民同志告诫各级领导干部要自觉加强个人的思想修养,加强对自己主观世界的改造,特别是弄懂"参加革命是为什么?现在当官应该做什么?将来身后应该留点什么?"的道理。党的十六大以来,胡锦涛总书记多次强调,各级领导干部要自觉加强党性修养,常修为政之德,常思贪欲之害,常怀律己之心,真正做到一身正气、一尘不染,始终保持共产党人的高尚品格和革命气节。因此,作为一名共产党员,特别是作为一名中办的干部,一名高校的教师,提高自身的修养不但是一项基本功,更是一门必修课。

一是讲党性。党性是领导干部的灵魂,直接关系党的形象和中国特色社会主义事业的兴衰成败。加强党性修养是领导干部改造主观世界的永恒课题,是提升领导干部素质和能力的重要举措。我们这次新任职的同志大多是在六七十年代出生,生活在和平年代,成长在比较稳定的社会环境,而且大多数是"三门"干部,经历比较单一,缺乏严格党内生活的锻炼和艰苦环境的磨炼。因此,大家更要自觉地加强党性锻炼,努力使自己在政治上不断成熟起来。要坚定理想信念,通过学习、思考、分析、比较,正确认识近代以来中国人民走过的艰苦卓绝的奋斗历史,正确认识新中国成立特别是改革开放以来我国发展取得的巨大成就,正确认识我国发展面临的重要战略机遇期,增强坚持中国特色社会主义道路和坚持中国特色社会主义理论体系的自觉性和坚定性,做中国特色社会主义事业的坚定实践者。要忠诚于党和人民的事业,坚持党和人民的利益高于一切,始终把党放在心中的最高位置,为了党的事业甘于牺牲奉献。要增强政治敏锐性和鉴别力,经得起各种风浪和复杂局面的考验,始终在思想上、政治上、行动上同以胡锦涛同志为总书记的党中央保持高度一致。要始终坚持党的教育方针,按照厅里的指示和院党委的要求,坚持正确的办学方向,努力为党的机要密码事业培养更多的高素质人才。要以高度负责的精神做好本职工作,竭尽所能地发挥自身在学科建设、科学研究、人才培养、内部管理等方面的特长和优势,努力为学院的建设和发展贡献力量。

二是重品行。品行是党员干部的内在素养、人格魅力、道德品质的综合表现,领导干部良好的品行是凝聚党心民心的巨大力量。领导干部一定要有崇高的精神追求。在长期的奋斗历程中,我们党创造和培育了井冈山精神、长征精神、延安精神、大庆精神、雷锋精神、"两弹一星"精神、抗洪精神、载人航天精神以及抗震救灾精神等等,引领革命、建设和改革事业不断从胜利走向胜利。我们必须时刻牢记,越是改革开放和发展社会主义市场经济,越要牢固树立马克思主义的世界观、人生观、价值观,始终保持清醒头脑,常怀律己之心,常除非分之想,常思贪欲之害,注重个人的道德修养,树立高尚的人生追求,培养高尚的生活情趣,以实际行动树立良好形象。要模范践行社会主义核心价值体系和社会主义荣辱观,讲诚信、重品行,讲正气、知荣辱,讲义务、作表率;要弘扬社会主义新风正气,坚决抵制歪风邪气,自觉抵制拜金主义、享乐主义和奢靡之风的侵蚀,始终保持共产党人的蓬勃朝气、昂扬锐气和浩然正气。要培养健康生活情趣,注意纯洁社交圈、净化生活圈、规范工作圈、管住活动圈,多同优秀学生交朋友,多同普通群众交朋友,多同先进模范交朋友,多同专家学者交朋友,做到人前人后一个样、台上台下一个样、有人监督和无人监督一个样,做一个自己安心、群众称心、让党放心的领导干部。

三是作表率。作表率,是讲党性、重品行的具体实践。老百姓有句话说得好:"村看村,户看户,社员看干部。"在群众中作表率,发扬"标杆"和导向的作用,是领导干部的天然职责。要在所在部门作表率,带头贯彻党的方针政策,落实厅里的指示,执行学院的要求,自觉遵守各项规章制度,以身作则、率先垂范,要求别人做到的,自己首先做到;要求别人不做的,自己坚决不做,时时处处体现出领导干部应有的先进性和示范性。要在日常生活中作表率,充分发挥自身的能力和作用,影响和带动周围的同志,鼓舞和激励身边的同事。我们都听过安徽凤阳县小岗村党委第一书记沈浩、云南原保山地委书记杨善洲、四川南江县纪委书记王瑛等先进模范人物的事迹报告,他们的言行感人至深,为我们作出了表率,堪称楷模。

三、掌握方法

"贤者在位,能者在职。"面对新形势、新任务、新要求,我们每一级领导干部,作为贯彻落实党的路线方针政策的带领者、实践者、推动者,学习和掌握科学的领导方法和高超的领导艺术具有极其重要的意义。没有一纸任命书,当不上部门领导。现在你们有了任命书,是不是就一定能当个好的部门领导呢?未必。为什么这样讲呢?因为学识广博、有学识魅力,品行端正、道德高尚,不是当一个好领导的决定性因素。还要学习领导艺术,掌握领导方法。毛泽东同志曾经用过河要有桥或船的生动形象的比喻,深刻说明了领导方法的极端重要性。他指出:"我们不但要提出任务,而且要解决完成任务的方法问题。我们的任务是过河,但是没有桥或没有船就不能过。不解决桥或船的问题,过河就是一句空话。不解决方法问题,任务也只是瞎说一顿。"无数实践证明,凡属正确领导,总是同运用正确的工作方法相联系。从一定意义上说,能不能实施正确有效的领导,取决于领导者有没有科学的领导方法。领导方法不同,其工作效果就不同。方法不对头,事与愿违;方法得当,事半功倍。大家作为学院管理工作的中坚力量,是承上启下的重要环节,是在第一线上承担具体领导管理职责的人,全面提高自身的领导水平对做好学院各项工作至关重要。

一是要拓宽视野,胸怀全局。"不谋全局者,不足谋一域。"领导干部的重要职责在于把方向、抓大事、谋全局,领导干部如果视野不开阔、观念不更新、思路不清晰,领导工作就会力不从心。领导干部必须通过工作中的各种要素在思维中形成一个具有内在联系的整体系统,才能总揽全局、统筹兼顾,从而分清轻重缓急,使各项工作有条不紊、高效运转。要学会运用战略思维,通观全局、统揽全局,要站得更高一些、看得更远一些、想得更深一些,善于从学院的总体工作高度来思考问题、谋划工作,以前瞻的眼光准确把握事物发展变化的趋势,提高工作的系统性、预见性和创造性,推动工作在更广阔的层面上实现又好又快发展。要善于在统揽全局中把握工作中的重点和难点,在谋划长远中破解现实难题,做到牵一发而动全身,增强工作的科学性和指导性。要进一步强化协调理念,增强综合协调能力和团队合作精神。把握正确导向,破除一切从自身利益出发,不顾大局,不顾整体,不顾其他部门的小团体主义思想,坚持积极、鼓劲、向上的原则,营造良好发展环境,形成"共唱同心曲,全院一盘棋"的良好氛围。

二是要尽心尽力,尽职尽责。在其位,谋其政,负其责,尽其力,是当好领导干部的基本要求。邑有流亡愧俸钱,是封建社会官员用文学语言表达的责任意识。认真履职是对领导干部事业心责任感的最好检验。要对自身责任有一个全面的认识。既要管事又要管人,既要完成任务又要带队育人,政治业务两手抓。不能仅仅满足于完成事务性工作,而是要对本部门人员状态、环境氛围、人才成长和工作业绩负全责,把这些都列入自己应尽的职责范围。要有敢抓敢管的勇气和信心。本着对工作负责,对同志负责的态度,克服患得患失,破除畏难情绪和好人主义。有的同志怕得罪人、怕影响关系,对难管的事和难管的人不愿管理,不敢坚持原则,不去严格要求,甚至不批评不提醒,放任自流,搞一团和气,使得一些不良行为和风气长期得不到解决,这既影响个人发展又影响部门形象。如果一个人在三年聘期内,没有得罪过人,我对他是否是一名称职的领导持怀疑态度。从长远看,敢抓敢管,只要出以公心,为了工作,为了同志,管的对,不仅不会影响人际关系,反而会赢得尊重、树立权威。如果怠于履职、放弃管理、不负责任，表面上看一团和气，实际上则使人从内心深处对领导素质产生怀疑，失去对领导的尊重和信赖。

三是要科学谋划，注重创新。清晰的工作思路、明确的工作标准，是对领导工作的特别要求。以其昏昏，使人昭昭，是无法胜任领导管理工作的。要多谋善断，谋定而后动。不当疏于思考、研判统筹能力不高、领导布置啥干啥、想起什么抓什么、工作带有很大的盲目性和随意性的领导干部；不当抓不准、搞不清工作的重点、难点、特点，部门工作思路与上级要求不一致不同步的领导干部；不当规范化标准化意识薄弱，缺乏细化责任、合理分工和明确要求，部门应有的管理制度及工作规范不健全或者坚持得不好，管理效能不高的领导干部。领导能力的差距就是工作创新的差距。我们要创新思想观念，善于破除传统的领导观念，培养创新的领导能力，树立效率观念、服务观念、竞争观念和法治观念，从多方位、多角度、多途径思考问题。要创新体制机制，进一步增强服务意识，以优质、高效、快捷的服务作为衡量工作的重要标准，坚持以人为本，提高工作质量和办事效率。要创新工作方法与管理手段，与学习借鉴他人经验相结合，积极推广、普及科学的管理方法，尽可能减少工作中不必要的层次和环节，提升工作的整体效能；积极面对管理中遇到的新情况、新问题，不断健全和完善管理制度，改进管理方式，努力提高管理的科学化、规范化水平。

四是要贯彻民主集中制，维护好团结。团结是推动事业成功的重要条件。团结出凝聚力，团结出战斗力；团结出智慧，团结出干部。懂团结是真聪明，会团结是真本领。能不能维护团结，是衡量和检验领导干部素质高低、党性强弱的重要标准。有一句话说："互相补台，好戏连台；互相拆台，大家垮台。"一个部门领导班子的团结与否，在某种程度上决定这个部门的局面。团结搞得好的部门，大家心就齐，心齐才能气顺，气顺才能风正，风正才能劲足，我们的工作才能蒸蒸日上。这次机构调整后，20个处级领导班子，16个班子人员有变化。能在一起共事就是一种缘分。各部门领导班子成员一定要高度重视团结，认真贯彻执行民主集中制，按照民主集中制的原则来处理各种矛盾和问题，自觉以个性服从党性，以个人利益、分管工作的局部利益服从全局的、整体的利益，形成互相尊重、互相谅解，互相支持、互相提醒的良好局面，不断提高班子的凝聚力、战斗力、号召力。要有广阔的胸怀，一个人有多大的胸怀就能做多大的事。历史上一些有成就的帝王，都懂得这个道理，齐桓公重用管仲、李世民重用魏征都是很好的例子。我们共产党人应该有更广阔的胸怀,看轻个人的蝇头小利,做到心底无私天地宽。要正确对待自己,正确对待他人,多看对方的长处和优点,多找自己的不足和毛病,扬长避短,取长补短。要赤诚相见,坦诚相处,做到大事讲原则,小事讲风格,相互尊重,相互理解,相互信任,相互支持,使部门班子真正成为团结的、坚强有力的战斗集体。

在这里我还特别想对在座同志中的两部分人多讲几句。一部分是刚提拔的年轻干部。这次新上任的年轻干部,能够从两轮推荐中脱颖而出,说明得到群众和领导的认可,应该说是很有思想、很有能力,也很有发展前途。这部分同志容易犯的毛病是做工作办事情过于谨小慎微,往往思想上顾虑太多。一是怕别人说自己进步心切好出风头,于是有劲不敢使,甘做退让派;二是怕别人说自己越权越位,找不准位置,于是想管不敢管,甘当旁观者;三是怕别人说自己自以为是,不服从领导,于是该说不敢说,甘做盲从者;四是怕工作犯错误,影响自身的发展,于是该干不敢干,甘做保守者;五怕自己锋芒太露引起身边领导同事的不快,于是有才不敢彰显,甘做平庸者。岂不知这样做的结果,既影响班子整体工作,也影响个人成长进步,是极不可取的,也是群众和领导不希望看到的。

因此,你们一定要放下各种思想包袱,轻装上阵,只要你们出以公心,大胆实践,具有勤恳工作、甘于奉献的精神,真心配合、乐于捧场的气度,就可以赢得领导的信任、群众的支持,就会很快成长成熟起来。要尽快转换角色,适应新的工作岗位需要。要清醒地认识到你们不再是一个单纯按照领导指示、具体完成和开展某一工作的办事人员,而是身兼谋划、管理、协调和落实多项职能的中层领导干部,已经从职位上完成了从"兵"到"将"的转变。在工作中决不能当"甩手掌柜",不能只说不干,或者说的多干的少,也不能够推一推动一动,不推不动,遇到矛盾和问题上推下卸。要用更高的标准、更严的要求认认真真、扎扎实实地做好每一项工作,在工作中要身先士卒,勇挑重担,尽职尽责,真正发挥表率和带头作用。只有敢抓敢管,才不会辜负领导的期望,才不会让群众失望,所在部门的工作才会有希望。也希望比他们早走上领导岗位的同志,无私地关心帮助他们,积极地培养扶持他们,适当地给他们一些宽松的环境,让他们放开手脚大干一场,促使他们尽快地成长进步。

另一部分是设置为专业技术岗位的内设机构负责人,即俗话说的"双肩挑"干部。这些部门专业性很强,对负责人的素质有更高的要求。让具有一定学术地位和成就的专业技术人员担任领导,对于专业建设、学科建设、科学研究、对外交流有帮助、有好处。这是管理工作的需要。管理是办好学校的关键，是学校凝聚力、战斗力、创造力的保证。学校领导重视管理工作，把管理放在学校的突出位置，坚持严格管理、民主管理和科学管理。通过强化管理，优化资源配置和软环境建设，向管理要效率、要水平、要人才。进入领导班子，就要努力成为管理专家，全身心地投入到管理工作中去，为学生服务、为教师服务、为学院服务。你的第一岗位和第一职责就是学院的管理工作，而不是个人的学术工作。你的第一身份不是一名教授，而是一名管理者。要记住兼职服从本职，个人服从单位，系部服从学院。当管理工作和个人的教学、科研等业务工作在时间等方面发生冲突时，毫无疑问要自觉服从管理工作的要求。不这样做，就很难满足学校发展的需要，很难满足广大师生迫切的服务需求。过去，有个别系部领导投入到管理工作上的时间、精力明显不足，使教师办事找不到领导，很多事情一拖再拖，效率不高，教职工意见很大。从这次聘任开始，我们要努力扭转这种情况。

四、改进作风

作风是领导干部世界观、人生观、价值观的外在反映，是党性修养、政治品质、道德境界的具体体现。各级领导干部要把加强作风建设摆在更加突出的位置。当前，学院处于建设和发展的关键时期，挑战和机遇都是前所未有，大力加强干部队伍的作风建设，提高领导干部的工作作风，保持干部队伍的先进性和战斗力，显得尤为重要。目前，学院的处级干部正处于年富力强、精力充沛、干事创业的人生黄金时期，大家一定要珍惜机遇、珍惜岗位、珍惜年华，勤奋工作、敬业工作、扎实工作，在平凡的岗位上做出无愧于时代的业绩。

一是要求真务实、真抓实干。求真务实是党的思想路线的本质要求，真抓实干是做好一切工作的根本途径。邓小平同志说过，世界上的事情都是干出来的，不干，半点马克思主义都没有。年轻干部有朝气、有魄力、有活力，到新的工作岗位想干事、想出成绩，这种愿望和积极性是好的，应当鼓励和保护。但越是这样，越要保持清醒头脑，越要把工作热情和科学态度结合起来，坚持重实际、说实话、办实事、求实效，一步一个脚印地把学院的教学、科研、管理等各项工作落到实处。从新任职的第一天起，大家就要把全部心思用在"真干事"上，把全部本领用在"多干事"上，真正做到干一行爱一行、钻一行精一行。要严谨细致，明白细节决定成败的道理。西班牙作家松吉纳尔讲过这么一个故事:一只掌钉可能毁掉一匹战马,一匹战马可能贻误一个战机,一个战机也许会使一次战役失败,一次战役失败就可能毁掉一个伟大的国家。做工作也是这样,凡是做事比较细致的人,工作就能做好,凡是大而化之的,事情非出漏洞不可。我们要把工作作为一件艺术品来精雕细刻。要脚踏实地、埋头苦干,从自己做起、从身边做起、从点滴做起,克服心浮气躁、急功近利、好高骛远等不良倾向,兢兢业业、扎扎实实地做好每一项工作。要身先士卒、靠前指挥,定下来的事情要雷厉风行、抓紧实施,部署了的工作要一抓到底、抓出成效,已经完成的任务要及时总结、完善提高,确保每项工作都取得实实在在的成效。

二是要继承传统、敢于创新。创新是一个民族进步的灵魂,是一个国家兴旺发达的不竭动力,也是一所高校永葆生机的源泉。现在学院面临许多新情况、新问题、新挑战,要继续发展,必须改革创新,在教学、科研、管理的各个方面都要有创新的思路和创新的举措。大家要把继承与创新有机统一起来,既要继承和发扬学院在长期的办学实践中形成的许多好传统、好经验、好做法,保持工作连续性和稳定性;又要坚持解放思想、实事求是、与时俱进,适应新时期党的机要、保密事业发展和工作现实需求,不断研究新情况、探索新办法、解决新问题,要推进教育教学模式创新,更新教学内容,不断充实新观念、新知识和新理论,使教育教学跟上社会发展和时代前进的步伐。要创新人才使用机制,积极调动教职员工的积极性、主动性、创造性,形成人尽其才、才尽其用的良好局面。要创新内部管理体制,探索建立起一套科学的符合高等教育规律的内部管理机制,逐步优化教职工队伍结构,优化教学资源配置,优化各项管理和服务,推动学院的整体办学水平的提高。

三是要团结合作,善于协调。许多工作不是靠单个部门就能完成的。这次机构调整,我们力求做到部门的职能不重合、不交叉、不留空当。但再周密的设计也不会十全十美,完美无缺。体制机制的不完善在工作中暴露出来怎么办?要靠部门之间的团结合作,协调配合。一个处长能把自己部门内部事务管好,可以说是一个好处长,但不能说是最好的处长。最好的处长还要在工作中和所有部门都能协调配合好。要换位思考,主动补台,既讲分工又讲风格。

四是要淡泊名利、甘于奉献。这既是我们党对党员干部所一贯要求的,也是作为一名中办干部、一名高校教师所必须具备的。对于我们学院来说,淡泊名利、甘于奉献,就是要一切以机要密码事业为重,正确处理个人与组织、工作与家庭、失与得、苦与乐的关系。要有一种不图名、不图利、默默无闻、忘我工作的精神境界,守得住清贫,耐得住寂寞,抗得住诱惑,在埋头苦干中实现人生价值,在拼搏奉献中绽放青春光彩。要有甘当人梯的思想境界,为青年教师拿课题、跑立项提供帮助,为普通教师出成果创造条件,难事先上,好事多让。如果总是近水楼台先得月,群众的民主测评结果肯定好不了。要保持谦虚谨慎、不骄不躁的作风,正确处理高调做事与低调做人的关系,时刻保持干事创业的热情和激情,以主人翁精神全身心地投入到教学、科研、管理、服务的各项工作,做到不投机取巧,不得过且过,在本职岗位上日复一日、年复一年地敬业奉献,甘当为机要保密工作培养高素质人才的无名英雄。要有事业心,敬重和珍惜自己的工作岗位,把工作当成事业来做,坚持哪里工作任务重就主动出现在哪里,哪里工作压力大就自觉顶上前去,把干好工作当成分内之事,不折不扣地完成好自己承担的每一项任务。要有良好的精神状态,时刻牢记肩上的责任,以夙兴夜寐、忘我工作的精神,扑下身子、沉在一线、埋头苦干、少说多做、踏踏实实、兢兢业业,一步一个脚印地推进工作。

五、廉洁自律

"善禁者,先禁身而后人。不善禁者,先禁人而后身。"作为中办的干部,高校的教师,更不能放松对自身的要求,必须注重严于律己,切实做到要求别人做到的自己首先做到、要求别人不做的自己首先不做。胡锦涛总书记多次强调,全党同志务必从保持党同人民群众血肉联系的高度,从提高党的执政能力和保持党的先进性的高度,充分认识加强反腐倡廉建设的极端重要性,以党风廉政建设和反腐败斗争的新成效取信于民。我们一定要按照胡锦涛总书记的重要指示精神,认真贯彻落实厅里和学院对干部队伍党风廉政建设提出的各项要求,坚持自重、自省、自警、自励,严格遵守政治纪律、工作纪律、保密纪律、廉政纪律,切实把各项纪律要求转化为自己的基本遵循和自觉行动。

一是要慎独。"慎独者,慎其闲居之所为。"慎独是我国古人提倡的一种修养方法,就是在独处一室、无人监督的情况下,也能够严格自律、时刻检点自己的言行,不做有违道德和法律的事。人生最大的"敌人"是自己,最难战胜的也是自己。能不能"慎独",是检验一个人自觉性、自制力和意志力强不强的重要标志。曾国藩在留给子孙的遗嘱中写道:"慎独则心安。自修之道,莫难于养心;养心之难,又在慎独。能慎独,则内省不疚,可以对天地质鬼神。"希望大家时刻保持清醒头脑，处处严格要求自己，自觉接受组织和群众的监督，把个人置于组织之中，行为办事置于制度框架之内，切实做到人前人后一个样、八小时内外一个样、有没有监督一个样，做到不仁之事不做、不义之财不取、不正之风不沾、不法之事不干，始终保持共产党人的革命气节、中办干部的政治本色、人民教师的优秀品质。

二是要慎微。"勿以善小而不为，勿以恶小而为之。""祸患积于忽微。"许多干部违纪违法、蜕化变质，往往是从生活中的小事、小节开始的。希望大家无论在什么岗位、从事什么工作，都要筑牢拒腐防变的思想防线，算好"人生大账"，时时刻刻、事事处处把握好自己，心不动于微利之诱，见微知著、防微杜渐、洁身自好。要管好自己的嘴，不该说的话不说；管好自己的手，不该拿的不拿；管好自己的腿，不该去的地方不去；避免第一次放纵、守住第一道防线，决不做任何有损人格、有污官德的事，决不能让自己成为"职务爬坡、人品滑坡"的人。

三是要慎情。亲情再深也要理智对待。一定要树立正确的亲情观，不能错位、不能越界，决不允许利用自己的职权或职务影响谋取不正当利益，防止为情所累、为情所伤、为情所误。友情再好也要清醒对待。要保持头脑清醒，慎重对待社会交往，注意净化自己的社交圈、生活圈和朋友圈，善交益友、乐交净友、不交损友，特别是对那些千方百计同你拉关系、送好处的人，一定要不为所动，不为所用。同事之情再密切也要公私分明。君子之交淡如水。要远离"小圈子""小兄弟"，处理问题、处理工作要坚持原则、公道正派，不包庇、不隐私、不护短，使同事间的情谊是建立在党性原则基础上的、真正的、纯洁的、健康的友谊。

"人事有代谢，往来成古今。"学院的建设和发展正是在一代又一代新人的成长中不断向前推进的。希望同志们时刻牢记自身所肩负的重要职责，进一步加强修养，勤奋学习，敬业工作，严格自律，切实担负起推动学院科学发展的重任，为把学院建设成为特色鲜明、水平一流的机要密码专业高等学校做出新的贡献，以实际行动和工作实绩回报组织的培养和群众的信任。

新班子要有新气象、新作为[*]

（2011 年 5 月 14 日）

刚刚闭幕的党员代表大会，选举产生了学院新一届党委和纪委。刚才，大家选出了党委常务委员会委员、书记和副书记。我代表常委会委员，代表子真、俊德同志，感谢大家对我们的信任和支持！新一届党委要在中央办公厅和中办机关党委的领导下，紧紧依靠全院广大党员和师生员工，发挥好党委领导核心的作用，切实担负起推动学院科学发展的重要使命，以高度的责任心和使命感，真抓实干，努力开创学院各项事业发展的新局面。

下面我对新一届党委提出四点希望，与大家共勉。

一、勤奋学习，做讲政治的教育家、懂教育的政治家

大学的党委领导班子，首先应该成为学习型领导班子。学习是领导干部增长才干、提高素质的重要途径，是做好各项工作的基础。每一名委员都必须坚持用马克思主义中国化最新理论成果武装自己，提高运用科学理论指导实践的能力。坚定政治立场和理想信念，自觉与党中央保持一致，坚持在全党和全厅的大局下行动，始终坚持正确的办学方向，做讲政治的教育家。要认真学习党的教育方针和国家的法律法规，学习高等教育理论，研究高等教育管理规律，借鉴国内知名高校办学的成功经验和世界一流大学的最新办学理念，在坚持同世界高等教育发展的主流趋势保持一致的同时，探索办好机要、保密高等教育的特殊规律，做懂教育的政治家。

二、集体领导和个人分工负责相结合，按照民主集中制原则开展工作

坚持集体领导，进一步完善党委会、常委会议事规则和决策程序，做到

---

* 本文是作者在学院新一届党委第一次全体会议上的讲话。

谋事无私心，处事讲公正，遇事多沟通，提高班子决策的科学化、民主化水平。自觉贯彻民主集中制，按照"集体领导、民主集中、个别酝酿、会议决定"的原则决定重要、重大事项，会上民主决策，会后步调一致。要按照个人分工负责的要求，每个人都充分发挥自己的积极性和创造性，自觉服从集体决议，分工负责，坚决贯彻，推进落实，保证重大决策部署真正落到实处。要以大局和事业为重，自觉维护班子团结，互相信任、互相支持、互相谅解、互相帮助，劲往一处使，心往一处想，共同营造团结和谐、奋发向上、干事创业的良好氛围。

三、埋头苦干，推进学院各项事业又好又快地发展

要发扬党的优良传统，大兴求真务实之风，坚持埋头苦干实干。要充分认识高等学校管理的规律和特点，坚持依法管理、民主管理、严格管理。要真正提高办学治校能力，既善于从全局和战略上研究学院改革发展的重大问题，善谋发展学院之策；又具备战术上推进落实的执行能力，办成有利学院建设、教师发展、学生成长之事。要崇尚知识，敬畏学术，尊重老师，关爱学生，始终把师生的利益放在第一位，把解决师生最关心的问题作为考虑问题的出发点、开展工作的落脚点。要密切联系群众，改进作风，深入一线，做老师的知心人，和学生交朋友，讲实话、摸实情、办实事、求实效。

四、廉洁自律，自觉接受组织和群众的监督

打铁先得自身硬。我们必须始终弘扬正气，以身作则，清正廉洁，树立起良好的领导形象，取信于党员，取信于师生。要讲党性、重品行，在各个方面都率先垂范，行动先于一般干部，标准高于一般干部，要求严于一般干部。牢记"两个务必"，始终做到谦虚谨慎，不骄不躁，艰苦奋斗。要秉公用权、廉洁自律，自觉抵制各种腐朽落后思想观念的侵蚀，保持共产党人的蓬勃朝气、昂扬锐气、浩然正气。要自觉遵守党的纪律和国家的法律法规，严格执行领导干部廉洁从政的各项规定，正确行使手中的权力，在思想上筑牢拒腐防变的坚固防线，做到不正之风不沾、违规违法之事不干。要按照"两规定一准则"要求，在工作中严格履职尽责，自觉接受党纪国法和规章制度的约束，自觉接受组织和广大师生员工的

监督。

　　同志们，新班子应有新气象，新班子要有新作为。我们一定不辜负组织的重托和全体党员的信任，始终保持奋发进取的精神状态、求真务实的工作作风、清正廉洁的高尚情怀，为建设特色鲜明、水平一流的机要密码专业高等学校投入精力、倾注心血、竭忠尽智，为学院的科学发展贡献自己的智慧和力量。

教代会的作用不可替代[*]

（2011 年 6 月 28 日）

我国的教职工代表大会制度自 1980 年试点，到 1985 年全面推行以来，已经走过了 30 多年的历程。随着社会主义民主政治建设不断深入，教代会制度得到进一步发展和完善，《教育法》《高等教育法》和《教师法》对学校建立健全教代会制度和教师通过教代会等形式参与学校民主管理做出了明确规定。教代会在保障教职工行使民主权利，发挥教职工积极性、主动性和创造性，促进学院改革和发展等方面发挥着不可替代的作用。教代会是学院管理体制的重要组成部分，是学院民主管理工作的重要载体。加强教代会建设，既充分体现了教职工的主人翁地位，又能集中反映广大教职工的意志，集思广益，把学院的工作做得更好。通过教代会调动教职工的积极性，集中群众智慧，协调学院内部各种利益关系，是高校发扬民主、依法治校的有效途径。多年来，学院始终坚持民主管理、依法办学思想，不断完善"党委领导、院长负责、教授治学、民主管理"的领导体制和运行机制，努力实现决策、执行、监督的有机统一，民主政治建设取得了长足发展。在此过程中，作为党委领导下的广大教职工行使自主权利的机构，教代会、工会发挥民主管理和民主监督的重要作用，成为教职工与院领导沟通交流、参与民主决策的重要渠道。教代会代表们以高度的政治责任感和主人翁精神，不负全院教职工的重托，认真收集、归纳各类提案和富有建设性的意见、建议，积极为学院的改革发展建言献策，维护广大教职工的合法权益，为凝聚、团结全院广大教职工推进学院的改革发展做出了重要贡献。实践证明，教代会、工会发挥的作用越充分，活动开展越有成效，党在高校的群众基础就越巩固，凝聚力就越强，构建和谐校园就越有保障。

上个月召开的学院党员代表大会，全面总结了过去七年学院党委所做的工作和取得的基本经验，客观地分析了学院发展面临的形势，明确了今后学院发展的指导思想、战略目标、发展思路和主要任务，对于进一步推动学

---

[*] 本文是作者在第八次教职工代表大会暨工会会员代表大会上的讲话。

院科学发展具有十分重要的意义。认真学习贯彻落实党代会精神,是当前及今后一段时期全院的中心任务。要组织好党代会精神的学习贯彻活动,引导教职工切实把思想和行动统一到学习和贯彻党代会精神上来,统一到学院的重大决策部署上来,为学院"十二五"时期开好局起好步提供强大动力;要引导教职工立足本职干事创业,为推动科学发展献计献策、争做标兵,真正实现组织创先进、党员争优秀、群众得实惠的目标;要引导教职工进一步增强政治意识、大局意识、责任意识和忧患意识,扎扎实实抓好党代会制定的各项主要任务的落实,在提高教学科研水平、加强重点学科建设、提高人才培养质量、完善体制机制等方面着手,全面推进学院改革、建设和发展各项工作,加快推进学院科学发展的步伐。

在新的发展时期,要进一步发挥教代会和工会的作用,继续坚持民主管理,进一步推进民主政治建设。要牢固树立全心全意依靠教职工办学的理念,始终坚持走群众路线,学院的重大决策的贯彻落实仍将通过多种渠道、多种形式广泛收集民意、集中民智,使决策真正建立在科学、民主的基础之上;要充分发挥教职工的主人翁作用,充分尊重教职工的知情权、参与权、表达权、监督权,尊重教职工参与民主办学的意愿,广泛听取各方面意见,维护教职工的合法权益;要进一步增强院务公开、党务公开的意识,主动公开,及时公开,自觉接受群众监督,积极营造民主政治氛围。

工会组织在学院的建设和发展中有着广阔的舞台,应该大有作为,必须确立围绕中心、服务大局、以人为本的工作理念,努力搞好教代会、工会的制度创新、机制创新,加强教代会、工会的维权能力和服务水平建设,在改进工作方式、转变工作作风中,建立起工作计划来自群众,组织活动吸引群众,开展工作依靠群众,工会干部服务群众的工作机制,最大限度地激发广大教职工的积极性和创造性,凝聚广大教职工的智慧和力量,在推进学院科学发展中发挥主力军作用。

院党委要切实加强对教代会和工会的领导,大力支持教代会和工会依照法律和章程,围绕学院中心任务创造性地、独立自主地开展工作;要不断扩大工会组织的影响,使工会在教学、科研、管理和服务中发挥应有作用;要把工会工作放在大局中去认识和把握,从工会的性质、特点和实际出发,找准工作的切入点,不断增加工会组织的吸引力和凝聚力。

党代会已经给我们指明了学院的发展思路和今后一个时期的发展方向,目标明确,任务清楚,关键在于真抓实干、狠抓落实。教代会代表要增强使命意识,始终怀有对学院事业发展的强烈信心,心系学院发展,一切以学院为重,以大局为重。要增强紧迫意识,对党代会确定的各项工作要尽快见行动,将任务进行细化分解,定人员,定时间,定责任,定奖惩。要增强责任意识,做到坚守岗位,尽职尽责,勇于担当,勇挑重担。要增强创新意识,做到决策有新思维,工作有新思路,落实有新举措,实施有新方法。总之,我们要以思想领先的超凡智慧、改革当先的果敢气魄、开放抢先的战略眼光、率先发展的非凡胆识,促进学院的科学发展。

　　只要我们坚持从学院事业发展这一根本目标出发,在事业发展中集中教职工智慧、体现教职工意志、凝聚教职工力量,就一定能够营造出一心一意谋发展、和衷共济干事业的良好氛围,学院民主决策、民主管理、民主监督工作就一定能够不断取得新进展。

能力建设是落实"十二五"规划的关键[*]

（2011 年 8 月 20 日）

经过深入研究、集中编制、广泛调研、专家咨询、反复修改上报后，中央办公厅主任办公会审议批准了学院的《"十二五"发展规划》。规划作为统领未来 5 年学院改革与发展的一个指导性、纲领性文件，全面分析了"十二五"时期学院面临的形势，科学提出了学院的发展目标，明确提出了学院在教学建设、科学研究、学科建设、学生工作、保障措施、党的建设等方面的工作任务。认真抓好规划的贯彻落实，全面实现"十二五"时期的发展目标，任重道远，院务会成员担负着重要责任。

面对新形势、新任务给工作提出的新要求，院务会成员必须把加强能力建设摆到更加突出的位置，采取有力有效措施，进一步增强把握大局能力、科学决策能力、贯彻落实能力、开拓创新能力、综合协调能力，切实提高做好工作的本领，增强做好工作的信心，推动学院工作不断有新发展、新突破、新超越。

一、增强把握大局能力

"不谋万世者，不足谋一时；不谋全局者，不足谋一域。"黑格尔说过，"譬如一只手，如果从身体上割下来，按照名称，仍可以叫做手，但按其实质来说，已经不是手了。"全局与局部是相互依存的，离开了全局，局部就会迷失前进方向、改变自身性质。作为各部门的"一把手"，工作的性质和肩负的责任决定了我们必须自觉增强大局的意识和提高把握大局的能力。一是要有全局的思维。善于从全局的高度对关系学院事业长远发展的重大问题进行思考，主动把本部门的工作放到全院工作中去谋划、去部署，对于符合学院的战略目标、长远规划的工作，要坚定不移地去执行、去推进，对于不符合的工作要及时予以调整，真正做到在全院统一部署下行动，努力实现学院确定

---

* 本文是作者在 2011 年暑期院务会上的讲话。

的任务目标。二是要有前瞻的眼光。要切实增强谋划意识和能力，真正抽出时间、沉下心来想工作、议工作、抓工作，深入分析工作中带有普遍性、规律性、前瞻性的问题。要抓住落实规划的有利时机，认真梳理本部门的工作，深入研究做好工作的思路和办法，切实增强工作的前瞻性和预见性，提高工作的科学化水平。三是要有服从的意识。只有服从组织统一的安排，整个团队才能形成整体合力。部分同志往往在服从上打折扣，有的上有政策、下有对策；有的目无组织、胸无大局，把局部利益放在全局利益之上，把个人利益放在集体利益之上，安排工作讲价钱、执行命令打折扣、在部门内部摆资格、在群众面前拿架子。这些都需要引以为戒。要时刻把党性原则摆在第一位，把服从组织原则、执行组织决定作为第一准则，自觉做到个人服从组织，下级服从上级。

二、增强科学决策能力

增强科学决策能力，是提高执政能力和领导水平的一个重要方面。对于学院的中层领导干部而言，科学决策能力既是重要职责，也是基本素养。决策的正确与否，对学院的建设和发展起着至关重要的作用。要做到科学决策，应坚持以下三个原则：一是坚持科学决策，反对经验主义。随着学院各项事业的不断前进，单凭过去积累的工作经验，不能解决工作中出现的新情况、新问题，必须要坚持运用丰富的科学知识、科学思想、科学理论来探索未知。各级领导干部应当在遵循教学、科研、管理规律的基础上，从工作实际出发，按照一定的科学程序，运用先进科学技术和思维方法进行决策，有效保证决策的质量。二是坚持民主决策，反对个人专断。领导干部个人的思维视野、知识结构、素质构成、能力水平并不是完美无缺，或多或少都会存在这样或那样的不足，实行民主决策也就显得尤为重要。要坚持集体决策，坚持重大决策征求各方意见，坚持专家咨询和辅助决策、坚持从群众中来、到群众中去。正是因为民主决策能够做到从不同角度审视问题而不偏听，用综合知识分析问题而不偏信，调动各方面的力量研究对策而不偏用，集合各种资源解决问题而不偏行，因而保证了决策的全面性、协调性和决策执行的可持续性。三是坚持依法决策，反对拍脑袋办事。科学决策、民主决策都必须依据国家的法律法规以及厅里和学院的有关规章制度进行，确保制定的各项决策都能做到有法可依、有章可循。各级领导要坚决防止和克服言重于法、权高于法、情大于法等错误倾向，那些做决策仅凭拍脑袋，必定要误大事、吃大亏。

三、增强贯彻执行能力

再好的思路和办法、再好的政策,不执行或者执行不了等于没有。因此,贯彻执行能力不但是能力问题,更是工作作风问题、党性修养问题。对于大家而言,增强贯彻执行能力,一是要正确领会意图。学院做出的任何一项决策部署,都是根据形势和任务的变化审慎做出的。大家作为政策的执行者,必须认真领会、准确把握,使自己的思想认识同学院的指示精神保持高度一致。只有思想认识清楚了,才能增强执行决策的坚定性和自觉性,才能使各项决策得到正确的贯彻落实。二是要有良好的工作作风。要树立真抓实干的作风,决策一旦确定,就必须认认真真、不折不扣地去执行,不要在表态、开会、造声势上做文章,注重在解决问题、狠抓落实上下功夫。要拿出"咬定青山不放松"的韧劲,一股不达目的不罢休的狠劲,敢于在工作中打头阵、挑大梁、攻难关,瞄准既定目标,一抓到底,抓出成效。要强化效率意识,坚决克服工作懒散、办事拖拉的陋习,养成办事争分夺秒、雷厉风行、只争朝夕、干净利落的良好习惯,用高效的工作促进落实。三是要有健全的保障机制。要研究完善选人用人机制,鼓励引导干部增强执行力,切实让想干事的人有机会、能干事的人有平台、干成事的人有发展,在全院形成士气高昂、人人争先的良好氛围。要进一步严格和完善干部考核机制,科学设置考核指标,通过科学、系统的目标绩效管理,将岗位职责细化,使每个目标任务做到有措施、有责任人、有时限、有考核评估,形成有效的激励奖惩机制,对执行有力的予以表彰,对执行不力的严格问责。

四、增强开拓创新能力

创新是一个民族进步的灵魂,是一个国家兴旺发达的不竭动力,也是一所高校永葆生机的源泉。今后学院能走多远,发展能有多快,成就能有多大,关键取决于改革创新,完全取决于我们的自身努力。我们无论是抓教学、搞科研,还是建队伍、强管理,都要有创新的思路、创新的办法和创新的举措。一是创新要有明确的方向。学院是培养机要密码专门人才的高校,学院的创新必须紧紧围绕这个方向。要在教学内容、方法和手段上进行创新,探索和充实新观念、新知识、新理论,使教育教学跟得上现代机要保密工作的需求。要紧紧围绕机要保密工作的发展方向和中心任务,提高科研自主创新能力,注重在机要保密基础理论和关键技术研究上下功夫。要紧紧围绕教学科研创新管理服务的方法和手段,把解决好工作中的新情况、新问题作为创新工作的突破口,为教学、科研工作提供强有力的保障。二是创新要坚持正确的方法。注重把继承与创新相结合、大胆探索与稳妥慎重相结合,既要继承和发扬学院在长期的办学实践中形成的许多好传统、好经验、好做法,保持工作连续性和稳定性;又要坚持解放思想、实事求是、与时俱进,不断研究新情况、探索新办法、解决新问题。注重把创新的热情和科学的态度结合起来,既要鼓励求新求异、敢想敢干、大胆尝试,又要始终遵循客观规律,把握好创新的节奏和力度,确保改革创新措施符合大方向,具有操作性,能够得到大家的拥护。三是创新要营造良好环境。广大教职工中蕴藏着极大的创新热情和创造潜能,关键是要去引导、去开发。要逐步建立和完善鼓励创新的机制,设立创新奖励基金,对取得创新成果的部门和个人给予奖励,为探索创新提供有效的制度保证。要广泛宣传勇于创新、善于创新的典型事例,在全院大力提倡开拓创新的精神,把开拓创新精神贯穿和体现在各项工作中,努力在全院形成人人敢创新、人人争创新、人人能创新的生动局面。

五、要增强综合协调能力

领导干部的综合协调能力是促进工作必须具备的能力,综合协调能力的高低直接关系着领导干部的履职效果。许多重大决策部署和重要工作任务如果协调不到位,就很难及时有效地完成好、落实好。中层领导干部在学院起着承上启下的作用,综合协调能力显得尤为重要。一是要学会摆布工作,正确处理总体目标与分步实施的关系,善于把整体工作分层次、分步骤、分主次地逐步实施,明确工作的主次本末、轻重缓急,不能胡子眉毛一把抓。二是要学会分配精力,把主要精力和时间用在解决全局性、战略性、方向性的问题上,不能平均用力。三是要学会配置资源,把优势资源和力量放到牵动全局的重要工作上、涉及根本的重点环节上、事关长远的重大问题上,不能乱撒胡椒面。四是学会协调各方关系,讲究工作艺术,通过相互交流、认真沟通、积极争取,最大限度地发挥各方面的积极作用,达到促成事、办好事、解决事的目的,不能唱独角戏。特别要强调的是,各部门一定要注重协调配合,形成整体合力来推进工作。学院进行内设机构调整,是为了提高工作效率,更好地为教学、科研服务,绝不能成为部门间推诿扯皮的借口。尽管部门的分工不同,但部门间仍会产生大量工作联系。如果多次出现工作关系不协调、存在业务衔接不好、相互配合不力的现象,必将影响部门的形象,影响部门负责人在教职工中的公认度。今后,院党委将对那些群众意见较大、不胜任工作、年终考核成绩靠后的干部进行批评教育、诫勉谈话、督促整改、进行调整,坚决杜绝落实工作不力的现象。

把任用干部的初始提名权交给群众 *

（2011 年 9 月 21 日）

电科院是全厅最早实行竞争上岗、干部聘任的事业单位之一。2002 年 11 月，学院党委印发了学院内部管理体制改革有关文件。按文件中的深化人事制度改革方案，学院部门负责人上岗实行公开竞争，竞争产生的部门正职经中办人事局批准后由学院聘任，副职由学院聘任、中办人事局备案，聘任实行任期制，任期三年。2003 年 1 月，学院完成了部门负责人首次聘任工作。2006 年 2 月，学院完成了部门负责人第二次聘任工作。按任期规定，2009 年应该进行部门负责人的第三次聘任。为使新一轮聘任工作与国家事业单位岗位管理制度改革的要求相衔接，在完成岗位设置之前，学院没有启动部门负责人第三次聘任。到 2010 年 12 月 21 日，中办人事局完成了对学院 211 名专业技术人员、88 名管理人员和 47 名工勤技能人员岗位聘用的批复和备案，学院岗位设置与首次聘用工作基本完成。2011 年 2 月 14 日，中央办公厅主任办公会批准《北京电子科技学院内设机构调整方案》。学院党委决定启动部门负责人第三次聘任工作。

从 2011 年 3 月 3 日正式启动，到 4 月 6 日中办人事局完成所有三聘干部的审批、备案工作，学院用 35 天的时间圆满完成了部门负责人的第三次聘任工作。经过机构调整，学院内设机构由 26 个减少至 20 个，其中教学科研机构和教学（含学生）、科研管理机构 14 个，编制共 270 名，分别占机构总数的 70％和编制总数的 74％，充分体现了突出教学科研主业，编制、人员向教学科研一线倾斜的政策导向。第三次干部聘任结束后，部门负责人的年轻化迈出了新步子，正职的平均年龄从第二次聘任时的 46 岁降为 43 岁，副职的平均年龄由 43 岁降为 39 岁；干部队伍的学历和职称结构也得到了明显优化，具有硕士及以上学位的有 37 人，具有高级职称的有 36 人，为学院干部队伍注入了新的生机和活力，为学院的科学发展提供了坚强的组织保证和人才支持。

---

* 本文是作者写给中办人事局的报告。

统一思想认识 明确工作要求

干部聘任是深化事业单位人事制度改革的中心内容,是学院内部建设的一件大事,历来是教职工关注的焦点,也是最容易引发矛盾的时期。学院党委在认真研究的基础上,明确提出了这次机构调整后部门负责人聘任工作遵循的纪律和要求。一是认真做好宣传发动工作,统一思想,提高认识。各级党组织充分发挥战斗堡垒作用、监督作用,保证聘任工作平稳、健康、有序进行。参加竞聘人员要从大局出发,端正心态,正确处理个人与组织、个人愿望和工作需要的关系。二是切实提高责任意识。参加民主推荐的同志应出以公心,切实担负起责任;教代会代表要广泛征求群众意见,把那些群众基础好、作风实、能力强的同志推荐出来。院务会成员要从学院大局出发,把合适的人推荐到适合的岗位。三是坚持公开、平等、竞争、择优原则,坚持正确的用人导向,使德才兼备、实绩突出、群众公认的优秀人才走上领导岗位,进一步优化处级领导干部队伍结构。四是把培养选拔年轻干部作为一项重大而紧迫的任务抓紧抓好,果断打破"唯资历用干部、按年头齐步走"的做法,真正为年轻干部成长进步打开一条快车道。五是充分发扬民主,推进民主政治建设,干部聘任工作标准公开、程序公开、过程公开、结果公开,切实保障教职工的知情权、参与权、选择权和监督权。

广泛征求意见 精心制定方案

在机构合并精减、领导职数减少的背景下进行部门负责人聘任,难度比前两次聘任要大得多。学院认真研究和吸取了前两次干部聘任工作的经验和教训,把继承和创新、稳定和发展、精简和效能有机地结合起来。学院党委明确要求,一定要深入学习政策,遵循高等教育管理的客观规律,认真调查研究,紧密结合学院的实际情况来开展第三次干部聘任工作。在反复征求各部门和每一位教职工的意见后,集思广益、博采众长,形成了《北京电子科技学院机构调整后部门负责人聘任工作意见》。

院领导班子决定,要精心、耐心、虚心听取教职工对聘任工作的意见和建议,要把征求意见的过程,作为集思广益、宣传政策和统一思想的过程。凡在征求意见的过程中群众提出的合理化建议,全部予以吸收。《聘任工作意见》既要考虑干部队伍的整体稳定、平稳过渡,又要注意吐故纳新、增添干部队伍的活力,对现聘干部不搞"全体卧倒",再"重新起立",而是实行续聘、改聘和竞聘相结合。既要考虑中办人事局对干部年轻化的统一要求,又要考虑到学院干部队伍的现状,对干部的续聘、改聘和竞聘在年龄规定上有所区别。既要考虑高等学校的特点,系部主任应当由具有高级职称的教授担任,又要考虑创造条件让代表学院最高学术水平的专家专心致志于教学科研,高级专家不再担任行政管理领导职务。既要积极为工作业绩好、任职时间长的干部升职晋级创造条件,又要考虑在岗位设置制度规定了不同等级职员比例的情况下为更多的人提供公平发展的机会,高级职员不再兼任下一级别的领导职务。这些广大教职工在讨论中形成的共识均被吸收、采纳到了《聘任工作意见》中,使文件具有广泛而坚实的群众基础。学院领导班子成员一致认为,文件通过后就要严格执行,一把尺子量到底,不设"特殊情况"、不搞"例外变通"。

严格聘任程序　　维护公平正义

第三次干部聘任工作按照先正职、后副职;先续聘和平级改聘、后竞争上岗的顺序进行。学院领导班子成员在广泛听取反映、充分交换意见的基础上,根据部门负责人聘任条件和工作需要、干部现实表现、身体健康状况,参考现任部门负责人在第二次聘任期间(五年)的民主测评结果,研究提出部门负责人续聘和平级改聘意见,经党委会或常委会讨论通过后,按干部管理权限,报中办人事局审批或备案。续聘和改聘的共 40 人,占聘任干部总数的 60.6%。总体上保持了干部队伍的基本稳定(其中符合条件的正职全部续聘和改聘,共 20 人,占正职总数的 77%;副职续聘和改聘 20 人,占符合副职岗位续聘、改聘条件人数的 95%)。

竞争上岗程序包括公布竞聘岗位、个人报名和资格审查、教代会代表民主推荐、确定候选人、院务会成员民主推荐、确定差额考察对象、任职前考察、研究决定等环节。个人自愿报名体现了从单向的行政任用关系向双向选择的平等契约关系的转变。人事部门对报名的人员进行任职资格审查,通过审查的报名人员即列入第一轮推荐的备荐人选。符合基本任职条件但本人不报名参加竞聘,则不列入备荐人选。为扩大干部选拔的公信度,竞聘初始提名权交给了教代会。教代会代表按照章程规定由学院各方面的人员组成,经全体教职工选举产生,具有广泛的代表性。第一轮推荐中,各位代表从通过资格审查的备荐人选中提名推荐参加第二轮推荐的人选,学院党委根据推荐结果确定进入第二轮的备荐人选。第二轮推荐是定向推荐,即将合适的人推荐到适当的岗位。参加推荐的人员包括学院领导、其他局级干部、各部门负责人正职和拟聘岗位所在部门的全体人员。

在 6 个部门负责人正职岗位的推荐过程中,共有 24 人通过资格审查进入第一轮备荐投票名单。根据第一轮投票结果,14 人进入第二轮备荐投票名单。第二轮投票后,6 名同志得票数非常集中,党委常委会决定以 1:1 的比例进行考察,确定 6 名同志作为考察人选。在 22 个部门负责人副职岗位的推荐过程中,共有 59 人通过资格审查进入第一轮备荐投票名单。根据第一轮投票结果,38 人进入第二轮备荐投票名单。第二轮投票后,得票数比较集中的 19 个岗位按 1:1 的比例进行考察,另外 3 个岗位按 1:2 的比例进行考察。

为了全面了解拟任对象的长处和不足,让更多的教职工表达自己的看法。党委常委会决定把考察谈话的范围扩大到考察对象所在部门和拟任职部门的全体同志。为了提高工作效率,人事处组织了多个考察组,分别同步进行考察谈话。全院共有 307 名教职工与考察组进行了谈话,占教职工总数的 89.8%。考察采取与考察对象所在部门人员及拟任职部门人员逐个、单独谈话的方式进行。考察材料力求做到客观全面,为院党委讨论决定任用意见提供参考依据。

第三次聘任干部的产生,学院领导班子成员不划圈子、不定调子、不写条子,把干部任用的初始提名权真正交给了群众。两轮推荐,参加推荐的人员范围不同、覆盖面广,使得跑官要官、拉票拜票的行为无机可乘。扩大考察谈话范围,全面了解考察对象的优缺点,好中选优、优中择强,进一步增强了聘任工作的公信度。聘任工作既充分尊重民意,也始终坚持党管干部的原则,每一个环节都由学院党委或常委会集体研究决定。确定人选时,不仅参考每一轮推荐结果,同时也综合考虑干部过去五年工作情况和现实表现,避免了简单以票取人。

加强纪检监督 实行"阳光聘任"

第三次干部聘任工作由学院纪委全程监督,以确保公正。按照学院党委的要求,学院纪委对照干部选拔任用工作的相关规定和四项监督制度的要求,针对初始提名、民主推荐、任前考察、沟通酝酿、讨论决定等干部选拔任用关键环节,制订了干部选任工作全过程监督实施办法。从公开报名、资格审查、两轮推荐到差额考察，每一个环节结束后都把结果向广大教职工公开，特别是教职工比较关注的推荐结果，及时在全院进行公布和公示，使整个部门负责人聘任工作置于组织监督和群众监督之下，真正做到了"法定程序一步不缺""规定步骤一步不错"，使组织程序成为各种干扰和不正之风不可逾越的屏障，实现了按制度操作，在阳光下选人。

　　为保证推荐人选的德才兼备、群众认可，学院对拟提任的 26 名人选分别进行了为期 7 天的公示，主管部门设立公示意见箱和举报电话。在公示期间，没有 1 名拟任人选被举报，学院和中办人事局都没有接到对聘任工作和聘任对象的任何投诉。在第三次干部聘任中，有 17 名同志由于年龄等原因不再担任领导职务。学院充分肯定了他们在二聘期间的工作成绩和为学院发展建设做出的贡献，结合学院的工作实际研究提出了一些措施，以各种不同的方式继续发挥他们的积极作用。

把牢政治方向　加强学院管理[*]

（2011 年 12 月 2 日）

学院作为中办管理的高等院校，讲政治是第一位的要求，必须时刻与党中央保持高度一致。中办老主任王刚同志也讲过："电科院的教职员工不仅是光荣的园丁，而且是中办的干部。"所以，把牢政治方向对于中央办公厅所属院校的干部职工至关重要。当前，我们在人事上是作为密码人员来管理，虽然我们是高校的教职员工，但是在各个方面和中办其他各局公务员享受着同等的待遇，包括住房政策、专业技术等级对应的行政级别等都是与中办其他局相同的，我们一定要强化作为中央办公厅一员的意识，必须无条件地与党中央保持高度一致。我们学校有个别同志，有时往往以为自己是高校教师而不是行政机关人员，对中央办公厅严格而统一的管理方式，包括对厅里组织的一些活动颇有微词，有一些抵触的情绪。这些思想和做法都是很不妥当的。学院隶属中央办公厅，皮之不存，毛将焉附？大学有自身的发展路径和管理规律，但是作为中央办公厅直接管理的一所高校，必须在全局和大局上和全厅保持步调一致。

我们所从事的机要密码教育事业要求我们必须绝对忠于党、忠于祖国、忠于人民，必须自觉在思想上、政治上、行动上与党中央保持高度一致。要把讲政治的要求落实到教学、科研、管理、服务的各个方面，确保学院工作沿着正确的方向前进。要主动把部门的工作放到全院工作中去谋划、去部署，对于符合学院的战略目标、长远规划的工作，要坚定不移地去执行、去推进，努力实现学院"十二五"时期确定的任务目标。

一、协调好各方关系是推动学院发展的重要条件

对于学院来说，协调好各方关系，为学院发展争取一个好的环境，是学院发展的重要条件。学院的建设和发展，离不开国家教育主管部门、北京

＊ 本文是作者在学习贯彻全国党委秘书长会议精神会议上的讲话节录。

市教育主管部门以及中办各局的帮助和支持。这方面我举个具体的例子：例如生均拨款，2009 年以前，学院的生均拨款是 7400 元，去年财政部把学院列为国防外交类院校，生均拨款有了较大幅度的提高，而且提高后的拨款额度要作为基数逐年沿袭下去。也就是说，从明年开始每年生均拨款的总数都增加了 1000 多万元，这个支持力度是非常大的。今年 10 月份，中直管理局还给学院追加了 2800 多万元预算，这是在服务保障上对我们的支持，这在往年是没有的，支持力度确实是非常大。我再讲讲人事管理方面的支持，包括职称评审、科研成果评奖，以及去年进行的岗位设置等都离不开中办人事局的支持。按照国家岗位设置的要求，专业技术岗位、管理岗位、工勤岗位的比例应为 7 :2 :1，这意味着工勤服务人员只留10%。在这件事情上，中办人事局大力支持，没有让一刀切只留 10%，而是按工勤人员自然减员方式进行过渡。在高级、中级、初级专业技术岗位比例的掌握上，是按 4.7 :4.8 :0.5 来控制的，为专业技术人员的发展提供了宽裕的上升空间。再讲我们现在的申硕成功，硕士学位的单位授予权的取得确实是一波三折、起起伏伏，中间的酸甜苦辣相信很多参与的同志都有体会。简单地说就是如果没有各方面的支持，我们不会在国家刚实行这项制度的第一年就顺利拿到了两个领域的工程硕士学位的单位授予权，而且明年就可以招生。再举教学质量工程的例子，在质量工程项目上学院得到了北京市教委的大力支持，质量工程包括 7 个方面的建设内容，我们学院虽小，而且不是市属院校，但北京市教委在教学质量项目工程立项和建设方面给予了很好的指导和支持，7 个方面的成果我们样样有，门类齐全。还有老校区的换房工作，通过置换，改善和解决了 153 户教职工住房问题，教职工居住环境得到明显改善，居住位置由远到近，居住面积由小到大，户均增加面积 40 多平方米。同时，还免除了西苑出版社 110 万元欠款。这些但凡惠及学院建设发展的大事和关系教职工切身利益的工作，都离不开教育部、北京市教委等上级教育主管单位以及中办机要局、中直管理局、中办人事局、国家保密局、中办警卫局等兄弟单位的帮助和支持。

我们要继续加强与教育部有关司局、北京市教委有关处室的联系，听取教育主管部门对学院建设发展的意见和建议；主动与中办有关兄弟单位沟通，寻求各方面的支持和帮助，定期就学科专业建设、科学研究、人才培养等问题向中办高等学校教学指导委员会专家请教问计，努力为学院发展拓空间，为师生进步留余地，为未来发展铺坦途。

二、改革创新是推动学院发展的动力源泉

推动学院发展必须坚持勇于开拓创新。如果只是墨守成规,不敢越雷池半步,过去怎么做现在还怎么做,只停留在克隆拷贝这个层面,我们只能在原地踏步,不可能迈步前进。学院明年将迎来建校65周年,老一代电科院人为学院的发展做出了贡献,奠定了基础,我们现在就要在他们打下的坚实基础上进一步将学院建设得更好。这些年,在学科建设上,我们在原有4个专业的基础上增加了信息安全、信息与计算科学、信息管理与信息系统(保密管理方向)3个专业,使机要密码保密工作与信息安全学科有了更高的结合度;学院从2001年起开展申请硕士学位单位授予权工作,经过了10年的坎坷历程。2002年正式向国务院学位办提出申请,密码学、通信与信息系统两个学科点授予权虽通过评审,但由于学院授予学士学位不满10届,硕士学位单位授予权申请未获批准。2003年,教育部批准学院与西安电子科技大学开展联合培养密码学硕士学位研究生工作。2008年11月,国务院学位委员会下发有关文件,提出北京市作为Ⅰ类省份,在2008—2015规划周期内的立项建设单位限额为"0",但"对服务国家特殊需求的少数单位,不受地区分类限制,由国家统筹考虑。"根据文件精神,学院制定了《新增硕士学位授予单位项目建设规划》,2009年2月,经北京市学位委员会专家组评审后报国务院学位委员会。2010年1月,国务院学位委员会第二十七次会议决定,对于以"服务国家特殊需求"的名义申请立项的高校,"先作分析和研究,待时机成熟时再作处理",该项工作暂时停顿。2011年8月,国务院学位委员会印发《关于开展"服务国家特殊需求人才培养项目"试点工作的意见》等文件。学院抓住这一有利时机,向国务院学位委员会正式申请开展"服务国家特殊需求人才培养项目"试点工作。在厅领导的亲切关怀以及中办机要局、中办人事局和中直管理局的大力支持下,9月27日,学院开展"服务国家特殊需求人才培养项目"试点工作顺利通过了国务院学位委员会组织的专家评审。10月17日,国务院学位委员会下发《关于下达"服务国家特殊需求人才培养项目"——学士学位授予单位开展培养硕士专业学位研究生试点工作单位名单的通知》,学院从2011年10月起,在"电子与通信工程""计算机技术"两个工程领域开展硕士专业学位研究生招生录取工作,学院正式获得硕士专业学位研究生学位授予权。

我们要加强教学内容、方法和手段的创新,使教育教学紧跟机要保密工

作的需求；要围绕机要保密工作的发展方向和中心任务，增强科研自主创新能力，提高服务保障水平；要深化人事制度和管理体制改革，形成有效的激励机制，提高管理水平和运行效率。

在内部管理上，完善了教代会制度，把任用干部初始提名权交给了教代会代表，有关学院发展、干部职工切身利益的事由教代会来讨论决定，这些都是机制体制上的创新。在科研攻关上，发扬开拓创新精神，以敢于"揽瓷器活"的勇气，承担了"核高基"（即核心电子器件、高端通用芯片、基础软件产品）项目。"核高基"是一项国家重大科技项目，我们拿到的是其中的一个芯片项目。目前，学院的芯片科研水平尚在起步阶段，专门人才相对匮乏。在这种情况下，若没有一种开拓创新的精神，没有一股破除陈规、迎难而上的勇气，我们是不可能争取到这个项目的。当然，这也离不开厅领导的统筹协调和中办机要局的大力支持。拿到这个项目后，学院高度重视，成立了以我为组长的领导小组。说实话，当时我当这个组长心里发虚，没有底。把这个项目拿下来了，合同也签了，签了合同就要保证学院的信誉，要按期完成任务。"井无压力不出油，人无压力轻飘飘。"我们硬是在缺少经验、缺少专家的情况下，科研人员发扬了"校荣我荣、为校增光"的拼搏精神，发扬了"每周五加二，每天白加黑"的干劲，攻克了难题，完成了项目，消除了其他单位对我们科研能力的怀疑，提升了学院的声誉。目前，学院负责的部分在整个项目中的进展是最快的。这样的喜讯足以令每个电科院人深感欣慰，这正是勇于开拓创新精神的重要体现。

三、真抓实干是推动学院发展的关键

空谈只会误事，实干才能兴校。学院发展到现在，是前人一步一步干出来的；学院要继续发展，我们这些继任者、后来人必须真抓实干，才能在前人的基础上做出新成绩。刚刚讲过的"核高基"项目的例子也充分证明了这一点。最初，学院没有从事芯片设计的经验和芯片研制的专用仪器，就是靠着一种真抓实干的精神，将这个项目圆满完成。在整个过程中，中青年科研人员经历了实战的锤炼，积累了经验，获得了成长。中安网脉公司的成长壮大也是坚持真抓实干的结果。中安网脉公司是学院控股的高科技公司。在公司成立初期，一度因运营情况很不景气，遭遇了个人股东退股的困难局面。为保证工商注册资金不变，他们想了很多办法，如动员公司原持股人增持股份，动员没有持股的人员购买股份，后来甚至放宽了申购下限。当时第一次招股规定入股资金不少于六万,后来根据情况,五万、三万、一万也都获得了持股权,那段时间真的是非常困难的。在 2007 年严重亏损的情况下,公司全体员工正是靠真抓实干、埋头苦干作风,2008 年扭亏为盈,年销售额达到 1424 万元,2009 年销售额达到 2819 万元,2010 年销售额达到 5652 万元,取得了销售额每年翻一番的良好业绩。截至目前,生产的普密产品已列装到 55 个部门(15 个省、市,40 个部委),其中,电话、传真密码机占据了全国 70% 的市场;商密产品列装到 128 个企事业单位。销售普密产品 1500 余台套,并在多个大型国企的驻外机构中使用;信息安全产品累计生产 10.6 万余套,在 150 多个用户单位得到广泛应用,覆盖全国 28 个省(区、市),信息化服务保障能力明显增强。近些年来,学院获得的各项科研成果中,囊括了国家重大项目及北京市重要基金项目,还有的在教育系统获得了优秀教学团队、教学名师等奖项。这些成绩的取得,都离不开广大教职工的真抓实干。我们一定要坚持重实际、说实话、办实事、求实效,定下来的事情要雷厉风行、抓紧实施,部署了的工作要一抓到底、抓出成效,完成的任务要及时总结、完善提高,确保每项工作都取得实实在在的成效。

四、严格内部管理是推动学院发展的有力保障

内部管理工作是各项工作中的重中之重,内部一团散沙,意味着管理者的失责。在强调内部管理问题上,一定要正确处理好严与松的关系,要树立"严是爱,松是害"的思想。学院在这个方面做了很多工作,例如,制定了《"三误"问责制度》,针对工作上出现的失误、延误、错误进行问责。加强问责是强化内部管理的一个有效的措施,也是促进工作良性循环的重要手段。学院普密资质也曾遇到过这样的问题,2010 年初,由于当时的密码科研管理不够严格,在密码方案工程实现和实施的内部把关上存在漏洞,导致网络密码机密码方案工程实现在抽查中出现问题,被国家密码管理局叫停了资质。学院密码工作领导小组高度重视,紧急召开整改会议,认真研究补救方案,在全院设立"科研反思日",启动问责机制,扣发了相关责任人的密码津贴,包括学院的主要领导。通过一系列整改措施,学院重新获得了普通密码科研生产资质,很快恢复了普通密码科研生产的正常秩序。这次事件对于广大密码科技人员和管理者来说都是一次疏于内部管理的重要教训,要痛定思痛、深刻反思、吸取教训。如果不严格管理,这样的事情还会发生。在加强内部管理方面,办公室的做法值得推荐。今年办公室结合工作实际,专门

编辑了一本《办公室工作常见失误事例》，为从事办公室工作的人员提供参考。因为办公室平常与领导接触比较多，有些失误我是了解的，有些失误我也不知道，但他们能够按照"闻过则喜、知错即改"的精神，敢于自我揭短，勇于自我批评，正确分析问题，理性对待失误，互相帮助，互相指点，互相启发，共同研讨，对工作失误进行了比较深入的分析和总结，初步达到了"举一反三、引以为戒，总结过去、开辟未来"的目的，初步达到了"让没有从事过办公室工作的同志一看就懂就会，使正在从事办公室工作的同志看后有所启示、有所提高"的效果。希望其他的部门能够学习借鉴这种做法，加强内部管理，严格管理制度，以部门的管理创新促进学院整体管理水平的提高。

加强内部管理一定要严格，牢记："严是爱，松是害"。要辩证地看待严格与自由的关系，因为大学的精神是倡导自由的，柏林大学的创始人洪堡就提出，孤独与自由是大学的原则。什么是孤独呢？孤独就是要与世俗保持距离，不受功利主义价值观的影响。什么是自由呢？自由就是自由的选择、自由的研究、自由的表达，这与我们所讲的百家争鸣差不多。但是任何自由都是相对的，不是绝对的。今年学院党代会报告中提出的"倡导自由与自律，致力传承与创新，推崇责任与奉献，践行包容与和谐"的大学精神讲得比较全面。其中的"自由""包容"用得很好，体现了大学的特点。最近北京市概括的北京精神是："爱国、创新、包容、厚德。"这里也有"包容"，可见"包容"是个很好的词。我想这个"包容"绝不是不讲原则、一团和气，不是对违反原则的事一味迁就。要自由还要自律，两方面都讲才全面，如果只讲自由，不讲自律，放松管理，就必然会出问题。物必自腐而后虫生，堤有蚁穴才会溃垮。由于内部管理不严发生问题，学院是有过教训的，而且不止一次。所以我希望从事管理工作的领导同志一定要严格内部管理，发现问题就要指出来，发现错误就应批评教育。这对于同志既是一种爱护，又是一种帮助。有的领导干部不敢说、不敢管，是怕民主测评时丢选票，测评分数低，这就是"好人主义"。这个问题要辩证地看。首先，一个领导干部称不称职，是不是个出色的领导，是不是个优秀的干部，要靠群众的口碑。其次，领导干部要会辩证地看待民主测评的结果。不要害怕因为敢抓敢管得罪了人而丢选票。在民主测评的时候，绝大多数有责任心的教职工，还是会把选票投给一心一意为学院谋发展的领导干部的，因为个人恩怨而故意打低分、不投票的不能说没有，但肯定是少数。事实上敢抓敢管的同志，该在领导岗位上的还在领导岗位上，有些敢抓敢管的干部原来没有在领导岗位上的，也走上了领导岗位。这说明领导的评价结果是公正的，群众的眼睛是雪亮的，大家还是有大局意识的,还是会从学院利益出发的。

各级干部一定要坚持敢抓敢管、敢于碰硬较真,要及时发现和解决工作中存在的问题和不足,对于各种违反规章制度的行为要严肃纠正、果断处理,切实做到有令必行、有禁必止。对学院来说,教学科研是学院的中心工作,学生的事就是学院最大的事,教师的事是学院最重要的事,科研的事是学院必须保证的事。学院即将召开学代会,我看了学生的提案,既有关于如何改进学院管理工作的,又有关于教学、科研建设方面的,还有关系学生日常生活方面的,这些问题学生提得很好,学院有关部门要高度重视,认真研究解决的办法,给学生一个满意的答复。当前,我们有很多问题不是硬件设施没有跟上,而是管理上有漏洞、有脱节,导致了效率低下、服务质量难以尽如人意,这些都需要在今后工作中研究解决。要通过加强管理,提高服务保障能力,切实为学院教学科研工作创造有利条件、提供有力的高水准的保障。

坚持"四个务必"　抓好工作落实[*]

（2012 年 1 月 15 日）

今年学院的各项工作任务已经明确,关键是抓好落实。全院上下要以开拓创新的思路抓落实,以雷厉风行的作风抓落实,以扭住不放的韧劲抓落实,以团结一致的阵容抓落实,确保把各项工作落到实处,抓出成效。

第一,务必坚持开拓创新。开拓创新是我们国家兴旺发达的不竭动力,也是学院永葆生机的动力源泉。面对层出不穷的新情况、新问题,我们必须把开拓创新作为推动学院工作的战略选择。一是要增强创新的意识。无论是抓教学、搞科研,还是建队伍、强管理,都要敢于打破墨守成规、按部就班、亦步亦趋、明哲保身的守旧思想和保守观念,树立敢想敢干、敢闯敢试、创新发展的意识,坚定不移地推进思想观念创新、体制机制创新、方式方法创新,促使我们的工作能够不断有所创造、有所前进。二是要把握创新的方法。注意把继承与创新很好地结合起来,既要继承和发扬学院在长期办学中形成的好经验好做法,保持工作的连续性和稳定性;又要坚持解放思想、实事求是、与时俱进,不断研究新情况、探索新办法、解决新问题。注意把创新的热情和科学的态度结合起来,既要鼓励求新求异、敢想敢干、大胆尝试,又要始终遵循客观规律,把握好创新的节奏和力度,确保创新措施符合大方向,具有可操作性。三是要营造创新的氛围。研究制定创新奖励制度,对取得创新成果的部门和个人给予奖励,为探索创新提供有效的制度保证;广泛宣传创新典型,大力弘扬创新精神,引导和开发教职工的创新热情和创造潜能,努力在全院形成浓浓的创新氛围。

第二,务必加强统筹协调。学院的教学、科研、管理、服务工作是一个有机的整体,虽然所处的位置不同,承担的职责不同,工作的特点不同,发挥的作用不同,但都是全院这盘棋上的一枚重要棋子,都是为了把学院建成特色鲜明、水平一流的密码保密专业高等学校。为了早日实现这一目标,全院要上下齐心,协力并肩,共同努力。一是增强大局观念,牢固树立全院"一盘

＊ 本文是作者在学院八届五次教代会暨 2011 年度总结表彰大会上的讲话节选。

棋"的思想,善于从全局的高度对关系学院事业长远发展的重大问题进行思考,主动把部门、个人的工作放到全院工作中去谋划、去部署。对于符合学院战略目标、长远规划的工作,要坚定不移地去执行、去推进,对于不符合的工作要及时予以调整,真正做到在全院统一部署下行动。二是加强团结协作,明白"一荣俱荣,一损俱损"的道理,面对有交叉、有衔接、需要协调配合的工作,既要各司其职、各负其责,又要互相支持、团结协作。牵头部门要主动担起责任,协作部门要密切配合,努力做到相互补台而不拆台、相互帮忙而不添乱,形成全院上下心往一处想、劲往一处使的良好局面。三是注重协调各方关系,一个好汉三个帮,众人拾柴火焰高。做工作要讲究艺术,努力把各项工作摆布好,把各类资源整合好,把各种关系处理好,最大限度调动各方面的积极因素,达到促成事、办好事、解难事的目的,形成推动工作的强大合力。

第三,务必保持优良作风。作风是形象,作风是力量。优良的作风是学院事业发展的保证。推动学院的科学发展,办好机要、保密部门满意的教育,需要全体教职工进一步改进工作作风,确保各项工作的顺利完成。一是要树立强烈的事业心和责任感,以高度的主人翁意识,精心维护好学院蓬勃发展的大好局面,更加敬重和珍惜自己的工作岗位,坚持哪里工作任务重就主动出现在哪里,哪里工作压力大就自觉顶上前去,把全部精力投放到工作上,把全部心血倾注到工作上,把全部智慧集中到工作上,踏踏实实干工作,默默无闻做贡献。二是要坚持真抓实干,自觉做到雷厉风行、紧抓快办,做到求真务实、埋头苦干,不断提高工作的标准和要求,以坚韧的意志力、旺盛的战斗力、高效的执行力,推动工作得到有效落实。三是要追求严谨细致,真正懂得"细节决定成败"的道理,始终坚持"零差错"的标准,把可能遇到的困难和问题估计得更充分一些,把各项工作的程序和机制设计得更严密一些,把教职工的职责和任务划分得更明细一些,教育引导大家向严谨要质量、向细节要质量,做到精益求精、追求卓越。

第四,务必强化内部管理。管理出质量、出效率,管理也出凝聚力、出战斗力。要针对学院的特点,把严格管理与科学管理结合好,把加强管理与改进服务结合好,以高水平的管理为学院工作提供高水准的保证。一方面要有严明的纪律,坚持全方位管理,严格要求、严格监督,既要管好教职工又要管好学生,既要管好教学科研工作又要管好管理服务工作,切实把管理落实到每个岗位、每个环节、每个人头。坚持敢抓敢管、碰硬较真,及时发现和解决工作中存在的问题,严肃纠正和处理各种违反规章制度的行为,做到有令必行、有禁必止。一方面要有真情的关怀,深入了解教职工的所思所想、所忧所盼,真心关爱、真情体贴、真心服务,真正把对教职工的满腔热情体现到管理的各个方面。在工作中,认真听取大家的意见和建议,充分肯定大家的成绩和进步,努力为大家创造良好的工作条件,让大家干得舒心。在生活上,时刻把大家的冷暖挂在心上,想方设法帮助大家解决实际困难和问题,多做解疑释惑、化解矛盾、凝聚人心的工作,让大家干得舒心。在事业上,坚持以实绩论英雄、靠实干求发展,确实使人才能够脱颖而出,使才能够充分施展,使干事业的努力能够结出硕果 ,让大家干得有信心。

同志们,青年兴则国家兴,青年强则国家强,青年有希望,未来的发展就有希望。我们要站在为党和国家培养机要保密事业合格接班人的高度关注青年、关心青年、关爱青年,倾听青年的心声,鼓励青年成长,支持青年创业。学院始终高度重视青年工作,相继出台了《院领导联系青年教职工工作办法》《院党委关于加强和改进青年工作的实施办法》等文件,实施了"三精一名工程""512人才培养计划""青年人才助推计划"和"密码科研攀登计划",千方百计为青年同志在发挥才干、提高能力、改善条件等方面搭建平台、创造机会、提供保障,确保广大青年在良好的环境中脱颖而出、健康成长、加快成才,尽快在全院形成青年才俊不断涌现、机要保密事业薪火相传的生动局面。同时,学院也对青年同志寄予厚望。希望广大青年同志要干一行、爱一行,钻一行、精一行,自觉加强业务知识的钻研,不断总结实践经验,积极摸索工作规律,努力提升能力素质,在学院工作中充分发挥自身的聪明才智,尽情展现自己的人生价值,让青春在为党的机要保密教育事业工作中焕发出绚丽光彩。

执行力是领导干部的一种重要能力[*]

（2012 年 3 月 15 日）

今年中央办公厅工作会议突出强调了增强领导班子执行力的问题。阿尔伯特·哈伯德写的《把信送给加西亚》一书，讲的就是一个有关"执行力"的故事：在 100 多年前的美西战争中，罗文中尉奉命把一封信送给古巴盟军将领加西亚。这个故事的情节虽然很简单，但其中蕴涵的忠诚、敬业、勇敢的精神品格以及"责任到此，不能再推"的作风境界，感染和影响了很多人。他山之石，可以攻玉。这个"送信"的故事，是对执行力的一种诠释，对我们大家都有启迪。按照院党委关于开展主题教育活动的安排，前一阶段各部门都认真组织了读书活动，并进行了心得体会交流，在这一基础上，今天我们召开座谈会，共享各部门开展读书交流活动的收获，畅谈增强执行力的经验体会，进一步提高对执行力的认识，强化执行意识，明确增强执行力的努力方向，使读书交流活动取得实实在在的成果，真正推动学院的工作。

刚才，同志们结合本职工作，就《把信送给加西亚》这本书进行了深入解读，就打造过硬执行力谈了自己的理解和体会，讲的都很全面、很深刻。下面，我再讲几点意见。

一、做好学院各项工作，班子执行力至关重要

执行力反映素质、体现作风、彰显形象，是领导班子和领导干部必备的一种重要能力。各级干部执行力的强弱，直接关系到党和国家事业的兴衰成败。2006 年"执行力"概念第一次被写进《政府工作报告》，党的十七大以来，中央反复强调要在"干"字下功夫，在"行"字做文章。邓小平同志曾经指出，"世界上的事情都是干出来的，不干，半点马克思主义都没有。"这是对执行力的最形象的诠释。对学院来说，各项管理工作能否高效运转，"十二五"

---

* 本文是作者在《把信送给加西亚》读书交流会上的讲话。

发展规划确立的目标能否顺利实现,取决于执行力的强弱。没有良好的执行意识,工作落实只能停留在表面上,任何科学的决策、周密的计划、完善的制度都会落空。

去年 3 月份,学院通过开展第三次干部聘任工作,一批年富力强的年轻干部充实到各部门领导班子。一年来,各部门领导班子积极进取,认真履责,总体上表现出了良好的执行力,但也有不少不尽如人意的地方,需要改进和提高。比如,有的见矛盾绕着走,当老好人;有的墨守成规、按部就班,不推不动;有的虎头蛇尾甚至有头无尾。各部门要对照这些问题认真查找,采取有力措施加以解决,否则将成为学院发展的绊脚石。当前学院"十二五"已取得良好开局,今年是承上启下的关键一年,希望大家以高度的使命感、责任感、紧迫感,创新求实,在积极执行上不放松,在坚决执行上不犹豫,在创新执行上不停步,在高效执行上出成绩,把作风建设推向深入、把执行力落到实处,推进"十二五"规划各项任务的落实,使今年各项工作执行到位,努力推进学院科学发展。

二、强化责任意识,增强执行力

执行力的关键是责任,强烈的责任感和事业心是提高执行力的内在动力。书中的主人翁罗文对工作充满了热情与自信,对上级交给的任务全力以赴,不管所处的环境如何恶劣,甚至无从下手时,也不找任何借口,体现的是一种完美的执行能力,更关键的在于他具有强烈的责任意识。工作意味着责任,每一个职位中都蕴含着沉甸甸的责任。面对困难、矛盾和问题,是否能迎难而上积极破解,是检验领导班子和领导干部能不能打硬仗、有没有执行力的试金石。去年初学院内设机构做了调整,各部门领导班子要认真梳理本部门职能,对照检查一年来本部门履行职能情况,有针对性地提出和采取切实管用的措施解决实际问题。特别是工作中一些关系不顺、业务有交叉、协调配合不力的问题,各部门都要做到"责任到此,不能再推",敢于面对,主动担当,敢于承担,绝不能找任何借口推诿扯皮。同时,各部门要加大工作督查力度,认真对照院党委会、常委会和院长办公会纪要检查落实情况,自觉地报告有关工作事项的完成情况。总之,在工作中我们要用强烈的责任心对待工作,全力以赴,用尽心思,一丝不苟,不讲价钱,在困难面前不退缩,全身心投入,做好每一件事情。

三、学习实践中央办公厅优良传统作风，打造优秀的执行力文化

中央办公厅优良传统作风是中办人的宝贵精神财富。我们既要把中央办公厅优良传统作风作为校园文化建设的核心内容，逐步融入到校风、学风和师德师风建设之中，同时也要把它作为做好工作的精神动力，着力打造学院优秀的执行力文化，营造出人人争当先进、事事追求完美的工作氛围。一是把忠诚党的机要密码保密教育事业转化为爱岗敬业的强大动力，忠于职守，尽职尽责，认真负责，一丝不苟，善始善终，做好任何一份工作。二是把完成好每一项工作任务作为对我们敬业精神的考验，从现在开始，从小事做起，在执行过程中遇到一个困难解决一个困难，坚定决心，坚持不懈地做下去，做一个踏踏实实的执行者。三是把工作中遇到的困难和挑战转化为开拓创新的实践机会，敢于突破思维定势和传统经验的束缚，锐意进取，不断寻求新的思路和方法，使执行的力度更大、速度更快、效果更好，使我们工作不断科学化。四是把追求完美和卓越作为工作的奋斗目标，超越自我，敢为人先，为人崇尚高山景行，做事追求精益求精，干就干到最好，执行最严格的工作标准，追求最出色的执行效果。五是把拼搏奉献作为我们人生的追求，不断锤炼工作作风，砥砺迎难而上、锲而不舍的品质，凡事一抓到底，不留后患，默默无闻，任劳任怨，以工作的实际成绩检验执行力的高低。

四、深入开展主题教育活动，奠定坚实思想基础

《把信送给加西亚》这本书面世 100 多年以来，盛销不衰，成为人们学习和工作的宝典。我希望同志们继续把读书活动深入开展下去，加强学习研究，不断提高自身理论素养、政策水平和业务本领，不断提升学院的执行力。同时今天召开的读书交流会，是学院开展主题教育活动第一阶段的总结会。打造过硬的执行力，离不开科学的管理制度，离不开教职工队伍良好的精神状态。因此，三个主题是相互关联、密不可分的统一体，我们要在巩固第一阶段活动成果的基础上，扎实开展好"推进工作科学化"和"保持队伍纯洁性"主题教育活动。前一阶段，学院各部门已经对规章制度进行了清理，并着手进行修订工作，相关规范管理的工作已经启动，为第二阶段主题教育活动的顺利开展作了较好的铺垫。希望各部门继续保持良好的状态，进一步提高认识，务求实效，切实把主题教育活动的各项任务落到实处，取得实效。

公寓管理必须以学生为本 *

（2012 年 4 月 19 日）

学院新一届学生公寓管理委员会今天成立了。根据院党委常委会会议的精神和院领导的分工,由我来分管保密保卫处的工作,并兼任学生公寓管理委员会主任。这体现了院党委对学生公寓管理工作的重视。我也想以此为切入点,深入实际、了解情况,调查研究、探求规律、靠前指挥、狠抓落实,和大家一起推动一下学生公寓的管理工作。

今天的会议开得很好。内容丰富,议题集中,气氛活跃,讨论深入,是一次集思广益、狠抓落实的会议。

各部门都为会议做了认真充分的准备,提出了很多建设性的意见和建议,特别是联系本部门实际,畅谈了下一步的工作思路和贯彻落实会议精神的想法。学生代表从学生的视角提出了对公寓、宿舍管理的意见、建议和设想。大家共同为进一步提升学生公寓管理和服务水平建言献策,为下一步学生公寓管理工作打下了良好的基础。

会议研究提出的新一届学生公寓委员会组成人员建议名单,在原有学生工作处、保密保卫处、后勤管理处和各系党总支的基础上,增加了院团委、财务资产处,特别是新增了五个系和研究生的学生委员,扩大了范围、充实了力量,涵盖面广、代表性强,为加强学生公寓管理提供了有力的组织保障。

会议讨论并原则通过的《北京电子科技学院学生公寓管理规定》,符合北京市教育工作委员会和市教育委员会《北京高校公寓管理规定》的总体要求,体现了我院学生公寓管理的实际和特色,体系完备,内容全面,职责清楚,分工明确,特别是把"以人为本"和"一切为了学生、为了学生的一切"融入学生公寓管理和服务中,理念有创新;管理、服务与育人并重,教工管理和学生自治并举,学生的权利和义务兼顾,前瞻性、指导性、操作性强,是学院学生公寓管理第一个比较规范、严谨、务实、管用的院级文件,也是学院落实中办 2012 年工作会议精神、"推进工作科学化"主题教育活动的重要成果。

---

　* 本文是作者在学院学生公寓管理委员会会议上的讲话。

学生公寓管理取得了很大的成绩,特别是从来没有发生大的安全事故,这在北京高校乃至全国教育系统是不多见的,应该给予充分肯定和表扬,并在今后长期保持,发扬光大。学生公寓管理职能划归保密保卫处,是去年机构调整中本着"精简机构、提高效能"原则而探索的机制创新。一年来,有关部门各司其职、协同配合,管理、服务和育人功能都有了明显的改进和提升,表明院党委的决策是正确的。

在肯定工作改进和取得成绩的同时,我们务必保持清醒的头脑,充分认识学生公寓管理工作的难度和存在问题的易反复性,清醒看到学院要求和学生期望之间的差距,切忌沾沾自喜、盲目乐观,更不能不思进取、裹足不前。要有自知之明,要明白我院的学生公寓管理也还存在着其他高校学生公寓管理的一些共性问题,诸如公寓物业管理服务不规范、不及时,学生违规违纪屡纠屡犯,公寓自身建设存在薄弱环节,特别是育人功能和宿舍文化建设还有缺失和较大的差距。要有忧患意识和危机意识,开动脑筋、想足办法,采取切实措施解决存在的问题。下面,我就进一步加强学生公寓管理讲五点意见。

一、充分认识学生公寓管理在学生工作中的重要性。学生公寓是大学生学习、生活、人际交往和开展各种活动的重要场所,也是在课堂外对大学生进行理想教育的重要阵地。有调查结果表明,学生在校期间停留时间最长的地方是宿舍,一半以上的学生在调查中认为,周围环境中影响最大的是同宿舍的同学。因此,过去那种仅仅把学生公寓视为休息和睡觉地方的观念,早已过时、落伍了。学生宿舍是学生离开家庭走向社会的第一个集体生活场所,它是第一课堂的延伸,拓展综合素质的环境,人格自我完善养成的空间,是整个育人过程中不可缺少的环节。正如有的专家学者所说,公寓是"第一社会、第二家庭、第三课堂"。我们要充分认识宿舍在学生成长中的地位和作用,借鉴国内外的经验,切实加强对公寓、宿舍的综合管理,使学生公寓管理规范、文明安全、整洁舒适、环境优雅,充分发挥公寓、宿舍的育人功能。

二、明确划分各部门在学生公寓管理中的职责。从全国高校来看,学生公寓管理有后勤部门管理、学生工作部门管理、学生公寓管理中心独立管理等多种模式。每一种模式都有其长处,也有短板。去年机构调整中,我院把学生公寓管理职能划归保密保卫处,是一种机制创新、工作探索。学生公寓的管理,或者说学生住宿的管理,是高校教育管理工作中的一个重要组成部分。公寓的特殊地位和功能,使它在多个部门的工作范围覆盖之内,但没有一个部门能够包揽全部。所以说,学生公寓管理由哪个部门主管并不重要,重要的是真正树立以学生为本的理念,明确划分各部门在学生公寓管理中的职责任务,做到分工明确,职责清楚,协调配合,形成合力。一要建立首问负责制。学生遇到问题,先找到哪个部门,这个部门就要负责到底。属于自己职责的马上就办,属于其他部门的通知他们去办,并告知学生,不允许互相扯皮、推诿。二是明确分工。学生公寓管理涉及多个部门,必须明确分工;相关部门要以《北京电子科技学院学生公寓管理规定》为准则,认真制定管理制度、岗位职责、工作流程和操作规范。比如后勤服务要设立 24 小时报修录音电话,做到事事有回音,件件有着落。学生管理部门要告示入住学生公寓的辅导员姓名和联系方式,一旦遇有突发事件,学生知道找谁、怎么去找。公寓管理部门要编印摆放《公寓管理手册》、设立举报投诉专用电话,使学生知道什么问题找谁解决。党总支书记要当好学生的"大辅导员",转变观念、改进作风,以足够的时间和精力投入到学生公寓中,把思想教育进宿舍、党团建设进公寓落到实处。三是协调配合。相关部门一把手是学生公寓管理的第一责任人,要切实履行职责、负起责任。各部门既要明确分工、各司其职,又要协调配合、互相补台。四要树立服务意识。在高校,学生的事就是最大的事。不管什么部门,为学生服务天经地义。部门形象如何、工作好坏,要由服务对象说了算。真心为学生着想,真情为学生服务,才能得到学生的爱戴。北师大教学九楼的物业楼管"教九大叔"齐明会在蛋蛋网的旺盛人气,香港大学大学堂宿舍管理员"三嫂"袁苏妹获香港大学荣誉院士,就是很好的例子。今后,学院将把学生公寓管理、服务的成效纳入部门和个人的考评内容,并与绩效挂起钩来。

三、充分发挥学生自治和自我管理的作用。以学生为本,为学生服务,是现代高等教育的基本理念。1998 年世界高等教育大会宣言就已经明确提出以学生为中心的指导思想。公寓管理也要体现这种理念。要把尊重学生、关心学生、服务学生作为加强公寓管理的出发点和落脚点。学生是学生公寓的主体,既有要求服务的权利,又有自我管理的义务。学生是义务主体,也是权利主体。在要求学生守规矩、尽义务的同时,不要忘了学生享有的合法权益。学生也是一样,要遵守权利行使的规则,也要履行自己的义务。一室不扫,何以扫天下?我们要改变忽视大学生自我管理和自治管理做法,不仅把学生看成"被管理者",同时也要努力使他们成为"管理者",培养学生的权利意识和管理能力。要完善公寓的管理体制,实行"双轮驱动"。要培育和发展学生公寓自我管理组织,建立与党总支书记、辅导员、公寓管理人员并行的由学生干部、党员、入党积极分子组成的"学生文明秩序督查队"。要充分发挥督查队在宣传宿舍管理规范,报告、制止和处理有关违纪行为等方面的作用。要引入奖惩机制,把学生在宿舍中的表现与班级的评优资格挂钩,与个人综合测评、品德鉴定、奖学金评定和推优、入党挂钩,以起到警示镜鉴作用,推动变"制度要我这样做"为"我应当这样做"良好局面的形成,真正实现自我管理、自我教育、自我约束、自我服务。

四、下大力气抓好学生宿舍的文化建设。学生公寓是个小社会,宿舍对于学生的思想品质、道德规范、纪律作风、生活习惯的养成有着很大的影响,宿舍文化建设是学风建设的一个侧面,一个有机组成部分。"草色遥看近却无"。宿舍文化对培养大学生集体主义观念,爱国主义情操,助人为乐的品德,包容和谐的心态有着不可忽视、潜移默化的作用。要众措并举,多管齐下,弘扬主旋律,把握主基调,积极开展丰富多彩、寓教于乐的宿舍文化活动。加强宣传教育和舆论导向,利用院报、校园网、公告栏、宣传橱窗等各种载体,多视角、多层次、全方位地营造文化氛围。从本学期开始建立"宿舍文明建设月",每次确定一个主题,比如文明宿舍评比、寝室风采展示等等,有计划、有步骤、有组织地开展健康有益、学生喜闻乐见的活动,构建学生公寓宿舍文化建设的长效机制,把学生公寓打造成安全、文明、卫生的"文明小区"。

五、齐抓共管、形成合力,把学生公寓管理提高到一个新水平。"特色鲜明、水平一流",是中央办公厅领导对学院建设和发展的殷切期望,也是我们的不懈追求。特色鲜明、水平一流要体现在教学、科研、管理服务等各项工作之中。学生公寓管理是高校管理的一个缩影,也要争创一流。取法乎上,仅得其中。我们一定要增强危机意识、保持清醒头脑,高标准、严要求、学习借鉴其他高校的成熟做法和先进经验,建立一支以学生公寓管理委员会为中心的管理队伍,制定一套规范科学的公寓、宿舍管理制度,形成一个职责明确、奖惩分明、师生协力、行之有效的运行机制,真正把学生公寓管理提高到一个新水平,在公寓管理方面创造经验,形成特色,让学生舒心,教工安心,家长顺心,领导放心。

搞好试点为全厅
廉政风险防控积累经验[*]

（2012 年 5 月 15 日）

开展廉政风险防控试点工作是厅领导、厅机关纪委赋予我院的一项重大责任,是今年学院反腐倡廉建设的一项重要任务,也是进一步加强和提升我院党风廉政建设和反腐倡廉工作的一次难得机遇。各部门一定要高度重视,加强领导,强化措施,狠抓落实,确保试点工作取得实效。下面,我从加深对廉政风险防控工作的理解、准确把握工作的原则、全面完成试点工作任务三个方面对这项工作进行动员部署。

一、统一思想,提高认识,切实增强做好廉政风险 防控工作的责任感和紧迫感

做好廉政风险防控工作,端正思想、统一认识是前提。要认识到开展廉政风险防控工作,是贯彻落实党的十七大和十七届中央纪委七次全会精神的需要,是构建惩治和预防腐败体系的有力抓手。十七届中央纪委七次全会指出,我国现阶段的反腐败斗争,是在严峻复杂的国际环境下,在国内经济体制深刻变革、社会结构深刻变动、利益格局深刻调整、思想观念深刻变化和各种社会矛盾凸显的历史条件下进行的。因此,推进惩治和预防腐败体系建设、做好廉政风险防控工作更显必要和紧迫,大家要进一步增强工作责任感和紧迫感。

首先,加强廉政风险防控工作,是保持党的纯洁性的必然要求。在十七届中央纪委七次全会上,胡锦涛总书记指出:"我们党作为马克思主义执政党,只有不断保持纯洁性,才能提高在群众中的威信,才能赢得人民信赖和拥护,才能不断巩固执政基础,才能实现党和国家兴旺发达、长治久安。"党的纯洁性同一切腐败现象是根本对立的。保持党的纯洁性,必须深入开展

＊ 本文是作者在学院廉政风险防控试点工作动员培训会上的讲话。

党风廉政建设和反腐败斗争,切实抓好廉政风险防控工作。因为,只要有行政和管理,就会有权力的存在;而权力的行使得不到监控,就一定会有产生腐败的可能。行政和管理涉及的利益越具体、越大,权力行使过程中产生腐败的概率也越大。所以,我们要将开展廉政风险防控的过程,作为党员干部权力大清理、思想再教育的过程;作为工作流程再优化、工作效能再提高的过程,从而保持党员干部的思想、队伍和作风纯洁。

其次,开展廉政风险防控工作,是有效预防腐败的创新举措。十七届中央纪委四次全会第一次明确提出,要积极推进廉政风险防控机制建设,加强对行政权力运行的全过程、全方位监控。胡锦涛总书记在十七届中央纪委五次全会上再次强调:"要进一步加强预防制度建设,推进廉政风险防控机制建设,建立健全预防腐败信息系统,形成有效预防腐败的长效机制。"开展廉政风险防控工作,是在反腐倡廉建设的新形势下,用发展的思路和科学的办法,破解工作难题,完善工作机制,在实践中逐步探索出来的预防腐败的新途径、新举措。2007年北京市崇文区就将风险管理理论引入预防腐败工作,在全国率先开展廉政风险防控试点。2009年,北京市在调研的基础上全面推开这项工作。此后全国范围内许多省、市和行业部门,紧密结合实际,积极开展了这方面的探索与实践。开展廉政风险防控,就是将现代管理学的方法运用于反腐倡廉工作,通过排查日常工作中的廉政风险,通过"前期预防、中期监控、后期处置"三道防线,建立起反腐倡廉建设与行政业务之间的关联机制,从权力运行的各个环节着手,对廉政风险实施控制,最大限度地降低腐败行为发生的可能性。

第三,开展廉政风险防控工作,是关爱广大干部的集中体现。职能与责任相连,权力与风险相伴。广大干部在履职过程中,大多掌控着一定的权力和资源,不同程度地面临着诱惑和考验,面临着被腐蚀的风险。主观上的放松、能力上的不适应、制度上的缺陷等因素都可能产生不廉洁行为、不依法履职的问题。权力越大,手里的资源越多,风险就越高。历史和现实都表明,面对各种腐败,任何人都没有天生的免疫力。开展廉政风险防控工作,就是要从源头上、从过程中扼制腐败的滋生,让党员干部"知风险、不冒险、防风险、不走险、化风险、求保险",最大限度地预防和减少腐败现象。开展廉政风险防控工作的根本目的,是保护和爱护干部,是为了使广大干部健康成长、家庭幸福、事业发展。这是对党员干部最大的关心、最有力的保护。

第四,开展廉政风险防控工作,是优化学院发展环境的现实需要。加快发展,离不开良好的环境。开展廉政风险防控工作,就是以制度体系建设为核心,通过制度机制的完善,优化权力流程,提升管理效能,以良好的干部作风带动校风、师风、学风建设,营造风清气正的校园和谐氛围,以完善风险防控工作的预防措施为手段,铲除滋生腐败的土壤和条件,为完成学院"十二五"规划创造良好的内外部环境。

因此,各部门一定要把思想和行动统一到中央和厅里的要求上来,不负重望、不负重托,凝心聚力,扎实工作,努力使试点工作出经验、出成果、树形象,为厅里全面推进防控工作做出应有的贡献。

二、明确要求,找准关键,把握原则,全面推进廉政风险防控工作

廉政风险防控试点工作,内涵很丰富,涉及面很广。各部门要按照突出重点、分步实施、扎实推进、务求实效的要求,既要落实好规定动作,又要创造出我院特色。要结合各自实际,认真抓好各阶段的工作,全面完成各项任务,实现增强风险意识、找准廉政风险、完善防控措施、有效预防腐败的目标,让广大师生切实感受到加强党风廉政建设的新变化、新气象。根据厅里的统一要求,这次试点工作从5月到8月中旬,包括宣传发动、查找风险、制定措施、总结落实等阶段。要着力抓好以下几个重点环节:

一要深入宣传发动。各部门要通过多种途径进行宣传教育,切实把厅里关于实施廉政风险防控工作的精神和学院这次会议的部署要求,传达到全院每位干部职工,引导全体员工进一步消除思想顾虑,充分认识开展廉政风险防控工作的必要性和重要性;让广大党员干部真正意识到廉政风险的客观存在与现实危害,切实提高加强廉政风险防控的自觉性和主动性。

二要认真查找风险。查找界定风险点是整个防控工作的基础。要按照学院下发的《具体办法》中规定的步骤开展,确保廉政风险点"找得准"。一是坚持严格依照文件授权或规定,认真核定权力清单。二是本着对事不对人原则,排查廉政风险。三是按照有多高就定多高的要求,评估风险等级。四是强调公开而透明,进行公开审定。

三要制定防控措施。风险防控能否取得实效,制定防控措施是保证。要根据不同岗位和风险情形,制定有针对性、有差别的防控措施,对廉政风险实行有效预防,及时发现、妥善处置,确保廉政风险"防得严"。一是分层次制定防控措施。有针对性地围绕岗位职责、业务流程、制度机制制定并推进防控措施,有效化解廉政风险。二是合理配置权力。对权力进行科学分

解和配置,防止权力过于集中。注重对重点岗位、重点部门的干部和工作人员进行有效的预防教育,实行定期轮岗交流,避免苗头性、倾向性问题演变为违纪违法行为,着力形成廉政风险防控机制。

四要构建有效机制。推进廉政风险防控工作核心在于防范廉政风险。要通过建立健全长效机制,切实加强前期预防、中期监控和后期处置,确保廉政风险"控得住"。这些长效机制包括以下四个方面:一是教育长效机制;二是风险监测机制;三是预警纠错机制;四是评估修正机制。

五要强化考核管理。学院将建立和完善廉政风险防控工作考核制度,不定期对风险防控各项措施的落实情况进行考核评估,确保防范意识"筑得牢"。对由于落实防控廉政风险要求不到位而发生腐败问题的部门,要追究相关领导责任。

做好廉政风险防控工作,要注意把握五个工作原则:

一是突出重点与全面推进的关系。总的要求是全员动员、全程管理、全面推进。每个部门每个人员都要纳入,形成体系和网络,但也不能没有重点。要突出重点岗位。每个岗位是不一样的,风险防控主要是针对权力,权力集中的岗位风险就高,特别是基础薄弱的地方,一定要高度重视。要突出重点环节。这次推行的风险防控工作,梳理职权事项是基础,排查风险点是关键,制定相应措施是保证。要突出重点措施。措施的重点在于制约、公开,这四个字是核心。合理分权,优化机制,相互制约,一个人办事没有制约肯定是要出问题的,光有制度不能很好地执行也是不行的,公开是利于监督最好的方式。有些事情可能暂时需要保密,但小范围之内还是需要掌握的,注意公开的方式与范围,不会影响保密工作,一项权力的行使绝不能只有一个人知道,厅内个别单位出事的干部已经有了这方面的例证。

二是处理好廉政风险与其他风险的关系。廉政风险防控只是针对职权的运行进行制约,搞这项工作不能贪多求全,不能说防控是个筐,全往里面装。比如交通事故风险,就不是廉政风险防控工作的内容,我们搞廉政风险防控不能搞偏了。当然,在梳理工作的过程中,发现业务中存在问题,也应当加以调整,但不要纳入廉政风险防控工作中来。总之,发现工作中的其他问题,按照工作程序,该怎么解决就怎么解决。

三是开展廉政风险防控与业务工作的关系。大家在思想上一定要明确,开展廉政风险防控工作与业务工作一定要紧密结合,一定要捆在一起,不能搞成两张皮。这项工作做好了,业务工作效率能大大提高,廉政风险有明显降低,会收到两益共赢的效果。一定要从工作实际出发,梳理业务工作中的问题,遵循业务工作的规律。怎么做最科学,最有利于业务工作,要作为重要的原则来把握。

四是风险防控措施与原有制度的关系。通过廉政风险防控工作,完善制度机制和流程,不是要推倒原有的制度重新再搞一套,而是要与原有的制度很好地衔接起来。一定要注意以原有工作为基础,以前好的要坚持,该完善的完善,该调整的调整,该细化的细化,该补充的补充。另一方面,也要注重创新,要大胆探索。凡是觉得内设机构职能不合理的,可以提具体方案来进行调整;现有体制机制措施不合适的,要下决心理顺。比如,信息化的手段在学院应用得还很不够,还有许多工作完全可以利用先进技术手段去管理。

五是统一要求与立足实际的问题。中央纪委和厅里的文件是统一要求,这是我们必须严格遵循的。我们请参加过厅里培训班的同志作重点发言,还请首师大的老师作经验介绍,可以启发大家的思维,拓展大家的思路,但我们不能照抄照搬。学院各部门工作职权不同,运作机制不同,别人的经验只能参考,一定要结合自己的业务实际来有效推进。需要强调的是,风险等级确认要实事求是,不是高风险等级的岗位越多越好,也不是每个人都要求有风险等级。这个由各部门判定确认。要把握统筹兼顾的原则,全面考虑,多就是多,少就是少,不搞平衡与攀比。不列入廉政风险等级的不等于就不出问题,但应当不是与岗位职权有关的廉政问题。

三、加强领导,落实责任,确保廉政风险防控工作取得实效

廉政风险防控工作对我院来讲,是一项全新的工作,也是一项重大的政治任务,对深入推进我院反腐倡廉建设将会起到重要的推动作用,需要积极稳妥地实施。希望各部门思想上高度重视,行动上坚决落实,创造性地完成好这次试点工作。

一要加强组织领导,落实工作责任。开展廉政风险防控工作,关键在领导,责任在班子。各部门党政主要负责同志要认真履行第一责任人的职责,做到认识到位、组织到位、措施到位、工作到位,形成主管领导具体抓、分管领导协助抓的工作格局。各级领导干部要身体力行,按照党风廉政建设责任制的要求,切实履行"一岗双责",带头分析、查找廉政风险及原因,带头制订和落实防控措施,带头抓好排查防控。

二要抓好思想动员,营造良好氛围。廉政风险防控工作的实施,需要人人查找风险、人人公开风险、人人制定措施、人人参与监督。各部门要加强对党员干部的思想教育,加强对试点工作的正面引导,广泛宣传其重要意义和基本要求,用典型违纪违法案例来教育和警示大家"风险就在身边",使防控的过程成为一次普遍接受教育的过程,使广大党员干部切实增强风险防控的主动性、自觉性和积极性。

三要把握关键环节,强化监督检查。各部门要按照具体办法的要求,确立工作重点,分解落实任务。要以近年来违纪违法案件易发多发的重点领域、关键环节以及师生关注的热点焦点问题为重点,从具体业务工作流程入手,突出抓好人、财、物等权力运行的关键岗位,把风险点查找落实到每个岗每个人,细化到权力运行的各个环节,确保不漏岗、不缺项,做到职责明确、岗位清晰、措施得力,努力把廉政风险防控工作融入业务工作的全过程,把"廉政风险点"变成教职工的"安全点",确保工作不流于形式,不走过场。领导小组办公室要加强工作研究,做好工作指导,强化监督检查,推动工作落实,努力提高工作质量和水平,确保全盘工作整体务实推进,确保试点工作圆满成功。

同志们,廉政风险防控试点工作要求严、标准高、时间紧,是一项涉及面宽的系统工程,也是今年我院党风廉政建设任务中一项重要实践。各部门要紧密结合工作实际,以扎实的作风和有力的措施,把廉政风险防控试点工作抓出实效,抓出特色,抓出亮点,使"试点"真正成为"示范",以廉政风险防控工作的成效,推动学院党风廉政建设和反腐倡廉工作的水平得到全面提升,为我院科学发展,实现特色鲜明、水平一流的办学目标做出新的贡献。

年度工作要为实现
学院长远目标打基础[*]

（2013 年 1 月 18 日）

前天,中央政治局委员、中央书记处书记、中央办公厅主任栗战书同志来学院看望慰问师生,并与师生代表进行了座谈,就进一步做好学院工作做出了重要指示。栗战书同志在讲话中充分肯定了学院一年来工作取得的成绩,就做好学院工作提出了殷切期望,为学院的进一步发展指明了方向,为如何做好学院工作指出了思路,交给了办法。栗战书同志的讲话站位高、看得准,既符合党的教育方针、高等教育发展趋势和高等教育规律,又完全符合中办、学院的实际情况,有很强的指导性和针对性,是我们今后办好学院、做好工作十分重要的指导思想,为我们办好密码保密部门满意的学校,走出一条与密码保密事业相适应、齐发展的办学之路指明了方向,对于推动学院的建设和发展具有十分重要的意义。

栗战书同志去年到中办工作后,多次听取学院工作情况的汇报,经过充分的调查研究,掌握了大量关于学院的第一手资料。在前天来学院时,栗战书同志仔细询问学院的发展方向、定位、规模、学科建设、教师队伍和学生数量、学生就业去向等问题,认真听取师生意见,和蔼可亲,作风民主。这一切都充分体现了中央领导同志带头深入调查研究,务实亲民的工作作风。结合对党的十八大精神的学习,认真学习贯彻落实栗战书同志的重要讲话,是学院当前及今后一个时期的重要任务。全体教职工要进一步增强投身机要保密教育事业的自豪感、使命感、责任感,进一步坚定做好教学、科研、学生、管理和服务工作的信心和决心,继续保持开创工作新局面的热情和干劲,把栗战书同志的殷殷嘱托化作强大的精神动力和澎湃的工作热情,以更加昂扬的斗志、更加扎实的作风,认真按照栗战书同志的指示要求,认真学习贯彻落实党的十八大精神,深化教育教学改革;始终把牢政治方向,确保学院的政治本色和学生的政治素质;深刻认识学院的特色优势,走出一条与密码

---

[*] 本文是作者在学院八届六次教代会暨 2012 年度总结表彰大会上的讲话摘要。

保密事业相适应、齐发展的办学之路。

刚刚过去的 2012 年是学院稳步发展、取得重要成绩的一年。一年来，在中央办公厅的正确领导下，院党委团结带领广大师生员工，坚持以科学发展观为统领，认真贯彻中央办公厅工作会议精神，按照中央、中办领导的指示和要求，着力推进学院的改革、发展和建设，各项工作都取得了新成绩、新进步。教育教学改革成果丰硕，开展人才培养模式改革试验工作和"创新型人才培养的研究与实践"活动，导师制等人才培养新方式探讨有了新进展，国家级人文社科研究项目实现零的突破，学生获奖人数和级别再创新高，人才培养质量不断提高。研究生教育稳步推进，注重学生机要意识培养，着力加强课程和导师队伍建设，4 个专业完成首次招生，研究生教育工作新格局基本形成。密码科研能力不断提升，制定并实施"密码科研攀登计划"，加强对外学术交流，密码科研人才培养初见成效，国家和省部级科研立项实现重大突破，密码科研成果转化力度进一步加大，产品推广应用领域不断拓展。密码干部培训质量稳步提高，丰富完善密码干部培训课程体系和师资队伍建设，培训的针对性和实效性进一步增强，培训工作的政治效益和社会效益不断增大。学生工作成效显著，认真做好立德树人、德育为先的思想政治教育工作，广泛开展课外科技活动，招生重点率逐年提高，就业情况保持良好态势，学生综合素质持续提升。队伍活力明显增强，实施教师机要密码工作实践的"砺行计划"，组团赴港澳学习考察，加强新招录人员入校教育，更新了人才培养理念。内部管理卓有成效，全面开展规章制度修订和廉政风险防控工作，推进了管理的规范化以及决策的民主化科学化建设，开展学风、师风文字表述征集活动，校园文化建设取得新成绩。校庆 65 周年成功圆满，开展了修订续写校史、出版校友名录、创办校友刊物《电科院人》等一系列重内涵、显特色、讲实效的庆祝活动，回顾总结了 60 周年校庆后五年来学院工作取得的成就，进一步明确了办好密码保密部门满意教育的目标和方向。

2013 年是全面学习贯彻党的十八大精神的第一年，也是学院发展建设过程中的又一个关键年。学院工作的指导思想是：深入贯彻党的十八大精神，以科学发展观为指导，坚持党的教育方针，按照中央、中办领导的指示和要求，以培养密码保密人才为根本，以提升教学科研水平为核心，以改革创新体制机制为动力，进一步彰显办学特色，进一步推进内涵发展，不断增强学院综合实力和核心竞争力，努力办好密码保密部门满意的教育。各部门要对照工作要点，结合自身实际，抓好各项任务的落实。这里，我着重强调一下今年的几项重点工作。

一是着力提高教育教学质量。注重发挥学科专业建设在密码保密人才培养中的导向作用,进一步完善学院顶层设计,认真做好本科相关专业调整、专业人才培养方案修订等工作;继续实施"三精一名工程",积极支持教师申报教育部、北京市课题项目,有力带动学院教学研究、课程建设、教材建设和实验示范中心建设水平的提高;建立院系两级课程建设管理机制,切实提高课程建设和特色课程建设的质量;总结人才培养模式改革实验班经验,推广实施"导师制"人才培养新方式;研究成立教师教学发展中心,组织教师参加师资培训,开展集体备课、学术交流、教学成果推广等活动,促进教师教学水平和能力的提高;注重针对性和实效性、理论性和实践性、专业性与思想性的有机结合,大力推进培训教材、课程、师资队伍、实践基地等方面的建设,优化培训管理模式,切实提高培训工作水平。

二是着力提高研究生教育水平。以高水平的学科建设推动研究生教育工作的发展,扎实做好联合培养硕士研究生教育工作,探索与有关高校开展联合培养博士研究生教育的途径,提升为行业培养高层次应用型人才的能力,进一步提高学院办学层次;开展实践类课程的研讨、评价、验收工作,建成4个标准化实践基地,切实增强专业学位硕士研究生培养的行业和实践特色;建立专业学位硕士研究生参与密码专项课题研究的机制,提高各学科实验室、研究室的使用效率,不断完善产学研结合的专业学位研究生培养模式;加强研究生教育管理信息化建设,进一步完善研究生教育规章制度,搭建符合高层次人才培养规律的研究生教育工作体系。

三是着力提高密码科研水平。进一步完善"一所""一室""一企"组成的科研创新平台建设,打造具有学院特色的科研创新体系;坚持多校联合、资源共享,加强与国内密码领域的研究机构、专业院校和企业的合作交流,共同构建协同创新联合体,全面提升密码自主创新能力、密码通信保障能力和信息安全支撑能力,闯出一条密码特色的科研之路;加快实施"密码科研攀登计划",积极开展国家科技专项课题的科研攻关,引导科研人员围绕密码和信息安全领域加强科学研究,全面提升密码科研团队的科研创新能力;完善密码和信息安全产品系列,增强密码系统集成能力和信息化保障能力;探索建立科研项目全过程的闭环管理机制,加大项目的组织管理与监控力度,做好普密资质、密码人员的管理工作,促进科研工作的良性发展。

四是着力提高学生综合素质。以学习贯彻党的十八大精神为主线,大力践行社会主义核心价值体系,坚持立德树人、德育为先,深入开展理想信念教育、爱国主义教育、革命传统教育、中办优良传统作风教育、密码保密教育,扎实做好大学生思想政治教育工作,始终保持学院的政治本色和学生的政治素质;全面落实学院学术科技类社团振兴计划,积极推动学生课外科技活动各类项目出成果;加大学生日常行为管理力度,规范和完善学生入党程序,促进学生良好习惯的养成;落实2012年招生就业工作会议精神,扎实做好订单式人才培养工作,启动就业信息化平台建设,不断提高学院招生生源和毕业生就业质量。

五是着力提高管理服务水平。继续推进管理规范化建设,进一步加强决策的民主化、科学化,不断提高学院办学水平;研究完善岗位设置与聘任办法,健全岗位管理和职称评审办法,积极推进薪酬制度与考核体系相适应的收入分配制度改革;完成师风和校风的文字表述以及校训、校风、师风、学风的释义工作,依托新媒体技术着力构建校园网络文化阵地;坚持以工作计划内容为依据合理安排预算,加强预算执行进度的跟踪反馈,促进各项工作按计划开展;稳步推进科研楼的立项建设,科学规划并积极实施修购项目,加强校园信息化和图书文献建设,为教学科研提供有力的基础条件保障;整合资源力量、强化教育管理,确保保密安全万无一失,提升工会、青年和老干部服务工作水平,促进和谐校园建设。

六是着力加强党建工作。以党的十八大精神为指引,认真贯彻落实第二十一次全国高校党建工作会议精神,全面推进学院党建工作。深入开展党的十八大精神学习贯彻活动,发挥党委理论学习中心组的引领作用,突出学习的计划性、专题性、多样性和实效性,注重考核和管理,推动全院的学习,做好学习成果的推广和宣传工作;组织开展以为民务实清廉为主要内容的党的群众路线教育实践活动,认真总结并组织开展党支部工作绩效考核工作,深入研讨学生党员发展和基层组织建设工作,大力建设学习型、服务型、创新型党组织;深化廉政风险防控工作,组织开展廉政教育月活动,加强对学院经济活动的审计监督,加强廉政文化建设,形成有利于反腐倡廉建设的思想观念和文化氛围。认真贯彻民主集中制原则,进一步改进作风、深入基层,认真为师生员工办实事,扎实推进学院科学发展。

新的一年孕育新的希望,新的征程谱写新的辉煌。党的十八大对建设中国特色的社会主义、全面建成小康社会做出了战略部署,为办好人民满意的教育指明了方向。认真贯彻落实好党的十八大精神,认真落实好栗战书同志的重要讲话,实现学院既定的各项目标,圆满完成今年的各项工作任务,我在这里提五点要求。

第一、时刻不忘特色优势。栗战书同志指出,要从学院的特色、定位出发,从学院实际出发,研究深化教育教学改革,走改革创新的路子;要深刻认识学院的特色优势,走出一条与密码保密事业相适应、齐发展的办学之路。这就要求我们始终要围绕服务密码保密事业发展,来确定学院的办学方向、定位、规模和学科设置,真正做到以特色求发展,以特色构筑学院的核心竞争力。宏伟的规划要分步骤实施,长远的目标要分阶段实现。年度工作是为实现学院发展的长远目标打基础的,不能脱开学院的顶层设计,不能忘记学院的特色优势。只有这样,才能一步一个脚印向理想的目标迈进。

第二,不断增强"六种意识"。要坚持以党的十八大精神武装头脑,坚定不移地同以习近平同志为总书记的党中央保持高度一致,坚决做到"三个看齐":向以习近平同志为总书记的党中央看齐,向党的十八大精神看齐,向习近平同志对中办工作的一系列指示批示要求看齐;不断增强"六种意识",即:政治意识、大局意识、责任意识、服务意识、团结意识和廉洁意识,把这"六种意识"贯穿到我们工作的始终,确保学院的政治本色和办学质量。要完善集体领导与分工负责相结合的制度,加强院处两级领导班子建设,营造团结干事的良好氛围。要以党内的"四种危险"为警示,认真解决好精神状态问题,始终保持昂扬向上、奋发有为、开拓进取的精神状态;全体教职工要将个人的工作融入中办、高等教育以及学院工作的大局之中,坚持工作中的高标准、严要求,不断提高为大局服务的能力和水平,做好教学、科研、管理等工作,推进学院又好又快发展。

第三,真正改进工作作风。认真贯彻落实中央关于改进工作作风,密切联系群众的八项规定,要大兴调查研究之风,坚持群众路线,紧密围绕学院中心工作,服务学院发展大局,不断提高决策的民主化、科学化水平。要大兴勤俭节约之风,继承发扬学院艰苦创业的优良传统,强化节俭和清廉意识,把有限的财力用在为学院中心工作服务上,真正促进学院事业的发展。要大兴务实高效之风,坚持解放思想、实事求是的思想路线,强化宗旨意识和公仆意识,大力转变会风文风,努力为师生员工解决实际困难,使朴素、高效、实干的工作作风在全院蔚然成风。

第四,着力加强内部管理。要加强对高等教育管理规律的探索和研究,紧扣时代脉搏、紧跟发展步伐,着力破除制约又好又快发展的各种陈旧观念和僵化思维,以先进的理念引领办学实践,推动学院整体办学水平实现新提升。要密切结合学院实际,深化人事制度改革,坚持严格管理、民主管理与科学管理,形成优秀人才脱颖而出的良好氛围,不断激发教职工队伍活力。

要坚持依法治校、从严治校,深入学习研究有关主管部门的政策规定,进一步推进制度建设,规范各项管理行为,按程序走,照规矩办,不断提高管理科学化水平。要把管理寓于服务之中,努力为师生员工创造良好的工作和学习条件,以高水平的管理服务为学院工作提供高水准的保障。

第五,切实抓好工作落实。要树立强烈的责任意识和一抓到底的决心,埋头苦干,锲而不舍,把各项工作抓紧、抓实、抓成,切忌虎头蛇尾、半途而废。要建立有效的工作推进机制,确保每一项工作都有人抓、有人管、有人负责,坚持今日事今日毕、明日事今日计,切忌工作拖沓、延误时机。要始终坚持对工作全身心投入和精益求精、求真务实的态度,坚持实干、苦干、多干、巧干,切忌坐而论道、哗众取宠。今年院党委将加大工作督促检查力度,坚持院领导联系教学部门制度和定期听取各部门工作情况汇报制度,严格"三误"问责制度,以强有力的制度执行保障学院今年各项工作任务的圆满完成。

群众满意是教育实践活动的检验标准[*]

（2013 年 7 月 14 日）

　　根据形势变化和时代发展的要求，在全党开展马克思主义集中教育活动，对领导干部、党员的思想和工作作风进行全面整顿，纠正各种不良作风和现象，是我们党在领导革命、建设、改革的实践中形成的宝贵经验和有效做法。这些年来，我们党先后开展的整党、"三讲"教育，保持共产党员先进性教育活动、深入学习实践科学发展观活动，都是从严治党的重要举措，对于加强执政党建设、推动科学发展、促进社会和谐、提高服务群众的能力都发挥了重要作用。进入新的历史时期，面对世情、国情、党情的深刻变化，面对繁重复杂的改革发展任务，面对"四大考验"和"四种危险"，落实党要管党、从严治党的任务，抓好党的作风建设，比以往任何时候都更为繁重、更为紧要。党的十八大报告明确提出围绕保持党的先进性和纯洁性，在全党深入开展以为民务实清廉为主要内容的党的群众路线教育实践活动。

　　今年 5 月 9 日，中央下发《关于在全党深入开展党的群众路线教育实践活动的意见》，决定从今年下半年开始，用一年左右时间，在全党自上而下分两批开展党的群众路线教育实践活动。6 月 18 日，中央召开党的群众路线教育实践活动工作会议，习近平总书记发表重要讲话，对开展活动进行全面动员部署，深刻阐明了活动的重大意义，明确提出了活动的指导思想、目标要求和重点任务，是开展好教育实践活动的纲领性文件。

　　根据中央安排，中办是第一批开展党的群众路线教育实践活动的单位。7 月 8 日，厅里下发了《关于深入开展党的群众路线教育实践活动的实施方案》。7 月 10 日，召开了全厅副处长以上干部大会，栗战书同志亲自动员并讲话，对全厅开展教育实践活动进行了全面部署。

　　习近平总书记在党的群众路线教育实践活动工作会议上的重要讲话，从贯彻落实党的十八大精神、坚持和发展中国特色社会主义的高度，从实现党的执政使命、奋斗目标的高度，从实现中华民族伟大复兴的中国梦的高

---

　　* 本文是作者在学院党的群众路线教育实践活动动员大会上的讲话摘要。

度,强调开展党的群众路线教育实践活动,是实现党的十八大确定的奋斗目标的必然要求,是保持党的先进性和纯洁性、巩固党的执政基础和执政地位的必然要求,是解决群众反映强烈的突出问题的必然要求。这"三个必然要求",既有对党和国家事业发展以及党的自身建设全局的战略思考,又有对当前党的作风建设存在的突出问题尤其是"四风"问题的现实考量,闪耀着马克思主义真理的光芒,贯穿着实事求是的方法论,贯穿着理论联系实际的马克思主义学风,集中体现了我们党以人为本、执政为民的宗旨情怀,体现了我们党以优良作风推进伟大事业的高度自觉,体现了我们党正视和解决自身问题的政治魄力,充分彰显了新一届中央领导集体强烈的历史担当精神和党要管党、从严治党的坚定决心,说出了人民群众所思所想所盼,点到了党内存在问题的要害关键,引人深思、令人警醒、催人奋进,为开展好党的群众路线教育实践活动、进一步加强党的作风建设提供了科学指南,既是开展教育实践活动的"动员令",也是新时期践行党的宗旨、坚持党的群众路线的"宣言书"。

栗战书同志在全厅副处以上干部大会上的重要讲话,站在战略和全局的高度,坚持理论与实际、历史与现实相统一的原则,以翔实的资料、清新的文风和生动的语言,深入浅出地阐述了人民群众对于我们党执政的重要性以及开展党的群众路线教育实践活动的现实必要性和现实紧迫性;紧密结合中办工作实际,全面概述了中办的工作职责、工作特性、社会影响和独特资源,深入剖析了中办工作不注重联系群众的危害以及深入开展教育实践活动对于中办履职尽责、做好"三服务"工作的重要作用,明确要求中办在开展教育实践活动中应坚持向党中央看齐、向总书记看齐,充分发挥带头作用,始终走在全党前列。栗战书同志的讲话,可以说为我们深刻学习理解并贯彻落实中央决策部署以及习近平总书记重要讲话精神作了一个生动的报告。学院作为中办所属高校,一定要以高度的政治责任感,按照中央、中办的统一部署和栗战书同志的讲话要求,加强组织实施,确保教育实践活动取得扎实成效。

党的群众路线教育实践活动,是加强群众路线教育,牢固树立群众观念,深化群众路线实践,切实维护群众利益的活动。为了进一步加深对活动意义的理解和认识,结合习近平总书记等中央领导同志重要讲话精神,我在这里谈三点学习体会。

一、群众路线体现了我们党的性质和宗旨,是我们党的生命线和根本工作路线。"治天下者,当以天下之心为心。"马克思主义告诉我们,人民群众是历史的创造者,同时也是推动社会发展的决定性力量。只有坚持群众路线,相信群众、依靠群众、发动群众,尊重群众首创精神,充分发挥群众的主观能动性和积极性,才可能将各项工作推向深入,保证各项政策最终得到有效执行。我们必须牢固树立宗旨意识、群众观点、服务意识、公仆意识,在实际工作中更加主动、自觉地联系群众、服务群众,才能把为民务实清廉的价值追求深深植根于思想和行动之中,才能汇聚和释放出实现中华民族伟大复兴的巨大活力和无限潜能,使我们党得以依靠广大群众的力量取得一个又一个的胜利。

二、我们党来自人民、植根人民、服务人民,党的根基在人民、血脉在人民、力量在人民。失去了人民拥护和支持,党的事业和工作就无从谈起。"万物有所生,而独知守其根""集于草木,根得其度""夫物芸芸,各复归其根"。离开了根,万物没有生命、难以生存。共产党人的根,就是人民群众。党的十八大报告指出:"党坚强有力,党同人民保持血肉联系,国家就繁荣稳定,人民就幸福安康。"我们党与人民群众长期同甘共苦、患难与共,密切联系群众是我们党的优良传统。九十多年来,我们党从只有五十多名党员发展到现在拥有八千五百多万党员,各项事业取得巨大成绩,其根本原因在于,我们党长期坚持的为人民服务的宗旨得到了人民群众的积极响应和坚决拥护,密切联系群众是我们党最大的政治优势。我们只有继承和弘扬这一优良传统,继续发挥这一政治优势,才能永葆党的先进性和纯洁性,才能使我们党拥有无往不胜、无坚不摧的坚强力量。

三、我们党长期稳定执政的最牢固根基在于人民拥护和支持,脱离群众是执政党的最大危险。党的执政地位不是一劳永逸、一成不变的。苏共亡党的深刻教训告诉我们,水能载舟亦能覆舟。习近平总书记在十八届中共中央政治局第一次集体学习时也告诫全党:"一个政党,一个政权,其前途和命运最终取决于人心向背。如果我们脱离群众、失去人民拥护和支持,最终也会走向失败。"人民群众的意志、利益和要求,往往影响和决定着历史发展的走向。一旦失去了大多数人民群众的信任和拥护,执政党就会丧失执政资格和地位。新形势下我们党面临着"四大考验"和"四种危险",一些党员干部把党群关系变成了"油水关系""蛙水关系"。我们必须保持高度警醒,常怀忧党之心、恪尽兴党之责,自觉把践行群众路线作为关乎党的生死存亡的大事情,以实际行动为巩固党的执政地位做贡献,确保我们的党、我们的国家安如泰山、坚如磐石。

对学院来说,开展党的群众路线教育实践活动,是我们学院进一步凝聚力量、攻坚克难、提升办学水平的客观需要。当前,我们学院正处于发展的关键时期。独立开展专业硕士研究生教育之后,办学层次高了,密码保密部门对我们的期望也越来越高;"密码科研攀登计划"实施以来,"311""核高基"等国家重大科技专项顺利开展,既锻炼了科研队伍,也为我们继续保持良好势头提出了更高的要求;经过三次聘任之后,我们在人事制度方面的改革不断深化,但一些具体制度还需要进一步完善。今年年初,栗战书同志来院走访调研并发表重要讲话,明确提出要把牢政治方向,确保学院的政治本色和学生的政治素质,强调要走出一条与密码保密事业相适应、齐发展的办学之路。面临信息安全技术的迅猛发展,面临高校同行的激烈竞争,面临学院改革发展的艰巨任务,迫切需要各级领导和广大师生、特别是党员干部以旺盛的士气和优良的作风投入到工作中。党的群众路线教育实践活动,是进一步焕发热情、凝聚士气、鼓舞干劲的重要机遇。

近些年来,学院坚持走群众路线,加强工作调研,先后建立了院领导听课、联系学生班级、联系青年教职工、院领导接待日、院长信箱、党代表和教代会代表列席有关决策会议等制度,决策工作注重听取师生员工的意见和建议,发挥教代会、各有关工作专门委员会和领导小组的作用,重大决策增加专家咨询论证环节。学院作风建设总体状况是好的,党群干群关系总的来说是和谐的,广大党员干部在改革发展稳定各项工作中充分发挥先锋模范作用,广大师生干事创业的激情不断迸发,学院各项事业快速发展,办学水平不断提高,整体实力和影响力不断扩大。这是主流,是应该值得充分肯定的。

同时,我们也要看到,一些党员领导干部在为民务实清廉方面还有一定的差距:有的注重形式,工作不求实效,履职尽责的意识不够强,抓落实不够有力,有些工作反复讲、多次讲,就是不落实;有的工作中心意识不够强,对于一些师生反映强烈的突出问题不能及时解决,对学生的关心爱护还不够周到,对青年教师的关心支持还不够有力;有的服务意识不够强,不注重听取群众的意见和建议,工作推诿扯皮,工作作风不够深入;有的勤俭节约意识不够强,铺张浪费现象还在一定的程度上存在,等等。如果我们对这些问题不给予足够重视,任其发展下去,就会面临脱离群众、脱离实际的危险,对密码保密教育事业的发展带来危害。深入开展教育实践活动,是我们认真解决这些问题的有利契机。

我们要充分认识开展教育实践活动的重大意义,认真学习领会习近平总书记的重要讲话、栗战书同志的动员讲话精神,切实把思想和行动统一到中央的重大部署和中办的工作要求上来,切实提高参与教育实践活动的自觉性和责任感。对师生反映强烈的突出问题,对领导班子和领导干部之中存在的作风之弊、行为之垢来一次大排查、大检修、大扫除,增强自我净化、自我完善、自我更新、自我提高的能力,以实际行动密切党群干群关系,取得群众满意的成效。要通过开展教育实践活动,使学院党的建设和各项事业加快发展更具有广泛、深厚、可靠的群众基础,以改进党风推动校风、师风、学风建设,以优良作风把全校师生拧成一股绳,同心同德、同舟共济,不断增强全院党员干部和师生员工办好密码保密部门满意学校的自信与自觉,用作风建设的成果汇聚起推动学院科学发展的强大正能量,更好地为党和国家事业发展贡献智慧和力量。

要以整风的精神推进教育实践活动,全面贯彻"照镜子、正衣冠、洗洗澡、治治病"的总要求。"照镜子",主要是学习和对照党章,对照廉政准则,对照改进作风要求,对照群众期盼,对照先进典型,查找宗旨意识、工作作风、廉洁自律方面的差距。"正衣冠",主要是按照为民务实清廉的要求,严明党的纪律特别是政治纪律,敢于触及思想,正视矛盾和问题,从自己做起,从现在改起,端正行为,维护良好形象。"洗洗澡",主要是认真开展批评和自我批评,深入分析出现形式主义、官僚主义、享乐主义和奢靡之风的原因,坚持自我净化、自我完善、自我革新、自我提高,既要解决实际问题,更要解决思想问题。"治治病",主要是坚持惩前毖后、治病救人方针,区别情况、对症下药,对作风方面存在问题的党员干部进行教育提醒,对问题严重的进行查处,对不正之风和突出问题进行专项治理。

在教育实践活动中,学院各部门要注意把握好六条基本原则。一是坚持正面教育为主,把学习贯穿始终。加强马克思主义群众观点和党的群众路线学习教育,加强党性党风党纪教育和道德品行学习教育,加强中办优良传统作风、机要精神和师德师风学习教育,引导党员干部坚定理想信念,增强宗旨意识,始终坚守共产党人精神追求。二是坚持批评和自我批评,把开展积极健康的思想斗争贯穿始终。崇尚真理、改正缺点、修正错误,真正让党员干部思想受到教育、作风得到改进、行为更加规范。三是坚持讲求实效,把开门搞活动贯穿始终。请师生参与,让师生评判,受师生监督,努力在转变工作作风、提高群众工作能力、密切党群干群关系上取得实效。四是坚持分类指导,把反对"四风"和解决突出问题贯穿始终。紧紧围绕和抓住反对"四风"这个重点,结合高校特点和实际,根据教学、科研、管理等不同业务性质的差异,根据领导干部和一般干部的不同特点,找准和解决各自的突出问题。五是坚持领导带头,把"一级带一级"贯穿始终。院、处两级领导干部都要把自己摆进去,带头学习、带头听取意见、带头谈心、带头开展批评和自我批评、带头进行整改,始终做到上级带下级、主要领导带班子成员、领导干部带一般干部,一级抓一级,层层抓落实。六是坚持建章立制,把制度建设贯穿始终。要梳理有关制度,对实践检验行之有效的要坚持下去,对不适应新形势新任务新要求的要抓紧修订完善。要从活动一开始就研究制定一些新的制度和规定,为反对"四风"提供重要依据。要严格落实制度,强化制度的执行力。

开展教育实践活动是当前一项重大政治任务,也是学院当前工作中的一件大事,时间紧、任务重、要求高。按照教学计划安排,学院即将进入暑假,我们正好可以利用这段时间,心无旁骛,以高度的政治责任感和紧迫感,按照中央统一部署和厅里具体安排,加强领导、精心组织、周密实施,集中精力把教育实践活动抓紧抓好抓实。

一要明确领导责任,坚持主要领导亲自抓。学院成立教育实践活动领导小组,在院党委领导下,具体负责教育实践活动的组织实施。各部门领导班子是本部门教育实践活动的责任主体,全面负责本部门的教育实践活动,务必严格按照学院的教育实践活动方案要求,把活动摆在重要议事日程,深入研究、认真部署、狠抓落实,不折不扣地把中央、厅里的要求和学院的安排落到实处。各部门主要负责同志要认真履行第一责任人的职责,既要靠前指挥,把握好整个活动的目标方向、政策原则、进度节奏和方式方法,也要身先士卒,深入一线,以实际行动引导活动的健康开展;党总支、党支部书记和班子其他成员要积极配合,尽职尽责抓好部门的教育实践活动。要严肃纪律,严格请销假制度。这段时间全厅和院里会有一些集中的学习安排,为保证学习时间、学习任务、学习人员真正落实,暑假期间要认真执行离京报告制度,副处长和副高以上党员离京,要向领导小组组长请假,普通党员离京,要向部门主要负责人请假。各部门和党支部要采取灵活的形式组织学习,保证学习次数,记录好考勤。

二要紧密联系实际,做到稳步实施有特色。在教育实践活动中,我们一定要从实际出发,把中央和厅里的要求与各自的业务实际结合起来,与党员干部的思想和工作实际结合起来,实事求是地推进活动,做到目标明确、重点突出、有的放矢,真正把功夫下在查找和解决自身问题上。要处理好规定动作与自选动作的关系,既按照中央统一部署,认认真真做好每一项规定动作,确保环节一个都不少、步骤一个都不丢、标准一点都不降,又灵活安排一些富有创意、便于操作、能见实效的自选动作,防止简单套用一个标准、一个模子,真正做到规定动作不走样、自选动作有特色。学院作为教学单位,与中办其他单位的工作性质、职责任务、队伍状况有很大不同。学院内部教学、科研、管理和服务部门之间也存在明显差异,教学和科研部门要结合落实中央《关于加强和改进高校青年教师思想政治工作的若干意见》,在增强学习动力、崇尚学术之风以及加强师德建设方面下功夫;管理和服务部门要在进一步改进作风,更好地为教学、科研、师生服务方面找问题、想办法。

三要强化督促检查,保证活动扎实深入。督促检查是推进工作落实的重要手段,也是以往党内开展集中教育活动的重要经验。要切实加大督促检查力度,把督促检查贯穿整个教育实践活动,保证活动扎实深入开展。中央向中办派出了督导组,厅里也成立了督导组,学院党委自觉接受督导组的督导,主动配合、大力支持他们的工作,为他们了解情况、指导工作积极创造条件,根据督导组意见扎实认真地整改落实。学院虽然没有专门成立督导组,但领导小组成员及其办公室,将根据工作需要和活动进展,随时对各部门开展教育实践活动情况进行检查督促,帮助各部门把活动搞好搞扎实,确保教育实践活动不虚、不空、不偏。

四要注重统筹兼顾,做到两手抓、两促进。这次教育实践活动的主要任务聚焦在作风建设上,集中解决"四风"问题,但根本的目的是为了推动教育教学中心工作更好更快发展。因此,开展教育实践活动,不能游离中心工作,不能脱离自身职责。我们要把开展活动同做好中心工作紧密结合起来,科学摆布时间和精力,合理安排教育实践活动和教育教学工作,不能顾此失彼。既要把自己的思想始终集中在教育实践活动上,又要紧紧围绕教育教学工作来部署和推进活动,使活动每个环节、每项措施都为中心工作服务。特别是把教育实践活动与贯彻落实中央、中办领导对学院工作的一系列指示要求结合起来,与落实栗战书同志来学院走访调研时的重要讲话结合起来,既通过活动充分激发党员干部的工作热情和进取精神,切实解决影响和制约教育教学工作的突出问题,不断提高教育教学工作水平,办好密码保密部门满意的学校;又通过教育教学工作成绩来检验活动成效、巩固活动成果、实现活动目标。目前,学院的招生工作接近尾声,一些暑期校园环境改造工程正在进行,第四次岗位聘任工作也已经启动,任务非常繁重。我们一定要正确处理、科学摆布教育实践活动与教学科研业务的关系,真正做到两手抓、两不误、两促进。

五要加强宣传引导,营造良好舆论氛围。加强正面宣传和引导,营造教育实践活动良好舆论氛围,汇聚教育实践活动的正能量。充分利用校园网、机关网、院报、宣传橱窗,宣传教育实践活动的重大意义、总体要求、主要任务和方法步骤,宣传、反映学院开展教育实践活动的情况、先进典型和实际效果,用身边事教育身边人,为教育实践活动营造良好氛围。

同志们,开展党的群众路线教育实践活动意义重大,中央高度重视,群众充满期待,社会密切关注。全院各级领导干部、全体共产党员要立即行动起来,以饱满的热情和旺盛的精力,积极参与到活动中,扎扎实实把教育实践活动组织好、开展好,向厅里交出一份合格的答卷,向全体师生员工交出一份合格的答卷。

用心为群众办事　好事才能办好[*]

（2013 年 8 月 9 日）

　　电科院原来的校址在半壁店（海淀区阜石路 15 号），1998 年迁到现在的丰台区富丰路 7 号。按照厅领导的统一安排，老校区一分为二，西院交给了警卫局，教职工住宅和西苑出版社所在的东院仍由学院使用。2005 年暑期前，警卫局提出：由他们提供房源，把电科院老校区住户和西苑出版社整体迁出，把东院交给警卫局统一规划使用。2012 年 6 月，电科院将老校区向警卫局整体移交。按照厅理论学习中心组的学习安排，我就老校区住房整体搬出这一个工作中的具体事例，来谈一下做好群众工作的做法和体会。

　　对群众要有爱心。老校区全部交给警卫局，一开始学院的态度是十分积极的。但因为牵涉的因素太多太复杂，没有启动就搁置下来。老校区东院占地面积 7.3 亩，共有 2 栋职工住宅楼，2 栋学生公寓改造的简易住宅楼，共有住宅 186 套（面积 10750.36 平方米），西苑出版社办公和图书仓库用房，锅炉房（面积 3525 平方米）。学院作为高等院校，中心工作是教学。老校区整体移交给警卫局，既不是厅里布置的任务，也和搞好教学科研工作没有直接关系。但是，对于老校区的住户来说，这是一件涉及家家户户的大事。因为住户绝大多数是退休人员、老职工和青年教师，收入较低，积蓄有限。他们有的在老校区的房子是本人补差的第二套住房，有的住宅面积已经达标，有的是迫切盼望能有自己住房的成家教师或大龄青年。一般来说，老校区住户或是不会再有改善住房的机会，或是要经过长时间的排队等候才可能轮到机会。通过换房，可以让老校区住户迅速改善居住环境和住房条件。调换住房既不是拆迁，又不是分房，没有法律法规作为依据，也没有任何先例可循。学院不出一套房，不拿一分钱，要迁出 150 多户，难度可想而知。但是不能因为事情难办就不去办。中国共产党作为执政党要代表广大人民群众的根本利益，这不是一句空话，对于一个单位来说，就是要为本单位的

　　* 本文是作者在中央办公厅理论学习中心组学习会上的发言，刊登于 2013 年 9 月 15 日《北京电子科技学院报》。

群众谋利益。对群众有利的事应该积极主动地去办,这才是真正贯彻全心全意为人民服务的宗旨。对群众有好处的事,就应该义无反顾地去做,这才是对群众有爱心的体现。

问计于民要虚心。换房既然是一件好事,就应该努力去办好。但如何办好,不能光凭主观愿望,一定要认真听取老校区全体住户的意见和建议。老校区住户的住房有已经达标的,有没有达标的;有已经购买的,有还是租住的;有的是补差住房,有的是唯一住房;有的是在职的,有的是已经退休的;有的户主已经去世,遗孀做不了子女的主;有的是本院教职工,有的是调出、辞职、被开除人员。如何兼顾各方面的利益,提出一个大家都同意的办法?经老校区住户民主推选,组成了老校区调换住房工作委员会。委员会由全体住户民主推选的各方面代表组成。经过多次召开座谈会,两次进行书面问卷摸底,几上几下征求意见,绝大多数住户就分怎么打、序怎么排、如何对老职工、青年教师、双职工、本院人员有所倾斜而不失公平等方面达成共识,最后确定了调换住房计分项目、标准和排序办法。

设计方案要精心。院领导班子十分重视调换住房工作,院长办公会多次研究,并成立了调换住房工作领导小组。调换住房工作领导小组认真调研,反复研究,提出了"保证在老校区居住、有正式购买、租住现住房手续的住户有一套比现住房面积有所增加的住房,西苑出版社有不少于目前面积的办公及图书仓库用房"的调换住房目标。为了最大限度地改善老校区住户的住房条件,学院把老校区能为学院创收的临街门面房和公用建筑面积全部折算为住宅面积,以增加房源面积和套数;在出售马连道住房时,不再出售腾退的老校区住房以减少户数;在房改政策允许的范围内,为住户调换住房争取最大限度的优惠;做工作让西苑出版社从大局出发,克服困难,暂时去不适合办公的民居中临时过渡办公。在厅领导的亲切关怀和中直管理局的大力支持下,落实了调换住房所需要的全部房源。

组织实施要细心。整个换房工作在院领导班子的集体领导下,由院调换住房领导小组组织实施,院纪委监督工作全部过程。成立了综合组、财务组、产权和材料组等,逐日安排了换房工作启动后每天要做的事情,按部就班地向前推进。经过召开老校区全体住户大会动员、公布排序、测算、房源图纸、分批选房,不到一个月的时间,90%的住户签署了自愿换房协议,基本完成了预定的目标。

狠抓落实要有恒心。剩下的十分之一,个个都是难啃的骨头。有的以家中子女多为理由,要求一个子女一套住房;有的提出非万寿路的房子不换;被开除的人声称不恢复公职一切免谈;有的提出除了给万寿路的房子之外还要给几百万现金;有的要求学院给子女安排工作,等等,都是按政策不可能解决的要求。学院成立了腾退老校区住房工作小组,针对不同人员的不同情况提出工作方案。为了不引发矛盾,还要保持调换住房规则的连续性,而不能过分迁就出格要求。院领导和工作小组的成员登门入户,耐心细致、苦口婆心地做拒绝换房住户的工作。最后,共有153户迁出老校区,户均增加41平方米,在居住环境、地理位置、生活条件上得到了极大改善。剩下6户不同意的,连同住房一起交警卫局,学院在各方面积极配合,协助警卫局继续做好移交时不同意换房住户的工作。

老校区整体置换成功,是对学院领导班子群众工作能力和水平的检验,既支持了部队建设,又使住户得到了实惠,全体教职工也因为平均住房面积的提高而在今后受益。这件史无前例的好事能够办好、办成,除了厅领导和厅内单位的大力支持外,走群众路线,把群众满意作为第一标准,尊重住户意愿,给人民群众看得见的物质福利,兼顾不同住户的利益是成功的关键。

制定为民务实清廉标准
要全覆盖出实招见实效[*]

（2013 年 8 月 26 日）

开展为民务实清廉大讨论,研究制定本单位落实为民务实清廉要求的具体标准,是党的群众路线教育实践活动的一项重要内容,是确保活动取得实效,并形成长效机制的重要前提和基础性工作。学院作为中办唯一的一所高校,无论承担的工作职责还是单位人员的规模和组成,与厅内其他单位都有很大的不同。因此,在研究制定学院落实为民清廉要求具体标准的过程中,我们紧密联系学院实际,着力解决好三个方面的问题。

一、充分考虑学院人员构成,在实现"全覆盖"上下功夫。学院现有 300多名在职教职工,130 多名离退休老同志,近 2000 名在校大学生。从人员组成看,既有高级知识分子,又有普通技术工人,既有参加工作几十年的老教师、老同志,又有为数众多的 90 后青年学生群体。如何从不同岗位、不同年龄群体的实际出发,更好地解决教学、科研、管理、服务各类人员的合理利益诉求,充分调动各方积极性,实现联系群众工作对全体师生的全面覆盖,是检验学院为民务实清廉标准制定得是否科学合理的一个重要标准。

二、聚焦重点领域和关键问题,在"出实招"上下功夫。落实为民务实清廉要求的标准不可能面面俱到,涉及学院每一项工作的每一个方面,但是必须在关系学院长远建设发展的重要领域和关键问题上有明确的要求和切实的举措。在这方面,学院在前一阶段的学习教育和听取意见工作中,有意识地进行了收集和汇总。比如,在进一步深化事业单位人事制度、分配制度改革方面,学院结合正在开展的第四次聘任工作,广泛征求了教职工对四聘工作的意见建议,所有合理化意见都将在最终的制度文件中予以体现。同时,完善选人用人机制,营造有利于人才脱颖而出的良好氛围也是学院落实为民务实清廉要求标准的一项重要内容。再比如,随着国家和厅里对学院各类经费投入的逐年增加,关于如何进一步管好用好经费,降低运行成本,提

---

* 本文是作者在中央办公厅理论中心组学习会上的发言。

升资金使用效率,建设节约型高校,也将在学院落实为民务实清廉要求的具体标准中提出明确要求。

三、紧密联系密码保密部门实际需求,在"见实效"上下功夫。一项制度标准的制定,不能仅仅是"看上去很美",还应当在见实效、推进实际工作上发挥作用。栗战书同志在年初到学院走访调研时,明确要求学院走出一条与密码保密事业相适应、齐发展的办学之路。紧跟密码保密部门需求,为密码保密事业服务,是学院工作的根本目的。因此,学院制定为民务实清廉的具体标准,在突出为学院师生员工服务的同时,也要把密码保密部门是否满意作为检验标准,把办好密码保密部门满意的教育作为追求目标。要把落实为民务实清廉要求与推进学院建设发展紧密联系起来,与提升教学、科研、人才培养、内部管理等各项工作水平紧密联系起来。

下一步,学院将按照厅里的统一要求,继续扎实做好有关工作,在汇总整理、科学分析各方意见建议的基础上,总结凝练出学院落实为民务实清廉要求的具体标准的文字表述。在具体标准制定实施一段时间之后,当我们"回头看"的时候,不仅要通过一系列具体量化的指标检验标准执行得是否扎实到位,还要总结通过落实为民务实清廉要求,在推进学院工作方面取得了哪些实实在在的效果。

深化教育教学改革要有紧迫感[*]

（2014 年 1 月 17 日）

　　新年前夕,中央政治局委员、中央书记处书记、中央办公厅主任栗战书同志轻车简从来到学院走访调研,进宿舍、看食堂、到干部培训教室看望广西壮族自治区第 6 期全区机要干部持证上岗培训班学员代表、到实验室看望慰问师生员工,与院领导班子和教师代表围绕"维护国家安全,建设好国家密码阵地"主题进行了座谈,充分体现了厅领导对党的密码保密教育工作的高度重视,对学院建设发展的格外关心,对学院师生的特别关怀。栗战书同志座谈时的重要讲话,以深入贯彻落实党的十八届三中全会精神为统领,着眼于当前密码保密工作面临的新形势、新任务和新挑战,从党和国家密码保密事业长远发展的战略高度,从办学方向、人才培养定位、管理体制、学科设置和师资力量、招生就业政策五个方面,就学院未来发展提出了具体要求。讲话抓住了关键,抓住了根本,抓住了要害,对做好 2014 年的工作、推动学院的科学发展具有十分重要的指导意义。

　　令人振奋的成绩已经属于过去,更加艰巨的任务摆在我们面前。面对高等教育千帆竞发、百舸争流的态势,面对中央、中办领导谆谆教诲和殷切期望,办好密码保密部门满意的教育,做好今年的人才培养、密码科研、服务保障等各项工作,我们任重而道远,需要付出更多的努力。

　　一是必须坚持推进改革创新。党的十八届三中全会对全面深化改革做出了总部署、总动员,也对教育改革特别是深化教育领域综合改革做出了新的部署、提出了新的要求。栗战书同志在学院座谈调研时,专门就学院贯彻党的十八届三中全会精神,加快推进学院改革发展作出了明确指示,提出了具体要求。这些年,虽然我们根据形势任务的发展变化,在推动工作创新上迈出了重要步伐,但也要清醒地看到,在改革创新上我们的思想还不够解放、思路还不够开阔、步子还不够大。改革形势逼人,如果固守着老观念、老办法、老套路不放,不能与时俱进地树立新理念、探索新思路、引入新机制,

---

　　* 本文是作者在学院八届十次教代会暨 2013 年度总结表彰大会上的讲话节选。

就难以跟上时代日新月异的变化,难以跟上高等教育快速发展的步伐,难以跟上厅里对学院工作的要求。我们与其他普通高校相比具有一定的特殊性,但如果过分强调特殊性,乃至把它当做安于现状、不思进取的挡箭牌,势必延误发展的时机,将来可能问题越积越多,困难越来越大。全院上下务必要有那么一种坐不住的危机感、一种等不起的责任感、一种慢不得的紧迫感,把适应当前高等教育发展的迫切需要、把各级密码保密部门对学院的期望、把影响制约学院发展的紧迫问题作为改革创新的着力点和突破口,在继承过去好传统、好做法的基础上,进一步开阔视野、开阔胸襟、开阔思路,调整完善学院的发展战略、办学理念和工作思路,努力把学院办成密码保密部门满意的高水平学校。

二是必须坚持全院"一盘棋"思想。学院工作是一个系统工程,需要考虑周全、统筹兼顾。虽然每个部门在学院工作中承担的职责不同,但我们有一个共同的目标,就是推进学院的建设和发展,办好密码保密部门满意的教育。学院工作取得的每一点成绩,都凝结着学院各部门做出的重要贡献,凝结着每一位教职工的心血和汗水。"一切行动听指挥,步调一致才能得胜利。"全院上下要心往一处想,劲往一处使,务必增强政治意识、责任意识,从全局的高度思考关系学院事业长远发展的重大问题,从大局的角度做好自己承担的工作。今年党委的工作要点印发之后,各部门要按照职责分工找准位置、对号入座。部门要主动配合、相互支持、密切合作,上下不能脱节,左右不能失联,克服本位主义,防止各自为政、自行其是,增强大局意识,树立全局观念,分工不分家,补台不拆台,营造"遇事讲大局,全院一盘棋"的良好氛围。

三是必须坚持从严要求教职工。没有一支过得硬的教职工队伍,学院就不会有过得硬的工作业绩。当前,学院开展第四次岗位聘用工作已经接近尾声,每位教职工即将开始新一聘期的工作,希望大家都能够以一种新的精神状态和新的工作作风面对新的聘期。要尽心尽力、尽职尽责,珍重这份责任、珍视这个舞台、珍惜这段光阴,正确对待奉献与索取、付出与获得、成长与进步的关系,把全部精力都投入到工作上,把全部心血都倾注到工作上,兢兢业业地做好本职工作,以优异的成绩回报组织的信任和教职工的期望。要全力以赴、真抓实干,始终保持奋发有为、昂扬向上的精神状态,碰到问题不绕道走,遇到困难不调头走,看到矛盾不躲着走,定下来的事情就要干下去、干出样子,开了头的事情就一抓到底、抓出成效,确保各项工作善始善终、善做善成。要淡泊名利、甘于奉献,时刻牢记肩上的责任,自我加压、默默前行，以夙兴夜寐、忘我工作的精神境界，扑下身子、沉在一线，一步一个脚印地推进工作，努力在埋头苦干中实现人生价值，在拼搏奉献中绽放人生光彩。

学院的教职员工干得很苦，付出很多，我们在严格管理的同时，也要关心大家的发展，关心大家的生活。院党委今年要下更大的决心、做更大的努力，在政治上关心大家的成长进步，对在教学工作中表现突出的教师给予表彰，对科研成果显著的科研人员给予褒奖，对德才兼备的干部及时提拔，对工作实绩突出的干部大胆重用，决不让埋头苦干的老实人吃亏，决不让踏实工作的人心凉，使每一位努力干事的同志都有奔头、有盼头。要努力为大家创造干事创业的良好环境，不断完善激励措施，使人才能够脱颖而出，使才华能够充分展示，使干事业的努力都能够结出硕果。要在生活上帮助大家解决后顾之忧，在政策允许的范围内，尽最大努力改善教职工的住房条件，提高教职工的福利待遇，使大家越干越有信心，越干越有成就。

同志们，现在目标任务已经明确，关键是要统一思想，转变作风，开拓创新，狠抓落实。在新的一年里，我们一定要在中央办公厅的正确领导下，在院党委的带领下，以昂扬的精神、饱满的热情、开拓的思路、扎实的作风，聚精会神搞教学，集中精力抓科研，千方百计促发展，为把学院办成密码保密部门满意的学校而努力奋斗！

奋发进取 履职尽责 *

（2014 年 1 月 21 日）

在座 67 位同志的任期，自人事局批准备案后已经正式开始。在新的任期内，每一位同志都应该有新的精神状态，新的奋斗目标，新的工作思路和新的工作作风。利用这次培训班的机会，我代表院党委向大家提几点希望和要求，也算是一次集体谈话。

一、加强党性修养和锻炼，坚定理想信念

理想信念不是空的，就包含在我们正在做的事情中；不是远的，就在我们眼前的实践中；不是嘴上说的，而是体现在每个人的行动之中。要加强党性修养和党性锻炼，经受住"四大考验"，防止"四种危险"，强化"六个意识"，做好"两个表率"，践行"三个看齐"。

一是要提高理论素养。只有理论上的成熟，才有信仰上的坚定和政治上的清醒；只有思想认识的真正提高，才有行动上的高度自觉。我们党作为一个用科学理论武装起来的马克思主义执政党，历来高度重视思想建设和理论武装。随着社会的发展，党的理论建设与时俱进。通过学习理论，不仅可以进一步坚定共产主义的信仰，有坚定正确的政治方向，而且能帮助自己树立正确的世界观、人生观和价值观。在学习的过程中，要发扬理论联系实际的优良学风，切实结合中国特色社会主义建设的实际，结合个人思想的实际，学会运用邓小平理论、"三个代表"重要思想、科学发展观的立场、观点和方法，去研究新情况、解决新问题。党员干部加强党性修养，不是为了好看，而是为了更好地为人民做事。检验一个党员是否有坚强的党性，不光看他是否做事，更要看他为谁做事、怎样做事和做事的效果如何。党员干部加强党性修养，首先要树立"自信人生二百年，会当水击三千里"的积极人生态度，努力做事，努力做成事，努力做成大事。其次，要坚持为人民做事，以人

---

* 本文是作者在第四次聘任领导干部培训班上的讲话。

民利益为根本出发点;用辩证唯物论的科学方法做事,以科学发展观指导做事。第三,做事效果要由群众评价。实践是检验真理的唯一标准,群众是最公正的评判员。做事动机端正,方法科学,效果积极,自然会得到群众公认。这就要求党员干部做任何事情,都要以群众拥护不拥护、答应不答应、满意不满意、赞成不赞成作为根本出发点。

二是要坚定理想信念。始终保持对马克思主义的坚定信仰,对共产主义和中国特色社会主义的坚定信念。我们的信念是建立在马克思主义揭示的人类社会发展客观规律基础之上的,是共产党人的崇高追求和强大精神支柱。无论过去、现在、将来,都是共产党人保持先进性的精神动力。理想信念就是共产党人精神上的"钙",精神上"缺钙",就会得"软骨病"。现实生活中,一些领导干部出这样那样的问题,说到底是信仰动摇、精神迷失。我们要深入学习实践中国特色社会主义理论体系,学习习近平总书记系列讲话精神特别是对中办工作的重要指示,解决好世界观、人生观、价值观的问题,讲党性、重品行、作表率,矢志不渝为实现中国特色社会主义共同理想而奋斗。

二、少官气,接地气,改进工作作风

"认识你自己!"这是古希腊帕尔纳斯山石碑上的名言。毛泽东同志也曾说过:人贵有自知之明。部门负责人经过个人申报、群众推选、组织考察等一系列程序,被聘在某一领导职务上。但是,我们要清楚,领导职务不能和能力、水平画等号,职务的提升不代表水平的提高。

一是要放下身段。栗战书同志要求各级领导要把自己同群众放在一个等高线上。不要作领导状,拿架子、摆谱,口大气粗、趾高气扬,这是最要不得的,也是群众最反感的。放低姿态,戒掉官气,学会做群众工作,和群众打成一片。要离开办公室,走出办公楼,到教室、实验室去,到工作的一线去,关心群众疾苦,倾听群众呼声。虚心向群众请教做好工作的思路和办法,甘当小学生,问政、问需、问计于民。对群众充满感情,决不允许对群众疾苦漠不关心,对群众利益麻木不仁。

二是要转变作风。栗战书同志指出,贯彻群众路线永远没有休止符,作风建设永远在路上。反对形式主义、官僚主义、享乐主义和奢靡之风,不是一次性的活动,是一个长期的过程,是全面加强作风建设的突破口。学院要从干部职工反映最直接、最强烈、最突出的问题入手,从具体事情抓起,从具体的、细微的问题着眼,用钉钉子的精神,一个一个解决"四风"方面存在的突出问题。在学院这样一个教学为主的单位,教师是学校的主体、是教学的主体。作为部门负责人,一定要有服务意识,要尊师重教。学校的"八字学风"中,排在第一的就是"尊师"。岂止是学生,所有的人都要尊重老师。梅贻琦在担任清华大学校长时说过,校长的任务就是给教授搬搬椅子、端端茶水的。山东大学原校长徐显明有个"一把椅子"理论。如果学校只有一把椅子,谁来坐呢?领导不能坐,学生不能坐,只有教师能坐,体现了对教师的一种尊重。转变作风,离不开调查研究,眼睛向下,虚心求教职工,才能提高做群众工作的能力和本领。要按照栗战书同志的要求,真情对待群众、平等交流,提高和群众沟通联系的本领;真诚贴近群众、问计基层,提高汇聚民智民意的本领;真心为民谋划、敢于担当,提高造福群众的本领;真正以身作则、取信于民,提高引导群众的本领。

三、勤学习,研业务,提高综合素质

高等教育的形势日新月异,信息安全领域的发展一日千里,机要事业对高素质人才的需求与日俱增,学院的发展机遇前所未有,面临考验也是前所未有。能否抓住机遇,克服困难,迎难而上,需要我们大家具备相应的条件和能力。能力的取得只有依靠学习。学习是生存的基础、服务的前提、进步的阶梯、成长的途径。作为学院的中层干部,大家都要树立终身学习的思想,真正把学习当作一种责任、一种生活常态、一种精神追求。要把加强学习作为政治任务、历史使命和重要责任,深刻认识到学习是加强党性修养、坚定理想信念、提高精神境界的重要手段,是获取知识、提升能力、增长本领的必经之路。

要具备履行职责所需的知识和技能,具备开展工作所需的管理能力。学校部门负责人岗位分两种:一种是专业技术岗位;一种是管理岗位。无论在什么岗位,必须要具备自己岗位所需、职务职责相称的政策知识、专业知识、科学文化知识和技能。每一位同志都要懂本行,明政策,做自己从事工作的"政策通""活字典""问不倒、一口清"。学院的教学、管理、科研方面都有很多新的东西,工作中用到什么,就要学什么;知识结构中缺什么,就要补什么。自己是行家里手,才不会瞎指挥,避免"以其昏昏,使人昭昭"。

当今时代是一个大变革大发展的时代,科学技术日新月异,新事物新知识不断涌现,新情况新问题层出不穷。我们需要学习的东西很多,一定要有知识恐慌、本领恐慌的危机感。现在清华、北大已经分别加入世界慕课联盟,比尔·盖茨曾大胆预测,今后五年内世界最好的大学将在互联网。教学、教辅部门负责人要高度重视慕课对未来教育的重大影响和给教学方式及人才培养带来的深刻变化。做学生工作的中层干部,要学会学生熟悉的、容易接受的新手段新方式,了解互联网的优势和弊端,学会利用微博、微信等新媒体技术和手段做好新形势下的学生工作。我们要善于利用网络这个阵地,有拍砖能接、灌水能导,学生有所呼、老师有所应的本领。移动通信技术的发展对大学生的负面影响已经非常明显,WIFI进入校园后学生平均成绩普遍下降,补考人数也在增加。使用手机不再仅仅是一种消费行为,已经是青少年的一种娱乐手段和生活方式。正确加以引导,扬利抑弊,是一件十分紧迫的事情。

四、敢负责,能担当,履职尽责

一是要负起领导责任。首先要担当部门的领导责任,守土有责、守土负责、守土尽责。同时还要承担学院各专门委员会和领导小组的工作任务。根据工作内容不同,相关部门负责人(可能是正职,也可能是副职)要进入相应的委员会或工作小组。这是代表本部门参加,牵头的部门当仁不让负起责任,参与的部门积极主动协调配合,全院必须一盘棋。推诿扯皮,不但贻误工作,对个人成长进步也是有百害而无一利。学院不允许对布置的工作采取实用主义的态度,合意的就执行,不合意的就不执行,甚至上有政策,下有对策。

二是要明确任期目标,树立正确政绩观。任期内做什么,做成什么,要有具体目标。"为官一任,造福一方",通过扎实勤奋的工作,在岗位的聘期内为党的机要教育事业发展、学院发展做贡献,为广大教职工做实事做好事。要树立正确的政绩观。领导干部的政绩,应该既符合国家利益,又符合学院利益;既符合当前利益,又符合长远利益;归根到底既符合科学发展观的要求,又符合广大教职工的利益,经得起实践、时间、群众、历史的检验。开拓创新是政绩,化解矛盾也是政绩,理清旧账、处理好遗留问题也是政绩。为后任打好基础也是政绩。功成不必在我,许多工作需薪火相传、接力完成。

三是要按民主集中制原则办事,维护班子团结。领导干部不仅要有"能干事"的精神和本领,还要有"能共事"的意识和水平。团结出凝聚力、出战斗力、出生产力,团结也出人才、出干部。在班子中要找准自己的位置,多看别人的长处、优势,处理好个人与集体的关系。为人处事要具备真诚、宽容、谦让的襟怀和品德。工作中要发扬民主,坚持"集体领导、民主集中、个别酝酿、会议决定"的方针。部门负责人尤其是一把手一定要把民主集中制与个人负责制很好地结合起来,凡涉及重要事项,不要个人说了算,一定要经过民主程序、科学决策。过去讲,火车跑得快全靠车头带,强调领导干部的带头示范作用。现在火车都是动车了,动车跑得快是因为每节车厢都有动力。我们可以从中得到启示:善于发挥集体的积极性、主动性和创造性,调动班子成员、部门领导和全体教职工的积极性,才能更好地开展工作。

五、严于律己,作表率,传播正能量

"欲影正者端其表,欲下廉者先己身。"党员干部要做学习党章、遵守党章的模范。凡是党章规定党员必须做到的,领导干部要首先做到;凡是党章规定党员不能做的,领导干部要带头不做。要在党员和群众中发挥表率作用,严格遵守政治纪律、工作纪律、保密纪律、廉政纪律,切实把各项纪律要求转化为自己的基本遵循和自觉行动。自觉守住底线。底线是什么?底线就是做人、处事、为官的原则和最起码的准则,也是安身立命、维护自尊的法宝。

牢固树立宗旨意识,做到权为民所用、情为民所系、利为民所谋,正确行使人民赋予的权力。清代史学家赵翼说"贿随权集",与西方政治家讲的绝对权力滋生绝对腐败意思相近。履行职责,行使权力,要公权公用,心存敬畏,自律慎独,接受监督。要有甘当人梯的思想境界,难事先上,好事多让。系部领导要为年轻同志拿课题、跑立项提供帮助,为普通老师出成果创造条件,千万不能"近水楼台先得月"。作为领导干部,要筑牢拒腐防变的思想道德防线,自重、自省、自警、自励;坚定共产主义信念,身体力行,全心全意为人民服务,当传递正能量的火炬手,让清风正气充满校园。

同志们,得天下英才而教育之,是人生快乐之一。我们的职业,是需要智慧、充满智慧而又能给学生智慧的职业;我们的工作,是为学生成人成才奠基而又为自身的成长进步奠基的工作;我们的事业,是在创造幸福的同时又体验幸福、享受幸福的事业。让我们共同努力,在聘期内经受锻炼、砥砺意志、增长才干、积累经验,踏踏实实、兢兢业业地工作,决不辜负群众的拥戴和组织的信任,为办好这所学校贡献自己的全部力量。

将"五个坚持"的要求逐一落到实处*

（2014 年 7 月 13 日）

党的十八大以来，习近平总书记发表系列重要讲话，深入阐释了党的十八大精神，深刻回答了新形势下党和国家事业发展的一系列重大理论和现实问题，提出了许多富有创见的新思想、新观点、新要求，丰富和发展了马克思主义中国化的最新成果，进一步升华了我们党对中国特色社会主义建设规律和马克思主义执政党建设规律的认识。今年 5 月 8 日，习近平总书记视察中央办公厅，同全厅各单位班子成员和干部职工代表亲切座谈，发表了重要讲话。习近平总书记从党和国家事业发展的战略和全局高度，深刻阐释了中央办公厅的地位、性质和特殊重要的作用，对中办"三服务"工作和全厅干部职工提出了"五个坚持"的明确要求。习近平总书记的重要讲话既高屋建瓴、立意深远，又朴实平易、饱含深情；既有对重大政治理论问题的深刻阐释，又有对具体工作实践的科学指导，是做好中办"三服务"工作的明确指导方针和强大思想武器。

7 月 1 日，中央政治局委员、中央书记处书记、中央办公厅主任栗战书同志在百忙中抽出时间给全厅副处级以上党员干部讲党课，结合自己学习习近平总书记系列重要讲话精神、特别是学习 5 月 8 日重要讲话精神的心得体会，联系个人成长和工作经历，给全厅党员干部作了一场全面深刻、系统生动的学习贯彻习近平总书记重要讲话精神的辅导报告。栗战书同志指出，习近平总书记 5 月 8 日的重要讲话是做好中办"三服务"工作的根本遵循，是对中办工作和职责的深刻概括，是全厅干部职工的行为指南和加强党性修养的重要标准。栗战书同志强调，学习贯彻落实习近平总书记重要讲话精神，"坚持绝对忠诚的政治品格"是灵魂，"坚持高度自觉的大局意识"是前提，"坚持极端负责的工作作风"和"坚持无怨无悔的奉献精神"是保证，"坚持廉洁自律的道德操守"是底线。全厅贯彻落实习近平总书记重要讲话精神，要坚定理想信念，把握绝对忠诚的思想根基；要增强大局意识，提高

---

* 本文是作者在学习贯彻习近平总书记系列重要讲话专题研讨会上的讲话。

"三服务"工作的高度自觉；要强化责任担当，努力锻造极端负责的工作作风；要提倡大奉献，坚守共产党人的崇高精神境界；要坚持重品行守规矩，牢牢守住廉洁自律的底线。

随着学习的逐步深入，我更加深切地认识到，深入学习贯彻习近平总书记重要讲话精神，首先要增强"三个认同"。一要增强情感认同。带着感情深入学习总书记重要讲话精神，体会总书记对中办的高度重视，感受总书记对中办干部职工的深切关爱，感悟总书记的政治智慧、理论品格、为民情怀和人格魅力。二要增强身份认同。进一步树立和增强"中办人"的意识，在工作、学习和生活中，始终用"中办人"的标准严格要求自己，发扬绿叶精神，守得住清贫，耐得住寂寞，守好共产党人的精神高地，保持中办人的政治本色。三要增强价值认同。就是要自觉改造主观世界，树立科学正确的世界观、人生观，践行社会主义核心价值观，真正理解总书记所说的"国家好，民族好，大家才会好"的深刻内涵，进一步提升投身党和国家密码保密教育事业的主动性和自觉性，在推进"三服务"工作科学发展的过程中体现和实现个人价值。

学习贯彻习近平总书记重要讲话精神，行胜于言。当前，最根本、也是最重要的就是要通过认真深入的学习、科学系统的谋划和扎实细致的工作，将"五个坚持"的要求逐一落到实处。

一、要切实打牢思想根基。坚定理想信念，牢牢把握意识形态领域工作的主动权，坚持不懈地用中国特色社会主义理论体系武装师生头脑，用习近平总书记系列重要讲话精神指导学院工作，进一步推动"三学"教育和其他思想理论教育活动向深度、广度发展。通过不断丰富教育内容，创新教育方法，加大教育力度，增强思想政治教育工作的科学性、针对性和实效性，打牢全院师生特别是党员领导干部的思想基础，提高"六种意识"，当好"三个表率"，确保对党绝对忠诚，确保在思想上、政治上、行动上同以习近平同志为总书记的党中央保持高度一致。

二、要努力增强大局意识。大局意识是党员领导干部必须具备的基本素质。"不谋全局者，不足谋一域。"学院党员干部要自觉加强理论学习，提高理论修养，科学准确认识大局、把握大局；要自觉加强党性锻炼，提升党性修养，坚定不移服从大局、服务大局。从党和国家机要密码事业发展的全局出发，思考、谋划学院的建设和发展，推进学院的教学、科研、管理、人才培养和后勤服务等各项工作。

三、要不断强化责任担当。学院每一位党员干部一定要牢记肩上的重任和使命,时刻怀着为党和人民建功立业的责任感和使命感,认认真真学习、兢兢业业工作、勤勤恳恳做事。要不断巩固和深化党的群众路线教育实践活动成果,大兴求真务实之风,沉下心来,俯下身子,一步一个脚印地开展工作,履职尽责。要进一步加强学院制度建设,既要紧密结合学院实际科学制定各项规章制度、明确工作流程,更要加强对制度执行情况的监督检查,确保各项制度不仅"上墙"而且"落地",无一例外得到切实有效的执行。

四、要始终坚守精神境界。学院全体党员干部要正确认识并处理好小与大、得与失、苦与乐的关系。坚守共产党人的先进追求,矢志不渝地为党和国家的密码保密教育事业,为中办"三服务"工作不懈奋斗。践行"忠诚、笃学、创新、卓越"的校训,培育并弘扬"严格、严谨、有序、有恒"的校风和"修身、博识、兢业、爱生"的师风。立足本职、勤奋工作,克己奉公、无私奉献,带头恪守职业道德,遵守社会公德,培养家庭美德,修炼个人品德,保持健康的生活情趣和崇高的精神境界。

五、要牢牢守住廉洁底线。廉洁自律是党员领导干部的立身之本、为官正道。学院党员干部要进一步增强底线意识,严守思想防线、纪律红线和道德底线。防微杜渐,以"祸患常积于忽微"之心对待小事、小节、小利。常思贪欲之害,认真算清楚政治账、经济账、名誉账、家庭账和自由账。慎重社会交往,净化自己的"社交圈""生活圈",真正做到不正之友不交、不义之财不取、不洁之地不去。

在公寓管理中履职尽责 *

（2014 年 11 月 2 日）

今天的会议开得很好,总结了前期工作,调整了五个系和研究生的学生委员,研究了下一步的改进措施。各成员单位交流了各自的工作情况和经验,查摆了存在的问题并分析了原因,畅谈了改进工作的设想和思路,学生委员从学生的角度提出了加强学生公寓和自我管理的意见和建议,为下一步学生公寓管理再上新台阶奠定了坚实的基础。今后,学生公寓管理委员会会议每学年都要召开一次,每学期都要对学生宿舍开展一次联合检查,形成制度,阶段性地推动学生公寓管理工作。

新一届学生公寓管理委员会自 2012 年成立之后,大家对学生公寓管理的重视程度日益提高,推诿扯皮现象大大减少,各项管理措施陆续出台,学生自治和自我管理逐步加强,宿舍文化建设有声有色,公寓硬件设施不断改善、调配运行正常有序,管理能力、服务水平和育人功能都有了明显的改进和提升。各位委员履职尽责,成员单位各司其职,齐抓共管、形成合力,把学生公寓管理工作提高到了一个新的水平。成绩来之不易,可喜可贺,希望大家继续保持这种好的势头并发扬光大。在肯定成绩的同时,不能沾沾自喜、忽视存在的问题和不足,必须开动脑筋、想方设法,必须采取切实措施解决管理还比较粗放、不够精细,服务还不够到位、时有滞后,学生违规不止、屡纠屡犯,公寓条件有限、急需改善等问题。

一、要切实增强责任意识。今年 5 月 8 日,习近平总书记在中办走访调研时指出,恪尽职守、认真负责既是做好中办工作的必然要求,也是中办同志必须具备的基本素质。他希望中办的同志要以强烈的事业心和高度的使命感,兢兢业业做好各项工作,做到敬业守责、尽心尽力。做好学生公寓的管理工作也必须做到敬业守责、尽心尽力。受人之托、忠人之事。既然担任了公寓管理委员会的委员,就应该履职尽责,就应该做好所代表部门和群体的工作。保密保卫处要在做好运行调配、消防安全、日常管理的同时,切实

---

　　* 本文是作者在学院学生公寓管理委员会会议上的讲话。

履行学生公寓管理委员会办公室的职责,积极协调好方方面面的关系,扎实推进各项工作。学生工作处要把学生公寓管理列入学生工作的议事日程,指导各系党总支加强学生公寓管理。团委要加强对学生宿舍文化建设的指导和引导,构建清洁静雅的公寓文化。各系党总支要进一步强化学生公寓管理在学生工作中的地位和作用,深入公寓、走进宿舍,零距离地了解和掌握学生的思想、行为和心理情况。栗战书同志在去年年底来学院走访调研时,进教室、实验室,进食堂,还专门到学生宿舍察看,了解公寓管理的有关情况,听取同学们的意见和建议。各成员单位要切实履行各自的职责,把学生公寓管理工作当作本部门工作的一个重要组成部分来抓紧、抓细、抓实。

二、要着力提升服务质量。学院第一位的任务是培养人才,学院的一切工作最终都是为培养人才服务。服务质量的高低直接影响学生的心态情绪,关系到学生的满意度和"幸福感"。保密保卫处要加强对学生公寓管理科的管理,加强楼门值守,防止发生失窃等安全事故;想学生之所想、急学生之所急,想方设法为学生提供方便、分忧解难。后勤管理处要加强对物业部门和外包公司的指导和监督,全方位地提升从业人员的服务意识,做到报修畅通、维修及时;建立严格细致的巡查维修机制,保证水电气暖设施的完好和正常运行;尽快在洗衣房、浴室加装插座,解决学生使用吹风机、烘干机等问题。学生食堂应提供微波炉加热饭菜服务,开水房外放置摆放暖水瓶的架子,为学生提供方便。各部门都要强化服务意识,寓管理于服务之中,在服务中做好管理工作,给学生以亲人的温暖和家的感觉。

三、要不断完善规章制度。无规矩不成方圆。要想提升学生公寓管理水平,就要建章立制、完善规范。新一届学生公寓管理委员会成立以来,先后出台了《北京电子科技学院学生公寓管理规定》、安全用电、卫生检查、宿舍评比等方面的规章制度,对于加强学生公寓管理起到了积极的保障和推动作用。但应当指出的是,学生公寓管理制度还不够完善、不够精细。公寓管理部门、物业保障部门和学生管理部门要认真梳理,下大力气加强制度建设。在学生安全问题上,决不能出了事才亡羊补牢、痛定思痛,必须曲突徙薪、防范在先、未雨绸缪。要修订出入公寓制度,规范会客行为,严禁异性进入女生宿舍,控制晚归现象,制定疫情应急预案和防控规定、严禁将宠物带进宿舍等等。各项制度该上墙的要上墙,做到人人皆知、按制度办事、靠制度管人。

四、要调动学生自我管理。学生是学生公寓的主体,学生公寓管理得好坏,既取决于教工的管理与服务,也有赖于学生的支持与配合。学生公寓管理好了,受益者首先是学生自己。要进一步引导并强化学生的民主参与意识,调动学生自我管理的积极性和主动性,营造"公寓是我家、人人爱护它"的氛围,使爱护公物、珍惜公寓环境为荣、污损公寓环境为耻在校园蔚然成风。要建立健全学生公寓自我管理组织,在完善宿舍长制度的同时,尽快建立楼长管委会制度。要真正引入奖惩机制,激发正能量,抑制负效应,把学生在宿舍中的卫生情况、行为表现与奖学金评定、评选先进、推优入党、就业推荐挂起钩来,切实起到提醒、警示和引领作用,形成从"制度要我做"到"我要这样做"的良好局面。

五、要尽力改善住宿条件。与学院其他方面的硬件相比,学生公寓的住宿条件相对较差。主要原因是独立开办研究生教育和适当增加了本科生招生数量,学院在校生人数已超出当时学生宿舍建设的设计规模。这几年,新建了育材楼,加层改造了部分原宿舍楼,采取撤除部分晾衣房、行李房等措施挖潜增容,保证了学生入住,但总体还是比较拥挤。后勤管理处、保密保卫处要想方设法为学生改善住宿条件,科学合理利用宿舍空间,设计壁橱、顶柜和床下抽屉等,杜绝在宿舍走廊堆放个人物品的现象。学院要按照实际承载能力确定招生数量,尽力解决学校发展与学生公寓容量不足之间的矛盾,进一步挖潜增容,有计划、分批次对宿舍楼的公用部分装修改造,为广大学生提供良好舒适的住宿环境。学院要把学生公寓住宿条件达到教育部规定标准提到议事日程,争取早日启动学院"十二五"规划中提出的培训楼建设工作,以解决培训用房占用学生宿舍资源的问题。

依法治校 依规办学 *

（2014 年 11 月 11 日）

党的十八届四中全会，是在我国全面建成小康社会的关键阶段和全面深化改革的攻坚时期召开的一次具有里程碑意义的重要会议。党的中央全会专门研究依法治国问题，这在党的历史上是第一次，必将对建设社会主义法治国家产生重大而深远的影响。全会审议通过的《中共中央关于全面推进依法治国若干重大问题的决定》，阐述了全面推进依法治国的重大意义，明确了全面推进依法治国的指导思想，提出了全面推进依法治国的总目标，明确了全面推进依法治国的基本原则和重大任务，阐述了党的领导和依法治国的关系，对加强和改进党对全面推进依法治国的领导提出了明确要求，是指导和推动全面推进依法治国、建设社会主义法治国家的纲领性文件。学习贯彻四中全会精神，是当前和今后一个时期的一项重大政治任务。树立人民真诚信仰、真心拥护的法律权威，全面推进依法治国理政，必将成为当代中国的新常态。

一、结合学院实际学习贯彻全会《决定》，全面推进依法治校

国有国法，行有行规。国家的根本大法是《宪法》，指导和规范高校办学治校的法律主要有《教育法》《教师法》和《高等教育法》等法律。教育领域贯彻落实十八届四中全会精神，落实依法治国方略，必须依法治校、依规办学。学院将以十八届四中全会精神为指引，以有关法律法规为准绳，结合最近中办印发的《关于坚持和完善普通高等学校党委领导下的校长负责制的实施意见》的学习贯彻，进一步坚持和完善党委领导下的校长负责制，健全党委与行政议事规则和决策程序，完善学院内部治理结构和协调运行机制，依法落实党委、院长职权，确保党政分工合作、协调运行。党政领导要强化民主

---

* 本文是作者在中央办公厅理论学习中心组学习会上的发言。

协商意识,弘扬优良传统作风,做到团结协作,密切配合。党员领导干部在强化组织纪律观念、做好深入细致的思想政治工作的同时,要用法治思维和法治方式化解矛盾,解决存在的问题。

二、修订完善各项制度,正确处理行政权力与学术权力的关系

继续以落实群众路线教育实践活动整改任务为抓手,进一步完善教学、科研、管理各项制度,形成完备科学的学校规章制度体系。学校的各项管理工作,要自觉纳入法治轨道,改革发展的措施、决策必须有法律法规依据,有政策保障。要抓紧修订完善学院《学术委员会章程》,研究制定《北京电子科技学院章程》,积极探索民主管理、教授治学的有效途径。提升学术权力地位,加强学术组织建设,完善学术管理制度,强化学术权力作用。发挥教授在学术评价、学科专业建设、学术资源配置等学术决策和管理中的重要作用。依法保障学术自由,教授治学,形成依法治校、依规办学的长效机制。

三、加强法治宣传教育,让法治精神进课堂、进教材、进头脑

按照党的十八届四中全会的要求,把法制教育纳入国民教育体系和精神文明创建内容。在广大师生中广泛开展以全面推进依法治国为主题的宣传教育活动,让法治精神进课堂、进教材、进头脑。学院作为中办唯一一所高等学校,一方面,要紧贴机要系统的人才需求,加强法律相关课程建设,充实《思想道德修养与法律基础》等通识课程内容,完善《法学概论》《行政法学》等专业课程建设,构建特色鲜明的法律基础知识教育教学体系,为机要密码部门培养具备法律意识和法治观念、掌握法律基础知识、具有机要密码特色的信息安全高素质人才。另一方面,要加强校园法治文化建设,组织开展主题教育、辅导宣讲、社会实践、影视欣赏等丰富多彩的活动,教育全院教职工和全体学生进一步丰富法律知识,增强法治意识,积极营造全院上下"认真学法、自觉守法、办事循法、解决问题靠法"的良好法治文化氛围。

四、依据党内法规从严治党,提高学院党建科学化水平

全面推进依法治国,必须坚持党的领导,必须不断加强党的自身建设,

切实提升全体党员特别是党员领导干部的法律意识、法治观念以及依法行政的素质和能力。学院隶属于中办,必须按法律、制度、规矩、程序办事。党员领导干部要带头学法、模范守法,对宪法和法律始终怀有敬畏之心,切实增强依法治校、依规办学意识,增强政治纪律和政治规矩意识,把四中全会精神特别是从严治党、依法办事精神体现到学院工作的各个环节、各个方面。要把学习贯彻全会精神和加强学院党的建设紧密结合起来,加强党组织规章制度建设,把规章制度建设融入思想建设、组织建设、作风建设和反腐倡廉建设之中,切实提高制度执行力,增强党员领导干部法治思维和依法办事的能力,形成永葆学院党组织先进性和纯洁性的长效机制。

可贵的第一次 *

（2014 年 12 月 6 日）

1998 年，教育部召开了第一次全国普通高等学校教学工作会议。我们这次教学工作会议，是学院 1993 年开始本科教育以来的第一次。

首先，充分肯定第一次。我们有 21 年本科办学的历史，为什么现在才开第一次本科教学会议呢？难道说我们不重视教学工作、没有专门召开会议研究过教学工作吗？不是。学院每周都要召开教学系部主任会议，教学系部每周二下午都要召开会议，还有院长办公会、党委常委会、党委会，都经常研究有关教学工作的重要问题。学院每年在教学及改革方面，都有大的动作，每个学期也都安排教学研讨和教师交流活动。从 2007 年的"精彩课堂教学 25 分钟"，到今年正在开展的"好老师教学之道"研讨，体现了我们"咬定青山不放松"、一以贯之抓本科教学质量这个决定人才培养基础性工作不放松的韧劲。

为什么说这是第一次呢？因为毕竟我们没有专门召开一次全校性的、包括教学部门之外的部门和人员参加、专门来研究教学问题的会议。只有教学部门的人来研究教学，和全院教学部门、科研部门、管理部门、学工部门一起来研究是不一样的。我相信，这次会议以后，学院每一个部门、每一名教职工对教学在学校的中心地位和教师对于人才培养质量重要性的认识，对于本科教学的关心程度、理解深度、重视高度、支持力度，都会有明显的改进和提高。这也正是我们召开这个会议所要达到的目的。

万事开头难。第一次都是新事、好事，有特殊的意义。第一次是从隐到显、从无到有，是一个从量变到质变的临界点。过了临界点，就标志着完成了从量变到质变的转换。水沸腾为蒸气或凝结为冰，蛹破茧化蝶，都是突破了临界点而发生了质变。所以多一点第一次的工作，证明学院在进步、在发展、在前进。第一次越多，证明学院的管理工作在创新，表明老师队伍的整体素质和个人水平在不断提高，说明学院的优势和特色在增加在强化，说明

＊ 本文是作者在本科教学工作会议上的讲话节选。

我们离高质量、高水平的一流标准越来越接近。在学院历史上，王仲文同志是第一个获得国务院特殊津贴的专家，薛荣华老师是第一个中央办公厅优秀教师，王贵和同志是第一个北京市优秀教师，郑秀林同志是第一个北京市优秀名师，姬瑞环老师是第一个北京市精品教材第一作者，路而红老师是第一个北京市精品课程的主持人，徐津老师是第一个北京市高校青年教师教学基本功大赛一等奖（理工 B 组）获得者，周子耀老师是第一个密码工作一等功获得者。袁征老师是学院第一个在美密会宣读论文的作者，获得这个资格的在亚洲高校也没几个人。吴培群老师是我们学院历史上第一个教育部人文社科项目的获得者，孙宝云老师是我们学校历史上第一个哲学社会科学国家级资助项目的获得者。还可以列举很多，比如第一次拿到国家自然科学基金、北京市自然科学基金，第一个出国的访问学者，第一个被聘为教育部专业教学指导委员会成员，学院第一次派出支教队伍帮助西藏大学、石河子大学定向培养基层密码人才，等等。所有这些第一次，标志着我们学校的工作在上等次上水平，我们的老师在成长在进步，我们教学科研的实力在增加在增强，所以要充分肯定第一次。

第二，不能止于第一次。古人讲："善始者实繁，克终者盖寡。"任何一项好的工作开展以后，不能做完就拉倒，熊瞎子掰棒子掰一个丢一个，那不行，要坚持不懈、持之以恒地做下去。抓而不紧，等于不抓。看准了的事情，开弓没有回头箭。要不断创造，不断巩固，不断拓展，不断深化，不断提高水平。很多同志在讨论发言中，充分肯定并高度评价了我们这次本科教学工作会议的重要意义。会议只是推动工作的一种手段、一种工作方式，它有一个缓释发挥作用的过程，它的作用和效果会随着时间的推移慢慢表现出来。搞好本科教学工作，绝不像开好一个会议那么简单。要把会议取得的成果、形成的共识作为今后工作的遵循，并按照高等教育的规律、教育教学的规律继续做下去。从 2003 年行政管理系第一次组织举办公务员素质大赛到现在，已经升级成全校有影响、受学生欢迎的品牌活动，成功举办了 14 次。2007 年教育部本科教学工作水平评估专家组来院评估时，现场观摩了大赛并给予很高的评价。现在，我们学校应届毕业生参加全国公务员考试的比例、拿到公务员录用资格的比例，连"211 高校""985 高校"也无法跟我们相比。2010 年开始举办的学院毕业生机要业务提高专训班，为在机要岗位工作的毕业生提供了回炉锻造、更新知识、充电蓄能的机会，深受校友的欢迎，开办之后一直没有中断，每年一期，成为学院征求教育教学改革方面的意见和建议、加强和校友联系的固定渠道。我们还有许多这样开了好头以后，持之以恒做下去、越做越好的例子。核心竞争力必须一点一点地积累,特色需要细心呵护、精心培育,优势需要源源不断地注入活力才会持久保持。在高考适龄人口数量开始下降、高校竞争日趋激烈的大背景下,要想在高校林立的首都占有一席之地,必须具备雄厚的综合实力,必须有自己的核心竞争力,必须有自己独有的特色和优势。

第三,创造更多第一次。第一次是新苗出土、新芽吐绿,但独木不成林。刚才主要列举了教学科研方面人员获奖的第一次,学院的其他方面也有很多第一次,都是彰显学院特色、助力学院发展不可缺少的有机组成部分。如果把学院比作一个发光体,每一个第一次都是其中的一个发光元素、一个亮点。近几年,在各个部门的共同努力下,我们的第一次越来越多,比如团委发起的"梦开始的日子、心放飞的地方——新生感恩父母、深情寄家书"活动,组织宣传处学院"一训三风"及释义的发布和校友杂志《电科院人》的创刊,图书馆《师生阅读倾向分析评价报告》,学生工作处《本科生就业情况报告》等等,都是近年来开拓性的工作。当然,我们一定要避免盲目自大,要对自己的现状,对自己在行业特色类高校的位次有一个清醒的认识。与名校相比,我们许多该有的东西还没有,许多该做的工作还没有做,表明我们在许多方面是存在差距的。厅领导过去要求我们政治上高于其他院校,栗战书同志来学院调研时指出,学院的思想政治教育是亮点。教育部评估专家称赞我们做到了思想政治教育素质化。我们应该很好地加以总结。虚心使人进步。我们要善于取长补短、扬长避短,今后不单在教学方面,在学科建设、科学研究、学生工作、管理服务、校园文化、党的建设等各个方面都要创造出更多的第一次。聚沙成塔,集腋成裘。在越来越多第一次的创造中,学院的活力和核心竞争力就会越来越强,学院的特色就会越来越鲜明,我们才能真正走出一条与密码保密事业相适应、齐发展的办学之路。

珍重责任　珍视舞台　珍惜光阴 *

（2015 年 1 月 9 日）

2013 年年底，我院完成部门负责人第四次岗位聘用工作，67 位同志分别提任、续聘或平级改聘。根据中央办公厅干部选拔任用有关规定，对马晓阳等 16 位新提任的部门负责人实行为期一年的试用，考察同志们在思想政治表现、组织领导能力、工作作风、工作实绩和廉洁自律等方面的情况。经过一年的考察，同志们基本具备履行岗位职责所要求的政治素质、能力水平，能够按照院党委的要求，认真履行职责，工作取得了一定的成效，得到了组织和群众的认可。在此，我代表院党委向大家表示祝贺，并借此机会提出几点希望。

虽然大家通过了组织考核，能够按期转正，但从干部成长、事业发展的需要出发，我们还必须坚持高标准、严要求，始终把加强自身建设放在第一位，努力增强自己的履职履责能力。

一、加强学习，提高素质

习近平总书记在中央党校建校 80 周年庆祝大会上指出，"党的十八大提出了建设学习型、服务型、创新型马克思主义执政党的重大任务。把学习型放在第一位，是因为学习是前提，学习好才能服务好，学习好才有可能进行创新。"足见学习的重要性。一要端正学习态度，牢固树立终身学习的理念，增强学习的积极性和主动性，真正把学习当作一种工作责任、一种生活方式、一种精神追求，通过学习不断提高理论水平、工作能力和精神境界。二要把握学习重点，加强思想武装。当前全厅上下正在深入学习领会党的十八大和十八届三中、四中全会精神，深入学习贯彻习近平总书记系列重要讲话特别是在中办"5·8"重要讲话精神，我们一定要把学习理论与贯彻习近平总书记对中办"三服务"工作和全厅干部职工提出"五个坚持"的要求结

---

* 本文是作者在学院部门负责人试用期满转正集体谈话会上的讲话。

合起来,在服务大局、思想跟进、工作创新上下功夫,做好文章,进一步增强政治意识和党性修养。要学有所长,兼顾全面。作为部门的负责同志,不但要学好本专业、本部门业务性的知识,更要注重学习教学、科研、管理等方面的知识,丰富知识储备,提高工作能力,真正做到学有所思、学有所悟、学有所得,努力作带头学、善于学、学得好的表率。三要学以致用,理论的意义在于指导实践,学习的目的在于很好应用。我们必须外化于行,发扬理论联系实际的作风,把学与思、知与行有机结合,做到学用相长、融会贯通、学以致用,提高实际工作水平和组织领导能力。要善于把新理论、新知识与当前工作联系起来,提高分析问题、解决问题的能力,增强工作的原则性、系统性、预见性和创造性,使学习转化成提高素质、促进工作的巨大动力,把学习成果转化为提升"三服务"工作水平的实际行动。

二、立足岗位、履职尽责

实践证明,无论在什么时候、什么情况下,忠于职守、埋头苦干都是成就事业的重要保证。目前,学院的处级干部正处于年富力强、精力充沛、干事创业的黄金时期,大家一定要珍惜机遇、珍惜岗位,勤奋工作、扎实工作。一是强化责任担当。敢于担当是好干部的一条重要标准。占了位子,就要挑起担子;当了领导,就要负起责任。位子高,担子就重。当领导干部,必须做到面对大是大非敢于亮剑,面对矛盾敢于迎难而上,面对危险敢于挺身而出,面对失误敢于承担责任,面对歪风邪气敢于坚决斗争。部分同志从一般干部到领导干部,角色转换了,既要管事又要管人,既要完成任务又要带队育人,政治业务要两手抓。要学会用全局的观念、从决策者的高度处理问题,坚持原则、敢抓善管、有作有为。在矛盾面前不躲闪、挑战面前不畏惧、困难面前不退缩,牢记肩上的重任和使命,努力做到关键时刻站得出来,紧要关头顶得上去。二是摆正位置,服务于民。在群众面前如何摆正自己的位置,实则是把群众摆在什么位置。毛泽东同志曾告诫全党:"我们的一切工作人员,无论职务高低,都是人民的勤务员。"习近平总书记在党的群众路线教育实践活动总结大会上讲到:"我们党来自人民、根植人民,各级干部无论职务高低都是人民公仆、必须全心全意为人民服务。"这就要求我们要牢固树立民本思想,把群众当亲人,甘当人民的勤务员。在新的历史条件下,要经常给自己手中的权力带上"紧箍咒",树立正确的权力观,强化公仆意识,时刻把群众的利益放在第一位,在群众中作表率,一步一个脚印地开展工作,尽职履责,真正做到权为民所用、情为民所系、利为民所谋。三是求真务实。各项工作要立足于"实"、扎根于"实"。栗战书同志在2013年中央办公厅工作会议上曾指出:"要扎扎实实地去干,不能以会议落实会议、以文件落实文件、以简报落实要求,不能应付,不能摆花架子、做表面文章,用实实在在的行动推进工作。"这就要求我们大兴求真务实之风,立足本部门的实际,说实话、办实事、求实效,不断巩固和深化党的群众路线教育实践活动成果,以扎实的工作,求得实在的成效,把学院的教学、科研、管理、人才培养和后勤服务等各项工作提升到一个新台阶。

三、团结协作、发扬民主

团结的能力是领导干部的必备本领,民主的作风是领导干部的必备素质。事实表明,一个部门或单位能否形成团结和谐的局面,往往与领导班子能否做到团结共事、发扬民主密切相关。作为学院的中坚力量,不能仅局限于如何开展好部门的各项工作,还要协调好部门内部和部门之间的各种关系。一是搞好班子团结。团结出凝聚力,团结出战斗力,团结出智慧,团结出干部。要精心维护部门班子的团结,自觉做到事业第一、淡泊名利;工作第一、彼此尊重;协作第一、加强沟通;守纪第一、接受监督,在班子内形成互相学习、互相谅解、互相信任、互相支持的良好氛围。二是处理好部门间关系。学院工作取得的每一点成绩,都凝聚着各部门做出的贡献,凝聚着每一位教职工的心血和汗水。部门与部门之间、教职工与教职工之间要互相配合、密切合作,破除一切从自身利益出发,不顾大局,不顾整体的小团体主义思想,既要各司其职、各负其责,又要互相支持、团结协作,进一步营造学院和谐发展的氛围。三是充分发扬民主,树立团结共事的良好风气,认真贯彻执行民主集中制,严格执行会议议事规则,建立健全领导干部密切联系群众的各项措施,畅通不同层面的交流沟通渠道,提高决策的科学化、民主化水平,切实增强民主意识,做到大事讲原则、小事讲风格,互相尊重、平等相待,遇事虚心听取各方意见,自觉接受组织和群众的监督。

四、继承传统、勇于创新

事业要发展,继承和创新同样重要,统一于干事创业的实践中。继承传统首先就要继承和发扬中办优良传统作风和"二十四"字机要精神,讲政治、讲忠诚、讲奉献,这是我们的根本。我们还要继承和发扬学院在长期工作实践中取得的好经验、好做法,既要保持工作的连续性和稳定性,又要积极总结经验,特别是在强化思想建设、创新工作思路、提升服务能力、加强干部队伍建设、完善工作机制、转变工作作风等方面,要重点总结,理清思路,查找不足,不断推出新的举措。

十八届三中全会对教育改革特别是深化教育领域综合改革做出了新的部署、提出了新的要求。高等教育蓬勃发展的趋势,迫切需要我们彰显、巩固、强化学院的特色和优势,把密码保密特色体现到办学理念、办学思路、人才培养目标上,落实到教学、科研、管理工作的每一个环节中,努力办成培养具有密码保密特色的信息安全高素质优秀人才的高校,办好密码保密部门满意的教育。要进一步明确工作目标任务,创新思路办法,充实新观念、新知识和新理论,适应新时期新形势党的机要、保密事业发展和工作现实需求。要深入调查研究,认真分析和思考学院发展面临的新情况、新问题,找准自身优势与履行职责的结合点,把握发展趋势,进一步推进学院教育教学改革,提升密码科研实力,提高学生的综合素质,逐步形成与办学定位相一致的政策导向。要建立科学严谨的人才遴选、评价、激励和保障机制,充分调动学院各个层面人员的积极性和创新性,不断开创学院事业发展的新局面。

五、严于律己、清正廉洁

清廉,即严于律己、清正廉洁,这是共产党员保持先进性和纯洁性的重要方面,是每个党员尤其是领导干部保持自身道德修养和提升思想境界的突出表现,也是新时期贯彻党的群众路线的思想境界要求。

清廉必须坚定理想信念、严守政治纪律。共产党员坚定信念、遵守政治纪律,最核心的就是坚持党的领导,坚持党的基本理论、基本路线、基本纲领、基本经验、基本要求不动摇,始终在思想上、政治上、行动上同以习近平同志为总书记的党中央保持高度一致,把党和人民的利益放在首位。习近平总书记在2013年全国组织工作会议上的讲话中指出:"理想信念坚定,是好干部第一位的标准,是不是好干部首先看这一条。"作为党员干部,我们必须矢志不渝地坚持马克思主义的信仰,坚持中国特色社会主义的信念,志愿为实现中华民族伟大复兴的"中国梦"而奋斗。作为中办干部,更要树立坚定的政治信念,严格遵守政治纪律,把牢政治原则,始终对党绝对忠诚、对党和人民事业绝对忠诚。同时,作为从事密码保密工作的机要干部,一定要坚定理想信念,把绝对忠诚铸入思想、融入灵魂、见诸行动,紧密结合密码工作发展的新形势、新要求,遵照《机要干部管理规定》严格要求自己,进一步加强学院机要干部队伍建设,不断增强为密码保密事业服务的能力。

清廉必须弘扬正气、筑牢防线。"其身正,不令而行;其身不正,虽令不从。"作为中办的干部、高校的教师,必须注重以德立身,严于律己,凡是要求下级做到的,自己要先做到,身上有正气,说话就有底气,就有威信。时时处处严格要求自己,自觉接受监督,积极发挥党员干部先锋模范作用,站稳政治立场,严守政治纪律,始终保持思想纯正、品行端正、处事公正、为官清正,始终以一颗平常心来对待职务和权力。努力做到在任何时候、任何情况下,都能耐得住清贫,经得起诱惑,顶得住歪风,管得住自己,时刻绷紧廉洁自律这根弦,自觉做到不贪、不奢、不攀比。认真贯彻厅里和学院对干部队伍党风廉政建设提出的各项要求,扎实落实学院党的群众路线教育实践活动整改措施方案,逐步推进廉政风险防控、领导干部个人有关事项报告等工作,不断提升学院党风廉政建设和反腐败工作的科学化、规范化和制度化水平。

新的一年刚刚开始,希望大家一定要在中央办公厅的正确领导下,在院党委的带领下,树立强烈的事业心和责任感,珍重这份责任、珍视这个舞台、珍惜这段光阴,以昂扬的精神、饱满的热情、开拓的思路、扎实的作风,聚精会神搞教学,集中精力抓科研,千方百计谋发展,以优异的成绩回报组织的信任和教职工的期望。

当好伯乐　选贤任能 *

（2016 年 1 月 5 日）

　　2010 年第六届学院教师职务评审委员会成立以来，五年共召开了 9 次评审委员会议，共受理了 25 人次正高职、66 人次副高职，共计 91 人次高级专业技术任职资格的评审申请，共推荐了 8 名同志通过了正高职评审，22 名同志通过了副高职评审，可以说是成绩显著，壮大了学院专业技术队伍，为学院发展提供了有力的智力支持。在这里，我代表院党委对第六届学院教师职务评审委员会的辛勤劳动和做出的成绩表示衷心的感谢。

　　学院第七届学院教师职务评审委员会的组成人员，已经中办人事局同意并报厅领导批准。今天，我们召开评委会成立后的第一次会议，并邀请厅评委会的学院委员列席。首先我代表院党委对大家成为两个评委会成员表示祝贺。我受中办人事局委托，宣布一下第七届学院教师职务评审委员会名单，代表院党委对学院教师职务评委会委员提几点要求。

一、增强责任意识，不负重托厚望

　　专业技术职务评审委员会是负责考核评审专业技术人员是否符合相应专业技术职务任职资格条件的权威组织。职称评审既是对专业技术人员的学术、技术水平的评价，也是有效调动专业技术人员积极性的重要手段、选拔人才的一种重要方法。本届学院教师职务评审委员会委员是在充分发扬民主、广泛征求意见的基础上产生的。学院评委会和中办高评委委员首先以部门为单位，在学院具有副高以上专业技术职称人员范围内进行推荐提名，根据提名对象的得票数量，综合考虑学科专业、职称层次，换届更换委员人数的比例，减少两个评委会委员人员交叉等因素，院党委研究确定了评委会委员初步人选。初步人选再次返回各部门征求意见，并根据各部门的意见进行了必要的调整。中办人事局通知，院评委会和中办高评委会要各增

---

　　*　本文是作者在第七届学院教师职务评审委员会第一次会议上的讲话。

加4个委员名额,学院按照相同的范围和程序进行了推荐和征求意见的工作。可以说,此次评审委员会换届工作经过两上两下,充分发扬了民主,认真吸收了各方面的合理意见。各位委员有较高的学术水平和政治业务素质,有丰富的教学科研经验,是教学科研的专家。教师是大学办学的主体,是大学发展的核心因素,大学的生存和发展直接取决于教师队伍的整体素质。院党委把选才权交给了在座的各位,各位委员有责任、有义务不负重托厚望,不辜负组织的信任和群众的拥戴,当好伯乐,做好职称评审工作,建立正确的人才评价机制和用人导向,为学院的建设和发展选好人才、选准人才。

二、坚持评审条件,保证评审质量

评委会的任务,就是对学科组推荐人选的申报材料进行审查、评议,从中遴选出符合相应任职条件的人员。评审条件是引导专业技术评审工作的风向标和指挥棒。评委会要切实按照"坚持条件、注重业绩,鼓励竞争、好中选优,综合把握、适度从严"的指导思想,认真做好评审工作。评审质量是职称工作的生命线,只有公平、公正、高水平、高质量进行评审,才能得到广大专业技术人员的认可。评审过程中,要坚持"师德为先、教学为要、科研为基"的原则。所谓"师德为先"就是要把对教师品德的要求放在第一位;"教学为要"就是要引导教师心无旁骛地投入教学工作,提高教师教学工作业绩在职称评审中的权重,处理好教学能力、教学实绩与论文、著作、获奖等之间的关系;"科研为基"就是要建立以高水平科研反哺教学的机制,改变重论文轻实践,重成果数量轻实际贡献的倾向,提高科研对人才培养的贡献度。要进一步完善评价标准,坚持标准,做到一把尺子量到底,条件面前人人平等;又要体现以岗位要求为基础,以能力、业绩为重点的评价导向,正确处理品德、知识与能力、业绩的关系,体现不同系列专业技术人员的特点,体现向在基层一线教师和密码保密教学科研人员倾斜的政策导向。在条件相同时,要考虑申报人承担班主任、辅导员、学生工作、党务工作的情况,参加挂职锻炼、支教扶贫、政治学习、业务培训的情况和在学院重大活动中的表现和态度。希望各位委员都要从学院的发展和教师队伍建设的大局出发,仔细对照任职条件,认真研读申报材料,了解申报人的业绩和成果,实事求是、客观公正地评议。要通过评审,把厅领导和人事局的关心关怀、院党委的专业学科和人才规划布局,把学院的发展定位落实到全院专业技术队伍的建设中,把广大教师的职业发展、个人价值追求与学院的发展定位一致起来,同向发力,共同发展。

三、遵循公平公开原则,评审结果客观公正

职称工作事关广大教师的切身利益,事关教师队伍建设,事关高等教育教学质量。对于教师职称评审工作来说,实现公平正义是最基本的工作规范和我们义不容辞的责任,而加强民主公开是实践公平正义的最为有效的制度保障。作为新一届评委会成立后的第一次评审,这次增加了一个环节,就是让申报人按照抽签顺序向评委会进行陈述,介绍个人的突出业绩成果和亮点,委员可以就申报材料中的问题进行提问质询。陈述环节对每个申报人都公开透明。以后还可以继续创新、大胆探索。比如,可以在评审前对申报人的教学效果进行考评,检查教案,组织专家听课,或是由教务处和督导组对申报人的教学效果进行评估。评审前对申报业绩成果的查新、查重、引用因子、社会效益评估材料进行公示等。评委会要加强这方面工作,确保评审工作透明公开,评审结果客观公正,经得起历史和实践检验,得到厅里和学院教职工的认可,让职称评审工作人人知晓,职称评审结果个个服气,把学术民主体现在全过程。职称评审结果应体现学院的战略规划和用人导向,要通过评审,真正评出水平、评出能力、评出积极性,使有真才实学、成就突出的教师脱颖而出。要通过评审,调整优化学院的人才结构,合理配置人才,为适才适用奠定基础。

四、遵守工作纪律,接受群众监督

参与职称评审工作的全体同志,必须切实贯彻党风廉政建设责任制,强化自律意识。要按评委会评审规则办事,严肃评审工作纪律,对评议讨论情况等要保密,不得向外泄露。担任党政领导职务的委员要站在全院立场,防止小团体主义,要以平等身份参加评审,不得有行政干预行为。每一个评委都要坚持客观、公正、准确的评审原则,忠实履职,不投人情票,不为不够条件的人徇私放行,不发生有碍公正评审的行为,亵渎学术尊严。自觉接受群众监督,共同维护风清气正的学术生态环境。希望各位委员既要坚持原则、把握标准,遵守纪律,秉公办事,畅所欲言、充分表达个人的学术评价观点;又要注意发挥集体的智慧,相互尊重、彼此包容、密切协作,郑重地行使民主

权力,多中选好,好中选优,优中拔尖,认真负责地进行评议和表决。

同志们,你们就是学院的伯乐,是院党委人才工作的重要助手。各位委员身上既承载了全院专业技术人员的厚望,又肩负了院党委的重托,使命光荣,责任重大。希望各位委员能够履职尽责,排除干扰,独立行使学术权力,公平、公正、高水平、高质量地完成职称评审工作,选贤任能,评出高的质量,评出好的导向,评出优良作风,努力打造"阳光职称",为拔尖人才脱颖而出创造平等的竞争机会,创造良好的发展环境。

后　记

　　1973 年,我从河北省南和县高中毕业。在南和县农机厂当了一段时间的临时工后,就去东南张公社河上村大队插队当知青。1976 年底被招工进城,成为邢台市陶瓷厂的一名学徒工。1977 年,幸运搭上了"文革"后恢复高考的第一班车,翌年二月来到首都,走进了北京大学的校门。1982 年,当我从哲学系毕业走出校门时,和所有同学一样,胸中充满大干"四化"、振兴中华的豪情壮志。毕业后,除了短期到地方挂职外,三十多年一直没有离开过中央办公厅,先后在信访局、中办办公室、调研室、中央宣传思想工作领导小组秘书组、中办人事局、中办机关党委、纪委、国家保密局(中央保密委员会办公室)工作,和国民教育领域没有什么直接联系。2006 年,在走出大学校门二十四年之后,我又一次走进了大学的校门,但既不是拿学历,也不是修学位,而是被组织上选派到北京电子科技学院担任党委书记。大学的领导,多么崇高而神圣的工作岗位! 人生能有几回搏。我像过去服从组织调动到新岗位工作一样,胸中鼓起迎接挑战的勇气。在深感责任重大、使命光荣的同时,内心忐忑不安,担心自己才力不逮,误人子弟,有负领导和组织的信任与期望。

　　党和国家教育工作的政策法律,古往今来教育家的经典论述,中外名校校长的成功实践,学院历任领导留下的丰富经验,高校同行、学院同事的提醒指点,伴随我在边学边干、边干边学中开始大学管理者的职业生涯。"逝者如斯夫,不舍昼夜。"时间真是过得飞快,不知不觉我已经在电科院的校园里度过了十个春秋,成为学院党委书记接力队列中持棒时间最长的人。十年任职期间,我和班子成员、和全体教职工一起,按照中央办公厅领导的指示,遵循高教规律,传承机要特色,发扬中办传统,勤勤恳恳、踏踏实实地工作,保持并发展了原有的办学特色和优势,使学院各方面的工作在已有的基础上不断有所进步,学校的活力和竞争力、在社会上和党政机关的知名度也都有所提高。实践积累经验,耕耘就会有收获。我在高等教育管理实践探索过程中的感悟和体会,通过各种方式在领导学校的工作中发挥了作用。十年治校过程中的思路和做法,大部分以文字为载体记录了下来。如果其中也反映了办学治校、教书育人的一些规律,也只能说是才刚刚入门,离窥其堂奥还有很大差距。

感谢贵州人民出版社的真诚邀请和热情鼓励,敦促我把在北京电子科技学院工作期间的文稿进行一番整理的想法付诸行动。整理后的文章大略分为五组:《立德树人》收录的主要是涉及思想政治教育,保持学院政治本色和学生政治素质方面的内容;《特色致胜》着重反映打造学院密码保密特色的实践探索和理性思考;《三乐情怀》大多是参加学生开学、毕业典礼和各种活动时的演讲;《文化塑魂》集中了论及培育校园文化、培植大学精神和文化育人方面的内容;《和谐校园》收的内容较为宽泛,把党的建设、校务管理、队伍建设、职称评聘、干部任用等与学校管理相关的内容归拢到一起。每一组文章都按照写作时间来排序,以方便读者翻阅浏览,算不上严格意义上的科学分类。

整理文稿的过程,是对学院前进历程的重温,是对学院发展轨迹的回溯,也是对自己十年工作成果的检阅。选编之时,内心既有做了一些事、做成一些事的欣慰,也为没能做更多的事、没能把一些事做得更好更理想而懊悔和不安。重读之际,当时为文做事的场景恍在眼前,仿佛看到教职工辛勤劳碌的身影和学生渴求知识的眼神,情不自禁地回忆起各级领导、各位同事对我的关心爱护和帮助支持。

我爱北京电子科技学院。我爱校园里的一草一木,我爱每一位教职工,我爱每一位同学。我把这本书献给北京电子科技学院依然在职和已经退休的教职工,献给已经毕业和仍然在校学习的同学们。正是因为你们的支持、信任和热情鼓励,才有了这些履职尽责、明志抒怀的文字。特别需要加以说明的是,书中所收的部分职务讲话,凝结着学院办公室、组织宣传处等部门文稿起草人员的心血和智慧。在本书交付出版之际,谨向所有支持我工作、给予我帮助的领导和同事表示我深深的敬意和谢忱。

沈 永 社

2016 年 2 月